全国高等学校应用型法学人才培养系列规划精品教材

合同法学

Contract Law

总主编　谈萧

主　编　丘志乔
副主编　陈莉　杨兢
参　编　李叶青　唐琳　严剑冰

广东省高等学校教学质量与教学改革工程本科类项目
"法学专业综合改革试点"（粤教高函〔2012〕204号）成果
广东省本科高校教学质量与教学改革工程建设项目
"法学专业系列特色教材"（粤教高函〔2014〕97号）成果
广东教育教学成果奖（高等教育）培育项目
"应用型法学人才培养系列精品教材"（粤教高函〔2015〕72号）成果

武汉大学出版社
WUHAN UNIVERSITY PRESS

全国高等学校应用型法学人才培养系列规划精品教材

编委会

总主编： 谈　萧

编　委：

蔡国芹	蔡镇江	曹　智	陈文华	陈　默
陈　群	丁永清	杜启顺	傅懋兰	方　元
管　伟	高留志	高　涛	郭双焦	韩自强
洪亦卿	姜福东	李华武	李　亮	李　鑫
宁教铭	钱锦宇	强晓如	秦　勇	丘志乔
申慧文	谈　萧	王国柱	王金堂	王丽娜
肖扬宇	谢登科	谢惠加	谢雄伟	杨春然
杨　柳	余丽萍	余耀军	赵海怡	张　斌
张玫瑰	张素伦	周汉德		

支持机构：

指南针司法考试培训学校
众合司法考试培训学校

总 序

近年来，随着法治事业的不断推进，我国各个层次的法学教育蓬勃发展。法学教材建设是法学教育的一个重要环节，当前我国法律实践日益丰富多彩，法学教育的内容更新、方法变化以及交叉学科的涌现，都对法学教材的建设提出了新要求。

我国法制建设历经30余年，各个法律领域的大规模立法活动已基本完成，法制建设已开始向司法角度转型。在此背景下，法学教育也应实现面向司法实践的转型。自2002年开始实施国家统一司法考试，我国已建立起严格的司法职业准入制度。面向法律职业培养应用型法学专业人才，是我国绝大部分高校法学院系的核心任务。进入司法实践领域工作，也是绝大部分法学专业毕业生的首要选择。

针对法制建设和法学教育的转型，法学教材必须在理论与实践相结合方面做出更大的努力，以适应司法职业准入和司法实践的需要。为此，我利用我本人所承担的省级法学专业综合改革项目、省级系列法学精品教材建设项目以及省级教学成果奖培育项目的支持，组织了全国近50所高校的100余名法学教师以及部分律师、法官、检察官，编写了这套"全国高等学校应用型法学人才培养系列规划精品教材"。本套教材共约40册，包括法学专业三干课程和部分模块课程，统一编写体例，分批推进出版。

本套教材定位于法律职业教育，以法律思维训练和法律事务处理能力培养为导向，通过案例导引、法庭模拟、司考真题、技能训练、纠纷解决等模块和环节设计，配合系统法理和法律知识讲授，致力于打造最有影响力的法律职业教育教材品牌。总结来看，本套教材具有如下六个特点：

1. 注重应用性和时代性

本套教材从编写体系上要求有较强的解决实务问题的针对性，以法律技能培养为主旨。在编写过程中，各教材作者力争将当今社会生活中方方面面的法律现象在教材中有所反映，并引导学生用成熟、具有通说性的法学理论加以理解和解释，使教材更贴近现实法律生活，体现时代性，也便于学生理解与掌握。

2. 教学形式的多样化

当前，法学教学方式方法已呈现多样化的趋势，有案例教学法、模拟现场教学法、情景教学法、讲座式教学法等。本套教材在编写过程中充分融入这些教学方法，摒弃了传统教材较死板的叙述讲授式的教学方法。为了配合教师教学和学生自主学习的需要，本套教材还制作了电子课件（PPT）供教学者利用。

3. 教材体例的新颖性

本套教材内容以基本法律概念、法律程序和法律方法等体现实操性的知识、技能为主。教材中穿插反映新颖体例的多个栏目，如法律知识库、法律资料库、典型案例、情景模拟、法律文化长廊、背景材料、实际操作、练习与思考等。

4. 教学内容的科学性

本套教材在知识内容编写方面特别注意科学性，概念表述严谨，选取无争议的法律概念和定义及表述相关知识点。每章节教学内容以目标任务为导向，目标任务以项目组或角色扮演的方式加以设计，引导学生完成。

5. 学理上的适当拓展

本套教材除了内容的严谨性要求外，在学理上注意能有所拓展。按法学理论和法律制度的逻辑顺序展开教材知识内容，同时也利用到其他学科知识、理论与方法作为分析工具，如社会学的田野调查方法、经济学的成本收益分析方法，以及心理学的需求、动机与行为分析方法等，但它们从属于整体上教材的法律科学逻辑的需要，避免大量分析性、研究性内容。

6. 适应法律职业资格考试和法律实务技能培养的需要

本套教材充分考虑国家统一司法考试及其他重要法律职业资格考试（如企业法律顾问资格考试）要求，强调法律实务处理过程，强化技能培养与训练，侧重实操知识介绍，并强调技能与方法介绍的系统性、完整性与模块化。

高校教材及学术著作由于其专业性和学术性，一般很难通过销售来实现收支平衡。除了少量的政府资助项目，高校教材及学术著作在现行体制下缺乏充分的出版服务平台支持，而其作者、读者和使用群体又具备较高的个人素质和良好的发展潜力。为此，我本人一直希望搭建一个高校教材及学术著作写作与民间出版资助的合作平台。希望在此平台上，将民间力量与高校及科研机构的智力资源有效地嫁接在一起，建立一个高校教材及学术著作的自助出版维持机制，改变目前学者及科研人员尤其是人文社会科学学者出版著作完全依赖政府资助的局面，同时，利用优秀人文社会科学成果在"全民阅读计划"中的传媒价值，充分回馈民间支持者。

在上述愿景之下，利用我本人主持的有关教学改革项目经费的前期支持，近两年我花费了很多精力来搭建上述平台。本套教材的出版就是上述平台搭建的一个初步成果。

在我的出版平台思想的鼓舞下，全国近50所高校100余名法学教授、博士、讲师以及部分律师、法官、检察官，以自己宝贵的智力资源和对法学教育事业的热爱，加入了本套教材的编写团队；武汉大学出版社和华中科技大学出版社，不计一时的市场得失，为本套教材的出版提供了优质的出版服务；指南针、众合、万国等司法考试培训机构及部分教育服务机构，热心教育事业，为本套教材的出版提供了支援。

组织编写和搭建平台工作，其中辛苦与顿挫，自不待言。然而，正是有了前面同仁及机构的鼎力支持，让我感到这个事业是值得坚持下去的。在这里，我要深深感谢他们的付出，并向他们的热忱表达敬意！

2015年5月4日于广州工作室

前 言

现代社会几乎是合同社会。无论是人们日常生活中的衣食住行，或是公司企业之间的商事活动往来，再或者是国际间经济贸易，合同都是平等的民事主体之间约定权利义务关系并受之约束的载体。

合同法是调整平等主体的自然人、法人、其他组织之间的民事权利义务关系的法律规范的总称。全球经济的一体化和现代化，商贸规则日益统一，世界上两大法系的合同法律制度呈现融合与趋同，《联合国国际货物销售合同公约》(United Nations Convention on Contracts for the International Sale of Goods) 就是典型的例子之一。借鉴并且吸纳两大法系合同法律精髓的《中华人民共和国合同法》，自1999年10月1日施行以来，通过规范和调整合同权利义务关系，指引合同主体通过平等自愿缔结合同、按照合同约定履行义务行使权利，鼓励交易活动依法进行，激活社会创造财富的积极性。在当下，随着国内实施创新驱动发展重大战略，建设自由贸易试验区，推进"一带一路"向周边沿线国家对外开放，以及"大众创业，万众创新"、"中国制造2005"等科技创新活动的开展，国内商贸和跨国性经济贸易十分频繁，合同以及合同法的作用尤为重要和凸显。

因应国际趋势和国内需要，结合培养法学人才应当兼具扎实理论基础知识和娴熟实务能力技巧的目标，我们作为从事合同法教学与研究的团队，用心编写了法学专业必修课程《合同法学》教材。该教材的编写有以下主要特点：第一，借鉴域外合同法律制度经验与实践。包括大陆法系和英美法系的国家和地区的合同法律制度的相关理论与立法。第二，回应国内经济社会发展的新趋势和现实需要。例如，合同法学总则中的合同担保制度、违约责任制度、合同解释以及漏洞填补规则等，有利于指导合同实务的开展，保障合同债权的实现，化解合同纠纷。国内的科技创新、自主创业、自贸区融资租赁业务发展等，当事人之间的权利义务表现形式可能需要运用或者采取的有名合同，涉及合同法学分则中的合同，如买卖合同中的招投标合同、融资租赁合同、承揽合同、技术合同、委托合同、行纪合同、居间合同等。第三，因应法学专业学生参加国家司法考试的学习需要。教材的习题，选自国家司法考试的历年真题，辅助学生学习合同法律制度，使其能够较好地理解与掌握相关的知识点和考点。

本书编写团队的分工具体如下：

丘志乔（广东工业大学政法学院法律系，法学副教授，在读法学博士），负责审定全书的目录提纲，全书统稿审稿，以及本书第六章、第二十二章的编写。

陈莉（华南农业大学人文与法学学院，法学副教授，法学硕士），负责本书第七章、

第八章、第二十三章、第二十四章、第二十五章的编写。

杨兢（暨南大学珠海校区，法学副教授，法学硕士），负责本书第一章、第九章、第十一章、第十六章、第十八章的编写。

李叶青（江苏盐城师范学院法政学院，法学讲师，法学博士），负责本书第二章、第三章、第十五章、第十七章、第十九章的编写。

唐琳（福建江夏学院，法学讲师，法学硕士），负责本书第十章、第二十章、第二十一章的编写。

严剑冰（澳门科技大学法学院，法学在读博士），负责本书第四章、第五章、第十二章、第十三章、第十四章的编写。

由于时间仓促，囿于我们的学识能力和水平，本书的不足和缺憾在所难免，真诚期待学界同仁批评指正。

编　者

2015 年 12 月

目 录

第一章　合同与合同法概述　／1
　　第一节　合同概述　／1
　　第二节　合同法概述　／7
　　第三节　合同法的基本原则　／9

第二章　合同订立　／16
　　第一节　合同订立概述　／17
　　第二节　要约　／18
　　第三节　承诺　／28
　　第四节　合同成立的时间和地点　／35
　　第五节　缔约过失责任　／37

第三章　合同效力　／44
　　第一节　合同生效与合同成立概述　／45
　　第二节　合同的生效要件　／47
　　第三节　附条件、附期限的合同　／50
　　第四节　效力待定的合同　／57
　　第五节　无效合同　／65
　　第六节　可撤销合同　／74
　　第七节　无效合同、被撤销合同财产后果的处理　／100

第四章　合同履行　／107
　　第一节　合同履行概述　／108
　　第二节　合同履行的原则　／110

第三节　合同履行的分类 / 111
　　　第四节　合同履行的要素 / 115
　　　第五节　双务合同中的履行抗辩权 / 116

第五章　合同保全 / 125
　　　第一节　合同保全概述 / 125
　　　第二节　债权人代位权 / 126
　　　第三节　债权人撤销权 / 129

第六章　合同担保 / 134
　　　第一节　合同担保概述 / 135
　　　第二节　保证 / 136
　　　第三节　定金 / 143
　　　第四节　违约金 / 145

第七章　合同变更与转让 / 150
　　　第一节　合同变更 / 151
　　　第二节　合同转让 / 154

第八章　合同权利义务终止 / 164
　　　第一节　合同权利义务终止概述 / 165
　　　第二节　清偿 / 167
　　　第三节　合同解除 / 170
　　　第四节　抵销 / 176
　　　第五节　提存 / 179
　　　第六节　免除 / 182
　　　第七节　混同 / 184

第九章　违约责任 / 187
　　　第一节　违约责任概述 / 188
　　　第二节　违约形态及责任形式 / 191
　　　第三节　免责事由 / 207
　　　第四节　违约责任与侵权责任的竞合 / 214

第十章　合同解释 / 224
　　　第一节　合同解释概述 / 225
　　　第二节　合同解释规则 / 226
　　　第三节　合同漏洞的填补规则 / 229

第十一章　买卖合同　/ 233
第一节　买卖合同概述　/ 234
第二节　买卖合同的效力　/ 239
第三节　买卖合同中的风险负担　/ 244

第十二章　供用电、水、气、热力合同　/ 249
第一节　供用电、水、气、热力合同概述　/ 249
第二节　供用电合同当事人的权利和义务　/ 250

第十三章　借款合同　/ 255
第一节　借款合同概述　/ 256
第二节　借款合同的效力　/ 257
第三节　借款合同的终止　/ 259

第十四章　赠与合同　/ 263
第一节　赠与合同概述　/ 264
第二节　赠与合同的效力　/ 265
第三节　赠与合同的终止　/ 266

第十五章　承揽合同　/ 270
第一节　承揽合同概述　/ 271
第二节　承揽合同的效力　/ 274
第三节　承揽合同中的风险负担和承揽合同的终止　/ 279

第十六章　运输合同　/ 284
第一节　运输合同概述　/ 285
第二节　旅客运输合同、货物运输合同、联合运输合同　/ 288

第十七章　租赁合同　/ 296
第一节　租赁合同概述　/ 296
第二节　租赁合同效力　/ 298
第三节　租赁合同中的风险负担　/ 306
第四节　租赁合同的更新与终止　/ 307

第十八章　融资租赁合同　/ 311
第一节　融资租赁合同概述　/ 312
第二节　融资租赁合同的效力　/ 314

第十九章　保管合同 / 319
　　第一节　保管合同概述 / 319
　　第二节　保管合同当事人的权利和义务 / 321

第二十章　仓储合同 / 327
　　第一节　仓储合同概述 / 328
　　第二节　仓储合同的效力 / 332

第二十一章　建设工程合同 / 337
　　第一节　建设工程合同概述 / 338
　　第二节　建设工程勘察、设计合同 / 342
　　第三节　建设工程施工合同 / 344

第二十二章　技术合同 / 353
　　第一节　技术合同概述 / 354
　　第二节　技术开发合同 / 357
　　第三节　技术转让合同 / 360
　　第四节　技术咨询合同和技术服务合同 / 364

第二十三章　委托合同 / 369
　　第一节　委托合同概述 / 370
　　第二节　委托合同的效力 / 372
　　第三节　受托人以自己名义与第三人订立合同的效力 / 375
　　第四节　委托合同终止 / 377

第二十四章　行纪合同 / 380
　　第一节　行纪合同概述 / 381
　　第二节　行纪合同的效力 / 383

第二十五章　居间合同 / 386
　　第一节　居间合同概述 / 387
　　第二节　居间合同的效力 / 390

习题参考答案 / 394

参考文献 / 409

第一章

合同与合同法概述

教学目的和要求

1. 了解大陆法系和英美法系关于合同定义的区别，掌握合同法关于合同的界定；
2. 掌握合同的基本分类，了解合同分类的意义；
3. 掌握合同法的调整对象；
4. 了解合同法在私法中的地位和作用；
5. 掌握合同自由原则在合同法中的地位。

主要内容：合同的定义，与合同相关问题，合同的分类及意义，合同法的地位和作用，合同法的基本原则。

自学：与合同相关的问题。

讨论：合同自由原则在现代发生了哪些变化？

作业：

1. 简述我国合同法的调整对象；
2. 简述合同法在私法中的地位；
3. 简述合同自由原则的内容；
4. 简述鼓励交易原则在合同法中的体现。

第一节 合同概述

一、合同的概念

（一）大陆法系合同的概念

在大陆法系，民法的许多原则都建立在罗马法的基础上，合同也是如此。根据罗马法，合同是"得到法律承认的债的协议"。在私法上，不仅债法中有合同的概念，物权法、亲属法和继承法上也有合同的概念，凡能发生私法上效力的一切当事人之间的协议，都是合同。《法国民法典》对合同的定义承袭了罗马法的概念，其第1101条规定："合同为一种合意，依此合意，一人或数人对另一人或数人承担给付某物、作为或不作为义务的合意。"《法国民法典》上的"合意之债"其实就是债权合同。"合意说"对许多大陆法系国家或地区民事立法产生了深远影响，这些国家或地区民事立法确认，合同就是两个以上当事人就某一事情意思表示一致的结果，只有合意才能缔结合同产生当事人之间的权利义务关系。《德国民法典》创设了"法律行为"的概念，认为合同是法律行为的一种类型，是能发生私法上效果的以意思表示一致为要素的双方法律行为。德国法上基于双方法律行为达成的合同，不仅指债权合同，也包括物权合同和身份合同等。

（二）英美法系合同的概念

在英美法上，合同往往被认为是由法律强制履行的一个或一系列允诺组成的。在"允诺说"中，什么样的允诺是可以强制履行的，成为合同的关键。美国《法律重述·合同》（第2版）第1条规定，合同是由一个或一系列允诺组成的，违反该允诺，将由法律予以救济，履行该允诺是法律所确认的义务。英国《大不列颠百科全书》认为，合同是可以依法执行的诺言。英美法将合同看做当事人承担债务的单方意思表示，这是与大陆法合同定义的区别所在。但是这一概念仅仅强调一方对另一方作出的允诺，没有强调双方当事人的合意，受到了许多学者的批评。《牛津法律大辞典》认为，合同是二人或多人之间为在相互间设定合同义务而达成的具有法律强制力的协议。1979年出版的《布莱克法学词典》也认为合同是"两个或两个以上的人创立为或不为某一特定事情的义务的协议"。《美国统一商法典》则认为："合同为当事人受本法以及任何其他应适用的法律规则影响而达成的协议的全部法律债务。"由此可见，两大法系在合同概念上逐步融合，呈现出日益趋同的趋势。

（三）中国法上合同的概念

我国民法理论在合同定义上，基本上继受了大陆法的概念，认为合同是一种合意或协议。例如，我国《民法通则》第85条规定，合同是当事人之间设立、变更、终止民事法律关系的协议。依法成立的合同，受法律保护。在1999年《合同法》出台之前，我国关于合同的概念，学者的认识各不相同。有学者认为，合同是当事人之间设立、变更、终止债权债务的协议，合同仅指债权合同。有的学者认为，合同不仅产生、变更、终止债权债务关系，而且也是物权关系、共同关系等非债权债务关系产生、变更、终止的原因，所以合同不仅包括债权合同，也包括物权合同。还有学者认为，合同包括债权合同和物权合同，结婚协议、离婚协议、收养协议虽然也是双方当事人合意的结果，具有合同的本质特征，但因其具有自身的特殊性，应由亲属法来调整。《合同法》明确了合同的定义，解决了上述争议。我国《合同法》第2条规定，合同是平等主体的自然人、法人、其他组织之间设立、变更终止民事权利义务的意思表示一致的协议。婚姻、收养、监护等有关身份关系的协议，适用其他法律的规定。据此可以认为，合同不仅包括债权合同，也包括物权合同。合同是设立、变更、终止财产性民事权利义务关系的协议。具有身份关系的婚姻、收养、监护等协议，由《婚姻法》和《收养法》等法律予以规范。

二、与合同相关的问题

(一) 契约

契约和合同时常交互使用,有学者认为,为不同利益而合意者为契约,为共同利益而合意者为合同。也有学者认为,契约和合同并无实质意义上的区别,若深究其文化传统,以 contra 说明契约,体现了罗马法以个人本位对契约的定位;以 ver 说明契约,则体现了日耳曼法以团体本位对合同的定位。它们之间的差异,表现了不同文化圈中理念上的差异。在我国,著述与翻译文献习惯上一般使用"契约"一词,在某些特定语境下,使用"契约"一词可能更符合习俗,如契约自由。自 20 世纪 60 年代开始,"合同"一词广泛使用,现行立法也多采用"合同"一词,究其本质,"契约"与"合同"并无二致,只是在特定时期和特定语境下分别使用。因此,理论上学者多倾向于合同即契约。

(二) 合同的判断

英美法中,什么样的承诺是可以强制执行的,往往成为法官判断是否存在合同的焦点。人们在日常生活中经常承诺,如小孩子答应大人一定遵守规矩,将军承诺要打胜仗,总统候选人承诺选民要改善生活、减少失业,恋人许诺海枯石烂不变心,等等。但是这些承诺要么是没有经济价值的政治、军事承诺,要么是社交娱乐或者情感等道德承诺,要么是基于特定身份产生的没有对价的承诺。政治上、军事上,社交娱乐或情感上的许诺常常无法通过合同法上的请求来强制实现,因为合同被视为是财产性交易的双方承诺。承诺能够强制执行的关键在于是否有对价,即受约人是否承受了法律上的损失以换取要约人的承诺。随着约因理论的发展和变化,英美法判例也创造了许多例外规则,使得没有对价的承诺也可以被执行,如信赖利益损失。由于判例充满矛盾,约因理论没有形成一以贯之的理论,英美法中合同法也接受了"合意说",在判断合同是否存在时所采用的标准和大陆法也逐步趋同。

大陆法系中,以双方当事人是否存在合意追求某种具有民法意义的后果(权利义务)作为判断合同的标准,即兼采主观标准和客观标准。但在具体判例上,则存在主观标准和客观标准的灵活运用。主观标准以当事人的意思为标准,认为双方当事人都具有受法律约束的意思,合同(法律行为)才成立。客观标准则认为,应当"考虑双方当事人的利益状态,依据诚实信用原则和交易习惯"来判断是否存在法律义务。

我国对合同关系是否存在,多以双方权利义务关系来判断。在实践中,合同的表达形式多种多样,有"契约"、"合同"、"合同书"、"协议"、"协议书"等不同表达方式,还有"意向书"、"备忘录"等名称,但名称不能决定其是否为合同,认定合同的标准是它的内容,即在内容上是否存在明确的权利义务关系。最高人民法院《关于适用〈中华人民共和国合同法〉若干问题的解释(二)》第 1 条第 1 款规定,当事人就合同是否成立存在争议,人民法院能够确定当事人名称或者姓名、标的和数量的,一般应当认定合同成立。但是法律另有规定或当事人另有约定的除外。

三、合同的基本分类

（一）双务合同与单务合同

以双方当事人是否互负对待给付义务为标准，将合同分为双务合同和单务合同。

双务合同是指当事人双方互负对待给付义务的合同，即一方当事人愿意负担履行义务，旨在使他方当事人因此负有对待给付的义务。或者说，一方当事人所享有的权利，是他方当事人所负有的义务。买卖、建设工程、运输、租赁合同等，均为双务合同。

单务合同，是指合同当事人仅有一方负担给付义务的合同。合同当事人双方有一方负担义务，另一方并不负有相对义务的合同。单务合同具有两种情况：一种是只有单方承担合同义务的情况，如在借用合同中，只存在借用人按照约定使用并按期返还借用物的义务；另一种情况是，一方承担合同的主要义务，另一方不承担主要义务，只承担附属义务，双方的义务没有对待关系。如《合同法》允许赠与附义务，但赠与人交付赠与财产方承担附属义务之间不存在对价关系，因而仍属于单务合同。在法律上区分单务合同和双务合同的意义在于：

1. 在是否适用同时履行抗辩权上不同

双务合同成立以后，当事人各基于合同负履行义务，一方负担的义务是以他方负担义务为前提的。一方当事人只有在自己已经履行或者提出履行以后，才能要求对方当事人向自己履行义务；在对方未为对待履行和提出履行以前，可以拒绝对方的履行请求。在单务合同中，因为只有一方负担义务或者另一方虽然负有义务但其所负有的义务并不是主要的义务，不存在双方权利义务的相互对应和牵连关系，单务合同不适用同时履行抗辩权原则。

2. 在风险负担上不同的

双务合同中，非因一方当事人（如因不可抗力的发生）导致其不能履行合同义务，发生风险负担问题。不同国家法律规定有所有权主义、交付主义和折中主义模式。单务合同中，风险一律由债务人负担，不发生双务合同中由谁来负担的问题。

3. 因一方的过错所致合同不履行的后果不同

在双务合同中，如果非违约方已履行合同的，可以要求违约方履行合同或承担其他违约责任；如果违约方要求解除合同，则对其已经履行的部分，有权要求未履行给付义务的一方返还其已取得的财产。在单务合同中，一般不发生上述后果。

（二）有偿合同与无偿合同

以当事人获得合同中某种利益是否必须支付相应对价为标准，可以将合同分为有偿合同和无偿合同。

有偿合同，是指一方享有合同规定的某种利益，必须为此向对方当事人支付相应代价的合同。买卖合同、租赁合同、保险合同等，都是有偿合同。

无偿合同，是指一方享有合同规定的某种利益，并不向对方当事人支付相应对价的合同。在无偿合同中，一方当事人也要承担义务，如借用人无偿借用他人物品，负有正当使用和按期返还的义务。

有偿合同与无偿合同的区分意义在于：

1. 确定某些合同的性质

在债权合同中，许多合同只能是有偿的，不可能是无偿的。如果变有偿为无偿，或者相反，则合同关系在性质上就要发生根本的变化。例如买卖合同是有偿的，如果变为无偿合同，则变成了赠与关系。

2. 义务的内容不同

无偿合同中，利益的出让人原则上只应承担较低的注意义务，如在无偿保管合同中，保管人因过失造成保管物毁损灭失时，虽不能被免除全部责任，但应酌情减轻责任；在有偿合同中，当事人所承担的注意义务显然要较无偿合同中的注意义务为重，例如，有偿保管合同的保管人因其过失造成保管物毁损灭失时，应负全部赔偿责任。

3. 主体要求不同

订立有偿合同的当事人原则上应具备完全行为能力，而限制行为能力人非经其法定代理人的同意，不能订立一些较为重大的有偿合同；但纯获法律上利益的无偿合同，如接受赠与等，限制行为能力人和无行为能力人即使未取得法定代理人的同意，也可以订立该合同。

4. 有无返还义务不同

无处分权人通过有偿合同将财产转让于第三人时，如第三人为善意时，一般不负原物返还义务；若通过无偿合同转让于第三人时，在原物存在时，第三人负有返还原物的义务。

(三) 诺成合同与实践合同

以合同成立是否必须交付标的物或完成其他给付义务为标准，可将合同分为诺成合同和实践合同。

诺成合同，是指当事人的意思表示一致即能产生法律效果的合同，即"一诺即成"的合同。

实践合同，是指除当事人双方意思表示一致以外，尚须交付标的物或完成其他给付义务才能成立的合同。例如小件寄存合同，必须要寄存人将寄存的物品交保管人，合同才能成立并生效。

诺成合同与实践合同的主要区别在于，二者成立与生效的时间不同。诺成合同自双方当事人意思表示一致（即达成合意）时起即告成立；而实践合同则在当事人达成合意之后，还必须由当事人交付标的物以后，合同才能成立。诺成合同中，交付标的物或完成其他给付义务是当事人的义务，违反该义务即产生违约责任；实践合同中，交付标的物或完成其他给付义务只是先合同义务，违反它不产生违约责任，会构成缔约过失责任。

(四) 要式合同与不要式合同

以合同成立是否必须采取法律规定或当事人要求的一定形式为标准，可将合同分为要式合同与不要式合同。

要式合同，是指根据法律规定或当事人要求必须采取特定方式订立的合同。对于一些重要的交易，法律常要求当事人应当采取特定的方式订立合同。《合同法》要求必须采取书面形式的合同，如金融机构作为贷款人一方，订立的借款合同应当采用书面形式；租赁期限在6个月以上的定期租赁合同应当采用书面形式；融资租赁合同应当采用书面形式；建设工程合同应当采用书面形式；技术开发合同应采用书面形式；技术转让合同应当采用书面形式。

不要式合同，是指法律或当事人不需要采取特定形式的合同。根据合同自由原则当事人有权选择合同形式，但对于法律有特别的形式要件规定的，当事人应当遵循法律规定。要式合同与不要式合同的区别在于某些法律和行政法规对合同的形式要求会影响合同的生效。

（五）主合同与从合同

根据合同相互间的主从关系，可以将合同分为主合同与从合同。

主合同，是指不需要其他合同的存在即可独立存在的合同。例如，对于保证合同而言，设立主债务的合同就是主合同。

从合同，是指以其他合同的存在而为存在前提的合同。例如，保证合同相对于主债务合同而言，为从合同。由于从合同要依赖主合同的存在而存在，所以从合同又称为附属合同。

区分主合同和从合同的意义在于：主合同不能成立，从合同就不能有效成立；主合同转让，从合同也不能单独存在；主合同被宣告无效或被撤销，从合同也将失去效力；主合同终止，从合同亦随之终止。从合同不成立或失效，一般并不影响到主合同的效力。

（六）有名合同与无名合同

以法律上是否规定了一定合同的名称，可以将合同分为有名合同与无名合同。有名合同，又称为典型合同，是指法律上已经确定了一定的名称及规则的合同。如我国合同法所规定的15类合同，都属于有名合同。

无名合同，又称非典型合同，是指法律上尚未确定一定的名称与规则的合同。根据合同自由原则，合同当事人可以自由决定合同的内容，因此，即使当事人订立的合同不属于有名合同的范围，只要不违背法律的禁止性规定和社会公共利益，也仍然是有效的。从实践来看，无名合同大量存在，学者一般将其归为三类：一是纯无名合同，即以大量纯无规定的事项为内容的合同，或者说，合同的内容不属于任何有名合同的事项。二是混合合同，即在一个有名合同中规定其他有名合同事项的合同，如在租赁房屋时承租人以提供劳务代替交付租金的合同。三是准混合合同，即在一个有名合同中规定其他无名合同事项的合同。

区分有名合同和无名合同的意义在于：两者适用的法律规则不同，对于有名合同，应当直接适用合同法的规定，但在确定无名合同的适用法律时，首先应当考虑适用合同法的一般规则。对于无名合同来说，因其内容可能涉及有名合同的某些规则，因此，应当比照类似的有名合同的规则，参照合同目的及当事人意思等进行处理。如旅行合同中包含了运输合同、服务合同、房屋租赁合同等多项有名合同的内容，可类推适用这些有名合同的规则。

第二节　合同法概述

一、合同法的概念和体系

（一）合同法的概念

合同法是调整平等主体之间交易关系的法律。由于这些交易关系通常可以用货币来衡量，具有财产价值，故合同法为财产法。它主要规范合同的订立，合同的效力，合同的履行、变更、转让、终止、违反合同的责任及各类有名合同等问题。

作为调整平等主体之间财产交易关系的法律，合同法充分尊重当事人的意志，允许当事人自由协商合同内容，只要当事人之间的协议不违反法律，在当事人之间即产生法律效力。合同法也不限制合同的具体类型，当事人完全可以依其自由意志创设新的合同类型，并受到合同法的保护，因此，合同法的规范大多数是任意性规范。

（二）我国合同法的体系

我国《合同法》颁布以前，调整交易关系的法律是"三足鼎立"的局面，即由《经济合同法》、《涉外经济合同法》、《技术合同法》三部合同法分别进行调整，再加上一系列有关合同的行政法规，合同立法形成了三大合同法相互并存、一系列合同法规和规章同时存在的格局。1999年3月15日，九届全国人大第二次会议通过了《中华人民共和国合同法》，根据该法第428条，该法于1999年10月1日生效，同时《中华人民共和国经济合同法》、《中华人民共和国涉外经济合同法》、《中华人民共和国技术合同法》同时废止。现行合同法体系以《民法通则》、《合同法》为龙头，辅之以《著作权法》等单行法中关于合同的规范及司法解释，共同构成了我国合同法的体系。

二、合同法在私法体系中的地位与作用

（一）合同法在私法体系中的地位

大陆法系合同法是债法的组成部分，合同与侵权行为、不当得利、无因管理一起作为债发生的原因，债法包括了调整合同、侵权行为、不当得利、无因管理的民事法律规范。

英美法系并没有债法的概念，合同法是在判例中发展起来的自成一体的独立法律，是与侵权行为法、财产法并列的一个法律部门。

我国民法基本接受了大陆法系的立法体例，将合同、侵权行为、不当得利和无因管理作为债发生的原因，合同法是债法的一部分。针对这种立法体例，学者有关于债法存废的争议。一种观点认为，保留传统债法，合同法虽应成为一个相对独立的部分，但合同法不能完全取代债法。理由是，合同之债不能概括侵权之债以外的债的类型，随着合同法和侵

权法的相互渗透和影响，同时也产生了不能由合同法或侵权法调整的领域；债法制度较之合同法更为抽象，对合同法具有指导意义；英美法没有债法的概念是与其将"不当得利"、"无因管理"作为"准合同"及合同的对价理论密切联系在一起的。另一种观点认为，应当废除债法，由合同法和侵权法来取而代之。理由是，合同作为债产生的根据，与不当得利、无因管理、侵权行为并列，债法体系显得臃肿而缺少美感；合同法和债法有两个体系，但内容却统一；合同法总则也可以对债作出一般性规定。有学者建议将不当得利放在无过错的侵权责任之后规定，将无因管理放在委托合同之后规定，这样也能够为受损害的一方提供法律救济，实现法律上的公正。

（二）合同法在私法领域中的作用

合同是私法上产生权利和义务的根据，允许当事人根据契约自由设定自己的权利和义务，是私法与公法的分界线。现代社会的进步体现在契约法领域的扩大和强行法领域的缩小，社会财富越丰富，对财产的交换需要也就越来越多，如何在交换财产时使社会资源能够更有效率地配置，在增加个人财富的同时促进社会财富的增长，是合同法的一项基本任务。法国学者托尼·威尔指出："侵权之债的规则主要起保护财富的作用，合同之债的规则的作用则应具有创造财富的功能。"①

1. 鼓励交易，提高效率

合同法中所称的交易，是指独立的市场主体就其所有的或管理的财产和利益实行的交换。市场经济必须有成千上万个主体，这些主体对社会资源的配置是通过合同进行的。大部分资源的交换或交易都是一种缓期交易，因而需要一方信任另一方的承诺，如等待另一方的付款，相信另一方对货物质量担保的承诺。合同双方也可以自愿约定对违约的处理方法和对风险的分担等自我保护措施。经济分析认为这种纯粹的自愿交换制度可能是无效率的。当违约的收益超过缔约履约的成本时，当事人就有可能选择违约。为了鼓励人们订立关于将来履行义务的信用合同，我们必须建立法律秩序、制定规则，以保护当事人的期待利益是可实现的；为了保证当事人之间的自由交易是有效率的，就需要赋予无辜的一方当事人享有要求履行合同的、法律上可执行的请求权，更重要的是赋予他因对方不履行合同而遭受损害的赔偿请求权。所以合同法的基本功能是"阻止合同一方当事人对另一方当事人采取机会主义行为，以促进经济活动的最佳时机选择，并使之不必要采取成本昂贵的自我保护措施"。法经济学家对合同法功能的界定是以效率为主要追求目标的，但合同法的功能不仅仅体现在效率上，它更强调合同的公平正义。在效率方面的功能，合同法体现在赋予当事人的意志以法律效力，并保护当事人的期待利益即鼓励交易上。即通过合同的履行，使当事人的财产比交易之前有所增加，使社会资源达到最佳配置。

2. 对不确定的风险进行分配

由于缓期交易涉及交易当事人的未来行动，如果当事人自己完全可以在合同中确定在未履行的合同中他们享有什么样的权利，那么，合同法的规则也就不必要了，当事人只需

---

① 转引自王利明：《合同法的目标与鼓励交易》，载《法学研究》1996年第18卷第3期，第94页。

要遵守约定的规则便可；但是，当事人一方在谈判订立合同时，他需要付出相当高的成本以应付一切意想不到的情况。如果双方当事人能够依靠法律规定来弥补关于固有风险分担的规则所造成的不足，并提供完全履行合同的成本的激励措施，则这种成本是完全可以避免的。因此，合同法的另一个功能就是通过加入遗漏条款对当事人之间的这种不确定风险进行合理分配，并通过违约责任制度使合同的当事人事先预料行为的后果和交易的风险，减少合同成本。其实合同法赋予当事人之间的合同以法律效力，其目的还在于通过责任的强制性和对违约行为的制裁来纠正不法行为，预防和减少违约的发生，维护交易秩序。只有有序的交易才是有效率的。合同法是保证交易有效率进行的基础。

3. 维护社会经济秩序

在市场经济条件下，几乎一切交易活动都是通过缔结和履行合同来进行的，交易活动乃是市场活动的基本内容，无数的交易构成了完整的市场，合同关系是市场经济社会最基本的法律关系。所以，为了促进市场经济的高度发展，就必须使合同法具有鼓励交易的职能和目标。只有鼓励当事人从事更多的合法的交易活动，才能活跃市场，推行竞争，优化资源配置，降低交易成本，加速社会财富积累，市场经济才能真正得到发展。

第三节　合同法的基本原则

一、合同自由原则

（一）合同自由的含义

近代私法有三大原则：所有权神圣、过错责任、意思自治，合同自由是意思自治原则的核心。合同是当事人意思自治的结果，当事人经过充分协商，确立自己的权利和义务，创设自己的私人空间，安排自己的生活，这种自由体现了合同法最基本的价值。合同自由是指当事人依法享有缔结合同、选择相对人、选择合同内容、变更和解除合同、确定合同形式等方面的自由。英国学者阿蒂亚认为，合同自由的思想应当包括两方面的含义：首先，合同是当事人相互同意的结果；其次，合同是自由选择的结果。

（二）合同自由原则产生的历史背景

合同自由的雏形出现在商品生产社会的第一个世界性法律——罗马法中。合同自由原则在罗马法中虽然只是一种思想，反映在诺成契约形式中，但"罗马法的契约自由思想，为现代契约制度的形成和发展奠定了理论基础"。[①] 在自由资本主义时期，自由经济的代表人物亚当·斯密提倡经济上的自由放任主义，主张废除各种限制性法规，政府应当采取和奉行不干涉经济事务的政策。合同自由正是这种自由主义的经济学说在法律上的反映。19世纪开始，商品经济在西欧及地中海地区的发展，为合同自由的确立提供了社会实践

---

① 马俊驹、陈本寒：《罗马法上契约自由思想的形成及对后世法律的影响》，中国人民大学出版社1995年版。

经验；在自由经济主义经济思想和强调人类自由的理性哲学的基础上，合同自由原则产生，并在合同法中逐渐被确认，成为近代合同法的基本原则。正是由于合同自由原则符合资产阶级政治、经济、文化的需要，且资产阶级的政治、经济、文化又为其提供了生长的土壤，合同自由原则才得到了飞速的发展，显示出极其强大的生命力。直到19世纪晚期，合同自由原则得到了空前的发展，此后，在长达百年的时间内被奉为神圣、不可动摇的法律准则，具有至高无上的地位，"合同自由原则成为近代合同法的核心和精髓，且在大陆法系国家被奉为民法的三大原则之一"。①

（三）合同自由的内容

1. 缔约自由

即是否缔结合同的自由。私法上的主体可自由确定是否进入某一合同关系，进入或不进入由其自主决定。合同自由赋予民事活动主体自由创设与他人之间关系的权利，未经其同意，不会进入任何合同关系。

2. 选择相对人的自由

即决定和谁订立合同的自由。在决定订立某一合同后，私法上的主体可自主确定和谁订立合同，有选择的权利。正是主体的自由选择，市场经济才得以建立、竞争性市场价格得以形成、市场对社会资源的配置功能方得以发挥。

3. 合同内容自由

即确定合同具体内容的自由。合同内容决定着合同当事人间的具体法律关系，合同在当事人之间有着相当于法律的效力，合同内容自由实际上是合同主体构筑与他人间法律关系的权利的体现。合同内容自由还可体现为合同类型自由，当事人自由商定合同内容，不受法律规定的合同类型的限制，当其所确定的合同内容无法纳入现行合同类型时，便创设了新的合同类型，其所为约定仍然有效。故此，合同法上存在有名合同和无名合同之分。

4. 合同形式自由

即选择以何种形式成立合同的自由。合同的核心在于当事人的合意，因而只要有合意存在、当事人均有受约束的意思，合同即应发生效力，至于该合意采取何种形式，是无关紧要的。现代合同法已全面采纳了合同形式自由主义，以体现合同自由的精神。

5. 变更和解除合同的自由

合同的当事人可以协商变更或解除合同，或者行使合同解除权解除合同。传统合同法坚守合同一旦成立，就必须严格遵守的原则。由于世界局势的动荡和市场情况的剧烈变化，允许当事人变更或解除合同，使合同法更能适应经济情况的变化，更好地协调当事人之间的利益冲突。因此，当事人根据变化了的情况，协商变更或解除合同既是当事人意思自治的体现，也是法律赋予当事人的权利。

（四）合同自由在现代合同法上的变化

资本主义发展到垄断资本主义阶段，社会经济基础发生深刻变化。垄断企业成了合同

---

① 王利明、崔建远：《合同法新论·总则》，中国政法大学出版社1998年版。

的主导者，经济地位的不平等导致合同相对人只有附和的"自由"，形式上的合同自由替代了实质上的合同自由。合同关系的严重失衡、各种不公平合同条款的出现、社会冲突加剧，导致合同自由原则所赖以生存的经济基础不复存在。合同法的古典理念和制度基础受到社会变迁的冲击，不得不做出适当的调整。因此，国家对合同进行干预，意在维护交易的安全，保护处于弱势一方的利益，调和社会矛盾，法律的中心也从个人移向社会。合同自由原则在现代的变化体现在以下几个方面：

1. 劳动法领域

在劳动法领域中对契约自由的规制主要是在承认雇主和劳动者之间的地位差别的前提下，为保护劳动者的利益而对劳动契约的缔结、条件、契约的解除等作出的规制。

2. 消费者立法

保护消费者的立法，对契约的传统的订立过程进行干预，以消除消费者与商品经营者之间关系上的种种不平衡。

3. 强制性缔约

强制性缔约义务的立法规定，取消了当事人不订立契约的自由，但保留了当事人选择相对人的自由，或者相反，保留了当事人不订立契约的自由，但不允许当事人对缔约相对人进行任意的选择。

4. 格式合同

格式合同的大量出现，使相对人在订立合同时只能选择全部接受或者放弃订立合同，使经济上处于弱势地位的一方当事人丧失了选择合同相对人的自由，确定合同内容的自由。

5. 司法裁判

法官基于对实质正义的追求，利用立法上的弹性条款，创设了种种判例规则，如诚实信用原则、禁止权利滥用原则、情事变更原则、合同解释规则等，从司法审判上对合同自由进行规制。

(五) 合同自由的价值评价

合同自由作为私法中最具魅力的法律原则，一经产生，便以其巨大的力量影响着整个世界。第一，合同自由使人们不再受身份的限制，能够自由地参与市场竞争。第二，合同自由进一步发展了人文主义的伦理观。在合同自由确立之后，它本身含有的自由意思、平等、权利、义务责任等价值得到了法律的尊重，是人文主义伦理观中关于天赋人权、人人都有自由追求幸福和财富的权利的思想的进一步发展和深化，并为资本主义精神奠定了基础。第三，合同自由促进了资本主义经济的发展。在亚当·斯密自由主义经济学说的影响下，提倡自由竞争成为19世纪市场经济发展的中心环节。在市场中，财富的转让、资源的配置和劳动力的使用都是通过合同来实现的，不受限制的交换，使各种资源得到了最有效的配置和使用。合同自由不仅使市场经济的运转得以顺利进行，而且还大大诱发了人们的创造力，从而为近代经济的发展注入了无穷的活力。正是在这个意义上，我们说市场经济就是合同经济。①

---

① 苏号朋：《论契约自由兴起的历史背景及其价值》，载《法律科学》1999年第5期。

自由是市场经济的圣经，合同自由原则同样应该成为合同法最根本的价值信奉。对于法官而言，坚持合同自由原则，就是在法律允许的范围内，尽量促成合同的成立与生效，尽量使生效的合同得到全面的履行。当然，我们强调合同自由原则的重要性，并不是说在合同法中应认同绝对的合同自由。恰恰相反，在任何时候都没有无限制的自由，只有受到妥当的限制，才真正能够实现自由。其实在合同法分则中，就有对合同自由的限制。比如，就当事人的缔约自由，《合同法》第289条规定"从事公共运输的承运人不得拒绝旅客、托运人通常的、合理的运输要求"就是对这一自由的限制；再如选择合同对方当事人的自由，《合同法》第230条规定"出租人出卖租赁房屋的，应当在出卖之前的合理期限内通知承租人，承租人享有以同等条件优先购买的权利"，其中承租人的优先购买权，就限制了出租人在订立房屋买卖合同时，选择合同对方当事人的自由；另外就决定合同内容的自由，《合同法》第329条的规定"非法垄断技术、妨碍技术进步或者侵害他人技术成果的技术合同无效"，就是对这一自由的限制。就合同法总则而言，当然也存在对合同自由的限制，比如合同法基本原则中的公平原则、诚实信用原则、公序良俗原则、守法原则、合同必须严格遵守的原则等，《合同法》第39条、第40条、第52条、第53条等，以及与权利的行使期限有关的条款，都属于这一类。

二、诚实信用原则

（一）诚实信用原则的含义

垄断的出现，打破了古典自由经济理论中关于市场主体平等、市场竞争是充分的、主体信息是完全的三个假设，社会经济生活发生了深刻的变化。劳动者与雇主、消费者与经营者之间的对立日益尖锐，调和社会矛盾成为立法者不得不重视的政策，在各国劳动者和消费者运动中，合同正义成为现代合同法的追求，诚实信用原则成为强化对经济上弱者的保护，维护社会公平正义，平衡利益关系，矫正完全的合同自由带来的合同关系和社会关系失衡的利剑。

诚实信用原则是合同法中一个极为重要的原则。在大陆法系，它常常被称为债法中的最高指导原则或者称为"帝王规则"。该原则起源于罗马法，在罗马法中称为"善意"原则，在法国法中也称为"善意"原则，在德国民法中称为"诚实和信用"原则。

随着市场交易的频繁进行，诚实信用被确立为一项交易的基本准则及基本的道德要求，并上升为法律要求。作为高度抽象化的基本原则，它是通过在每一制度中的具体体现而显示其存在的。诚实信用原则要求民事主体在民事活动中维持双方的利益平衡，诚实守信，以善意的方式履行其义务，不得滥用权利及规避法律和合同规定的义务。同时，诚实信用原则要求维持当事人之间的利益以及当事人利益和社会利益的平衡。

（二）诚实信用原则在合同法中的体现

基于诚实信用原则产生了附随义务及其理论，主要体现在以下几方面：

1. 在合同成立之前的先合同义务

传统民法认为，只有合同成立当事人之间才互相负有义务，现代合同法则认为，合同成立之前，双方已经形成"合理信赖利益"，由此派生出合同订立过程中相应的协作、通知、照顾、保护及保密等附随义务。这种附随义务在合同订立阶段称为先合同义务，违反此义务的当事人应承担缔约上过失责任。《合同法》第 43 条对保密义务的规定，便是典型的先合同义务，第 42 条规定了缔约过失责任。

2. 在合同履行过程中的附随义务

《合同法》第 60 条规定，当事人应当按照约定全面履行自己的义务。同时又规定当事人应当遵循诚实信用原则，根据合同的性质、目的和交易习惯履行通知、协助、保密等义务。

3. 在合同终止后的后合同义务

传统民法认为，合同终止后，当事人之间权利义务关系归于消灭；而现代民法则基于诚实信用原则，为更周到地保护当事人利益，创设出后合同义务。如《合同法》第 92 条规定，合同权利义务终止后，当事人应遵循诚实信用原则，根据交易习惯履行通知、协作、保密等义务。

（三）诚实信用原则在合同法中的作用

合同法诚实信用原则是实施合同正义立法政策的重要手段，在市场交易的过程中发生不道德的或投机性的行为时，法律规定得再细致也不能完全消除市场主体逐利的此类行为。由于社会个体之间的利益经常是对立的，个体对利益的最大化追求决定了绝对强调个人意思必然会造成一部分个体利益的缺失，有时候还会损害到社会的公共利益。出于利益平衡和社会公共利益保护的需要，诚实信用原则作为立法上的利益平衡和公共利益保护的政策手段，用来阻止当事人的机会主义行为。在司法领域，由于法律的稳定性和局限性，立法上会存在一定的漏洞。法官在对案件的裁判上，可以运用诚实信用原则弥补这些漏洞和缺陷，运用诚实信用原则进行解释。该原则赋予法官在裁判上一定的自由裁量权，能够发挥法官个人对法律在具体案件适用的创造力。在保护交易方面，诚实信用原则平衡了当事人之间的关系，更好地保护了交易的安全，大大地降低了交易的风险，促进了交易的便捷，从而提高了交易的效率。

三、鼓励交易原则

（一）合同法鼓励交易的动因

合同法是调整交易关系的法律，其基本规则就是规范交易过程，并维护交易秩序。

鼓励交易是为促进市场发展所必需。市场经济中，一切的交易活动都是通过缔结和履行合同来完成的。鼓励交易意味着鼓励市场主体积极追求自身利益，市场主体越活跃，市场活动越频繁，市场经济越发达。

鼓励交易是提高效率、增进社会财富积累的手段。不同的交易主体有不同的交易需求，对不同的使用价值有不同的追求，通过交易，可以将静态的社会资源进行重新配置，使社会资源流转到最能够有效使用它的人手中，避免资源的闲置和浪费。市场主体在追求自身利益的同时，也促进了社会整体财富的积累。

鼓励交易有益于维护合同自由，实现当事人的意志和缔约目的。合同是当事人自由意志的体现，合同的履行是交易完成和财富流转的基本手段，订立合同是为了达到自身追求的利益和经济目的，得到合同法肯定和保护的交易才能完成这个使命。

（二）鼓励交易原则在合同法中的体现

合同法鼓励合法的交易、自愿的交易和可实际履行的交易。《合同法》总则在多项制度设置上体现了鼓励交易的原则。

严格限制无效合同的范围。《合同法》将无效合同的范围严格限制在违反法律的强制性规定、社会公共利益等方面，对意思表示不真实的合同，尊重当事人的选择，不再强行干预其效力，主要目的是从维护交易安全出发，允许当事人对涉及自身利益分配的合同效力行使选择权。

规定合同的订立制度。《合同法》对合同成立的程序规定了清晰的要件，使当事人清楚缔约规则，避免当事人的无效谈判和浪费缔约成本，极力促使合同成立，使交易达成并能够履行。

在可撤销合同制度中提倡变更合同，如果当事人没有提出撤销合同请求，法院或仲裁机构不得主动撤销，只要通过变更合同可以达到当事人的利益平衡即不倡导撤销合同，以此达到鼓励的目的。

严格限制违约解除合同的条件。合同的解除极容易消灭交易，合同法在解除合同的自由与限制解除合同的条件上进行了平衡，一方面允许解除合同，另一方面严格限制解除合同的条件，只有在根本违约的情形下可以单方解除合同，从而减少了交易被消灭的可能性。

合同法分则也贯彻了鼓励交易的立法宗旨。在合同法分则的规范结构上，任意性规范也即补充性规范，占据了法律条文的绝大多数，而强行性规定仅占很小的比例。此外还有少量的单向限制性规范和倡导性规范。任意性规范是用来补充当事人意思表示不足的，所以只有在当事人没有特别约定也没有特殊的交易惯例的时候，才能将法律上所规定的任意性规范作为裁判规范来适用。单向限制性规范，只有在权利人主张相应权利的背景下才能够成为法官的裁判规范；倡导性规范一般不会作为法官的裁判规范。强行性规范尽管可以直接作为法官的裁判规范，但应以当事人发动诉讼为前提。法官不能像行政机关行使权力一样，主动地发动司法权去干预市场。司法权的发动具有被动性和消极性，法官遵守的原则是"不告不理"。就合同纠纷而言，所谓"不告不理"，包括两重含义：一是说法官不能在司法权没有被当事人发动的情况下，主动介入到市场交易关系中去；二是说即使司法权被当事人发动了，对于当事人没有提请法官裁决的事项，除强制性规范所规定的事项，法官不能主动去作出裁决。

练习题
一、单项选择题

1. 下列各项合同中，不属于《合同法》调整的是（　　）。
   A. 行纪合同　　B. 融资租赁合同　　C. 收养合同　　D. 培训合同

2. 下列协议中哪项协议适用合同法？（　　）

   A. 甲与乙签订的遗赠扶养协议

   B. 乙与丙签订的监护责任协议

   C. 丙与本集体经济组织签订的联产承包协议

   D. 丁与戊企业签订的企业承包协议

3. 甲公司要运送一批货物给收货人乙公司，甲公司的法定代表人丙电话联系并委托某汽车运输公司运输。汽车运输公司安排本公司司机刘某驾驶。在运输过程中，因刘某的过失发生交通事故，致货物受损。乙公司因未能及时收到货物而发生损失。问：乙公司应向谁要求承担损失？（　　）

   A. 甲公司　　　B. 丙　　　C. 刘某　　　D. 汽车运输公司

二、多项选择题

1. 下列合同中，既可以是有偿合同也可以是无偿合同的有哪些？（　　）

   A. 保管合同　　B. 委托合同　　C. 借款合同　　D. 互易合同

2. 下列哪些合同既属于双务合同，又属于有偿合同？（　　）

   A. 买卖合同　　　　　　　　　B. 借贷合同

   C. 租赁合同　　　　　　　　　D. 付有保管费的保管合同

3. 甲、乙双方达成协议，约定甲将房屋无偿提供给乙居住，乙则无偿教甲的女儿学钢琴。对于该协议，下列哪些说法是正确的？（　　）

   A. 属于无名合同

   B. 属于实践合同

   C. 应适用《合同法》总则的规定

   D. 可以参照适用《合同法》关于租赁合同的规定

第二章

合同订立

教学目的和要求
1. 理解合同订立的一般程序与合同的特殊订立方式；
2. 掌握合同的内容与形式；
3. 了解合同的解释原则和合同的解释规则。

主要内容：合同订立的一般程序，合同的特殊订立方式，合同订立的时间和地点。

自学：合同的内容与形式。

讨论：要约的撤回与撤销的区别。

作业：
1. 试述合同的成立条件。
2. 试述要约的有效条件。
3. 要约与要约邀请有何区别？如何区分？
4. 试述要约的法律效力。
5. 要约的撤回与撤销有何区别？
6. 试述承诺的成立条件。
7. 如何确定合同成立的时间和地点？
8. 缔约过失责任与违约责任有何区别？

案例引导

商业广告是否为要约

某汽车销售商于报纸上发布一则广告，称"新到一批德国原产奥迪轿车，价格××人民币……见报后10天内保证有货"。那么，这则广告是否为要约呢？

【分析】本案例虽然属于商业广告，但根据《合同法》第15条第2款的规定，商业广告的内容符合要约规定的，视为要约。

第一节　合同订立概述

一、合同订立的概念

合同订立，是指缔约人为意思表示并达成合意的状态。它描述的是缔约各方自接触、洽商直至达成合意的过程，是动态行为和静态协议的统一体。该动态行为包括缔约各方的接触和洽商，达成协议前的整个讨价还价过程均属动态行为阶段。此阶段由要约邀请、要约、反要约制度规范和约束，产生先合同义务及缔约过失责任。静态协议是指缔约达成合意，合同条款至少是合同的主要条款已经确定，各方当事人享有的权利和承担的义务得以固定，也就是说，合同成立了。其中，承诺、合同成立要件和合同条款等制度发挥作用。由此可知，合同订立与合同成立不尽相同：后者仅是前者的组成部分，标志着合同的产生和存在，属于静态协议；前者的含义广泛，既含有合同成立这个环节，又包括缔约各方接触和洽商的动态过程，可以说涵盖了交易行为的大部分。

二、合同订立的意义

合同订立是交易行为的法律运作，没有合同订立就没有交易，也没有合同。其动态阶段是交易主体（缔约人）利用其经济条件、社会环境，发挥其聪明才智，采取各种策略，说服交易对方，争取确定有利于己的合同条款的过程，体现着交易主体的经济实力、法律水平、谈判技巧、精神风貌，从而反映特定社会的风气。其静态协议则是洽商成果的固定，是交易主体之间权利义务关系的确定（合同成立并生效时）或者是确立的前提（合同尚未生效时）。静态协议即合同成立是确认合同有效的前提，合同只有成立后才谈得上衡量其是否有效。

合同是个动态全过程，它始于订立，终结于适当履行、责任承担及合同解除。其间可能涉及保全、担保、变更、转让、解除、消灭等环节。只有合同订立，才能启动上述环节。合同订立的质量状况，也会直接影响其后诸环节。合同订立得审慎、完备、适法，一方面可以加速交易进程，提高经济效益；另一方面可以保证各个环节的顺利进行，防止交易关系发生阻塞。①

合同订立也是合同法上的责任得以成立的前提。合同订立中的洽商阶段可产生先合同义务及缔约过失责任。合同成立，但归于无效或被撤销时，可产生缔约过失责任；合同成立并有效，当事人违约时可产生违约责任；合同成立但尚未生效，就不产生履行义务，因而也不成立违约责任，并且，只要当事人不撕毁合同，连缔约过失责任亦不产生。

三、合同成立的要件

合同成立是合同订立的重要组成部分，且为结晶，其要件有：（1）缔约人。缔约人

---

① 苏惠祥：《当代中国合同法论》，吉林大学出版社1992年版，第65页。

是实际订立合同的人,既可以是未来合同关系的当事人,也可以是合同当事人的代理人。由于合同系多方法律行为,缔约人必须是双方以上的人。(2)意思表示一致。缔约人须就合同条款,至少是主要条款,达成合意,合同才成立。

对于合同标的是否为合同成立要件之一,大陆法系的传统理论认为,合同成立要件包括合同标的,而我国有些学者则认为合同标的问题归属于合同的效力中。①

当合同被认为是为将来的履行而有意识地订立时,不同的想法便成为必需,也就是说,建立如何确定合同已经订立的规则就势所必然。要约和承诺的规则随之成为合同法的必需部分。②

第二节 要 约

一、要约的概念和法律性质

要约又称为发盘、出盘、发价、出价或报价等,是订立合同所必须经过的程序。根据我国《合同法》第14条的规定,"要约是希望和他人订立合同的意思表示"。可见,要约是一方当事人以缔结合同为目的,向对方当事人所作的意思表示。发出要约的人称为要约人,接受要约的人则称为受要约人、相对人和承诺人。

依据我国《合同法》第13条的规定,要约是订立合同的必经阶段,不经过要约的阶段,合同是不可能成立的。要约作为一种订约的意思表示,它能够对要约人和受要约人产生一种拘束力。尤其是要约人在要约的有效期限内,必须受要约的内容拘束。依据我国《合同法》第14条的规定,要约的意思表示必须"表明经受要约人承诺,要约人即受该意思表示约束"。要约发出后,非依法律规定或受要约人同意,不得变更、撤销要约的内容,据此表明要约与不能产生行为人预期的法律效果的事实行为是不同的。由于要约人要受到要约的拘束,因此与要约邀请也是不同的。不过,要约尽管是一种意思表示,但并不是民事法律行为。一方面,要约必须经过受要约人的承诺,才能产生要约人预期的法律效果(即成立合同),而民事法律行为都可以产生行为人所预期的法律效果。另一方面,要约人所作出的意思表示可以是合法的,也可以是非法的,但依据我国《民法通则》关于民事法律行为的规定,民事法律行为都是合法的。由于要约是一种意思表示,且具有法律意义,并能产生法律后果,违反有效的要约将产生缔约上的过失责任。如果不是一种意思表示而是一种事实行为,则不能产生一定的法律后果。既然要约不是一种法律行为,当然也不是一种附条件的法律行为,因为附条件的法律行为是基于双方的共同的意思表示而成立的,必须有双方当事人共同约定,因此条件是合意的产物。但是,对要约来说,其内容只是表达了要约人一方要求订立合同的意思,合同是否能够成立、要约的条件是否能被受

---

① 王利明:"论履行不能",载杨振山、[意]斯奇巴尼主编:《罗马法·中国法与民法法典化》,第407、425页。

② P. S. Aliyah: The rise and fall of freedom of contract. Oxford, Clarendon Press, Oxford University Press, p. 466, 467.

要约人所接受，均有待于受要约人做出承诺。如果没有承诺，那么要约就不能产生要约人所预期的法律效果，而没有所谓合意存在。因此，认为要约是附条件的法律行为的观点是不妥当的。

二、要约的有效条件

要约通常都具有特定的形式和内容，一项要约要发生法律效力，必须具有特定的有效条件，不具备这些条件，要约在法律上不能成立，也不能产生法律效力。要约的有效条件包括以下一些：

（一）要约是由具有订约能力的特定人作出的意思表示

要约的提出，旨在与他人订立合同，并唤起相对人的承诺，所以要约人必须是订立合同的一方当事人。例如，对订立买卖合同来说，他既可以是买受人，也可以是出卖人，但必须是准备订立买卖合同的当事人。如果是代理人，还需要有本人的授权。由于要约人欲以订立某种合同为目的而发出某项要约，因此他应当具有订立合同的行为能力。我国《合同法》第9条规定，"当事人订立合同，应当具有相应的民事权利能力和民事行为能力"。因此，要约人应当具有缔约能力，无行为能力人或依法不能独立实施某种行为的限制行为能力人发出欲订立合同的要约，不应产生行为人预期的效果。

（二）要约必须具有订立合同的意图

要约人发出要约的目的在于订立合同，而这种订约的意图一定要由要约人通过其发出的要约充分表达出来，才能在受要约人承诺的情况下产生合同。根据我国《合同法》第14条规定，要约是希望和他人订立合同的意思表示，要约中必须表明要约经受要约人承诺，要约人即受该意思表示拘束。如何判定要约人所发出的要约具有订约意图，并且成为一项有效的要约呢？这就要根据要约所实际使用的语言、文字及其他情况来确定要约人是否已经决定订立合同。决定订约意味着要约人并不是打算"准备"和"正在考虑"订约，而是已经决定订约。由于要约具有订约的意图，因此，一经承诺，就可以产生合同。

（三）要约必须向要约人希望与之缔结合同的受要约人发出

要约只有向要约人希望与之缔结合同的受要约人发出，才能够唤起受要约人的承诺。然而，受要约人是否必须是特定的人，则是一个值得探讨的问题。我们认为，要约原则上应向特定的人发出，特定人可以是一个，也可以是数个。为什么要约的相对人原则上应当特定呢？其主要原因在于：一方面，相对人的特定，意味着要约人对谁有资格作为承诺人的问题作出了选择，也只有相对人特定，才能明确确定承诺人。一旦要约人确定了要约的相对人，一经对方承诺，就不需要约人再做任何行为，合同就可以成立。[①] 反之，如果相对人不能特定，则意味着要发出提议的人并未选择真正的相对人，该提议不过是为了唤起

[①] 徐炳：《买卖法》，经济日报出版社1991年版，第78页。

他人发出要约，本身不是要约。如向公众发出某项提议，通常是希望公众中的某个特定人向其发出要约。另一方面，如果要约的对象不能确定时，仍可以称为要约，那么向不特定的许多人同时发出以某一特定物的出让为内容的要约是有效的，这就会造成一物数卖，影响交易安全的后果。实践证明，原则上要求要约的相对人必须特定，这有助于减少因向不特定的人发出要约所产生的一些不必要的纠纷，有利于维护交易安全。

要约原则上应向特定的相对人发出，并不是说严格禁止要约向不特定的人发出。一方面，法律在某些特定情况下，允许向不特定的人发出订约的提议具有要约的效力，如对悬赏广告可明确规定为要约。另一方面，要约人愿意向不特定人发出要约，并自愿承担由此产生的后果，在法律上也是允许的。但是，向不特定人发出要约，必须具备两个要件：一是必须明确表明其作出的建议是一项要约而不是要约邀请。这里所说的"明确表示"可以以各种方式表示，如在广告中注明"本广告构成要约"，或者注明"广告所列的各种商品将售予最先支付现金或最先开来信用证的人"，等等；二是必须明确承担向多人发出要约的责任，尤其是要约人发出要约后，必须具有向不特定的相对人作出承诺以后履行合同的能力。如果订约的提议中已经注明是要约且能够确定是要约，那么在向数人作出承诺而要约人又无履行能力时，要约人应对其要约产生的后果承担一切责任。①

（四）要约的内容必须具体确定

根据我国《合同法》第14条的规定，要约的内容必须具体确定。所谓"具体"，是指要约的内容必须具有足以使合同成立的主要条款。如果不能包含合同的主要条款，承诺人即难以作出承诺，即使作了承诺，也会因为这种合意不具备合同的主要条款而使合同不能成立。当然，合同的主要条款，应当根据合同的性质和内容来加以判断。合同的性质不同，它所要求的主要条款是不同的。所谓"确定"，是指要约的内容必须明确，而不能含糊不清。要约应当使受要约人理解要约人的真实意思，否则便无法承诺。要约的内容越齐备和充实，越有利于承诺人迅速作出承诺。如果缺少某些次要条款，也会使承诺人提出反要约，从而使合同不能迅速地成立。

（五）要约必须送达受要约人

要约只有在送达到受要约人以后，才能为受要约人所知悉，才能对受要约人产生实际的拘束力。所以，《联合国国际货物销售公约》第15条规定，"发价于送达被发价人时生效"，这是对大陆法立法经验的总结。我国《合同法》第16条也规定："要约到达受要约人时生效。"如果要约在发出以后，因传达要约的信件丢失或没有传达，则不能认为要约已经送达。当然，对话要约不存在送达问题，只要求要约人应当将要约的内容告知受要约人，使其了解其内容。而对于非对话要约，则应将要约的信件送达到能够为受要约人所能支配的地方。至于受要约人是否实际拆阅了这些信件或文件，则不必考虑。

---

① 罗德立：《香港合约法纲要》，北京大学出版社1995年版，第171页。

三、要约与要约邀请的区别

(一) 要约与要约邀请的区分标准

要约邀请又称引诱要约,是指希望他人向自己发出要约的意思表示。可见,要约邀请具有如下特点:第一,要约邀请是一方邀请对方向自己发出要约①,而不是像要约那样由一方向他人发出订立合同的意思表示。第二,从法律性质上看,要约是当事人旨在订立合同的意思表示,它有一经承诺就产生合同的可能性,所以,要约在发出以后,对要约人和受要约人都产生一定的拘束力。如果要约人违反了有效的要约,应承担法律责任。但要约邀请不是一种意思表示,而是一种事实行为,也就是说,要约邀请是当事人订立合同的预备行为,在发出要约邀请时,当事人仍处于订约的准备阶段。② 第三,要约邀请只是引诱他人发出要约,它既不能因相对人的承诺而成立合同,也不能因自己作出某种承诺而约束要约人。在发出要约邀请以后,要约邀请人撤回其邀请,只要没有给善意相对人造成信赖利益的损失,要约邀请人一般不承担法律责任。

如何区别要约邀请和要约,在实践中极为复杂,各国立法和实践对此规定的标准并不完全一致。由于区分标准不同,对招标、投标、悬赏广告等性质的认定也不完全相同。根据我国司法实践和理论,我们认为,可从如下几方面来区分要约和要约邀请,并解决在缔约过程中产生的某些纠纷:

1. 依法律规定作出区分

法律如果明确规定了某种行为为要约或要约邀请,即应按照法律的规定作出区分。例如,我国《合同法》第15条规定,寄送的价目表、拍卖公告、招标公告、招股说明书、商业广告等为要约邀请。据此,对这些行为应认定为要约邀请。

2. 根据当事人的意愿来作出区分

此处所说的当事人的意愿,是指根据当事人已经表达出来的意思来确定当事人对其实施的行为主观上认为是要约还是要约邀请。具体来说,一方面,看提议的内容,要约中应当含有当事人受要约拘束的意旨,而要约邀请只是希望对方主动向自己提出订立合同的意思表示。另一方面,看提议中的声明,看当事人在其行为或提议中特别声明是要约还是要约邀请。例如,某时装店在其橱窗内展示的衣服上标明"正在出售"且标示了价格,或者标示为"样品",则"正在出售"的标式可视为要约,而"样品"的标示则可认为是要约邀请。同时,当事人也可以对其所作的提议明确作出"对方不得就其提议作出承诺"或明确指出"他无意使其提议具有法律拘束力",这样,他所作的提议可能是要约邀请,而不是要约。尤其应当看到,由于要约是旨在订立合同的意思表示,因此,要约中应包含明确的订约的意图。而要约邀请人只是希望对方向自己提出订约的意思表示,所以,在要约邀请中订约的意图并不是很明确。

3. 根据提议的内容是否包含合同的主要条款来区分

---

① 王家福:《中国民法学·民法债权》,法律出版社1991年版,第283页。
② 苏惠祥:《中国当代合同法论》,吉林大学出版社1992年版,第72页。

根据提议的内容是否包含了合同的主要条款来确定该提议是要约还是要约邀请。要约的内容应当包含合同的主要条款，这样才能因承诺人的承诺而成立合同。而要约邀请只是希望对方当事人提出要约，因此，它不必包含合同的主要条款。例如，甲对乙声称"我有位于某处的房屋一幢，愿以低于市场价出售，你是否愿意购买"，因该提议中并没有明确价款，不能认为是要约。如甲明确提出以20万出售位于该处的房屋，则因为其中包含了合同的主要条款，而认为是一项要约。在我国司法实践中，通常以是否包含合同主要条款作为判断一项广告是要约还是要约邀请的主要标准。也就是说，如果广告中包含了合同的主要条款，如提出了名称、价款、型号、性能等内容，可认为是一种要约；如果没有具备合同主要条款，则认为只是要约邀请。但应当指出，仅仅以是否包含合同的主要条款来作出区分是不够的，即使要约人提出了未来合同的主要条款，但如果他在提议中声明不受要约的拘束，或提出需要进一步协商，或提出需要最后确认等，则都将难以确定他具有明确的订约意图，因此不能认为该广告是要约。

4. 根据交易的习惯，即当事人历来的交易做法来区分

例如，询问商品的价格，根据交易习惯，一般认为是要约而不是要约邀请。再如，出租车司机将出租车停在路边招揽顾客，如果根据当地的规定和习惯，出租车司机可以拒载，则此种招揽是要约邀请；如果不能拒载，则认为是要约。

此外，在区分要约和要约邀请时，还应当考虑到其他情况，诸如是否注重相对人的身份、信用、资历、品行等情况（如招聘家庭教师的广告，即使包含了明确的订约目的和合同的主要条款，也可能不作为要约，因为招聘人注重家庭教师的个人情况，需要与其实际接触和协商），是否实际接触，一方发出的提议是否使他方产生要约的信赖，等等，综合各种因素考虑某项提议是要约还是要约邀请。由于作出要约与要约邀请的区分通常关涉合同是否成立，有关当事人是否应当承担合同上的义务和责任等问题，因此，此种区分在实践中具有很大意义。

（二）几种典型的要约邀请行为

根据我国《合同法》第15条的规定，下列行为属于要约邀请：

1. 寄送的价目表

生产厂家和经营者为了推销某种商品，通常向不特定的相对人派发或寄送某些商品的价目表。此种发出价目表的行为，虽包含了商品名称及价格条款，且含有行为人希望订立合同的意思，但由于从该行为中并不能确定行为人具有一经对方承诺，即接受承诺后果的意图，而只是向对方提供某种信息，希望对方向自己提出订约条件（如购买多少本图书和某种图书），因此，该行为只是要约邀请，而不是要约。当然，如果行为人向不特定的相对人派发某种商品的订单，并在订单中明确声明愿受承诺的拘束，或者从订单的内容中可以确定他具有接受承诺后果拘束的意图，则应认为该订单不是要约邀请，而是要约。

2. 拍卖公告

所谓拍卖，是指拍卖人在众多的报价中，选择报价最高者与其订立合同的一种特殊买卖方式。拍卖一般分为三个阶段：（1）拍卖表示，是指拍卖人经过刊登或发出拍卖公告，

在拍卖公告中对拍卖物进行宣传和介绍。对拍卖表示，各国合同法一般认为属于要约邀请。① 因为在该表示中并不包括合同成立的主要条件，特别是未包括价格条款。（2）拍卖（又称叫价），是指竞买者向拍卖人提出的价款数额的意思表示。一般认为，拍卖的表示属于要约，因为竞买人已就购买标的物提出了价格条件，并愿与出卖人订立合同，竞买人提出价款以后，在没有其他竞买人提出更高的价款之前，该意思表示对竞买人具有拘束力。（3）拍定，是指拍卖人以拍板、击槌或其他惯用方式确定拍卖合同成立或宣告竞争终结的一种法律行为。一般认为，这种行为在性质上属于承诺。一旦拍定，合同即宣告成立。

3. 招标公告

招标是订立合同的一种特殊方式。以招标方式订立合同，要经过招标、投标、定标等阶段。所谓招标，是指订立合同的一方当事人采取招标公告的形式，向不特定人发出的、以吸引或邀请相对方发出要约为目的的意思表示。所谓投标，是指投标人（出标人）按照招标人提出的要求，在规定的期间内向招标人发出的、以订立合同为目的、包括合同全部条款的意思表示。所谓定标，是指招标人在开标、评标后从各投标人中选出条件最佳者，由中标人与招标人订立合同。招标行为都要发出公告。根据我国《合同法》第15条的规定，此种公告属于要约邀请行为。因为招标人实施招标行为是订约前的预备行为，其目的在于引诱更多的相对人提出要约，从而使招标人能够从更多的投标人中选取条件最佳者，并与其订立合同；而投标则是投标人根据招标人所公布的标准和条件，向招标人发出以订立合同为目的意思表示，在投标人投标以后，必须要有招标人的承诺，合同才能成立，所以投标在性质上为要约。而定标则意味着招标人对投标人的要约予以承诺。

4. 招股说明书

在申请股票公开发行的文件中，招股说明书是一个十分关键的文件。它是指拟公开发行股票的人经批准公开发行股票后，依法在法定的日期和证券主管机关指定的报刊上刊登的全面、真实、准确地披露发行股票的人的信息以供投资者参考的法律文件。根据我国《公司法》的规定，公司成立时，发起人向社会公开募集股份，必须向国务院证券管理部门递交募股申请，并报送招股说明书等有关文件。招股说明书应当载明发起人认购的股份数；每股的票面金额和发行价格；无记名股票的发行总数；认股人的权利、义务；本次募股的起止期限及逾期未募足时认股人可撤回所认股份的说明，等等。招股说明书通过向投资者提供股票发行人的各方面的信息，从而吸引投资者向发行人发出购买股票的要约，但其本身并不是发行人向广大投资者所发出的要约，而只是一种要约邀请。

5. 商业广告

广告有广义和狭义之分。广义的广告，包括商业广告、公益性广告及分类广告（指寻人、征婚、挂失、婚庆、吊唁、招聘、求购、启事以及权属声明等广告），而狭义的广告则仅指商业广告。我国《广告法》第2条采纳了狭义的广告概念，即"广告，是指商品经营者或者服务提供者承担费用，通过一定的媒介和形式直接或者间接地介绍自己所推销的商品或者所提供的服务的商业广告"。由于悬赏广告一般不属于商业性广告，因此不

---

① 王家福：《中国民法学·民法债权》，法律出版社1991年版，第286页。

属于狭义广告的范围。那么，商业广告的性质是什么呢？根据我国《合同法》第15条的规定，商业广告是要约邀请，发出商业广告不能产生要约的效力。法律上之所以将商业广告作为要约邀请，主要是因为：第一，商业广告旨在宣传和推销某种商品或服务，而一般并没有提出出售该商品或提供该服务的主要条款。发出广告的人通常只是希望他人向其发出购买该商品或要求提供该服务的要约，所以商业广告只是要约邀请。第二，商业广告发出后，不能因任何人接受广告的条件便使广告成立；否则，广告人将要承担许多其不可预见的违约责任。因为如果商业广告是要约，则广告人发出广告时，根本不知道究竟有多少人看到了广告，更不知道多少人将要作出承诺，这样广告人将承担许多他完全不可预见的责任。第三，广告人并不是针对特定的人发出的广告，因此与要约原则上必须针对特定的人发出是不一样的。

根据我国《合同法》第15条的规定，商业广告不是要约，而是要约邀请，但有一点除外，即如果广告的内容符合要约规定的，应视为要约。广告中注明为要约或者广告中含有广告人希望订立合同的愿望，或者写明相对人只要作出规定的行为，就可以使合同成立，应认为该广告属于要约而不是要约邀请。例如，广告中声称："我公司现有某型号的水泥1000吨，每吨价格200元。先来先买，欲购从速。"或者在广告中声称"保证有现货供应"，都可以依具体情况将该商业广告视为要约。

四、要约的法律效力

要约的法律效力又称要约的拘束力。[①] 一个要约如果符合一定的构成要件，就要对要约人和受要约人产生一定的效力。关于要约的法律效力，存在着如下几个问题：

（一）要约开始生效的时间

要约的生效时间首先涉及要约从什么时候开始生效。这既关系到要约从什么时间对要约人产生拘束力，也涉及承诺期限的问题。对此，学术界有两种不同的观点：一是发信主义，即要约人发出要约以后，只要要约已处于要约人控制范围之外，要约即产生效力。二是到达主义，又称为受信主义，即要约必须到达受要约人之时才能产生法律效力。《联合国国际货物销售公约》第15条规定：（1）发价于送达被发价人时生效。（2）一项发价，即使是不可撤销的，得予撤回，如果撤回通知于发价送达被发价人之前或同时送达被发价人。可见，该公约采纳了到达主义。我国《合同法》第16条规定："要约到达受要约人时生效。"可见，我国法律亦采纳了到达主义。但对于要约的生效时间，应注意如下两个问题：（1）送达并不一定实际送达到受要约人及其代理人手中，只要要约送达到受要约人所能够控制的地方（如受要约人的信箱等）即为到达。如果要约人未特定限制时间，则应以要约能够到达的合理时间为准。（2）在要约人发出要约且未到达受要约人之前，要约人可以撤回或修改要约的内容。

采用数据电文形式订立合同，一旦表意人通过网络发出要约，该电子数据到达对方时

[①] 苏惠祥：《中国当代合同法论》，吉林大学出版社1992年版，第75页。有一种观点认为应当区分要约的法律效力与要约拘束力的概念。我们认为，没有必要加以区分。

便发生效力。联合国国际贸易法委员会于1996年颁布的《电子商务示范法》第15条规定:"除非发端人和收件人另有协议,一项数据电文的发出时间以它进入发端人或者代表发端人发送数据电文的人控制范围之外的某一信息系统的时间为准。""除非发端人和收件人另有协议,数据电文的收到时间按照下述办法确定:1.如收件人为接收数据电文而指定了某一信息系统:(1)以数据电文进入该指定的信息系统的时间为收到时间;(2)如数据电文发给了收件人的一个信息系统,但不是指定的信息系统,则以收件人检索到该数据电文的时间为收到时间。2.如收件人并未指定某一信息系统,则以数据电文进入收件人的任一信息系统时间为收到时间。"我国《合同法》第16条采纳了这一观点,没有采纳发信主义,而是采纳了到达主义。根据该规定,"采用数据电文形式订立合同,收件人指定特定系统接收数据电文的,该数据电文进入该特定系统的时间,视为到达时间;未指定特定系统的,该数据电文进入收件人的任何系统的首次时间,视为到达时间"。

我国《合同法》认为,在数据电文进入系统以后,尽管没有为收件人阅读、使用,也认为是收到了电文。对此解释的理由是,"进入"的概念既用于界定数据电文的发出,也用于界定其收到①。我们认为,要约毕竟不同于承诺,对要约的到达采取宽松的解释,在一般情况下不会影响到交易的安全,所以可以以"进入"来界定到达。这就是说,只要要约的内容进入到收件人的系统,即使没有为收件人所实际检索、阅读,也视为到达。但如果要约人有可能会撤销他的要约,应当在发出要约的时候,要求受要约人发出确认的信件以证实是否收到。在没有确认之前,该要约并没有实际生效。

(二) 要约的存续期间

要约的生效时间还包括要约的存续期间,也就是要约在多长时间内发生法律效力。我们认为,关于要约的期限问题,完全由要约人决定,如果要约人没有确定,则只能以要约的具体情况来确定合理期限。具体来说,如果要约没有明确规定该要约的存续期限,则应区分如下两种情况:(1)以口头形式发出的要约。如果要约中没规定承诺期限,那么在受要约人立即作出承诺时,才能对要约人产生拘束力,如果受要约人没有立即作出承诺,则要约就失去了效力②。(2)以书面形式发出的要约,如果要约人在要约中具体规定了存续期限(如规定本要约有效期限为10天,或规定本要约于某年某日前答复有效),则该期限为要约的有效存续期限。如果要约中没有规定存续期限,则应当确定一段合理时间作为要约存续的期限。合理期限包括三项内容:要约到达于受要约人的时间,作出承诺所必需的时间,承诺通知到达要约人所必需的时间。当然,在实践中考虑要约的合理时间,要根据每个要约的具体情况来定。例如,要考虑要约的传递方式、行业习惯等多种因素来确定合理时间。

(三) 要约法律效力的内容

要约的法律效力的内容表现为对要约人和受要约人的拘束力,具体表现在:

---

① 胡康生:《中华人民共和国合同法释义》,法律出版社1999年版,第41页。
② 王家福:《中民法学·民法债权》,法律出版社1991年版,第292页。

首先，要约对要约人的拘束力。此种拘束力又称为要约的形式拘束力，是指要约一经生效，要约人即受到要约的拘束，不得随意撤销要约或对要约随意加以限制、变更和扩张。禁止要约人违反法律和要约的规定随意撤销要约及禁止其违反法律和要约的规定变更要约的内容，这对于保护受要约人的利益、维护正常的交易安全是十分必要的。当然，法律允许要约人在要约到达之前撤回要约，同时要约人在符合法律规定的条件下，也可撤销要约。

其次，要约对受要约人的拘束力。此种拘束力又称为要约的实质拘束力，在民法中也称为承诺适格，即受要约人在要约生效时即取得依其承诺而成立合同的法律地位。具体表现在：(1) 要约生效以后，只有受要约人才享有对要约人作出承诺的权利，因为受要约人是要约人选择的，要约人才是要约的主人。要约人确定了受要约人以后，受要约人才是有资格对要约人作出承诺的人。如果第三人代替受要约人作出承诺，此种承诺只能视为对要约人发出的要约，而不具有承诺的效力。(2) 承诺的权利也是一种资格，它不能作为承诺的标的，也不能由受要约人随意转让，否则承诺对要约人不产生效力。当然，如果要约人在要约中明确允许受要约人具有转让的资格，或者受要约人在转让要约资格时征得了要约人的同意，则此种转让是有效的。(3) 承诺权是受要约人享有的权利，但是否行使这项权利，则应由受要约人自己决定。这就是说，受要约人可以行使也可以放弃该项权利。他在收到要约以后并不负有必须承诺的义务，即使要约人在要约中明确规定承诺人不作出承诺通知即为承诺，此种规定对受要约人也不产生效力。

五、要约的撤回和撤销

所谓要约的撤回，是指要约人在要约发出以后，未到达受要约人之前，有权宣告取消要约。如甲于某日给乙去函要求购买某种机器，但甲于此日与丙达成了购买该机器的协议，即立即给乙发去传真要求撤回要约，在信函到达之前，这种撤回应是有效的。根据要约的形式拘束力，任何一项要约都是可以撤回的，只要撤回的通知先于或同时与要约到达受要约人，便能产生撤回的效力。允许要约人撤回要约，是尊重要约人的意志和利益的体现。由于撤回是在要约到达受要约人之前作出的，因此在撤回时要约并没有生效，撤回要约也不会影响到受要约人的利益。基于这一点，我国《合同法》第17条规定要约可以撤回。撤回要约的通知应当在要约到达受要约人之前或者与要约同时到达受要约人。

需要指出，对于电子合同订立而言，要约人在发出要约以后，通常是不可能撤回的。因为网络文件的传输速度非常快，要约人发出要约的指令几秒钟之内就会到达对方的系统，所以不可能有其他的方式在要约的指令到达之前便能够将撤回的指令到达对方的系统，所以在电子商务中，要约一般是不能撤回的。要约一旦发出，就几乎立即就进入收件人的计算机系统，发出和收到的时间仅相差几秒。要约人根本不可能发出先于或者同时与要约到达受要约人的撤回要约的通知。因此，撤回只能适用于其他非直接对话的订约方式。

所谓要约的撤销，是指要约人在要约到达受要约人并生效以后，将该项要约取消，从而使要约的效力归于消灭。撤销与撤回要约都旨在使要约作废，或取消要约，并且都只能在承诺作出之前实施。但两者存在一定的区别，表现在：撤回发生在要约并未达到受要约人并生效之前，而撤销则发生在要约已经到达并生效，但受要约人尚未作出承诺的期限内。由于撤销要约时要约已经生效，因此对要约的撤销必须有严格的限定，如因撤销要约而给受要约人造成损害的，要约人应负赔偿责任。

《联合国国际货物销售公约》第16条规定，在未订立合同之前，如果撤销通知于受要约人发出接受通知之前送达被要约人，要约得予撤销。如果要约写明接受要约的期限或以其他方式表明要约是不可撤销的，或受要约人有理由信赖该项要约是不可撤销而且受要约人已根据对要约的信赖行事，则要约不得撤销。我国《合同法》借鉴了该经验，《合同法》第18条规定，要约可以撤销。撤销要约的通知应当在受要约人发出承诺通知之前到达受要约人。允许要约人撤销要约，有利于使要约人根据市场情况的变化而从事灵活的交易活动，有利于避免和减少因要约内容不全、市场环境变化等各种因素可能造成的对要约人的损害。尤其应当看到，既然合同成立后都允许当事人协议解除合同，那么，在合同成立之前的要约行为也应可以撤销。①

当然，允许要约人有权撤销已经生效的要约，必须有严格的条件限制。如果法律上对要约的撤销不作限制，允许要约人随意撤销要约，那么必将在事实上否定要约的法律效力，导致要约在性质上的变化，同时也会给受要约人造成不必要的损失。那么，如何对要约的撤销作出限制呢？根据我国《合同法》第19条规定，如果要约中规定了承诺期限或者以其他形式明示要约是不可撤销的，或者尽管没有明示要约不可撤销，但受要约人有理由认为要约是不可撤销的，并且已经为履行合同做了准备工作，则不可撤销要约。如果受要约人在收到要约以后，基于对要约的信赖，已为准备承诺支付了一定的费用，在要约撤销以后应有权要求要约人给予适当补偿。

六、要约失效

所谓要约失效，是指要约失去了法律拘束力，即不再对要约人和受要约人产生拘束。要约失效以后，受要约人也丧失了其承诺的能力，即使其向要约人表示了承诺，也不能导致合同的成立。根据我国《合同法》第20条的规定，要约失效的原因主要有以下几种：

（1）拒绝要约的通知到达要约人。拒绝要约，是指受要约人没有接受要约所规定的条件。拒绝的方式有许多种，既可以是明确表示拒绝要约的条件，也可以在规定的时间内不作答复而拒绝。一旦拒绝，则要约失效。不过，受要约人在拒绝要约以后，也可以撤回拒绝的通知，但撤回拒绝要约的通知必须先于或同时于拒绝要约的通知到达要约人处，撤回通知才能产生效力。

（2）要约人依法撤销要约，要约在受要约人发出承诺通知前，可以由要约人撤销要约，一旦撤销，要约将失效。

（3）承诺期限届满，受要约人未作出承诺。凡是在要约中明确规定了承诺期限的，则承诺必须在该期限内作出，超过该期限，则要约自动失效。

（4）受要约人对要约的内容作出实质性的变更。受要约人对要约的实质内容作出限制、更改或扩张从而形成反要约，既表明受要约人已拒绝了要约，同时也向要约人提出了

---

① 王家福：《中国民法学·民法债权》，法律出版社1991年版，第293页。

一项反要约。如果在受要约人作出的承诺通知中,并没有更改要约的实质内容,只是对要约的非实质性内容予以变更,而要约人又没有及时表示反对,则此种承诺不应视为对要约的拒绝。但如果要约人事先声明要约的任何内容都不得改变,则受要约人就算更改要约的非实质性内容,也会产生拒绝要约的效果。

第三节 承　诺

一、承诺的概念和要件

根据我国《合同法》第21条的规定,所谓承诺,是指受要约人同意要约的意思表示。换言之,承诺是指受要约人同意接受要约的条件以缔结合同的意思表示。[①] 承诺的法律效力在于,一经承诺并送达于要约人,合同便告成立。然而,受要约人必须完全同意要约人提出的主要条件,如果对要约人提出的主要条件并没有表示接受,则意味着拒绝了要约人的要约,并形成了一项反要约或新的要约。

由于承诺一旦生效,将导致合同的成立,因此承诺必须符合一定的条件。在法律上,承诺必须具备如下条件,才能产生法律效力:

(一) 承诺必须由受要约人向要约人作出

首先,承诺必须由受要约人作出。承诺必须由受要约人作出的原则包括如下内容:(1) 只有受要约人才能作出承诺,但应区别要约发出的对象。如果要约是向某个特定人作出的,则该特定人具有承诺人的资格;如果要约是向数人发出的,则数人为特定人,他们均可成为承诺人。(2) 第三人不是受要约人,不能接受承诺,第三人向要约人作出承诺,视为发出要约。(3) 承诺可以由受要约人作出,也可以由其授权的代理人作出。承诺为什么必须由受要约人作出,对此有几种不同的解释。一种观点认为,根据要约的拘束力,只有受要约人才能取得承诺的能力。如果第三人作出承诺,则否认了要约的实质拘束力。另一种观点认为,根据要约人是要约的主人的原则,承诺人是由要约人所选择的,承诺人的权利是要约人所赋予的,由于要约人只是给予了受要约人而没有给予第三人承诺的权利,第三人因不是受要约人,当然无资格向要约人作出承诺,否则视为发出要约。如果允许第三人作出承诺,则完全违背了要约人的意思。当然,在某些特殊情况下,基于法律规定和要约人发出的要约规定,任何第三人可以对要约人作出承诺,则要约人应当受到承诺的拘束。

其次,承诺必须向要约人作出。既然承诺是对要约人发出的要约所作的答复,因此只有向要约人作出承诺,才能导致合同成立。如果向要约人以外的其他人作出承诺,则只能视为对他人发出要约,不能产生承诺的效力。

[①] 王家福:《中国民法学·民法债权》,法律出版社1991年版,第297页。

(二) 承诺必须在规定的期限内到达要约人

承诺只有到达要约人时才能生效，而到达也必须具有一定的期限限制。我国《合同法》第 23 条规定："承诺应当在要约确定的期限内到达要约人。"只有在规定的期限内到达的承诺才是有效的。承诺的期限通常都是在要约人发出的要约中规定的，如果要约规定了承诺期限，则应当在规定的承诺期限内到达。在没有规定期限时，根据我国《合同法》第 23 条的规定，如果要约是以对话方式作出的，承诺人应当及时作出承诺；如果要约是以非对话方式作出的，则应当在合理的期限内作出并到达要约人。合理期限的长短应当根据具体情况来确定，一般应当包括：根据一般的交易惯例，受要约人在收到要约以后需要考虑和作出决定的时间，以及发出承诺并到达要约人的时间。未能在合理期限内作出承诺并到达要约人，不能成为有效承诺。如果要约已经失效，则承诺人也不能作出承诺。对失效的要约作出承诺，视为向要约人发出要约，不能产生承诺效力。如果承诺人超过了规定的期限作出承诺，则视为承诺迟到，或称为逾期承诺。一般而言，逾期的承诺在民法上被视为一项新的要约，而不是承诺。

我国《合同法》采取了到达主义，因此在承诺方面也要体现到达主义的原则。所谓到达，是指承诺必须到达要约人控制的范围内，如到达要约人的信箱或者放置于要约人的办公室。至于到达以后要约人是否实际地阅读，则不影响承诺的效力。

根据我国《合同法》第 26 条的规定，采用数据电文形式订立合同的，承诺到达的时间适用我国《合同法》第 16 条第 2 款的规定。这就是说，如果收件人指定特定系统接收数据电文的，该数据电文进入该特定系统的时间，视为到达时间；如果未指定特定系统的，则该数据电文进入收件人的任何系统的首次时间，视为到达时间。我们认为，如果收件人指定特定系统接收数据电文，可以以该数据电文进入该特定系统的时间为到达时间；但是，在当事人没有指定特定系统时，如果仍然以该数据电文进入收件人的任何系统的首次时间为到达时间，则有欠妥当。其原因在于，承诺不同于要约，一旦承诺生效，将导致合同成立。如果数据电文进入收件人非指定的任何系统以后，收件人很难及时发现该承诺是否已经进入其系统，同时他也没有义务及时检索其非指定的系统文件，如果他没有及时检索，就不知道该数据电文是否已经进入其系统，在此情况下，如何确定承诺到达，合同已经成立呢？如果在要约人根本不知道承诺的数据电文是否已经进入其系统的情况下，要求要约人承担合同责任，确实使要约人承担了一种极不合理的风险和责任。因为不管承诺是否到达以及是否延误，任何人在发出要约的时候都有可能要承担一种只要发出要约就要承担合同责任的后果，这显然对要约人不公平。

从表面上看，我国《合同法》采纳了《电子商务法》第 15 条的规定，但实际上与该规定并不相同，因为《电子商务示范法》第 15 条规定，要约和承诺的文件的送达，首先要到达某一指定的信息系统，如果没有指定信息系统，则以收件人检索到该数据电文的时间为收到时间。相比较而言，《电子商务示范法》的规定更为合理。所以我们认为，在未指定特定系统的情况下，以进入的时间作为承诺到达和生效时间的判断标准是不妥当的，而应当以实际检索并应当知道的情况为标准。尤其需要指出的是，《电子商务示范法》第 14 条专门规定了电文的确认问题，如发端人未与收件人商定以某种特定形式或某种特定方法确认收讫，可通过足以向发端人表明该数据电文已经收到的收件人自动传递或者其他方式的传递，或者收件人的任何行为来确认收讫；如发端人并未声明数据电文须以收到该项确认为条件，而且在规定或商定时间内，或在未规定或商定时间的情况下，在一段合理时间内，发端人并未收到此项确认时，可向收件人发出通知，说明并未收到其收讫确认，并定出必须收到该项确认的合理期限。我们认为，在采用数据电文订约的情况下，确认的方式是非常重要的，一般来说，当事人经常会设定确认程序，一方收到另一方的信息以后，会向另一方自动发出确认的信件，但是在没有设定该程序的情况下，可以在发出的信件中要求对方收到后，发出收到的确认信息。也可以在发出信件以后，发出一个没有收到确认信息的信件，并且规定一段时间要求对方发出确认的信息。之所以要采纳这种确认的程序，主要原因在于：一方面，收件人会收到来自各方面的信件，通过发出确认书，可以确认是否收到了来自于订约当事人的信件；另一方面，收件人收到的信件可能是难以辨认的，通过发出确认书，可以确认该信件是否可以辨认。当然，收讫的确认只能是有关数据电文已经由收件人收到的确认，并不表明所收到的数据电文未遭到篡改。

（三）承诺的内容必须与要约的内容一致

根据我国《合同法》第30条的规定，承诺的内容应当与要约的内容一致。这就是说，在承诺中，受要约人必须表明其愿意按照要约的全部内容与要约人订立合同。也就是说，承诺是对要约的同意，其同意内容须与要约的内容一致，才构成意思表示的一致即合意，从而使合同成立。

承诺的内容与要约的内容一致，具体表现在：承诺必须是无条件的承诺，不得限制、扩张或者变更要约的内容；否则，不构成承诺，应视为对原要约的拒绝，并作出一项新的要约，或称为反要约。根据两大法系传统理论，承诺必须与要约的内容完全一致，不得作任何更改。英美法采用镜像原则，要求承诺如同照镜子一般照出要约的内容，即承诺必须与要约的内容完全一致，合同才能成立。但是，随着交易的发展，要求承诺与要约内容绝对一致，确实会阻碍许多合同的成立，因而不利于鼓励交易。两大法系和有关国际公约都允许承诺可以更改要约的非实质性内容，如要约人未及时表示反对，则承诺有效。我国《合同法》也借鉴了这一立法经验，认为承诺的内容与要约的内容一致是指受要约人必须同意要约的实质内容，而不得对要约的内容作出实质性更改；否则，不构成承诺，应视为对原要约的拒绝，并作出一项新的要约。

那么，哪些内容属于实质性内容呢？按照我国《合同法》第30条的规定，有关合同的标的、质量、数量、价款或者报酬、履行期限、履行地点和方式、违约责任和解决争议的方法等条款属于实质性内容。如果承诺对要约中所包含的上述条款作出了改变，就意味着更改了要约的实质性内容。这样的承诺将不产生使合同成立的效果，只能作为一种反要约而存在。值得注意的是，承诺人对于要约的主要条款作出轻微的改变是否构成反要约？这一问题值得探讨。例如，甲向乙兜售某种家庭装饰用的"墙镜"，提出以每面镜子1000元的价格出售，并向乙提供了草拟的合同书。乙表示同意购买，但在签字时，将每面镜子价格改为999元，将合同书签好后寄给了甲。甲收到合同书后，未及时表示反对，后在发货时，双方就价格问题发生争议。我们认为，尽管价格是合同的主要条款，但是承诺人就该条款作出轻微的变更以后，要约人未及时表示反对，则应认为此承诺有效。

承诺不能更改要约的实质内容，并非不能对要约的非实质性内容作出更改。对非实质内容作出更改，不应影响合同成立。如承诺人对要约的重要条款未表示异议，然而在对这些主要条款承诺以后，又添加了某一附加条件，则该附加条件并不属于合同的重要条款。此种情况属于非实质性变更。值得注意的是，根据我国《合同法》第31条的规定，承诺对要约的内容作出非实质性变更的，除要约人及时表示反对或者要约表明承诺不得对要约的内容作出任何变更的以外，该承诺有效，合同的内容以承诺的内容为准。这就是说，即使是非实质性内容的变更，在以下两种情况下承诺也不能生效：（1）要约人及时表示反对，即要约人在收到承诺通知后，立即表示不同意受要约人对非实质性内容所作的变更，如果经过一段时间后仍不表示反对，则承诺已生效；（2）要约人在要约中明确表示，承诺不得对要约的内容作任何变更，否则无效，即受要约人作出非实质性变更，也不能使承诺生效。

（四）承诺必须表明受要约人决定与要约人订立合同

正如要约人必须具有与受要约人订立合同的目的一样，承诺中必须明确表明与要约人订立合同，才能因承诺而使合同成立。这就要求受要约人的承诺必须清楚明确，不能含糊。例如，"我们愿意考虑你所提出的条件"或"原则上赞成你们提出的条件"等，都不是明确的缔约表示，不能产生承诺的效力。如果答复中包含了承诺的意思，但订约的意图不十分明确，在此情况下，应根据诚实信用原则和交易习惯来确认合同是否有效。

如果要约中包括的合同主要条款可以分开，则对部分条款承诺，不妨碍合同的成立。例如，受要约人明确表示同意要约中的部分条款，但提出，余下的条款以后详谈。如果这两部分条款可以分开，那么就已经合意的部分条款可以成立合同。再如，甲向乙发出欲出售100吨货物的要约，乙提出，他同意要约的条件，但希望购买200吨。这种表示可以有两种解释：一是指乙愿意购买甲提出的100吨货物，但若有更多的货物出售，则更符合其要求；二是如果甲不能提供200吨货物，乙不购买甲的货物。我们认为这两种解释都有一定的道理。关键在于确定乙是否就甲所提出的出售100吨货物的要约表示承诺，且对100吨货物购买的承诺与另外100吨货物的购买的要约能否分开。如果这两点可以确定，那么可以认为乙就100吨货物购买的承诺是有效的，同时乙又提出了购买另外100吨货物的新要约。

（五）承诺的方式必须符合要约的要求

根据我国《合同法》第22条的规定，承诺应当以通知的方式作出。这就是说，受要约人必须将承诺的内容通知要约人。但受要约人应采取何种通知方式，则应根据要约的要求确定。如果要约规定必须以一定的方式作出，否则承诺无效，那么承诺人作出承诺时，必须符合要约人规定的承诺方式。在此情况下，承诺的方式成为承诺生效的特殊要件。例如，要约要求承诺以发电报的方式作出，则不应采取邮寄的方式。如果要约没有特别规定承诺的方式，则不能将承诺的方式作为有效承诺的特殊要件。

二、承诺的方式

承诺的方式，是指受要约人以何种形式将承诺的意思送达给要约人。对于承诺的方式是否可以作为承诺的有效要件，学者存在不同的观点。我们认为，承诺的方式是否应作为有效承诺的一种要件，主要取决于要约的内容是否对承诺的方式作出了明确规定。如果要约中明确规定承诺必须以一定方式作出，根据要约的拘束力和意思自治原则，此规定为有效，承诺人作出承诺时，必须符合要约人规定的承诺方式。在这种情况下，承诺的方式成为承诺生效的特殊要件。如果要约没有特别规定承诺的方式，则不能将承诺的方式作为有效承诺的特殊要件。从各国立法规定来看，对于承诺的方式，一般没有具体的规定。如果要约人在要约中明确规定必须以某种特定的方式承诺，而承诺人未能以这种方式承诺，则不能认为构成有效的承诺，但是，如果要约没有对承诺方式作出特别规定，是否需要从要约的方式中确定要约人关于要约方式的意思？对此需要作具体分析。如果根据当事人双方的交易习惯能够确定要约人关于承诺方式的意图，则承诺人也应当按照该方式承诺。例如，甲向乙发出一份要约，请乙在10天内决定是否租用甲的柜台，并规定价格条款以去年的价格为准，但该要约的通知中并没有规定承诺的方式，乙在口头答复愿意订约之后，未能在10天内与甲订立书面合同，甲便将柜台租给他人，双方为此发生纠纷。我们认为，在本案中，由于甲、乙之间在订立租用柜台的合同中，历来采用书面的方式，因此，尽管甲在要约的通知中没有规定通知的方式，则乙也应当以书面的形式承诺。

如果要约中没有规定承诺的方式，根据交易习惯也不能确定交易的方式，则受要约人可以采用以下方式表示承诺：（1）以口头或书面的方式表示承诺，这种方式是在实践中经常采用的。一般来说，如果法律或要约中没有明确规定必须用书面形式承诺，则当事人可以用口头形式表示承诺。（2）以行为方式表示承诺。这就是说，要约人尽管没有通过书面或口头方式明确表达其意思，但是通过实施一定的行为作出了承诺。如果没有特别规定承诺的方式，也不能根据交易习惯确定承诺的方式，承诺人应当以书面的包括信件的方式承诺，同时也可以比信件更快捷的方式作出。

根据我国《合同法》第22条的规定，承诺原则上应采取通知方式，但根据交易习惯或者要约表明可以通过行为作出承诺的除外。这就是说，承诺的法律形式是通知，通知的方式是指要约人以明示的方式作出承诺，包括采用对话、信件、电报、电传明确地表达承诺人承诺的意思，因为只有采用通知的方式才能使要约人准确地了解承诺人的意图，确定承诺人是否已经作出了有效的承诺。要求承诺必须采取通知的方式，也有利于减少不必要的纠纷。然而，法律关于承诺采用通知的方式只是任意性的规定，要约人完全可以在要约中确定特殊的承诺方式。同时，根据交易习惯，也可以采纳法律不禁止的承诺方式。如果根据交易习惯或者要约的内容并不禁止以行为承诺，则受要约人可以通过一定的行为作出承诺。

我国《合同法》第22条明确规定，承诺应当采用通知的形式也包含了这样的一种含义，即不得以缄默或不行动来作出承诺。缄默或不行动都是指受要约人没有作任何意思表示，也不能确定其具有承诺的意思，不能视为承诺。

三、承诺的期限

我国《合同法》第 23 条规定,承诺应当在要约确定的期限内到达要约人。这就明确规定了承诺的期限。严格地说,承诺的期限应当是由要约人在要约中规定的,因为承诺的权利是由要约人赋予的,但这种权利不是无期限地行使的,如果要约中明确地规定了承诺的期限,则承诺人只有在承诺的期限内作出承诺,才能视为有效的承诺。值得注意的是,此处所说的作出承诺的期限,应当理解为承诺人发出承诺的通知以后实际到达要约人的期限,而不是指承诺人发出要约的期限。例如,要约人在要约中规定,10 天内作出答复或 5 天内作出通知,此处所说的 10 天和 5 天的期限,不是指受要约人应当在 10 天内或者 5 天内答复,而是指应当在 10 天内或者 5 天内承诺人的承诺应当到达要约人手中。所以,承诺人在收到要约的信件以后作出承诺,如果是以信件的方式作出承诺,则应当考虑信件在途的时间。

如果要约并没有规定期限,如何来考虑承诺期限,根据我国《合同法》第 23 条规定,要约没有确定承诺期限的,承诺应当依照下列规定到达:(1) 要约以对话方式作出的,应当即时作出承诺,但当事人另有约定的除外;(2) 要约以非对话方式作出的,承诺应当在合理期限内到达。据此可见:

第一,要约中没有规定承诺期限,而要约又是口头要约,则意味着要约的意图是立即以口头方式答复。不过口头要约中如果规定了承诺期限,也应当视为承诺期限的规定。《国际商事合同通则》第 2.1.7 条中规定,对口头要约必须立即作出承诺,除非情况另有表明。此处所说的"情况另有表明",就是指口头要约中另外规定了承诺期限,则受要约人应当在该期限内作出答复。例如,一方对另一方在电话中提出"给你 3 天时间考虑作出答复",这就是在口头要约中另外规定期限。

第二,要约中没有规定承诺期限,如果要约是以非对话方式作出的,则承诺人应当在合理期限内作出承诺。① 这里包括了两个含义:一是在要约没有规定承诺期限的情况下,如果是以非对话方式作出,应当在合理期限作出;二是该承诺应当在合理期限到达。可见,合同法进一步强调了在承诺的作出方面应当采纳到达主义。

需要讨论的是,如何理解合同法所规定的合同期限?应当将承诺的期限按照一个合理的商人的标准来考虑所应当包括的时间。一般来说,该期限包括三个方面:第一,要约到达受要约人手中的时间。第二,受要约人作出考虑的期限。除上述几种情况需要受要约人立即答复以外,都要给受要约人一定的考虑时间,该时间因交易的数量等而有所区别。要约中如果规定"请立即答复"、"请即刻回函",则表明要约人的意图是承诺人不应当有过多的考虑承诺的时间,在收到信函以后,应当在一两天之内就作出答复。再如,双方准备从事有关鲜活产品的买卖,要约人在发出要约以后,承诺人也应当立即作出答复。但是如果受要约人在收到要约信件以后,立即作出了答复,则要约人无正当理由不得拒绝该承诺。第三,承诺的信件到达要约人手中的合理期限,如果受要约人是在合理期限内发出的信件,但是因为送达等方面的原因而发生迟延,在这种情况下,也应当以寄信的时间考虑

---

① 《联合国国际货物销售合同公约》,第 18 条。《国际商事合同通则》,第 2 条,第 7 条。

受要约人是否在合理的期限内作出的承诺。

如果要约人和受要约人就合理期限的理解形成了争议，要约人应当立即通知承诺的信件不是在合理的期限内作出的。但是在双方就合理期限发生争议的情况下，首先需要确定承诺期限的起算点。根据我国《合同法》第24条的规定，要约以信件或者电报作出的，承诺期限自信件载明的日期或者电报交发之日开始计算。信件未载明日期的，自投寄该信件的邮戳日期开始计算。要约以电话、传真等快速通讯方式作出的，承诺期限自要约到达受要约人时开始计算。这实际上是对承诺期限如何计算作出的规定，换言之，是对如何计算承诺期限的起算点作出的规定。对此，应当从三方面理解：（1）如果要约是以信件方式作出的，承诺的期限应当以信件载明的日期开始计算。若要约人在信件中没有载明日期，则表明要约人存在着疏忽，因此在计算承诺的起算点时，应当对要约人不利，这就要自投寄该信件的邮戳日期开始计算。（2）如果要约是以电报的方式作出的，自电报交发之日开始计算。由于电报的方式非常快捷，电报在交发之日通常可以认为在途中的时间可以忽略不计，一旦将电报交付给邮局，就可以计算承诺应当开始的时间。（3）要约以电话、传真等快速通讯方式作出的，在途中的时间仍可以忽略不计，但承诺期限自要约到达受要约人时开始计算。

根据我国《合同法》第26条的规定，承诺通知到达要约人时生效。承诺不需要通知的，根据交易习惯或者要约的要求作出承诺的行为时生效。我国《合同法》第23条也明确要求承诺应当在要约确定的期限内到达要约人，所以，承诺生效时间以到达要约人时确定。所谓到达，是指承诺的通知到达要约人可支配的范围内，如要约人的信箱、营业场所等。至于要约人是否实际阅读和了解承诺通知，则不影响承诺的效力。承诺通知一旦到达于要约人，合同即宣告成立。如果承诺不需要通知，则根据交易习惯或者要约的要求，一旦受要约人作出承诺的行为，即可使承诺生效。

四、承诺迟延和承诺撤回

（一）承诺迟延

所谓承诺迟延，是指受要约人未在承诺期限内发出承诺。承诺的期限通常是由要约规定的，如果要约中未规定承诺时间，则受要约人应在合理期限作出承诺。超过承诺期限作出承诺，则该承诺不产生效力。

承诺的迟延可以分为两种：一是通常的迟延。这种迟延是指承诺人没有在承诺的期限内发出承诺。我国《合同法》第28条规定，受要约人超过承诺期限发出承诺的，除要约人及时通知受要约人该承诺有效的以外，为新要约。这就是说，对于迟到的承诺，要约人可承认其有效，但要约人应及时通知受要约人。如果受要约人不愿承认其承诺有效，则该迟到的承诺为新要约，原要约人将处于承诺人的地位。二是特殊的迟延。这种迟延是指受要约人没有迟发承诺的通知，但因为送达等原因而导致迟延。我国《合同法》第29条规定，受要约人在承诺期限内发出承诺，按照通常情形能够及时到达要约人，但因其他原因承诺到达要约人时超过承诺期限的，除要约人及时通知受要约人因承诺超过期限不接受该承诺的以外，该承诺有效。法律之所以作出此种规定，是因为受要约人在承诺期限内作出了承诺，但因为其他原因没有按期到达，迟延的原因并不是因为承诺人的过错造成的，因此不应当由受要约人承担承诺迟延的责任，这是完全符合过错责任原则的精神的。同时，从鼓励交易的角度出发，承认此种承诺构成有效的承诺，有利于使交易达成。而承认此种承诺的效力，也不损害要约人的利益，因为如果要约人拒绝接受此种承诺，可以及时通知受要约人。对我国《合同法》第 29 条的规定，应当注意如下几点：

（1）所谓"受要约人在承诺期限内发出承诺"，既包括受要约人在要约期限内作出承诺，也包括要约没有规定明确的期限，而受要约人在合理的期限内作出承诺。例如，要约虽未规定承诺期限，受要约人及时作出了承诺，但因邮局的原因而迟延，也应当认为受要约人是在承诺期限内作出的承诺。

（2）所谓"按照通常情形能够及时到达要约人，但因其他原因承诺到达要约人时超过承诺期限"，是指按照一般的交易习惯和生活经验，此种承诺应当能够按期到达要约人手中，但因为送信人、传达人等非因受要约人的原因而发生迟延。如果送信人、传达人是根据受要约人的要求从事传达的，则应当视为受要约人的过错。

（3）所谓"除要约人及时通知受要约人因承诺超过期限不接受该承诺以外，该承诺有效"，是指要约人如果要拒绝此种承诺，应当及时通知受要约人。这种通知也应当采取到达主义。如果不采取到达主义，则要约人拒绝承诺以后，若拒绝承诺的通知发生丢失，要约人并不知道，则要约人以为合同没有成立，而承诺人以为合同已经成立，这就极容易发生纠纷，所以拒绝承诺的通知也要到达承诺人手中。

（二）承诺撤回

所谓承诺撤回，是指受要约人在发出承诺通知以后，在承诺正式生效之前撤回其承诺。根据我国《合同法》第 27 条规定，承诺可以撤回。撤回承诺的通知应当在承诺通知到达要约人之前或者与承诺通知同时到达要约人。因此，撤回的通知必须在承诺生效之前到达要约人，或与承诺通知同时到达要约人，撤回才能生效。如果承诺通知已经生效，合同已经成立，则受要约人当然不能再撤回承诺。

第四节　合同成立的时间和地点

一、合同成立的时间

（一）合同成立时间的意义

合同成立的时间，也就是合同成为客观存在的时间，在法律上有其意义，主要表现在以下几个方面：（1）原则上是缔约上过失与违约的分界时点；（2）违约损害赔偿的可预见性原则（《合同法》第 113 条第 1 款），以违反合同一方订立合同时为判断时间，合同成立的时间为该"订立合同时"的最后时点；（3）在以德国法学为代表的"不能论"中，合同成立的时间为判断自始不能与嗣后不能的分界时点。

(二) 合同成立时间的判断规则

1. 口头形式

承诺生效时合同成立(《合同法》第 25 条)。承诺通知到达要约人时生效(《合同法》第 26 条第 1 款前段)。

2. 书面形式

采用数据电文形式订立合同的,依《合同法》第 16 条第 2 款,收件人指定特定系统接收数据电文的,该数据电文进入该特定系统的时间,视为到达时间;未指定特定系统的,该数据电文进入收件人的任何系统的首次时间,视为到达时间。

采用普通书面形式的,在诺成合同场合,自双方当事人签字或者盖章时合同成立(《合同法》第 32 条)。采用合同书形式订立合同,在签字或者盖章之前,当事人一方已经履行主要义务,对方接受的,该合同成立(《合同法》第 37 条)。在要物合同场合,交付标的物时合同成立;如果交付标的物在前,则签字或者盖章时合同成立。

采用特别书面形式(确认书)的,签订确认书时合同成立(《合同法》第 33 条后段)。

3. 意思实现

承诺不需要通知的,根据交易习惯或者要约的要求作出承诺的行为时生效(《合同法》第 26 条第 1 款后段),换言之,意思实现时合同成立。

4. 交叉要约

第二个要约到达时,合同成立。

二、合同成立的地点

(一) 合同成立地点的意义

1. 合同成立地点在诉讼法中的意义

对于合同纠纷案件的地域管辖,《民事诉讼法》第 24、第 25、第 26 条作了规定,从中可以看出,合同成立地点可由当事人协议选择为诉讼管辖地点。

2. 合同成立地点在国际私法中的意义

依《合同法》第 126 条第 1 款,当事人当然可以选择合同成立地的法律;如果没有选择,则适用与合同有最密切联系的国家的法律,可包括合同成立地法、合同履行地法、标的物所在地法等,具体地要按照国际私法的有关规则判断确定。

(二) 合同成立地点的判断规则

1. 口头形式

承诺生效的地点为合同成立的地点(《合同法》第 34 条第 1 款)。承诺生效的地点通常也就是承诺到达的地点。

2. 书面形式

采用数据电文形式订立合同的,收件人的主营业地为合同成立的地点;没有主营业地的,其经常居住地为合同成立的地点。当事人另有约定的,按照其约定(《合同法》第 34

条第 2 款)。

当事人采用合同书形式订立合同的，双方当事人签字或者盖章的地点为合同成立的地点(《合同法》第 35 条)。采用合同确认书形式的，也适用此规则。

采用书面形式订立合同，合同约定的签订地与实际签字或者盖章地不符的，人民法院应当认定约定的签订地为合同签订地；合同没有约定签订地，双方当事人签字或者盖章不在同一地点的，人民法院应当认定最后签字或者盖章的地点为合同签订地（法释〔2009〕5 号第 4 条）。

3. 意思实现

根据交易习惯或者要约的要求作出承诺的行为的地点，换言之，意思实现的地点为合同成立的地点。

4. 交叉要约

第二个要约到达地，为合同成立地点。

第五节　缔约过失责任

一、缔约过失责任的概念与特征

所谓缔约过失责任，是指在合同订立过程中，一方当事人因违背其应依据诚实信用原则所尽的义务，而导致另一方的信赖利益的损失，应承担的民事责任。也就是说，缔约过失责任是指当事人在订立合同过程中，因过错违反依诚实信用原则负有的先合同义务，导致合同不成立，或者合同虽然成立，但不符合法定的生效条件而被确认无效、被变更或被撤销，给对方造成损失时所应承担的民事责任。所谓先合同义务，又称先契约义务或缔约过程中的附随义务，是指自缔约当事人因签订合同而相互接触磋商，至合同有效成立之前，双方当事人依诚实信用原则负有协助、通知、告知、保护、照管、保密、忠实等义务。

我国《合同法》第 42 条确立了缔约过失责任制度，当事人在订立合同过程中有下列情形之一，给对方造成损失的，应当承担损害赔偿责任：（1）假借订立合同，恶意进行磋商；（2）故意隐瞒与订立合同有关的重要事实或者提供虚假情况；（3）有其他违背诚实信用原则的行为。可见，缔约过失责任实质上是诚实信用原则在缔约过程中的体现。

缔约过失责任有以下法律特征：

（一）法定性

缔约过失责任是基于法律的规定而产生的一种民事责任。只有当事人的行为符合《合同法》第 42 条、第 43 条规定的情形之一，并给对方造成经济损失的，才应依法承担缔约过失责任。

（二）相对性

缔约过失责任只能存在于缔约阶段（也称先契约阶段），即合同订立的磋商阶段，而不能存在于其他阶段。同时，缔约过失责任也只能在缔约当事人之间产生。

（三）补偿性

缔约过失责任的补偿性，是指缔约过失责任旨在弥补或补偿缔约过失行为所造成的财产损害后果。我国《合同法》第42条，将损害赔偿作为缔约过失责任的救济方式，就是缔约过失责任补偿性的法律体现。缔约过失责任补偿性是民法意义上平等、等价原则的具体体现，也是市场交易关系在法律上的内在要求。

二、缔约过失责任的构成要件

《合同法》第42条规定，当事人订立合同过程中有下列情形之一，给对方造成损失的，应当承担损害赔偿责任：（1）假借订立合同，恶意进行磋商；（2）故意隐瞒与订立合同有关的重要事实或者提供虚假情况；（3）有其他违背诚实信用原则的行为。《合同法》第43条规定，当事人在订立合同中知悉的商业秘密，无论合同是否成立，不得泄露或者不正当使用。泄露或者不正当地使用该商业秘密给对方造成损失的，应当承担损害赔偿责任。上述规定，只是列举了缔约责任的部分情况。

（一）假借订立合同进行恶意磋商

所谓假借，也是一种故意。比如张某找李某订立合同，张某并没有成立合同的真实意思，他找李某协商订立合同，只不过是达到不正当竞争或者其他违法目的，这就构成缔约责任。恶意磋商在《国际商事合同通则》2.15中被称为恶意谈判：（1）当事人可自由进行谈判，并对未达成协议不承担责任；（2）但是，如果一方当事人以恶意进行谈判，或恶意终止谈判，则该方当事人应对因此给另一方当事人所造成的损失承担责任；（3）恶意，特别是指一方当事人在无意与对方达成协议的情况下，开始或继续进行谈判。可见，恶意包含了非法目的，如是为了不正当竞争，或者是使某一特定当事人的利益受到损害等。

（二）违反保证合同真实性的义务

（1）保证合同真实性的义务，就是当事人要保证合同是"真实的"，这是一种先合同义务，这里所说的真实，是指当事人的意思表示与其真实意思（或效果意思）相符。违反保证合同真实义务的行为，一般表现为故意缔约责任。如以欺诈、胁迫、行贿手段订立合同，乘人之危订立合同，恶意串通订立的合同等。

（2）故意隐瞒与订立合同有关的重要事实或者提供虚假情况，是欺诈行为。订立合同的当事人之间，往往信息不对称，如果信息对合同的成立是很重要、很关键的，掌握信息的一方应当将该信息告知对方。如果不告知或者提供虚假情况，就构成了合同欺诈。订立合同时的欺诈构成缔约责任，履行中的欺诈构成违约责任。

（3）重大误解，也违背了合同真实性的要求，因而重大误解可构成过失缔约责任。重大误解，一般是双方误解，此时双方都可能因此而承担责任。显失公平的合同，不仅对价关系失衡，且当事人意思表示也有瑕疵，因此显失公平的合同也可产生缔约责任。

（三）泄露和不正当使用相对人的商业秘密

当事人在缔结合同过程当中有可能接触到对方的商业秘密，就是经营信息和技术信息，这应承担保密义务，否则可能构成缔约责任也可能构成违约责任。违反保密义务也是一种侵权责任。

（四）违法撤销要约

要约是受被要约人承诺拘束的意思表示。要约的目的是订立合同，故要约生效，要约人负有与被要约人订立合同的义务，相对人一旦承诺，合同即可成立。要约人在要约有效存续期内不得擅自撤销；否则，被要约人在要约有效期间内已经作必要准备，支出的财产费用或其他损失应由要约人赔偿，这种赔偿，就是承担缔约责任的一种方式。

以案说法

某甲向某乙发出要约，要将自己的一只游船卖给某乙，要价9000元，要求乙在7天内答复或持币前来购买。乙为筹集资金，将新买的一辆车（价值1万元）以九折出售，获价款9000元，在第6天去甲处购买时，甲已将游船卖给了丙，丙已善意取得了游船的所有权。甲、乙的买卖不能成交，甲应承担缔约责任，向乙赔偿折价卖车损失的1000元。

【分析】传统的观点认为，在一物双约的情况下，如果都获承诺，两个合同都有效。笔者认为，在一物双约的情况下，如果要约人未向受要约人说明，致使其中一个不能履行，则要约人应当承担缔约责任。正是要约人缔约上的过错，使其中一个交易关系不能实现。但此种情况下缔约责任的承担，不能在数量上小于违约责任，否则于公平原则有损。

撤回要约与撤回承诺是否构成缔约责任？有的学者认为，撤回要约不当或者撤销承诺不当给对方造成损失，构成缔约责任。① 本书作者认为，撤回要约与撤回承诺，是法定、正当的权利，不可能构成缔约责任，否则撤回要约、承诺的规定本身就是错误的。撤回要约的时间晚于要约到达的时间，应当解释为撤销；撤回承诺的时间晚于承诺的到达的时间，也应当解释为撤销。不能将撤销与撤回混为一谈。

（五）违反预约

预约，是指一当事人约定在某一时刻、某一情况下签订合同的约定。对预约的履行，是订立本约。预约，有时表现为意向书。

以案说法

甲公司与乙房地产公司达成协议，双方在合同中约定，乙公司负责甲公司厂房的拆迁和重建工作，厂区内四座宿舍楼，由乙方拆迁，拆迁前，由乙方与该四座楼居民签订拆迁协议。经规划部门批准，还预留了一块地作为宿舍拆迁盖楼之用。经过很长时间，乙公司

---

① 崔建远主编：《新合同法原理与案例释评》，吉林大学出版社1999年版，第115、116页。

不与该四座楼的居民签订拆迁协议，反而四处活动，企图将预留的土地挪作他用。2年之后，经居民上访，乙公司才与居民签订拆迁协议。

【分析】 该案中存在着预约。对迟延签订协议造成居民的损失，乙公司应当承担缔约责任，对居民的损失予以赔偿。乙公司侵害了居民的信赖利益。

（六）在缔约时未尽必要注意义务

当事人在订立合同时，未尽必要注意义务，可导致过失缔约责任。未尽必要注意义务主要表现在以下几个方面：

（1）在订立合同时，要约人因过失，未将关系到合同效力的情况（如特定物灭失，导致合同履行不能等）及时通知给受要约人，使其相信合同有效成立而增加了财产支出。发生此情况，可构成缔约责任，过错人对受损失方的损害应给予赔偿。

（2）当事人在订立合同时，由于法律知识的欠缺或疏忽大意，致使合同缺少必要条款，导致合同不成立。或者合同必要条款有涂改，不能说明当事人的真实意思，以致合同不成立。此种情况，可能是一方的过错，也可能是双方过错，如是一方过错，则过错方应赔偿因合同不成立给对方造成的损失；如是双方过错，则由当事人分担责任。

（3）当事人在订立合同时，如因过失作了不正确陈述（误述），使另一方陷入误区而与之订立合同，则可发生缔约责任。误述也是未尽必要注意义务的一种表现。如果当事人故意作不正确陈述，则可构成欺诈。不过，这与未尽必要注意义务是不同的问题。

（4）对某些合同，法律规定必须履行必要的手续或者合同约定必须履行必要的手续，而当事人一方或双方由于疏忽大意未履行，导致合同不发生效力。对非法律规定的必经程序，当事人未经该程序，而双方当事人履行合同，视为以默示的方式变更了合同。

（七）违反法律、行政法规强行性规定

法律包含有强行性规范和任意性规范。强行性规范排斥当事人的意思自由，即当事人不得合意排除强行性规范的适用。对任意性规范，当事人可以约定排除适用。违反法律强行性规范，即为违法，违法的合同无效，有过错的当事人应当承担缔约责任。排除任意性规范的适用，不能称为违法，也不构成缔约责任。

法律的任务之一，是保护社会公共利益和国家利益。但法律不能毫无遗漏地对社会公共利益和国家利益的保护作出规定。因此，按照法律原则，只要违反了社会公共利益和国家利益，即使找不到相应的具体法律规范，仍可认定为违法。

认定合同违法的缔约责任，可以从合同目的、合同手段、合同效果三个方面考虑，合同目的违法，是当事人设立该权利义务关系所要追求的目标违法。合同手段违法，是指当事人采用法律所禁止的手段。合同效果违法，是指合同履行的后果为法律所禁止（如合同履行结果污染环境）。

合同违法，当事人主观上既可能是故意，也可能是过失。所以，违法合同的缔约责任，包括故意缔约责任和过失缔约责任。构成故意缔约责任的行为很多，如为受贿而订立的合同，为骗取贷款订立的合同、为报复对方当事人订立的合同、为诈取高额定金而订立

的合同，等等。合同当事人，因为不了解法律规定或对法律有误解，致使合同违法，构成过失缔约责任，如不知道某物为限制流转物而进行买卖等。

三、缔约过失责任的承担

（一）承担缔约过失责任的主体

承担缔约责任的主体，原则上应当是"合同"当事人。特别是在合同未成立、被撤销的场合，一般是要约人、被要约人、被撤销合同当事人承担缔约责任。但当合同无效时，承担缔约责任的主体，就可能超越"合同"当事人的范围。因此，可以这样表述：缔约责任承担的主体是从事缔约行为的人，不限于合同当事人。无权代理人、滥用代理权人、与当事人恶意串通的人，都可以构成连带缔约责任。

（二）承担缔约过失责任的方式

承担缔约责任的方式与承担违约责任的方式有明显不同。违约责任的确立，是为了保护被违约人的履行利益。采取的方式有支付违约金、赔偿金和继续履行等。确立缔约责任是为了保护因合同未成立、成立未生效、无效或被撤销而承受不利后果一方当事人的信赖利益，责任形式主要表现为赔偿损失。

返还财产是否为承担缔约责任的方式，在理论研究上不无疑问，本书认为，缔约责任是过错责任，而返还财产不以过错为必要，故不宜把返还财产作为缔约责任来看待。

（三）赔偿损失的范围

损失，应当是因信赖合同能够成立、生效，而产生损失。有的学者将损失分为直接损失和间接损失。直接损失有：（1）缔约费用，包括邮电费用、赴订约地查看标的物所支出的合理费用；（2）准备履行所支出的费用，包括为运送标的物或受领对方给付所支出的合理费用；（3）受害人支出上述费用所失去的利息。间接损失为丧失与第三人订立合同的机会产生的损失。① 因未成立的合同、被撤销的合同、无效合同也有被实际履行的可能，故损失不仅会在订约阶段发生，还会延续到履行阶段，当合同被确认未成立、被撤销、被确认无效时，还可能发生恢复原状、返还财产的问题，因此而增加的费用，均应由过错人承担。从多数学者的主张来看，对信赖利益的赔偿以超过履行利益为原则。

练习题

一、单项选择题

1. 下列各项中，属于要约行为的是（　　）。
   A. 向客户寄送价目表　　　　　B. 发布拍卖公告
   C. 刊登悬赏广告　　　　　　　D. 发布招股说明书
2. 甲公司 7 月 1 日通过报纸发布广告，称其有某型号的电脑出售，每台售价 8000

---

① 苏慧祥主编：《中国当代合同法论》，吉林大学出版社 1992 年版，第 137、138 页。

元，随到随购，数量不限，广告有效期至 7 月 30 日。乙公司委托王某携带金额 16 万元的支票于 7 月 28 日到甲公司购买电脑，但甲公司称广告所述电脑已全部售完。乙公司为此受到一定的经济损失。根据合同法律制度的规定，下列表述正确的是（　　）。如广告说"数量有限"，则应为（　　）。

　　A. 甲公司的广告构成要约，乙公司的行为构成承诺，甲公司不承担违约责任
　　B. 甲公司的广告构成要约，乙公司的行为构成承诺，甲公司应当承担违约责任
　　C. 甲公司的广告不构成要约，乙公司的行为不构成承诺，甲公司不承担民事责任
　　D. 甲公司的广告构成要约，乙公司的行为不构成承诺，甲公司不承担民事责任

　3. 美达家具厂得知 Z 机关所建办公楼要购置一批办公桌椅，便于 1997 年 2 月 1 日致函 Z 机关以每套 1000 元的优惠价格出售办公桌椅。Z 机关考虑到美达家具厂的家具质量可靠，便于 2 月 2 日回函订购 300 套桌椅，提出每套价格 800 元，同时要求 3 个月内将桌椅送至机关，验货后 7 日内电汇付款。美达家具厂收到函件后，于 2 月 4 日又发函 Z 机关，同意 Z 机关提出的订货数量、交货时间及方式、付款时间及方式，但同时提出其每套桌椅售价 1000 元已属优惠价格，考虑 Z 机关所订桌椅数量较多，可以按每套桌椅 900 元出售。Z 机关 2 月 6 日发函表示同意。2 月 7 日，美达家具厂电话告知 Z 机关收到 2 月 6 日函件。该合同的要约为（　　）。

　　A. 2 月 1 日美达家具厂发出的函件　　B. 2 月 2 日 Z 机关发出的函件
　　C. 2 月 4 日美达家具厂发出的函件　　D. 2 月 6 日 Z 机关发出的函件

　4. 乙公司向甲公司发出要约，旋又发出一份"要约作废"的函件。甲公司的董事长助理将要约交给董事长，而后收到乙公司"要约作废"的函件后，忘了交给董事长。第三天甲公司董事长发函给乙公司，提出只要将交货日期推迟两个星期，其他条件都可接受。后甲、乙公司未能缔约，双方缔约没能成功的原因是什么？（　　）

　　A. 要约已被撤回　　　　　　　　B. 要约已被撤销
　　C. 甲公司对要约作了实质性改变　　D. 甲公司承诺超过了有效期间

　5. 在一份保险合同履行过程中，当事人就合同所规定的"意外伤害"条款的含义产生了不同理解，投保人认为其所受伤害应属于赔付范围，保险公司则认为投保人所受伤害不属于赔付范围，两种理解各有其理。在此情形下，法官应当如何解释条款的含义？（　　）

　　A. 按照通常含义进行解释　　　　B. 按照公平原则进行解释
　　C. 按照法理进行解释　　　　　　D. 按照对保险公司不利的原则进行解释

二、多项选择题

　1. 甲公司主张乙公司违约，乙公司则主张自己向甲公司发出的要约已经撤销、合同未成立。在甲公司可以提出的以下理由中，哪些可以被法院认定为乙公司撤销要约不能成立的根据？（　　）

　　A. 乙公司在要约中确定了承诺期限
　　B. 尽管乙公司在要约中未定承诺期限，但甲公司接到要约后即为履行合同作了准备工作
　　C. 乙公司在要约中明确表示等待甲公司的答复
　　D. 甲公司发出承诺以后才收到乙公司撤销要约的通知

2. A 市甲厂与 B 市乙厂签订了一份买卖合同,约定由甲厂供应乙厂钢材 10 吨,乙厂支付货款 3 万元。但合同对付款地点和交货地点未约定,双方为此发生纠纷,付款地点和交货地点应为( )。

    A. 付款地点为 A 市　　　　　　　B. 交货地点为 A 市
    C. 付款地点在 B 市　　　　　　　D. 交货地点在 B 市

3. 甲公司向乙公司发出要约,欲向其出售一批货物。要约发出后,甲公司因进货渠道发生困难而欲撤回要约。甲公司撤回要约的通知应当( )。

    A. 在要约到达乙公司之前到达乙公司
    B. 在乙公司发出承诺之前到达乙公司
    C. 与要约同时到达乙公司
    D. 在乙公司发出承诺的同时到达乙公司

4. 甲公司主张乙公司违约,乙公司则主张自己向甲公司发出的要约已经撤销、合同未成立。在甲公司可以提出的以下理由中,哪些可以被法院认定为乙公司撤销要约不能成立的根据?( )

    A. 乙公司在要约中确定了承诺期限
    B. 尽管乙公司在要约中未定承诺期限,但甲公司接到要约后即为履行合同作了准备工作
    C. 乙公司在要约中明确表示等待甲公司的答复
    D. 甲公司发出承诺以后才收到乙公司撤销要约的通知

5. A 市甲厂与 B 市乙厂签订了一份买卖合同,约定由甲厂供应乙厂钢材 10 吨,乙厂支付货款 3 万元。但合同对付款地点和交货地点未约定,双方为此发生纠纷,付款地点和交货地点应为( )。

    A. 付款地点为 A 市　　　　　　　B. 交货地点为 A 市
    C. 付款地点在 B 市　　　　　　　D. 交货地点在 B 市

三、案例分析题

甲企业(本题下称"甲")向乙企业(本题下称"乙")发出传真订货,该传真列明了货物的种类、数量、质量、供货时间、交货方式等,并要求乙在 10 日内报价。乙接受甲发出传真列明的条件并按期报价,亦要求甲在 10 日内答复;甲按期复电同意其价格,并要求签订书面合同。乙在未签订书面合同的情况下按甲提出的条件发货,甲收货后未提出异议,亦未付货款。后因市场发生变化,该货物价格下降。甲遂向乙提出,由于双方未签订书面合同,买卖关系不能成立,帮乙应尽快取回货物。乙不同意甲的意见,要求其偿付货款。随后,乙发现甲放弃其对关联企业的到期债权,并向其关联企业无偿转让财产,可能使自己的货款无法得到清偿,遂向人民法院提起诉讼。

问题:
(1)试述甲传真订货、乙报价、甲回复报价行为的法律性质。
(2)买卖合同是否成立?并说明理由。

第三章

合同效力

📝 教学目的和要求

1. 理解合同效力的概念、性质和内容；
2. 了解合同有效的条件；
3. 掌握附条件与附期限的合同、无效合同与可撤销合同、效力未定的合同。

主要内容：合同生效与合同成立的关系；合同的生效条件；附条件和附期限的合同；效力待定合同；无效合同；可撤销合同

自学：附条件和附期限的合同

讨论：无效合同与可撤销合同的区别

作业：

1. 合同的生效与成立有何区别？
2. 试述合同的生效条件。
3. 举例说明附条件的合同。
4. 试述狭义无权代理的效力。
5. 无权处分合同有何特点？
6. 试述无效合同的特点。
7. 合同的无效和不成立有何区别？
8. 试述无效合同的种类。
9. 试述可撤销合同的种类。

📚 案例引导

未成年人订立合同的效力

小民刚满12岁。这天他向母亲要了5元钱去买了一个文具盒。其母亲认为这个文具盒样式不好看，就以小民是未成年人，其购买的文具盒种类未经自己同意为由要求退货。试问：小民的购买行为是否无效？

【分析】《合同法》第47条第1款 限制民事行为能力人订立的合同，经法定代理人追认后，该合同有效，但纯获利益的合同或者与其年龄、智力、精神健康状况相适应而订立的合同，不必经法定代理人追认。

第一节 合同生效与合同成立概述

一、合同生效的概念

所谓合同生效，是指已经成立的合同在当事人之间产生了一定的法律拘束力，也就是通常所说的法律效力。这里所说的法律效力，并不是指合同能够像法律那样产生拘束力。合同本身并不是法律，而只是当事人之间的合意，因此不可能具有法律一样的效力。所谓的合同的法律效力，只是强调合同对当事人的拘束性。合同之所以能具有法律拘束力，并非来源于当事人的意志，而是来源于法律的赋予。也就是说，因为当事人的意志符合国家的意志和社会利益，因此国家赋予当事人的意志以拘束力，要求合同当事人严格履行合同。如果当事人不履行合同，则依靠国家强制力，强制当事人履行合同并承担违约责任。可见，合同的效力本身介入了国家意志。如果合同不符合国家意志，该合同将可能被宣告无效或被撤销。我国《合同法》第8条规定，依法成立的合同，对当事人具有法律拘束力，受法律保护。这实际上揭示了合同具有法律效力的根源，为我们正确理解合同的法律效力提供了依据。

二、合同的成立与生效的区别

合同的成立与生效通常是密切联系在一起的。当事人订立合同的目的，就是要使合同产生拘束力，从而实现合同所规定的权利和利益。如果合同不能生效，则合同等于一纸空文，当事人也就不能实现订约目的。从实践来看，如果当事人依据法律的规定订立合同，合同的内容和形式都符合法律规定，则这些合同一旦成立，便会自然产生法律拘束力。正如我国《合同法》第44条规定，依法成立的合同，自成立时生效。正是因为这一原因，我国法律和司法实践中，长期以来没有区分合同成立与生效的问题，也没有进一步区分合同的不成立和无效问题。

我们认为，尽管合法的合同一旦成立便产生效力，但合同的成立与合同的生效仍然是两个不同的概念，应当在法律上严格区分开。两者的区别及其意义如下：

（一）两者的概念和性质不同

如前所述，所谓合同的成立，是指缔约当事人就合同的主要条款达成合意。一般来说，决定合同成立的主要条款，应当根据合同的性质来决定。合同的性质不同，其所要求的主要条款也不一样。例如，价金是买卖合同的主要条款，但在赠与合同中并不需要此种条款。一旦当事人根据特定合同的性质要求而就主要条款达成协议，合同便宣告成立。但合同的成立只是解决当事人之间是否存在合意的问题，并不意味着已经成立的合同都能产生法律拘束力。换言之，即使合同已经成立，如果不符合法律规定的生效要件，则仍然不能产生法律效力。合法合同从合同成立时起具有法律效力，而违法合同虽然成立，也不会发生法律效力。由此可见,合同成立后并不是当然生效的,合同若要生效,取决于其是否符合国家的意志和社会公共利益。

(二) 两者的要件不同

就合同的成立要件来说,主要包括:订约主体存在双方或多方当事人,订约当事人就合同的主要条款达成合意。这就是说,一方面,当事人一旦就主要条款达成协议,即可宣告合同成立,而对非主要条款并未达成协议,也不影响合同的成立。例如,买卖合同中未对履行期限作出规定,当事人可以根据我国《民法通则》第88条的规定随时提出履行或要求履行,当然,应当给对方必要的准备时间。另一方面,达成一致的协议,意味着当事人经过了要约和承诺阶段并形成了合意。至于当事人意思表示是否真实,则是考虑合同效力的主要因素。当事人可以以意思表示不真实(如重大误解)为由要求撤销合同,但不能要求宣告合同自始不成立。而合同的生效要件则是判断合同是否具有法律效力的标准。根据我国《民法通则》第55条的规定,民事法律行为应当具备下列条件:(1) 行为人具有相应的民事行为能力;(2) 意思表示真实;(3) 不违反法律或社会公共利益。这一规定也就是合同的一般生效要件,它是检验任何合同效力的标准。即使合同已经成立,如果不符合法律规定的生效要件,仍然不能生效。还应当看到,在特殊情况下,一些合同尽管已经成立,但并不能立即生效,而必须符合一定的要件或条件才能生效。例如,对一些附停止条件的合同来说,只有在条件成就时才能生效。在这种合同中,合同的成立与生效之间存在明显的区别。

(三) 区分成立和生效有助于正确处理各种纠纷

第一,在合同的条款不清楚或不齐备的情况下,应该严格区分合同成立与合同生效问题。对此种情况,首先要判定合同是否已经成立,如果当事人已经就合同主要条款达成了协议,就应认为合同已经成立。至于其他条款不齐备或不明确,则可以通过合同解释的方法完善合同内容的问题。这种解释并不意味着由法院代当事人订立合同,而是从鼓励交易、尊重当事人意志的需要出发,通过解释合同,帮助当事人将其真实意思表现出来。然而,由于合同生效制度体现了国家对合同内容的干预问题,它并不能解决和完善合同内容的问题。如果合同的内容不符合法律规定的生效要件,那就意味着合同当事人的意志根本不符合国家意志。在此情况下,法院不能通过合同解释的方法促成合同有效,相反,只能依据合同生效制度认定合同无效。

第二,区分合同的成立和生效概念,对正确区分合同的不成立和合同的无效具有十分重要的意义。长期以来,在我国司法实践中,由于未区分合同的不成立和合同的无效概念,从而将大量的合同不成立的问题,当做无效合同对待,混淆了当事人在合同无效后的责任和合同不成立时的责任。尤其因未区分合同的成立和生效问题,将一些已经成立但不具备生效要件的合同,都当做无效合同对待,从而导致大量本来可以成立的合同成为无效合同,消灭了本来不应该被消灭的交易。我们认为,在区分合同的成立和生效的概念的基础上,进一步区分合同的不成立和无效,不仅在理论上而且在实践中都具有重要意义。

第二节 合同的生效要件

已经成立的合同，必须具备一定的生效要件，才能产生法律拘束力。合同生效要件是判断合同是否具有法律效力的标准。我国《民法通则》第 55 条规定，民事法律行为应当具备下列条件：（1）行为人具有相应的民事行为能力；（2）意思表示真实；（3）不违反法律或者社会公共利益。这是法律关于民事法律行为一般生效要件的规定，合同作为一种民事法律行为，也应具备上述条件才能具有法律效力。当然，许多特殊合同也可能有一些特殊的生效要件，如技术引进合同需要经过国家有关部门的批准才能生效。根据《民法通则》的规定，合同的一般生效要件包括以下几项：

一、行为人具有相应的民事行为能力

行为人具有相应的民事行为能力的要件，在学理上被称为有行为能力原则或主体合格原则。由于任何合同都是以当事人的意思表示为基础，并且以产生一定的法律效果为目的，因此，行为人必须具备正确理解自己的行为性质和后果，独立地表达自己的意思能力，也就是说，必须具备与订立某项合同相应的民事行为能力。行为人如不具备相应的民事行为能力，就不能相应地独立进行意思表示，即使订立了合同，也将会使自己遭受损失。因此，各国民法大多将行为人有无行为能力作为区别法律行为有效和无效的条件。我国《民法通则》也将行为人具有相应的民事行为能力作为民事法律行为成立的条件之一。我国《合同法》第 9 条也规定，当事人订立合同，应当具有相应的民事权利能力和民事行为能力。这对于保护当事人的利益、维护社会经济秩序，是十分必要的。

根据《民法通则》的规定，10 周岁以上的未成年人和不能完全辨认自己行为的精神病人是限制民事行为能力人。未成年人由于其智力发育还不成熟，不能充分理解并预见自己的行为后果，因此，他们只能实施某些与其年龄、智力相适应的民事活动，其他的活动必须由其他法定代理人代为实施，或在征得其法定代理人同意后才能实施。最高人民法院《关于贯彻执行〈中华人民共和国民法通则〉若干问题的意见（试行）》第 3 条规定，10 周岁以上的未成年人进行的民事活动是否与其年龄、智力状况相适应，可以从行为与本人生活相关联的程度，本人的智力能否理解其行为，并预见相应的行为后果，以及行为标的数额等方面认定。不能完全辨认自己行为的精神病人，虽然已经成年，但由于其精神失常，缺乏正确的认识能力和判断能力，不能完全理解自己的行为后果，因此，只能实施一些与其精神健康状况相适应的民事活动，其他民事活动则由其法定代理人代理，或者在征得其法定代理人的同意后方能实施。

《民法通则意见》第 6 条规定，无民事行为能力人、限制民事行为能力人接受奖励、赠与、报酬，他人不得以行为人无民事行为能力、限制民事行为能力为由，主张以上行为无效。由此可见，限制民事行为能力人和无民事行为能力人在纯获法律上的利益而不承担法律义务的合同中，可以作为合同当事人。因为在这些合同中，无行为能力人和限制行为能力人只会获得利益，不会遭受损失。

法人的行为能力是特殊的行为能力。法人只能在其核准登记的生产经营和业务范围内

活动,如果超越其经营范围和业务范围,即为无效非真实的意思表示民事行为。法人之外的其他组织也可以成为合同的主体,这种组织通常称为非法人组织。非法人组织主要包括企业法人所属的领有营业执照的分支机构、从事经营活动的非法人事业单位和科技性社会团体、事业单位和科技性社会团体设立的经营单位、外商投资企业设立的从事经营活动的分支机构等。

二、意思表示真实

意思表示,是指行为人将其设立、变更、终止民事权利义务的内在意思表示于外部的行为。意思表示包括效果意思和表示行为两个要素。所谓效果意思,是指意思表示人欲使其表示内容引起法律上效力的内在意思表示;所谓表示行为,是指行为人将其内在意思以一定的方式表示于外部,并足以为外界所客观理解的要素。意思表示真实是合同生效的重要构成要件。所谓意思表示真实,是指表意人的意示行为应当真实地反映其内心的效果意思。也就是说,意思表示真实要求表示行为应当与效果意思表示一致。由于合同在本质上乃是当事人之间的一种合意,此种合意符合法律规定,依法律可以产生法律约束力;而当事人的意思表示能否产生此种拘束力,则取决于此种意思表示是否同行为人的真实意思相符合,也就是说意思表示是否真实。因此,意思表示真实是合同生效的重要构成要件。

在大多数情况下,行为人表示于外部的意思同其内心的真实意思是一致的,但有时行为人作出的意思表示与其真实意思不相符合,此种情况称为"非真实的意思表示"、"意思缺乏"或"意思表示不真实"。在意思表示不真实的情况下,如何确定行为人所作出的不真实的意思表示的效力,对此,各国立法和学说有如下三种不同的观点:第一,意思主义。这种观点认为,应以行为人的内在意思为准。内心意思是意思表示的来源,如果没有内在的意思,外在的表示是没有根据的。因而应使外在表示无效,以保护表意人的意志和利益。第二,表示主义。这种观点认为,应以行为人外部表示为准,因为行为人的内心意思如何,并不是局外人所能知道的,因而应使行为人表示的行为无效,以保护与行为人发生联系的相对人。第三,折中主义。这种观点认为,在意思表示不真实的情况下,应根据具体情况,既考虑行为人的内心意思,也考虑其外部表示,兼顾表意人和相对人的利益。

我们认为,在意思表示不真实的情况下,一方面,不能仅以行为人表示于外部的意思为根据,而不考虑行为人的内心意思。例如,行为人在受胁迫、受欺诈的情况下作出的意思表示,与其真意完全不符。如果不考虑行为人的真实意志,而使其外部的意思表示有效,并认为欺诈、胁迫等合同有效,则不利于保护行为人的意思,也会纵容一些胁迫、欺诈等违法行为,而且会破坏法律秩序。另一方面,也不能仅以行为人的内心意思为依据,而不考虑行为人的外部表示。因为行为人的内心意思往往是局外人无从考察的,如果行为人随时以意思表示不真实为理由主张合同无效,就会使合同的效力随时受到影响,使对方当事人的利益受到损害。所以,在合同成立后,任何当事人都不得借口自己考虑不周、估计不足、不了解市场行情、业务能力差等原因而推翻合同效力。合同一旦成立,就要在当事人之间产生拘束力。如果当事人是在被胁迫、受欺诈以及重大误解等法律规定的情况下作出的与其真实意思不符的意思表示，那么，根据法律的规定，可以由人民法院或仲裁机构依法撤销该行为，并根据具体情况追究有过错的一方或双方当事人的责任。

总之，从生效要件来看，意思表示是合同能够生效的重要条件。在实践中，具体确认意思表示不真实的合同是否有效，应依据法律的规定，既要考虑如何保护表意人的正当权益，又要考虑如何维护相对人或第三人的利益，维护交易安全。一般来说，如果当事人所作出的意思表示违反了法律和行政法规的强制性规定及社会公共利益，那么应当确认此种意思表示无效。但如果不真实的意思表示不具有违反现行法律的强制性规定和社会公共利益的内容，那么原则上应将此种意思表示不真实的合同作为可撤销的合同对待，这样更有利于保护相对人的利益，维护交易的安全。

三、不违反法律和社会公共利益

从法律上看，合同之所以能产生法律效力，就在于当事人的意思表示符合法律的规定。对于合法的合同，法律赋予其法律上的拘束力，而不合法的合同显然不能受到法律保护，也不能产生当事人预期的法律效果。合同不违反法律，是指合同不得违反法律的强制性规定。所谓强制性规定，是指这些规定必须由当事人遵守，不得通过协议加以改变。不过，在合同法中包括了大量任意性规定，这些规定主要是用来指导当事人订立合同的，并不要求当事人必须遵守，当事人可以通过实施合法的行为改变这些规范的内容。一般来说，在法律条文中，任意性规范通常以"可以"做什么来表示，它不要求当事人必须执行，而只是提供了行为的一种标准，而强制性规范通常以"必须"、"不得"等词语表示，它要求当事人必须严格遵守，而不得通过其协商加以改变。合同不违反法律，主要是指合同的内容合法，即合同的各项条款都必须符合法律、法规的强制性规定。例如，行为人不得买卖内容反动、淫秽、下流的录音带和唱片等。合同的内容违法，当然应导致合同无效。但若仅仅是部分条款违法，而确认部分条款无效不影响其他部分的效力时，可仅确认部分条款无效。

合同不仅应符合法律规定，而且在内容上不得违反社会公共利益。将不违反社会公共利益作为合同生效要件，可以大大弥补法律规定的不足。对于那些表面上虽未违反现行立法的禁止性规定，但实质上损害了全体人民的共同利益，破坏了社会经济生活秩序的合同行为，都应认为是违反了社会公共利益。同时，将社会公共利益作为衡量合同生效的要件，也有利于维护社会公共道德。因为社会公共利益本身也包含了行为内容应符合社会公共道德的要求。

四、合同必须具备法律所要求的形式

我国《民法通则》第56条规定，民事法律行为可以采取书面形式、口头形式或其他形式。法律规定用特定形式的，应当依照法律规定。可见，我国法律承认当事人可以依法选择合同的方式。但是，如果法律对合同的方式作出了特殊规定，当事人必须遵守法律规定。我国《合同法》第44条规定，依法成立的合同，自成立时生效。法律、行政法规规定应当办理批准、登记等手续生效的，依照其规定。最高人民法院《关于适用中华人民共和国合同法若干问题的解释（一）》（以下简称《合同法解释》）第9条规定，依照

《合同法》第 44 条第 2 款规定，法律、行政法规规定合同应当办理批准手续的，或者办理批准、登记手续才能生效，在一审法庭辩论终结前当事人仍未办理批准手续的，或者仍未办理批准、登记等手续的，人民法院应当认定该合同未生效；法律、行政法规规定合同应当办理登记手续，但未规定登记后生效的，当事人未办理登记手续不影响合同的效力，合同标的物所有权及其他物权不能转移。

第三节　附条件、附期限的合同

合同附条件、附期限，是为了满足复杂社会生活的需要。条件与期限的功能在于分配危险、引导当事人的特定行为和赋予动机以法律意义。

第一，分配风险。当事人订立合同，往往基于对将来发展的预期，但将来发展的状况如何，虽然能够分析判断，但不能准确预知。订立合同时，可以通过附条件、附期限来分配风险。如甲、乙双方在阿富汗发生战争时约定，甲方在战争结束时购买乙方 100 万吨食品。这个附期限（不定期限）的合同，就分配了买卖交易价格涨落的风险。附条件与附期限一样都可以分配风险。如当事人约定 3 个月内付清价款后标的物所有权转移，即标的物所有权之转移，以 3 个月内付清价款为条件。

第二，引导相对人为特定行为。当事人可以通过附条件，引导当事人追求、履行特定的行为。如张父与张子约定，张子在 3 年内结婚，张父即送房屋一套（附混合条件）。

第三，赋予动机以法律意义。动机对合同的效力通常不发生影响，动机通常不为合同的内容。但当事人可以通过附条件，将动机转化为合同条件，以保护自己的利益。

一、附条件的合同

（一）附条件的含义

当事人对合同效力可以约定附条件。附条件，是指当事人选定某种成就与否并不确定的将来事实，作为控制合同效力发生与消灭的附款。条件可以是事件，也可以是行为。

（二）法律对附条件的要求

1. 须属于将来发生的事实

既成的事实不能被设定为条件。既成的事实作为条件，称为既成条件。既成条件丧失了条件控制效力的意义。比如，甲已经中奖，还与他人达成协议："如我获奖，当赠与你一半。"此时等于没有条件，甲的真实意思是"无条件赠与"。《日本民法典》第 131 条［既成条件］的规定，可以佐证这一观点："（一）条件于法律行为当时已成就时，如系停止条件，法律行为为无条件；如系解除条件，法律行为为无效。（二）条件的不成就，于法律行为当时已经确定时，如系停止条件，法律行为为无效；如系解除条件，法律行为为无条件。"王泽鉴教授也指出："条件为停止条件时，应认为法律行为无条件。至于条件之不成就，于法律行为时已确定者，其附停止条件时，法律行为为无效；附解除条件者，则为无条件。"① 也就是说，当既成条件作为所附条件时，如果是生效条件（即停止条件），则等于合同无条件。当事人约定的条件不能起到控制合同效力的作用。

以案说法

王某与李某同为一个工厂的工人。王某患病在家休息。某月发工资，每个工人被摊派必须认购每券一元的文化宫建设奖券3张，在工资中扣除购买费用，奖券连同工资一同发放。李某为王某代领工资，并为王某抽出奖券三张。李某揭开奖券，发现其中一张中特等奖，奖金1万元。李某去王某家，告知其为王某抽奖3张，并问，如果中奖，奖金如何处理。王某说，如果中奖，二人平分奖金。李某即出示奖券，王某见中奖，当即反悔。李某诉至法院，要求分取5000元奖金。

受诉法院判决李某分得奖金3000元，其余归王某所有。与法院的判决不同，当前流行的观点是该赠与合同无效。有学者指出："当事人在约定该合同及其条件的时候，所附条件的事实已经是客观的、已经发生的事实，即李某是在合同所附条件已经实际发生的情况下，与王某约定平分奖金的所附条件，因而不符合必须是将来发生的事实和必须是不确定的事实这两个条件。因此，双方当事人平分约定奖金的协议，不发生法律上的效力，李某无权要求王某赠与奖金，王某也无赠与李某奖金的义务。法院判决李某分得奖金3000元，没有法律依据，侵害了王某的财产所有权。"②

【分析】在本案中，王某与李某约定的条件，是既成条件。既成条件一般只是导致作为附款的条件无效，并不导致合同的无效。

对本案的处理，比较一致的观点认为王某不发生赠与的义务。对合同性质的分析，也比较一致。认为双方附了一个既成条件，合同应当无效。其实，对附生效条件的合同来说，附一个既成条件，并不是合同无效的事由，附一个既成条件，其客观效果等于无条件，即没有条件限制的合同的效力，既成条件只不过是假装条件。无条件等于设立的条件无效，是合同部分无效的一种情况。这是我们分析问题的第一步。

对于王某与李某之间"无条件"的合同效力应当如何看待？此赠与合同效力的发生不受条件的限制，但还受其他因素的限制。这个"无条件"的合同不是出于赠与合同债务人王某的真意。案件是这样的：李某问，如果中奖，奖金如何处理。王某说，如果中奖，二人平分奖金。李某即表示奖券，王某见中奖，当即反悔。"如果中奖"的表述隐瞒了已经中奖的事实，构成了合同欺诈。如果李某揭示了中奖的事实，王某就不会为赠与的意思表示，赠与合同是以欺诈为基础成立的。因此，该合同应为因欺诈订立的可撤销合同。从目的来看，欺诈，并不是在附条件问题上（部分问题上）的欺诈，而是为获得不正当民事权益的合同欺诈。

可撤销的合同是意思表示有瑕疵的合同，同时是成立、有效的合同。对该可撤销的合同，王某可以履行，也可以请求人民法院予以撤销。合同撤销权是需要法院或者仲裁机关认可的形成权，即所谓的形成诉权。撤销权的行使很麻烦，王某拒绝履行，可以根据

---

① 王泽鉴：《民法总则》（增订版），中国政法大学出版社2001年版，第426页。
② 杨立新：《合同法总则》（上），法律出版社1999年版，第140页。

《合同法》第186条第1款的规定行使任意撤销权。该款规定，赠与人在赠与财产权利转移之前可以撤销赠与。这种任意撤销权是典型的形成权，由撤销权人通知相对人即发生效力。

2. 须属于成就与否不能确定的事实

必成的事实和根本不能发生的事实，都不能设定为条件，否则失去了附条件的意义。所附的条件是否发生，应当处于两可之间。以必成的事实作为条件，只是延缓了合同效力的发生或者消灭了合同的效力，因此，以必成的事实作为条件，等于是以时间作为条件，即以始期和终期为条件。已不能事实为条件者，称为不能条件。《日本民法典》第133条针对［不能条件］的规定可供参考："（一）附不能停止的法律行为，为无效。（二）附不能解除条件的法律行为，为无条件"。

3. 须是当事人任意选择的事实

所附条件属于合同的任意性条款，当事人可以协商一致决定是否附有条件以及附条件的内容，以适应自己的特殊需要。法定的条件，是当事人必须遵循的，对于法定条件，不论当事人在合同中是否约定，都要遵循。即使当事人在合同中约定，从其性质来看，也仍应认为是法定条件，而非约定条件（所附条件）。比如，房屋买卖当事人要办理过户手续，这是完成给付的必要条件。当事人可以在合同中写明，该房屋买卖须经登记，但这只是对法定条件的强调，而非所附条件。实践中，有的当事人把法定条件当成所附条件写在合同中，这并不影响合同的效力。有人主张：将法定事实作为所附条件，合同为无效。这种观点并不正确。法定条件，具有条件的外观，不具有条件的实质，因此，法定条件的约定，等于"无条件"，并不导致合同效力的丧失。在以上案例中，王某与李某的约定，是当事人选择的事实，不是法定条件。法定条件与既成条件一样，是假装条件。

4. 须所附条件的内容合法

很多人把此条件表述为"约定的事实须属于合法的事实，违法的事实不能设定为条件"。当事人所附的条件是某种特定的事实。这种事实是一种法律事实，可以是自然现象、社会现象，也可以是特定人的行为。其实，只有人的行为合法不合法，哪有客观现象合法不合法的情况？如以天上下雨为所附条件，下雨，这个自然现象就无所谓合法或不合法。所为条件的内容合法，是指当事人所附条件不能违反法律。法规的强制性规定，所附条件内容合法，包括一项要求：不能约定完成违法行为作为所附条件。如果当事人所附条件是违法的，该约定无效，该约定也可以使整个合同无效。合同当事人所附条件并没有促使任何人实施违法行为，而以第三人特定违法行为或违法事件的发生为所附条件的内容，也是可以的。如当事人约定，如某地发生骚乱而解除当事人之间的买卖关系，这是允许的。

5. 须被设定为控制合同效力的条件

如果条件只是作为对价，则该合同不是严格意义上的附条件的合同。合同是交易关系，双方协商订立的合同中价款多少、质量如何，都可以解释为条件。但这些广义上的条件，是对价的内容，不是我们所说的附条件合同的"条件"，条件的设定，使合同的生效或者解除有了一个依赖的事实。

第三节 附条件、附期限的合同

以案说法

2002年2月7日,张某与某公园签订了合同养殖"橡皮鸡"的合同。由于张某的违约,致使该公园遭受12万元的损失。2002年12月8日,张某与该公园签订了赔偿协议。赔偿协议约定:"张某赔偿公园8万元,在签订协议的15天内一次性交付。该协议于签订之日起15天内交付8万元时生效。生效后双方的债权债务关系清结。"签订赔偿协议后,张某在15天之筹集3万元交给公园。2003年1月6日,公园起诉张某,要求张某承担违反合作养殖"橡皮鸡"合同的责任,向公园赔偿12万元。张某的律师认为,双方以赔偿协议的形式,解除了合作合同,被告不应当承担合作协议的违约责任。公园的律师指出,赔偿协议是附生效条件的合同。条件未成就,赔偿协议未生效。张某的律师认为赔偿协议不是附生效条件的合同,因为,履行义务,不能作为所附条件。张某只要再交付5万元即可。

【分析】张某与某公园签订的赔偿协议是附生效条件的合同。条件未成就,不发生消灭原合作协议违约责任的效力。张某应当向公园赔偿12万元的损失,并支付迟延的利息。本案的特点在于把特定时间的履行行为,作为合同(赔偿协议)生效(实为成立)的条件。这种设计,体现了对当事人行为的利益引导。

(三) 条件的种类

1. 生效条件和解除条件

我国《合同法》第45条第1款规定,当事人对合同的效力可以约定附条件。附生效条件的合同,自条件成就时生效。附解除条件的合同,自条件成就时失效。生效条件和解除条件是一种法定的分类。

1)生效条件

生效条件是指合同效力的发生取决于所附条件的成就,即当事人不欲使合同成立之时立即生效,而于合同所附条件成就后才开始生效。生效条件有延缓或停止合同效力的作用,因而在传统民法上称为延缓条件、停止条件。

《合同法》第45条使用"生效条件"的术语,会使一些人感到疑惑,以为在"生效条件"成就前,合同不产生任何效力。比如,在北京拥有房屋的张某于2001年3月1日与李某约定,当张某的儿子当年考上大学的时候,张某将其子住的房屋交与李某居住。这是一个附生效条件的房屋租赁合同。在条件尚未成就的2001年的3月2日,张某能否撕毁此房屋租赁合同呢?不能。因此《合同法》第8条规定,依法成立的合同,对当事人具有法律约束力,当事人应当按照约定履行自己的义务,不能擅自变更或解除合同,依法成立的合同,受法律保护。张某与李某的合同,是依法成立的合同,双方之间,已经建立具有约束力的预约法律关系,在条件尚未成就之前,张某和李某都不能任意撕毁合同,张某和李某都具有法律所保护的期待权。期待权,是一种附条件利益,期待权是法律约束力的体现。在条件尚未成就期间,当事人仍受合同的约束,不能单方予以撤销。当事人必须保留对对方期待的利益(如不得转卖标的物,不得将出租物租赁给他人等),负有注意义务（如保护好标的物等），使合同所追求的法律效果于条件成就时，最终能够实现。我国台湾地区"民法"第 100 条规定，附条件之法律行为当事人，于条件成否未定前，若有损害相对人因条件成就应得利益的行为者，负损害赔偿之责任。这体现了对期待权的保护，我们应当借鉴。附生效条件的合同条件尚未成就之时，就具有法律效力，这种说法听起来有些矛盾。《合同法》使用"生效条件"的术语，表面上适应人们理解的要求，实际上更容易使人产生误解，客观上有误导作用，如果改为"延缓条件"或"停止条件"，反而不易使人产生误解。

2）解除条件

解除条件是指当事人约定的终止合同效力的条件。解除条件也称为失效条件。根据我国《合同法》，解除是终止的一项原因。如甲方借给乙方一架钢琴用来练习，准备考级，双方约定，如果乙不再参加钢琴考级，则将钢琴归还。这就是附解除条件的合同。

附解除条件的合同与附解除权的合同不同。合同附解除条件的，在条件成就时发生解除合同的效力；而附解除权的合同，则以解除权人行使解除权为必要。《合同法》第 93 条第 2 款规定，当事人可以约定解除合同的条件。解除条件成就时，解除权人可以解除合同。当解除条件成就时，并不发生解除合同的效力，须解除权人通知对方，需要有明确的意思表示。这里的解除权是当事人约定的形成权。

2. 肯定条件与否定条件

以约定的客观事实发生或不发生作为影响合同效力的条件，可将所附条件分为附肯定条件和附否定条件。

1）肯定条件

肯定条件是指以发生某种客观事实为其条件的内容，所以肯定条件又称为积极条件，即所附事实发生，为条件成就；所附事实不发生，为条件不成就。比如，张某与李某上午约定，如果当天下午下暴雨，张某就送李某一把雨伞。此即为附肯定条件。

2）否定条件

否定条件是指以不发生某种客观事实为其条件的内容，所以又称为消极条件。即所附事实不发生，为条件成就；所附事实发生，为条件不成就。

3. 随意条件、偶成条件及混合条件

1）随意条件

随意条件，又称为意定条件，是指条件的成就与否，取决于当事人一方的意志。如试用买卖能否成功，取决于买受人的意志，所有权保留买卖能否发生所有权转移，取决于买受人能否如期完成约定的付款等义务。

2）偶成条件

偶成条件，又称为偶然条件，是指条件的成就与否，不由于当事人的意志而由于偶然发生事实。

3）混合条件

混合条件，是指条件成就与否，不但取决于当事人的意志，还取决于偶然的事实。如张某与李某约定，如李某与黄某结婚，张某则送李某一套房屋。结婚不但取决于赠与合同当事人李某的意志，还取决于第三人黄某的意志，因此该赠与合同所附条件是混合条件。

二、附期限合同

(一) 附期限的含义

当事人对合同的效力可以约定附期限。附期限,是指当事人约定以某一期限作为合同效力发生或终止的根据。其实质是以将来确定的事实为条件。《合同法》第 46 条规定,当事人对合同的效力可以约定附期限。附生效期限的合同,自期限届至时生效。附终止期限的合同,自期限届满时失效。

(二) 附期限与附条件的区别

期限与条件都是当事人约定的限制合同效力的方式,但二者有重要的区别:期限为将来确定要发生的事实,是可知的;而所附条件,将来可能发生,也可能不发生,是不确定的事实。以人的死亡作为限制合同的事实,是附条件的合同,还是附期限的合同?人的死亡是必然发生的,是必然届至的,因此是附期限的合同。

自罗马法以来,学者设定以下四大原则来说明条件与期限区别的标准:
(1) 时期确定,到来亦确定,为期限。如明年十一租赁结束。
(2) 时期确定,到来不确定,为条件。如明年一月份发生地震。
(3) 时期不确定,到来确定,为期限。如某人死亡。
(4) 时期不确定,到来亦不确定,为条件。如某甲结婚。

以案说法

2000 年 3 月 5 日,养鸡专业户李某卖给同村农民张某 100 只刚刚孵化的良种小鸡。双方约定小鸡长大后给付价款。同年 4 月初,小鸡因鸡瘟全部死亡。5 月初,李某找张某索要价款,张某以小鸡未长大为由拒绝付款。李某聘请律师起诉张某,张某亦聘请法律工作者代为应诉。

【分析】李某与张某之间的合同是附条件的合同还是附期限的合同,属于合同解释的问题。我们的意见是作有利于债权人的解释。李某已经付出了财产,是纯粹的债权人,如果不能获得对价,则有失公平。解释的结果不得违反公平原则,若解释的结果违反公平原则,则说明解释发生错误。就本案来看,若解释为附条件的合同,李某就不能获得对价,这就违反了交易的基本规则。不可抗力不能免除对价,鸡瘟即便是不可抗力,也不能免除张某付款的义务。有人认为,应当适用民法中"有利于债务人解释的规则"。有利于债务人的解释规则不是在任何场合下都可以适用的。当合同处于模糊不清的状态时,如果合同是无偿的,则应有利于债务人的解释。理由是债务人是无偿付出的一方,其无偿付出是救助行为,或者是基于道德观念的乐善好施行为,不是进行交易。法律有巩固、提倡正确道德观念的任务,与此任务相适应,对无偿合同有疑义时,则应作有利于债务人的解释。[①]

[①] 关于此点,《意大利民法典》第 1371 条[最终规则]的规定可供参考:尽管适用了本节的规范,但当契约依然处于模糊不清的状态时,如果契约是无偿的,则应作出使债务方负担较轻的解释,而如果是有偿的,则应作出使双方当事人的利益得到公平实现的解释。就本案来看,作有利于债权人的解释,才得以使双方当事人的利益得到公平的实现。

一个结果若是正确的,还可以从其他方面获得佐证。(1)从风险的角度看,李某已经交付财产,《合同法》第142条规定,标的物毁损、灭失的风险,在标的物交付之前由出卖人承担,交付之后由买受人承担,但法律另有规定或者当事人另有约定的除外。据此,应当由张某承担风险。如果允许张某不交付价款,则等于李某承担风险。(2)从债务的种类看,张某承担的是金钱债务。《合同法》第109条规定,当事人一方未支付价款或者报酬的,对方可以要求其支付价款或者报酬。有的学者认为该条款是"无害条款",[①] 我们认为该条款的实质,在于肯定金钱债务不发生免责。传统民法理论认为,金钱债务只发生迟延的问题,不发生免责问题。(3)鸡瘟一般不构成不可抗力,即使是不可抗力,也不发生金钱债务的免除。

(三)期限的分类

1. 生效期限和终止期限

《合同法》第46条将期限分为生效期限和终止期限:当事人对合同的效力可以约定附期限。附生效期限的合同,自期限届满时生效。附终止期限的合同,自期限届满时失效。

1)生效期限

生效期限在传统民法上又称为延缓期限、停止期限,或者称为始期。对于附生效期限的合同,应当理解为期限未届至时,合同未生履行效力,而不能理解为期限未届至合同未生任何效力。期限未届至时,对于双务合同,任何一方都有可期待权,任何一方都不得任意撕毁合同。也就是说,附生效期限的合同,在成立之后,期限尚未届至之前,依据《合同法》第8条的规定,对当事人有法律约束力。期限未到来之前,若损害相对人因期限到来所应得利益者,则应负损害赔偿之责任。此与附条件相同。附生效期限和附生效条件的概念,都有不足之处,不能准确地反映事物的本质。

2)终止期限

终止期限又称为终期,是指使合同效力终止的期限。终期与解除条件的作用相当。很多学者把终止期限与履行期限届满相区别。这里的问题是,合同失效的根本标志是什么?合同丧失履行效力为合同失效,合同丧失履行效力之后,还存在违约责任的承担等债务。这种债务是履行义务的转化形式。因此,终止期限与履行期限经常是重合的,比如租赁合同的租期,既是履行期限,又是合同的终止期限。但履行期限与终期的意义并不相同。履行期限是对债务人履行债务的要求,是判断当事人是否违约的一个标志。在债务人限于迟延时,履行效力并未消灭,当事人还可以请求继续履行、采取补救措施等。终期的意义在于合同的履行效力丧失,如有违约等情况,约定的债务转化为损害赔偿等。在当事人约定的期限是履行期限或是终止期限不明的情况下,则根据当事人的真意进行解释。

---

① 梁慧星:《统一合同法:成功与不足》,载《中国法学》1999年第3期,第28页。

📖 以案说法

甲公司卖给乙公司1万公斤沾化冬枣,双方约定交货的时间是2001年10月20日至26日,双方还约定合同的终止期是同年11月1日。甲公司10月28日交货。乙公司拒收。

【分析】甲、乙双方约定了履行期间,在此之外又约定了终止期限。等于在终期届至之前,限制了乙公司的解除权。甲方陷于迟延后,履行效力并不消灭。乙公司应当收货,并有权追究甲公司迟延履行的责任。此案最容易产生争议的问题是,如果终期届至,乙方公司能否要求继续履行。我们认为,若终期届至,该合同的履行效力已经被消灭,不能要求继续履行,但损害赔偿等请求权并不丧失。

2. 确定期限和不确定期限

期限分为确定的期限和不确定的期限。当事人在合同中明确某年、某月或某日,或明确某年、某月、某日至某年、某月、某日,这是确定的期限;当事人约定某人的死亡、航程结束等作为限制合同效力的事实,则是不确定的期限。

第四节 效力待定的合同

一、效力待定合同的概念

效力待定合同,是指于合同成立时是否发生效力尚不能确定,有待于其他行为使之确定的合同。这类合同虽然已经成立,但因其不完全符合有关生效要件的规定,因此其效力能否发生,尚未确定,须经有权人表示承认才能生效。效力待定合同与无效合同及可撤销合同的不同之处在于,行为人并未违反法律的禁止性规定及社会公共利益,也不是因意思表示不真实而导致合同撤销,主要是因为有关当事人缺乏缔约能力、代订合同的资格及处分能力所造成的。毫无疑问,由于存在着这种情况,合同本身是有瑕疵的,但此种瑕疵并非不可消除。一方面,效力待定合同可以因为权利人的承认而生效,如无代理权人代理他人订立合同,经本人承认可以生效。由于这种承认表明效力待定合同的订立是符合权利人的意志和利益的,因此经过追认可以消除合同存在的瑕疵。另一方面,因权利人的承认而使合同有效,并不违反法律和社会公共利益;相反,经过追认而有效,既有利于促成更多的交易,也有利于维护相对人的利益。因为相对人与缺乏缔约能力的人、无代理权人、无处分权人订立合同,大多希望使合同有效,并通过有效合同的履行使自己获得期待的利益。因此,通过有权人的追认使效力待定合同生效,而不是简单地宣告此类合同无效,是符合相对人的意志和利益的。

二、限制民事行为能力人依法不能独立订立的合同

根据《民法通则》的规定,10周岁以上、不满18周岁的未成年人和不能完全辨认自己行为的精神病人,可以实施某些与其年龄、智力和健康状况相适应的民事行为,其他民事活动由其法定代理人代理或者在征得其法定代理人同意后实施。所谓与年龄、智力状况

相适应的行为,是指根据未成年人的年龄状况和智力发育情况能够为该未成年人完全理解的行为,如购买零食、文具等;所谓与健康状况相适应的民事行为,是指精神病人在其健康状况允许的情况下,可以实施某些其能够理解行为的性质,辨认行为后果的行为。

我国《合同法》第47条第1款规定,限制民事行为能力人订立的合同,经法定代理人追认后,该合同有效,但纯获利益的合同或者与其年龄、智力、精神健康状况相适应而订立的合同,不必经法定代理人追认。限制民事行为能力人依法不能独立实施的行为,可以在征得其法定代理人的同意后实施。所谓同意,即事先允许。由于同意的行为是一种辅助的法律行为,因此,法定代理人实施同意行为,必须向限制民事行为能力人和其相对人明确作出意思表示。这种意思表示可以采取口头的形式,也可以采取书面的或其他的形式。

限制民事行为能力人依法不能独立实施的未经其法定代理人同意的民事行为,只能由其法定代理人代理进行。如果限制民事行为能力人未经其法定代理人的事先同意,独立实施其依法不能独立实施的民事行为,则要区分两种情况的处理:(1)如果限制民事行为能力人实施的是单方民事行为,如抛弃财产,则行为当然无效;(2)如果限制民事行为能力人实施的是双方民事行为,如与他人订立合同,则与其发生关系的相对人可以在规定的期限内,催告其法定代理人是否承认这些行为。我国《合同法》第47条第2款规定,相对人可以催告法定代理人在1个月内予以追认。法定代理人未作表示的,视为拒绝追认。合同被追认之前,善意相对人有撤销的权利。撤销应当以通知的方式作出。

限制民事行为能力人可以实施"纯获法律上利益"的行为,因为纯获法律利益的行为对未成年人并无损害。而法律之所以规定限制行为能力人实施的行为效力待定,乃是考虑到限制民事行为能力人所订立合同有可能使其蒙受损害。既然其实施的纯获法律利益的行为不会使其遭受损害,因此不应使该行为无效。所以,《民法通则意见》第6条规定,无民事行为能力人、限制民事行为能力人接受奖励、赠与、报酬,他人不得以行为人无民事行为能力、限制民事行为能力为由,主张以上行为无效。由此可见,无行为能力人订立纯获法律上的利益的合同,无需其法定代理人追认便可以生效。

三、表见代理以外的欠缺代理权而代理订立的合同

(一) 狭义无权代理的概念

无权代理分为广义的无权代理和狭义的无权代理。广义的无权代理包括表见代理和狭义的无权代理。狭义的无权代理,是指表见代理以外的欠缺代理权的代理。狭义的无权代理主要有以下几种情况:(1)根本无代理权的无权代理,即代理人在未得到任何授权的情况下,以本人的名义从事代理活动。(2)超越代理权的无权代理,即代理人虽享有一定的代理权,但其实施的代理行为超越了代理权的范围或对代理权的限制。超越代理权可分为量的超越和质的超越。如超过规定的数量而购买某种商品,称为量的超越,而本应购买某种商品却购买其他商品,则属于质的超越,两种情况都构成超越代理权限范围的行为。① (3)代理权消灭以后的无权代理。代理权可能因本人撤销委托、代理期限届满等

---

① 章戈:《表见代理及其适用》,载《法学研究》1987年第2期。

原因而终止。在代理权终止以后，代理人明知其无代理权而仍然以本人名义从事代理活动，或者因过失而不知道其代理权已消灭而继续进行代理活动，都会发生无权代理。狭义无权代理具有如下特点：

(1) 狭义无权代理是指表见代理以外的无权代理。在民法上，通常将无权代理区分为两类，即狭义无权代理和表见代理。在这两种情况下，代理人都不具有代理权，但表见代理是指代理人虽无代理权，在其实施代理行为时，如果善意的相对人有正当的理由相信其有代理权而与其为法律行为，则该法律行为的效果应由被代理人承担。可见，表见代理与狭义无权代理的性质是根本不同的，狭义的无权代表只是除去表见代理以外的无权代理。

(2) 狭义无权代理是代理人欠缺代理权，无权代理人根本未得到授权而进行代理，或超越代理权范围进行的代理以及在代理权消灭以后的代理。这些无权代理行为虽然具有代理行为的表面特点，但由于行为人缺乏代理权，因而并不符合有权代理的要件。然而，无权代理仅指欠缺代理权，并不包括无权代理人与相对人所实施的行为违反法律、法规的强制性规定以及公序良俗，也不包括代理人与相对人的行为涉及欺诈、胁迫等意思表示不真实的因素，否则，只涉及无效和可撤销的合同问题，而不涉及无权代理合同的效果问题。在无权代理的情况下，代理人通常具有完全的民事行为能力，因此无权代理和无效代理是不同的。

(3) 狭义无权代理人以本人名义与他人订立合同，是一种效力待定的合同，而不是绝对无效的合同。这类合同尽管因代理人缺乏代理权而存在着瑕疵，但此种瑕疵是可以修补的。也就是说，因本人的追认可以使无权代理行为有效。我国《合同法》第48条规定，行为人没有代理权、超越代理权或者代理权终止后以被代理人名义订立的合同，未经被代理人追认，对被代理人不发生效力，由行为人承担责任。法律之所以规定无权代理合同可因本人的承认而有效，主要原因在于：一方面，无权代理行为并非都对本人不利，有些无权代理活动对本人可能是有利的；另一方面，无权代理行为也具有代理的某些特点。如无权代理人具有为本人订立合同的意思，第三人也有意与本人订立合同，问题的关键在于，无权代理人并无代理权限，如果本人事后承认该代理行为，实际上是事后补授代理权，从而可以使代理行为有效；如果本人认为无权代理行为对其不利，自然可不予承认。尤其应当看到，因无权代理行为所订立的合同并不一定对相对人不利，相对人与无权代理人订立合同通常并非旨在追求合同无效的后果，相反，他通常希望合同有效而使其能与本人之间形成合同关系，所以，经过本人追认而使合同有效，也有利于维护交易秩序及保护相对人的利益。

(二) 本人的追认权和否认权

如前所述，狭义无权代理合同在性质上属于效力待定合同。根据我国《合同法》第48条的规定，无权代理合同只有经过被代理人的追认，才能对被代理人发生效力；未经被代理人追认，对被代理人不发生效力，由行为人负责。这里所谓的追认，是指本人对物权代理行为在事后予以承认的一种单方意思表示，其特点在于：(1) 追认的意思表示应当以明示方式向相对人作出。如果仅向无权代理人作出此种表示，则必须使相对人知晓，才能产生承认的效果。（2）追认是一种单方意思表示，无需相对人的同意即可发生法律效力。（3）一旦作出追认，在性质上视为补授代理权，从而使无权代理具有与有权代理一样的法律效果。追认具有溯及既往的效力，也就是说，一旦追认，无权代理合同从成立之时开始即产生法律效力。在本人尚未追认以前，无权代理合同虽然已经订立，但并没有实际生效。所以，当事人双方都不应作出实际履行，尤其是相对人如果知道对方未具有合法的授权，则不应当作出实际履行，否则构成恶意。

在法律上，本人是否作出追认，是本人所享有的一种权利，学者通常称其为"追认权"，它在性质上属于形成权的一种。① 追认既然是本人所享有的一种权利，那么本人有权作出追认，也有权拒绝承认。如果本人明确表示拒绝承认，则无权代理行为自始无效，无权代理合同不能对本人产生法律效力。根据《民法通则》第66条的规定，本人知道他人以本人的名义实施民事行为而不作否认的表示，视为同意。也就是说，在无权代理人以本人名义订立合同时，若本人已经知道此种情况而不作否认表示，则表明本人具有允许无权代理人以自己名义订立合同的意思。同时，第三人据此也可以相信无权代理人具有完全代理权。所以，对本人明知他人以自己名义从事代理行为而不作否认表示的，应视为本人已同意无权代理人实施的代理行为，本人事后亦不得拒绝承认此种行为的效力。

在狭义无权代理情况下，本人享有否认权，这是非常必要的。所谓否认权，是指拒绝承认无权代理行为的效力的权利。本人否认的意思必须要向相对人明确表示，或者在相对人催告以后未作表示。我们认为，本人可以以两种方式行使否认权：一是在本人发现无权代理人以本人名义从事无权代理行为，在相对人催告之前，便可以直接向相对人表示否认该无权代理行为。如果本人仅是向无权代理人作出否认的表示，还不能当然发生使无权代理行为无效的后果。因为本人和无权代理人是一种内部关系，而无权代理人以本人的名义对外从事无权代理行为，将涉及与相对人之间的关系，因此，否认的表示必须向相对人作出；否则，不能当然发生使无权代理行为无效的效果。二是本人在相对人作出催告以后，既可以向相对人明确表示拒绝承认无权代理的效果，也可以针对相对人的催告拒绝作出答复。根据我国《合同法》第48条的规定，在本人未作表示的情况下，视为拒绝追认。

（三）相对人的催告权和撤回权

我国《合同法》第48条规定，相对人可以催告被代理人在1个月内予以追认。被代理人未作表示的，视为拒绝追认。可见，在无权代理的情况下，相对人应该享有催告权和撤销权。

所谓催告权，是指相对人催促本人在1个月内明确答复是否追认无权代理行为。由于追认权的行使必须以催告权的行使为前提，如果没有催告，本人无从知道无权代理人以本人名义实施民事行为，也不可能作出承认和拒绝的决定。对相对人来说，如果没有经过催告程序，又不符合表见代理的构成要件，便直接请求本人对无权代理行为负责，则很难区分其是以无权代理还是以表见代理规则所提出的请求。可见，催告是追认权行使的必经程序。催告权亦为形成权的一种，其行使应具备如下要件：（1）无权代理对相对人是否发

---

① 王伯琦：《民法债编总论》，台北编译馆1997年版，第42页。

生效力尚未确定，才有必要由相对人提出催告。如果本人已经承认该行为的效力，或者该行为符合表见代理的构成要件，则也没有必要提出催告。（2）要求本人在 1 个月内作出答复。1 个月的期限属于除斥期间，即催告权的行使期间。如果相对人提出催告的期限超过 1 个月，则不能使催告发生效力。如果本人在 1 个月内拒不作出答复，则视为拒绝追认。（3）催告的意思必须明确地向本人作出。被代理人未作表示的，则视为拒绝追认。

法律为保护相对人的利益，除规定相对人享有催告权以外，还应当允许其行使撤销权。由于善意相对人在与无权代理人从事民事行为时，不知道无权代理人未获得授权，其主观上是善意无过失的，因此在相对人认为无权代理人实施的行为对其不利的情况下，当然应有权在本人正式追认以前撤回其行为，这对保护善意相对人的利益也是十分必要的。所以，仅仅规定本人的追认权，而不规定相对人的撤销权，也不能体现法律对本人和相对人的平等保护。我国《合同法》第 48 条规定，合同被追认之前，善意相对人有撤销的权利。撤销应当以通知的方式作出。所谓撤销权，是指相对人在本人未承认无权代理行为之前，可撤销其与无权代理人订立的合同。撤销权的行使必须具备如下要件：（1）必须在本人没有作出追认之前而撤销。如果本人已经作出了承认，那么无权代理行为已经发生了有权代理的效力，自然也就不能撤销。（2）撤销权只能由善意的相对人行使，如果相对人在订约时主观上是恶意的，即明知其无代理权，而仍与其订立合同，则表明相对人具有恶意，法律自无必要对其进行保护而允许其享有撤回权。（3）撤销的意思表示必须通知本人。

（四）表见代理

所谓表见代理，是指在无权代理的场合，如果善意相对人客观上有正当理由相信无权代理人具有代理权而与其为法律行为，该法律行为的效果直接由被代理人承担。[①] 我国《合同法》第 49 条规定，行为人没有代理权、超越代理权或者代理权终止后以被代理人名义订立合同，相对人有理由相信行为人有代理权的，该代理行为有效。可见，表见代理无需本人追认，即对其发生效力。

表见代理与狭义的无权代理一样，都是指代理人无代理权而从事代理行为，但狭义无权代理与表见代理的主要区别表现在：一方面，两者的构成要件不同。狭义无权代理是代理人根本无代理权而从事代理行为，且其无权代理行为也不可能使相对人信赖其有代理权。而在表见代理的情况下，无权代理人所从事的无权代理行为，使善意相对人有正当理由相信其有代理权。另一方面，两者的法律效果不同。在狭义无权代理的情况下，本人享有追认权。无权代理行为能否发生效力，取决于本人是否追认。在本人没有正式追认之前，无权代理行为处于一种效力待定的状态。而在表见代理的情况下，无权代理行为无需经过本人的追认就可以直接对本人发生效力。因此，表见代理不属于"效力待定的行为"。

表见代理的成立，须具备如下条件：
1. 代理人无代理权而从事代理行为

---

① 章戈：《表见代理及其适用》，载《法学研究》1987 年第 2 期。

表见代理属于广义的无权代理，因此只能在代理人无代理权而从事代理行为的情形下发生。如果代理人具有合法的代理权或者本人曾经向第三人表示其已向代理人授权，无论本人的授权是否明确，代理人的行为都构成有权代理，而非无权代理。一般来说，表见代理主要是因为无权代理行为而产生的，它是指行为人没有代理权、超越代理权或者代理权终止后所从事的无权代理行为。表见代理属于广义上的无权代理，在表见代理的情况下，行为人未经授权而以本人的名义实施民事行为。

2. 相对人有合理的理由相信无权代理人有代理权

相对人有合理的理由相信无权代理人有代理权，也就是相对人有合理理由相信无权代理人已经获得了授权。根据《合同法》第49条的规定，构成这一条件须符合以下三个方面的要求：（1）相对人而不是其他人相信无权代理人有代理权。（2）相对人必须有合理的理由相信无权代理人具有代理权，对于什么是"合理的理由"，我国民法理论通常认为，构成表见代理必须客观上存在使第三人相信无权代理人拥有代理权的理由。① 这实际上是指相对人具有正当理由相信代理人具有代理权。根据日本的判例和学说，对正当理由的判断通常要考虑基本权限与实际行为的关联性。如果代理人从事代理行为时，一般人在此情况下都会相信其有代理权，或者该行为具有足以推定代理人享有权限之事实，则可认定为具有正当理由。例如，本人给予代理人具有代理权之名称，便能成为肯定正当理由的重要事由。有关是否存在合理理由的问题，则应当由相对人举证。（3）确定一种权利的外观是否存在，不能仅从本人事后是否有承认的表示来确定，关键要从第三人是否相信或者应当相信的角度来考虑。只有第三人已经而且应当相信无权代理人具有代理权的情况下，才能构成权利外观。

3. 相对人主观上是善意的、无过失的

相对人主观上是善意的，才能使相对人应当受到保护，如果为恶意的，则应当自己承担无权代理的后果。所谓主观上的善意，是指相对人不知道或不应当知道无权代理人实际上没有代理权。确定相对人是否具有善意，一方面是指相对人不知道无权代理人未获得授权。所谓不知，是指在当时的情形之下，由于权利外观的形成使相对人根本不可能怀疑其未获得授权。如果相对人与无权代理人或者本人先前有过接触，了解到他们的实际情况，知道无权代理人不可能获得授权，或者一个合理的、谨慎的人在当时的情形下完全知道当时不应信赖无权代理人有代理权，则相对人不能认为是善意的。另一方面，相对人不应当知道无权代理人未获得授权，例如在代理终止之后，本人已经发出了公告，或者在公章被盗之后已经公告了该公章作废，相对人并没有阅读有关的报刊，则可以推定相对人主观上应当知道代理人不具有代理权。当然，相对人的公告必须是在指定的报刊上采用了合理的方式作出的，能够为相对人所了解。

所谓无过失，是指相对人不知道行为人没有代理权并非因疏忽大意或懈怠造成的。如果相对人明知行为人无权代理，或者应当知道行为人无权代理，却因过失而不知，则他对无权代理行为亦负有责任，因此在法律上没有必要对其进行保护。既然相对人是善意无过失的，在交易过程中有理由相信无权代理人有代理权，倘不使本人承受此种无权代理行为

---

① 奚晓明：《论表见代理》，载《中外法学》1996年第4期。

的后果，则会导致任何人在与他人从事交易时都要向本人仔细核实代理人是否得到了合法授权及授权范围，这样无形中会增加大量的交易成本，使许多交易无法快捷顺畅地进行，最终妨碍市场经济的信用及正常交易秩序的建立。

4. 无权代理行为的发生与本人有关

在确定表见代理的构成要件时，还必须考虑到他人的合理信赖的形成是否与本人具有关联性。只要本人的行为与他人的合理信赖之间具有一定的牵连性，本人就应当承受表见代理的后果，但是如果本人的行为与他人的合理信赖并不具有牵连性，或者说他人的合理信赖的形成与本人毫无关系，则本人不应当承受表见代理的后果。例如，无权代理人假冒他人的名义与第三人订约，尤其是私刻本人的公章、伪造本人的营业执照或合同书等，本人对此毫不知情，也无法加以防范，他人的合理信赖与该本人没有任何关联，本人对此不应承担责任。

如果表见代理成立，将直接对本人发生效力，所以相对人只能请求本人承担责任，而不应请求无权代理人承担责任。但如果相对人不请求本人承担责任，而请求无权代理人承担责任，则可以认为相对人已经放弃表见代理的请求，而愿意主张狭义的无权代理。因为，一方面，既然代理已经发生效力，合同已经生效，合同的当事人只能是本人和相对人，相对人不能请求代理人承担合同责任；另一方面，即使是就损害赔偿而言，相对人也只能基于合同向本人提出请求，在本人承担责任以后，由本人向无权代理人提出损害赔偿的请求，而不能由相对人向无权代理人提出损害赔偿请求。当然，在相对人行使了撤销权以后，由于无权代理行为已经不发生效力，相对人不能请求本人承担合同责任，在此情况下，相对人有权要求无权代理人承担因其过错而给相对人造成的损失。

（五）无权代理与代表行为

法人的法定代表人及其他负责人（如董事等）在以法人的名义从事经营活动时，不需要获得法人的特别授权，因为他们完全有资格代表法人，其职务行为的后果均应由法人承担。法定代表人依法代表法人行为时，他本身是法人的一个组成部分，法定代表人的行为就是法人的行为。因此，法定代表人执行职务行为所产生的一切法律后果都应由法人承担。除法定代表人以外，企业的其他负责人，如企业分支机构的负责人、公司的总经理等，也能够代表企业对外订立合同。他们在代表企业从事职务行为时，无需专门的授权，其行为的后果也应由企业承担。所以，我国《合同法》第50条规定法人或者其他组织的法定代表人、负责人超越权限订立的合同，除相对人知道或者应当知道其超越权限的以外，该代表行为有效。可见，代表行为不适用无权代理的规定。

四、无权处分合同

所谓无权处分合同，是指无处分权人处分他人财产，并与相对人订立转让财产的合同。无权处分行为违反了法律关于禁止处分的规定，并可能会损害真正权利人的利益。例如，甲将某物借给乙使用，乙将该物非法转让给丙，乙、丙之间的买卖合同属于因无权处分而订立的合同。我国《合同法》第51条规定，无处分权的人处分他人财产，经权利人追认或者无处分权的人订立合同后取得处分权的，该合同有效。无权处分的特点在于：

（1）行为人实施了法律上的处分行为。这种处分行为主要是指处分财产所有权或债权的行为，不包括使财产的占有和使用发生移转的行为。也就是说，处分行为将导致特定权利的变动，即直接发生权利得丧变更之行为。

（2）行为人没有法律上的处分权而处分了他人的财产。由于无权处分行为包括了行为人处分他人财产的行为，所以无权处分涉及行为人与权利人之间的关系问题，尤其是涉及此种行为是否符合权利人的意志和利益，是否构成对权利人所有权的侵害等问题。同时，由于无权处分行为包括了行为人与相对人之间所订立的合同，因此该行为又涉及对善意的相对人如何保护，如何维护交易的安全与秩序的问题。

（3）因行为人处分财产的行为而使行为人与相对人订立合同。由于处分行为是指直接使权利发生变动的行为，因此这种行为不需要他人的辅助即可以实施，当然，通过双方的法律行为所发生的处分，通常需要受让人与转让人之间达成合意。

（4）行为人是以自己的名义实施处分行为。即行为人不是以他人的代理人的名义实施处分行为，也不是以债务履行辅助人的身份实施处分行为。正是因为行为人是以自己的名义从事处分行为，因此，无权处分合同的当事人是行为人和相对人，真正的权利人并不是当事人，即使权利人事后追认了无权处分合同，也不会发生合同主体的变更，向相对人履行合同义务的主体仍然是处分人。

无权处分行为不同于无权代理，虽然都属于效力待定的行为，但两者是有区别的，表现在：一方面，无权代理是指无权代理人以被代理人的名义实施民事行为，而无权处分则是无权处分人以自己的名义实施民事行为。例如，甲在未获得授权的情况下，出卖乙的物品给丙。如果甲是以乙的名义出卖的，构成狭义无权代理；如果甲是以自己的名义出卖的，则构成无权处分。由于此种区别导致了无权代理人、无权处分人与相对人所订立的合同中的主体是不同的。另一方面，在狭义无权代理的情况下，相对人已不具有正当理由信赖无权代理人具有代理权，因而相对人是有过失的，不得适用表见代理制度，狭义的无权代理正是在除去表见代理以后的无权代理。而在无权处分的情况下，相对人则可能是善意的。在无权处分人无权处分他人的动产时，如果受让人取得该动产时出于善意，则可以依法取得该动产的权力。

根据我国《合同法》第51条的规定，无权处分合同发生效力，必须要经过本人追认或行为人事后取得处分权。具体来说：

（1）无权处分行为经过权利人追人可以生效。法律上之所以确认无权处分行为必须经权利人追认才能生效，其主要原因在于无权处分行为本质上是在没有获得他人授权的情况下来处分他人的财产的，因此构成了对权利人权利的侵害，法律允许权利人进行追认，从而充分尊重了权利人的意志和利益，如果权利人认为无权处分行为对其有利，则可以对无权处分行为作出追认，如果认为该行为对其不利，便可以拒绝追认。在权利人追认之前，因无权处分而订立的合同，属于效力未定的合同，相对人可以终止履行义务，也有权撤销该合同。在追认以后，此种效力待定的合同将得到补正，因此合同将溯及既往地产生效力，任何一方当然有权请求另一方履行债务。

（2）无权处分人事后取得处分权，也可导致无权处分行为为有效。例如，处分人与真正的权利人之间已达成了出卖房屋的协议，出卖人已经将该房屋交付收买人，但尚未交付过户手续，在此期间，发生处分行为，但在处分行为完成后，处分人办理了过户登记手续，取得了完全的权利。从法律上看，无权处分行为的本质特征在于，处分人无权处分他人财产，从而侵害了权利人的财产权利。一旦处分人事后取得了财产权利，便可以消除无权处分的状态和导致合同无效的原因。处分人事后取得处分权，将导致无权处分行为转化为有权行为。因权利人拒绝承认而使无权处分合同被宣告无效，不应影响善意买受人根据善意取得制度所取得的权利。善意取得制度是法律为维护交易安全而设定的制度，其基本内容是：无权处分人处分其占有的动产给他人，如果受让人取得该动产时出于善意，则可以依法取得该动产的权利。例如，甲将其所有的一幅油画借给乙作临时装饰之用，乙擅自将该油画出售给丙。丙在乙处曾见过该画，误信该画为乙所有，因此丙具有善意。如果丙已接受了乙交付的该画，则可以取得该画的所有权，而甲只能请求乙赔偿损失或者返还不当得利。善意取得主要适用于可以进行交易的动产，对于不动产来说，因不动产所有权变动应实行登记，故不发生善意取得问题。

在无权处分的情况下，也不能根据权利人拒绝追认而简单地宣告合同无效；否则，将会使处分人和相对人之间订立的合同在效力上完全根据权利人单方的意志决定，这显然是不妥当的。尤其应当看到，从维护交易的安全和秩序出发，权利人的拒绝追认不得对抗善意第三人，因为相对人在与无权处分人进行交易时，主观上可能是善意的、无过失的，如果因权利人拒绝追认，而宣告该行为无效，则相对人只能在合同被宣告无效后请求返还财产，并基于无权处分人的过错请求赔偿损失，但显然不能要求无权处分人承担违约责任。而违约的损害赔偿与无效情况下缔约过失责任的损害赔偿相比较，显然是要求处分人承担违约的损害赔偿对相对人更为有利。如果承认合同有效，即使是无权处分人根本没有财产可供交付，也构成违反合同，应担负权利瑕疵担保的责任。如果转让财产以后该财产受到第三人的追索，转让人应当向受让人承担合同责任，受让人虽然难以要求转让人实际履行，但可以要求转让人承担支付违约金并赔偿损失的责任。但合同因权利人不予追认而被宣告无效，则转让人只承认无效后的赔偿责任，这对受让人来说是不利的。所以，权利人拒绝追认无权处分行为，不得对抗善意第三人。

如果因权利人拒绝追认而使无权处分合同无效，权利人可基于物上请求权而对无权处分人提出返还原物、赔偿损失等请求。

第五节 无 效 合 同

一、无效合同的概念和特征

无效合同是相对于有效合同而言的，是最典型的违反生效要件的合同。无效合同，是指合同虽然已经成立，但因其在内容上违反了法律、行政法规的强制性规定和社会公共利益而无法律效力的合同。

无效合同是否也属于合同的范畴？对此，我国法学界历来存在着两种不同的观点。一种观点认为，无效合同在形式上已具有双方当事人的合意。也就是说，双方当事人经过要约和承诺的磋商阶段以后，已经就他们之间的权利义务关系达成协议，因此不管是否具备合同的有效要件，凡是已经成立的合同，都属于合同的范畴。另一种观点认为，无效合同因其具有违法性，所以不属于合同范畴。任何合同之所以能产生法律上的拘束力，能够产生当事人预期的法律效果，是因为它符合法律的有效要件。而无效合同不符合法律规定，因此不仅不应受到法律的承认和保护，而且还应对违法行为人实行制裁。所以，无效合同在性质上不是合同。

我们认为，无效合同在性质上并不是合同，而只是一个独立的范畴。我国《民法通则》虽使用了传统民法的"民事法律行为"的概念，却摒弃了"无效的法律行为"一词，独创了"无效民事行为"的概念。这就表明，民事行为包括了合法行为和非法行为。而"民事法律行为"是一特定的概念，它仅限于合法的民事行为，非法的民事行为则是无效民事行为，这就在本质上区别了合法与非法的民事行为，也就是说，无效合同在性质上不是合同，而是一个独立的范畴。这一观点有一定的合理性。合同是当事人之间产生、变更、终止民事关系的合法行为，而无效合同虽然从表面上看是当事人之间的协议，但因其内容违反法律和社会公共道德而不能产生当事人预期的法律效果，而且也不具有合同所应有的拘束力，所以，对无效合同来说，虽然已达成协议，但并不具有法律约束力的合同，因而应与合同相区别。

无效合同具有如下特征：

（一）无效合同的违法性

无效合同种类很多，但都具有违法性。所谓违法性，是指违反了法律和行政法规的强制性规定以及社会公共利益。这就意味着：第一，无效合同必须是违反了法律和行政法规的强制性规定。而判断无效的标准，应当以法律和行政法规的规定为依据。至于行政规章以及地方性法规等地方性文件，它们可以作为判断合同无效的参考依据，但不应作为判定合同无效的唯一依据。特别是对于那些不合理的，甚至与法律、行政法规的规定明显冲突的地方性法规或规章，显然不应该作为判定合同无效的依据。第二，所谓违法，是指违反了法律和行政法规的强制性规定，而并非指违反了法律和行政法规的任意性规定。对于法律的任意性规定，当事人是可以通过协议而加以改变的。第三，违法性还包括合同的内容违反了社会公共利益。例如，当事人订立进口"洋垃圾"的合同，即使其内容并未违反现行法律规定，但因其内容违反了社会公共利益和公共道德，因此也是无效的。无效合同的违法性表明此类合同根本不符合国家意志，因此不能使此类合同发生法律效力。

（二）对无效合同实行国家干预

由于无效合同具有违法性，因此对此类合同应实行国家干预，这种干预主要体现在：由法院和仲裁机构不待当事人请求合同无效，便可以主动审查合同是否具有无效的因素，如发现合同属于无效合同，便应主动地确认合同无效。正是从这个意义上说，无效合同是当然无效的。对无效合同的国家干预还表现在，有关国家行政机关可以对一些无效合同予以查处，追究有关无效合同当事人的行政责任。

需要探讨的是，请求确认合同无效是否应受诉讼时效的限制？我们认为，由于无效合同本质上具有违法性，从维护合法秩序的需要出发，当事人应有权在任何时候针对违法的无效合同请求法院和仲裁机构确认无效。由于对此类合同国家应进行干预，所以法院和仲裁机构不应当考虑时效的限制，而应主动宣告合同无效。只有这样，才能维护法律的实施和合法的秩序。如果认为确认合同无效应受时效的限制，则在经过一定的时间以后，违法的合同将变成合法的合同，违法的行为将变成合法的行为，违法的利益将变成合法的利益，这显然是不符合立法的宗旨和目的的，也与法律秩序的形成是相矛盾的。更何况请求合同无效属于形成权的行使，也不应当受到诉讼时效的限制。当然，如果当事人进一步主张合同无效后的财产返还，则应当受到诉讼时效的限制。

（三）无效合同具有不得履行性

所谓无效合同的不得履行性，是指当事人在订立无效合同以后，不得依据合同实际履行，也不承担不履行合同的违约责任。即使当事人在订立合同时不知道合同的内容违法（如不知合同标的物为法律禁止流转的标的物），当事人也不得履行无效合同。若允许履行，则意味着允许当事人实施不法行为。例如，保证合同在成立以后，如果主合同因违法而被宣告无效，保证人是否应当继续承担保证责任？我们认为，既然主合同因违法而被宣告无效，则意味着主合同的义务不得履行，也不允许保证人代替主债务人继续履行，如果保证人仍然要履行保证人的义务，则意味着保证人要继续履行违法的合同，这显然是不符合宣告合同无效的目的的。

对于无效合同而言，尽管当事人不能实际履行无效合同，但当事人可以依据法律的规定，对无效合同予以修正，删去违法的合同条款，使合同的内容完全合法。如果经过修正，使合同在内容上已符合法律的规定，则该合同已转化为有效合同。

（四）无效合同自始无效

由于无效合同从本质上违反了法律规定，因此国家不承认此类合同的法律效力。合同一旦确认无效，就将产生溯及力，使合同自订立之时起就不具有法律效力，以后也不能转化为有效合同。对已经履行的，应当通过返还财产、赔偿损失等方式使当事人的财产恢复到合同订立之前的状态。当然，之所以确认为无效合同，是因为当事人一方或双方在订立合同时违反了法律的强制性规定或社会公共利益。

二、合同的无效和不成立

合同的无效和不成立在实践中经常未作严格的区别。事实上，它们是两个不同的概念，其区别主要表现在：

（1）从两者的概念和构成要件来看，合同的不成立，是指当事人未就合同的主要条款达成合意，如未作出承诺，或未就法定的必须采取书面形式的合同达成书面的协议。而合同的无效，是指合同在内容上违反了法律、行政法规的强制性规定以及公序良俗。可见，判断合同不成立和合同无效的要件显然是不同的。

（2）从合同解释方法的运用来看，由于合同的成立主要体现当事人的意志，因此在合同当事人对合同的主要条款规定有遗漏或不明确而当事人又不否认合同存在的情况下，应当允许法院通过合同解释方法，探求当事人的真实意思，确定合同的具体内容。这种解释并不意味着由法院代替当事人订立合同，而是从鼓励交易、尊重当事人意志的需要出发，通过解释合同，帮助当事人将其真实意思表现出来。但是，由于合同生效制度体现了国家对合同内容的评价和干预问题，如果合同的内容不符合法律规定的生效要件，就意味着合同当事人的意志不符合国家意志，在此情况下，法院不能通过合同解释的方法促使合同生效，而只能依据合同生效制度确认合同无效。由此可见，合同解释制度是弥补合同成立中的缺陷而产生的制度，目的不在于弥补合同效力的不足。

（3）合同不成立是当事人没有达成合意，但在内容上并未违反法律的强制性规定和社会公共利益，因此，合同即使未成立，但当事人已作出履行，则可以认为当事人通过实际履行行为达成了合意。换言之，尽管当事人没有就合同的主要条款达成合意，但当事人自愿作出履行的，可以认为合同已经成立。而对于无效合同来说，因其在内容上违反了法律或行政法规的强制性规定和社会公共利益，因此合同具有不得履行性。也就是说，当事人在订立无效合同以后，不得依据合同实际履行，也不承担不履行合同的违约责任。即使当事人在订立合同时不知该合同的内容违法（如不知合同标的物为法律禁止流转的标的物），当事人也不得履行无效合同。

（4）在合同不成立的情况下，如果当事人未就合同是否成立的问题在法院或仲裁机构提起诉讼或请求，而自愿接受合同的拘束，法院或仲裁机构不必主动审查合同是否已经成立。但由于无效合同具有违法性，因此对无效合同应实行国家干预的原则，无须经当事人主张无效，法院或仲裁机构可以主动审查合同的效力，如发现合同属于无效合同，则应确认该合同无效。有关国家行政机关亦可对一些无效合同予以查处，追究有关无效合同当事人的行政责任。

（5）从法律后果上看，合同的不成立和无效产生的法律后果是不同的。合同一旦被宣告不成立，那么有过失的一方当事人则应根据缔约过失责任制度，赔偿另一方所遭受的利益的损失，如果当事人已经作出履行，则应当各自向对方返还已接受的履行。因合同成立主要涉及当事人的合意问题，因此合同不成立只产生民事责任，而不产生其他的法律责任。但对于无效合同来说，因为它在性质上具有违法性，所以无效合同不仅要产生民事责任（如缔约过失责任、返还不当得利责任），而且将可能产生行政责任甚至刑事责任。正是基于此，我们认为，我国司法实践将合同不成立等同于合同无效，是不妥当的。

三、无效合同的种类

根据我国《合同法》第52条的规定，无效合同主要包括如下几种：

（一）一方以欺诈、胁迫的手段而订立的损害国家利益的合同

1. 欺诈

欺诈，是指一方当事人故意实施某种欺骗他人的行为，并使他人陷入错误而订立合同。最高人民法院《关于贯彻执行〈中华人民共和国民法通则〉若干问题的意见（试行）》第68条规定，一方当事人故意告知对方虚假情况，或者故意隐瞒真实情况，诱使对方当事人作出错误意思表示的，可以认定为欺诈行为。这是对欺诈所作出的准确定义。但是，并不是所有的欺诈行为都导致合同无效，只有那些因欺诈而损害了国家利益的行为才

能导致合同无效。

在实践中，欺诈的行为种类很多，诸如出售假冒伪劣产品，伪造产品产地或质量证明，提供虚假的商品说明书，毫无履行能力而对外签订合同以骗取定金或货款，等等。各种欺诈行为都可能给被欺骗方造成损失。从实践来看，欺诈和胁迫行为可能直接损害国家利益，也可能会损害集体或第三人的利益。由于在损害国家利益的情况下，国家有关行政管理机关为维护国家利益，将追究欺诈行为人的行政责任甚至刑事责任，因此，对因欺诈而订立的损害国家利益的合同，必须宣告无效。对此类合同如作为可撤销合同对待，则受害人可选择合同有效，这就不利于追究欺诈人的行政责任甚至刑事责任。基于此种考虑，我国《合同法》将因欺诈、胁迫而订立的合同分为两类：一类是无效合同，即凡是一方以欺诈、胁迫的手段订立的合同，损害国家利益的，应宣告合同无效；另一类是可撤销的合同，即一方以欺诈、胁迫的手段使对方在违背真实意思的情况下订立的合同，受损害方有权请求人民法院或仲裁机构变更或者撤销。

因欺诈行为而导致合同无效，须具备以下条件：

（1）欺诈方具有欺诈的故意。所谓欺诈的故意，是指欺诈的一方明知自己告知对方的情况是虚假的且会使被欺诈人陷入错误认识，而希望或放任这种结果的发生。可见，欺诈方实际上是有恶意的。欺诈方告知虚假情况，不论是否使自己或第三人牟利，均不妨碍恶意的构成。但如果欺诈方意识到自己的欺诈行为会使自己或第三人牟利、使对方当事人遭受损害而恶意为之，则可认为欺诈者具有较大的主观恶意性。

如果一方向他方陈述某种事实时，对于其陈述的事实的真伪性不能作出准确的判断，仍向他人作出陈述，以致因陈述事实的虚伪性而导致他方陷入错误，行为人主观上是否具有欺诈的故意，值得研究。例如，某人不能确定其出售的商品具有某种功能而向他人吹嘘该产品具有该种功能，我们认为，此种情况也可认为陈述的一方具有欺诈的故意，因为陈述人不能判定其陈述的事实是否真实，也就不能告诉他人该事实是真实的。在陈述时，他应当知道该事实若属虚假，会使他人陷入错误认识，而陈述人却作为真实的事实向他人陈述，显然可认定陈述人具有欺诈他人的故意。

（2）欺诈方实施欺诈行为。所谓欺诈行为，是指欺诈方将其欺诈故意表示于外部的行为。在实践中，大多表现为故意陈述虚伪事实或故意隐瞒真实情况，使他人陷入错误的行为。所谓故意告知虚假情况，是指虚伪陈述；所谓故意隐瞒真实情况，是指行为人有义务向他方如实告知某种真实的情况而故意不告知。根据诚实信用原则，当事人应当如实地向对方告知产品的使用方法、性能、隐蔽瑕疵等重要情况，这是当事人应承担的附随义务。违反此种义务，有可能构成欺诈行为。

一方在订约时，明知自己没有履行能力而仍然与对方订立合同，是否构成欺诈，值得探讨。我国司法实践认为，此种情况应作为欺诈处理①。我们认为，对此应该区分两种情况：第一，当事人在订约后根本不准备履行合同，或者没有为履行合同做任何准备工作，甚至将订立合同作为骗取定金、预付款和货款的手段，此种情况应作为典型的欺诈来处理。第二，在订约时虽无履约能力，但当事人在订约时并没有隐瞒其无实际履约能力的事

---

① 隋彭生：《合同效力与合同责任》，高等教育出版社2009年版，第71页。

实或在订约后积极为合同的履行做各种准备，且根据实际情况，可以认定其在履行期限到来时能够履行合同，则不能按欺诈处理。因为订约时无实际履约能力并不等于履约时无实际履约能力，从订约至履行期限到来的这一段时间，当事人在很多情况下可以通过自身的努力而获得履行能力，关键在于确定当事人主观上是准备履约，还是从订约时就准备欺诈他人。即使在订约后不能履约，对方也可以根据默示违约的规定，要求不能履约的一方提供履约担保，并暂时中止合同履行。如果将凡是无履约能力的情况都作为欺诈处理，既不符合当事人双方的利益和意志，也不利于鼓励交易。

（3）被欺诈的一方因欺诈而陷入错误的认识。这里应注意两点：一是欺诈人提供的虚假情况与合同内容有密切关系，如果与合同内容并无联系，则不能认为欺诈行为与认识错误之间有因果联系；二是受害人基于虚假的情况而对合同内容发生了错误认识，如因误信对方的假药宣传而将假药当成了真药。此种错误并不是因为被欺诈人自己的过失造成的，而是因受欺诈的结果。如果欺诈人实施欺诈行为以后，受欺诈人未陷入错误的认识或者发生错误认识的内容并不是欺诈造成的，则不构成欺诈。

（4）被欺诈人因错误而作出了意思表示。被欺诈人在因欺诈发生了错误认识以后，基于错误的认识作出了意思表示并订立了合同。这就表明欺诈行为与受害人的不真实意思表示之间具有因果关系。如果被欺诈人虽因欺诈行为陷入错识，但并未作出意思表示，则不能认为构成欺诈。

（5）欺诈行为损害了国家利益。欺诈行为必须损害了国家利益，才能使因欺诈而订立的合同应被宣告无效。损害国家利益，主要是指损害国家经济利益，如欺诈国有银行和其他金融机构而使国有财产造成损失。如果损害了社会公共利益，则应适用我国《合同法》第52条第4款的规定。

2. 胁迫

胁迫是以将来要发生的损害或以直接施加损害相威胁，使对方产生恐惧，并因此而订立合同。可见，胁迫行为包括两种情况。一是以将要发生的损害相威胁。所谓将要发生的损害，是指涉及生命、身体、财产、名誉、自由、健康、信用等方面的损害。例如，以将要谋害对方相威胁，或以将要告发对方私生活中不轨行为相威胁，迫使对方订约。损害既可以是危及受胁迫者本人，也可以是危及受胁迫者的家庭成员、亲戚朋友等。当然，将来发生的损害必须是受胁迫者可以相信将要发生的情况，并足以使受胁迫者感到恐惧、害怕。如果一方所实施的将要造成损害的威胁是毫无根据、根本不可能发生的，受胁迫者根本不相信，也就不会使受胁迫者感到恐惧，从而不构成胁迫。但只要受胁迫者在当时情况下相信损害将要发生，就可以构成胁迫。二是胁迫者以直接面临的损害相威胁。也就是说，胁迫者通过实施某种不法行为，形成对对方当事人及其亲友的损害和财产的损害，而迫使对方订立合同。如对对方施行暴力（殴打、肉体折磨、拘禁等），或散布谣言、毁人名誉、毁损房屋等。

上述两种情况都属于胁迫行为，但这两种胁迫有一定的区别。首先，强制程度不同。在前一种情况中，被胁迫者是在精神压力下作出了意思表示，但他作出意思表示仍然存在着选择其行为的可能性，在其所表达的意思中，还有可能具有自己的意思。而在后一种情况中，被胁迫者完全是在他人的直接强制下为意思表示，他所表达的意思可能完全不是本人的意思，而是胁迫者的意思，所以后一种胁迫行为的违法性较前一种行为严重。其次，是否构成侵权行为不同。在第二种情况下，因胁迫者以直接对被胁迫者及其亲友的财产和人身造成损害相威胁，因此，不仅产生合同被宣告无效的后果，而且此种行为直接侵害了他人的财产和人身权利，行为人应承担侵权责任。而在第一种情况下，侵权行为尚未发生，甚至行为人使用的手段是合法的（如要揭发对方的不轨行为），但目的不合法，因此不构成侵权。

因胁迫行为而导致合同无效，应符合如下几个要件：

（1）胁迫人具有胁迫的故意。所谓胁迫的故意，首先是指胁迫者意识到自己的行为将造成受胁迫者心理上的恐惧而故意进行威胁。其次，胁迫者希望通过胁迫行为，使受胁迫者作出某种意思表示。一般来说，胁迫的故意并不包括胁迫者希望通过胁迫行为使自己获得某种利益，牟利只是其动机问题。正是因为胁迫者具有胁迫的故意，因此其过错程度是较大的。

（2）胁迫者实施了胁迫行为。如前所述，胁迫行为包括以将要发生的损害相威胁或直接施加损害威胁他人。胁迫者既可以给公民及其亲友造成损害相威胁，也可以给法人造成损害进行要挟。

胁迫者所实施的危害是否必须是以重大危害相威胁？对此，罗马法曾认为必须是以重大危害（如对于生命、身体或自由的威吓）相威胁才能构成胁迫。19 世纪的法律也认为只有真正实行监禁或危及生命安全，才视为胁迫，凡是以殴打、焚烧房屋、夺走或破坏财物相威胁，都不视为胁迫。① 在我国，许多学者认为，使人感到恐惧的危害事实必须是重大的，否则认定意思表示是否有效的随意性太大，极不利于经济流转秩序的稳定。② 我们认为，协迫并不一定以危害是否重大为要件。只要一方所表示施加的危害或者正在施加的危害足以使对方感到恐惧，就可以构成胁迫行为。需要指出的是，因胁迫行为是针对特定的当事人实施的，所以确定胁迫行为是否构成，应当以特定的受害人而不是一般人在当时的情况下是否感到恐惧为标准来加以判断。即使一般人不感到恐惧，而受害人感到恐惧，亦可构成胁迫。

胁迫行为通常是在合同订立时为强制对方订立合同而实施的。但在合同订立以后，一方以胁迫手段迫使对方变更或解除合同也可构成胁迫。如果胁迫的目的并不在于迫使对方订立合同，则此种行为将构成侵权或其他非法行为，而不产生胁迫订立合同的问题。

（3）受胁迫者因胁迫而订立了合同。也就是说，由于一方实施胁迫行为使另一方在心理上产生恐惧，即因为面临损害或将要面临损害，而产生一种恐怖和惧怕心理，在此种心理状态的支配下，使受胁迫人被迫订立了合同。由于受胁迫人是在受到恐惧的情况下订立的合同，因此其意思表示是不真实的。不过，如果胁迫一方的胁迫行为并未使被胁迫人产生恐惧或者即使产生了恐惧，但没有作出一定的意思表示，则不能认为胁迫行为与被胁迫人的意思表示之间有因果关系存在。

（4）胁迫行为是非法的。胁迫行为给对方施加了一种强制和威胁，此种威胁必须是

---

① 王家福：《中国民法学·民法债权》，中国法律出版社 1999 年版，第 347 页。
② 刘新照：《论法律行为中意思表示的瑕疵及其补救》，载《江西大学学报》1990 年第 4 期。

非法的、没有法律依据的。如果一方有合法的根据对另一方施加某种压力，则不构成胁迫。另外，合同订立以后，一方拒不履行合同，另一方以将要提起诉讼等合法手段向对方施加压力，要求其履行合同，也不构成胁迫。

（5）胁迫行为损害了国家利益。与欺诈行为一样，《合同法》将因胁迫而订立的合同分为两类：一类是一方采用胁迫手段而使另一方被迫订立合同，损害了国家利益。对此类合同应作为无效合同对待，无论当事人是否提出无效的请求，法院和仲裁机构都应当宣告合同无效。另一类是一方以胁迫的手段迫使对方订立合同，但并没有造成国家利益的损失，此类合同应作为可撤销合同对待。

（二）恶意串通，损害国家、集体或第三人利益的合同

恶意串通的合同，是指双方当事人非法串通在一起，共同订立某种合同，造成国家、集体或第三人利益损害的合同。由此可见，在恶意串通的合同中，行为人的行为具有明显的违法性，据此可以将其作为违法合同对待。这种合同具有如下主要特点：

（1）当事人出于恶意。恶意是相对于善意而言的，即明知或应知某种行为将造成对国家、集体或第三者的损害而故意为之。双方当事人或一方当事人不知或不应知道其行为的损害后果，不构成恶意。当事人出于恶意，表明其主观上具有违法的意图。

（2）当事人之间互相串通。互相串通，首先是指当事人都具有共同的目的，即都希望通过实施某种行为而损害国家、集体和第三人的利益。共同的目的可以表现为当事人事先达成一致的协议，也可以是一方作出意思表示，而对方或其他当事人明知实施该行为所达到的目的非法，而用默示的方式表示接受，而且，当事人互相配合或者共同实施了该非法行为。

在恶意串通行为中，当事人所表达的意思是真实的，但这种意思表示是非法的，因此所订立的合同是无效的。

（三）以合法形式掩盖非法目的合同

以合法形式掩盖非法目的，是指当事人实施的行为在形式上是合法的，但在内容上和目的上是非法的，这种行为又称为隐匿行为。在实施这种行为中，当事人故意表示出来的形式或故意实施的行为并不是其要达到的目的，也不是其真实意思，而只是希望通过这种形式和行为掩盖和达到其非法目的。例如，通过合法的买卖行为达到隐匿财产、逃避债务的目的；以合作的形式变相移转划拨土地使用权，等等。这种行为就其外表来看是合法的，但是外表行为只是达到非法目的的手段。由于被掩盖的目的是非法的，且将造成对国家、集体或第三人的损害，因此，这种行为是无效的。

掩盖非法目的的行为与规避法律的行为并不完全等同。掩盖非法目的的行为是以一种行为掩盖另一种当事人所希望实施的行为；而规避法律行为只是通过实施某种规避行为，达到违法的目的，而并没有实施掩盖的行为。

应当指出，如果当事人所掩盖的目的并不是违法的，而是合法的（如公民之间通过租赁私人房屋的办法掩盖借用的目的），则应按照行为人的真实意图处理，使被掩盖的行为生效。

（四）损害社会公共利益的合同

各国立法都确认了违反公序良俗或公共秩序的合同无效的原则。这一原则最早起源于罗马法，并为大陆法系国家的立法所借鉴。如《法国民法典》第6条规定，个人不得以特别约定违反有限公共秩序和善良风俗的法律。《德国民法典》第138条规定，违反善良风俗的行为无效。《日本民法典》第91条规定，以违反公共善良风俗的事项为标的的法律行为，为无效。公共秩序和善良风俗原则对于维护国家、社会一般利益及社会道德观念具有重要价值，并被称为现代民法至高无上的基本原则。①

我国民法虽未采纳公共秩序和善良风俗的概念，但确立了社会公共利益的概念，根据我国《合同法》第52条第4款的规定，损害社会公共利益的合同无效。因此，凡订立合同危害国家公共安全和秩序（如走私军火、买卖枪支和毒品等），损害公共道德、危害公共健康和环境（如购买"洋垃圾"等）以及其他损害公共利益的行为，无论当事人是否主张无效，法律和仲裁机构都应主动宣告合同无效。按照一般的解释，社会公共利益的概念相当于各国民法中的公共秩序和善良风俗的概念。② 根据梁慧星教授的观点，此类合同包括10种：（1）危害国家公序的行为（如以从事犯罪或帮助犯罪行为作为内容的合同、规避课税的合同等）；（2）危害家庭关系的行为（如约定断绝亲子关系的合同、婚姻关系中的违约金条款等）；（3）违反性道德的行为（如对婚外同居人所做出的赠与和遗赠合同等）；（4）射幸合同，此处所说的射幸合同为非法射幸合同（如赌博合同）；（5）违反人格和人格尊严的行为（如以债务人的人身为抵押的合同条款）；（6）限制经济自由的行为（如限制职业自由的条款）；（7）违反公平竞争的行为（如拍卖或招标中的串通行为，以贿赂方法诱使对方的雇员或代理人与自己订立的合同等）；（8）违反消费者保护的行为（如利用欺诈性的交易方法致消费心理受损害等）；（9）违反劳动者保护的行为（如规定"工伤概不负责"及女雇员一旦结婚立加辞退等合同）；（10）暴利行为。③ 上述观点基本上概括了违反公共利益行为的各种类型，对司法实践中认定违反公共利益的行为具有参考价值。由于我国民法学未采纳暴利行为的概念，而只是规定了乘人之危和显失公平的概念，因此，有关暴利行为应依具体的情况分别按乘人之危或显失公平进行处置。

（五）违反法律、行政法规的强制性规定的合同

这种合同属于最典型的无效合同。此处所说的法律是指由全国人大及其常委会制定的法律，行政法规是指由国务院制定的法规，违反这些全国性的法律和法规的行为是当然无效的。无效合同都具有违法性，而违反法律、行政法规的强制性规定的行为，在违法性方面较之于其他无效合同更为明显。当事人在订立此类合同时，主观上大都具有违法的故意（当然，即使当事人主观上处于过失而违反了法律，即在订约时根本不知道所订立的合同

---

① 郑玉波：《民法总则》，中国政法大学出版社2003年版，第338页。
② 周林斌：《比较合同法》，兰州大学出版社1989年版，第418页。
③ 梁慧星：《市场经济与公序良俗原则》，见《民商法论丛》第一辑，法律出版社1994年版，第57、53页。

条款是法律所禁止的，亦应确认合同无效）。值得注意的是，我国《合同法》仅规定违反全国性的法律和国务院制定的行政法规强制性规定的合同无效，而并没有提及违反行政规章、地方性法规及地方性规章的合同是否无效的问题，但这并不是说违反这些规定的合同是有效的，而只是意味着违反这些规定的合同并非当然无效，是否应当宣告这些合同无效，应当考虑各种因素。例如，所违反的规定是否符合全国性的法律和法规、是否符合宪法和法律的基本精神等。根据我国《合同法》第 38 条规定，国家根据需要下达指令性任务或者国家订货任务的，有关法人、其他组织之间应当依照有关法律、行政法规规定的权利和义务订立合同。如果不根据国家下达的任务订合同，则该合同在内容上也是不合法的，并应当被宣告无效。

四、合同的部分无效

我国《合同法》第 56 条规定，合同部分无效，不影响其他部分效力的，其他部分仍然有效。由此可见，如果合同表面上是一个行为，实质上由若干部分组成，或在内容上可以分为若干部分，即有效部分和无效部分可以独立存在，一部分无效并不影响另一部分的效力，那么无效部分被确认无效后，有效部分继续有效。但是，如果无效部分与有效部分有牵连关系，确认部分内容无效将影响有效部分的效力，或者从行为的目的、交易的习惯以及根据诚实信用和公平原则，决定剩余的有效部分对于当事人已无意义或已不公平合理，则合同应被全部确认为无效。

第六节 可撤销合同

一、可撤销合同概述

（一）可撤销合同的概念和特征

可撤销的合同是基于法定原因，当事人有权诉请法院或仲裁机关予以撤销的合同。在我国，因重大误解、欺诈、胁迫、乘人之危订立的合同和显失公平的合同，为可撤销的合同。可撤销的合同是意思表示有瑕疵的合同。

经法院或仲裁机关认可，当事人享有的撤销权，只是形成诉权。该撤销权受除斥期间的限制。

可撤销合同有如下特征：

1. 可撤销合同是已经成立生效的合同

可撤销的合同自成立时已经生效，经撤销后，才溯及合同成立时失去效力。如果不承认其有效，设立撤销制度就没有必要性了。很多人认为可撤销合同是相对无效的合同，从动态的角度看，可撤销合同可以从有效合同转化为无效合同。从这个意义上，说可撤销合同是相对无效，也是可以的。但把可撤销的合同定义为相对无效的合同，却极易使人产生误解。

对可撤销合同的效力，较早一种观点认为，可撤销的合同是一种效力未定的合同。它既不同于有效合同，也不同于无效合同，而是处于有效无效尚不确定的状态，性质上属于效力未定。① 所谓可撤销合同，是指其有效与否，取决于有撤销权的一方当事人是否行使撤销权的效力未定合同。可撤销合同在被撤销前，其法律效力不是绝对无效或者绝对有效的，而是处于效力未定的状态。法律赋予一方当事人享有撤销权，在一定期间内自行决定是否撤销合同。超过这一特定期间，可撤销合同即转变为有效合同。所以，可撤销的效力未定状态，仅针对于享有撤销权的一方当事人而言。对无撤销权的另一方当事人，该合同对其是有完全拘束力的，他无权主张合同撤销，并有义务在撤销期间内如约履行合同。② 另一种观点认为，效力未定理论有相当局限性，可撤销合同在被撤销前具有法律效力，因撤销行为才归于无效。可撤销合同在被撤销前，其效力状态与有效合同相同，合同的当事人需依约履行合同义务，不得以可撤销因素存在为由拒绝履行合同义务。③ 第二种观点在理论上有指导意义，且利于指导合同实践。

其一，可撤销的合同自成立时已经生效，经撤销后，才溯及合同成立时失去效力。"合同在撤销前如无法律效力，其所撤销的是什么？"④ 如果不承认其有效，设立撤销制度就没有必要性了。撤销，并非撤销一方的意思表示，而是撤销合意、撤销合同。

其二，在我国，当事人撤销合同的权利，须经法院的认可。当事人享有的是一种形成诉权。即在除斥期间内，请求法院或仲裁机关依法撤销。当事人既然无权以通知的方式确认合同是否应当撤销，就应当受合同的约束；否则，就无合同秩序可言。

其三，把可撤销的合同看成对有撤销权的一方当事人无拘束力，对另一方有拘束力，理论上难以自圆其说，合同实务中也行不通。对一方当事人无拘束力，说明其可以不履行合同或者拒绝对方履行合同，根据其意思还可以履行合同或者接受对方的履行。这样，交易安全何在？

其四，如果可撤销的合同对有撤销权的一方无拘束力，在实际效果上，等于给该方当事人以毁约的权利，而这种权利没有法律和法理上的依据。主张可撤销的合同效力未定，易对合同实务产生误导，是当事人滥用"权利"。这一点，也可以说明研究可撤销合同与效力未定合同的必要性。

2. 可撤销合同是意思表示有瑕疵的合同

合同是双方法律行为，意思表示为法律行为最基本的构成要素。意思表示中包含有表示行为和效果意思这两个要素。意思以适当方式表露于外，使相对人知晓，为意思的"表示"。双方当事人意思表示一致，则为合意或称为意思的合致。意思表示一致为合同的成立。在意思表示一致的基础上，意思真实，合同方为有效合同。因此，意思表示真实，为合同生效的有效要件。意思表示真实，为表意人的表示行为真实反映其内心的意愿。在意思表示理论中，这种内心意愿称为效果意思。

与意思表示真实相对应的概念是意思表示瑕疵。依瑕疵是否由于表意人本身的原因，

---

① 梁慧星：《中国民法经济法诸问题》，法律出版社1991年版，第244页。
② 王家福主编：《民法债权》，法律出版社1991年版，第331页。
③ 苏慧祥主编：《中国当代合同法论》，吉林大学出版社1992年版，第118页。
④ 苏慧祥主编：《中国当代合同法论》，吉林大学出版社1992年版，第118页。

可以分为意思与表示不一致和不自由的意思表示两大类。前者由当事人本身的原因导致表示意思与效果意思不一致（如误解），后者由外力作用致使表意人未能表达真实意愿（如欺诈、胁迫和乘人之危）。

（二）可撤销合同范围的扩大

意思表示瑕疵，可导致合同的无效或撤销。我国《民法通则》第58条规定，一方以欺诈、胁迫的手段或者乘人之危的民事行为无效。

对上述规定，在《合同法》颁布之前，我国学者多主张予以改进，把以欺诈、胁迫手段订立的合同和乘人之危订立的合同规定为可撤销的合同。本书亦持此观点。《合同法》扩大了可撤销合同的范围，从原来的2种，扩大到5种。

对因欺诈、胁迫订立的合同和乘人之危的合同规定为无效，原是为了保护受害方的利益。但此类合同一律确定为无效，则忽视了受害人的意思。

(1) 当合同已经履行或者部分履行的情况下，一律确认无效，未必能维护受害人的利益，有可能给受害人增加损失。此时，当事人的意愿不是确认合同无效，而是保持合同效力。

(2) 欺诈和胁迫的故意，都不以牟取过分利益为必要内容。也就是说，因欺诈、胁迫而成立的合同，对价可能是充分的。乘人之危而订立合同，一般是为了牟取过分的利益，但认定乘人之危的合同并不以当事人已经牟取过分利益为必要。如果将此类合同确认为无效，当事人的履行利益可能得不到满足。在此情况下，当事人仍要求维持合同效力。

(3) 否定因欺诈、胁迫成立的合同和乘人之危的合同，是对受害人权利的救济。如果无效改为撤销，当事人可以有两种获得救济的方式，就是变更和撤销。合同无效，失去了变更的前提，当事人反而没有选择救济方式的余地，将无效制度改为撤销制度，反而会给当事人以更周到的保护。

(4) 因法律不承认无效合同的履行利益，对进行欺诈、胁迫的当事人和乘人之危的当事人来说，在不适用追缴、罚款等处罚措施的情况下，合同无效其承担的责任反比有效为轻。在诉讼中，过错一方当事人的战术之一，就是主张合同无效，其原因就是为了逃避更重的违约责任。

(5) 采用欺诈、胁迫的手段订立合同和乘人之危订立的合同固然应受到谴责，但上述合同一般来说只涉及当事人之间的利益，而不直接涉及社会公共利益和国家利益，故采用无效制度不如采取撤销制度，给当事人以选择权，当事人的利益仍可以得到维护。

从以上分析来看，将因欺诈、胁迫成立的合同及乘人之危的合同在立法上规定为可撤销合同更为合理。

（三）可撤销合同与效力未定合同的区别

(1) 可撤销合同属有效合同，在未被撤销前，对双方当事人都具有约束力。效力未定合同，实际上是未发生效力的合同（在当事人之间的效果与无效合同相同，二者只是原因不同），在经过权利人承认后，才转化为有效合同。前者经撤销程序转化为无效合同，自始无效；后者经追认转化为有效合同，自始有效。可撤销合同转化为无效合同，要经过法院或仲裁机关，效力未定合同转化为有效合同只需权利人为意思表示即可。

（2）合同的效力，主要体现为履行效力。可撤销合同具有履行效力，履行期届至时，当事人负有履行的义务，不履行者，应承担违约责任。但未履行者请求撤销合同，经法院或仲裁机关撤销合同后，因合同撤销溯及至合同订立时，合同视为自始无效，此时违约责任不能成立，因此在技巧上，当事人颇有回旋余地。

（3）构成可撤销合同的法定原因与构成效力未定合同的法定原因不同。在我国，构成可撤销合同的法定原因是重大误解、显失公平、欺诈、胁迫和乘人之危。效力未定合同主要是指无权代理人代订的合同，限制行为能力人订立的与其年龄、智力和精神状态不相适应的合同和有权利瑕疵（无权处分）的合同。

（四）无效合同与可撤销合同的区别

1. 原因不同

无效合同是非法合同。导致无效合同的原因，不仅在于损害了当事人的利益，还在于损害了国家、社会和他人的利益。可撤销合同，虽然也具有违法性，但主要涉及当事人之间的利益。导致合同可撤销的原因在于意思表示有瑕疵。

当合同同时具有无效事由和撤销事由时，该合同应按无效合同处理，否则就会放纵当事人的非法行为。

2. 原因和结果的关系不同

无效合同的原因和结果是一种必然的关系。可撤销合同的原因与结果之间是一种或然的关系。[①] 对于无效合同而言，原因的存在，必然导致合同的无效。对于可撤销的合同，原因的存在，并不必然导致合同的撤销、变更，这还要取决于当事人是否行使撤销权。

无效合同，在法理上又称为绝对无效的合同，这是因为它存在必然导致合同无效的原因。可撤销的合同，在法理上又称为相对无效的合同。之所以相对无效，是存在可撤销的原因，但并不必然被撤销或被变更。无效合同自始不发生法律约束力，当事人未履行合同不构成违约责任。可撤销的合同若未被撤销，则自始发生法律约束力，当事人未履行合同可构成违约责任。

3. 确认合同效力的机关不同

我国《合同法》明确规定合同的撤销机关为人民法院和仲裁机关，但对确认合同无效的机关未作规定。人民法院和仲裁机关依法有权确认合同无效。除此之外，国家有关市场管理机关也有权依法确认合同无效。如根据我国《招标投标法》，对恶意串通中标的，工商行政管理机关有权确认中标无效。确认中标无效，等于确认合同无效。实际上，政府机关确认合同无效，是政府依据经济法的授权管理市场的行为。经济法是国家通过政府管理、调控市场的法，若政府管理市场的机关无确认合同无效的权力，则管理市场的职能就会受到极大妨碍。

4. 追缴的适用不同

合同被确认为无效或被撤销后，共同的财产后果处理办法是返还财产、折价补偿和赔

---

① 隋彭生：《经济合同法教程》，中国政法大学出版社1996年版，第70页。

偿损失。对故意违反国家利益和社会公共利益的合同，要适用追缴的方式处理。可撤销的合同仅涉及当事人之间的利益，因此合同被撤销后不适用追缴的方式处理财产后果。

（五）合同撤销权性质、归属和内容

1. 合同撤销权的性质

可撤销的合同因欠缺法定要件，当事人可以请求法院、仲裁机关予以变更或撤销。当前比较普遍的观点认为，《合同法》规定的撤销权是一种形成权。这种观点因理论上的惯性而沿袭下来，单纯形成权是当事人一方可以自己的行为，使法律关系变化的权利。而可撤销合同当事人所享有的是必须经法院、仲裁机关认可的实体权利，在这个意义上，实际上是一种形成诉权。一方当事人无权依自己的意思直接通知对方当事人变更或撤销。如果这样，则难有交易安全可言。

2. 合同撤销权的归属

对于因重大误解订立的合同，误解一方有权请求法律的救济，即请求予以变更或者撤销。对自始显失公平的合同，承受不公平后果的一方有变更和撤销的权利。

以欺诈、胁迫手段订立的合同或者乘人之危订立的合同，请求变更、撤销权专属于受损害方。也就是说，这种权利专属于被欺诈、被胁迫和危难被乘一方。如果允许有故意缔约过错的一方撤销合同，那么当欺诈、胁迫的一方和乘人之危的一方在目的不能实现或情况变化后，就会要求变更、撤销合同，使自己处于左右逢源的不败地位。这样就会起到鼓励违法行为的作用，这与诚实信用的原则是相违背的。

3. 撤销权的内容

对可撤销的合同有两种救济方法，一种是变更，另一种是撤销。即撤销权的内容有两项，一是变更，二是撤销。变更是对合同条款即对交易条件进行改变。撤销则使整个合同自始消灭。被撤销的合同自始无效。《合同法》第54条第3款规定，当事人请求变更的，人民法院或者仲裁机关不得撤销。这是为了尽量保护交易关系作出的规定，基于同一理由，当事人请求撤销的，人民法院或者仲裁机关可以采用变更的方法对当事人进行救济。

（六）撤销权的消灭

撤销权的规定，体现了法律对受损方利益的保护。但为了防止财产关系一直处于不稳定的状态，法律又规定了撤销权消灭的原因，使撤销权不能永久存续。《合同法》第55条规定，有下列情形之一的，撤销权消灭：（1）具有撤销权的当事人自知道或者应当知道撤销事由之日起1年内没有行使撤销权；（2）具有撤销权的当事人知道撤销事由后明确表示或者以自己的行为放弃撤销权。

1. 经过除斥期间，撤销权消灭

（1）经过除斥期间，撤销权消灭。这里所说的撤销权，包括变更权，变更权同样受1年除斥期间的限制。

（2）最高人民法院《关于贯彻执行〈中华人民共和国民法通则〉若干问题的意见（试行）》第73条第2款规定，可变更或者可撤销的民事行为，自行为成立时起超过1年当事人才请求变更或者撤销的，人民法院不予保护。《合同法》将"自行为成立时起"

改成"自知道或应当知道撤销事由之日起"。显然,《合同法》的规定更为合理,加强了对受损害方的保护。但新规定带来了新问题。如果有撤销权的当事人在合同成立后第 15 年、第 20 年知道了撤销事由,是否应当对其变更、撤销的请求给予支持?如果时间太长,不利于交易关系的稳定,不利于商品的流转,应该有一个行使撤销权最长时间的限制。在制定《民法典》时,对此应当有所规定。

(3)对于因胁迫成立的合同,被胁迫人知道撤销事由的时间,也就是合同成立的时间,立法显然忽视了一个问题,即胁迫可能是一个持续的状态。合同成立后,一方当事人如果受胁迫的状态持续 1 年,其难以行使撤销权,因此,从法理上看,在胁迫状态解除后的 1 年之内,当事人应当有撤销权。

(4)因危难被乘而签订合同的,其知道撤销事由的时间应当从合同成立时起计算。

2. 放弃撤销权

义务不能自行免除,权利则可以放弃。具有撤销权的当事人知道撤销事由后明确表示或者以自己的行为放弃撤销权的,撤销权消灭。明确表示放弃撤销权一般不会引起争议。如被欺诈的一方在知道被欺诈的真相后,仍然以书面语言、口头语言表示要履行合同,则是明示放弃撤销权。

默示放弃撤销权的行为较易引起争议。有的学者认为,"积极地依合同约定而履行合同"是以自己的行为放弃撤销权的行为。① 这与国际统一私法协会《国际商事合同通则》第 3.12 条注释中的观点比较接近。该注释指出:"如果有权宣告合同无效的一方不保留宣告合同无效的权利而继续履行合同,也视为对合同的一种确认。"② 这里所说的"宣告合同无效的权利"实际上是一种单纯形成权,而我国《合同法》所说的撤销权,只是一种形成诉权。

"积极地"只是对主观状态的形容,只要"依合同约定而履行合同"就可以被认为是"积极的"。"依合同约定而履行合同"被视为默示放弃撤销权,这是不公平的。因为,当事人届期不履行合同而起诉或提起仲裁,要求变更或撤销合同,如果败诉,则要承担违约责任。如果把履行视为放弃撤销权的行为,当事人就会处于两难的境地。而且,"依合同约定而履行合同"被视为默示放弃撤销权,就基于赋予当事人因意思表示瑕疵而享有履行抗辩权,而违约和权利瑕疵相对来说比较容易认定和判断,对意思表示瑕疵则难以判断和认定,是法官都感到棘手的问题。特别是因自己意思表示有瑕疵而行使抗辩权,则更有主观色彩,交易安全难有保障。再说,当事人可能因被胁迫而履行、而受领,被新的欺诈而履行、而受领或者在订立合同的同时就履行了合同,等等。

我们认为,《合同法》关于"以自己的行为放弃撤销权"的规定,是缺乏深思熟虑的不当规定,在适当机会应进行限制性解释,或在制定《民法典》时予以修正。

二、因重大误解订立的合同

当事人因重大误解成立的合同,与其他四种可撤销的合同一样,是成立、有效的合

---

① 施天涛:《合同法释论》,中国人民大学出版社 1999 年版,第 100 页。
② 《国际统一私法协会〈国际商事合同通则〉》,法律出版社 1996 年版,第 66 页。

同，但因当事人的意思表示有瑕疵，合同效力处于可动摇的地位。我国《民法通则》把因重大误解成立的行为，规定为可撤销的行为。我国《合同法》继承了《民法通则》的规定，因重大误解成立的合同，规定为可撤销的合同。

（一）构成重大误解的条件

构成重大误解应当同时符合以下四项条件：

1. 重大误解与合同的订立或合同条件的确定存在着因果关系

误解，导致了合同的订立，没有这种误解，当事人将不订立合同或是订立合同但合同条件将发生重大改变。与合同订立和合同条件无因果关系的误解，不属于协议错误。当事人不得据此主张合同变更、撤销。

2. 误解必须是重大的

在合同订立过程中，当事人可能发生各种各样的误解。如果存在误解否认合同效力，那么，有违合同法维护交易安全和公正的要求。只有构成重大误解，才能使当事人产生变更和撤销合同的权利。重大误解，是对合同履行后果有密切联系合同基本条件的错误理解。上述观点中的"基本条件"，也就是合同成立的基本要素。如果当事人对合同某种要素产生错误理解，但并不因此产生对当事人不利的履行后果，则这种错误理解也构不成重大误解。

误解是否"重大"，应当从两个方面来考察：第一，对什么产生重大误解，对构成合同基础的事实的误解，可以构成重大误解，对无关紧要的细节的误解则不构成重大误解。第二，误解是否造成对当事人重大的不利后果。如果当事人对合同的某种要素有了误解，但并不因此而产生对当事人的重大不利后果，则这种误解也不构成重大误解。

重大不利后果，可以在两个方面表现出来：（1）合同关系对价不充分，权利义务关系显著失衡。比如，一件原作却按赝品被出卖。（2）仅从双方的关系看，比较公平。比如，标的物的价值与价款相当，但由于误解，达不到履行目的或与订立合同的意图完全相反，当事人为此遭受或者将要遭受重大损失。

对重大的判断，《国际商事合同通则》的相关规定可供借鉴：此错误在订立合同时如此之重大，以至于一个通情达理的人处在与犯错误之当事人的相同情况下，如果知道事实真相，就会按实质不同的条款订立合同，或者根本不订立合同[①]。

3. 误解，是合同当事人自己的误解

当事人相互交换意思表示，在取得一致的基础上构成合同。因此，误解应当是当事人自己的误解。第三人的误解或错误（如误传）可导致合同不成立，但不能导致合同的被撤销，也就是说，当事人一方或双方有过失，才可构成合同上的错误。这种错误可以是单方错误，也可以是双方错误，对某些合同来说，必须是双方错误才可导致合同的被撤销，对某些特定的合同，单方错误也可导致合同的被撤销。

4. 当事人不愿承担误解的风险。

法律对重大误解的合同给予救济，是基于当事人自合同订立时起就不愿意承担误解风

---

① 《国际统一私法协会〈国际合同商事通则〉》，法律出版社1996年版，第35页，第55页。

险的推定。根据合同条款或者其他证据，当事人一方或双方愿意承担误解的后果，此时就不能以重大误解为由撤销或者变更合同；否则，就没有交易安全可言，在保护一方利益的同时，就必然会危及到另一方的利益。

当事人是否愿意承担对误解后果的风险，不能主观臆测，而要有一定的依据。一般来说，要根据合同条款来进行判断。以专利技术转让合同为例，可以说明这个问题。技术转让合同可以分为四种类型：一是权利型转让，二是产品型转让，三是质量型转让，四是效益型转让。对权利型转让来说，受让人以交付一定数额的价款为条件获得专利权，至于得到的专利技术能否生产出合格的产品或达到受让人预想的目标，出让人并不承担义务。某公司以 10 元的代价买进某项专利技术，专利技术转让合同的文字表述说明是权利型转让。当受让人不能利用该项技术生产出合格产品，以重大误解为由要求撤销合同时，法院不能予以支持。因为，合同中明确了权利型转让，当事人就自愿承担了不能生产出合格产品的风险。当事人对误解，只能自咽苦果。顺便指出，上述误解，还可以用动机上的错误来解释。

在美国，一方当事人依照合同的规定应当承担发生错误的风险，不能再以错误或者误解为由要求救济。

◆ 以案说法

在马萨诸塞州上诉法院 1984 年判决的马洛尼诉萨吉森案件中，原告向被告买了一块土地以便修一个化粪池。后来，这一计划被当地的健康委员会驳回。因为，在这块土地之下，有一根通向水库的排水管道。此后，买方以共同错误为由主张该合同无效。法院发现，合同中的一个条款规定买方应当对该土地进行勘测，以决定这块土地是否具有"进行建筑所允许的质量"。该法院认为，这一情况表明，原告已经承担了这种对质量认识的风险，因此原告不能再主张合同无效。①

【分析】 从实践中的情况来看，很多情况下，是双方当事人都承担了误解风险。比如，甲方向乙方出售了一枚古制铜钱。卖方对这枚铜币的真伪并不清楚，并如实向买方作了说明。此时，双方都很清楚，这枚铜钱可能是真的，也可能是赝品，双方都自愿承担风险。合同订立以后（交付以前或者交付以后），买方发现是赝品，不得以重大误解为由要求撤销合同，因为不存在误解。同样，在合同订立后卖方发现是真品，也不得以重大误解为由要求撤销合同，因为该方也不存在误解。

（二）双方误解和单方误解

合同当事人的误解又分为双方误解和单方误解。最高人民法院《关于贯彻执行〈中华人民共和国民法通则〉若干问题的意见（试行）》第 71 条规定，行为人因对行为的性质、对方当事人以及标的物的品种、质量、规格和数量等的错误认识，使行为的后果与自己的意思相悖，并造成较大损失的，可以认定为重大误解。该条指出了对什么误解可以构

---

① 王军：《美国合同法》，中国政法大学出版社 1996 年版，第 164 页。

成重大误解，但是没有区分双方误解和单方误解，以致实践中很多人对重大误解的规则产生了重大误解。

1. 双方误解

双方误解包括相互误解和共同误解。相互误解是双方意图指向的标的不一致，即双方各指不同的标的。当事人一方认为就此标的订约，而另一方当事人以为就彼标的订约。

相互误解导致当事人意思表示不一致，在这种情况下，即使存在合同形式（如双方签订了书面合同），也应按合同未成立处理。

共同误解是双方当事人对同一合同要素发生认识相同的错误。共同误解一般不妨碍合同的成立，共同误解可以构成重大误解。

共同误解在法理上还有别的含义。例如，"在法国民法上，所谓共同误解并非都对合同的某种因素发生误解，而是指一方当事人误以为标的物或对方当事人具有某种性质，而相对方当事人知道误解方所认定的这种性质的内容。"[1]这里所说的共同误解，是指一方当事人对另一方当事人的误解有所认识，比如，买方误将复制品当成真品购买，卖方知道或者应当知道买方发生了认识上的错误，此时，可以应买方的请求，以重大误解为由否定合同的效力。在判断这种共同误解时，要注意与欺诈相区别，因为，当事人不揭示重要事实、保持沉默有时可能构成欺诈。

"双方误解"只是一个习惯性的说法，其实是词不达意的。双方误解的本质，是双方对误解都有过失。

重大误解，原则上要求是双方误解，或者原则上要求双方对误解都有过失。这是为了保护交易安全的需要，也是诚实信用原则的体现。如果仅仅是由于一方的过失就否定了合同效力，则交易关系过于脆弱，会鼓励当事人摧毁合同，转嫁误解的风险。而双方误解或者双方过失，就为重大误解规则的适用提供了道德基础，表现了当事人行为的可归责性。

2. 单方误解

单方误解，是当事人一方对合同要素的错误理解，在大多数情况下，单方误解不能认定为重大误解，不能导致合同撤销的法律后果。因为，当事人对自己的利益，应尽必要的注意义务。这种"必要的注意义务"与英国法中的"购者自慎"原则有相通之外，一般来说，当事人对合同条款认可并签章，就应推定其承担全部合同义务。仅仅由于一方的无知或者过失而订立的合同，并不能成为撤销合同的理由。

以案说法

陈某路过照相器材商店，发现该店销售的日本进口照相机非常便宜，标价只有1000元。就问商店有几台。售货员回答说，只有两台。陈某买了两台。临走前留下了家里的电话，嘱咐售货员：如进货，一定通知我，我再来买。到月底，商店盘点，发现标价员将售价2000元的照相机，标成了1000元。商店起诉陈某。受诉法院以重大误解为由撤销了该买卖合同。

【分析】此种情况按重大误解处理，已经成了我国法官和其他法律工作者的习惯性思

---

[1] 尹田：《法国现代合同法》，法律出版社1995年版，第83页。

想。其实，本案只是一种单方误解。像本案这样，仅仅由于一方的过失，是不能构成重大误解的。第一，单方误解的证据通常是一方的证据，在标价错误的情况下，证据通常是价值与价格的落差太大的证据，这种落差，可以是因为动机造成。标价的高低的动机是多种多样的，很多情况下是为了促销。如果标价者动机发生变化，就可以借口单方误解，要求撤销或者变更合同，则合同关系处于风雨飘摇之中，交易安全无法保障，诚实信用就会成为空谈，商业道德就会被摧毁。第二，标价错误，是标价人的过失，将标价错误的风险转移到相对人身上，使相对人蒙受不测的损害，对相对人不公平。第三，在单方误解的情况下，也确实可能出现履行后果的显失公平。我们一贯主张，单方误解可以构成显失公平合同的瑕疵（显失公平合同的瑕疵，应当是重大误解、欺诈、胁迫和乘人之危原因以外的瑕疵，具有兜底的性质），应当按照显失公平的规则处理。这样做的意义是维持重大误解规则的严格性。有人会问，适用显失公平规则同样不导致合同撤销吗？其实两者应当有所不同，笔者主张显失公平规则适用于不动产和数额巨大的动产。这样就减少被破坏的交易关系。

在特定情况下，单方误解亦可构成重大误解。本书认为，单方误解应当限于两种情况：一是适用于无偿合同；二是适用于对相对人身份的认识错误。无偿合同不是交易关系，而且一般不能用显失公平的规则来对当事人进行救济，因此，应当允许以单方误解为由撤销合同。比如，某家庭主妇将一个价值不菲的古瓶当成废品送给收废品的人，她可以误解为由撤销这个赠与合同。如果她不是赠与而是出卖，则要按照显失公平的规则来衡量是否可以撤销。对相对人身份的认识错误，则在以下说明。

（三）误解的内容

误解的内容，是指对什么发生误解。

1. 对当事人身份的认识错误

对此，大陆法系与英美法系的观点有相似之处，认为当事人由于自己的失误，对合同对方主体身份发生误解，并不影响合同的效力，但是，合同当事人被认为是合同成立的主要原因时，则可产生例外。如《法国民法典》第1110条第2款规定，误解如仅涉及当事人一方愿与之订约的他方当事人个人时，不成为合同无效的原因。但他方当事人个人被认为是合同的基本原因时，不在此限。法国学者将《法国民法典》规定的这种合同，称为"基于人的关系而订立的合同"。[1] 在法国，存在着一个令人惊异，而又成为典范的著名案例：房屋出租人将一对姘居的男女误认为是夫妻，该合同无效。[2]

我国最高人民法院的司法解释，把对主体身份认识错误列为重大误解的原因之一，但缺少严格界定。从法理上分析，在以特定人身为基础的收养合同中、以感情为基础的赠与合同中、以信用为基础的委托合同中，如果对当事人的身份发生了误解，则可以认定为重大误解。另外，对要求特定履约能力的合同（某些承揽合同、技术合同），对身份发生错

---

[1] 尹田：《法国现代合同法》，法律出版社1995年版，第78页。
[2] 尹田：《法国现代合同法》，法律出版社1995年版，第78页。

误理解，可以认定为重大误解。对于一般买卖合同，对身份的误解不构成重大误解，因为对于一般买卖合同相对人身份的误解，只不过是动机上的错误。

特定履约能力是一个很难把握的问题，一般应指当事人拥有某种特定的技术、特定的设备，能够完成有特殊要求的行为。

有的学者认为，对技术成果权属有重大误解的，属于主体身份的认识错误，合同应当撤销。对技术成果权属发生认识错误，的确是关于主体身份的错误，不过这类合同属于有权利瑕疵的合同，应由当事人消除权利瑕疵；不能消除的，按无效处理，绝不是变更、撤销的问题。

对相对人经济状况发出错误认识，不宜认定为构成重大误解。对相对人经济状况，是对相对人一般财产、责任财产多少的认识，这种认识一般不构成合同的内容，通常是一种判断性的错误。

2. 标的物的性质、品种、质量、规格等的错误认识

1）对标的物性质的误解

对标的物的性质的误解可以构成重大误解，比如把镀金的物品当成纯金的，把钻石当成普通的石头，把原作认定为赝品等。在美国有个年代久远的案例（1887年舍伍德诉沃克案），仍值得分析。

以案说法

原告以为自己所饲养的牛不能繁殖，故廉价出售，交货前发现已怀有小牛，如仍出售，售价则相当于原售价的10倍，遂以买卖双方相互有错误为由请求法院取消原售牛合同，法院认为，双方已经不是在标的物的质量上有错误，而是在标的物的本质上有错误，故准原告所求。

【分析】本案中涉及的是质量问题还是本质问题，应是合同解释的任务。因双方权利义务指向同一客体、同一特定物，对标的同一性并未发生误解，因而不是本质上有错误，而是质量上有错误。另外，按现代交易观念，此交易若双方均有过失，可以重大误解为由撤销，如系单方误解，则不宜按重大误解处理。

2）对标的物品种、质量的误解

一般说来，对品种、质量的误解，可以构成重大误解，但要从严掌握。如甲、乙双方欲订立买卖小枣的合同，甲方出示了样品，该样品为二级品，乙方误以为是一级品。合同订明，标的物的质量以样品为依据。乙方收货后，经鉴定发现是二级品。此时乙方能否获得法律救济，要看具体情况。如果对质量的判断错误，纯属乙方自己的事情，不能归咎于甲方，则不能构成重大误解。如果乙方的判断错误源于甲方的错误陈述，则可以按照重大误解处理。

对标的物价值的误解，通常是对标的物质量的误解。仅仅是对价值的判断错误，是不能构成重大误解的。

3）对标的物数量的误解

数量是指同一物的多少。数量与当事人的权利义务的大小密切相关，对合同数量发生

认识错误，可以构成重大误解。

对于数量的误解，有时需要结合合同目的来判断是否构成重大误解。如果数量无关合同主旨，则属于不能动摇合同效力的一般误解。

以案说法

乙方向另一方出售了一个大农场。合同写到，该农场的面积为 915 英亩，后来经过实际丈量，其实际面积比合同中的说明少了 80 英亩。法院没有接受买方因错误而无效的主张，因为在法院看来，合同中有关面积的说明只是描述性的和非本质的。

【分析】案例说的是特定物。对特定物数量方面的重大误解，可以用增减价款的方法（变更）来救济。对种类物数量方面的重大误解，可以用增减数量或增减价款的方法（变更）来弥补。

（四）因第三人过失造成的误解

当事人的误解一般是由于自己的过失造成的，在特殊情况下，第三人的错误可使当事人对合同内容发生误解，如邮局工作人员将甲方当事人的要约内容译错，乙方接电话后予以承诺。有人主张，对第三人错误造成的误解，可认定为重大误解，对合同予以撤销。本书认为，对第三人的错误造成的误解，不是严格法律意义上的误解，不应按可撤销的合同处理。以发电报误译电报稿为例，甲方发电要约，其意思表示与其真实意愿是一致的，乙方表示承诺是因为看了内容错误的电文，应以意思表示不一致（在必要条款上没有达成一致意见）认定合同未成立。这与重大误解是有区别的。因重大误解订立的合同，违背了当事人的真实意愿，其意思表示与真实意愿是不一致的，但双方当事人在意思表示上取得了一致。把未成立的合同和可撤销的合同作严格区分，对区分当事人有无过错和过错程度，是有意义的。

（五）不影响合同效力的误解

误解，是对合同要素的错误理解，动机上的错误、判断上的错误、法律上的错误以及前面提到单方错误（单方意图表达错误），是不导致合同撤销的误解，或者说，不属于合同上的重大误解。

1. 动机上的错误

动机是订立合同的原因，是内心动因。当事人可以将购进的标的物自用，也可以转销。动机不是合同要素，不是合同的条件，故动机的错误不属于事实上的误解。如果动机在合同的条款中得到了确认，那么动机上的误解也可以构成重大误解。

2. 判断上的错误

纯粹由于一方的原因对标的物的品种、质量、价值等判断错误，是一种事实上的错误，当这种误解或错误纯粹是一种单方错误时，不能构成合同上的重大误解。如双方封存样品，以样品为质量标准的情况下，样品为二级品，买受人由于知识的欠缺，以为是一级品，这就属于判断失误，出卖人并无过错，为保护无过错方合法权益，该买卖合同不能予以撤销。对标的物价值的判断亦同此理。

3. 法律上的错误

一般认为，法律上的错误并不构成重大误解。本书认为，在单方误解的场合，即合同一方当事人由于法律知识欠缺造成的误解，不构成重大误解。在双方误解的场合，即当事人双方同时对合同产生法律上的误解，并由于这种误解对合同目的实现产生重大危害时，可构成重大误解。双方当事人在法律上产生的误解，不影响合同内容的真实性，则不构成重大误解，例如，双方把工矿产品的买卖合同写成了农副产品的买卖合同，对当事人实现合同目的，完成交易没有丝毫影响，并不影响合同效力。

4. 单方意图表达错误

这里特指当事人一方在提出要约时，由于自己的过失，将价格、期限、履行地表达错误。对此种情况，不能认定为重大误解，但意图表达错误造成显失公平结果的，可以显失公平为由撤销合同。如果意图表达的错误是非常明显的，对方很容易认识到，并利用这种错误，则可推定为双方误解。

（六）重大误解的可宽宥性

有的学者认为，如果重大误解是由因误解者本身造成的，则法律不能给予救济。因为这种人对自己的利益漠不关心，法律没有必要保护他。

其实，误解的一方有过失，并不影响其要求撤销或变更合同的权利。除了因其要承担重大不利后果以外，还在于法律认为其过失具有可宽宥性。可宽宥性在于：

（1）重大误解，一般是双方都有过失。有时，一方的误解是另一方误解的原因；有时，一方知道或者应当知道相对人的误解；有时，双方同时陷入错误。既然如此，重大误解就不是只考虑一方的救济措施。在前两种情况下，误解的相对人在道德上有可责难性；在第三种情况下，是对双方的救济。

（2）在仅仅一方存在过失的情况下，重大误解的规则应当得到严格的限制。前面已经谈到，对于无偿合同，对于身份关系的误解，单方误解才能构成重大误解。此种情况下的宽宥，前者在于无偿合同不是交易关系，后者在于合同履行的结果与当事人的目的完全背道而驰。

（3）重大误解只是撤销或者变更合同的理由，并非免责的理由，要依过失的大小令当事人承担相应的责任，使当事人对自己的过失付出代价。

三、自始显失公平的合同

显失公平的合同，是当事人之间享有的权利和承担的义务严重不对等的合同。公平，是一种分配的正义，要求当事人对利益和不利益的分配公平。价款与标的物的价值过于悬殊，以及责任承担、风险承担显然不合理的合同，可称为显失公平的合同。

显失公平的合同，包括自始显失公平的合同和嗣后显失公平的合同。这里所说的显失公平，是指自始显失公平的合同。自始显失公平，是合同成立时就已存在的权利义务明显不均衡的状况。嗣后显失公平的合同，按情事变更原则处理。

对显失公平，主要有两种处理方法：第一，认定为可撤销的合同，应当事人的请求给予变更,使当事人的利益趋于平衡,或者应当事人的请求予以撤销,使当事人免受损害。第二,认定显失公平的条款无效,如认定排除对方主要权利的免责条款无效、超过国家限制借款利率的部分无效等。这里所说的显失公平,特指因显失公平构成的可撤销合同。我们所说的显失公平与《法国合同法》中的合同损害是类同的。合同损害,是指由于合同双方当事人在相互所获得的利益上严重不等价,而使一方当事人受到的损失。

(一) 显失公平合同的要件

构成显失公平的合同需要主、客观两个方面的要件

有的学者认为,显失公平的合同,只需客观要件具备即可认定。所谓客观要件,是指依合同成立时的一般情事衡量,双方当事人的物质利益显著不均匀衡。物质利益不均衡表现为一方得到太多、付出太少,包括风险的承担反差太大。依客观要件说,只要合同的履行利益严重失衡,即可认定为显失公平的合同。处于不利地位的当事人即可请求变更、撤销合同,至于产生不公平后果的主观原因如何,则不必过问,因为此类合同所欠缺的不是表示要素,而是标的的公平性。

我国《合同法》第54条规定,对显失公平的行为,一方有权请求人民法院或仲裁机关予以变更或者撤销。此条只规定了显失公平的客观条件,而未明确主观要件,尽管立法者把显失公平的合同归属于意思表示有瑕疵的合同。有关司法解释则提到了主观要件:一方当事人利用优势或者利用对方没有经验,致使双方的权利义务明显违反公平、等价有偿原则的,可以认定为显失公平。此条中的"主观要件",一易于与乘人之危混淆,二易与重大误解混淆,也不能涵盖显失公平合同当事人意思瑕疵的各种情况。

在认定显失公平合同时,既要看双方当事人物质利益是否过于悬殊,又要看当事人意思表示是否有瑕疵。换句话说,显失公平合同的构成要件既包括主观要件,又包括客观要件,只具有利益悬殊的客观要件,不具有意思表示瑕疵的主观要件的合同,不是法律意义上的显失公平的合同。

(二) 意思瑕疵的原因或表现

如前所述,除合同利益显著失衡外,还要判断当事人的意思表示是否有瑕疵,以及有哪种性质的瑕疵,也就是说,须认定显失公平合同主观要件的具体内容是什么。合同是双方法律行为,意思表示为法律行为最基本的构成要素。意思表示,可以分解为表示意思和效果意思。表示意思与效果意思同一,即为意思表示真实,亦即表示无瑕疵。意思表示无瑕疵的合同,欠缺主观要件,不能认定为显失公平的合同。意思表示与效果意思不同一,则为意思表示瑕疵。

显失公平合同的瑕疵,应当是重大误解、欺诈、胁迫和乘人之危以外的原因造成的瑕疵。合同按显失公平处理,应当是一个兜底性的规定。这里,最难区分的是重大误解与显失公平的主观瑕疵。意思与表示意思不致,发生了显失公平的后果,又未构成重大误解的(如单方误解),可按显失公平处理。

那么,哪些具体现象属显失公平合同的意思瑕疵呢?我们认为,从原因的角度看,造成显失公平合同意思瑕疵的合同包含不正当影响和单方误解。

1. 不正当影响

不正当影响，有广义和狭义之分，广义的不正当影响包括欺诈、胁迫等因素，本书采用狭义的概念，指当事人因非正当间接压力和劝告、诱引而订立合同，不正当影响的特征是限制了当事人的自主判断和自主订约，已经使订约人在事实上丧失了平等的地位，致使一方当事人的效果意思与表示意思不一致。

1) 实际的不正当影响和推定的非正当影响

这种分类借鉴了英美学者的分类方法。

（1）实际的非正当影响。按照施加影响的主体，实际的非正当影响又可分为第三人的非正当影响和对方当事人的非正当影响。第三人的非正当影响，是合同当事人以外的人对某一方当事人利用职权或身份对当事人间接施加压力或劝告，使其"不情愿"地订立合同。如上级机关要求某企业法人按某种条件签订合同，在不正当竞争条件下，不得不签订合同。上述情况很难用胁迫加以确定，以不正当影响表述则比较恰当。①

以案说法

甲欲从乙处购买某文物，乙要价 10 万元，甲私下找丙（估价员）估价，因丙与甲有嫌隙，将该物估为 11 万元，而该物只值 5 万元。甲将该物买回后得知真情，有权请求撤销合同。有人认为此案应按欺诈处理。

【分析】此案以显失公平为由处理比较妥当，而不宜按欺诈处理。因为，按确认欺诈的规则，欺诈的主体只能是对方当事人，而乙要高价是正常的商业行为，一般要高价不能认为是欺诈。另外，丙的欺诈是合同以外第三人的欺诈，故该合同不能以欺诈确认为可撤销的合同。此案中，甲、乙双方亦未发生合意错误，也不宜认定重大误解。甲方因受丙的欺诈（不正当影响），签订了价格损失巨大的合同，具备显失公平合同的主客观要件，应予以撤销。

实际的非正当影响经常产生于双方当事人之间，乙缔约费用的损失，应由甲赔偿，甲缔约费用的损失，应由丙赔偿。如当事人利用自身优势和对方的没有经验，劝告和引导对方订约，以实现对自己的优厚利益。例如，利用过分的商业吹嘘引相对人与自己订约，商业吹嘘在性质上为要约邀请，不是要约，故不能把商业吹嘘作为欺诈的证据认定是合同可撤销，而只能视为一种不正当影响。

应当指出，利用他人没有经验，既可以是一种不正当影响，也可以认定为是欺诈，这要视具体情况而定。在难以认定的时候，不正当影响就是一件可以利用的法律武器。

（2）推定的不正当影响，是指对价不充分的合同当事人之间，在身份上、职务上及信任上的关系，则推定当事人之间存在不正当影响。推定不正当影响存在，也就是推定处于劣势地位、承受显然不利后果的当事人意思表示有瑕疵。按照英美法，推定不正当影响的规则适用于家长与子女订约、律师与当事人订约、委托人与委托受益人订约、监护人与被监护人之间订约、医生与病人之间订约、传教士与信徒之间订约等。本书以为，这种推

---

① 赵秀文：《国际贸易法文选》，中国大百科全书出版社 1993 年版，第 297 页。

定规则在我国可适用于下列合同：上、下级之间订立的合同，单位负责人与本单位订立的合同，处于独占地位或垄断地位的企业与他人订立的合同，享有一定行政职权的单位与他人订立的合同等。

推定不正当影响的规则，是建立在当事人地位实际不对等这个事实之上的。在深层意义上体现了合同公平的观念和要求。因为，公平，包括形式公平和实质公平。形式公平是要求主体的地位对等。主体地位不对等，而权利义务显然不相称，则可认定优势一方利用了自己的地位，处于劣势的一方意思不真实，这样，就符合了显失公平合同的主客观要件。推定不正当影响的规则并不是绝对的，占有优势地位的一方如能证明自己未利用优势地位决定合同条款，则不能适用推定规则。推定的不正当影响与实际不正当影响的区别在于：前者的举证责任在处于优势地位的一方；后者的举证责任，在于承担显然不利后果的一方。

2) 利用优势和对方没有经验

最高人民法院《关于贯彻执行〈中华人民共和国民法通则〉若干问题的意见（试行）》第72条规定，一方当事人利用优势或者利用对方没有经验，致使双方的权利义务明显违反公平、等价有偿原则的，可以认定为显失公平。利用优势和对方没有经验订立合同，都可以视为通过不正当影响订立合同。

（1）利用优势。

前述利用"信任上的关系"签订合同，属于利用优势的一种情况。此外，当事人利用自己的独占地位和经济实力订立合同，也是利用自己优势的表现。占有优势的一方当事人有机会利用格式合同，将预定的合同条件强加给对方。

格式合同又称为标准合同和定型合同。标准合同所指向的是不特定的多数人，在适用对象上具有普遍性。格式合同一经制订，可以在相当长的时间内使用，具有固定性和连续性。格式合同的制作人预先拟定合同的条款，相对人往往没有合理的机会理解合同条件，相对人只有是否接受合同的自由，没有协商改变合同条款的机会。格式合同中不能改变的条款，称为"锅炉钢板条款"。格式合同的相对人的合同自由受到一定的限制。在这种情况下，格式合同易有忽视或否认相对人利益，造成显失公平后果的规定。虽然相对人明示接受了格式合同，但格式合同若显失公平的话，相对人可以请求变更合同（请求确认某些条款无效）或请求撤销合同。这里符合显失公平合同的两个条件：其一，权利义务关系显著失衡；其二，当事人一方意思表示有瑕疵。

利用优势在实务上是一个难以把握的问题。以买卖合同为例，当事人总是希望抬高或压低价格，在讨价还价的过程中，当事人利用技巧和掌握的信息，尽可能地争取对自己有利的条件。这种情况如果都认为是利用优势，则不符合市场的规律和要求。

（2）利用对方没有经验。

利用对方没有经验，也是利用自己的优势的一种情况。利用对方没有经验，在理论上可以认为是不正当影响的一种表现。把利用对方没有经验作为一方意思表示有瑕疵的原因，有可能使合同关系不稳定、充满危险。因为一方当事人在合同不利于自己的时候，会很方便地提出："自己没有经验，对方利用了这一点。"《英国合同法》上有一个"购者自慎"的规则。这就是说，当事人有照管好自己权益的义务。我们并不是说利用对方没有经验不能成为另一方意思瑕疵的一种原因，而是说在司法实践中，应当从严掌握。"没有经验"的一方，在交易中一般处于弱者的地位，这是我们判断合同是否有意思瑕疵不可忽视的一点。

以案说法

江苏某县农民乔某某（女）欲与在外经商的丈夫胡某某离婚，并分割共同财产。估计共同财产为200万元左右。乔某某找到当地的法律工作者刘某，要求其代理诉讼。2002年8月1日，刘某以其所在的法律事务所的名义与乔某某签订了风险代理协议。该协议就代理费的支付约定："乔某某同意按判决书或者调解书确定的分割财产额的30%作为代理费，支付给法律事务所。乔某某先以坐落在徐州市区某某公寓房屋一套（203号）作为预付代理费给法律事务所。如果乔某某终止履行协议或者撤诉，该房屋作为代理费不予退回。"合同签订后，刘某催促乔某某办理房屋过户登记，乔某某问："为啥要办理过户手续？"刘某答："这是预付的代理费，如果打完官司后，你给了我25万元的代理费，我就把房屋退给你，办理过户等于替你保管，要不然你丈夫知道了还要拿这一套房屋作为共同财产要求分配呢。"于是，乔某某提供有关产权文件将房屋过户到刘某的名下。乔某某提起离婚诉讼后，又撤诉。撤诉后要求刘某退回房屋。刘某依据合同拒不退房。乔某某找到县司法局，要求司法局责令刘某退回房屋。经查：乔某某不识字，合同为刘某起草，签订合同之前，乔某某问刘某："为什么要把房子给你？"刘某答："都这样，这是行业的规矩"。将房屋过户到刘某的名下，经过了法律事务所的同意。合同书上加盖了法律事务所的公章。

此案在讨论中有三种意见。第一种意见认为，该合同是有效合同，没有无效事由，乔某某无权要求退回房屋。第二种意见认为，该合同因显失公平属于可撤销的合同，乔某某有权请求法院予以变更或者撤销。第三种意见认为，乔某某急于离婚，该合同的签订利用了乔某某的困境，是乘人之危订立的合同。

【分析】该案中，若乔某某撤诉后仍然要给刘某房屋，刘某的风险代理的风险就体现不出来。假如确实是风险代理，也应当让乔某某了解风险在何处。显然，合同的一方利用了对方没有经验。利用对方没有经验，是不正当影响的一种情况。本案介绍了法律事务所实施不正当影响的行为，若没有介绍这些行为，应当推定法律事务所一方有不正当影响，如果法律事务所一方不能提出反证，则应当认定不正当影响成立，合同按显失公平处理。

2. 单方误解

单方误解，与重大误解不同，因重大误解订立的合同，是当事人基于主观认识上的错误而订立的合同。重大误解，原则是双方误解，故又称重大误解的合同为合意错误或协议错误的合同。在主体身份是合同成立原因时，一方当事人的误解，亦可构成重大误解。对上述观点，大陆法和英美法可以说是取得了一致。另外，重大误解的合同，并不要求后果一定显失公平。例如，甲误以为演员乙是演员丙，而与乙订立了演出合同。从报酬来看，并不显失公平，但因达不到合同目的，有权请求撤约。本书认为，对因重大误解而认定为可撤销的合同，应严格加以限制。对主体的单方误解，对非交易合同（无偿合同）的单方误解，始能认定重大误解。即单方误解，原则上一般不能构成重大误解合同的主观要件（意思表示瑕疵），但可作为显失公平合同的主观要件（意思表示瑕疵）。进一步说，单方误解未造成显失公平后果时，不应以重大误解为由变更或撤销合同；单方误解造成显失公平后果时，处不利益地位的当事人可以显失公平为由请求变更或撤销合同。

单方误解，可以是单方的意图表达错误。一般而言，表意人不能以自己单方的失误主张变更或撤销合同，因为这样会危及相对人的利益，但这种单方错误导致显失公平后果的时候，法律可给予救济。单方误解，还经常表现在投标合同中，例如，投标人投标金额为280000美元，由于抄写错误，写成288000美元，对这一类案例，英美法处理的一般规则是：如对方不知意思表示错误而与之缔约，失误者应当自己承担责任。如明知或很容易知道对方意思表示错误而与之缔约，则可主张合同无效。本书主张在单方意思表示错误[①]的情况下，如果没有显失公平的后果，则误解人应受合同的约束，不允许其单方面要求撤销合同；如果合同条件是显失公平的，则具备显失公平合同的主客观要件，失误人可主张合同撤销。此时的合同，可认定为有瑕疵的合同。

事实上，并非所有的单方错误都可构成合同瑕疵。比较典型的有两类：其一，判断上的错误。如一份技术开发合同规定，甲方承担全部开发风险，其他条件双方相同，如果仅就内容来看，利益是显然不均衡的，但甲方事先考虑作为合同标的技术开发风险很小或没有，愿意承担开发失败的风险，如果开发失败，甲方不得以显失公平为由主张变更或撤销合同。当然，此种判断是在对方不正当影响之下作出的，否则应另当别论，如果当事人对标的物的价值、质量等错误判断并且载述于合同之中，不是由于以上不正当影响等原因所致，就应认定为双方误解。其二，动机的错误。动机是订立合同的主要原因。如当事人订立买卖合同欲将购进的商品自用，也可以赠与、转销等。动机不是合同的要素，故不能成为合同成立的条件，动机上的错误，不能作为显失公平合同的主观要件。

(三) 对价不充分的判断

显失公平的合同是对价不充分的合同。我国立法迄今还没有对显失公平合同规定具体的判断标准，故有必要进行探讨。

1. 显失公平不等于有失公平

显失公平与有失公平在量上有明显差别。有失公平的合同，虽然也是不公平的合同，但权利义务关系没有严重失衡。从合同实务的角度来考察，绝对公平是难以做到的。如果在法律上否认有失公平合同的效力，那将使大批合同关系处于不稳定的状态，不利于稳定经济秩序，法院、仲裁机关也将不堪重负。

2. 显失公平的相对标准和绝对标准

判断合同是否显失公平是一件困难的事情。我国最高人民法院的司法解释的规定是："双方的权利义务明显违反公平、等价有偿原则的，可以认定为显失公平。"该规定提出了判断的一般原则，但不够具体，对实践的指导意义受到限制。在法律没有具体标准的情况下，区别显失公平和有失公平的任务只好由人民法院和仲裁机关来完成。这样，很难避

[①] 王传丽：《涉外经济合同的法律效力》，中国政法大学出版社1989年版，第144页。

免随意性。

本书认为，判断合同是否显失公平，可以从相对标准和绝对标准两个方面把握。

1）相对标准

显失公平的合同，主要是对有偿合同权利义务关系失衡的描述。有偿合同存在互为对价关系的两项给付。相对标准，就是看两项给付在财产利益上是否过于悬殊，即对价是否充分。

就买卖而言，对价关系不充分主要是指价款与标的物价值的差距过大，一方形成了暴利。决定货物的价格因素很多，除质量外，季节、地区、履行义务的具体方式等，都要综合考虑。判断合同是否显失公平，不能从一方当事人的地位出发，而应从公正第三者的角度，参照交易的习惯进行判断。

货物买卖因为有可比价格，比较容易判定是否显失公平。无形财产的买卖，则情况比较复杂。如技术买卖（转让）的价款，要考虑技术成果的经济效益和社会效益、研究开发技术的成本、技术的工业化开发程度、当事人享有的权益和承担的责任等因素。

2）绝对标准

判断合同是否显失公平，除了根据相对标准外，还要参照绝对标准。绝对标准是以当事人履行合同所受到或将受到实际损失的数量为判断标准。如果一份合同，当事人权利义务关系的反差很大，但履行的结果、损失的绝对值很小，单就损失的实际后果来看，并不构成重大损失，或者说，维持这种合同的效力，对当事人不会构成重大损害，因此对这类合同不宜认定为显失公平的合同。

四、因欺诈订立的合同

采用欺诈手段订立合同，是一方当事人故意告知对方虚假情况，或者故意隐瞒真实情况，诱使对方作出错误意思表示的违法行为。最高人民法院《关于贯彻执行〈中华人民共和国民法通则〉若干问题的意见（试行）》第68条规定，一方当事人故意告知对方虚假情况，或者故意隐瞒真实情况，诱使对方当事人作出错误意思表示的，可以认定为欺诈行为。

欺诈有刑法上的效果和民法上的效果。当欺诈构成刑事欺诈时，应当视为损害国家利益，按《合同法》第52条的规定，合同无效，而不是可撤销，否则客观上对违法犯罪人会产生保护。因民事欺诈订立的合同才为可撤销的合同，且只有受害人有撤销权。

（一）构成合同欺诈的条件

（1）欺诈是一方当事人在合同订立前作出的，以引导对方当事人订立合同为目的。

其一，欺诈是一方当事人做出的，这与胁迫不同，胁迫可以由第三人做出，迫使当事人订立合同。而构成合同上的欺诈，必是一方当事人的行为或一方当事人与第三人恶意串通的行为。我国法理上一向持这种观点，但《合同法》未有明确的规定。法国最高法院判例确定的一项原则是：欺诈行为系第三人实施，则当事人仅有权要求第三人赔偿损失。法国学者还指出，"上述条件可在罗马法中找到渊源，这一条件从心理分析的角度是无法解释的，因为第三人所实施的欺诈行为，对受欺诈人的意志能产生完全相同的决定性影响，从而造成同意上的瑕疵。然而从道德的角度来看则一目了然：合同无效被视为对过错所造成损害的一种补偿。如果相对当事人是无辜的，则不应当承受这种制裁"。① 我国立法应采用的规则是，"欺诈人为第三人时，如合同相对人为善意，受欺诈一方不得请求撤销该合同，但有权要求欺诈人赔偿损失"。② 这种规则在保护交易安全和表意人的利益方面，优先考虑了交易安全。如果允许因第三人的欺诈而撤销合同，则交易关系过于脆弱，极易遭到破坏。

如果第三人实施欺诈，合同一方当事人知道这种欺诈，则可视为该当事人与第三人合谋欺诈。如最高人民法院《关于适用〈中华人民共和国担保法〉若干问题的解释》第40条规定，主合同债务人采取欺诈、胁迫等手段，使保证人在违背真实意思的情况下，债权人知道或者应当知道欺诈、胁迫事实的，保证人不承担保证责任。

甲、乙之间签订了买卖合同，该买卖合同是主合同，丙应乙的要求为乙债务的履行提供保证，乙、丙是委托合同，甲、丙是保证合同。乙是甲、丙合同的第三人，乙以欺诈手段使丙为自己担保，不影响甲、丙保证合同的效力。如甲知道乙对丙的欺诈，仍与丙成立保证合同，则丙不承担保证责任。

其二，欺诈是订立合同之际做出的，合同成立时，就存在意思瑕疵。欺诈行为的施行时间，说明了欺诈是缔约过错。合同订立生效后，在履行过程中的欺诈，固然是违法行为，但这种违法行为并不溯及合同订立时，导致合同的撤销。而订约阶段的欺诈则可产生否定合同效力的结果。

其三，欺诈的目的是诱引对方与己订立合同。与合同无直接关系的欺诈不构成合同欺诈。如广告欺诈不能等同于合同欺诈，因为广告通常是要约邀请，而要约邀请的内容会被相对人要约或要约邀请所否定，此时等于广告欺诈被否定，广告欺诈并没有产生欺诈的后果，当广告对相对人产生误导，且广告的内容构成合同条款时，广告欺诈也就转变成合同欺诈了。

（2）欺诈行为的客观表现是对订立合同有关事实的虚假介绍或隐瞒。

其一，欺诈，一般是对关键性事实的虚假介绍或者隐瞒。关键性事实即作为合同基础的事实。如甲方欲购买一幅古画，乙方将赝品说成是真迹，乙方就属于对关键事实的虚假介绍。虚假介绍是一种不真实的陈述，是制造假象诱使对方形成错误的认识，使对方基于这种错误的认识与己订立合同。

欺诈也可以表现在非关键性事实上面，此时合同不宜撤销，可以变更的方式处理。

其二，隐瞒，包括作为的和不作为的两种形式。作为，是以行为掩盖真相或对方提出质询时以谎言搪塞。不作为，是对重要事实不揭示，也称为沉默。沉默是否构成欺诈，我国法律没有作出规定。在英国普通法上，沉默一般不构成欺诈，当事人在合同订立前，没

---

① 尹田：《法国现代合同法》，法律出版社1995年版，第89页。引文中的观点有比较法上的依据。如《德国民法典》第123条之（2）规定："如欺诈系第三人所为者，对于相对人所为的意思表示，以相对人明知欺诈的事实或可得而知者为限，始得撤销之。"我国台湾地区"民法典"及《日本民法典》也有相同的规定。

② 梁慧星：《民商法论丛》，法律出版社1996年版，第450页。

有揭示重大事实的义务。法国法的观点与英国普通法的观点有相同之处，认为当事人的利益是对立的，因此每一方必须照管自己的利益。随着法律的发展。对沉默是否构成欺诈形成了这样一个规则：一方向另一方隐瞒事实的沉默可以构成欺诈。如果另一方知道这一事实将不会签订合同。① 这一规则，对我国司法实践有借鉴作用。按照诚实信用原则，合同当事人在订立合同前，应当向对方揭示与订立合同有关的重大事实；否则，可构成欺诈的间接故意。

其三，要高价或者漫天要价行为的本身，不构成欺诈，因为要高价的行为往往是一种订约技巧，尽管要高价经常受到责难。为了要高价而制造虚假根据，才构成欺诈。

（3）欺诈行为实际对订立合同起了作用。

欺诈行为与合同成立须有因果关系。《法国民法典》第1116条规定，如一方当事人不实施欺诈手段，他方当事人决不订立合同者，此种欺诈构成合同无效的原因。一方当事人实施欺诈行为，向另一方当事人作了不实陈述，但另一方不是基于不实陈述，而是基于自己掌握了的情况与其订约，则不得以欺诈为由否定合同效力。

（4）当事人主观上必须出于故意。

该故意是使相对人陷于错误的故意。陷于错误，即指使人犯错误，也包括使既有的错误加深或维持，即该故意是"使于错误人基于错误作出意思表示的故意"。② 强调故意是为了同过失相区别。在实践中，当事人作不真实陈述有时只是出于过失。当事人在主观上真诚相信自己所作陈述是真实的，但实际上，陈述与事实是不相符合的。因误述订立的合同，是相对无效的合同，当事人得以重大误解为由主张撤销或变更合同。应当指出，如果一方因过失作了不真实的陈述，后来发现了这一错误，或者在陈述时是一个真实的事实，后来又变为不真实的事实，如果不及时通知对方，使其在错误的认识下订立了合同，同样也构成欺诈。

欺诈的故意，是使相对人陷入错误而为意思表示的故意，该故意，不以取得财产上的过分利益为必要。这一点与乘人之危订立的合同有所不同，乘人之危订立的合同，如行为人没有取得过分利益，则应当维持合同的效力。因为，危难被乘人需要合同，而被欺诈人不一定需要合同。

（二）商业吹嘘与合同欺诈

经营者在出卖商品或进行其他经营活动时，经常有商业吹嘘的情况。在实务中，经常有人将商业吹嘘与合同欺诈混为一谈。商业吹嘘是一种适度的夸大宣传，不能把商业吹嘘等同于合同欺诈。艺术夸张常常是商业吹嘘运用的手段。艺术夸张不仅促进了商品信息的传播，而且也充实了人们的精神生活。因此，商品吹嘘颇有存在的余地。

（1）商业吹嘘对象与合同欺诈对象的范围不同、与合同条款的关系不同。

商业吹嘘一般表现在要约邀请中。广告多属要约邀请。要约邀请经常是针对不特定多数人的。要约邀请的目的是使他人向自己提出要约，要约邀请的内容，不构成合同条款，

---

① 王传丽：《涉外经济合同的法律效力》，中国政法大学出版社1989年版，第127页。
② 张俊浩主编：《民法学原理》，中国政法大学出版社1991年版，第257页。

故要约邀请中的商业吹嘘一般不能认为是合同欺诈。如果将商业吹嘘的内容转化为合同条款，也可能构成合同欺诈。商业吹嘘也可针对特定的当事人，如谈判中的商业吹嘘就是针对特定当事人的。谈判中的商业吹嘘一般也不能作为合同欺诈看待。要约不同于要约邀请，要约一般是针对特定当事人的。要约被接受后，则构成合同的内容。在要约中过分的吹嘘，可构成合同欺诈。

（2）商业吹嘘是在基本事实基础上的适当夸大，合同欺诈则违背基本事实。

有人称商业吹嘘是细微的吹嘘。如果完全是谎言，就不能称之为商业吹嘘了。商业吹嘘必须没有伪造、虚构的情节。某人为了卖出自己的商品伪造了产品质量证明书，他的行为是欺诈而不是商业吹嘘，某人根本没有货物，不能履约，而诡称自己有货物，与他人成立合同，那么他也构成合同欺诈。合同欺诈是故意制造假象或掩盖重要事实，诱使相对人成立合同。因此合同欺诈不是细微的吹嘘，而是"对事实的改造或掩盖"。比如，某企业4月1日生产出一批饮料，为延长售卖期，在瓶贴和包装上标注为5月1日生产。这种打"时间差"的行为应当认定构成欺诈。

（3）商业吹嘘以作为的形式表现；合同欺诈以作为和不作为两种形式表现。

商业吹嘘是一种积极的宣传行为，如出卖人介绍自己的产品如何如何好等。沉默是不能构成商业吹嘘的。商业吹嘘只能以作为的形式表现，而不能以不作为的形式表现。合同欺诈则有两种情况：一种是制造假象；一种是不揭示重要事实。前者是作为形式，后者是不作为形式。

（4）法律对商业吹嘘和合同欺诈的态度不同

在市场经济条件下，商业吹嘘是难免的。法律如果对其一律严加禁止，未免过于严苛，同时也是力所不能的。故法律在强调诚实信用原则的同时，对不具有社会危害性的一般商业吹嘘采取容忍态度。但对于对比性的商业吹嘘则是禁止的。对比，有直接对比和间接对比。直接对比是将自己的商品与特定主体的商品相比较。直接对比性吹嘘可构成《反不正当竞争法》所规定的商业诽谤行为，被侵权人可提起侵权之诉，要求吹嘘者承担相应的责任。间接对比性吹嘘，则没有特定的比较对象，如有的经营者宣传自己的商品是最好、顶好、价格最低等，就是间接对比性吹嘘。直接对比性吹嘘和间接对比性吹嘘都超过了法律所能容忍的限度。对于合同欺诈，则不论以何种形式表现出来，法律都严格予以禁止。

（三）要约邀请与欺诈的构成

要约邀请中的欺诈能否构成合同欺诈，是需要解决的理论问题和现实问题。要约邀请是为了唤起相对人的承诺，因此要约邀请本身不能构成合同欺诈。但是，要约邀请在内容上与要约有承继关系，要约邀请的内容被要约所承继以后，要约邀请的欺诈转化为合同欺诈。

五、因胁迫订立的合同

采用胁迫手段订立合同，是指一方当事人直接以精神性强制迫使对方与己订立合同。最高人民法院《关于贯彻执行〈中华人民共和国民法通则〉若干问题的意见（试行）》

第 68 条规定，以给公民及其亲友的生命健康、名誉、荣誉、财产等造成损害，或者以给法人的名誉、荣誉、财产等损害为要挟，迫使对方当事人作出违背真实的意思表示的，可以认定为胁迫行为。

从实践中的情况来看，常见的胁迫手段有以下几种：（1）非法扣押、损害对方财产，或以语言相威胁，将要扣押、损害对方财产；（2）以断绝物资供应和销售渠道为要挟；（3）以揭发对方某些违法行为为要挟；（4）以公开对方合同经办人或法定代表人的隐私相威胁；（5）直接对对方合同代理人、法定代表人及其亲属等以施加暴力相威胁等。

胁迫有刑法上效果和民法上的效果。胁迫构成犯罪时，应当追究胁迫人的刑事责任，同时，构成刑事犯罪的胁迫，视为危害国家利益，订立的合同依照《合同法》第 52 条的规定按无效处理。胁迫不构成犯罪时，原则上按可撤销合同处理，即被胁迫人享有主张变更、撤销的权利。

在撤销的时间上，《合同法》（第 55 条）将因胁迫订立的合同与其他合同采取了同样的态度，即具有撤销权的当事人自知道或者应当知道撤销事由之日起 1 年内没有行使撤销权的，撤销权消灭。这对受胁迫人十分不公，因为就胁迫而言，被胁迫人在订立合同时就已经知道胁迫的存在，等于从合同订立时起计算撤销的除斥期间，而在合同订立之后，胁迫状态可能一直持续。对因胁迫订立的合同而言，应当改为胁迫状态消除后 1 年内没有行使撤销权的，撤销权消灭。

（一）胁迫与欺诈的区别

胁迫与欺诈一样，都违反了当事人自愿订约的真实意志，因而它们都实质上违背了合同的真实性要求。但胁迫与欺诈有明显不同。

1. 胁迫造成的意思表示瑕疵与欺诈造成的意思表示瑕疵不同

因欺诈订立的合同是一方当事人因对方当事人的欺诈行为，陷入错误，而"自愿"地订立合同；因胁迫订立的合同，是当事人出于恐怖，而被迫订立合同。

2. 当事人欺诈的内容，可构成合同的条款

如一份买卖合同的标的物为劣质品，而当事人伪造产品质量证明书，将其"改造"为优质品。产品质量证明书可为合同的一部分。换句话说，欺诈的意思表示可以被合同记载下来。胁迫，在合同中不能反映出来，当事人出于外力而被迫进行意思表示，而外力并不是意思表示的内容。

3. 欺诈行为可以是当事人积极的行为，也可以是对关键性事实的沉默

胁迫只能是积极的行为，沉默不能构成胁迫。

4. 进行胁迫和进行欺诈的主体不同

合同欺诈须是当事人的行为。而胁迫的行为除了当事人以外，还可以是第三人。《法国民法典》第 1111 条规定，无论胁迫行为系合同当事人实施还是第三人实施，其引起的法律效果相同。这一规定与《法国民法典》第 1116 条显然不一致，按第 1116 条的规定，第三人实施的欺诈行为不能导致合同无效。对上述立法中出现的不一致，有的学者提出："现代立法中关于第三人实施的胁迫行为可导致合同无效的规定，是基于'第三人与合同相对方当事人之间存在共同故意'的推定（不可否认的推定），以此避免合同相对方当事

人利用第三人的胁迫行为而获得利益。"① 上述观点有一定的道理，但存在问题。从生活实践来看，第三人的欺诈与第三人的胁迫不同之处还在于实施欺诈的第三人可能与合同相对人没有利害关系，而实施以订立合同为目的的第三人胁迫，若与合同相对人没有利害关系的话，胁迫几乎就不会发生。也就是说，第三人（欺诈人）从被欺诈人订立的合同中可能得不到任何好处，这不影响欺诈的成立，而第三人（胁迫人）若不能从被胁迫者订立的合同中得到好处，则胁迫通常不会发生。这是生活常识，但也存在例外的情形。胁迫人作为第三人也可能为自己的利益进行胁迫。

以案说法

甲要向乙借钱 10 万元，乙要求甲提供担保。甲方威胁丙给自己提供担保，声称若丙不提供担保，将揭露丙的违法行为。丙被迫与乙签订保证合同。后丙的违法行为意外暴露，丙就起诉乙，以胁迫为由请求法院判决保证合同无效。相对于乙、丙之间的保证合同而言，胁迫人是第三人甲。一般认为，第三人的胁迫不同于第三人的欺诈，应当确认保证合同无效。

【分析】此时认定乙、丙的担保合同因甲的胁迫而无效的话，等于把受害结果转嫁到乙的身上，这是不公平的。

在合同关系中，胁迫比欺诈的违法程度更烈。欺诈一般是获得财产上的利益，侵犯的对象一般也是相对人的财产利益。胁迫虽然一般也是为了获得财产上的利益，但胁迫侵犯了相对人的人身安全或精神利益。两者的危害后果是不同的。综合以上分析，应对欺诈和胁迫应当采取不同的规则。因第三人的胁迫成立合同，也给予受胁迫人否定合同效力的权利，但这一规则不宜成为毫无例外的规则。应当对第三人胁迫的效果在立法上加以规定，并突破传统理论的局限。

（二）构成胁迫的条件

1. 胁迫行为表现为一种强制力，是一种实施精神压力的行为

（1）实施压力，使他人陷入恐惧，不得已订立合同。"不得已"，是意思表示受强制的状况，不同于人身强制。如果以暴力的方法，拿着当事人的手指签字、盖章，当事人则根本没有意思表示，在这种情况下签订的合同根本不存在，不能按可撤销的合同处理。又如张某拿着凶器指着李某强迫李某在合同上签字，李某无选择余地，被迫签字。此种情况应按不存在合同或者合同无效处理。人身强制又称为绝对强制，它是危害较烈的一种违法行为，甚至是犯罪行为，当事人之间不存在合意或者视为不存在合意。而因胁迫订立的合同是已经成立的合同，当事人之间有合意。

（2）实施压力，必须达到一定的程度。胁迫必须达到一定的程度，才能使当事人恐惧，并因恐惧而就范。《法国民法典》第 1112 条第 1 款规定，如行为的性质足以使正常人产生印象并使其担心自己的身体或财产面临重大且现实的危害者，即为胁迫。第 2 款规

---

① 尹田：《法国现代合同法》，法律出版社 1995 年版，第 96 页。

定,在这方面,应考虑到受胁迫人的年龄、性别及个人情况。如果压力未达到相应的程度,或当事人并未陷入恐惧,则合同不能按可撤销的合同处理。

(3)实施压力的行为必须是非法的。施加合法的压力不构成胁迫。按一般观念,容易认为胁迫必须是非法的。但是,在研究胁迫时不强调其非法性,在实践中,就往往会混淆合法压力与非法压制的界限。比较常见的合法施加压力是以起诉相威胁。以拒绝结婚为要挟,要求订立婚前财产协议,或以离婚为要挟,订立婚后财产协议,都不能视为违法施加压力的行为,因为,婚姻自由包括结婚自由和离婚自由。

2. 胁迫是在订立合同时做出的,以强制对方订立合同为目的

胁迫如无订立合同的目的,则不属于合同法上的胁迫,胁迫也就不会成为订立合同的原因。正因为这种目的性,决定了胁迫是在合同订立前或订立时做出的。应当指出,合同订立后,一方当事人以胁迫的手段迫使对方变更、解除合同,亦可构成合同法上的胁迫。合同订立后,以提起诉讼等合法手段向对方施加压力,要求对方按约履行合同,则不构成胁迫。

3. 胁迫行为的客观表现是以将来发生或直接面临的物质和精神损害相威胁

如果损害在事实上不可能发生,但被胁迫人有理由相信它能够发生,则仍构成胁迫。另外,这种损害既可以是针对合同当事人的,也可以是针对代理人或当事人有密切关联的人(如亲属等)。

4. 当事人主观上必须出于故意

故意是构成胁迫的主观要件。该故意,是"使相对人陷于恐惧的故意",是"使相对人基于恐惧作出意思表示的故意"。① 行为人故意的基本内容,是使被胁迫人陷于恐惧而订立特定的合同。

六、乘人之危订立的合同

乘人之危订立的合同,是指一方当事人乘对方处于危难之时,为谋取不正当利益,迫使对方违背自己的真实意愿与己订立合同。《合同法》第 54 条把乘人之危订立的合同规定为可撤销的合同。最高人民法院《关于贯彻执行〈中华人民共和国民法通则〉若干问题的意见(试行)》第 70 条规定,一方当事人乘对方处于危难之机,为谋取不正当利益,迫使对方作出不真实的意思表示,严重损害对方利益的,可以认定为乘人之危。

(一)构成乘人之危的条件

(1)一方当事人陷于危难处境,如对方处于自然灾害的严重危困之中或濒临破产的困境,迫切需要某种救助。"危难"除了指经济上窘迫或具有某种迫切需要外,也包括自然人及其家人生命危险、健康恶化等危难,政治厄运也可以构成危难。

(2)行为人利用了对方当事人的危难困境,趁火打劫,提出苛刻条件,对方迫于无奈而违背真实意愿与之订立合同。乘人之危的合同与其他可撤销的合同一样,是意思表示有瑕疵的合同。是乘人之危者意思表示有瑕疵,还是危难被乘者意思表示瑕疵?有人认为是乘人之危者意思表示有瑕疵,此观点如同欺诈者意思表示有瑕疵,被欺诈者意思表示无

---

① 张俊浩主编:《民法学原理》,中国政法大学出版社 1991 年版,第 258 页。

瑕疵的观点。意思表示有瑕疵，依照瑕疵是否由于表意人本身的原因，可以分为意思与表示不一致和不自由的意思表示两大类。前者可由当事人本身的原因导致表示意思与效果意思不一致，后者由外力作用致使表意人未能表达真实意愿。乘人之危订立合同及因欺诈、胁迫订立的合同，是危难被乘人、被欺诈人、被胁迫人意思表示有瑕疵，瑕疵的原因是外力的作用。

（3）乘人之危行为人主观状态为故意。行为人不了解对方的危难处境而与之订立合同，客观上，一方当事人的危难处境促使了合同成立，对这类合同，不能以乘人之危为由，确认为无效。若一方因家中有病人而以低价出卖了房屋，买受人并不知情，主观上没有可归责性，这种交易还是应当维持的，否则对交易安全损害过巨。

以案说法

黄某于2002年10月1日深夜得知其儿子患急性阑尾炎，需要做外科手术，摘除阑尾。黄某得知消息时，在某县城。该县城距离市区医院约36公里，但深夜没有出租车，李某恰巧驾驶私家车路过。黄某拦住李某的车，要求搭乘，但未提出搭车的原因。李某提出要600元，黄某心急如焚，当即答应。至医院后，李某收了黄某的600元钱扬长而去。黄某记住了李某的车号，在一个月后找到了李某，要求退回500元。李某拒绝，黄某提起诉讼，以乘人之危为由，要求把车费降低至100元。在当地，36公里的出租车费是80元左右。法院根据原告的诉讼请求，做出将600元变更至100元的判决。

【分析】黄某深夜要求搭车，应当推定李某知道黄某有急需，尽管李某并不知急需的具体内容。生活中的急迫需要可以认为是一种被人利用的"危难"。双方成立的旅客运输合同，属于可撤销的合同。对于可撤销的合同，有变更和撤销两种救济方法。当事人请求变更的，法院不得撤销；当事人请求撤销的，法院酌情可以予以变更。根据原告的诉讼请求，将600元变更至100元的判决，是恰当的。

（4）乘人之危订立合同，一般是为了获取过分的利益。这种利益称为不正当利益。这种不正当利益是在严重损害对方利益的基础上产生的，所以这一条件也可以概括为危难被乘人蒙受重大损失。危难被乘人的"重大损失"是否限于经济上的损失？有人认为，其他利益上的损害若属重大，也构成重大损失。从立法原意来看，重大损失应当是经济上的损失。"不正当利益"是经济上的利益。

获得过分利益为乘人之危订立合同的目的，但认定乘人之危订立的合同时，是否已经获取过分利益为必要条件？换一个角度看，要不要以显失公平为条件？本书认为，乘人之危是为了获取过分的利益，如果行为人没有获得过分利益，其与相对人订立的合同不是显失公平的，而相对人又急需合同，合同不应以乘人之危为由予以变更或撤销。也就是说，有乘人之危的动机，没有实现乘人之危的结果，合同效力应当维持，因为此时成立的合同正是相对人所需要的合同。

（二）在经营活动中利用相对人的困境索要高价，应否认定为乘人之危

商人是进行经常性经营活动的人，他置身于市场竞争的漩涡之中，承担风险的能力较

强。在其竞争过程中，因供求关系紧张陷入困境而被迫支出高价，一般不宜按危难被乘处理；否则，市场优胜劣汰的功能、竞争的功能就会被削弱。但从宏观来看，法律还要对垄断进行规制，以防止不正当竞争。

◆ 以案说法

甲电器公司急需一种电器上的配件，该配件平时10元钱一个，但乙机械公司得知该种零件市场上断货，且属甲公司急需。遂对甲公司提高要价，甲公司被迫以60元的价格购买5000只，比平时多支付价款25万元。后甲电器公司起诉，以乘人之危为由，要求将合同价格变更至10元。

法院受理后，对该案件有不同的意见。第一种意见认为，乙公司不构成乘人之危，因为利用市场关系不能认为是乘人之危。另一种意见认为，市场配件断货，乙公司事实上处于经济上的垄断地位，其利用了自己的垄断地位和甲公司的急需，是一种乘人之危的行为，合同应当准予变更。法院采纳了第一种意见，驳回了甲公司的诉讼请求。

【分析】甲公司是商人，是经营者，其对市场交易的风险应当有更强的承受能力，经营中的紧迫需要一般不能认为是"危难"。出卖人乙公司利用供求关系提高配件的出卖价格，是一种正常的市场竞争行为，从已知的条件看，尚不构成不正当竞争，也不构成乘人之危。合同的效力应予维持，否则合同关系过于脆弱，不利于保证交易安全。

第七节 无效合同、被撤销合同财产后果的处理

无效合同、被撤销的合同，意定之债并未建立起来，所谓财产后果的处理，实为法定之债的履行。《合同法》第58条规定，合同无效或者被撤销后，因该合同取得的财产，应当予以返还；不能返还或者没有必要返还的，应当折价补偿。有过错的一方应当赔偿对方因此所受到的损失，双方都有过错的，应当各自承担相应的责任。该规定应当适用于效力未定而未被追认的合同，因为效力未定的合同在订立时候是无效合同，经过追认才转化为有效，未被追认，一直处于无效状态，因而在后果的处理上，它们与无效合同和被撤销的合同没有区别。也就是说，效力未定的合同未被追认时，可适用《合同法》第58条的规定。

一、返还财产

（一）单方返还与双方返还

合同被确认无效或被撤销以后，当事人依据合同取得的财产应当返还给对方。返还财产有双方返还和单方返还。双方返还，是双方当事人分别返还财产。单方返还，是当事人一方将取得的财产返还给对方。单方返还主要有两种情况：（1）合同的一方履行了合同，他方尚未履行，此时不存在双方返还的问题；（2）合同的标的物、价款被追缴或标的物被强制收购，此时也不可能双方返还。

（二）返还财产与过错原则

返还财产并不是违反民事义务所直接产生的法律后果，它的存在也不是法律对当事人主观状态予以否定性评价的表现。因此，返还财产不适用过错原则。无论当事人对缔结合同是否有过错，依据无效或被撤销的合同取得、占有的财产因无合法根据，都应该返还给对方。具体地说，合同无效、被撤销以后，即使是无过错一方占有了对方的财产，亦应返还给对方。

（三）返还的条件

所有物的返还，是以物在法律上和事实上能够返还为条件的。

1. 法律上不能返还

法律上不能返还，是因返还受到善意取得制度的限制。当受领人将受领的财产转让给第三人，而第三人取得该项财产时没有主观上没有过错，不知道或者没有责任知道出卖人没有处分权，则所有权人无权向善意的第三人要求返还原物。因为，第三人依善意取得制度已取得了对标的物的所有权。如果第三人在取得财产时主观上有过错，知道或有责任知道出卖人无处分权，则所有人有请求返还原物的权利。在通常情况下，第三人很难预先知道出卖人出卖的财产是依据无效合同或可撤销合同取得的财产。因此，若从原买卖合同买受人那里又买进了同一项财产，此时，新的买方不存在过错，是善意的第三人，原所有人不能要求返还原物。

2. 事实上不能返还

事实上不能返还，是指因标的物灭失造成不能返还原物。当标的物灭失后，采用物权保护方法已经不可能。

（四）原物损坏时的返还

原物损坏时，应当修复后返还或者给予赔偿。在修复与赔偿之间，如不损害对方利益，应由返还义务人选择。

（五）实际返还财产不具有必然性

返还财产和赔偿损失是因当事人订立无效合同或合同被撤销所产生的债权债务关系。消灭这种债权债务关系的途径并非只有返还财产和赔偿损失。抵销、免除、提存和混同都是债的消灭原因。抵销、免除、提存和混同既然可以成为有效合同之债的消灭原因，也可以成为无效合同（包括被撤销的合同）之债的消灭原因。返还财产，未必是无效合同、被撤销的合同都必须采用的处理财产后果的方式。当无效合同的当事人在因无效合同及合同撤销产生的法律关系中互为债务人的时候，可以采用抵销的办法处理，这样做可以节约成本，减少浪费，提高效率，符合合同法效益、效率的观念和要求。

二、折价补偿

折价补偿是《合同法》新创的财产后果处理方法。折价补偿是以金钱弥补因不返还造成的对方损失。基于此，有的学者认为，折价补偿属于赔偿的范畴。本书认为，折价补偿与损害赔偿不同，损害赔偿以过错为条件，折价补偿则不以过错为条件。折价补偿实际成了消除对方不当得利的方法。折价补偿成了与不当得利返还相冲突的制度。我国《合同法》未对折价补偿的标准作出规定，因而在实践中必然引起争论。

以案说法

李某某在房地产公司购买价值50万元的房屋一套，后双方发生争议，李某某将房地产公司起诉到法院。法院在审理该案的过程中，发现该房地产公司有其名而无其实，没有售房许可等必要的许可文件，属于违反特许经营的行为，法院应当确认该合同无效。对该套房屋，李某某因已经装修，不想退回。房地产公司因无法继续出售，也不想收回。标的物不返还，也不影响国家利益和社会公共利益。因而标的物没有必要返还。该套房屋的成本是30万元，利润是20万元。关于折价返还，有两种观点。第一种观点认为，应当返还50万元，否则李某某将构成不当得利。第二种观点认为，应当返还30万元成本价，否则等于承认合同的履行效力。

【分析】返还50万元并使房地产公司获得该款项，等于承认了合同的给付效果，等于承认了合同的履行效力，且对过错方订立无效合同起了鼓励作用。返还30万元，买受人从无效合同中得到了好处，于法理不合，且使无过错方对订立无效合同产生希冀。因此，应当返还50万元，追缴20万元，使出卖人只得到30万元。

无效制度的价值，一是否定合同的履行效力；二是对当事人的行为给予否定性评价。这两点，在处理无效合同时，都要体现出来。

在折价返还的情况下，买受人是不是善意取得标的物？本书的观点是：善意取得是针对无权处分的行为，在善意取得的情况下，合同有效。善意取得是传来取得，不是原始取得。在上述案件中，出卖人不是无权处分的问题，而是违反国家的经济管制。因此，买受人不是善意取得，也不是传来取得，而是原始取得，即依法律规定取得。其折价多少，并不是意思自治的产物，而是法官根据法律予以确定。李某某在原始取得该房屋的所有权之后，有权办理相应的登记手续。

三、赔偿损失

（一）赔偿损失与缔约过错

赔偿损失是承担缔约过错责任的方式。过错可以是过失，也可以是故意。一般情况下，故意和过失不影响损害赔偿的范围。过错，有单方过错和双方过错。无效合同与被撤销合同的损害赔偿，也适用过错相抵的规则。

（二）赔偿的范围及因违约赔偿范围与因合同无效赔偿范围的矛盾

赔偿范围包括直接损失和丧失合同机会带来的损失。

以案说法

蔡某从济南调到北京工作，临行前，将自己的一辆面包车委托宋某出卖。宋某的侄子周某某想买。宋某、周某某把车送到资产评估事务所评估，价值6万元。宋、周二人以行贿手段使资产评估事务所出具价值为2万元的评估报告。宋将评估报告传真给蔡某，蔡某同意以2万元的价格出售。宋某即将该车以2万元的价格卖给周某。后蔡某发现事实真相，起诉于法院，法院判决面包车的买卖无效，合同双方返还财产。因我国"入世"已成定局，该面包车重新评估价格为3万元。

【分析】在判决合同无效的前提下，宋某作为代理人与买受人周某某恶意串通，应当向蔡某承担连带责任。返还2万元及利息外，尚应赔偿因机会丧失带来的3万元损失。

本案的难点不在于赔偿数额的多少。而在于合同本身的效力问题。因为本案可以有两种处理方式：第一，按现行规定确认合同无效，因为恶意串通是无效事由。第二，依法理，本案可以按部分无效处理，因为代理人与合同相对人恶意串通的结果，是使出卖人蔡某损失3万元，令价格条款无效，改为6万元，即可消除不法后果。第二种处理方式，还需在理论上进一步研究。

前已述及，当事人可以合同不成立、被撤销和无效产生缔约责任。因合同有效产生的赔偿与因违约的赔偿在"量"上有巨大的差异，在我国实践中经常出现不履约一方主张合同无效的反常情况。同一份合同，如果是有效的，一方违约不履行，与因无效当事人不履行，其赔偿范围是不同的。过错方在合同有效情况下的赔偿范围，要大于合同无效的赔偿范围。也就是说，违约成本要大于"合同无效的成本"。原因在于，在无人身损害的情况下，履行利益一般大于信赖利益。很多人不怕订立无效合同或者故意订立无效合同，视具体情况来决定是履行合同，还是主张合同无效。在诉讼中，对合同无效有过错的一方常常主动要求法院确认合同无效，以减少赔偿额。这种策略，已经被实践证明是行之有效的。

可见，这种现象的存在无异于鼓励当事人订立无效合同，这是法理上的一个难题。本书认为应当从以下几个方面考虑解决的办法：（1）不宜轻易确认合同无效，使当事人逃避履行合同义务。对有缺陷的合同尽量采取补正、解释等手段进行救济。这符合《合同法》尽量保护交易活动的思想。（2）严格控制无效合同的基础上，对违反社会公共利益合同当事人已经取得或者约定取得的财产进行追缴，防止过错人利用合同的无效获得法律上的利益。（3）根据具体情况，使信赖利益的赔偿额接近或等于履行利益。这在法理上可以作较为圆满的解释。比如，因一方的过错导致合同失效，过错方的赔偿范围除包括另一方的直接损失外，还可包括因丧失合同订立机会造成的损失，这种损失可以接近或等同于因违约造成的损失。

四、收归国有和返还集体、第三人

根据《合同法》第59条的规定，对于因当事人恶意串通，损害国家、集体或者第三人利益而确认无效的合同，其依据该合同并通过恶意串通所取得的财产，应当按其损害对象为国家、集体还是第三人的不同，分别收归国家所有或者返还集体、第三人。

在合同被确认无效或被撤销以后，当事人除因承担民事责任以外，在特殊情况下，并不免除所应承担的行政责任，如吊销营业执照、吊销生产许可证等；情节严重的，甚至要追究当事人的刑事责任。

练习题

一、单项选择题

1. 住所地在长春的四海公司在北京设立了一家分公司。该分公司以自己的名义与北京实达公司签订了一份房屋租赁合同，租赁实达公司的楼房一层，年租金为30万元。现分公司因拖欠租金而与实达公司发生纠纷。下列判断哪一个是正确的？（ ）
    A. 房屋租赁合同有效，法律责任由合同的当事人独立承担
    B. 该分公司不具有民事主体资格，又无四海公司的授权，租赁合同无效
    C. 合同有效，依该合同产生的法律责任由四海公司承担
    D. 合同有效，依该合同产生的法律责任由四海公司及其分公司承担连带责任

2. 周某与林某协议离婚时约定，孩子归女方林某抚养，周某每年给付1000元抚养费。离婚后，因林某将孩子由姓周改姓林，周某就停止给付抚养费。因这一年年景不好，周某就将卖粮仅得的1000元捐献给了希望工程，自己出去打工了。林某能请求法院撤销该赠与吗？（ ）
    A. 不能，因为赠与物已经交付
    B. 不能，因为是公益性捐赠
    C. 不能，因为周某处分的是自己的合法财产
    D. 能，因为周某逃避法定义务进行赠与

3. 依我国法律，当事人对下列哪一合同可以请求人民法院或仲裁机构变更或撤销？（ ）
    A. 因重大误解订立的合同
    B. 包含因重大过失造成对方财产损失的免责条款的合同
    C. 因欺诈而订立且损害国家利益的合同
    D. 无权代理订立的合同

4. 某县政府为鼓励县属酒厂多创税利，县长与酒厂厂长签订合同约定：酒厂如果完成年度税收100万元的指标，第二年厂长和全厂职工都可以加两级工资。该合同属于什么性质的行为？（ ）
    A. 双方民事法律行为　　　　　B. 无效民事行为
    C. 附条件民事法律行为　　　　D. 不属于民事法律行为

5. 装修公司甲完成一项工程后，将剩余的木地板、厨卫用具等卖给了物业管理公司乙。但甲营业执照上的核准经营范围并无销售木地板、厨卫用具等业务。甲、乙的买卖行为法律效力如何？（ ）
    A. 属于有效法律行为　　　　　B. 属于无效民事行为
    C. 属于可撤销民事行为　　　　D. 属于效力待定民事行为

二、多项选择题

1. 甲购买一辆汽车，在开回的路上因刹车失灵而翻车受伤。在此情形下，他可以要求谁承担何种责任？（　　）

   A. 请求商家承担违约责任

   B. 请求厂家同时承担违约责任和侵权责任

   C. 请求厂家承担侵权责任

   D. 请求厂家承担侵权责任，同时请求商家承担违约责任

2. 下列合同中，既可以是有偿合同也可以是无偿合同的有哪些？（　　）

   A. 保管合同　　　　　　　　B. 委托合同

   C. 借款合同　　　　　　　　D. 互易合同

3. 根据我国《合同法》的规定，下列合同中，属于无效合同的有（　　）。

   A. 一方以欺诈手段使对方在违背真实意思的情况下订立的合同

   B. 损害社会公共利益的合同

   C. 以合法形式掩盖非法目的的合同

   D. 显失公平的合同

4. 根据我国《合同法》的规定，下列要约中，不得撤销的有（　　）。

   A. 要约人确定了承诺期限的要约

   B. 要约人明示不可撤销的要约

   C. 已经到达受要约人但受要约人尚未承诺的要约

   D. 受要约人有理由认为不可撤销，且已为履约做了准备的要约

5. 根据合同法律制度的规定，债务人的下列行为中，债权人认为对自己造成损害的，可以请求人民法院予以撤销的有（　　）。

   A. 放弃到期债权

   B. 无偿转让财产

   C. 拍卖优良资产

   D. 以明显不合理的低价转让财产，且受让人知道该情形

三、案例分析题

甲街道办事处经所在地某区人民政府批准设立基金会，开展存贷款业务，吸收了200万元的存款。1997年7月，甲与乙公司签订借款合同，约定基金会向乙发放贷款200万元，用丙中学所属50亩划拨土地使用权作抵押，年利率为15%，借期2年。丙中学向甲交付土地使用证后，基金会即按约定向乙公司发放了贷款。借期届满后，乙公司仅向基金会偿还了20万元利息。甲即聘请律师索债，律师查明以下事实：乙公司贷款200万元用于与丙联营制售数学仪器，联营类型为合同联营；乙公司营业执照上注明的注册资金为300万元，股东王某占股份90%，但实际出资仅为100万元，股东谭某占股份10%，王某无个人财产，但和其妻共同开办了丁有限公司，王占股份80%，丁公司开发有商品房一栋，尚未出售和抵押。

问题：

（1）基金会的成立是否合法？为什么？

105

（2）甲与乙公司签订的借款合同是否有效？为什么？
（3）土地使用权抵押合同是否有效？理由有哪些？
（4）甲是否有权要求丙中学承担清偿责任？为什么？
（5）甲能否要求王某对乙公司债务承担责任？为什么？
（6）甲能否要求谭某对债务承担责任？为什么？
（7）甲能否在诉讼中要求法院直接查封丁公司的房产？为什么？
（8）法律是否保护甲的债权？为什么？

第四章

合同履行

教学目的和要求
1. 了解并掌握合同的履行概念、合同履行的原则；
2. 掌握履行的要素、双务合同中的履行抗辩权；
3. 区别同时履行抗辩权、顺序履行抗辩权、不安抗辩权。

主要内容：合同履行概述，合同履行原则，合同履行的要素、双务合同中的履行抗辩权。

自学：合同履行原则、合同履行的要素。

讨论：同时履行抗辩权、顺序履行抗辩权、不安抗辩权的区别。

作业：
1. 简述合同履行的原则；
2. 简述合同履行的要素；
3. 简述同时履行抗辩权；
4. 简述顺序履行抗辩权；
5. 简述不安抗辩权。

案例引导

乙对甲是否享有同时履行抗辩权？

甲、乙两公司签订钢材购买合同，合同约定：乙公司向甲公司提供钢材，总价款500万元。甲公司预支价款200万元。在甲公司即将支付预付款前，得知乙公司因经营不善，无法交付钢材，并有确切证据证明。于是，甲公司拒绝支付预付款，除非乙公司能提供一定的担保，乙公司拒绝提供担保。为此，双方发生纠纷并诉至法院。

【问题】甲公司拒绝支付余款是否合法？甲公司行使的是什么权利？若行使该权利必须具备什么条件？

【分析】甲公司拒绝支付余款是合法的，甲公司行使的是不安抗辩权。不安抗辩权的适用条件。《合同法》第68条规定，应当先履行债务的当事人，有确切证据证明对方有下列情形之一的，可以中止履行：（1）经营状况严重恶化；（2）转移财产、抽逃资金，以逃避债务；（3）丧失商业信誉；（4）有丧失或者可能丧失履行债务能力的其他情形。本案中甲公司作为先为给付的一方当事人，在对方于缔约后财产状况明显恶化，且未提供适当担保，可能危及其债权实现时，可以中止履行合同，保护权益不受损害。因此在发生纠纷时，法院应支持甲公司的主张。

第一节　合同履行概述

合同履行，是指债务人全面地、适当地完成其合同义务，债务人的合同债务得到完全实现。合同履行的当时人完成合同义务的行为。履行可以是作为形式，如交付标的物、支付价款和酬金、提供劳务等。履行也可以是不作为形式，如甲方与乙方在合同中约定，甲方在一年内不在某地开设饭店，甲方履行合同就是不作为形式。不同类型的债，其履行的表现形式是不同的。

在正常情况下，签订合同的目的在于履行，只有履行合同，双方当事人才能实现合同的利益，因此，履行合同是整个《合同法》的核心。各国法律都有其规定，合同当事人在订立合同之后，都有履行合同的义务。我国《合同法》第60条规定，当事人应当按照约定全面履行自己的义务。

一、债的履行是债务人所为的特定行为

债务是债务人应为的特定行为。履行债务即是债务人为其应为的特定行为。债务人为该特定行为即是给付，债务人履行债务即是履行给付义务。但给付在债法上有不同的含义。例如，在买卖中，出卖人应交付并移转出卖的标的物为给付，此种给付即为债的标的；出卖人依合同约定交付标的物并移转所有权归买受人，也为给付，此种含义的给付即为履行债务，亦称为债的清偿。但严格说来，给付与履行有所不同。给付重债务人的行为，履行则重结果——债权的满足。债之履行，乃指给付之结果，非给付行为本身。给付有时与交付的含义相似，但二者不同，交付一般指的是将标的物的占有移转给债权人。

债务人的给付义务可分为主给付义务与从给付义务、原给付义务与次给付义务。

主给付义务是指债的关系中所固有的、必备的，并以之决定债的类型的基本义务。例如，买卖中，出卖人交付标的物并转移其所有权的义务，买受人支付价金的义务，就是买卖的主给付义务。在双务合同中，此类给付义务构成所谓的对待给付义务。

从给付义务，是指债务人负担的主给付义务以外的给付义务。从给付义务虽不能决定债的类型，却是完全满足给付上利益需要所必需的，债权人可以独立诉请债务人履行的义务。因而，从给付义务不同于主义务与从义务分类中的从义务。例如，在买卖不动产中，出卖人应将不动产的产权证书交付于买受人的义务，在委托中受托人应将处理委托事务的情况报告委托人，并将取得的利益转给委托人的义务等，都为从给付义务。

从给付义务的发生原因有三：一是基于法律的明文规定；二是基于当事人的约定；三是基于诚实信用原则及合同的补充解释。

原给付义务，又称为第一次给付义务，是指债之关系中原定的给付义务。例如，买卖

中出卖人交付标的物并移转其所有权的义务（主给付义务）以及交付有关产权证明文件或发票的义务（从给付义务），即属于原给付义务。

次给付义务，又称为第二次给付义务，是指在原给付义务的履行中因特殊事由而发生的义务。例如，因原给付义务的履行不能、不适当履行等而发生的损害赔偿义务。通说认为，次给付义务虽使债的内容改变或扩张，但亦是基于原来债的关系发生的，债的同一性仍维持不变。我们认为，所谓第二次给付义务，实质上是债务人应承担的责任，与第一次给付义务在性质上是不同的。

二、债的履行是债务人履行其全部义务的行为

债的履行须由债务人履行全部义务，即其不仅须履行给付义务，而且还要履行附随义务。在现代债法上，债务人仅履行给付义务，并不能完全满足债权人的利益需要。

附随义务，又称为附从义务，是指给付义务以外的，随债的关系发展依诚实信用原则而产生的义务。附随义务与主给付义务的区别主要有三：（1）主给付义务是自始就确定的，决定着债的类型；而附随义务是随债之关系的发展，于个别情况下要求当事人一方有所作为或不作为，以维持相对人的利益，于任何债的关系均可发生，不受特定债的关系类型的限制。（2）主给付义务构成双务合同的对待给付，而附随义务原则上不属于对待给付，不能发生同时履行的抗辩权。（3）给付义务的不履行，债权人得解除合同；而附随义务的不履行原则上债权人不能解除合同，而仅得请求赔偿。附随义务与从给付义务的区别，通说认为，附随义务为不得独立诉请履行的义务，而从给付义务为得独立诉请履行的义务。

附随义务的种类甚多，大致包括注意义务、告知义务、照顾义务、说明义务、保密义务、忠实义务及不作为义务等。就其功能而言，可分为两类：（1）有辅助功能的，即促进实现主给付义务，使债权人的给付利益获得最大可能的满足，如出卖人应对出卖的物品为相应的包装，以便于买受人安全携带；（2）有保护功能的，即维护对方当事人人身或财产上的利益，例如，出卖车辆的，应当告知车辆不良状况的义务。

三、债的履行要求债权人予以协助

债的履行虽是债务人履行其全部义务的行为，但因债权与债务是相互对应的，债的履行也是实现债权的手段，这就要求债务人的履行行为与债权人的受领行为相结合。如果只有债务人履行债务，而没有债权人的接受履行，则债的履行目的仍难以实现。所以，债的履行须有债权人的协助，债务人与债权人均为债的履行主体，只不过债务人在债的履行中处于主要的、主动的地位。

四、债的履行是债消灭的主要原因

债务人全面正确地履行了义务，债权也就全部实现，债即因目的达到而实现，从经济上说，交易完成。因此，债的履行是债消灭的原因，并且是最常见的，最正常的债的消灭原因。

第二节 合同履行的原则

合同履行的原则,是当事人在履行合同债务时所应遵循的基本准则。在我国合同法理论中,包括很多合同履行原则,如诚实信用原则、适当履行原则、实际履行原则、协作履行原则、情事变更原则等。

一、诚实信用原则

诚实信用,又称协作履行原则,是指当事人不仅应当适当履行自己的合同债务,而且还应基于诚实信用原则的要求,在必要的限度内,协作对方当事人履行债务的履行原则。其是合同法的基本原则,也是合同法的"帝王条款",理应适用于合同的履行。

我国《合同法》第60条第2款规定,当事人应当遵循诚实信用原则,根据合同的性质、目的和交易习惯履行通知、协助、保密等义务。充分体现了协作履行原则。一方面,需要双方当事人之间相互协助;另一方面,也表明协助不是无限制的。一般认为,协作履行原因还有如下内容:债务人履行合同债务,债权人应适当受领给付;债权人履行合同债务,时常要求债权人创造必要条件,提供方便;因故不能履行或不能完全履行时,应积极采取措施,避免或减少损失,否则,应就扩大的损失自负其责。因此,履行合同,不仅是债务人的事,也是债权人的事,协作履行往往是债权人的义务。只有双方当事人在合同履行过程中相互配合、相互协作,合同才能得以适当履行。

在合同履行过程中,当事人双方均应依据诚信原则履行义务,给对方提供必要的方便。例如,在支付大额款项时,不应当故意以硬币支付;还款人不应当深夜敲门还钱;债务人交付的数额仅轻微不足,对债权人未造成明显损害的,债权人不得拒绝接受并援引同时履行抗辩权、顺序履行抗辩权。

二、实际履行原则

实际履行原则,是指当事人应当严格按照合同规定的标的履行。具体包括两个方面:一是合同当事人必须严格按照合同规定的标的履行,不能以其他标的代替。例如,标的是金钱的,则不能以货物或提供一定的服务来代替。二是合同当事人一方不履行合同时,他方可以要求继续实际履行。一方当事人不履行合同时,对方如不再履行,则有权解除合同。但是,对于不履行合同的一方,只要对方要求履行,除法律规定可不履行或履行确实不能时,就应当继续履行,而不能以金钱赔偿来代替;否则,债权人可请求法院强制债务人继续履行。

三、适当履行原则

适当履行原则,又称为正确履行原则或者全面履行原则,是指当事人按照合同法规定的标的及其质量、数量,由适当的主体在适当的履行期限、履行地点以适当的履行方式,全面完成合同义务的履行原则。

我国《合同法》第60条第1款规定,当事人应当按照约定全面履行自己的义务。适当履行原则所要求的履行主体适当、履行标的适当、履行期限适当、履行方式适当。在此，我们还应当注意适当履行与实际履行的区别与联系。实际履行强调债务人按照合同约定交付标的物或提供服务，至于交付的标的物或提供的服务是否适当，则不包含。适当履行既要求债务人实际履行，交付标的物或提供服务，也要求这些交付标的物、提供服务符合法律和合同的规定。可见，适当履行必然是实际履行，而实际履行未必是适当履行。适当履行场合不会存在违约责任，实际履行不适当时，则产生违约责任。

适当履行原则不同于实际履行原则。后者专指履行标的及其质量、数量符合合同的规定。所以，适当履行必须是实际履行，但实际履行不一定是适当履行。

四、情事变更原则

情事变更原则，是合同依法成立后，因不可归责于双方当事人的原因发生了不可预见的情事变更，致使合同的基础丧失或动摇，若继续维持合同原有效力则显失公平，允许变更或解除合同的原则。

情事变更原则适用条件有如下几种：（1）需有情事变更的事实。所谓情事，泛指作为合同成立基础或环境的客观情况，如合同订立时的供求关系。这里的变更，是指上述客观情况发生了异常变动。（2）情事变更需发生在合同成立以后、履行完毕之前。之所以要求情事变更需发生在合同成立以后，是因为若情事变更在合同订立时即已发生，应认为当事人已经认识到发生的事实，合同的成立是以已经变更的事实为基础的，不允许事后调整，只能令明知之当事人自担风险，之所以要求情事变更发生在履行完毕前，是因为合同因履行完毕而消灭，其后发生情事变更与合同无关。（3）需情事变更的发生不可归责于当事人，即由不可抗力及其他意外事故引起。若可归责于当事人，则应由其承担风险或违约责任，而不使用情事变更原则。（4）需情事变更是当事人所不可预见的，如果当事人在缔约时能够预见情事变更，则表明他承担了该风险，不再使用情事变更原则。（5）需情事变更使履行原合同显示公平。该显示公平应依理性人的看法加以判断，包括履行特别困难、债权人受领严重不足、履行对债务人无利益。

第三节　合同履行的分类

一、完全正确的履行

完全正确的履行，是指债务人按照合同的约定或者法律的规定，全面地履行了自己的义务。《合同法》第60条规定，当事人应当按照约定全面履行自己的义务。当事人应当遵循诚实信用原则，根据合同的性质、目的和交易习惯履行通知、协助、保密等义务。

完全履行，即全面履行，是指债务人履行了其全部义务；正确履行，是指债务人的履行符合合同的约定或者法律的规定。完全正确的履行，是债履行的要求，是债务人遵循诚实信用原则实际履行的结果。任何债的履行都应是完全正确的，债务人不能部分履行，部分不履行；其履行义务的行为也不能与合同的约定或者法律的规定不相符。完全正确的履行，又称为适当履行，须是当事人按照合同的约定或者法律的规定由适当的主体，在适当的时间、适当的地点，以适当的方式履行全部债务，也就是履行主体、标的、数量、质量、履行期限、履行方式、履行地点等都符合合同的约定或者法律的规定。因此，完全正确的履行应是债的履行的正常状态。当事人是否完全正确即适当履行债，是决定其是否承担债务不履行责任的标准。完全正确履行的具体要求将在下节中说明。

二、不适当履行

债的不适当履行，是指当事人虽有履行行为，但其履行不符合合同的约定或者法律规定。不适当履行的情况比较复杂，其中较为常见的为期限上的不适当履行，即履行迟延。较为特殊的为加害履行。同时，受领迟延也为不适当履行的一种情形。

（一）履行迟延

履行延迟，是指在债务履行期限届满后，债务人能履行债务而未履行债务。履行迟延是一种在期限上履行不适当的情形。债务人在期限上的履行不适当包括提前履行与迟延履行。提前履行，是指在履行期未届满之前履行。法律规定或者合同约定债务人不得提前履行债务的，债务人提前履行的，债权人有权拒绝受领。法律或合同虽未规定当事人不得提前履行，但履行期限是为债权人利益而设定的或者履行期限关系到双方的利益，则债务人未经债权人同意而提前履行时，债权人也有权拒绝受领。但若期限利益是为债务人一方利益而设定的，则债务人提前履行的，债权人应当受领，因为不能不许当事人放弃自己的期限利益。迟延履行则与提前履行相反，是指债务人于履行期限届满后才履行债务。若债务人于履行期限届满时，仍未履行全部债务，则为履行迟延。履行迟延的构成需具备以下条件：(1)债务人有有效债务存在。(2)债务的履行期限届满。(3)债务人能够履行债务。如果债务不能履行，则发生履行不能而不发生履行迟延。(4)须因可归责于债务人的事由而未履行。(5)须债务人无法律上的正当理由。如果债务人有正当理由而未按期履行，例如因行使同时履行抗辩权而未按期履行，则不构成迟延履行。但如因债务人交付的标的物的数量不足或者提供的劳务不足而未能在履行期限内补足的，则仍构成履行迟延。因债务履行地点不当或给付的标的物有瑕疵而改正未能按期履行的，也为履行迟延。

履行迟延发生以下法律后果：(1)债权人有权要求债务人继续履行；(2)债权人得请求赔偿因履行迟延而受到的损失；(3)债务人的履行对债权人无利益的，债权人得解除合同而请求损害赔偿；(4)债务人承担标的物意外灭失的风险。例如，在迟延期间标的物意外毁损灭失时，债务人应负履行不能的责任。但债务人能够证明即使履行不迟延也会发生该损失的，则可免除其责任。

（二）加害履行

加害履行，又称为加害给付，是指债务人的履行有瑕疵，且因其瑕疵而致债权人受履行利益以外的损害的情形。

加害给付行为也属于履行不适当的一种。债务履行不适当，亦即债的履行有瑕疵。其表现可有多种，如交付的标的物的数量不足或品质不合要求，或者履行的时间、地点或方式不合要求等。债务人履行不适当的，应当采取补救措施，以使其履行符合法律规定或约定的条件；并且，在一般情况下，债务人不适当履行的，债权人有权请求赔偿因此而受到的损害。但在一般情形下，债务人的瑕疵履行给债权人仅造成履行利益的损害。如果因债务人的履行有瑕疵而给债权人还造成其他损害的，则为加害给付。依《合同法》第122条规定，在加害给付时，债权人有权选择请求债务人负债的不履行责任或侵权的民事责任。当然，在受害人的损害不能依违约责任获得赔偿时，受害人有权请求加害给付的行为人负侵权损害赔偿责任。

(三) 受领迟延

受领迟延，是指债权人未及时接受债务人的适当给付。受领迟延，从债务履行的结果上说，债务仍未得到履行，只不过债务未能履行的原因是因为债权人受领迟延而已。

关于受领迟延的性质，立法与学说上观点不一。例如，在法国，多认为受领为债权人的义务，债权人不当拒绝债务人的履行，违反《法国民法典》关于债务不履行的规定，应负损害赔偿的责任。《德国民法典》对债务人履行迟延与债权人受领迟延分开规定，仅在个别场合（如买卖、承揽）规定债权人有受领的义务。《日本民法典》第413条规定，债权人对债务的履行拒绝受领或不能受领时，其债权人自有履行的提供时起，负迟延责任。学者多认为，受领为债权人的义务，受领迟延为债务不履行。我国学者也有不同的观点。我们认为，受领权为债权的基本内容，若无受领权，则债权对债权人也就没有意义。因此，受领给付为债权人的权利，当无疑异。但受领是否为债权人的义务，不可一概而论。一般情况下，受领并不是债权人的义务，债权人也会及时受领的。但在某些情况下，例如当事人约定债权人应于何时受领，并于受领后给付价款时，债权人的受领就为其义务；并且，在此情况下，债权人也会为了不履行自己的给付义务而拒绝受领。如果受领也为债权人的一项义务（此仅能存在于双务合同），则受领迟延为债的不适当履行，应发生债务不当履行的法律后果。

在一般情况下，债权人的受领虽不是其义务，但是因债务的履行须有赖于债权人的受领才能实现，依诚实信用原则，债权人应当协助债务人履行，及时接受债务人的给付。所以，受领给付虽不为债权人的债务，但也为债权人的一项协助义务。债权人受领迟延的，为协助义务的违反。

受领迟延须由以下条件构成：(1) 须债权人依诚实信用原则有协助债务人履行的义务；(2) 须债务人向债权人为适当的履行，若债务人的履行不适当，债权人有权拒绝受领，不能构成迟延受领；(3) 须债权人不为受领或不能受领。

三、债的不履行

债的不履行，是指债务人根本就没有履行债务，包括履行不能与拒绝履行两种情形。

(一) 履行不能

履行不能，是指债务人不能履行其义务，依其情况可分为原始不能与嗣后不能、客观不能与主观不能、全部不能与一部不能、永久不能与一时不能等。如果债的标的自始就不可能履行，则为标的的自始不能。民事行为的标的自始不能的，属于无效民事行为。因此，履行不能仅指嗣后不能。全部不能，是指债务人的全部义务都不能履行；部分不能，是指债务人仅对部分义务不能履行。永久不能，是指债务人不仅在履行期限内，而且在逾期后也不能履行；一时不能，是指债务人因暂时障碍一时不能履行，但其后可以履行。这里所说的履行不能，仅指永久不能。至于客观不能与主观不能，尽管有不同的区分标准，但在确定履行不能的后果上主要取决于是否因债务人的原因而发生履行不能。

一般来讲，履行不能可归责于债务人的事由造成的，发生以下后果：

（1）债务人免除履行原债务的义务。但在一部分履行不能时，债务人仅能就不能履行部分免除履行义务。若仅部分履行对债权人无利益，则债权人得拒绝受领该部分履行。

（2）若债务系合同之债的债务，债务人有权解除合同。

（3）债务人应就履行不能而对债权人负赔偿责任。因不可归责于债务人的事由而履行不能的，发生以下三种法律后果：其一，免除债务人的履行义务。全部履行不能的，免除债务人的全部履行义务；部分履行不能的，免除债务人的部分履行义务。其二，在因履行不能的事由，债务人对第三人有损害赔偿请求权或对保险人有保险金给付请求权时，债权人得请求债务人让与该损害赔偿请求权或保险金给付请求权。如债务人已从第三人取得赔偿物时，则债权人有权请求债务人交付其所受领之赔偿物。也就是说，因不可归责于债务人的事由发生履行不能时，虽债务人不负赔偿责任，但其从第三人得取得代偿利益时，应将该代偿利益移转给债权人，债权人取得代偿请求权。通说认为，债权人对债务人享有的代偿请求权并非原债的继续而为新发生的债权，因此其诉讼时效的计算应重新起算。其三，若当事人之间的债为双务合同之债，则债权人因此免除对待给付的义务。

（二）拒绝履行

拒绝履行，是指债务人能够履行而拒不履行义务。拒绝履行是一种能履行债务而不履行的违法行为，其构成需具备以下条件：（1）须债务人负有债务而且能够履行债务。（2）须债务人表示不履行。至于债务人不履行的意思表示为明示还是默示，则在所不问。债务人不履行的意思表示多为故意，但也可出于过失。例如，其因过失而不知债务的存在而表示不履行。（3）须债务人的不履行为违法的。如果债务人对于债务的履行有权拒绝，则其表示不履行为合法的，不能构成拒绝履行。债务人于债务履行期届满而表示不履行的，债权人有权请求法院强制债务人履行，并得请求赔偿损失。

债务人于债务履行期未届满前而表示拒绝履行的，债权人有权解除合同，并请求债务人承担不履行的赔偿责任。依《合同法》第108条规定，当事人一方明确表示或者以自己的行为表明不履行合同义务的，对方可以在履行期限届满之前要求其承担违约责任。如系票据债务经拒绝的，持票人即可行使追索权。但是，在债务人表示拒绝履行后，债权人应当采取适当的措施，以避免或扩大损失。例如，债权人于受债务人不履行的表示后，应另行购入标的物或另寻他人提供劳务。因债权人未及时采取措施而扩大的损失，债权人不能要求债务人赔偿。

第四节 合同履行的要素

一、履行主体

履行主体，是指履行债的义务人和接受债的履行的人，包括债务人、债权人，在一定情况下，第三人也可以成为履行主体。债务人包括单独债务人、连带债务人、不可分债务人、保证债务人。债务人履行时是否必须具备行为能力，依履行行为的性质所决定。履行行为是事实行为时，不要求债务人有行为能力；是法律行为时，需要债务人有行为能力。此外，如果债务人通过移转财产权利来履行，则需要有对财产的处分权。除法律规定、当事人约定、性质上必须由债务人履行债务以外，履行可由债务人的代理人进行。但代理只有在履行行为是法律行为时方可适用。

二、履行标的

履行标的，是指债务人向债权人履行义务应交付的对象。它因合同关系不同而呈现出差异，如交付财务、移转权利、提供劳务和完成工作等。履行必须依缔结合同的目的进行。因而仅为一部分履行，或不以原定给付行为履行，或因履行而负新债务，均非依实现合同本意而履行，不发生清偿合同消灭的效力。但在一定情况下，法律允许适当调整。《合同法》第72条第1款规定，给付行为可分时，债务人分期履行或延迟履行，按诚实信用原则衡量综合周围环境，对债权人并无不利或不便时，债权人不得拒绝受领。给付不可分时，若符合上述精神，债务人也可延迟履行，债权人不得拒绝受领。当事人之间有约定，允许债务人一部分履行的，法律应予允许。《民法通则》第108条同时规定，法律有权考虑当事人的经济状况，衡量债权人的利害影响，酌定相当期限，允许债务人分期履行或延缓履行。给付不可分时，允许延缓履行。

三、履行期限

履行期限，是指当事人交付标的和支付价款或报酬的日期。履行期限，合同有约定时，依据其约定；法律有规定时，依据其规定。当事人在合同中可以约定一宗债务划分为各个部分，每个部分各有一履行期限；还可以约定数个履行期限，届时可以选择确定；在双务合同中可分别约定两个对立债务的履行期限。履行期限，还可由债务的性质确定。例如，在饭店约定酒席，依其性质应在宴客之日为履行期限。依上述规定不能确定履行期限时，应按照《合同法》第61条及第62条第4项关于"履行期限不确定的，债务人可以随时履行，债权人也可以随时要求履行，但应当给对方必要的准备时间"的规定加以确定。同时，《合同法》第71条规定，债务人可以拒绝债务人提前履行债务，但提前履行不损害债务人利益的除外。债务人提前履行债务给债权人增加的费用，由债务人负担。

四、履行地点

履行地点，是指债务人依法律的规定或合同的履行行为的地点。在履行地点为履行，只要适当，即发生合同消灭的效力。我国《合同法》第61条规定，合同对履行地点没有约定或约定不明确的，可以协议补充；不能达成补充协议的，按照合同有关条款或者交易习惯确定，如车站、码头寄存物品，应在该寄存场所履行债务。

当事人为多数人时，可以各自订立不同的履行地点。同一个合同中的数个给付不必约定相同的履行地点，尤其是双务合同中的两个债务，可以有两个履行地点。即使是一个债务，也可以约定数个履行地点，供当事人选择。履行地点在法律上有特别规定时，依其规定。如我国《票据法》第23条第3款规定，汇票上未记载付款地的，付款人的营业场所、住所或者经常居住地为付款地。《合同法》第61条规定，履行地点可由合同的性质确定。又如，不作为债务的履行地点应在债权人的所在地。在按上述规则仍不确定履行地点时，应按照《合同法》第62条第3项规定，履行地点不确定，给付货币的，在接受货币一方所在地履行；交付不动产的，在不动产所在地履行；其他标的的，在履行义务一方所在地履行解决。

五、履行方式

履行方式，是指债务人履行义务的方法。它是由法律规定或者合同约定的，或者是由债的关系的性质决定的。凡要求一次性履行的债务，债务人不得分批履行；反之，凡要求分期分批履行的债，债务人也不得一次性履行。履行方式没有明确规定或者约定的，应依诚实信用原则确定，按照有利于实现债的目的的方式履行。例如，当事人约定以邮寄方式交付标的物，但未规定是否挂号邮寄的，依诚信原则，若为贵重物品即应挂号邮寄，否则其履行方式即为不适当。

六、履行费用

合同履行的费用，是指履行所需要的必要费用。例如，物品交付的费用、运输物品的费用，但是不包含合同标的本身的价值。在通常情况下，履行费用包括运送费、包装费、汇款、登记费、通知费等。对于履行费用负担，当事人有约定的依其约定；无约定的，按照《合同法》第61条规定，双方当事人可协议补充；不能达成补充协议的，按照有关条款或者交易习惯确定。如还不能确定的，按照《合同法》第62条第6项关于"履行费用的负担不明确的，由履行义务一方负担"的规定解决。另外，因债权人变更住所或其他行为而导致履行费用增加时，增加的费用应由债权人负担。例如，债权人受领迟延而导致履行费用增加，债权人请求对物品特别包装而增加费用，债权人请求物品送往履行地之外的地点而增加费用，因债权转移而增加费用等，依公平原则，均应由债权人负担。

第五节　双务合同中的履行抗辩权

双务合同履行的抗辩权，是在符合法定条件时，当事人一方对抗对方当事人的履行请求权，暂时拒绝履行其债务的权利。包括同时履行抗辩权、先履行抗辩权和不安抗辩权。

双务合同履行中的抗辩权，是合同效力的表现。其行使只是在一定期限内中止履行债务，并不消灭债的履行效力。产生抗辩权的原因消失后，债务人仍应履行其债务。所以，双务合同履行中的抗辩权为一时的抗辩权、延缓的抗辩权。双务合同履行中的抗辩权，对于抗辩权人是一种保护手段，免去自己履行后得不到对方履行的风险；使对方当事人产生及时履行、提供担保等压力，所以它们是债权保障的法律制度。就其防患于未然这点来讲，作用较违约责任积极，比债的担保亦不逊色。

当事人行使同时履行抗辩权、先履行抗辩权和不安抗辩权，是行使自己的合法权利，而非违约，故应受法律保护，而不得令权利人承担违约责任。

一、同时履行抗辩权

同时履行抗辩权，是指双务合同的当事人在无先后履行顺序时，一方在对方未为对待给付以前，可拒绝履行自己的债务之权。同时履行抗辩权的存在基础在于双务合同的牵连性。所谓双务合同的牵连性，是指给付与对待给付具有不可分离的关系，分为发生上的牵连性、存续上的牵连性和功能上的牵连性。所谓发生上的牵连性，是指一方的给付于对方的对待给付在发生上互相牵连，即一方的给付义务不发生时，对方的对待给付义务也不发生。所谓存续上的牵连性，是指双务合同的一方当事人的债务因不可归责于双方当事人事由，致不能履行时，债务人免给付义务，债权人亦免对待义务。所谓功能上的牵连性，又称履行上的牵连性，是指双务合同的当事人一方所负给付与对方当事人所负对待给付互为前提，一方不履行其义务，对方原则上亦可不履行。只有如此，才能维持双方当事人之间的利益平衡。同时，履行抗辩权正是这种功能上的牵连性的反映。

上述思想正是诚实信用原则的应有之义，所以，同时履行抗辩权也是诚实信用原则所要求的。当然，诚实信用原则同时也限制了同时履行抗辩权的适用。在当事人一方已为部分给付时，对方当事人若拒绝其给付有违诚实信用原则，则不得拒绝自己的给付。

（一）同时履行抗辩权的构成要件

1. 须由同一双务合同互负债务

同时履行抗辩权的根据在于双务合同功能上的牵连性，因而它适用于双务合同，而不适用于单务合同和不真正的双务合同。可主张同时履行抗辩的，是基于同一双务合同而生的对待给付。如果双方当事人的债务不是基于同一双务合同而发生，即使在事实上有密切关系，也不得主张同时履行抗辩权。因此，成立同时履行抗辩权，必须有双方当事人基于同一双务合同互负债务这一要件。

这里的债务，首先应为主给付义务。对于从给付义务与主给付义务之间有无牵连关系，学说上有争论，但在从给付义务的履行与合同目的的实现具有密切关系时，应认为它与主给付义务之间有牵连关系，产生同时履行抗辩权。双方互负的债务应具有对价关系。该对价关系不强调客观上等值，只要双方当事人主观上认为等值即可。

2. 须双方互负的债务均已到清偿期

同时履行抗辩权制度旨在使双方当事人所负的债务同时履行，所以，只有双方债务同时届期时，才能行使同时履行抗辩权。如果一方当事人负有先履行的义务，就不由同时履行抗辩权制度管辖，而让位于不安抗辩权。

3. 须对方未履行债务或未提出履行债务

原告向被告请求履行债务时，须自己未履行或提出履行；否则，被告可行使同时履行抗辩权，拒绝履行自己的债务。不过，原告未履行的债务或未提出履行的债务，与被告所负的债务无对价关系时，被告仍不得主张同时履行抗辩权。原告的履行不适当时，被告可行使同时履行抗辩权，但在原告已为部分履行，依其情形，被告若拒绝履行自己的债务违背诚实信用原则，则不得主张同时履行抗辩权。

4. 须对方的对待给付是可能履行的

同时履行抗辩权制度旨在促使双方当事人同时履行其债务，对方当事人的对待给付已不可能时，因同时履行的目的已不可能达到，不发生同时履行抗辩权问题，由合同解除制度解决。

(二) 同时履行抗辩制度的适用范围

同时履行抗辩制度主要用于双务合同，如买卖、互易、租赁、承揽、有偿委托、保险、雇佣、劳动等合同。合伙合同是否为双务合同？就互约出资而言，具有对待性，故通说认为，合伙合同属于双务合同，但因为它是以经营事业为目的的，与买卖合同等以交换给付为主要目的的双务合同毕竟不同，因此，在二人合伙场合，同时履行抗辩权可以适用，但在三人以上合伙的情况下，则不适用该权。

上述立于对待关系的双方债务，尚应包括原给付义务的延长或者变形，尤其是债务不履行的损害赔偿或让与请求权。同时履行抗辩权在为第三人利益合同中有适用余地。在债权让与的情况下，可成立同时履行抗辩权。在债务承担的情况下，同时履行抗辩权可以适用。在可分之债中，各债务对各债权各自独立，从而其发生原因即使为一个合同，除非其一方的对待给付为不可分，也应各得就自己的部分独立为同时履行抗辩权。同时履行抗辩权也可以适用于连带之债。当事人因合同不成立、无效、被撤销或解除而产生的相互义务，若立于对价关系，可主张同时履行抗辩权。

(三) 当事人一方违约与同时履行抗辩权

1. 迟延履行与同时履行抗辩权

关于迟延履行与同时履行抗辩权之间的关系，存在两种对立的学说。一种学说认为，同时履行抗辩权的存在本身即足以排除迟延责任。对此，有人从抗辩权排除债务之届期的角度加以论证，有人以下述理由加以阐释：因有抗辩权存在，迟延履行系非可归责于债务人的原因。另一种学说主张，同时履行抗辩权须经行使才能排除迟延责任，其一，抗辩权之行使，溯及地排除已发生的迟延效果；其二，已发生的延迟责任，不因抗辩权的行使而受影响。

2. 受领迟延与同时履行抗辩权

在双务合同中，债权人受领迟延，其原有的同时履行抗辩权不因此而消灭。所以，债务人在债权人受领迟延后请求为对待给付的，债权人仍可主张同时履行抗辩权。

3. 部分履行与同时履行抗辩权

债务人原则上无部分履行的权利，因此，双务合同的一方当事人提出部分履行时，对方当事人有权拒绝受领，但若拒绝受领违反诚实信用原则时，则不在此限；若受领部分给付，则可以提出相当部分的对待给付，也可以主张同时履行抗辩权，拒绝自己的给付，除非如此违背诚实信用原则。

4. 瑕疵履行与同时履行抗辩权

债务人瑕疵履行，债权人可请求其消除缺陷或另行给付，在债务人未消除缺陷或另行给付时，债权人有权行使同时履行抗辩权，拒绝支付价款。应当指出，双务合同中的履行抗辩可以与违约责任并存。应注意，《合同法》承认瑕疵担保责任为独立的制度，债务人交付的标的物有瑕疵，债权人是否有同时履行抗辩权，还需要具体分析。在种类物买卖中，如果承认出卖人负有交付无瑕疵之物的义务，于其未为此给付前，买受人有权主张同时履行抗辩权，拒绝支付价款。在特定物买卖中，如果承认出卖人同样负有交付无瑕疵物的义务，于其未消除缺陷或另行给付时，买受人有权主张同时履行抗辩权，拒绝支付价款；如果不承认出卖人负有交付无瑕疵之物的义务，出卖人无修补的责任，那么，在风险已转移的情况下，买受人就合同成立后发生的瑕疵，不得使同时履行抗辩权；在风险尚未转移的情况下，在物的交付与减少价款的支付关系上，应成立同时履行抗辩权。在加工承揽合同中，承揽人负有完成无瑕疵工作的义务，有修补工作成果的缺陷的责任，承揽人违反该义务及不承担该责任时，定作人有权主张同时履行抗辩权，拒绝支付其价款。在一方违约的情况下，守约方在行使同时履行抗辩权时，还有权依法请求违约方承担违约责任。

二、不安抗辩权

我国《合同法》第68、69条规定的不安抗辩权，是指先给付义务人在有证据证明后给付义务人的经营状况严重恶化，或者转移财产、抽逃资金以逃避债务，或者谎称有履行能力的欺诈行为，以及其他丧失或者可能丧失履行债务能力的情况时，可中止自己的履行；后给付义务人接收到中止履行的通知后，在合理的期限内未恢复履行能力或者未提供适当担保的，先给付义务人可以解除合同。

(一) 不安抗辩权成立的条件

1. 双方当事人因同一双务合同而互负债务

不安抗辩权为双务合同的效力表现，其成立须双方当事人因同一双务合同而互负债务，并且该两项债务立于对价关系。

2. 后给付义务人的履行能力明显降低，有不能为对待给付的现实危险

不安抗辩权制度保护先给付义务人是有条件的，不允许其在后给付义务人有履行能力的情况下行使不安抗辩权，只能在有不能为对待给付的现实危险，害及先给付义务人的债权实现时，才能行使不安抗辩权。

所谓后给付义务人的履行能力明显降低，有不能为对待给付的现实危险，包括其经营状况严重恶化；转移财产、抽逃资金，以逃避债务；谎称有履行能力的欺诈行为；其他丧失或者可能丧失履行能力的情况。

履行能力明显降低，有不能为对待给付的现实危险，须发生在合同成立以后。如果在订立合同时即已经存在，先给付义务人若明知此情却仍然缔约，法律则无必要对其特别保

护；若不知此情，还可以通过合同无效等制度解决。

（二）不安抗辩权的行使

《合同法》第 69 条规定，为了兼顾后给付义务人的利益，也便于它能及时提供适当担保，先给付义务人行使不安抗辩权的，应及时通知后给付义务人，该通知的内容包括中止履行的意思表示和指出后义务人提供适当担保的合理期限。《合同法》第 68 条第 2 款规定，行使不安抗辩权的先给付义务人并负有举证证明后给付义务人的履行能力明显降低，有不能为对待给付的现实危险的义务。先给付义务人及时通知后给付义务人，可使后给付义务人尽量减少损害，及时地恢复履行能力或提供适当的担保以消除不安抗辩权，使先给付义务人履行其义务。

让先给付义务人负上述举证义务，可防止其滥用不安抗辩权，不允许其借口后给付义务人丧失或可能丧失履行能力而随意拒绝履行自己的债务。如果先给付义务人没有确切证据而中止履行，则应当承担违约责任。

（三）不安抗辩权的效力

1. 先给付义务人中止履行

按照《合同法》第 68 条规定，先给付义务人有确切证据证明后给付义务人的履行能力明显降低，有不能为对待给付的现实危险的，有权中止履行。所谓中止履行，就是暂停顺行或者延期履行，履行义务仍然存在。在后给付义务人提供适当担保时，应当恢复履行。此处所谓适当担保，既指设定担保的时间适当，更指设定的担保能保障先给付义务人的债权得以实现。至于担保的类型，可以是保证，也可以是抵押权、质权，在理论上还可以有定金。

2. 先给付义务人解除合同

按《合同法》第 69 条的规定，先给付义务人中止履行后，后给付义务人在合理期限内未恢复履行能力并且未提供适当担保的，先给付义务人可以解除合同，该解除的方式，由先给付义务人通知后给付义务人，通知到达时发生合同解除效力；但后给付义务人有异议时，可以请求人民法院或仲裁机构确认合同解除效力。后给付义务人的行为构成违约时，可产生违约责任。

三、先履行抗辩权

先履行抗辩权，是指当事人互负债务，有先后履行顺序的，先履行一方未履行之前，后履行一方有权拒绝其履行请求。先履行一方履行债务不符合债的本旨的，后履行一方有权拒绝其相应的履行请求。

在传统民法上，有同时履行抗辩权和不安抗辩权的理论，却无先履行抗辩权的概念，我国《合同法》首次明确规定了这一抗辩权。先履行抗辩权发生于有先后履行的双务合同中。基本上适用于先履行一方违约的场合，这些都是它不同于同时履行抗辩权之处。

(一) 先履行抗辩权的成立要件

按照《合同法》第 67 条的规定，构成先履行抗辩权须符合以下要件：

(1) 须双方当事人互负债务。关于互负债务是否指两个债务处于互为对待给付的地位，有肯定说与否定说之争。

(2) 两个债务须有先后履行顺序，至于该顺序是当事人约定的，还是法律直接规定的，在所不问。如果两个对立的债务无先后履行顺序，就适用同时履行抗辩权，而不成立先履行抗辩权。

(3) 先履行一方未履行或其履行不符合债的本旨。先履行一方未履行，既包括先履行一方在履行期限届至或届满前未予履行的状态，又包含先履行一方于履行期限届满时尚未履行的现象。先履行一方的履行不符合债的本旨，是指先履行一方虽然履行了债务，但其履行不符合当事人约定或法定的标准要求，应予补救。履行债务不符合债的本旨，在这里指迟延履行、不完全履行（包括加害给付）、部分履行和不能履行等形态。

(二) 先履行抗辩权的行使

先履行抗辩权的行使是否需要明示，应区分情况而定。在先履行一方未构成违约时，先履行抗辩权的行使不需要明示。在先履行一方已构成违约，并请求后履行一方履行时，先履行抗辩权的行使需要明示。在先履行一方构成不能履行、拒绝履行、迟延履行、不完全履行，但未请求后履行一方履行时，先履行抗辩权的行使不需要明示。

(三) 先履行抗辩权的效力

先履行抗辩权的成立并行使，产生后履行一方可一时中止履行自己债务的效力，对抗先履行一方的履行请求，以此保护自己的期限利益、顺序利益，在先履行一方采取了补救措施、变违约为适当履行的情况下，先履行抗辩权消失，后履行一方须履行其债务。可见，先履行抗辩权亦属一时的抗辩权。先履行抗辩权的行使不影响后履行一方主张违约责任。

练习题

一、单项选择题

1. 甲公司对乙公司享有 10 万元债权，乙公司对丙公司享有 20 万元债权。甲公司将其债权转让给丁公司，并通知了乙公司，丙公司未经乙公司同意，将其债务转移给戊公司。如丁公司对戊公司提起代位权诉讼，戊公司下列哪一抗辩理由能够成立？（　　）

　　A. 甲公司转让债权未获乙公司同意
　　B. 丙公司转移债务未经乙公司同意
　　C. 乙公司已经要求戊公司偿还债务
　　D. 乙公司、丙公司之间的债务纠纷有仲裁条款约束

2. 甲公司与乙公司签订并购协议："甲公司以 1 亿元收购乙公司在丙公司中 51% 的股权。若股权过户后，甲公司未支付收购款，则乙公司有权解除并购协议。"后乙公司依约

第四章 合同履行

履行，甲公司却分文未付。乙公司向甲公司发送一份经过公证的《通知》："鉴于你公司严重违约，建议双方终止协议，贵方向我方支付违约金；或者由贵方提出解决方案。"3日后，乙公司又向甲公司发送《通报》："鉴于你公司严重违约，我方现终止协议，要求你方依约支付违约金。"下列哪一选项是正确的？（　　）

A.《通知》送达后，并购协议解除
B.《通报》送达后，并购协议解除
C. 甲公司对乙公司解除并购协议的权利不得提出异议
D. 乙公司不能既要求终止协议，又要求甲公司支付违约金

3. 2011年5月6日，甲公司与乙公司签约，约定甲公司于6月1日付款，乙公司6月15日交付"连升"牌自动扶梯。合同签订后10日，乙公司销售他人的"连升"牌自动扶梯发生重大安全事故，质监局介入调查。合同签订后20日，甲、乙、丙公司三方合意，由丙公司承担付款义务。丙公司6月1日未付款。下列哪一表述是正确的？（　　）

A. 甲公司有权要求乙公司交付自动扶梯
B. 丙公司有权要求乙公司交付自动扶梯
C. 丙公司有权行使不安抗辩权
D. 乙公司有权要求甲公司和丙公司承担连带债务

4. 甲、乙订立一份价款为10万元的图书买卖合同，约定甲先支付书款，乙两个月后交付图书。甲由于资金周转困难只交付5万元，答应余款尽快支付，但乙不同意。两个月后甲要求乙交付图书，遭乙拒绝。对此，下列哪一表述是正确的？（　　）

A. 乙对甲享有同时履行抗辩权
B. 乙对甲享有不安抗辩权
C. 乙有权拒绝交付全部图书
D. 乙有权拒绝交付与5万元书款价值相当的部分图书

5. 甲打算卖房，问乙是否愿买，乙一向迷信，就跟甲说："如果明天早上7点你家屋顶上来了喜鹊，我就出10万块钱买你的房子。"甲同意。乙回家后非常后悔。第二天早上7点差几分时，恰有一群喜鹊停在甲家的屋顶上，乙正要将喜鹊赶走，甲不知情的儿子拿起弹弓把喜鹊打跑了，至7点再无喜鹊飞来。关于甲、乙之间的房屋买卖合同，下列哪一选项是正确的？（　　）

A. 合同尚未成立
B. 合同无效
C. 乙有权拒绝履行该合同
D. 乙应当履行该合同

二、多项选择题

1. 乙公司以国产牛肉为样品，伪称某国进口牛肉，与甲公司签订了买卖合同，后甲公司得知这一事实。此时恰逢某国流行疯牛病，某国进口牛肉滞销，国产牛肉价格上涨。下列哪些说法是正确的？（　　）

A. 甲公司有权自知道样品为国产牛肉之日起1年内主张撤销该合同
B. 乙公司有权自合同订立之日起1年内主张撤销该合同

C. 甲公司有权决定履行该合同，乙公司无权拒绝履行
D. 在甲公司决定撤销该合同前，乙公司有权按约定向甲公司要求支付货款

2. 曾某购买某汽车销售公司的轿车一辆，总价款20万元，约定分10次付清，每次支付2万元，每月的第一天支付。曾某按期支付6次共计12万元后，因该款汽车大幅降价，曾其遂停止付款。下列哪些表述是正确的？（　　）

A. 汽车销售公司有权要求曾某一次性付清余下的8万元价款
B. 汽车销售公司有权通知曾某解除合同
C. 汽车销售公司有权收回汽车，并且收取曾某汽车使用费
D. 汽车销售公司有权收回汽车，但不退还曾某已经支付的12万元价款

3. 甲公司非法窃取竞争对手乙公司最新开发的一项技术秘密成果，与丙公司签订转让合同，约定丙公司向甲公司支付一笔转让费后拥有并使用该技术秘密。乙公司得知后，主张甲丙间的合同无效，并要求赔偿损失。下列哪些说法是正确的？（　　）

A. 如丙公司不知道或不应当知道甲公司窃取技术秘密的事实，则甲、丙间的合同有效
B. 如丙公司为善意，有权继续使用该技术秘密，乙公司不得要求丙公司支付费用，只能要求甲公司承担责任
C. 如丙公司明知甲公司窃取技术秘密的事实仍与其订立合同，不得继续使用该技术秘密，并应当与甲公司承担连带赔偿责任
D. 不论丙公司取得该技术秘密权时是否为善意，该技术转让合同均无效

4. 喜好网球和游泳的赵某从某公司购买某小区商品房一套，交房时发现购房时该公司售楼部所展示的该小区模型中的网球场和游泳池并不存在。经查，该小区设计中并无网球场和游泳池。下列哪些选项是正确的？（　　）

A. 赵某有权要求退房
B. 赵某如要求退房，有权请求该公司承担缔约过错责任
C. 赵某如要求退房，有权请求该公司双倍返还购房款
D. 赵某如不要求退房，有权请求该公司承担违约责任

5. 甲、乙签订协议，约定甲租用乙的房屋10年，租金每年1万元，甲可以转租。第二年，甲将该房屋转租给丙，租期3年，租金每年1.5万元。后因乙经营不善，房屋被法院拍卖还债，丙购得该房屋。现甲、乙对两份租赁合同的履行产生争议。下列哪些选项是正确的？（　　）

A. 本案适用买卖不破租赁原则
B. 本案不适用买卖不破租赁原则
C. 丙有权主张将转租合同的租金变更
D. 甲有权要求丙继续履行转租合同

三、案例分析题

甲公司为开发新项目，急需资金。2000年3月12日，向乙公司借钱15万元。双方谈妥，乙公司借给甲公司15万元，借期6个月，月息为银行贷款利息的1.5倍，至同年9月12日本息一起付清，甲公司为乙公司出具了借据。甲公司因新项目开发不顺利，未盈

利，到了 9 月 12 日无法偿还欠乙公司的借款。某日，乙公司向甲公司催促还款无果，但得到一信息，某单位曾向甲公司借款 20 万元，现已到还款期，某单位正准备还款，但甲公司让某单位不用还款，于是，乙公司向法院起诉，请求甲公司以某单位的还款来偿还债务，甲公司辩称该债权已放弃，无法清偿债务。

问题：

（1）甲公司的行为是否构成违约？为什么？

（2）乙公司是否可针对甲公司的行为行使撤销权？为什么？

第五章

合同保全

教学目的和要求

1. 了解债权人的代位权、撤销权的概念；
2. 掌握债权人的代位权的成立条件；
3. 掌握债权人的撤销权成立的条件；
4. 区别债权人的代位权与撤销权。

主要内容：
合同的保全概述；债权人的代位权；债权人的撤销权

自学： 合同的保全概述

讨论： 债权人的代位权、债权人的撤销权

作业：
1. 简述债权人的代位权的成立条件；
2. 简述债权人的撤销权成立的条件；
3. 简述债权人的代位权与撤销权的行使及其法律效果。

案例引导

甲公司欠乙公司货款20万元，到期已有3个月，且其资产已不足偿债。乙公司在追债过程中发现，甲公司在一年半之前（此时甲、乙两公司尚未签订合同，成立债权）曾将自己对丁公司享有的30%的股权无偿转让给了丙公司。

【问题】乙公司对于甲公司的赠与行为能否行使撤销权？

【分析】乙公司对于甲公司的赠与行为不能行使撤销权。因为债权人只能有权撤销债权成立后债务人实施的行为，一年半之前，甲、乙两公司尚未签订合同，成立债权，故债权人不能行使撤销权。

第一节 合同保全概述

合同保全，是指法律为了防止因债务人的财产不当减少而给债权人的债务带来危害，

允许债权人代债务人之位向第三人行使债务人的权利，或者请求法院撤销债务人与第三人的法律行为的法律制度。债权人保全的权利有代位权与撤销权两项，债权人代债务人之位，是以直接的名义向第三人行使债务人的权利的法律制度，称为债权人的代位权制度；债权人请求法院撤销债务人与第三人的法律行为的制度，称为债权人的撤销权制度。

合同的保全，也称为合同责任财产的保全、债的一般担保，是债权人为确保其债权的实现，而防止债务人财产不当减少的一种手段。因为债务人是以自己的全部财产负责清偿其债务，以使债权实现的。也就是说，债务人以其全部财产担保全部债的履行，债务人的全部财产或总财产就构成债务人的责任财产。债务人责任财产的减少，关系到债权人的债权能否实现。因此，为保障债权的实现，法律赋予债权人以保全的权利，以保障能以债务人的全部财产清偿其全部债权，维持债务人的责任财产不致因其不当减少而影响债权的实现。债权人保全债权的权利有代位权与撤销权两项。债权人的代位权是为保持债务人的责任财产而设的，适用于债务人的财产应增加且能增加而因债务人的懈怠未增加的情形；债权人的撤销权是为恢复债务人的责任财产而设的，适用于债务人不应减少而减少其责任财产的情形。可见，债的保全对于保障债权得以实现具有积极预防的作用。

合同债的保全涉及第三人，其效力属于债的对外效力。合同以相对性为原则，则一般情形下，债权人不得直接支配债务人的人身、行为及其财产，更不得直接支配第三人的人身、行为及其财产，债务人亦不得干涉债务人与第三人的民事行为。可见，合同保全是对合同相对性原则的突破，并作为一项例外制度而存在。我国《合同法》第73条、第74条分别确定了债权人代位权制度和债权人撤销权制度。但最高人民法院关于适用《〈中华人民共和国合同法〉若干问题的解释（一）》丰富了代位权与撤销权的内容。虽然目前保全制度仅仅规定在我国《合同法》中，但保全制度适用于所有的债权领域，将来民法典应在债法总则中规定这项制度。

第二节 债权人代位权

一、债权人代位权的概念和性质

债权人代位权，是指债权人为了保全其债权，而于债务人怠于行使自己的权利而害及债权人债权实现时，得以自己的名义代位行使属于债务人权利的权利。简言之，债权人的代位权就是债权人代债务人之位以自己名义行使债务人权利的权利。可见，债权人的代位权有以下含义：

（1）债权人代位权为债权人以自己名义行使债务人的权利的权利。代位权是以行使债务人权利为内容的，而不是行使自己权利的权利。因为债务人的权利是对于第三人的权利，债权人行使代位权也就涉及第三人，也就表现为对第三人行使权利。

（2）债权人代位权是于债务人怠于行使权利而危及债权人权利时行使的权利。债权人的代位权是为保全债权的，行使的目的是使债务人得增加的财产能够增加，从而保障债权人利益的实现。因此，若债务人自己积极行使了自己的权利，则债权人不能有代位权。

（3）债权人代位权是债权人以自己的名义对债务人的义务人行使权利的权利。债权人代位权是债权人代债务人的地位对质务人的义务人行使权利的权利，因而债权人的代位权是债权人以自己名义行使他人的权利，债权人行使代位权为行使自己的权利，而不是作为债务人的代理人行使债务人的权利。所以，债权人代位权不同于债务人的代理人的代理权。

债权人的代位权在近现代许多国家的法上都有规定。例如，《法国民法典》第1166条中规定，债权人得行使其债务人的一切权利和诉权，但权利和诉权专属于债务人个人者，不在此限。《日本民法典》第423条规定，债权人为保全自己的债权，得行使属于其债务人的权利。但专属于债务人本身的权利，不在此限。债权人，在其债权的期限未届至期间，非依裁判上代位，不得行使前项的权利。但保存行为，不在此限。我国《民法通则》中未规定债权人的代位权，而在《合同法》第73条中规定，因债务人怠于行使其到期债权，对债权人造成损害的，债权人可以向人民法院请求以自己的名义代位行使债务人的债权，但该债权专属于债务人自身的除外。代位权的行使范围以债权人的债权为限。债权人行使代位权的必要费用，由债务人负担。

关于债权人代位权的性质，有的主张为形成权，有的主张为管理权。持形成权说的理由主要是，代位权行使的效果，使债务人与第三人的法律关系发生变更。持管理权说的理由是，代位权是债权人以自己的名义行使债务人的权利，以行使他人的权利为内容。我们认为，管理权与形成权并非是以同一标准的相应的权利分类。从权利的作用上说，债权人的代位权可为形成权（不同于请求权、支配权、抗辩权）；从权利的内容上说，债权人的代位权为管理权。所以通说认为，债权人代位权具有管理权和形成权的双重性质。

二、债权人代位权成立的要件

债权人的代位权虽为债权人固有的权利，但也须具备一定的条件才能成立。债权人代位权的成立条件有以下几项：

（1）债务人享有对于第三人的权利。债务人对于第三人享有的权利为债权人代位权的标的。债务人对第三人享有权利，为债权人代位权成立的条件。代位权是以债务人对第三人享有的权利为标的，而代位权又为债权人固有的权利，因此代位权是涉及第三人的权利，为债的关系对第三人的一种效力。

债权人代位权是为保障债务人的责任财产的增加而设的，因而其标的须为已存在的债务人对第三人享有的财产权，将来存在的、非财产权则均不能为代位权的标的。因代位权是债权人代位行使的权利，所以是具有专属性的、不得让与的权利，也不能成为债权人代位权的标的。

债务人虽对第三人享有财产权利，但其积极行使权利时，债权人的代位权不能成立。只有在债务人有权利能行使而怠于行使时，债权人的代位权才能成立。所谓能行使，是指债务人客观上可以对第三人行使权利。若债务人客观上不能行使，则债权人也不得代位行使。例如，债务人已受破产宣告，其对第三人的权利由清算人行使，债权人不得代位行使，也就不成立债权人的代位权。所谓债务人怠于行使，是指债务人应行使权利而不行使。至于债务人不行使权利是否有过错，有无其他原因，是否经债权人催告，则均在所不问。

(2) 债务人履行债务迟延。所谓债务人履行迟延，是指债务人履行债务的期限届满而未履行债务。若债务人的债务履行期未届至，或者虽到履行期但履行期限未届满，则债务人是否能履行债务尚不确定，债权人的债权是否有不受清偿的可能尚不清楚。于此情况下，债权人自不能代位行使债务人的权利。但是若债权人的代位权是专为保全债务人权利的保存行为，其目的在于防止债务人权利的变更或消灭的，虽债务人的债务清偿期未届至，债权人也得行使代位权。例如，时效的中断，保存登记，第三人破产时的债权申报等，因此类行为对于债务人并无不利，所以债权人得于债务人履行迟延前行使代位权。

(3) 债权人有保全债权的必要。所谓有保全债权的必要，是指债务人怠于行使权利而危及债权，使债权人的债权有不能实现的危险。因为代位权是以保全债权为目的的，若无保全债权的必要，也就无成立代位权的必要。例如，债务人虽怠于行使对第三人的权利，但债务人有足够的财产清偿债务，债务人不为清偿时，债权人请求法院强制执行，自可保障其债权的实现。于此情形下，债权人自无保全债权的必要，也就不成立债权人代位权。

三、债权人代位权的行使

债权人的代位权，应由债权人以自己的名义行使；并且凡债务人的债权人，只要符合债权人代位权的成立条件，均享有代位权。但若某一债权人已行使代位权时，则其他债权人不得再就债务人的同一权利行使代位权。

债权人代位权行使的范围，应以保全债权人债权的必要为限度，即以债权人的债权为限。因此，若债务人享有数项权利时，债权人就某一项权利行使代位权已可满足清偿其债权的需要，则不得再对债务人的其他权利行使代位权。债权人行使代位权，应以善良管理人的注意为之，不得处分债务人的权利。

债权人行使代位权，应依诉讼的方式为之。债权人行使代位权，除保存行为，是行使债务人对第三人的请求权，请求第三人直接向债务人给付。通说认为，债权人得代位受领，但债权人不能请求第三人直接向其为给付。

四、债权人代位权行使的效力

（一）对于债务人的效力

债权人代位权行使的效力直接归属于债务人。尽管第三人向债务人给付时，若债务人不受领，债权人得代受领，债权人并于受领后，应将其取得的利益归还债务人，债务人也得请求债权人交付其受领的财产。因为代位权行使的是债务人的权利，其所得利益为债务人的财产。

债权人因代位权的行使对第三人提起诉讼而受判决时，若债务人未参加诉讼或未被告知诉讼，该判决的效力是否亦及于债务人？对此有不同观点。多数学者认为其效力应及于债务人。

（二）对于第三人的效力

债权人代位权的行使系代债务人行使对第三人的权利，于此情形下第三人的地位不能较债务人自己行使权利时不利。因此，第三人对于债务人所有的于代位权行使前发生的抗辩，均得以之对抗债权人。

（三）对于债权人的效力

债权人行使代位权是代债务人行使权利，因行使代位权所得的财产为债务人的一般财产，所以债权人不能优先受偿，非经债务人同意，也不能直接以代受领的财产受偿。债权人因行使代位权所付出的费用，均主张请求债务人偿还，并得就此费用的偿还请求对第三人的给付物成立留置权。

第三节 债权人撤销权

一、债权人撤销权的概念和性质

债权人撤销权，又称废罢诉权，是指当债务人所为的减少其财产的行为危害债权实现时，债权人为保全债权得请求法院予以撤销该行为的权利。债权人撤销权也为债权的保全方式之一，是为防止因债务人的责任财产减少而致债权不能实现的现象出现。因债权人撤销权的行使是撤销债务人与第三人间的行为，从而使债务人与第三人间已成立的法律关系被破坏，当然地涉及第三人，因此，债权人的撤销权也为债的关系对第三人效力的表现之一。

债权人的撤销权源于罗马法的保罗诉权，为保罗所创。后世各国法对罗马法上的撤销权制度的继受一般是两方面的。一方面在破产法上规定债权人的撤销权；另一方面又规定在破产外债权人的撤销权。现代各国法上一般都规定有债权人的撤销权，破产法上的撤销权与破产外的撤销权性质上也无不同。我国《民法通则》中未规定债权人的撤销权。最高人民法院《关于贯彻执行〈中华人民共和国民法通则〉若干问题的意见（试行）》第130条规定，赠与人为了逃避应履行的法定义务，将自己的财产赠与他人，如果利害关系人主张权利的，应当认定赠与无效。《合同法》则进一步明确规定了债权人的撤销权，第74条规定，因债务人放弃其到期债权或者无偿转让财产，对债权人造成损害的，债权人可以请求人民法院撤销债务人的行为。债务人以明显不合理的低价转让财产，对债权人造成损害，并且受让人知道该情形的，债权人也可以请求人民法院撤销债务人的行为。撤销权的行使范围以债权人的债权为限。债权人行使撤销权的必要费用，由债务人负担。

关于撤销权的性质，有请求权说、形成权说、责任说、折中说等不同的学说。请求权说认为，撤销权的实质为对于因债务人的行为而受有利益的第三人请求其所得利益的权利，所以此说又称债权说，依此说，请求撤销之诉为给付之诉。形成权说认为，撤销权是依债权人的意思表示而使债务人与第三人间的法律行为溯及地消灭，依此说，请求撤销之诉为形成之诉。责任说认为，债权人并不需请求受益人返还利益，即得将其视为债务人的责任财产,申请法院进行对其强制执行。折中说认为,债权人的撤销权不仅以撤销债务人与第三人间的行为为内容,而且含有请求恢复原状以取得债务人财产的作用,因而兼具形成权与请求权双重性质。上述诸说,以折中说为通说。

二、债权人撤销权的成立条件

债权人撤销权的成立要件可分为客观要件与主观要件,并且依债务人所为的行为是否有偿而有所不同。

(一) 客观要件

撤销权成立的客观要件为债务人实施了危害债权的行为。该要件包含以下意思:

首先,债务人须于债权成立后实施行为。债务人的行为是合同行为还是单方法律行为,是有偿还是无偿,在所不问。但事实行为与无效民事行为不在此列。因为事实行为无从撤销,无效民事行为无需撤销。其他的行为,诸如诉讼上的和解等凡属于处分债务人财产的行为又是可撤销的,皆属之。

其次,债务人的行为须为使其财产减少的财产行为。债务人所为的不以财产为标的的行为,或者虽以财产为标的但不为使其财产减少的行为(如放弃受遗赠),不得撤销。

再次,须债务人的行为有害债权。所谓有害债权,是指债务人的行为足以减少其一般财产而使债权不能完全受清偿。若债务人为其行为虽使其财产减少但仍不影响其对债权的清偿时,债权人自不能干涉债务人的行为。债务人的行为是否害及债权,应从两方面考察:一方面,债务人因其行为而使其无资力清偿债权。何为债务人无资力,各国法上有不同规定,瑞士以债务超过为要件,而德国则以支付不能为要件。一般说来,于债务人为行为时,债务人的其他资产不足以满足一般债权人的要求,即为无资力。债务人有无资力应以客观上存在不能支付的事实为标准,而不能以债权人的主观认识为标准。另一方面,债权人的债权因债务人的行为不能受完全清偿。但债权人的债权附有担保物权的,债权人只能于担保物的价值不足清偿的债权数额限度内行使撤销权。若担保物的价值足以担保债权的受偿,债务人的行为不害及债权,则债权人不能行使撤销权。

(二) 主观要件

债权人撤销权成立的主观要件是债务人与第三人主观上有恶意。对于撤销权的主观要件,依债务人所为的行为是有偿或无偿而有所不同。若为有偿行为,则须债务人为恶意,债权人的撤销权才成立,受益人为恶意时,债权人才得行使撤销权。而对于无偿行为,则不以债务人和第三人的恶意为要件。因债务人无资力而为无偿行为,其有害债权至为明显,况且无偿行为的撤销,仅使受益人失去无偿所得的利益,并未受其他损害,法律理应先考虑保护债权受危害的债权人利益,而不应先保护无偿取得利益的第三人。

债务人有无恶意,一般应实行推定原则,即只要债务人实施行为而使其无资力,就推定为有恶意。至于受益人的恶意,则应由债权人证明。受益人的恶意以其知道其所为有偿行为会害及债权为已足,而不需对债务人有害及债权的串通。

三、债权人撤销权的行使

债权人的撤销权由债权人行使。凡于债务人为有害债权行为前有效成立的债权,债权人均可行使撤销权。因撤销权的行使于第三人有重大利害关系,因此,债权人的撤销权,须由债权人以自己的名义依诉讼方式为之。

债权人行使撤销权应以何人为被告,依对撤销权性质的认识不同而有不同。依折中说,债权人行使撤销权应以债务人、与债务人为行为的相对人以及利益转得人为共同被告。因为行使撤销权既要求撤销债务人与相对人所为的行为,又要求受益人返还其所得利益。债权人行使撤销权的范围以债权人的债权额为限,因为行使撤销权的目的是为了保全债权。

债权人的撤销权如同其他撤销权一样,应有除斥期间。债权人自应于权利行使期间内行使;否则,除斥期间届满后,债权人的撤销权即消灭。依《合同法》第75条的规定,撤销权自债权人知道或者应当知道撤销事由之日起1年内行使。自债务人的行为发生之日起5年内没有行使撤销权的,该撤销权消灭。

四、债权人撤销权行使的效力

债权人撤销权的行使,其撤销的效力依判决撤销而发生效力。其效力及于债务人、受益人及债权人。

对于债务人,债务人的行为一经被撤销,视为自始无效。例如,为财产赠与的,视为未赠与;为放弃债权的,视为未放弃。

对于受益人,已受领债务人的财产的,应当返还之。原物不能返还的,应当折价返还其利益。受益人已向债务人支付对价的,得向债务人主张返还不当得利。

对于债权人,行使撤销权的债权人得请求受益人将所得利益返还给债务人,也得请求直接返还给自己。但是撤销权的行使,其效力及于全体债权人。由受益人返还的财产为债务人的所有债权的一般担保。因此行使撤销权的债权人不得从受领的给付物中优先受偿。如该债权人依强制执行程序请求受偿,则全体债权人得申请参与按比例分配。但若行使撤销权的债权人的债权与返还的财产发生抵销状态时,债权人得依抵销方式受偿。

练习题

一、单项选择题

1. 缔约过失责任是指合同当事人在（   ）过程中,因违反法律规定、违背诚实信用原则,致使合同未能成立,并给对方造成经济损失,应承担的损害赔偿责任。

    A. 订立合同   B. 履行合同

    C. 合同变更   D. 合同解除

2. 根据《合同法》的规定,合同可撤销的情形包括（   ）。

    A. 一方以欺诈、胁迫的手段,使对方在违背真实意思的情况下订立的合同

    B. 恶意串通,损害国家、集体或第三人利益的合同

    C. 以合法形式掩盖非法目的的合同

D. 损害社会公共利益的合同

3. 甲在与厂方签订的劳动合同中有一条是"凡工伤者厂方概不负责",甲同意了该条款。对该条款应如何认定其效力（　　）。

A. 因有该条款,合同可以撤销
B. 合同是双方一致签订的,为有效合同
C. 该条款违反了法律的强制性规定,故该合同无效
D. 合同中"凡工伤者厂方概不负责"的条款无效、其余部分有效

4. 甲同乙订立合同,双方约定甲于3月31日向乙交付某画家的某一幅作品,后乙得知甲已在3月20日将该幅作品卖给了丙,此时乙有权（　　）。

A. 解除合同　　　　　　　　B. 变更合同
C. 行使后履行抗辩权　　　　D. 行使撤销权

5. 甲、乙之间有一债权债务关系,乙欠甲1万元钱到期未还,甲多次催要,乙均以无钱为由拒绝偿还。现甲得知丙欠乙1万元钱,要求乙向丙催要,乙对此毫无反应。甲可以行使（　　）。

A. 不安抗辩权　　　　　　　B. 撤销权
C. 要求乙转让债权　　　　　D. 代位权

二、不定项选择题

1. 杜某拖欠谢某100万元。谢某请求杜某以登记在其名下的房屋抵债时,杜某称其已把房屋作价90万元卖给赖某,房屋钥匙已交,但产权尚未过户。该房屋市值为120万元。关于谢某权利的保护,下列哪些表述是错误的？（　　）

A. 谢某可请求法院撤销杜某、赖某的买卖合同
B. 因房屋尚未过户,杜某、赖某买卖合同无效
C. 如谢某能举证杜某、赖某构成恶意串通,则杜某、赖某买卖合同无效
D. 因房屋尚未过户,房屋仍属杜某所有,谢某有权直接取得房屋的所有权以实现其债权

2. 甲公司欠乙公司货款20万元已有10个月,其资产已不足偿债。乙公司在追债过程中发现甲公司在一年半之前作为保证人向某银行清偿了丙公司的贷款后一直没有向其追偿,同时还将自己对丁公司享有的30%的股权无偿转让给了丙公司。下列哪些选项是错误的？

A. 乙公司可以对丙公司行使代位权
B. 若乙公司对丙公司提起代位权诉讼,法院应当追加甲公司为第三人
C. 乙公司可以请求法院确认甲、丙之间无偿转让股权的合同无效
D. 乙公司有权请求法院撤销甲、丙之间无偿转让股权的合同

3. 根据《合同法》的规定,要约具有下列（　　）情形之一的,不得撤销。

A. 要约人确定了承诺期限
B. 要约人以明示方式表示要约是不可撤销的
C. 要约的内容明确具体,且只向一个特定受要约人发出的
D. 受要约人有理由认为要约是不可撤销的,并且已经为履行合同做了准备工作的

4. 甲公司与乙工厂签订一份合同，在履行中，发现标的物的质量条款有重大误解，双方当事人在合同中订立了仲裁条款。此时，不正确的处理办法有（　　）。

　　A. 都有权向对方宣告此合同无效

　　B. 都有权向对方宣告此主要条款无效

　　C. 都有权请求仲裁机关予以变更或撤销

　　D. 都有权请求人民法院予以变更或撤销

5. 根据《合同法》的规定，对于可撤销或可变更的合同，当事人有权请求撤销或变更，但在下列情况下，当事人的撤销权消灭（　　）。

　　A. 具有撤销权的当事人自知道或者应当知道撤销事由之日起 1 年内没有行使撤销权

　　B. 具有撤销权的当事人知道撤销事由后明确表示放弃撤销权

　　C. 具有撤销权的当事人知道撤销事由后以自己的行为放弃撤销权

　　D. 具有撤销权的当事人自知道或者应当知道撤销事由之日起 2 年内没有行使撤销权

三、案例分析题

A 企业向 B 企业发出传真订货，该传真列明了货物的种类、数量、质量、供货时间、交货方式等，并要求 B 企业在 10 日内报价。S 企业接受 A 企业传真列明的条件并按期报价，同时要求 A 企业在 10 日内回复；A 企业按期复电同意其价格，并要求签订书面合同。B 企业在未签订书面合同的情况下按 A 企业提出的条件发货，A 企业收货后未提出异议，也未付货款。后因市场发生变化，该货物价格下降。A 企业遂向 B 企业提出，由于双方未签订书面合同，买卖关系不能成立，故 B 企业应尽快取回货物。B 企业不同意 A 企业的意见，要求其偿付货款。随后，B 企业发现 A 企业放弃其对关联企业的到期债权，并向其关联企业无偿转让财产，可能使自己的货款无法得到清偿，遂向人民法院提起诉讼。

根据以上资料，回答下列问题：

（1）试述 A 企业传真、B 企业报价、A 企业回复报价行为的法律性质。

（2）双方的买卖合同是否成立？并说明理由。

（3）对 A 企业放弃到期债权、无偿转让财产的行为，B 企业可向人民法院提出何种权利请求，以保护其利益不受侵害？对 B 企业行使该权利的期限，法律有何规定？

第六章

合同担保

教学目的和要求
1. 了解合同担保的概念、特征、形式;
2. 掌握保证的概念、特征、成立条件、方式、效力以及消灭事由;
3. 掌握定金的概念、性质、成立条件及效力;
4. 掌握违约金的概念、性质及种类;
5. 区别定金与预付款;
6. 区别违约金与定金,掌握定金与违约金的关系。

主要内容：合同担保概述,保证,定金,违约金。

自学：担保物权的三种方式：抵押、质押、留置。见《物权法》。

讨论：定金与预付款的区别；违约金与定金的区别。

作业：
1. 简述合同担保的特征；
2. 简述保证成立的条件、方式、效力以及消灭事由；
3. 简述定金的性质、成立条件、种类。
4. 简述违约金的性质及种类。

案例引导

2003年3月初,市民张某急需一笔资金从事服装批发和零售业务,找到邻居李某,想借款人民币6万元。李某同意,双方于3月13日签订了借款合同,合同约定：张某向李某借款人民币6万元,从3月23日起,借期为6个月。3月23日李某将钱交给张某后,感觉不放心,遂要求张某提供担保,张某便找到从事汽车服务业的朋友王某,要其向李某担保,王某立即写了一份担保书,写明：如果张某到期不还款,我愿承担全部的还款责任,并在担保书上签了字。2003年9月23日,李某按约定向张某要求还款6万元,并要求支付利息。张某妻子称张某生意做得不顺,去深圳打工去了,要过年才能回来。李某遂找到王某要求其承担担保责任,王某称李某没有在担保书上签字,担保合同无效,其不应承担还款责任,李某遂诉至法院,要求王某承担还款责任以及利息。

【问题】（1）担保合同是否有效？
（2）应承担何种保证责任？

【分析】（1）担保合同的形式可以是主合同中的担保条款，也可以是另行订立的担保合同，还可以是担保书的形式，只要是书面形式且清楚载明当事人之间关于成立担保的真实意思表示，符合合同成立生效要件，即依法成立生效。本案中的保证担保合同依法成立并且生效。

（2）根据《合同法》的规定，当事人之间没有明确约定保证责任方式的，视为承担连带责任。本案中王某书写的担保书并没有明确约定承担保证责任的形式，故应承担连带保证责任。

第一节 合同担保概述

一、合同担保的概念和特征

（一）合同担保的概念

合同担保是促使合同债务人履行义务，保障合同债权人的合同权利得以实现的法律措施。

（二）合同担保的法律特征

1. 从属性

合同与担保之间的关系是从属关系，即担保附属于合同。担保之债是从债，被担保之债是主债，主债无效或消灭，从债也随之无效或消灭。当然这种从属性也有例外。《物权法》、《担保法》已经明确规定了最高额保证（《担保法》第14条）、最高额抵押（《物权法》第203条至第207条）和最高额质押（《物权法》第222条），允许为将来存在的债权预先设定保证、抵押权、质押权，而且《担保法》规定了从属性的前提下，允许"担保合同另有约定的，按照约定"，可见合同担保的从属性是有条件。

2. 补充性

担保权利人行使担保权利以主债务已届清偿期且债务未得到履行为前提。担保对债权人权利的实现仅具有补充作用，在主债关系因适当履行而正常终止时，担保人并不实际履行担保义务。只有在主债务不能得到履行时，补充的义务才需要履行，使主债权得以实现，因此，担保具有补充性。

3. 保障性

保障合同的履行是担保的最根本的特征。

二、合同担保的形式

根据担保所用的标的性质，合同的担保分为：

（一）人的担保

这是自然人或者法人以其自身的资产和信誉作为债务人履行债务的担保，当债务人不履行债务时，担保人按照约定履行债务或者承担责任。作为人的担保中的担保人，应当符合法律法规和规章要求的条件。人的担保中最典型的方式是保证，即由作为保证人的第三人与债权人约定，当债务人不履行债务时，保证人负清偿责任。

（二）物的担保

这是以债务人或第三人的特定财产作为抵偿债权的标的，在债务人不履行其债务时，债权人可以将财产变价，从中优先受偿的制度，主要有抵押、质押和留置。物的担保包括移转物的所有权或其他权利的权利移转型的物的担保和不移转物的所有权或其他权利的限定物权型的物的担保两种形态。

（三）金钱担保

这是在债务以外支付一定数额的金钱，该金钱的得失与债务履行与否联系在一起，使当事人双方产生心理压力，从而促使其积极履行债务，保障债权实现的制度。其主要方式有定金、押金及某些保证金。金钱担保尽管属于物的担保，但并非担保物权。因为金钱担保的设定完成之时，金钱因占有的转移（交付）而使所有权发生转移，故它不符合典型担保物权（定限性担保物权）的特性。就保障债权的实现而言，担保物权仍优于金钱担保。

我国《担保法》第2条第2款规定的担保的方式有：保证、定金、抵押、质押、留置。抵押、质押、留置三种担保方式在《物权法》中介绍，《合同法》中介绍保证、定金以及违约金。

第二节 保 证

一、保证的概念和特征

保证，是指债务人以外的第三人为债务人履行债务而向债权人所做的一种担保。

（一）保证是一种双方的民事法律行为

保证须由债权人与保证人双方的意思表示一致才可成立。凡仅由一方的意思表示即可成立的保证，不是民法上的普通保证。如票据法上的保证，只要有保证人一方的意思表示即可成立。

（二）保证是担保债务人履行债务的行为

保证是双方约定由保证人担保债务人履行债务的，所以保证人只能是债务人以外的第三人，也就是说被保证人只能是保证当事人以外的人。保证人与被担保履行债务的债务人不能是一人，因此，凡对自己的行为所作的保证，都不属于担保法上的保证。

（三）保证是约定于债务人不履行债务时由保证人承担保证责任的行为

保证人的保证是以债务人不履行债务为生效要件。因此，凡不能发生保证人保证债务，或不是在债务人不履行债务时才负担保证债务的保证，均不是担保法上的保证。

保证合同，是保证人与主债权债务关系的债权人签订的，约定当主债务人不履行债务时，由保证人代为履行的合同。

保证具有以下特征：

（1）保证具有从属性。保证与所担保的债形成主从关系，保证之债是一种从债，保证合同是主合同的从合同，保证债务是主债务的从债务。保证的从属性主要表现在以下几个方面：保证的存在从属于主债。保证合同以主合同的有效存在为存在前提，保证债务以主债务的存在为存在前提。在一般情况下，保证合同的订立是以主合同的存在为基础和前提的，但在某些情况下，也可以先订立保证合同，而后订立主合同，但不论在何种情况下，只有主债务有效存在，保证债务才能有效存在。

（2）保证的范围与强度从属于主债。保证人与债权人可以协商保证人担保的债权范围，但双方约定保证债务的范围与强度不得大于或强于主债务。当事人约定的保证债务的范围与强度大于或强于主债务的，就减至主债务的限度。

（3）保证债权随主债权的转移而转移。债权人的保证债权从属于主债权，在保证期间债权人将主债权转让给第三人时，债权人对保证人的保证债权原则上也随之转移，保证人仍在原担保的范围内承担保证责任。但若当事人在保证合同中约定仅对特定的债权人承担保证责任或者债权人不得转让债权的，则主债权转让时保证债权不转移，保证人的保证责任消灭。

二、保证的成立要件

根据我国《担保法》的规定，保证应当具备下列条件：

（1）保证人应当具有保证人资格。我国《担保法》第7条规定，具有代为清偿债务能力的法人、其他组织或者公民，可以作为保证人。保证能力是保证人订立合同并承担保证责任的能力。首先，订立保证合同属于法律行为，保证人应具有相应的民事行为能力，一般应当具有完全民事行为能力。具有代偿能力的限制行为能力人，经其监护人同意可为保证人。其次，保证人应具有代偿能力。保证人需要以自己的财产代替债务人清偿债务。保证人自始没有代偿能力，并且其后也未能具备代偿能力；或原来具有代偿能力而需要其代偿时无代偿能力的，保证合同有效，保证人应当承担代替履行的责任。最高人民法院关于《适用中〈担保法〉若干问题的司法解释》（简称《担保法解释》）第14条规定，不具有完全代偿能力的法人、其他组织或者自然人，以保证人身份订立保证合同后，又以自己没有代偿能力要求免除保证责任的，人民法院不予支持。

（2）保证人和债权人之间真实意思表示一致。保证人以其信用为债务人作担保，因此，保证人须有明确的承担保证责任的意思表示。而且，保证人的意思表示必须真实，否则保证不能成立。《担保法》第30条规定，主合同当事人双方串通，骗取保证人提供保证的；主合同债权人采取欺诈、胁迫等的手段，使保证人在违背真实意思的情况下提供保证的，保证人不承担民事责任。保证人和债权人就债务代偿合同的主要条款达成一致的合意，保证合同成立。《担保法》第 15 条规定，保证合同应当包括以下内容：被保证的主债权的种类、数额，债务人履行债务的期限，保证的方式，保证担保的范围，保证的期间双方认为需要约定的其他事项。另外，该条文还规定，保证合同不完全具备前款规定内容的，可以补正。

（3）保证为要式法律行为。《担保法》第 13 条规定，保证人与债权人应当以书面形式订立保证合同。保证合同的成立与生效，不仅债权人和保证人就债务代偿问题意思表示一致，还需要订立书面合同。保证合同可以是单独的保证合同，也可以是主合同的保证条款。《担保法解释》第 22 条规定，第三人单方以书面形式向债权人出具担保书，债权人接受且未提出异议的，保证合同成立；主合同中虽然没有保证条款，但是保证人在主合同上以保证人的身份签字或者盖章的，保证合同成立。

三、保证的方式

（一）一般保证

当事人在保证合同中约定，债务人不能履行债务时，由保证人承担保证责任的，为一般保证。一般保证的保证人在主合同纠纷未经审判或者仲裁，并就债务人财产依法强制执行仍不能履行债务前，对债权人可以拒绝承担保证责任。有下列情形之一的，保证人不得行使前款规定的权利：

（1）债务人住所变更，致使债权人要求其履行债务发生重大困难的；
（2）人民法院受理债务人破产案件，中止执行程序的；
（3）保证人以书面形式放弃前款规定的权利的。

（二）连带责任保证

当事人在保证合同中约定保证人与债务人对债务承担连带责任的，为连带责任保证。连带责任保证的债务人在主合同规定的债务履行期届满没有履行债务的，债权人可以要求债务人履行债务，也可以要求保证人在其保证范围内承担保证责任。

四、保证的效力

（一）保证范围

保证范围，是指保证人所担保的债权范围，也是保证人承担保证责任的范围。它包括主债权以及附属于主债权的一切费用。主要有：主债权、利息、违约金、损害赔偿金、实现债权的费用等。

法定的保证范围只是为保证合同当事人在确定保证范围时，提供一个范本，并非对所有保证合同中保证范围的强制规定。保证债务本身是一个相对比较独立的债务，保证合同的内容一定程度上是由债权人和保证人协商合意来确定的。因此，当事人可以在不超过主债务范围的限度内，自由约定保证债务的范围。对于这种由当事人约定保证范围的，当事人对其保证责任进行限制的方式有两种：(1) 约定保证人仅就主债务的部分承担保证责任；(2) 虽然约定对整项债务承担保证，但对保证人的义务没有上限，在约定的保证限额内，保证人对主债务承担保证责任。这种保证方式主要出现于对连续发生的债务所为的保证。

(二) 保证责任的期间

1. 保证期间的意义

保证期间是由当事人约定或者由法律规定的保证人承担保证责任的时间范围。保证期间是债权人以保证合同主张保证请求权的有效期间，也是保证人承担保证责任的有效期间。保证人在保证期间内承担保证责任；在此期间债权人未提出债权请求的，保证人的保证责任消灭。根据保证期间产生原因不同，可分为约定的保证期间和法定的保证期间。

2. 约定的保证期间

约定的保证期间是债权人和保证人在保证合同中自行约定承担保证责任的保证期间。根据《担保法》第25条的规定，保证期间自主债务履行期届满之日起算，并依据当事人的约定确定其中终止日期。

如果主债务的清偿期不确定的，保证期间应依据《民法通则》第88条"履行期限不明确的，债务人可以随时向债权人履行债务，债权人也可以随时要求债务人履行义务"的规定确定其履行期。保证期间的始期，一般保证从债权人向主债务人请求清偿之日起算；连带保证从债权人向主债务人或者保证人请求清偿之日起算。

3. 法定的保证期间

债权人和保证人未约定保证期间的，或者约定不明确的，保证期间适用法定期间。未约定保证期间的情形包括：当事人根本未约定保证期间和保证合同约定的保证期间长于或者等于主债务履行期限的情形(《担保法解释》第32条)。保证期间约定不明确，是指保证合同约定的保证人承担保证责任直至主债务本息还清时为止等类似内容的情形(《担保法解释》第32条)。一般保证的保证人与债权人未约定保证期间的，保证期间为主债务履行期届满之日起6个月(《担保法》第25条)。《担保法》第26条对连带保证的保证期间也作出相同的规定，即带保证的法定保证期间为主债务履行期届满之日起6个月。约定不明确的保证期间为主债务履行期届满之日起2年(《担保法解释》第32条)。

一般保证中，在法定的保证期间，债权人未对债务人提起诉讼或者仲裁的，保证人免除保证责任；债权人已提起诉讼或者申请仲裁的，保证期间适用诉讼时效中断的规定(《担保法》第25条)。如果债权人在保证期间内主张权利，保证期间的作用停止，转为保证合同诉讼时效期间，保证合同诉讼时效期间从判决或者仲裁裁决生效之日起算(《担保法解释》第34条第1款)。

连带保证中，在法定的保证期间，债权人未对债务人提起诉讼或者仲裁的，保证人免除保证责任(《担保法》第26条)。连带责任保证的债权人在保证期间届满前要求保证人承担保证责任的，从债权人要求保证人承担保证责任之日起，开始计算保证合同的诉讼时效(《担保法解释》第34条第2款)。

（三）主合同内容变更对保证责任的影响

关于主合同内容的变更，《担保法》第 24 条规定，债权人与债务人协议变更主合同的，应当取得保证人书面同意。未经保证人书面同意的，保证人不再承担保证责任。保证合同另有约定的，按照约定。《担保法解释》第 30 条规定，保证期间，债权人与债务人对主合同数量、价款、币种、利率等内容作了变动，未经保证人同意的，如果减轻债务人的债务的，保证人应当对变更后的合同承担保证责任；如果加重债务人的债务的，保证人对加重的部分不承担保证责任。债权人与债务人对主合同履行期限作了变动，未经保证人书面同意的，保证期间为原合同约定的或者法律规定的期间。债权人与债务人协议变动主合同内容，但并未实际履行的，保证人仍应当承担保证责任。据此，主合同内容的变更对保证人保证责任的影响表现在如下方面：

1. 保证人继续承担保证责任

根据《担保法》第 24 条的规定，债权人和债务人协议变更主合同内容时，欲使保证人继续承担保证责任，则必须取得保证人的同意。保证人的书面同意包括以下方式：（1）在订立保证合同时约定，如"主合同内容的变更不影响保证人保证责任的承担"等，实际上是保证人在保证合同中明确放弃了因保证合同内容变更而对加大部分不承担责任的抗辩权；（2）在主合同内容变更时征得保证人的书面同意，既然同意，就不能反言；（3）主合同内容变更后，得到了保证人的事后追认，保证人自愿承担主合同内容变更后的保证责任，则无不可。

根据《担保法解释》第 30 条第 1 款的规定，主合同内容的变更，虽未经保证人同意，如果减轻了债务人的债务，保证人仍应当对变更后的合同承担保证责任；如果加重了债务人的债务，则保证人仍按照原来的保证合同的约定承担保证责任。

根据《担保法解释》第 30 条第 2 款的规定，债权人与债务人对主合同履行期限作了变动，未经保证人书面同意的，保证人仍按照原来保证合同约定的保证期间或法律规定的保证期间承担保证责任。如果债权人与债务人协商延长主合同履行期限，无疑会相应延长保证期间。为了平衡债权人、债务人与保证人之间的利益关系，法律有必要对这种变更如何影响保证责任作出规制，使未经保证人同意的变更对保证人不产生影响。如果主合同双方当事人协商缩短主合同的履行期限，则会使保证人的责任期间提前开始，保证人的期限利益将会丧失，对保证人来说亦不公平。尊重保证人的意思表示，按照民法的基本原理，义务只能由自己设定，保证人的责任期间应为原合同约定的或者法律规定的期间。因此，主合同的债权人和债务人，未经保证人书面同意的，对主合同履行期限的变更对保证人的责任不产生影响。

根据《担保法解释》第 30 条第 3 款的规定，债权人与债务人协议变更主合同内容，但并未实际履行的，保证人仍应当按照原来的保证合同的约定承担保证责任。

2. 保证人不再承担保证责任

根据《担保法解释》第 30 条第 1 款的规定，债权人和债务人协议变更主合同内容已经实际有效发生，未经保证人同意的，保证人对加重债务人的债务的部分不承担保证责任。

根据《担保法》第 24 条的规定，保证合同中若明确约定"主合同内容变更，保证人不再承担保证责任"，则主合同内容变更的，保证人可依法免除保证责任。

（四）共同保证

共同保证，是指数人共同担保同一债务人的同一债务履行而为的保证。

共同保证的成立条件有以下两方面：

其一，保证人为两人或两人以上。至于两个以上的保证人是自然人、法人还是其他组织，在所不问；数个保证人是与债权人共同订立保证合同，还是分别订立保证合同，各保证人之间有无共同提供保证的意思联系，甚至是否知晓另有其他保证人，均不影响共同保证的成立。但如果两个保证人所提供的保证一为有效、一为无效的，则不能成立共同保证；两个保证人发生合并，或者债权人于不损害其他保证人利益的前提下放弃对某一按份保证人的权利的，原来的共同保证也相应地转化为单独保证。

其二，两个以上的保证人所担保的债务须为同一债务。至于其为同一债务的全部或部分，是相同部分还是不同部分，均不影响共同保证的成立。一个保证人为同一债务人的数个债务分别提供保证以及对数个债务人的同一债务提供保证，或者多个保证人分别对一个或数个债务人的不同债务提供保证的，均不符合共同保证的特征。正是由于同一债务的保证人为两人以上，由此形成的法律关系中既存在各保证人与债权人、债务人之间的关系，也存在数个保证人之间的关系，共同保证方构成一种具有特殊性的保证。

共同保证可分为按份保证和连带保证。

1. 按份保证

共同保证的保证人与债权人约定保证份额的，为按份保证。按份保证的每个保证人仅就其约定的份额向债权人承担保证责任，保证人在承担保证责任后，也只能就其清偿的债务份额向主债务人追偿。

2. 连带保证

共同保证的保证人未与债权人约定保证份额或者约定不明确的，为连带保证。连带保证的各个保证人向债权人承担连带保证债务，每个保证人都有义务承担全部保证责任，在保证债务未全部清偿前，各保证人的保证责任都不能免除。连带保证的各保证人虽向债权人负连带保证责任，但在保证人内部之间仍依一定的份额承担保证责任。所以，连带保证人向债权人承担保证责任后，可以向主债务人追偿，也可以要求其他保证人清偿其应当承担的份额。各保证人应当承担的保证份额，依共同保证人之间的约定而定；保证人之间没有约定或者约定不明确的，应当视为各保证人平均分担保证责任。

（五）保证人的代位求偿权

《民法通则》第 89 条第 1 项规定，保证人履行债务后，有权向债务人追偿。《担保法》第 31 条规定，保证人承担保证责任后，有权向债务人追偿。第 12 条规定，同一债务有两个以上保证人的，保证人应当按照保证合同约定的保证份额，承担保证责任，没有约定保证份额的，保证人承担连带责任，债权人可以要求任何一个保证人承担全部保证责任，保证人都负有担保全部债权实现的义务。已经承担保证责任的保证人，有权向债务人追偿，或者要求承担连带责任的其他保证人清偿其应当承担的份额。

（六）最高额保证

最高额保证属于人的担保中保证的一种特殊形式，是在最高债权额限度内对一定期间连续发生的不特定同种类债权提供的保证。《担保法》第14条规定，保证人与债权人可以就单个主合同分别订立保证合同，也可以协议在最高债权额限度内就一定期间连续发生的借款合同或某项商品交易合同订立一个保证合同。

最高额保证的特点如下：（1）最高额保证所担保的债务在保证设立时可能已经发生，也可能没有发生，最高额保证的生效与被保证的债务是否实际发生无关；（2）最高额保证所担保的债务为一定期间内连续发生的债务；（3）最高额保证约定有保证人承担保证责任的最高限额；（4）最高额保证所担保的不是多笔债务的简单累加，而是债务整体，各笔债务的清偿期仅对债务人有意义，并不影响保证人承担保证责任。

最高额保证的期间与单个形式保证的期间是不同的。单个形式的保证期间即保证责任期间，是根据当事人约定或者法律规定，债权人应当向债务人或保证人主张权利的期间。保证人仅于保证期限内承担保证责任。主债务履行期届满，债权人没有在约定或者法律规定的期间内向保证人主张权利的，保证期间届满，保证人的保证责任即消灭，因此单个形式的保证期间仅具有免除保证人的保证责任的效果。而最高额保证所担保的是"在一定期间内连续发生的"债权，最高额保证在设定时，其担保的债权尚未发生或虽已发生却仍处于变动的不特定状态之中，债权额是不确定的，只有一定期间届满，决算期届至，债权额才能确定，保证人的保证责任才能产生。最高额保证合同中，保证期间虽然从性质上也是保证人承担保证责任的责任期间，但其存在两个期间：保证人应对一系列债权承担责任的范围期间；在不特定债权额确定之后，债权人向保证人主张权利的期间。因此从严格意义上讲，最高额保证的期间应区别为最高额保证的存续期间和最高额保证的责任期间。

五、保证的消灭

（一）主债权消灭

保证之债从属于主债权，主债权因清偿、提存、抵销、免除、混同等原因而消灭，保证之债赖以存在的基础消失，保证人的保证责任也自然归于消灭。

（二）主债务转让给第三人而未经保证人同意

由于保证具有很强的人身性、信用性，保证人一般只为特定的债务人提供担保，主债务一旦转让，在未征得保证人同意的情况下，保证人与新的债务人并无信任关系，让其承担保证责任显失公允。因此，我国《担保法》第23条规定，保证期间债权人许可债务人转让债务的，应当取得保证人书面同意。保证人对未经其同意转让的债务，不再承担保证责任。

(三) 债权人和债务人协议变更主合同而未经保证人同意

我国《担保法》第24条规定，债权人与债务人协议变更主合同的，应当取得保证人书面同意。未经保证人书面同意的，保证人不再承担保证责任。保证合同另有约定的，按照约定。

(四) 保证期限届满而债权人不为请求

任何权利的存在都有一定的期限，债权人对保证人的权利是特定的请求权，在保证有效期间内存在。在保证期限内债权人如不主张权利，则保证期限届满，保证债务归于消灭，保证人不再承担责任。

(五) 保证合同的解除或终止

保证合同是个独立的债权债务关系，也可以依债权人与保证人的合意，使保证合同消灭；或者约定在一定条件成就时，一方有权终止或解除合同，使保证合同自始不发生效力。

(六) 保证人履行保证债务

保证人依照保证合同承担保证责任的行为，使债权人的债权得以实现，保证债务归于消灭。

第三节 定 金

一、定金的概念和特征

定金，是指订立合同时，为保证合同的履行，当事人约定一方向另一方给付一定数额的金钱作为履行合同义务的担保。

定金不同于预付款。预付款是在合同履行期限到来之前支付的价款，属于合同履行的过程；定金是担保的手段，在合同得以履行的情况下，定金可以收回，也可以抵作价款；预付款本身就是价款或价款的一部分。在合同没有履行的情况下，预付款可以退回；而定金不同，在合同没有履行的情况下，过错方应当承担丧失或双倍返还的不利后果。

定金有如下法律特征：

(1) 定金具有从属性。定金随着合同的存在而存在，随着合同的消灭而消灭。

(2) 定金的成立具有实践性。定金是由合同当事人约定的，但只有当事人关于定金的约定，而无定金的实际交付，定金担保并不能成立。只有合同当事人将定金实际交付给对方，定金才能成立。

(3) 定金具有预先支付性。只有在合同成立后，未履行前交付，才能起到担保的作用。因此，定金具有预先支付性。

(4) 定金具有双重担保性。即同时担保合同双方当事人的债权。就是说，交付定金的一方不履行债务的，丧失定金；而收受定金的一方不履行债务的，则应双倍返还定金。

二、定金的设立

定金担保是约定担保，是通过主合同当事人设立定金合同而产生。我国《担保法》第90条规定，定金应当以书面形式约定。当事人应当在定金合同中约定交付定金的期限。定金合同从实际交付定金之日起生效。

根据《担保法》的前述规定，定金的成立须经双方合意而订立书面合同，并实际交付金钱，定金合同才生效。

定金合同具有如下特点：

（1）定金合同是从合同。定金是当事人双方为确保合同的履行而订立的，即定金合同的设立是为担保主合同的实现。定金合同可以是独立的合同，也可以是主合同的条款。

（2）定金合同是要式合同。书面形式是定金合同的成立要件，当事人双方不仅达成合意，还需要订立书面合同。在实践中，当事人未订立书面合同，一方已经实际交付定金而对方也已经接受的，应当认为合同有效。

（3）定金合同是实践合同。定金合同订立书面合同而成立，但还不生效。交付是定金合同的生效要件，定金合同从实际交付定金之日起生效。

三、定金的种类

根据定金的性质、目的及其发生效果的不同，定金划分为以下几种：

（一）立约定金

立约定金，是指在合同订立前交付，目的在于保证正式订立合同的定金。关于立约定金，《担保法解释》第116条规定，当事人约定交付定金作为订立主合同担保的，给付定金的一方拒绝订立主合同的，无权要求返还定金；收受定金的一方拒绝订立合同的，应当双倍返还定金。

（二）成约定金

成约定金，为合同成立要件的定金。与要物合同之物的交付，作用相同（因其未见有"定金罚则"，故实际非债的担保）。《担保法解释》第116条规定，当事人约定以交付定金作为主合同成立或者生效要件的，给付定金的一方未付定金，但主合同已经履行或履行主要部分的，不影响主合同成立或生效。

（三）解约定金

解约定金，是当事人为保留单方解除合同的权利而交付的定金。关于解约定金，《担保法解释》第117条规定，交付定金的一方可以按照合同的约定以丧失定金为代价而解除合同，收受定金的一方可以双倍返还定金为代价而解除合同。

解约定金是保留合同解除权利而支付的代价，即交付定金的当事人可以抛弃定金以解除合同，而接受定金的当事人也可以双倍返还定金获得合同的解除权。

（四）违约定金

违约定金是为担保合同的实际履行而设定的定金。《担保法》第 89 条规定，当事人可以约定一方向对方给付定金作为债务的担保。债务人履行债务后，定金应抵作价款或者收回。给付定金的一方不履行约定的债务的，无权要求返还定金；收受定金的一方不履行约定的债务的，应双倍返还定金。

（五）证约定金

证约定金，是指以交付事实作为当事人之间存在合同关系的证明的定金。证约定金不是合同成立的必备要件，只是证明合同成立的证据。《担保法》及其司法解释没有对证约定金作出专门规定，司法实践认可交付定金的书面证明（如收据）为主合同已经成立的证据。

第四节 违 约 金

一、违约金的概念和特征

违约金，是指不履行或者不完全履行合同义务的违约方按照合同约定，支付给非违约方一定数量的金钱。它具有以下特征：

（1）违约金是由合同当事人约定的。根据合同自由原则，违约金应根据合同当事人的意愿协商确定，当事人可以约定一方违约时，应根据违约情况，向对方支付一定数额的违约金。

（2）违约金的数额是由当事人预先确定的。违约金必须在签订合同时或在履行合同义务前先予确定，当违约方出现不履行或不完全履行合同时，非违约方可以按照合同双方对违约金的约定得到补偿。

（3）违约金条款是否适用，取决于合同当事人是否违约。合同一方当事人违约，违约金条款才能适用；合同当事人没有违约行为，违约金条款就不能适用。此外，违约金条款适用还必须符合法定的生效条件，如果主合同无效、被撤销或不成立，违约金条款就不能生效。

二、违约金的种类

（一）法定违约金和约定违约金

这种分类是以违约金发生的根据为标准的。

法定违约金，是指由法律直接规定违约金的数额、固定比率，或者由法律直接规定违约金的比例幅度，具体比率由当事人在该幅度内商定，但当事人并未具体商定或商定无效的违约金。法定违约金的情形：（1）由法律法规直接规定违约金的数额。如《铁路货物运输合同实施细则》第 18 条第 1 款规定，承运人未按旬间日历装车计划及商定的车种、车型配够车辆，当月又未补足，也未经托运人同意，应按车向托运人偿付违约金50元。（2）由法律法规直接规定违约金的固定比率。如《中国人民银行结算办法》第8条第7款规定，延期付款金额按每日万分之三计算。（3）由法律、法规直接规定违约金的比率幅度，具体比率由当事人在此幅度内具体商定。如《工矿产品购销合同条例》第35条第1款规定，供方不能交货的，应向需方偿付违约金。通用产品的违约金为不能交货部分货款总值的1%至5%，专用产品的违约金为不能交货部分货款总值的10%至30%，具体比例可由供需双方在订立合同时商定。

约定违约金，是指违约金的数额和支付条件都是由当事人双方约定的违约金。约定违约金存在于两种情形：（1）法律法规对违约金未作具体规定，完全允许当事人约定的违约金；（2）法律法规虽规定了违约金的数额、比率或幅度，但是又允许当事人自行协商，或规定当事人约定优于法定的违约金。

法定违约金具有强制性，当事人不得违反。但是，法定违约金是国家干预合同关系的结果，在某种程度上说是计划经济的产物。随着我国市场经济的发展，法定违约金应当逐渐减少。约定违约金乃当事人意志的产物，是合同自由原则的体现。

（二）惩罚性违约金和赔偿性违约金

这种分类的标准众多，有排斥论标准、损害对比标准、损害生成标准、损害预设标准等。其中，损害预设标准乃学界通说。该标准认为，若违约金乃合同违约损害赔偿额的预设，则属赔偿性违约金；否则，属惩罚性违约金。

赔偿性违约金，是指合同双方预先估计的、于一方违约时向另一方支付的、用以折抵损害赔偿的金钱或财物。惩罚性违约金，是指合同双方当事人预先约定的、于一方违约时向另一方支付的、用作违约处罚的金钱和财物。

二者区别如下：首先，功能不同。赔偿性违约金的功能在于弥补一方违约后另一方所遭受的损失；惩罚性违约金的功能在于制裁违约行为。其次，与其他违约救济措施的关系不同。赔偿性违约金具有弥补损害赔偿的功能，故债权人不得在违约金之外再请求强制履行或损害赔偿；惩罚性违约金不具此弥补功能，故债权人除请求违约金外，更得请求强制履行主债务或请求损害赔偿。再次，与实际损害的关系不同。赔偿性违约金乃损害赔偿额的预设，故违约金与实际损害额不符时，债务人得请求法院或仲裁机构以实际损害额为基准予以增减；若是惩罚性违约金，债权人不得请求法院及仲裁机构以实际损害额为基准进行此类调整。

三、违约金与定金的关系

（一）违约金与定金的区别

（1）违约金是对违约的一种补偿手段，主要是弥补或补偿因违约行为而给合同债权人所造成的损失；而定金则是债的一种担保方式，目的是为了确保合同债务的履行与合同债权的实现。

（2）违约金不具有证明合同存在和先行给付的性质，而定金则具有证明合同存在和先行给付的性质作用。

（3）违约金是在发生违约行为后交付的，而定金则是在履行合同前交付的。

（4）违约金不具有惩罚性；定金既是履行合同的担保形式，也是对不履行合同的制裁方式，定金具有惩罚性。

（5）违约金具有补偿性，而定金则不具有补偿性。

（二）违约金与定金的关系

《合同法》第116条规定，当事人既约定违约金，又约定定金的，一方违约时，双方可以选择使用违约金或者定金条款。

《担保法》第89条规定，给付定金的一方不履行约定债务的，无权要求返还定金；收受定金的一方不履行约定债务的，应当双倍返还定金。

定金的数额由当事人约定，但不得超过主合同标的额的20%，至于违约金的数额，法律并没有严格的规定，一般由当事人自愿商定，所以当定金符合法律规定的不超过时，就可以选择以倍返还定金；而如果违约金高于定金的2倍时，选择要求对方承担违约责任就较符合自身的利益(《担保法》第91条)。但根据《合同法》第114条的规定，双方约定的违约金低于违约造成的损失的，当事人可以请求人民法院或者仲裁机构予以增加；双方约定的违约金过分高于违约造成的损失的，当事人可以请求人民法院或者仲裁机构予以适当减少。

因而，根据《合同法》与《担保法》的前述规定，选择以定金或者违约金作为赔偿请求标准时，应以非违约方的最大收益为准。

练习题

一、单项选择题

1. 甲乙双方拟订的借款合同约定：甲向乙借款11万元，借款期限为1年。乙在签字之前，要求甲为借款合同提供担保。丙应甲要求同意担保，并在借款合同保证人一栏签字，保证期间为1年。甲将有担保签字的借款合同交给乙。乙要求从11万元中预先扣除1万元利息，同时将借款期限和保证期间均延长为2年。甲应允，双方签字，乙依约将10万元交付给甲。下列哪一表述是正确的？

   A. 丙的保证期间为1年
   B. 丙无需承担保证责任
   C. 丙应承担连带保证责
   D. 丙应对10万元本息承担保证责任

2. 甲、乙约定：甲将100吨汽油卖给乙，合同签订后3天交货，交货后10天内付货款。还约定，合同签订后乙应向甲支付10万元定金，合同在支付定金时生效。合同订立后，乙未交付定金，甲按期向乙交付了货物，乙到期未付款。对此，下列哪一表述是正确的？

   A. 甲可请求乙支付定金
   B. 乙未支付定金不影响买卖合同的效力

C. 甲交付汽油使得定金合同生效
D. 甲无权请求乙支付价款

3. 甲向乙借款5万元，还款期限6个月，丙作为保证人，约定丙承担保证责任直至甲向乙还清本息为止。丙的保证责任期间应如何计算？
A. 主债务履行期届满之日起6个月
B. 借款发生之日起2年
C. 借款发生之日起6个月
D. 主债务履行期届满之日起2年

4. 甲企业与乙银行签订借款合同，借款金额为10万元人民币，借款期限为1年，由丙企业作为借款保证人。合同签订3个月后，甲企业因扩大生产规模急需资金，遂与乙银行协商，将贷款金额增加到15万元，甲企业和乙银行通知了丙企业，丙企业未予答复。后甲企业到期不能偿还债务。该案中的保证责任应如何承担？
A. 丙企业不再承担保证责任，因为甲与乙变更合同条款未得到丙的同意
B. 丙企业对10万元应承担保证责任，增加的5万元不承担保证责任
C. 丙企业应承担15万元的保证责任，因为丙对于甲和乙的通知未予答复，视为默认
D. 丙企业不再承担保证责任，因为保证合同因甲、乙变更了合同的数额条款而致保证合同无效

二、多项选择题

1. 甲公司从乙公司采购10袋菊花茶，约定："在乙公司交付菊花茶后，甲公司应付货款10万元。"丙公司提供担保函："若甲公司不依约付款，则由丙公司代为支付。"乙公司交付的菊花茶中有2袋经过硫磺熏蒸，无法饮用，价值2万元。乙公司要求甲公司付款未果，便要求丙公司付款10万元。下列哪些表述是正确的？
A. 如丙公司知情并向乙公司付款10万元，则丙公司只能向甲公司追偿8万元
B. 如丙公司不知情并向乙公司付款10万元，则乙公司会构成不当得利
C. 如甲公司付款债务诉讼时效已过，丙公司仍向乙公司付款8万元，则丙公司不得向甲公司追偿
D. 如丙公司放弃对乙公司享有的先诉抗辩权，仍向乙公司付款8万元，则丙公司不得向甲公司追偿

2. 甲向乙借款300万元于2008年12月30日到期，丁提供保证担保，丁仅对乙承担保证责任。后乙从甲处购买价值50万元的货物，双方约定2009年1月1日付款。2008年10月1日，乙将债权让与丙，并于同月15日通知甲，但未告知丁。对此，下列哪些选项是正确的？
A. 2008年10月1日债权让与在乙丙之间生效
B. 2008年10月15日债权让与对甲生效
C. 2008年10月15日甲可向丙主张抵销50万元
D. 2008年10月15日后丁的保证债务继续有效

3. 甲向乙借款5万元，乙要求甲提供担保，甲分别找到友人丙、丁、戊、己，他们

各自作出以下表示，其中哪些构成保证？

　　A. 丙在甲向乙出具的借据上签署"保证人丙"
　　B. 丁向乙出具字据称"如甲到期不向乙还款，本人愿代还3万元"
　　C. 戊向乙出具字据称"如甲到期不向乙还款，由本人负责"
　　D. 己向乙出具字据称"如甲到期不向乙还款，由本人以某处私房抵债"

4. 甲向乙借款10万元，由丙作为保证人，约定"如果甲到期不能偿还该债务，由丙承担保证责任，直至甲的债务本息还清为止"。下列哪些选项是正确的？

　　A. 该保证为一般保证
　　B. 该保证为连带责任保证
　　C. 保证期间为主债务履行期届满之日起2年
　　D. 保证期间为主债务履行期届满之日起6个月

第七章

合同变更与转让

教学目的和要求
1. 了解合同变更的概念、特征;
2. 掌握合同变更的方式和效力;
3. 了解合同转让的概念、特征;
4. 掌握合同权利转让的要件和效力;
5. 掌握合同义务移转的条件和效力;
6. 掌握合同权利义务概括转让的要件和效力。

主要内容:合同变更概述、合同转让概述、合同权利转让、合同义务移转、合同权利义务概括移转。

自学:合同的法定变更。

讨论:合同变更与合同转让的区别,合同债务移转与第三人代为履行的区别。

作业:
1. 简述合同变更的要件和效力;
2. 简述合同转让的特征;
3. 简述合同权利转让的要件和效力;
4. 简述合同义务移转的要件和效力;
5. 简述合同权利义务概括转让的要件和效力。

案例引导

2011年6月起,韩某为其承揽的保温工程项目施工,在甲公司处共计购买了价值为180200元的酚醛保温板,但因资金紧张,未向甲公司支付上述货款。韩某称乙公司承接的某项目拖欠的防水工程款519628.49元未结,待乙公司结账后,韩某可立即支付甲公司上述款项。后经甲公司多次催要,韩某通知乙公司将韩某拖欠甲公司的180200元进行债权债务转让,由乙公司承担韩某拖欠甲公司的180200元债务。对此,乙公司表示同意,并给甲公司开具了3张合计金额为180200元的转账支票,但没有填写支票密码。乙公司称资金紧张,账上没有钱,待有钱后马上通知甲公司支票密码。后经甲公司多次催促,乙公司先是推脱,后又否认与甲公司有任何关系,拒绝付款,让甲公司直接找韩某。据此,甲公司将韩某和乙公司起诉至法院，诉称韩某购买甲公司保温板理应付款，虽经债务转让，但转让没有实现，韩某应承担继续付款义务。乙公司承诺承担债务转移的付款义务，虽开具支票以示履行，但违背承诺不履行支票兑付义务，致使甲公司债权无法实现，乙公司应承担付款义务。请求乙公司给付甲公司货款180200元，并由韩某对上述债务承担连带责任。

【分析】本案中，作为基础合同的韩某与乙公司之间的承揽合同合法有效，不存在瑕疵。根据债务转移的法律规定及法理，债务转移必须经过债权人的同意，否则债务转移不生效力。债权人是否同意是债务转移能否生效的关键所在，本案中，甲公司并没有直接同意韩某与乙公司签订的债务转移协议，但是在乙公司之后的履行行为中，甲公司表示了接受，而且催促乙公司向自己履行债务，应当认为甲公司构成了默示的同意，债务转移发生效力，乙公司应当向甲公司履行180200元的债务。而韩某应否承担债务的连带责任，应当视其债务转移是全部债务还是部分债务而有所不同，根据《合同法》第84条规定，如果债务人将部分债务转移给第三人，债务人和第三人构成并存的债务履行关系。本案中，韩某将180200元的债务全部转移给了乙公司，应当认为乙公司代替韩某地位成为新债务人，而韩某则退出了原债务关系。在这种情况下，甲公司只能向新债务人即乙公司请求履行债务或要求其承担违约责任。因此，甲公司要求韩某就180200元的债务承担连带责任的诉请不能成立，韩某无需承担连带责任。

来源：《合同法典型案例与法律适用》，中国法制出版社2014年版，第111页。

第一节　合 同 变 更

一、合同变更的定义与特征

合同的变更有广义、狭义之分。广义的合同变更，是指合同主体和内容的变更；狭义的合同变更，是指合同内容的变更。从我国《合同法》的有关规定看，合同的变更仅指合同内容的变更，合同主体的变更称为合同的转让。本节的合同变更指狭义的合同变更，即在合同成立以后，尚未履行或尚未完全履行以前，合同当事人就合同的内容达成修改或补充的协议，或者依据法律规定请求人民法院或仲裁机构变更合同内容。

合同依法成立后，即产生相应的法律效力，合同当事人应当全面履行合同义务，不得擅自变更合同。但是，社会经济生活复杂多变，根据契约自由原则，合同订立后，合同当事人有权协商变更合同内容。此外，因重大误解、乘人之危等原因订立的合同以及合同订立后发生情势变更事由等，合同当事人也有权请求人民法院或仲裁机构对原合同内容加以变更。

合同变更具有如下特征：

（1）合同变更是合同的内容发生变化。合同的变更是在保持原合同关系的基础上，对原合同的内容作局部修改或补充，如对合同标的物的数量或质量、规格、价金数额或计算方法、履行时间、履行地点、履行方式等合同内容的某一项或数项进行修改或补充,使合同内容发生了某些变化。

(2) 变更后的合同与原有的合同属于同一法律关系。合同变更只是对原合同关系的内容作局部修改或补充,不是对合同内容的全部变更,为非要素变更,变更后的合同关系与原有的合同关系在性质上不变,属于同一法律关系,学说上称为具有"同一性"。如果合同的要素内容发生变化,则构成合同的根本性变更,称为合同的更新。如合同标的改变,履行数量或价款有巨大变化,合同性质发生变化等,都属于合同的要素变更,为合同的更新,而非合同的变更,合同更新直接导致原合同关系消灭,新合同关系产生。

二、合同变更的方式

合同变更因一定的法律事实而发生,按照《合同法》的规定,合同变更的方式主要有以下两种:

(一) 合意变更

合同变更主要是当事人双方协商一致的结果,任何国家的合同法都将当事人双方的合意作为引起合同变更的重要法律事实。我国《合同法》第 77 条第 1 款规定,当事人协商一致,可以变更合同。合同双方当事人就变更合同经过协商达成一致意见,则合同变更。但是,如果当事人对变更的内容约定不明确的,则应视为未变更。如果合同双方当事人就变更合同的意思表示没有达成一致,则原合同继续有效,当事人仍应按原协议执行。

当事人变更合同的形式可以协商决定,一般要与原合同的形式相一致。如果法律、行政法规规定变更合同应当办理批准、登记等手续的,则必须依照规定办理相关手续才能发生变更的效力。

(二) 法定变更

所谓法定变更,是指出现了法定事由,直接引起合同变更或人民法院或仲裁机构根据合同当事人的申请而对合同内容进行变更。

引起合同变更的法定事由比较复杂,因此,法定变更合同的程序也有所不同。

1. 合同当事人根据法律的规定单方面变更合同

这是指基于法律的规定,合同当事人有权直接变更合同内容,合同当事人享有的合同变更权为形成权,可单方面变更合同。如《合同法》63 条规定,执行政府定价或者政府指导价的,在合同约定的交付期限内政府价格调整时,按照交付时的价格计价。逾期交付标的物的,遇价格上涨时,按照原价格执行;价格下降时,按照新价格执行。逾期提取标的物或者逾期付款的,遇价格上涨时,按照新价格执行;价格下降时,按照原价格执行。又如《合同法》第 258 条规定,定作人中途变更承揽工作的要求,造成承揽人损失的,应当赔偿损失。即法律赋予定作人变更合同的权利。

2. 合同当事人诉请法院或仲裁机关变更合同内容

出现某些法定事由时,当事人一方可提出合同变更要求,但并不享有单方变更合同的权利,应诉请法院或仲裁机关变更合同内容,由法院或仲裁机关根据当事人的请求并结合合同的具体情况，作出相应的变更裁决。例如，《合同法》第54条规定，因重大误解订立的合同以及订立合同时显失公平的合同，当事人一方有权请求人民法院或者仲裁机构变更或者撤销；一方以欺诈胁迫的手段或者乘人之危，使对方在违背真实意思的情况下订立的合同，不损害国家、集体或者第三人利益的，受损害方有权请求人民法院或者仲裁机构变更或者撤销。

三、合同变更的要件

（一）已存在有效的合同关系

合同变更是在原合同的基础上，通过当事人双方的协商或者法律的规定改变原合同关系的内容。因此，无原合同关系就无变更的对象，合同的变更离不开原已存在合同关系这一前提条件。同时，原合同关系若非合法有效，如合同无效、合同被撤销或者追认权人拒绝追认效力未定的合同，合同便自始失去法律约束力，不存在合同关系，也就谈不上合同变更。

（二）只能发生在合同尚未履行或尚未完全履行之前

合同未成立，当事人之间根本不存在合同关系，也就谈不上合同的变更。合同履行完毕后，当事人之间的合同关系已经消灭，也不存在变更的问题，合同的变更只能发生在合同尚未履行或尚未完全履行之前。

（三）合同变更必须遵守法定的方式

合同变更必须依当事人双方的约定或者依法律的规定而变更。此外，法律、行政法规规定变更合同应当办理批准、登记等手续的，依照其规定。

四、合同变更的效力

合同发生变更后，当事人应当按照变更后的合同的内容履行，任何一方违反变更后的合同内容都构成违约，未变更的部分则继续有效。合同的变更原则上仅向将来发生效力，未变更的权利义务继续有效，已经履行的债务不因合同的变更而失去法律依据，除当事人另外有约定以外，任何一方都不能因为合同的变更而单方面要求另一方返还已经作出的履行。

合同变更的效力并不当然及于从合同。如《担保法》第24条规定，债权人与债务人协议变更主合同的，应当取得保证人书面同意，未经保证人书面同意的，保证人不再承担保证责任。保证合同另有约定的，按照约定。《担保法司法解释》第30条规定，保证期间，债权人与债务人对主合同数量、价款、币种、利率等内容作了变动，未经保证人同意的，如果减轻债务人的债务的，保证人仍应当对变更后的合同承担保证责任；如果加重债务人的债务的，保证人对加重的部分不承担保证责任。债权人与债务人对主合同履行期限作了变动，未经保证人书面同意的，保证期间为原合同约定的或者法律规定的期间。

合同的变更不影响当事人要求赔偿的权利。如合意变更合同，提出变更的一方当事人对对方当事人因合同变更所受损失应负赔偿责任。重大误解、显失公平、乘人之危的合同和一方以欺诈、胁迫的手段订立的合同，若一方当事人遭受损失，有权请求对方当事人予以赔偿。

第二节　合 同 转 让

一、合同转让的概念和特征

合同转让，是指当事人一方将其合同权利、合同义务或者合同权利义务全部或者部分转让给第三人。合同的转让，也就是合同主体的变更。

根据转让内容的不同，合同转让分为合同权利的转让、合同义务的转让以及合同权利和义务的概括转让三种类型。根据转让程度的不同，合同转让可以分为全部转让和部分转让。

合同转让发生的原因有多种，有基于法律的直接规定而发生的合同转让，如依《继承法》规定，被继承人死亡，包括合同权利义务在内的遗产即移转于继承人；有基于法院的裁决发生的合同转让；有基于当事人的法律行为发生的合同转让，此为合同转让的最主要原因。合同转让可因单方法律行为而发生，如遗嘱人以遗嘱将其合同权利转让给继承人或受遗赠人；也可因双方法律行为而发生，如合同当事人与第三人达成合意，将合同权利或义务转让给第三人。在现实生活中，合同的转让主要是通过双方法律行为为之，本节阐述的是依双方法律行为而发生的合同转让。

合同转让具有以下特征：

（1）合同转让导致合同主体发生变更。合同转让是将合同内容转移给第三人承受，使第三人取代原当事人一方成为合同当事人，享受合同权利或承担合同义务，或者是第三人加入合同关系中，与原当事人一起分享权利、分担义务。合同转让的结果是合同当事人发生变更，这一特征将合同转让与合同变更区别开来。

（2）合同转让不改变合同内容。合同转让只是改变合同的主体，并不改变原合同的权利和义务，转让后的权利人或义务人所享有的权利或义务仍是原合同约定的，因此，转让合同并不引起合同内容的变更，其内容与原合同内容一致。

（3）合同转让由两个相连的法律关系构成。合同转让主要是出让人与受让人之间的法律关系，但合同转让涉及原合同另一方当事人的利益，故合同转让应告知合同另一方当事人或征得其同意。

合同转让制度为债的移转的一种，其确立与发展经历了漫长而复杂的过程。早期罗马法认为，债是特定主体之间的关系，债权为连接债权人与债务人的法锁，为了保持债的同一性，债权不能让与他人，债务也不得由他人承担。但是随着罗马社会简单商品经济的发展，债权作为财产性权利，不能移转有极大弊端，债权不得让与理论面临严重挑战。为了适应现实需要，在不违背原则的基础上，罗马人相继采用了债的继承、债的更新、诉讼代理、诉讼通知、债权继承等债的更改方式移转债权。演绎至裁判官法时，规定债权让与在让与人和受让人之间的让与行为成立时，发生债权让与的效果，债务人自接受让与通知时受其拘束。债务承担制度同样也经历了由不承认至一定条件下允许的演变历程。与此同时，罗马法对债权让与的效力、让与人的瑕疵担保责任、债务人的抗辩权等问题也有了较为成熟的理论。合同转让是商品经济中经常发生的社会现象，近代各国的民事立法大多在吸取罗马债法的基础上都规定了债的移转制度。我国《民法通则》对合同转让有所限制，《合同法》突破了《民法通则》在合同转让上的局限性，对合同转让作了进一步发展和完善。

二、合同权利的转让

合同权利转让又称合同债权让与，是指合同一方当事人通过与第三人订立协议，将其享有的合同权利全部或部分转让给第三人。转让合同权利的当事人称为让与人，受让合同权利的第三人称为受让人。

合同权利转让是在不改变合同内容的前提下合同权利主体的变更，合同权利转让的对象是债权。合同权利全部转让时，受让人取代让与人行使合同权利，让与人退出债权关系；合同权利部分转让时，受让的第三人加入合同关系，与让与人共同成为合同的债权人，转让协议明确转让权利份额的，让与人与受让人按照份额分享合同权利，转让协议未明确转让权利份额的，则让与人与受让人对合同享有连带权利。

（一）合同权利转让的要件

合同权利转让通常是基于让与人与受让人之间的债权转让协议发生，债权转让协议为民事行为，须具备以下条件才能生效：

1. 须存在合法有效的合同权利

合同权利的有效存在，是合同权利转让的根本前提，以不存在或者无效或者已消灭的合同权利转让的，即为标的不合法或标的不能，转让协议无效，由此给受让人造成损失的，出让人承担赔偿责任。

已过诉讼时效的合同、可撤销合同、附条件的合同等，其合同权利仍然有实现的可能，学界认为仍然可作为债权转让协议的标的。但应注意，如果债务人以诉讼时效完成为由拒绝履行债务或行使撤销权而使债权归于无效，或者因条件成就或不成就使债权失去效力时，受让人可以因此主张债权转让协议无效。

2. 让与人与受让人须就合同权利的转让达成协议

让与人与受让人之间须就合同权利的转让达成协议，并且该转让协议应符合合同成立和生效的要件，如要求合同双方当事人必须符合资格，让与人与受让人必须就合同权利转让意思表示一致等。债权让与具有非要式性，让与人与第三人就合同权利转让协商一致，债权让与协议即告成立，但按照法律、行政法规的规定需要办理批准、登记等手续的，则必须遵守法律规定。

3. 被转让的合同权利须具有可让与性

不是所有的合同权利都可转让。早在古罗马时期，为保护债务人以及维护公共利益，对债权让与予以限制，规定三类债权不得让与，一是按照当事人约定不得让与的债权；二是依法律关系性质不得让与的债权；三是依法律规定不得让与的债权。现代民法也多以列举的方式对债权让与予以限制，我国《合同法》第79条规定了以下合同权利不得转让：

（1）根据合同性质不得转让。这类合同主要是基于当事人之间的信赖关系而订立或以特定的债权人为基础而发生，如承揽合同、雇佣合同、委托合同、演员的表演合同等，这类合同的权利若转让给第三人，或使合同的内容发生完全变更，使合同的同一性丧失，或导致合同目的不能实现。另外，从合同中的债权从性质上属于从权利，从权利通常不得单独作为合同标的转让。但从权利可与主权利分开而单独存在的，可以转让。

（2）按照当事人的约定不得转让。根据契约自由原则，当事人可以在订立合同时或订立合同后特别约定，禁止任何一方转让合同权利。约定的内容可以泛指约定合同权利不得让与任何人，也可以特指约定不得将合同权利让与某一特定的人等，只要此约定不违反法律的禁止性规定和社会公共利益，就能产生法律效力。但基于合同的相对性和保护交易安全，当事人之间的这种约定，不得对抗善意第三人，若违背约定转让合同权利造成债务人利益损害的，让与人承担违约责任。需要注意的是，合同当事人之间禁止转让合同的约定必须在合同权利尚未转让之前作出，否则转让有效。

（3）依照法律规定不得转让。法律基于社会公共利益，规定不得让与的债权，当事人在转让合同权利时应当遵守法律规定。如《担保法》第61条规定，最高额抵押的主合同债权不得转让。

4. 合同权利转让须通知债务人

《合同法》第80条第1款规定，债权人转让权利的，应当通知债务人。未经通知，该转让对债务人不发生效力。

合同权利转让协议一旦在让与人与受让人之间有效成立，合同权利即移转于受让人。合同权利转让尽管使合同权利主体发生了变化，但合同内容不变，合同权利转让对债务人并无实质影响，如果因转让而使债务人履行费用增加，也是由原债权人或受让人承担，故债务人对合同权利的转让同意与否，并不影响合同权利转让协议的成立和生效。合同权利转让须通知债务人的本意或目的在于指示债务人向合同权利受让人履行债务，确认债务人应当履行义务的对象。因为基于合同的相对性，合同权利主体发生变动债务人并不知晓，受让人也不能向债务人提出履行要求，债务人仍然有权向原来的债权人履行合同义务。因此，合同权利转让以通知债务人为对债务人发生效力的要件，债务人收到受合同权利转让通知的，合同权利转让对债务人不发生效力，如果债务人对原合同权利人清偿，则债务人的债务消灭，受让人只能对原合同权利人请求返还不当得利或承担违约责任。

关于通知的主体，《合同法》未作具体规定。从合同的相对性来说，债权让与人负有通知的义务，但如果严格限定债权转让履行通知义务的主体为让与人，若让与人怠于履行通知义务，受让人则有可能错失行使债权的时机。学理上一般认为通知的行为既可由债权让与人直接通知债务人，也可以由受让人持其与债权人达成的债权转让协议或债权人出具的债权转让凭证进行通知，两种通知的法律效果等同。

对通知的方式不作要求，可以是书面形式，也可以是口头形式。如果当事人对是否作出通知发生争议，由负有通知义务一方当事人对其作出通知负举证责任。通知的时间应当在债务人按照原来约定履行债务之前进行，如果通知到达债务人的时间晚于债务人履行债务时间的，对债务人不产生法律拘束力。

按照《合同法》第 80 条第 2 款的规定，债权人转让权利的通知不得撤销，但经受让人同意的除外。此规定的目的是加强对受让人和债务人利益的保护，以防止出让人随意撤销转让权利的通知，使已经转让的权利处于不稳定状态。

需要注意的是，根据《票据法》的有关规定，证券化债权的转让不以通知债务人为债权转让的生效要件，并且票据债务人不能以自己与发票人之间存在的抗辩事由对抗执票人，这是基于票据的高度商业流通性特点决定的。

（二）合同权利转让的效力

转让合同权利的协议依法成立，并且债权变动的情况通知债务人后，合同权利转让将产生以下法律效力：

1. 合同权利转让的对内效力

所谓合同权利转让的对内效力，是指合同权利转让在转让双方即让与人和受让人之间发生的法律效力。主要表现在：

（1）合同权利及其从权利转让给受让人。债权让与合同一经有效成立，受让人即取得受让的合同权利。如果是全部转让，则受让人将作为新的债权人而成为合同权利的主体，让与人将脱离原债权关系，由受让人取代其地位。如果是部分转让，则受让人将加入合同关系，与让与人一起成为共同债权人。转让协议明确转让权利份额的，受让人按照份额与让与人就各自部分独立享有债权；转让协议未明确转让权利份额的，则让与人与受让人对合同享有连带权利。此外，根据"从随主"的原则，合同权利转让时，受让人不仅取得债权，而且取得与债权有关的从权利，但该从权利专属于债权人自身的除外。

（2）让与人应协助受让人，使其可以行使合同权利。根据诚信原则，让与人应提供一切必要的合作，以使受让人可以行使所受让的合同权利。让与人应告知受让人有关主张合同权利所必要的一切情况，如债务人的住所地、债务的履行方式等，转让人还应将合同权利的证明文件全部交付受让人，其证明文件包括债权证书以及债务人出具的借据、票据、合同文件、往来电报信函等。合同权利附有担保的，转让人还应当将担保文书以及占有的担保物交付给受让人。

（3）让与人对转让的合同权利负瑕疵担保责任。让与人应当担保其让与的合同权利是真实有效合法存在的，并且该权利不会被第三人追索。如果让与的权利存在瑕疵，转让人应向受让人承担违约责任。买受人订立合同时知道或者应当知道所出让的债权有瑕疵而接受让与的，转让人不承担瑕疵担保责任。

出让人仅负有保证该合同权利合法有效存在的义务，并不负有保证该合同权利能够实现的义务。

2. 合同权利转让的外部效力

所谓合同权利转让的外部效力，是指合同权利转让对债务人所具有的法律效力。

1）在让与人与债务人之间的效力

如果合同权利全部转让，让与人完全脱离债权关系，不得再受领债务人的履行，债务人也不得向让与人履行原来的债务。如果是部分转让，让与人与受让人依约定或按份共享债权或连带共享债权，债务人按照相关规定履行其债务。

2) 在受让人与债务人之间的效力

债务人收到合同权利转让通知后,即应当按照合同权利转让的具体情况,将受让人作为债权人而履行其债务。

债务人对受让人履行合同义务后,若该合同权利实际上并未让与或合同权利让与被宣告无效、被撤销的,如果债务人为善意的,则该履行为有效履行,免除对原债权人的履行义务。

3) 债务人的抗辩权、抵销权不受影响

为了保护债务人不因转让合同权利而受损害,债务人在合同权利转让时就已经享有的对抗原债权人的抗辩权、抵销权并不因为合同权利的转让而消灭。我国《合同法》第82条规定,债务人接到债权转让通知后,债务人对让与人的抗辩,可以向受让人主张。《合同法》第83条规定,债务人接到债权转让通知时,债务人对让与人享有债权,并且债务人的债权先于转让的债权到期或者同时到期的,债务人可以向受让人主张抵销。

三、合同义务的移转

合同义务的移转,又称为债务承担,是指不改变合同的内容,债务人或债权人与第三人订立协议,将合同义务全部或部分地转移给第三人承担,受让合同义务的第三人称为承担人。

合同义务移转是在不改变合同内容的前提下合同义务主体的变更,合同权利转让的对象是债务。合同义务移转可以是合同义务的全部移转,也可以是合同义务的部分移转。合同义务全部移转时,承担人取代原债务人履行合同义务,原债务人退出债务关系,这种移转称为免责的债务移转;合同义务部分移转时,承担人加入合同关系,与原债务人共同成为合同的债务人,转让协议明确约定了转让份额的,承担人与原债务人按照各自份额承担合同义务,转让协议未明确约定转让份额的,则承担人与原债务人对合同承担连带债务,这种移转称为并存的债务承担。

(一) 合同义务移转的条件

合同义务移转一般由合同的一方当事人与合同之外的第三人通过订立债务承担协议完成,债务承担协议为民事行为,须具备以下条件才能生效:

1. 须有有效的合同义务存在

合同义务的有效存在是合同义务转让的根本前提,以不存在或者无效或者已消灭的合同义务转让的,即为标的不合法或标的不能,承担协议无效。

可撤销合同、附条件的合同等,为不完全的合同义务,但其合同义务仍然有履行的可能,学界认为仍然可作为债务承担协议的标的。但应注意,但只有在该债务成立时,债务承担协议才能生效。

2. 合同义务须具有可移转性

以下合同义务不可以移转:

(1) 性质上不能移转的合同义务。一般指与债务人人身有密切联系的合同,其合同义务不能移转。如雇佣合同、承揽加工合同等,这类合同如果债务人变更,其给付内容会完全变更或债务履行效果会发生显著差异，有违合同订立的目的。

（2）当事人约定不得移转的合同义务。依契约自由原则，合同当事人可特别约定禁止合同义务移转。此约定主要在于限制债权人移转合同义务。因为按照法律的规定，如债务人将合同义务移转给第三人承担，无论是免责的债务承担还是并存的债务承担，都须得到债权人的同意。故无论当事人有无约定，债务人移转合同义务实质都受到债权人的限制。但债权人与第三人订立债务承担合同一般不必经债务人同意即可成立。因此，当事人约定不得移转的合同义务，更多是对债权人移转合同义务的限制。

（3）依法律规定不得移转的合同义务。法律基于社会公共利益，规定不得让与的合同义务，当事人应当遵守法律规定，不得移转。以该类债务作为标的物的，将构成标的物不法，债务承担协议不生债务承担的效力。

3. 须债务人或债权人与第三人就合同义务移转达成协议

合同义务移转要求须债务人或债权人与第三人就合同义务移转达成协议，并且该转让协议应符合合同成立和生效的要件，如要求合同当事人必须符合资格，必须就合同义务意思表示一致，合同内容不得违法等。

合同义务承担协议一般由债务人与第三人订立，从我国《合同法》第84条的规定来看，法律只规定了债务人将合同义务移转给第三人的程序，对于债权人可否与第三人订立债务承担协议，《合同法》并没有明确规定。但学界认为，第三人与债权人间可以订立债务承担协议。关于第三人与债权人可以订立债务承担协议的理由，有学者认为，这是债权人对于自己债权的处分行为，故第三人与债权人可以任意约定由第三人代替原债务人承担其债务，而无须原债务人同意。也有学者认为第三人与债权人间订立债务转让合同，虽然没有债务人参与，但该合同仍有效，因为债务人因该合同只是享受利益。还有学者认为，由于合同义务是为债权人利益而设，故在债务的移转问题上，债权人拥有比债务人更为优越的定位，根据"举重明轻"的解释规则，应当认为既然债务人可以移转债务，债权人当然也可以移转合同义务。笔者认为，债务移转通常于债务人利益一般没有坏处。而对债权人来说，债权人与第三人订立债务移转协议，往往对第三人的资信情况及履行债务的能力有所了解，是对其合同权利的一种处分行为。基于民事生活的复杂性和多样性以及契约自由原则，如果债权人与第三人订立债务移转协议，于三方利益无损的，法律没有必要进行干预，但应对其移转程序有所限制。同理，债务移转协议也可由债权人、债务人与第三人共同订立。

4. 须征得利害方的同意

《合同法》第84条规定，债务人将合同的义务全部或者部分转移给第三人的，应当经债权人同意。合同义务移转对合同债权人的利益有直接影响，承担人是否具有资力履行合同义务，对债权人影响巨大，因此债务人将合同的义务全部或者部分转移给第三人的，应当经债权人同意。债权人的同意，可以向债务人或承担人为之，无须为明示，也可以依默示行为表示。第三人与债务人间订立债务转让合同后，第三人或债务人是否享有催告权，《合同法》未作规定。有学者认为可以类推适用《合同法》第48条第2款的规定，即第三人或债务人可以约定相当期限催告债权人，若债权人拒绝同意或逾期未为表示，则该债务转让合同无效。

债权人与第三人订立的合同义务移转协议是否应当经债务人承认才能生效，理论上存在争议。有学者认为这类债务承担合同不需征得债务人同意，只应当通知债务人。即使债务人对承担人承担债务表示反对，该债务承担合同仍有效，其理由是第三人代替债务人履行债务，对债务人并为不利。也有学者认为，虽然债权人与第三人订立的合同义务移转协议一般不必经债务人同意即可成立，但应通知债务人，否则对债务人不产生效力。笔者认为，债权人与第三人订立的合同义务移转协议一般情况下对债务人并非不利，但这种移转行为仍然是对债务人债的处分，某些合同义务的移转甚至会对债务人产生不利结果，根据意思自治原则以及合同当事人法律地位平等原则，为尊重债务人、保护债务人的利益，转让协议应当由债务人同意才能生效。

另外，合同义务移转协议按照法律、行政法规的规定需要办理批准、登记等手续的，必须遵守法律规定。

（二）合同义务移转的效力

合同义务移转协议生效后，产生以下法律效力：

1. 承担人成为合同的债务人

合同义务移转协议生效后，承担人成为合同的债务人。合同义务全部移转的，原债务人脱离债务关系，由承担人直接向债权人承担债务。合同义务部分转让给承担人的，原债务人并不脱离债务关系，而由承担人与原债务人共同承担合同义务。承担协议确定义务移转份额的，原债务人与承担人各自按份额履行合同义务，依照按份之债的规则处理；承担协议未确定义务移转份额的，原债务人与承担人承担连带债务，依照连带之债的规则处理。

2. 承担人取得原债务人基于合同关系所享有的抗辩权

《合同法》第 85 条规定，债务人转移义务的，新债务人可以主张原债务人对债权人的抗辩。债务承担以债务转移时的状态移转于承担人，故承担人可以承担债务时已经存在的事由对抗债权人，例如债务具有无效原因，承担人可向债权人主张无效。

3. 从债务移归承担人负担

《合同法》第 86 条规定，债务人转移义务的，新债务人应当承担与主债务有关的从债务，但该从债务专属于原债务人自身的除外。例如，附随于主债务的利息债务，即随着主债务的移转而移转承担人。但他人为原债务人提供的保证有所不同，债务承担未取得保证人同意的，保证人的保证责任消灭。

债务承担为无因行为，第三人与债务人之间的债务移转协议基于何种原因而订立，在所不问，其原因行为无效或撤销，不影响债务承担协议的效力。

> **知识链接**
>
> **债务移转与第三人代为清偿的区别**
>
> 债务移转与第三人代为清偿都涉及第三人对债务的清偿，在实践中容易产生混淆。第三人代为清偿是指合同当事人约定由第三人向债权人清偿合同债务。《合同法》第 65 条

规定，当事人约定由第三人向债权人履行债务的，第三人不履行债务或者履行债务不符合约定的，债务人应当向债权人承担违约责任。债务移转与第三人代为清偿有以下区别：(1) 法律地位不同。债务移转中，承担债务的第三人成为合同的一方当事人，为合同的债务人，对债权人负有履行义务；而代为清偿的第三人处于合同关系之外，只是债务人的履行辅助人，不是合同的当事人，债权人无权要求其承担履行义务。(2) 履行合同义务的程序不同。第三人代为清偿是作为债务人的履行辅助人而向债权人履行合同义务，故其履行义务时不需要债权人的同意；而债务承担中，第三人是作为合同当事人一方来承受合同义务，必须经债权人同意。(3) 履行不能的法律后果不同。在债权移转中，承担债务的第三人已经是合同的债务人，其不能履行债务，要向债权人承担违约责任；而第三人代为清偿时，第三人不能履行债务，则是由债务人向债权人承担履行不能的责任。

四、合同权利义务的概括转移

合同权利义务概括转让，又称合同承受，是指不改变合同的内容，合同一方当事人与第三人订立协议，将其在合同中的权利与义务一并转让给第三人，由第三人承受其合同地位，享受权利并负担义务。转让合同权利义务的合同当事人称为出让人，接受合同权利义务转让的第三人称为承受人。

合同权利义务概括转移是债权债务的一并转移，既包括合同权利的转让，也包括合同义务的承担。它不改变合同原有的权利义务内容，但发生合同主体的变化。

合同权利义务的概括转让分为全部的概括转让和部分的概括转让。前者，合同的权利义务全部由出让人移转至于承受人，使承受人取代出让人的法律地位，成为合同关系的新当事人，出让人完全退出合同关系。后者，是承受人加入合同关系，与转让人共同成为合同的一方当事人。转让时，出让人和承受人确定转让的份额的，按各自享有的份额享受债权和承担债务，为按份之债；转让时，没有约定转让份额或者约定不明确，则视为连带之债，由出让人与受让人共同行使合同权利，履行合同义务。

(一) 合同权利义务概括转移的条件

1. 须有合法有效的合同存在

合同权利义务的概括转移须以合法有效的合同存在为前提。合同尚未订立或合同关系已经解除，合同转让失去前提而不能成立；合同无效，依合同产生的权利义务自始无效，也不存在合同权利义务的概括转让。

2. 须为双务合同

合同权利义务的概括转移承受既转让合同权利，又转让合同义务，因而被移转的合同只能是双务合同。单务合同只能发生债权让与或债务承担，不能产生合同权利义务的概括承受。

3. 须原合同当事人与第三人达成合同承受的合意

合同权利义务概括移转要求须原合同当事人与第三人就合同权利义务概括移转达成协议，并且该转让协议应符合合同成立和生效的要件。另外，依照法律规定应当由有关机关批准的合同，其合同承受必须经过原批准机关的批准。

4. 须为可转移的合同

合同权利义务概括转移是债权债务的一并转移，既包括合同权利的转让，也包括合同义务的承担。因此，根据《合同法》的规定，其转移适用于关于债权让与、债务承担的一般规定，故下列合同不得转移：(1) 根据合同性质不得转移的；(2) 按照当事人约定不得转移的；(3) 依照法律规定不得转移的。

5. 须经对方当事人的同意

合同权利义务概括转移不仅包括合同权利的移转，还包括合同义务的移转，为保护合同对方当事人的合法权益不因合同权利义务的转让而受到损害，法律规定，合同一方当事人通过协议将合同权利和义务概括移转给第三人时，必须取得合同对方当事人的同意；否则不产生法律效力。

(二) 合同权利义务概括转移的效力

在合同权利和义务全部概括移转的情形下，债权债务的承受人完全取代原当事人的法律地位，成为合同关系的当事人，因此，依附于原当事人的全部权利义务均移转于承受人，包括在合同权利转让或合同义务的转让中，与原债权人或者原债务人的利益不可分割的权利，如撤销权、解除权，也一并移转。出让人完全脱离合同关系。嗣后合同的履行或者不履行以及合同的变更或解除，概与出让人无关。若合同权利和义务只是部分概括移转，则承受人加入合同中来，与出让人共同成为合同的一方当事人，转让协议有份额约定的，承担人与原合同当事人按各自份额享受权利，承担义务；转让协议无份额约定的，承担人与出让人行使连带债权，承担连带债务。

练习题

一、不定项选择题

1. 债务人欲将合同的义务全部或者部分转移给第三人，则（　　）
   A. 应当通知债权人　　　　B. 应当经债权人同意
   C. 不必经债权人同意　　　D. 不必通知债权人

2. 我国对合同权利转让采取的标准是（　　）。
   A. 自由主义　　　　　　　B. 当事人同意主义
   C. 通知主义　　　　　　　D. 法定主义

3. 合同的变更（　　）。
   A. 原则上仅向过去发生效力
   B. 不存在溯及力的问题
   C. 已经履行的债务因合同的变更而失去了法律根据
   D. 未变更的权利义务不再继续有效

4. 梁某与甲旅游公司签订合同，约定梁某参加甲公司组织的旅游团赴某地旅游。旅游出发前15日，梁某因出差通知甲公司，由韩某替代跟团旅游。旅游行程一半，甲公司不顾韩某反对，将其旅游业务转给乙公司。乙公司组织游客参观某森林公园，该

公园所属观光小火车司机操作失误致火车脱轨,韩某遭受重大损害。下列哪些表述是正确的?(   )

  A. 即使甲公司不同意,梁某仍有权将旅游合同中的权利转让给韩某
  B. 韩某有权请求甲公司和乙公司承担连带责任
  C. 韩某有权请求某森林公园承担赔偿责任
  D. 韩某有权请求小火车司机承担赔偿责任

二、案例分析题

1. 甲公司和乙公司签订了一份原材料买卖合同,双方约定由甲公司向乙公司提供用于生产高精密仪器的原材料 500 箱,货款 25 万元。原材料的质量标准以封存样品为准。为了保证合同的有效履行,双方约定由丙公司为甲提供保证,乙分两次付款给甲。在履行期间,乙先付第一笔货款 10 万元,甲收到货款后即将第一批 250 箱原材料运送到乙处。在甲交付第二批货物时,由于供货市场出现问题,该批原材料紧俏,甲于是找到乙协商,以不能提供全部货物为由,希望将合同标的换为品质稍差一些的另外一种原材料。乙考虑到自己的生产计划,于是同意了甲的要求。甲、乙之间的协商一直没有通知丙。后来,甲仍然不能履行自己的供货义务,于是甲背着乙与丁达成协议,由丁向乙提供不足的部分。乙知道实情后拒绝接受丁提供的货物。

问题:

(1) 甲、乙双方达成的改变标的物的协议是否有效?其后果是什么?丙是否还应承担保证责任?

(2) 乙是否有权拒绝丁的履行?

2. 原告田某、王某合伙经营位于北京市密云县城密云酒天海城商行,系苏酒实业股份有限公司生产的洋河蓝色经典系列酒密云地区营销总代理。2010 年 5 月,二原告将商店的下游客户名单、洋河蓝色经典系列酒的营销代理权及债权转让给被告展某。双方约定,对于客户名单及洋河蓝色经典系列酒的密云地区营销代理权不再另行计价,仅对转让给被告的对外债权单独计价,经核算对外债权总计 922119 元,扣除呆账及不实债权 160632 元,债权转让总额为 761487 元。协议签订当日,被告向原告支付 700000 元,尚欠 61477 元。被告于 2010 年 5 月 25 日给二原告出具借据(欠条),其内容为:"今有展某借(欠)到田某、王某转来账据、票额 922119 元减去退据 160632 元。已付田某、王某现金 700000 元,目前账面欠 61477 元,本款待同客户核实,如有误差,可从总款内增减,双方共同承认。同客户确认票面金额无误,自今日起 3 月内用现金付给田某、王某。"借据出具后,被告既未向原告付款,亦未对下游客户债权真实与否提出异议。

问题:

(1) 原、被告之间签订的"借据"性质如何认定?
(2) 双方协议是否存在显失公平的情形?
(3) 债权转让后的风险应由谁承担?

第八章

合同权利义务终止

📝 教学目的和要求

1. 了解合同终止的原因和法律后果；
2. 掌握合同清偿的要求；
3. 掌握合同解除的方式、程序和效力；
4. 掌握合同抵销的条件、程序和效力；
5. 掌握提存的条件和效力；
6. 掌握合同免除的成立条件和效力；
7. 掌握合同混同成立条件和效力。

主要内容：合同终止概述，清偿，解除，抵销，提存，免除，混同。

自学：合同的履行，见《合同法》。

讨论：合同终止与合同变更的区别，合同新债清偿与代物清偿的区别。

作业：

1. 简述合同终止的法律后果；
2. 简述合同清偿的要求；
3. 论述合同解除的方式和程序；
4. 简述合同法定抵销的条件和效力；
5. 简述合同提存的条件和效力；
6. 简述合同免除的成立条件和效力；
7. 简述合同混同的条件和效力。

📝 案例引导

1990年3月，某县服装公司（下称服装公司）与某市批发公司（下称批发公司）签订了供应5000套童装与5000套儿童连衫裙的合同。合同规定同年5月10日前交货。3月25日，服装公司与某童装厂签订了购销2000套童装与2000套儿童连衫裙的合同。该合同规定：童装厂必须在5月5日前把货送到服装公司。合同还对童装与连衫裙的样式、面料、花式、规格、质量等作了规定。1990年4月30日，服装公司向童装厂询问生产情况，童装厂告知正在生产中。5月4日服装公司要求童装厂交货，童装厂答复尚未生产完毕。5月7日服装厂再次要求，童装厂仍答复没有做好。服装公司为履行与批发公司的合同，于当日下午派车到童装厂，发现童装厂只让少量工人在做他们订购的童装及连衫裙，大量工人在生产另外服装。服装公司要求将已经做好的童装与连衫裙提回，并提出终止合同。童装厂提出制作童装与连衫裙的面料已全部买齐，不能终止合同。并说，若要终止合同，则已做好的童装与连衫裙也不让提货。双方为此发生争执，服装公司空车返回。次日，服装公司将向另一家服装厂订购的童装与连衫裙各3000套发往批发公司，并用电话向批发公司告知了所发生的情况。批发公司表示，若剩余货物能在5月15日前发出，尚可接收，否则因赶不上六一儿童节前的展销，不必再发。5月10日服装公司发函给童装厂，要童装厂最迟在5月14日将货送到，否则所订的合同视为解除，送来的货物一概拒收。但童装厂一直到5月25日，才告知服装公司童装、连衫裙已做好，让服装公司派车去提。服装公司提出：童装厂交货已超过最后期限，合同已解除，拒绝提货。5月28日童装厂送货到服装公司，遭服装公司拒收。1990年6月18日童装厂向法院起诉，诉称该批童装与连衫裙是为服装公司定制的，不适宜在本地销售，要求服装公司履行合同并赔偿损失。服装公司辩称：童装厂一再违约，交货超过服装公司最后期限，合同已解除，不再存在履行合同与赔偿损失的问题。

【分析】本案中，由于童装厂的违约，致使服装公司与批发公司的合同不能全面履行，合同终止。在这种情况下，服装公司向童装厂提出解除合同的理由是正当的，因为服装公司在失去销路的情况下再履行与童装厂的合同已不必要。

本案中，服装公司已经书面通知童装厂履行合同的最后期限，否则作解除合同论。童装厂既未在这一期限内提出异议，又未履行交货义务，据此也应视为童装厂同意解除合同。童装厂在解除合同后，再行交货，就失去了交货的依据，其损失也只能由自己承担。

来源：《合同法案例评析》，人民法院出版社2000年版，第658页。

第一节 合同权利义务终止概述

合同终止是合同法上一项独立的制度。在我国，谈到清偿、抵销、混同等术语的上位概念时，在合同法中用"终止"一词。如《合同法》第91条规定，有下列情形之一的，合同的权利义务终止：（1）债务已经按照约定履行；（2）合同解除；（3）债务相互抵销；（4）债务人依法将标的物提存；（5）债权人免除债务；（6）债权债务同归于一人；（7）法律规定或者当事人约定终止的其他情形。

一、合同权利义务终止的定义

合同权利义务的终止，简称为合同终止，又称为合同消灭，是指由于一定的法律事实发生，使合同设定的权利义务归于消灭，合同关系不再存在。

合同是当事人达到其利益要求的法律手段，故合同关系为动态关系，它不可能永久存续。合同关系或因当事人目的已达，即归消灭，也可以因合同解除、债权债务抵销、当事人混同等原因而消灭。

合同权利义务终止与合同的变更不同。合同的变更，是变更合同的具体内容或变更合同的主体，合同变更时，仅其合同内容发生改变或合同主体变动，合同关系依然存在。而合同权利义务终止，则是使合同的权利义务归于消灭，合同关系不再存在。

合同权利义务终止与合同效力的停止也不相同。合同效力的停止，是指债务人行使抗辩权拒绝债权人的履行请求，此时的合同关系并未消灭，只不过效力暂时停止，当抗辩事由消灭后，合同效力立即恢复。这与合同权利义务终止后该合同关系不再存在的法律后果有显著区别。

二、合同权利义务终止的原因

合同权利义务终止是基于一定法律事实的出现。根据《合同法》第 91 条的规定，合同终止的事由主要包括：清偿、解除、抵销、提存、免除与混同等。从其规定来看，合同权利义务终止的原因主要有以下几类：

（一）因合同目的实现而终止

当事人之间订立合同只是为实现某种利益要求，合同债务人按照合同约定履行合同义务后，合同当事人的利益要求得到了实现，遂产生合同权利义务终止的后果。合同目的实现是合同权利义务终止最主要的原因。

（二）基于当事人的意思而终止

根据意思自治原则，合同可由于当事人的意思而终止。当事人终止合同的意思可以是当事人单方面的意思表示，如合同债权人抛弃债权时，债的关系即归消灭，此即所谓合同的免除。合同也可经双方当事人协商一致解除而终止。

（三）因法律的规定而终止

为了维护社会秩序的稳定，在一定情形下，法律直接规定合同权利义务终止，合同关系消灭。如合同的法定解除、合同当事人的混同等，都是基于法律的规定而使合同权利义务终止，合同关系消灭。

三、合同权利义务终止的法律后果

合同终止的原因各异，但因合同终止而发生的法律后果是相同的。

（一）合同当事人之间的权利义务消灭

自合同终止之日起，当事人不再享有合同约定的权利，也不再负有合同约定的义务。合同终止后，依附于主合同的从合同的权利义务也归于消灭，如合同担保中的抵押权、质权、留置权及保证债权等都将归于消灭。

(二)办理有关合同关系消灭的手续

合同终止后,应办理一切有关合同关系消灭的手续,如取消合同登记、债权证书的返还等。债权证书,如负债字据等,为证明债权债务关系的证明。合同之债消灭后,合同债权人应将债权证书返还于债务人。债权人如因债权证书灭失而不能返还,则应向债务人出具债务消灭的字据。

(三)后合同义务产生

合同终止后,当事人应当遵循诚实信用原则,根据交易习惯,履行通知、协助、保密等义务。对此,我国《合同法》第92条作出了明确规定,此规定所表达之内容即为后合同义务。当事人违反后合同义务,应承担损害赔偿责任。

(四)合同所约定的结算和清理条款仍有约束力

合同终止后,当事人基于合同而产生的债权、债务关系,还应按合同所约定的结算和清理条款进行。换言之,合同终止后,合同所约定的结算和清理条款对当事人双方仍有约束力。

(五)受损害方有权要求对方当事人承担赔偿责任

合同终止后,合同当事人的权利义务消灭,但这并不影响受损害方的赔偿请求权。在合同存续期间内因一方当事人违约导致合同关系解除的,虽然合同终止,其仍要承担违约责任。当事人协议解除合同关系的,因解除合同关系导致对方损失的,相对方要承担赔偿责任。

第二节 清 偿

一、清偿的定义

清偿是指债务人按照法律的规定或者合同的约定向债权人履行义务,实现债权人利益的行为。

我国《合同法》并没有规定"清偿"这一概念,而是以"履行"概念取而代之,如《合同法》第91条规定的"债务已按照约定履行"。清偿、履行及给付,虽用词不同,但意义大抵相同,均是债务人向债权人为特定行为,只是描述的角度不同,清偿所看重的是给付结果的发生。是从债权债务消灭的角度来讲,当依照债的宗旨实现债务内容时,就是清偿。履行是从债的动态方面来讲,其所侧重的是债务内容的实现过程和行为。而给付则是从债务人的角度对合同标的的概括性描述。

在《民法通则》中,清偿与履行是在同等意义上交互使用的。不过,在使合同绝对终止方面,清偿与履行还是存在差别的。清偿指的是完全履行,即按照合同中约定的时间、地点和方式进行,并以全面清偿为原则。也就是说,清偿将导致合同关系的绝对消灭，但履行还存在瑕疵履行、部分履行等情形，在这些情况下，履行不能引起合同关系绝对消灭。

清偿人以清偿为目的而实施的行为主要是三种：（1）积极的事实行为，如劳务的提供；（2）法律行为，如代购代销；（3）还可以表现为不作为，如按照劳动合同的约定为用工单位保守商业秘密。因此，因清偿所为的行为可以是法律行为，也可以是事实行为。

当事人利益的实现，是订立合同所追求的目标，清偿是实现合同目的的方式，也是合同终止最主要、最圆满的原因。

二、清偿主体

清偿主体，是指清偿行为的当事人，包括清偿人和清偿受领人。

清偿人，指为清偿行为的人。清偿人主要包括债务人、债务人的代理人、第三人，但依债务性质（如个人演唱、学术演讲）或当事人另有约定不得由第三人代为清偿的除外。第三人代为清偿债务时，倘若债务人存有异议，则债权人可以拒绝受领其清偿。

清偿受领人，是指受领清偿利益的人。清偿受领人可以是债权人、债权人的代理人、破产财产管理人或者清算人、受领证书持有人。清偿行为须向具有受领权的人做出，并经其受领之后，才能发生清偿的法律效力——债的关系消灭。债权人是债权的主体，自然享有清偿受领权。此外，其他具有受领权的人也是清偿受领人，如破产财产管理人、债权人的代理人等。倘若清偿人向无受领权的第三人为债务的清偿，又经其受领的，能产生清偿法律效力有以下两种情况：一种情况是受领人为债权准占有人的，债务人以不知其为非真正债权人为限，获得清偿法律效力。此处的非真正债权人，是指以自己意思行使债权人权利的人，如已将债权让与他人而自己仍行使债权人权利的人。另一种情况是事后经债权人追认或受领人于受领后取得其受领债权的，具有清偿的效力。

三、清偿标的

原则上，在合同清偿中，债务人要严格依照合同约定的数量、种类、品质而为给付，使债权人的债权获得满足，才能发生清偿的效力。但也存在以下例外。

（一）新债清偿

新债清偿，亦称债的更新或新债抵旧，为清偿债务的方法之一，是指债权人与债务人协商一致，成立一个新债，由债务人履行新债，作为对原债务履行的替代。即债权人同意债务人以负担新的债务作为履行原来债务的方法，如当事人双方以买卖关系代替原来的租赁关系。

新债清偿是传统债法理论中的一项重要内容，我国相关法律对此未作规定，但在实践中存在这类行为。根据民法原理，成立新债清偿必须具备以下法律要件：（1）须有原债务存在。新债清偿系以清偿旧债务为目的而负担新债务。因而新债清偿是有因行为，只有旧债务存在，才能有效成立新债清偿。（2）须债权人与债务人协商一致，订立一个新债，产生一个新债务。新债清偿为合同行为，须由债权人与债务人订立契约，始能成立。如第三人与债权人订立新债清偿合同，自愿承担原债务人的债务，在新债务与旧债务内容同一时，成立债务转移；在第三人承担的新债务与旧债务异其要素时，成立新债清偿。(3) 须债权人与债务人主观上有以新债消灭旧债的意图。要构成新债清偿，当事人双方必须有明确的以新债消灭旧债的意图，双方并且就此达成合意。(4) 须新债与旧债在内容、要素上有所区别。新债清偿必须存在两个不同的债，新债在内容、要素上与原来的债存在区别，并且新债的给付内容、种类必须合法确定而且可能履行。

虽然约定以新抵旧，但在新债务未履行之前，旧债务并不消灭，当新债务履行后，旧债务同时消灭。

(二) 代物清偿

代物清偿，是指债务人通过他种给付的履行替代原合同关系中的履行义务，从而使原合同关系消灭的行为。

我国《合同法》对代物清偿未作规定，依据民法基本原理，代物清偿作为清偿债务的方法之一，是以他种给付代替原定给付的清偿，以债权人等有受领权的人现实地受领给付为生效条件，在新债务未履行前，原债务并不消灭，当新债务履行后，原债务同时消灭。实践中一般认为，代物清偿属要物契约，其成立，除须有当事人双方以他种给付代原定给付的合意外，还必须现实地为他种给付。此外，代物清偿一经成立，无论他种给付与原定给付的价值、种类品质是否相当，合同关系均归于消灭。

代物清偿与新债清偿非常相似，但两者仍为不同的债的清偿方法。代物清偿只是债的履行标的发生变更，合同其他条款并无改变，而新债清偿则是用一个新的债取代原来的债，新债务与旧债务在性质、标的及其他内容上都完全不同。需要注意的是，债务人负担新的债务，究竟是代物清偿还是债的更新，应以当事人的真实意思表示决定，意思表示不明时，依一般交易惯例，原则上应确定为代物清偿，以免使债权人承担过多风险。

四、清偿地、清偿期、清偿费用

合同债务人应严格按照合同约定的清偿地、清偿期来履行合同义务。合同没有约定或约定不明确的，按照法律规定的合同履行规则加以确定。清偿费用，除法律有特别规定或当事人有约定之外，由债务人承担。因债权人的原因，如变更合同债权人等增加的费用，由债权人承担。

五、清偿抵充

清偿抵充是指债务人对同一债权人负担数宗同种类债务，没有能力清偿全部债务时，决定其清偿抵充某宗或某几宗债务的制度。

如果债务人对同一债权人负有数宗同种债务，而债务人提供的履行不能清偿对债权人的所有债务时，由于各宗债务情况各异，比如履行期限不同、担保类型不同、利息起算与数额不同等，清偿抵充次序的不同将对债务人、债权人以及第三人的利益产生重要影响。清偿抵充制度的主要内容就是确定清偿抵充的次序问题，最高人民法院《关于适用〈中华人民共和国合同法〉若干问题的解释（二）》（以下简称《合同法司法解释（二）》）中对清偿抵充制度作了简要规定，明确规定了约定抵充和法定抵充，但未规定指定抵充。

清偿抵充必须具备以下要件：（1）必须是债务人对同一债权人负担数宗债务。该数宗债务的取得方式、有无担保、是否到期，均在所不问。如果债务人与不同的债权人之间发生债权债务关系，面临的是不同的清偿对象，不能适用清偿抵充。若债务人仅承担一宗债务，其履行不能完全清偿债务的，仅发生部分清偿，也不是清偿抵充问题；（2）数宗债务的种类相同。债务种类不同，可依给付的种类确定区分清偿了何宗债务，不发生抵充问题。（3）必须是债务人的给付不足以清偿全部债务，但至少足以清偿一宗债务，否则也不发生抵充问题。

清偿抵充的方法可分为三种：约定抵充、指定抵充、法定抵充，这三种方法是依次递进适用的。

（1）约定抵充。指由债务人与债权人约定，以债务人提供的履行抵充哪些债务，以及按照何种顺序抵充。该约定可以是明示，也可以是默示，约定的时间既可在给付时，也可以在给付前。

（2）指定抵充。指如果债务人与债权人没有约定抵充，则债务人有权于清偿时单方面指定抵充次序，指定应在清偿时提出，这种指定为形成权的行使，由债务人通知债权人后生效。已经指定后，债务人不得撤回。有的国家规定在债务人放弃指定时，债权人有权于受领时进行指定，但债权人的指定权通常受到一定限制。[1]

（3）法定抵充。指债权人与债务人没有约定抵充，债务人与债权人又未作指定抵充，则依法定抵充次序决定抵充债务的顺序。《合同法司法解释（二）》第20条对法定抵充进行了规定，债务人的给付不足以清偿其对同一债权人所负的数笔相同种类的全部债务，应当优先抵充已到期的债务；几项债务均到期的，优先抵充对债权人缺乏担保或者担保数额最少的债务；担保数额相同的，优先抵充债务负担较重的债务；负担相同的，按照债务到期的先后顺序抵充；到期时间相同的，按比例抵充。但是，债权人与债务人对清偿的债务或者清偿抵充的顺序有约定的除外。

除主债务外，若还存在清偿费用和债务利息，当债务人的清偿能力不足以完全履行这些债务时，并且当事人没有约定抵充顺序的，应当按照下列顺序抵充：实现债权的有关费用、利息、主债务。

第三节 合同解除

一、合同解除的概念和特征

广义的合同解除是指合同有效成立后，没有履行或没有完全履行完毕之前，使合同关系提前消灭，包括双方协议解除和单方行使解除权解除两种类型。而狭义的合同解除则仅指单方行使解除权的解除。

大陆法系学说一般认为解除合同是单方行使解除权的单方行为，合同的协议解除被排除于解除制度之外。理由在于：协议解除合同是合同自由原则的应有之义，无需再另设条

---

[1] 曲佳、翟云岭：《论清偿抵充》，《法律科学》2014年第3期。

款予以规定。在此法律体系下，合同解除的含义包括以下三个方面的内容：（1）合同解除是一种单方法律行为；（2）合同解除以解除权的存在和行使为前提；（3）合同解除的效力在于使已发生的合同效力溯及地消灭。

英美法系的学者们通常在狭义和广义两种意义上使用合同解除的概念。一般而言，广义上的合同解除、终止与消灭是不分的。英美法系广义合同解除除了包括狭义的合同解除外，还包括协议解除和债务消灭的部分情形。英美法系狭义合同解除，是指一方违反条件或重大违约时，对方当事人行使解除权，使合同关系消灭。其狭义的合同解除相当于大陆法系的合同解除，但其解除后果却不相同，大陆法系合同解除的后果是使合同关系溯及的消灭，而英美法系合同解除的后果通常是仅仅指向将来。

我国《合同法》第93~97条共5个条文规定了我国合同的解除制度，这5个条文分别规定了协议解除、法定解除、解除权的行使期限、解除合同的程序、合同解除的法律效力。从上述规定来看，我国《合同法》规定的解除为广义的合同解除，包括协议解除和单方行使解除权的解除。

合同解除具有以下法律特征：

1. 合同解除适用于有效成立的合同

依法成立的合同对当事人产生约束力，订约双方必须严格依据合同享受权利，承担义务。但是合同有效成立后，由于主客观情况的变化，当事人必须通过合同解除方式提前消灭合同关系。因此，能解除的合同必须是合法有效的合同。对于无效或可撤销合同，不发生合同解除。

2. 合同解除必须具备一定条件

法律设定合同解除制度的重要目的就是要保障合同解除的合法性，禁止当事人在没有任何法定或约定根据的情况下任意解除合同。合同解除的条件可是法定的，也可是约定的。所谓法定解除条件就是由法律规定在何种情况下当事人享受解除合同的权利。所谓约定解除条件就是指当事人在合同中约定，如果出了某种约定的情况，当事人一方或双方享有解除权。

3. 合同解除必须有解除行为

所谓解除行为是指合同当事人使合同关系消灭的法律行为。解除行为有两种，一是由当事人双方协商一致解除合同；另一种是由享有法定或约定解除权的一方作出解除合同意思表示，这种意思表示不需要征得对方同意。但当事人根据约定解除权和法定解除权主张解除合同的，必须通知对方，合同自通知到达对方时解除。对法定解除，我国《合同法》没有像日本等国立法那样采纳当然解除主义。有观点认为，这种方式虽然可迅速导致合同的解除，但没充分考虑到当事人的意志。

4. 合同解除使合同关系提前消灭

合同解除的效力，首先是导致合同关系消灭。我国《合同法》第91条规定合同的解除是合同权利义务终止的原因之一，可见，因合同的解除将使合同的权利义务消灭。至于解除使合同关系自始消灭还是向将来消灭，在学说上历来存在争议，各国立法对此规定也不尽相同。我国合同解除的效力应依《合同法》第97条的规定而具体确定。

二、合同解除的方式

（一）约定解除

约定解除，是指当事人基于合意而解除合同的行为。约定解除又分为协议解除和约定解除权两种情况。

1. 协议解除

协议解除也叫做合意解除、解除契约或反对契约，是指合同有效成立后尚未履行完毕以前，当事人通过协商而使合同关系消灭的法律行为。

协议解除是双方当事人协商一致解除原合同关系。其实质是在原合同当事人之间重新成立了一个合同，其主要内容为废弃双方原合同关系，使双方基于原合同发生的债权债务归于消灭。

协议解除采取合同方式，因此应具备合同的有效要件，即：当事人具有相应的行为能力，意思表示真实，内容不违反强行法规范和社会公共利益，采取适当的形式。解除合同的协议有效成立，立即产生合同解除的效力。

协议解除合同符合契约自由原则，能灵活反映合同当事人的要求，有效解决当事人之间的纠纷，减少损失的发生，适应复杂多变的社会经济生活需要，是最普遍适用的解除合同的方式，广泛适用于一切合同。

2. 约定解除权

约定解除权是指合同当事人事先在合同中约定解除合同的条件，当解除条件成就时，享有解除权的当事人行使解除权，从而使合同关系消灭的法律行为。

《合同法》第93条第2款规定，当事人可以约定一方解除合同的条件。解除合同的条件成就时，解除权人可以解除合同。

约定解除权的合意，称为解约条款。解除权可以保留给当事人一方，也可以保留给当事人双方。解约条款可以在当事人订立合同时约定，也可以在以后另外订立。解约条款中有关合同解除的条件、期限等完全由当事人约定，只要不违反法律和社会公共利益即为有效。

当约定解除条件出现时，享有解除权的当事人可行使解除权，通知对方解除合同，合同自通知到达对方时解除，但法律、行政法规规定解除合同应当办理批准、登记等手续的，依照其规定。合同相对方对解除有异议的，可以请求人民法院或者仲裁机构确认解除合同的效力。

合同约定解除权与附解除条件的合同不同，附解除条件的合同在解除条件成就时，合同自动解除。而约定解除权的合同在解除条件出现时，并不当然解除，享有解除权的当事人行使解除权，合同解除，如果享有解除权的当事人放弃解除权，则合同继续有效。

约定解除权与协议解除也有区别，约定解除权为事前约定，而协议解除为事后约定；约定解除权为单方解除，而协议解除必须由合同当事人协商一致；约定解除权只是预先约定当事人的解除权，该行为并不必然导致合同的解除；而协议解除合同，只要合同当事人就解除合同协商一致，合同立即解除。

（二）法定解除

法定解除，是指合同成立后，在没有履行或者履行过程中，因当事人一方行使法定解除权而终止。

法定解除的条件，实际上也是对违约情况下合同的解除所作出的限制。我国《合同法》第94条明确规定了合同解除的事由：有下列情况之一的，当事人可以解除合同：（1）因不可抗力致使不能实现合同目的；（2）在履行期限届满之前，当事人一方明确表示或以自己的行为表明不履行主要债务；（3）当事人一方迟延履行主要债务，经催告后在合理期限内仍未履行；（4）当事人一方迟延履行债务或者其他违约行为致使不能实现合同目的；（5）法律规定的其他情形。由此可见，我国将合同法定解除事由大致分为五类：

1. 因不可抗力不能实现合同目的

不可抗力，是指不能预见、不能避免并不能克服的客观情况。然而，不可抗力发生以后，对合同的影响程度是不一样的。有些只是暂时阻碍合同的履行，有些只是影响到合同的部分内容的履行。因此，不可抗力不能一概作为解除合同的原因。只有在因不可抗力致使不能实现合同目的时，才能解除合同。所谓"不能实现合同目的"，是指当事人订立合同所追求的目标和基本利益不能实现。我国《合同法》以"不能实现合同目的"限定不可抗力作为法定解除的事由，从而对法定解除权进行了限制。

2. 预期违约

预期违约，是指在履行期限届满之前，当事人一方明确表示或者以自己的行为表明不履行主要债务，即属于预期违约。预期违约包括两种情形：明示预期违约与默示预期违约。预期违约所指向的，并非履行期届至时的完全债权，而是一种未到期债权，这种未到期债权，在债权人与债务人之间已经现实地存在确定的权利义务关系，同样应受法律保护。在预期违约情况下，表明毁约的当事人根本不愿意受合同约束，也表明了该当事人根本不愿意受合同约束的故意，合同对于该当事人已形同虚设，在此情况下，另一方当事人应有权在要求其继续履行和解除合同之间做出选择。当非违约方选择了合同的解除时，合同对双方不再有约束力。只有允许非违约方在违约方已构成预期违约的情况下解除合同，才能使其尽快地从合同关系中解脱出来，避免遭受不必要的损失。

当事人的提前违约须是重大违约，另一方当事人才有权解除合同。当事人表明不履行主要债务即是重大违约，主要债务是合同中约定的决定合同性质和合同目的能否实现的合同义务，当事人一方在履行期限届满之前，无论是明示的预期违约还是默示的预期违约不履行主要债务，都将致使合同根本没有履行，合同目的根本无法实现，因此对方当事人有权利行使解除权解除合同。

3. 迟延履行

《联合国国际货物销售合同公约》第47条第（1）款规定，买方可以规定一段合理时限的额外时间，让卖方履行其义务。该条与我国《合同法》之内容有相似之处。我国《合同法》的规定决定了债务人在履行期限到来后不履行债务，并非都要使债权人得到自动解除的权利，目的在于防止解除权的滥用。第一，必须是债务人在履行期限到来后未履行主要债务，而不是未履行次要债务。主要债务和次要债务应根据合同内容来确定。第二，必须经过债权人的催告履行，如未催告则不能随意解除。第三，在催告后，债权人要给予债务人一段合理的宽限期，使债务人继续准备履行。在合理的宽限期到来后，如果债务人仍不履行，则债权人有权解除合同。至于宽限期的长短，最高人民法院《关于审理商品房买卖合同纠纷案件适用法律若干问题的解释》第 15 条第 1 款规定，依据《合同法》第 94 条的规定，出卖人迟延交付房屋或者买受人迟延支付购房款，经催告后在 3 个月的合理期限内尚未履行，当事人一方请求解除合同的，应予支持，但当事人另有约定的除外。此司法解释对于催告后的宽限期确定应具有类推的可能。第四，履行期限对合同的实现应依具体情况确定。在民法上常常区分为定期行为和非定期行为。所谓定期行为，是指依合同之性质或当事人意思表示，非于期限内作出履行，则不能达到订立合同的目的。所谓非定期行为，是指合同当事人一方迟延给付者，他方当事人应当确定一个合理期限，催告其履行，如于期限内不履行，则可以解除合同。

4. 根本违约致使不能实现合同目的

根本违约形态有多种，包括迟延履行、不完全履行、不适当履行及履行地点、履行方式等不符合合同约定，严重影响订立合同时期望的经济利益。迟延履行是否严重，应考虑期限对合同的重要性。如果时间因素对当事人的权利义务至关重要，则违反了规定的交货期限将导致合同目的不能实现，应允许合同解除。拒绝履行，是在履行期限到来后，债务人无正当理由向债权人表明其不履行合同即构成拒绝履行。合同的存在已经无任何意义，在此情况下，应允许债权人不经催告便有权解除合同。部分履行，是指合同履行数量不足，部分履行若构成重大违约，导致合同目的不能实现，可以解除合同。瑕疵履行，是指债务人交付的货物不符合合同规定的质量要求。对瑕疵履行是否导致合同解除，在各国立法中有明确的限制。大陆法学说大多认为在瑕疵严重的情况下才可以解除合同，如果瑕疵不严重，一般要求采取降价和修补办法予以补救而不宣告合同解除。

5. 法律规定的其他解除情形

除上述四种原因外，如果法律另有规定的，当事人可以根据该法律规定，单方解除合同。但这仅限于法律的明文规定，就《合同法》而言，此类规定多见于分则部分。

三、合同解除的程序

（一）协议解除的程序

协议解除实际上是在合同当事人之间又订立一个新合同，其内容是废除原来所订立的合同，故其程序应符合合同有效成立的要求。由要求解除合同的一方当事人发出要求解除合同的要约，向既存合同的对方当事人发出，并且要在既存合同消灭之前提出，该要约须得到对方当事人的承诺。协议解除为不要式行为，可以采用口头或书面形式，只要合同当事人就合同解除协商一致，合同即告解除。但法律、行政法规规定解除合同应当办理批准、登记等手续的，依照其规定。

（二）通知解除程序

适用于约定合同解除权和法定解除，即当约定的解除条件或法定解除条件出现时，享有解除权的当事人行使解除权，通知对方解除合同，合同自通知到达对方时解除，若法律、行政法规规定解除合同应当办理批准、登记等手续的，依法办理手续后合同解除。

解除权在性质上属形成权，解除权人行使解除权时，不需对方当事人同意，只需将解除合同的意思表示通知对方，合同自通知到达对方时解除。

但解除权的行使并非毫无限制。解除权的行使，应当采取法律规定的或当事人约定的方式，既没有法律规定也未有约定的，原则上应该采取书面形式，以避免发生争议。解除权应及时行使，法律规定或当事人约定解除权行使期限的，期限届满当事人不行使，该权利消灭；法律没有规定或当事人未约定解除权行使期限，经对方催告后在合理期限内不行使的，该权利消灭。

对方当事人对合同解除有异议的，可以请求人民法院或仲裁机构确认解除合同的效力。当事人对解除合同有异议的，应当及时提起。当事人约定了异议期限，在约定的异议期限届满后才提出异议并向人民法院起诉的，人民法院不予支持；当事人没有约定异议期间，在解除合同通知到达之日起 3 个月以后才向人民法院起诉的，人民法院不予支持。

四、合同解除的效力

《合同法》第 97 条规定，合同解除后，尚未履行的，终止履行；已经履行的，根据履行情况和合同性质，当事人可以要求恢复原状、采取其他补救措施，并有权要求赔偿损失。合同解除后，产生以下法律后果：

（一）合同关系消灭

合同解除后使合同关系归于消灭，双方的权利义务不再存在，合同尚未履行的，应终止履行，债务人无需履行合同义务，权利人亦无权行使权利。

（二）合同解除是否具有溯及力视合同具体情况而定

根据《合同法》第 97 条的规定，合同解除后，已经履行的，根据履行情况和合同性质，当事人可以要求恢复原状，这是对合同解除的溯及力问题的规定。

合同解除有无溯及力涉及对合同解除以前的债权债务关系处理问题。合同解除有溯及力的，合同解除使基于合同发生的权利义务关系溯及既往地消灭，合同如同自始没有成立，财产的交付失去依据，要发生恢复原状的法律后果。合同解除无溯及力的，合同解除使基于合同发生的权利义务关系只向将来消灭，合同解除以前双方当事人的权利义务关系仍然有效，当事人对已经履行的部分不负恢复原状的义务。从《合同法》97 条的规定来看，对合同解除的溯及力不作统一规定，视合同具体情况而定。

首先，合同解除有无溯及力因合同解除的方式不同而不同，约定解除是当事人意思自治的结果，故合同解除后有无溯及力完全取决于双方当事人的意愿，若当事人约定合同解除有溯及力则应予承认，反之亦然。

其次，对合同法定解除是否有溯及力的问题，应从保护当事人的合法权益和客观上能够恢复原状这个事实出发来定。根据合同的属性不可能或者不容易恢复原状的，不必恢复原状。具体而言，租赁、借用、消费借贷等连续性合同特点决定了其标的物是不可能原物返还的，当事人只能以支付相应的价金的方式来返还对方的给付，在解除时不应具有溯及力。委托合同的解除也应不具有溯及力，否则会使代理人在合同解除前基于代理权实施的各种法律行为失去效力，从而导致其以被代理人的名义与第三人发生的各种民事法律关系失去法律基础，给善意第三人造成损害。另外，某些合同解除虽说可以恢复原状，但是从经济上讲是不可行的，也不能有溯及力，否则就会造成资源极大的浪费。合同解除无溯及力的，则合同已履行的部分发生效力，受领人将其多得的利益按不当得利规则加以返还。

一次性履行合同解除后一般具有溯及力，合同当事人互负恢复原状的义务，所谓恢复原状，指恢复到合同订立前的状态，合同当事人应各自返还原物，原物所产生的孳息也应一并返还。

（三）受损害方有权请求对方当事人承担赔偿责任

合同解除不影响当事人要求赔偿损失的权利，合同解除后的损害赔偿请求权是原来合同债权的继续，合同的解除并不影响受损害方的损害赔偿请求权。合同约定解除的，因合同解除遭受损失的一方当事人有权要求对方赔偿因合同解除所遭受的损失。合同为法定解除的，因一方当事人的违约行为导致合同被解除的，守约一方当事人在行使解除权解除合同后仍有权追究对方的违约责任。

（四）合同中结算和清理条款仍然有效

合同解除，不影响合同中结算和清理条款的效力，这些条款仍可作为处理善后事宜的依据。《合同法》第98条规定，合同的权利义务终止，不影响合同中结算和清理条款的效力。最高人民法院《关于当前形势下审理民商合同纠纷案件若干问题的指导意见》第8条规定，合同解除后，当事人主张违约金条款继续有效的，人民法院可以根据《合同法》第98条的规定进行处理。

第四节 抵 销

一、抵销的定义

抵销，是指合同当事人双方互负债务时，各以其债权充当债务的清偿，而使其双方的债务在对等数额内消灭的行为。其中主张抵销的债权，即债务人的债权，称为主动债权，又称为自动债权或能动债权；被抵销的债权，即债权人的债权，称为被动债权，又称为受动债权或反对债权。

抵销免去了合同当事人实际履行所需的时间、费用、劳力等，有利于简化履约程序，节约交易成本。抵销还具有担保债权的功能，在债务人财产状况恶化或拖延不履行债务时，债权人可以主张抵销，直接免去自己的对待给付，使自己处于优先受偿的地位。自罗马法以来，抵销作为债消灭的原因，为各国立法普遍承认。

根据产生原因的不同，抵销分为法定抵销和合意抵销。

二、法定抵销

法定抵销,是指由法律规定抵销的条件,当条件具备时,按照当事人一方的意思表示即发生抵销债务的效力。

(一)法定抵销的条件

根据《合同法》的规定,构成法定抵销必须具备以下条件:

1. 必须当事人双方互负债务,互享债权

抵销的目的在于使当事人双方等额的债权债务相互消灭,只有当事人对于相对方既负有债务,同时又享有债权的情况下,才能发生抵销,只有债务而无债权或者只有债权而无债务,均不发生抵销的效果。

当事人双方的债权债务还必须合法有效并具有完全效力,无效债权、已撤销的债权等不受法律保护,不能抵销。对享有抗辩权的债务不能主张抵销,因为该债务为不确定的债务,债权人的债权不具有完全效力。同理,债权人不能就已过诉讼时效的债权主张抵销,但作为被动债权,对方以其债权与之相抵销的,应当允许。

根据合同的相对性规则,供抵销的债权必须是债权人自己所享有的债权,债务人不能以第三人的债权抵销他方的债权,但法律有规定的除外,如《合同法》第83条规定,债务人接到债权转让通知时,债务人对让与人享有债权,并且债务人的债权先于转让的债权到期或者同时到期的,债务人可以向受让人主张抵销。

2. 必须是当事人双方的债权均已届清偿期

债权人通常只有在债权已届清偿期时,才有权请求债务人履行债务,才能主张抵销。若债权未届清偿期就允许债权人主张抵销,等于强制债务人提前履行债务,损害债务人的期限利益。但是,债务人若抛弃其期限利益,在其债务未到清偿期前主动主张抵销或同意对方抵销要求的,应允许抵销。另外,根据《破产法》的规定,对于破产企业所享有的债权,无论是否到期,均可抵销,但所得的期待利益,应在债权中扣除。

3. 必须是双方债务的种类、品质相同

能够进行法定抵销的合同,当事人双方互负债务的标的物的种类、品质必须相同。法定抵销为单方抵销,如果标的物的种类、品质不同,进行抵销时,有可能使合同当事人订立合同经济目的落空;另外,如果标的物的种类不同、品质各异,往往价值上存在差异,仅依单方面的意思予以抵销,有可能给被动债权一方带来损失,难以公平。债务的标的物的种类、品质相同,可便于计算双方债务对等的额度。因此,适合抵销的多为标的物为种类物或者货币的合同。此外,只要债务标的物的种类、品质相同,即可抵销,至于标的物的数额是否一致,则在所不问。

4. 债务必须是可以抵销的债务

并非一切债务都可以抵销,只要一方当事人的债务是不能抵销的债务,就不能抵销。根据《合同法》的规定,下列债务不能抵销:(1)性质上不得抵销的债务。某些债务,只有当事人实际履行才能达到合同的目的,若允许抵销,即会使订立合同的目的落空,因此,此类债务必须相互清偿,不得抵销。例如不作为债务、与人身不可分离的债务,不得抵销。（2）当事人约定不得抵销的债务。合同的当事人可根据契约自由原则，在合同订立之时或事后达成补充协议，约定不得抵销的债务，只要此约款或协议合法有效，即生债务不得抵销的法律效果。我国2009年《合同法解释（二）》第23条规定，对于依照《合同法》第99条的规定可以抵销的到期债权，当事人约定不得抵销的，人民法院可以认定该约定有效。（3）法律规定不得抵销的债务。法律为维护特定当事人的合法利益，规定某些债务不得抵销，如禁止强制执行的债务、违约金债务等不得抵销。

（二）法定抵销的行使方式

抵销权为法定权利，当条件具备时，合同双方当事人均可取得该权利，权利人可以即时行使。

《合同法》第99条第2款规定，当事人主张抵销的，应当通知对方。通知自到达对方时生效。抵销不得附条件或者附期限。从《合同法》的规定来看，抵销权在性质上为形成权，依享有抵销权的当事人一方的意思表示即可发生效力，无需对方的同意。但当事人行使抵销权主张抵销的，应该通知对方当事人。通知行为为单方法律行为，应适用民法关于法律行为及意思表示的规定。抵销的意思表示不得附条件或者附期限，否则会使抵销的效力处于不确定状态，抵销的效果不能实现。

当事人行使抵销权主张债务抵销的，抵销的通知自到达对方当事人时生效。对方当事人对债务抵销有权提出异议，但提出的时间必须适当。当事人约定有异议期限的，在约定的异议期届满后才提出异议并向人民法院起诉的，人民法院不予支持；当事人没有约定异议期间，在债务抵销通知到达之日起3个月后才向人民法院起诉的，人民法院不予支持。

（三）法定抵销的效力

法定抵销的效力表现在以下两个方面：

1. 双方互负的债务按照抵销数额消灭

若双方债务的标的数额相等，经过抵销，双方债权债务全部消灭；双方债务数额不等的，债务数额较小一方的债务消灭，债务数额较大者仅消灭债务的一部分，未被抵销部分债务仍然存在，债务人对余额债务仍应负清偿义务。

抵销是债的绝对消灭，抵销成立后不得撤回，因抵销导致债权债务消灭的，不发生恢复原状的后果。

2. 抵销具有溯及力

为防止抵销权人不及时行使抵销权而损害对方当事人的利益，抵销的意思表示具有溯及力，其效力溯及到抵销权产生之时。具体而言，自抵销权产生之时，受动债权人的利息债务消灭；自抵销权产生之时，不再发生受动债权人的合同迟延履行责任；自抵销权产生之时，有关受动债务人的损害赔偿责任及违约金责任消灭。

三、合意抵销

合意抵销，又称为约定抵销、意定抵销，是指合同双方当事人协商一致，通过抵充的方式消灭相互间所负债务的行为。

合意抵销是当事人意思自治的表现，不受法定抵销构成要件的限制，对于合同标的物的种类、品质没有特别要求，对于双方所负债务是否届履行期限也无要求，只要不违背法律的强制性规定和禁止性规定，原则上都可以合意抵销。我国《合同法》第100条规定，当事人互负债务，标的物种类、品质不相同的，经协商一致，也可以抵销。此条即是对合意抵销的规定。

合意抵销是通过当事人之间订立抵销合同的形式进行的，抵销合同的成立及效力应符合《合同法》有关合同成立及生效的规定。抵销合同可以采取口头形式，也可以采取书面形式。抵销合同生效后即发生抵销的效力，不需要当事人另外通知。

抵销合同的效力与法定抵销相同，消灭当事人之间同等数额之内的债权债务。但因其贯彻当事人的意思自治，故其具体的效力可在抵销合同中予以约定。

第五节　提　存

一、提存的定义

提存有广义和狭义之分，广义的提存包括清偿提存、担保提存以及保管提存，是指提存机关按照法定条件和程序，对债务人或担保人为债权人的利益而交付的债的标的物或担保物进行寄托、保管，并在条件成就时交付债权人的制度。狭义的提存仅指清偿提存，是指债务已届履行期，由于债权人的原因而无法向其交付合同标的物时，债务人将该标的物交给提存机关保存以消灭合同权利义务的法律制度。合同法上的提存为狭义的提存。提存中交付合同标的物的债务人为提存人，债权人为提存受领人，交付的标的物为提存物，保管提存物的机关为提存机关。

提存制度源起于罗马法。合同义务的履行，都需要对方的协助才能完成。债务人已经按照约定履行债务，应当产生债务消灭的法律效力，但债权人无正当理由拒绝受领或者不能受领，导致债务不能消灭，让债务人无期限地等待履行，承担债权人不受领的后果，对债务人显失公平。最初，罗马法允许债务人在受领人迟延的情况下将标的物抛弃以免除责任，但此种规定比较简单粗糙且浪费资源，后经裁判官法改为债权人受领迟延或债权人所在不明时，清偿人应将其给付提存于长官指定的处所，通知债权人领取，债自提存之日起视为已清偿，提存制度得以建立。提存制度使债务人在即便债权人不协助受领的情况下也可以及时了结债务关系，有利于保护债务人的利益。现代各国民法，一般都将提存规定为债的消灭原因。我国《民法通则》对提存未作明确规定，有关提存的规定散见于其他法律法规当中，后《合同法》明确规定提存为合同权利义务关系终止的事由之一，并规定了提存的基本规则。我国司法部于1995年6月2日发布施行《提存公证规则》，从公证机关办理提存公证的角度，详细规定了提存的原因、条件、程序、法律效力等问题。

二、提存的原因

提存行为产生债务消灭的法律后果，故提存必须有合法的原因才能进行，各国法律一般都对提存的法定原因作出明确规定。根据《合同法》的规定，提存的法定原因如下：

（一）债权人无正当理由拒绝受领

债权人无正当理由拒绝受领，指在合同约定的履行期间，债务人提出履行债务的请求并现实地进行给付，债权人无正当理由未按清偿期受领，致使债务人无法履行债务。为保护债务人的合法权益，即允许债务人通过提存消灭合同权利义务关系。

（二）债权人下落不明

债权人下落不明，指债权人住所不清、地址不详、债权人失踪又无代管人等情况，债务人通过正常途径无法得知其下落。债权人下落不明又无代理人，或债权人的代理人亦下落不明时，债务履行失去受领对象，无法履行，即使履行也达不到合同目的，此时，允许债务人行使提存的权利，以摆脱其履行不能的困境。

（三）债权人死亡未确定继承人或者丧失民事行为能力未确定监护人

债权人死亡未确定继承人或者丧失民事行为能力未确定监护人，债务人的履行无法受领，在这种情况下，亦允许债务人将标的物提存，以消灭债务，保护其合法利益。

（四）法律规定的其他情形

此为兜底性规定，法律对提存原因有其他规定的，应当依照法律规定。如《合同法》第70条规定，债权人分立、合并或者变更住所没有通知债务人，致使履行债务发生困难的，债务人可以终止履行或者将标的物提存。

除上述法定原因以外，合同当事人还可以在合同中约定以提存的方式为给付。

三、提存主体

提存的主体，又称为提存的当事人，包括提存人、提存受领人和提存机关。

提存人，是指为履行给付义务或担保义务而向提存机关申请提存的人，是提存之债的债务人或其代理人，还包括代为清偿的第三人。提存是债务人处分其民事利益，消灭债务的民事法律行为，提存人在提存时须具有相应民事行为能力，并且所为的提存意思表示必须真实。

提存受领人，是指提存之债的债权人或其代理人，其有权向提存机关领取提存物，能为受领清偿的第三人也可以成为提存受领人。

提存机关，是指国家设立的接收提存物并保管，并应债权人请求将提存物返还债权人的机构。一般是国家设立的办理提存事务的专门机关。在国外，一般都设有专门的提存所，附属于法院，我国目前提存机关为公证处。

四、提存标的物

提存标的物，简称提存物，是提存人交付提存机关保管的标的物。提存物必须为债务人依合同约定应当交付的标的物。债务人为提存时，提存标的必须与合同标的相符，否则不产生提存的效力。

提存的标的物，应当是适于提存的标的物，主要包括货币、有价证券、票据、提单、权利证书、贵重物品等适于提存的标的物。长期保存会使其价值明显降低的物品以及危险品不宜提存，如鲜活食品、化学药品等；提存费用过高的物品也不适宜提存；标的物不适于提存或者提存费用过高的，债务人依法可以拍卖或者变卖标的物，提存所得的价款。

提存物一般为动产，不动产可否提存，《合同法》未作明确规定。学说上有不同意见。一种意见认为不动产在性质上也不适于提存，故不得作为提存的标的物。另一种意见认为，不动产并非绝对不能提存，只是提存程序相对复杂，提存费用较高，因此不动产也应允许提存。从现有对不动产的管理方法来说，后一种说法有其合理性。

五、提存的效力

提存法律关系当事人包括提存人、提存机关和提存受领人，提存人将标的物交提存机关提存后，对提存人、提存机关、提存受领人产生以下法律效力：

（一）债务人与债权人之间的合同关系消灭

我国《合同法》规定合同权利义务关系因提存而终止，但何时终止并未明确。根据《提存公证规则》的规定，合同关系自提存时消灭。提存人将债的标的物提存后，不论债权人受领与否，依法均发生债务消灭的效力，债务人不再负清偿责任。

从提存之日起，视为提存物的所有权已经移转于债权人，提存物的孳息归债权人所有，提存的费用由债权人承担，标的物提存后，损毁、灭失的风险也由债权人承担。

为了使债权人及时得知提存的事实，标的物提存后，债务人应当及时通知债权人或者债权人的继承人、监护人，债权人下落不明的，立法一般都免除债务人的通知义务。在债权人下落不明的情况下，由提存机关履行通知义务。《提存公证规则》第18条第2款规定，提存受领人不清或者下落不明、地址不详无法送达通知的，公证处应自提存之日起60日内，以公告方式通知。

（二）提存机关有保管提存物的权利和义务

提存人依法将标的物交于提存机关，提存机关依照法律规定，有保管提存物的权利和义务，并通知受领人领取提存物。提存机关应当采取适当的方法妥善保管提存标的物，以防毁损、变质或者灭失。因提存机关过错造成毁损、灭失的，提存机关负赔偿责任。对不宜保存的，提存受领人到期不领取或者超过保管期限的提存物品，提存部门可以拍卖，保存其价款。

提存人提存合同标的物后，提存人可以凭人民法院生效的判决、裁定或者提存之债已经清偿的公证证明取回提存物。提存受领人以书面形式向公证处表示抛弃提存受领权的，提存人得取回提存物。提存人取回提存物的，视为未提存，因此产生的费用由提存人承担。提存人未支付提存费用前，提存部门有权留置价值相当的提存标的。

（三）提存受领人有权领取提存物

自提存之日起，债权人在规定期间内，对提存机关享有交付提存物的请求权，债权人有权可以随时领取提存物。符合领取条件,提存机关拒绝给付的,由其主管部门责令限期给付,给当事人造成损失的,提存机关负赔偿责任。但提存受领人对债务人负有到期债务的,在提存受领人未履行债务或者提供担保之前,提存部门根据提存人的要求应当拒绝其领取提存物。

为避免债权人怠于行使权利而使提存物长期闲置,《合同法》规定,债权人领取提存物的权利,自提存之日起5年内不行使而消灭,提存物扣除提存费用后归国家所有。

第六节 免 除

一、免除的定义

免除,是指债权人放弃自己的全部或部分债权从而使债务全部或部分消灭的行为。

债务被免除后,债务人对免除的债务不再承担履行义务,债务全部免除的,合同关系消灭。因此,免除为合同终止的原因之一。

免除应该为法律行为,而不能是事实行为,此点在理论和立法上并无争议。但免除是单方法律行为还是双方法律行为,则存在不同意见。一种学说认为,免除是双方法律行为。理由是:(1)债的关系是债权人与债务人之间特定的法律关系,不能仅依一方当事人的意思表示成立;(2)债权人免除债务人的债务是一种恩惠,而恩惠不能滥施于人;(3)债权人免除债务可能有其他动机和目的,为防止债权人滥用免除权损害债务人利益,免除应经债务人同意。① 此观点为德国、法国、瑞士民法所采纳,规定免除为双方行为,债权人若要免除债务人的债务,必须征得债务人的同意,否则将不得免除。另一种学说认为,免除是债权人抛弃债权的单方行为。理由是:(1)免除使债务人享受利益,因此没有必要征得同意。(2)如果免除一定要债务人同意,债务人不同意的,等于限制了债权人对权利的处分。② 日本、我国台湾地区采用这种观点,规定免除为单方法律行为。我国《合同法》也规定免除是单方法律行为,《合同法》第106条规定,债权人免除债务人部分或者全部债务的,合同的权利义务部分或者全部终止。

笔者认为,免除为双方法律行为更符合合同的特点。债权与物权不同,物权为支配权、绝对权,故物权的抛弃可以是权利人的单方行为。而债权具有相对性,债权人对其债权的处分往往会涉及债务人,民事主体法律地位平等、意思自治是民事法律的基本原则,免除即便是对债务人有利,也不能完全漠视债务人的意见。如果说因为债务人不同意而导致债权人不能抛弃其权利的说法并不成立,则提存制度可以解决此问题。当债权人和债务人就免除债务无法达成合意时,债权人可以拒绝受领债务,而债务人可以将标的物提存使债务消灭,提存后债权人的债权转为物权,则可单方面抛弃。

---

① 胡长清著:《中国民法债篇总论》(下册),商务印书馆1947年版,第602页。
② 胡长清著:《中国民法债篇总论》(下册),商务印书馆1947年版,第603页。

二、免除的成立

根据《合同法》的规定，免除的成立应当具备以下条件：

（一）免除应具备法律行为的有效要件

免除为债权人处分其债权的行为，免除人应当具有相应的民事行为能力以及处分该项权利的能力，免除为债权人的真实意思表示，否则不发生免除效力。

（二）免除应通知债务人

免除为单方法律行为，则不需要债务人的同意，但应通知债务人，免除的意思表示到达债务人或其代理人后，即产生债务消灭的效果。免除应由债权人向债务人或其代理人以意思表示为之，向第三人为免除的意思表示，不发生免除的法律效力。

（三）免除不得损害第三人利益

免除债务是债权人的权利，但债务的免除不得有害第三人的权利。如《合同法》第74条规定，因债务人放弃其到期债权，对债权人造成损害的，债权人可以请求人民法院撤销债务人的行为。故债权人免除债务的行为损害到其债权人利益的，其债权人有权请求撤销该行为。

（四）免除为非要式行为

免除的意思表示不需特定的方式，可以为书面或口头方式，还包括行为推定，如债权证书的返还，可解释为债务的免除。

三、免除的效力

免除发生债务消灭的效力。债务全部免除的，债务全部消灭，债务一部分免除的，则仅该免除部分消灭。由于连带债务人都负有清偿全部债务的义务，因此，如果债权人免除连带债务人中一人的债务时，应视为免除全部债务人的债务，但债权人明确表示仅免除连带债务人中的一人应承担的债务部分，而无消灭全部债务的意思表示的，除该债务人应分担的部分外，其他债务人仍不能免除其债务。主债务免除的，债务的从债务，如利息债务、担保债务等，也同时归于消灭；反之，从债务免除的，主债务并不消灭。在债务被全部免除的情况下，有债权证书的，债务人可以请求返还债权证书。

免除为无因行为。免除债务的原因或动机，不为免除的内容，其不成立或无效，不影响免除的效力。

免除可以附条件或期限，但免除的意思表示不得撤销。因为免除为单方行为，免除的意思表示到达债务人或其代理人后，即产生债务消灭的效果。因此，一旦债权人作出免除的意思表示，就不得撤销。

第七节 混　　同

一、混同的定义

混同，是指合同的权利与义务同归一人，致使合同关系归于消灭的法律事实。

混同为一种事实，无需任何意思表示，只要有合同的权利与义务同归一人的事实，即发生合同关系消灭的后果。合同因混同而消灭，因为合同关系须有对立的两个主体，合同权利、合同义务同归于一人时，合同失去存在的基础，自然应当终止。故合同当事人混同时，合同关系应为消灭，即混同为合同消灭的原因。

二、混同的成立

债权债务的承受是发生混同的主要原因。其承受包括概括承受与特定承受两种。

（一）概括承受

作为混同原因的概括承受，是指合同关系的一方当事人概括承受对方当事人的权利和义务，使合同的权利与义务归于同一人。如债权人继承债务人的财产、债务人继承债权人的财产、企业合并、营业的概括承受等。在企业合并场合，合并前的两个企业之间有债权债务时，企业合并后，债权债务因同归一个企业而消灭。概括承受是发生混同的最主要原因。

（二）特定承受

特定承受，是指债务人自债权人受让债权，或者债权人承担债务人的债务时，此时也发生混同。

三、混同的效力

合同关系因混同而绝对消灭，《合同法》第106条规定，债权债务同归于一人的，合同的权利义务终止，但涉及第三人利益的除外。概括承受使合同关系完全消灭。在特定承受的情况下，让与部分的合同关系消灭，未让与债权和与之相对应的债务继续存在，未转让的债务和与之相对应的债权亦然。

但当债权是他人权利的标的时，为保护第三人的利益，债权不能因混同而消灭。如债权为他人质权的标的，为了保护质权人的利益，不使债权因混同而消灭。此外，《票据法》为促进票据的流转，规定票据债权人、债务人为一人的，债不消灭，票据在到期前仍可以转让。

练习题

一、单项选择题

1. 李某于2000年1月向张某借款1000元，约定2001年1月偿还，嗣后张某于2001

年 1 月向李某借款 1000 元，约定 2 年后偿还。2003 年 1 月，李某向张某表示，各自都不用偿还债务了，张某表示同意，这产生的法律后果是（   ）。

    A. 合同的变更　　　　　　　　　　B. 合同的终止

    C. 行使同时履行抗辩权　　　　　　D. 合同的转移

2. 甲公司与乙公司存在债权债务关系，甲公司为债权人，乙公司为债务人。在尚未届至债务履行期时，甲公司吸收合并了乙公司。根据《合同法》的规定，此时会发生（   ）。

    A. 解除　　　　　　　　　　　　　B. 免除

    C. 抗辩　　　　　　　　　　　　　D. 混同

3. 甲公司于 10 月 4 日到乙公司购买一批原料，当场提货并付款 25 万元。次日，甲公司因货物质量不合格，将这批原料退回乙公司，乙公司签收，但未退款。10 月 7 日，甲公司到乙公司购买电器一批，价款 28 万元，提货时与乙公司约定 2 日内付款。2 日期满，甲公司未付款，乙公司上门催收。甲公司认为前后债务相抵，只需支付 30000 元。双方发生争议。下列对此案的处理意见中哪项是正确的？（   ）

    A. 甲公司应先付给乙公司 28 万元，再请求乙公司退款 25 万元

    B. 乙公司应先退给甲公司 25 万元，再请求甲公司付款 28 万元

    C. 甲公司付给乙公司 30000 元，双方了结债务

    D. 甲公司立付给乙公司 14 万元，待乙公司退款之后，再付给 14 万元

二、多项选择题

1. 甲对乙享有 10 万元到期债权，乙对丙也享有 10 万元到期债权，三方书面约定，由丙直接向甲清偿。下列哪些说法是正确的？（   ）

    A. 丙可以向甲主张其对乙享有的抗辩权

    B. 丙可以向甲主张乙对甲享有的抗辩权

    C. 若丙不对甲清偿，则甲可以要求乙清偿

    D. 若乙对甲清偿，则构成代为清偿

2. 甲与乙签订销售空调 100 台的合同，但当甲向乙交付时，乙以空调市场疲软为由，拒绝受领，要求甲返还货款。下列说法哪些是正确的？（   ）

    A. 甲可以向有关部门提存这批空调

    B. 空调在向当地公证机关提存后，因遇火灾，烧毁 5 台，其损失应由甲承担

    C. 提存费用应由乙支付

    D. 若自提存之日起 5 年内乙不领取空调，则归甲所有

3. 李某向王某借款 10 万元，由于李某无力偿还，其兄李某某代为偿还。下列表述中正确的有（   ）。

    A. 李某和王某之间的合同关系消灭，李某免除再向王某清偿的义务

    B. 李某某向王某清偿的时候，王某不得拒绝受领

    C. 李某某向王某清偿的时候，王某可以拒绝受领

    D. 李某某清偿后可向李某求偿

三、案例分析题

1. 1995年3月份,某银行为扩大网点建设,与某电机厂签订房屋租赁合同一份,合同约定由银行租赁电机厂门面房若干间作为银行的分支机构,双方对租金、租期等作了约定。1999年3月,银行从电机厂的门面房中撤出,双方房屋租赁关系终止,银行欠电机厂租金30000元未付,电机厂一直未向银行催讨。2000年5月份,电机厂与银行又签订借款合同一份,合同约定由银行向电机厂提供借款150000元,借款期限为1年。电机厂在借款到期后未能按借款合同的约定履行归还借款的义务。银行遂于2002年8月向法院提起诉讼,要求电机厂还款付息。电机厂在庭审中辩称:因该银行尚欠其房屋租金30000元,故应当予以抵销相应的借款。银行辩称,欠电机厂30000元租金属实,但该租金已超过了诉讼时效,且与本案的借款合同非同一法律关系,电机厂在诉前从未通知过本行,故不同意抵销,电机厂应另行提起诉讼。

问题:(1)已超过诉讼时效的债权能否行使法定抵销权?

(2)行使抵销权的通知在方式上有何要求?

(3)自动债权与受动债权之间是否需要存在同一法律关系?

2. 某中学与某服装厂在1999年11月签订了一份服装加工合同。合同规定:由服装厂为某中学加工校服500套,平均每套支付加工费30元,共计15000元;某中学负责提供布料、服装型号和规格;某中学在接到服装厂取货通知后2天内付款,服装厂接到货款后3天内将校服送达某中学。服装厂在规定的时间里完成了服装加工任务并收到货款,依约在第3天将校服送达某中学,可由于该校领导班子正处于调整之中,无人负责接收该批校服。连续一周仍无人出面接受校服。因此服装厂只好将该校服提存。在提存之后,服装厂认为既然某中学领导班子未定,待领导班子确定后再通知某中学来领校服。15天后服装厂才通知某中学领取提存物,某中学在领取提存物时被要求交付15天的保管费用,某中学拒交,认为服装厂未能及时通知学校去取校服,导致校服提存15天,应由服装厂支付提存费用。

问题:

(1)服装厂将校服提存的行为是否合法?

(2)服装厂的行为中有无不当之处?

(3)此案应如何处理?

第九章

违约责任

📝 教学目的和要求

1. 了解违约责任的概念和归责原则；
2. 掌握违约责任的形态；
3. 掌握违约责任的救济方式及其关系；
4. 掌握免责条款及其效力认定。

主要内容：违约责任的定义，违约责任的构成要件，违约责任的归责原则，违约责任的形态及救济方式，免责条款的效力及其控制。

自学：违约责任归责原则的争论。

讨论：免责条款的效力。

作业：

1. 简述预期违约的特点；
2. 简述加害给付及其构成要件；
3. 简述免责条款成为合同条款应具备的条件；
4. 简述《合同法》对免责条款的控制。

📌 案例引导

违反附随义务应该承担违约责任

某年6月28日，海南省三亚市甲公司与北京市乙公司签订了一份香蕉买卖合同。合同约定，由乙公司于当年8月15日向甲公司提供香蕉100吨；由乙公司代办托运，保证货物在8月15日之前到达三亚市港口。甲公司在提货后3日内将货款电汇给乙公司。8月10日，乙公司按正常船期将100吨香蕉装上货船，运往甲公司指定的港口。但由于航行途中遇上热带风暴，货船未能及时到达港口。乙公司及时告知甲公司，但甲公司未予理睬。8月18日货到港口后，承运人通知甲公司来港口提货，并将提货单交给甲公司。8月21日，甲公司认为乙公司未能在8月15日前将香蕉运到，属于违约在先，故未到港口提货。承运人无奈之下，将香蕉直接卸在码头。甲公司未履行受领义务，也未以任何形式将这一情况通知乙公司。乙公司对于香蕉被卸在港口无人受领的情况一直不知晓。8月28

日,乙公司发现甲公司还未将货款汇到,于是发函询问。甲公司未作答复。乙公司再次派人到甲公司所在地,得知货物已在码头存放10天之久,而甲公司根本未予受领。当乙公司工作人员赶到码头时,发现受高温湿热气候影响,原本青涩的香蕉已经发黑霉烂。

【问题】甲公司是否应当赔偿乙公司香蕉霉烂的损失?

【分析】在本案中,双方当事人争议的焦点是,甲公司是否违反了合同义务,应当如何承担法律责任。一般情况下,附随义务的定义为,法律没有明文规定,当事人之间也无明确约定。与法定义务、约定义务不同,附随义务并非自始确定,亦非当事人约定,而是随着当事人对合同的磋商、订立、履行,根据合同目的和维护当事人利益的需要逐步确定的。我国《合同法》第60条规定,当事人应当按照约定全面履行自己的义务。当事人应当遵循诚实信用原则,根据合同的性质、目的和交易习惯履行通知、协助、保密等义务。此条款具体规定了当事人应当遵循诚实信用原则,并应根据合同的性质、目的和交易习惯履行通知、协助、保密等义务。如果当事人违反上述规定,理应承担法律责任。

本案中甲乙双方签订的香蕉买卖合同意思表示真实,合同合法有效,对双方当事人具有约束力。乙公司在8月10日发送货物,在正常情况下通过船舶运输,货物完全可以于8月15日前运到甲公司指定的港口。但货物之所以于8月18日才运到指定的港口,是由于船舶在运输过程中遇到了强热带风暴。强热带风暴中心最大风力可以达到10~11级,是一种自然灾害天气,属于不可抗力范畴。由于不可抗力造成的履行迟延,乙公司可以免除违约责任。甲公司在收到乙公司的告知函后不予理睬,在收到提货单后,既不通知乙公司货物状况和自己的打算,也不采取任何行动受领货物,致使货物在码头露天放置10天之久无人问津,发生大量发黑霉变。可见,甲公司在履行合同的过程中,未遵守诚实信用原则,拒绝受领货物,且不履行重要事项的通知义务,应当承担违约责任。

第一节 违约责任概述

合同当事人不履行合同义务时,法律应该设置什么样的救济规则,这是大陆法和英美法都共同重视的问题。英美法上,对当事人不履行合同义务规定了专门的违约事后补救制度,其重点在于赋予非违约方对合同权利的救济和保护。大陆法上,对当事人不履行合同义务则规定了违约方应承担的违约后果,其重点在于制裁违约方。我国《合同法》也规定了独立的违约责任制度,和大陆法一样,重在强调违约方不履行合同的违约后果。就违约责任或违约补救制度的本质来看,两者并无实质性的差别,目的都在于保护合同义务的履行。

一、违约责任的定义和特征

违约责任是当事人一方不履行合同义务或履行合同义务不符合合同约定时,依法对另一方当事人所应承担的赔偿损失、支付违约金、继续履行等民事责任。作为民事责任的一种,违约责任具有如下特征:

(一) 违约责任以违反合同义务为前提

有效的合同是承担违约责任的前提条件，在判断是否承担违约责任时，必须先判断合同是否成立，是否有效。一个有效的合同，当事人不履行合同义务才能产生违约责任。

(二) 违约责任是一种自己责任

违约责任首先是违约方对自己的行为所承担的责任，在因第三人原因不履行合同义务的情况下，债务人仍应当先向对方承担违约责任，然后向第三人追偿。违约方承担的这种违约责任具有相对性，是对合同相对人承担的一种民事责任。

(三) 违约责任具有自由约定性

违约责任以存在有效的合同关系为前提，合同是由双方自由协商签订的。合同约定的权利和义务是符合双方利益的。违约责任是由合同义务转换而来的，本质上是来自合同当事人的自由约定，这种责任不是法律强加的，具有自由约定性。

(四) 违约责任是一种财产责任

由于合同法调整财产交易关系，属于财产法，违约责任的目的也意在补偿守约的一方当事人在合同中本应得到的财产利益，因此，违约补救的措施不论是继续履行，还是支付违约金和赔偿损失，都是围绕合同当事人财产上的利益进行衡量和展开救济的。

二、违约责任的归责原则

违约责任的归责原则，是违约责任构成中需要重点考虑的因素。所谓违约责任的归责原则，是指让违约的当事人一方承担违约责任的依据。关于违约责任的归责原则，1981年颁行的《经济合同法》中，采取一般的过错责任原则，《经济合同法》第29条规定，由于当事人一方的过错，造成经济合同不能履行或者不能完全履行，由有过错的一方承担违约责任；如属双方的过错，根据实际情况，由双方分别承担各自应负的违约责任。这种规定需要债权人即非违约方承担举证证明违约当事人有过错的责任，为违约方逃脱责任承担大开方便之门，不利于保护非违约方的利益，不利于营造良好的交易信用，也增加了合同纠纷处理的难度。1986年颁布的《民法通则》就违约责任采取了过错推定责任原则，实行举证责任倒置，让违约方自己举证证明自己没有过错，不能证明自己没有过错的，就应当承担违约责任。通过举证责任倒置的规定，增加了非违约方获得违约补救的机会。在起草我国《合同法》的过程中，对于违约责任的归责原则如何规定，有不同的主张和争议。从颁布实施的《合同法》看，一般采取了严格责任原则，但并不排除过错责任。这里的过错责任既包括一般过错责任，又包括过错推定责任。

违约责任归责原则是对违约行为造成的损害事实进行归属判断时应当遵循的原则和基本标准。综观各国合同法历史，违约责任的归责原则经历了结果责任、过错责任和严格责任的历程。早期罗马法极端重视合同形式，严格的程式加上淳朴的民风和宗教、舆论制裁，欺诈、错误等情事鲜有发生，因此形成了罗马法上"不履行——责任"的模式，合同责任直接出生于债务人不履行行为,不履行是承担违约责任的直接原因,无论不履行基于何种原因发生,债权人均可提起诉讼,债务人则必须承担不履行合同的责任。客观责任可以充分保护债权人的利益,但对于债务人过于苛刻。随着经济的发展和法律关系的日趋复杂,法律行为的形式又趋于简化,人口结构发生变动,朴实的民风、宗教和舆论的作用也被对经济利益的追求冲击,恶意、疏忽造成的损失不断发生,司法审判上的救助是适应新形势的应变措施,如对有正当理由的迟延债务人予以救济,只对过失或故意承担责任,同时承认当事人之间免责条款的效力。法学家则提出了"拉贝奥抗辩"(也称免责抗辩)理论,对不可归责于债务人原因引起的履行不能,按照公平原则赋予债务人以抗辩权。免责抗辩的提出打破了"不履行——责任"的藩篱,使罗马法的合同责任由客观责任向主观责任过渡。罗马法时期只是以抗辩形式来保护不履行义务的债务人,当事人的主观过错并未上升为一般的归责原则。后古典法时期和优士丁尼时期,开始对过错责任原则有全面阐述,将过错分为故意和过失两种形态,故意突出合同责任的不可免责性,肯定过错是一种法律上应受谴责的行为,债务人的主观过错成为归责的标准。

我国《合同法》上的合同责任包括缔约过失责任、违约责任和违反后合同义务的责任,缔约过失责任和违反后合同义务的责任因违反诚实信用原则而产生,属于过错责任当属无疑,值得探讨的是《合同法》中违约责任的归责原则。从《合同法》中关于违约责任的概括性条款来看,第107条规定"不履行合同义务或履行合同义务不符合约定"是承担违约责任的前提条件,学界多认为这是违约责任归责原则中的无过错责任或严格责任原则。但是纵观《合同法》对违约责任在总则和分则部分的规定,并非采用绝对的严格责任原则,在无偿的赠与合同、保管合同和无偿的委托合同中,规定了赠与人、保管人、委托人仅对因故意和重大过失给对方造成的损失承担赔偿责任,在居间合同、旅客运输合同和有偿委托合同中,也分别规定了居间人、承运人、委托人的过错责任,因此《合同法》中违约责任的归责原则以严格责任为主,辅之以过错责任,呈现多元化的归责原则。

三、违约责任的构成要件

(一) 违约行为

违约行为,是指合同当事人违反合同义务的行为。我国《合同法》采用了"当事人一方不履行合同义务或者履行合同义务不符合约定的"表述来阐述违约行为的概念。在学理上,违约行为也称为不履行合同债务的行为。违约行为具有以下特点:(1) 违约行为的主体是合同关系中的当事人。违约行为仅限于合同关系的当事人,也就是说,违约行为的主体具有特定性。这一特征从根本上说,是由合同的相对性原则决定的。根据相对性原则,只有合同当事人才有可能构成违约,而第三人的行为不构成违约行为。(2) 违约行为是以有效的合同关系的存在为前提的。也就是说,在违约行为发生时,当事人已经受到有效合同关系的拘束。如果合同关系并不存在(如尚未成立、已被解除、被宣告无效或被撤销),则不可能发生违约行为,任何一方当事人都不能基于合同请求另一方承担违约责任。(3) 违约行为在性质上都违反了合同义务。合同义务主要是由当事人通过协商而确定的。在特殊情况下,法律为维护公共秩序和交易安全,也为当事人设定了一些必须履行的义务。尤其应看到，根据诚实信用原则，当事人还负有注意、忠实、协作、保密等附随义务。可见，合同义务不限于当事人所约定的义务，而且包括了法定的和附随的义务，违反这些义务都可能构成违约行为。（4）违约行为在后果上都导致对合同债权的侵害。违约行为不同于侵权行为的一个重要特点在于，侵权行为是对绝对权（如物权、人身权）的侵害，而违约行为则是对相对权即合同债权的侵害。由于债权是以请求权为其核心的，债权的实现有赖于债务人切实履行其合同义务，因此债务人违反合同义务必然会使债权人依据合同所享有的债权不能实现。所以，任何违约行为都导致了对债权人的债权的侵害。违约行为包括了各种不同的类型，如不履行、迟延履行、不适当履行等，各种违约行为发生后，行为人如不存在着法定或约定的免责事由，都应当承担违约责任。

（二）不存在法定或约定的免责事由

法定免责事由是指存在不可抗力。不可抗力，是指独立于当事人的行为之外，当事人无法预见、无法抗拒、不能克服、不能避免，并导致合同债的不履行的客观情况。不可抗力既包括基于自然原因而发生的自然现象，如地震、台风、洪水、海啸等，也包括基于社会原因而发生的社会现象，如战争、骚乱、罢工、海盗等。约定的免责事由，是指当事人在不违背法律的强制性规定的前提下，事先在合同中约定免除合同责任的事由。这是合同自由的体现，当事人事先对可能存在的违约行为进行预测，对可能造成的损害进行预估，对可能存在的风险进行分配，在国际贸易中很是普遍的，国内《合同法》对合同免责条款也不是全盘否定，而是有条件地予以承认，除非这种免责的约定违反了法律的强制性规定导致免责条款无效。

当事人要请求违约方承担违反某个具体合同义务的责任，还需要根据该合同特定的性质和内容负不同的举证责任。非违约方在请求违约方承担违约责任时，是否必须要举证证明损害事实的存在？从法律上看，根据"谁主张谁举证"的举证责任分配原则，非违约方请求违约方承担赔偿损失责任，毫无疑问应当举证证明损害事实的存在，但损害事实本身并不应成为违约责任的一般构成要件。其原因在于，一方面，一方当事人违反合同规定的义务，并不一定必然会给另一方带来损害。例如，承租人在订约后无故提出解除合同，但该房屋很快被其他人以更高的租金租用，出租人并未遭受实际损害。另一方面，一方当事人违约给对方造成了损害，但此种损害可能难以确定，特别是要由对方当事人就其遭受的损害数额、损害与违约行为之间的因果关系举证，十分困难，可能使非违约方放弃赔偿损失的请求，而选择其他的请求，如继续履行、违约金责任、定金责任等。赔偿损失以外的责任形式并不要求以实际发生的损害为前提。所以，损害事实不应成为违约责任的一般构成要件。

第二节 违约形态及责任形式

一、违约的形态

违约形态是违约行为形态的简称，是根据违约行为违反合同义务的性质和特点对违约行为所作的分类，是违约行为的类型化。在构建违约责任体系化问题时，立法上有"原因进路"和"救济进路"两种技术，有的国家规定迟延履行和不完全履行等，是"原因进路"；有的国家以救济为基础规定损害赔偿请求权和合同解除权，是"救济进路"。有的国家采取混合模式，如我国《合同法》既规定了违约行为的形态，也规定了救济方式。

违约行为是英美法上的概念，大陆法系一般使用"债的不履行"这个术语。从立法上看，大陆法系国家普遍存在违约形态的分类，并以此为基础来设置不同违约责任，进而设置不同的违约补救方式。对违约行为的分类最早起源于罗马法，罗马法将违约行为分为完全不履行和迟延履行两种，罗马人已经意识到不履行和迟延履行在法律后果上的巨大差异，并进行了细分和阐释。罗马法对违约行为的分类为大陆法系各国民法所承袭，《法国民法典》将违约行为分为不履行和迟延履行两种，对承担责任的形式予以了不同规定；《德国民法典》也继受了罗马法对违约形态的二分法，将违约形态设定为给付不能和给付迟延两种，属于债务人当为而不为的"消极违约"，直至史韬博提出"积极违约"概念，创立德国违约行为的新形态；《日本民法典》将违约形态分为不能履行、迟延履行和不完全履行三种。在对违约行为分类的问题上，英美法以判例为主，形成了不同于大陆法的分类。如英国将违约行为分为违反条件和违反担保，"条件"和"担保"都是合同中的条款。美国也曾接受英国合同法上的违约行为分类。在成文法上，英国《货物买卖法》规定了完全不履行和履行有瑕疵两种违约形态，美国法《统一商法典》则规定了预期违约、买方不收货、卖方不交货等违约形态。目前英美法判例和学者比较一致认同的是实际违约和预期违约、根本违约和非根本违约的分类。英美法对违约行为形态的分类反映了当今国际上合同法的与时俱进和开放性，罗马法和大陆法虽是违约行为形态分类的先行者，但其划分的不周延性被理论和司法实践所证明，我国《合同法》在考察英美法和大陆法国家立法的基础上作出了自己的分类。

（一）我国《合同法》上的违约形态

虽然理论上关于违约形态的观点各不相同，但《合同法》第94条、第107条和第108条规定表明，我国《合同法》在总结立法与司法实践经验，借鉴国外立法经验的基础上重塑了违约形态的体系。《合同法》将违约形态分为预期违约和实际违约两种，其中预期违约分类明示的预期违约和默示的预期违约，实际违约又分为不履行和不完全履行，不履行分为拒绝履行和履行不能，不完全履行包括迟延履行、不适当履行、其他不完全履行。《合同法》既糅合了我国原有立法的规定，也吸收了英美法中的开放性优势，同时还结合了大陆法的规定，形成自身的违约形态划分体系。

1. 预期违约

传统合同法上履行期限到来之前谈不上违约问题，只有义务履行期限界至当事人不履行合同义务才构成违约责任。履行期限尚未届满当事人是否履行合同义务为不确定的状态，对此前的违约行为也是坐等履行期限到来，明确违反合同义务的事实采取实际违约的救济方法。但是这种等待实际履行期限到来才能救济的做法可能造成更大的损失，法律应该另辟蹊径，对违约救济制度缺陷予以弥补。

预期违约制度起源于英国法院的判例。1852年4月霍切斯特与陶尔签订雇用合同，约定前者（原告）为后者（被告）送信，自当年6月1日起为期3个月。但在6月1日前被告已经另雇他人送信，通知原告将不再履行雇用合同。5月22日原告即起诉被告要求赔偿，并在7月1日前找到了其他工作。法院认为受雇人为了6月1日起向该雇主提供服务不得不做履约的准备，并只能拒绝他人的雇佣，该雇主对合同的毁弃使受雇人处于无事可做的状况。这样有违法律所应体现的政策，故该受雇人可以起诉，而不用等到6月1日再起诉。被告通知原告其将不履行合同构成预期违约。该判例确立了预期违约的规则，赋予原告立即起诉的权利，允许其解除合同缔结其他合同关系，以避免额外的损失。这一救济原则为后来的判例所遵循。美国学者科宾认为，针对预期违约提起诉讼是合理的，因为预期违约降低了对方相应的合同权利的价值。《统一商法典》也肯定了该判例规则，对预期违约的救济可以立即起诉，也可以等到实际履行期限到来后请求违约救济，给予守约方多种选择权。

预期违约是在合同履行期限到来前，一方当事人明确、肯定地表示将不履行合同义务；或在合同履行期限到来前，一方当事人以行为表明他将在合同履行期限到来后不履行合同义务。前者称为明示毁约，后者称为默示毁约。两种不同的预期违约在构成要件和救济措施方面各有不同。

预期违约不像实际违约那样表现为现实的违反义务，而是表现为将来不履行合同义务。预期违约行为侵害的也不是现实的债权，而是期待的债权，合同有效成立并生效后，当事人在履行期内对合同持续有效状态下，对对方将来履行的期待是正当的，应受到法律保护。正是由于预期违约对履行合同的督促作用以及减少损失和保护守约人利益的作用，预期违约有其特殊的补救措施。预期违约是一种可能的违约，它既可能因当事人的履行行为而消灭，也可能因当事人的不履行转化为实际违约。

1）明示毁约及其救济

明示毁约，是指在合同履行期限到来前，一方当事人明确、肯定地表示将不履行合同义务。在认定明示毁约时，必须具备以下条件：（1）明示毁约发生在合同有效成立之后至合同履行期限到来之前；（2）当事人不履行合同的意思表示是明确的、肯定的、无条件的；（3）不履行的是合同主要义务。一方不履行合同主要义务，会妨碍对方当事人订立合同的目的实现，对另一方当事人合同利益构成重大威胁，严重损害对方当事人的期待利益。（4）毁约方无正当理由。若不履行合同有正当理由，则属于正当权利行使而不是预期违约。正当理由主要有：享有合同解除权，要求宣告合同无效，合同不成立，享有撤销权，行使抗辩权，法定免责事由等。

对明示毁约的救济，非违约方享有选择权。（1）要求毁约方承担逾期违约责任。如果非违约方认为，等待履行期到来再提出请求，将使其蒙受更大的损失，或者认为毁约方不可能撤回其毁约的表示，则可以根据《合同法》第108条的规定，立即提出请求，要求对方在履行期到来前承担违约责任。（2）要求毁约方承担实际违约责任。在一方明示毁约的情况下，另一方有权拒绝对方的明示毁约。即非违约方可以根本不考虑违约方所作出的毁约表示，而单方面坚持合同的效力，等到履行期限到来以后要求毁约方继续履行合同或承担违约责任。如在某些情况下，非违约方认为，在履行期到来以后请求违约方承担赔偿责任，比在履行期到来前请求其承担此种责任对其更为有利，可以等待履行期到来后提出请求。再如非违约方相信毁约方可能会在履行期到来之前撤回其毁约的表示，从而消除毁约的状态，也可以等待履行期到来后提出请求。

2) 默示毁约及其救济

默示毁约，是指在履行期到来之前，一方以自己的行为表明其将在履行期到来之后不履行合同，而另一方有足够的证据证明一方将不履行合同，而一方也不愿意提供必要的履行担保。默示毁约和明示毁约一样发生在合同有效成立之后至履行期限届满之前，都构成对债权人的期待债权的侵害。但默示毁约的当事人没有明确将来不履行合同义务的意思表示，它是另一方对可能违约的一种预见，这种预见有合理的理由，预见的基础是客观存在的。默示毁约的构成要件包括：（1）一方预见另一方在履行期限到来时将不履行合同义务。如另一方没有履约能力，出现支付不能、资金短缺，或合同标的物已经转卖第三人，不可能在履行期届满时交付，或标的物瑕疵影响使用，不符合合同目的而又无法在短期内予以消除等。尽管没有明确的毁约表示，可以从其行为或能力上判断对方会使自己的合理期待落空，合同权利将不能实现。（2）一方预见有确切的证据。为保证预见的准确性，阻止主观臆断的毁约行为出现，必须借助一定的标准来判断不履行或不能履行合同。在判断预见是否具有合理性方面，有两种标准。一是《美国统一商法典》采用的"合理理由"标准，即：第一，债务人的经济状况不佳，没有履约能力；第二，商业信誉不佳，令人担忧；第三，债务人在准备履约或履约过程中的行为或实际状况表明债务人有违约的危险。二是《联合国国际货物买卖合同公约》规定的标准，即：对方履行义务的能力有缺陷、债务人的信用有严重缺陷、债务人在准备和他履行或履行合同中的行为表明他将不会或不能履约。第二种标准比第一种标准更具有客观性，在限制主观性方面作出了比美国更具体的规定。（3）毁约方在合理期限内未恢复履行能力且未提供适当的担保。债务人是否提供履约保证，是判断其是否构成默示毁约的重要标准。预见一方要求对方提供履约保证，是保障合同得到履行的措施。此种措施对债务人也是公平的，若债权人预见缺乏客观基础，无正当理由要求债务人提供履约保证，则应承担中止合同履行引起的不能按合同约定期限履行合同的责任，并承担对方提供履约担保的费用。（4）一方预见另一方不履行的是合同主要义务。《美国统一商法典》对不履行合同主要义务虽未明确规定，但通过判例确认了只有在根本违约的情形下非违约方才享有解除合同的权利。

对默示毁约的救济与明示毁约是一致的，非违约方可以接受违约事实立即请求法律救济提起诉讼，也可以对默示毁约置之不理，等待实际履行期限到来后按照实际违约请求救济。但在具体救济方式上，默示毁约以中止履行合同义务为主要救济手段。在书面通知要求对方提供必要的保证后，如果对方提供了相应的保证，则应恢复合同履行；如果对方在合理期限内未提供保证，则可以立即解除合同，请求赔偿。

2. 实际违约

实际违约，是指合同履行期限到来之后，一方当事人不履行合同义务或者履行义务不符合合同约定。

实际违约是一方当事人在合同履行期限届满后对合同义务的实际违反，侵害的也是现实的债权。预期违约是一方当事人对合同义务的违反，实际违约可以是一方当事人对合同义务的违反，也可以是双方当事人对合同义务的违反。在违约的趋势和后果上，预期违约是一种可能的违约，它可能因当事人履行合同义务而归于消灭而无需承担违约责任，也可能因当事人在实际履行期限到来后仍然不履行义务而转化为实际违约，而实际违约则必然承担违约责任。预期违约是一种非由当事人约定的、法定的违约责任，实际违约责任则可以由双方当事人约定。在救济方式上，实际违约有多种救济方式，有些救济方式对预期违约并不适用，如继续履行。实际违约的具体形态多样，可以分为不履行和不完全履行，不完全履行包括迟延履行、不适当履行、其他不完全履行。

1) 不履行及其救济

不履行可分为拒绝履行和履行不能两种。拒绝履行是在履行期限到来之后，负有义务的一方当事人无正当理由拒绝履行合同义务。拒绝履行违反了诚信原则，负有义务的一方不仅不履行义务，而且毫无履行义务的意思。因拒绝履行是当事人明知自己负有合同义务，在客观上能够履行而不履行，具有主观上的重大过错，且合同再无履行的可能性，因而构成一方毁约。其与预期违约的区别在于，拒绝履行是合同义务已至履行期限，拒绝履行的意思表示一般是不可撤销的，并不可能转化为履行行为，两者在计算赔偿损失范围时的时间起点是不同的。

拒绝履行发生后，非违约方可请求以强制方式继续履行，以实现自己订立合同的目的。在不能实际履行的情形下，非违约方可以根据拒绝履行是否拒绝履行合同主要义务使自己订立合同的目的难以实现来选择救济措施，如果拒绝履行合同主要义务构成根本违约，非违约方有权解除合同，解除合同不影响非违约方要求赔偿损失的权利。

履行不能，是指合同一方当事人在客观上已经没有履行能力或者法律禁止义务履行。如以特定物为交易标的的买卖合同中特定物灭失；以劳务为标的的合同中当事人丧失劳动能力；因国家法律的制定或修改禁止合同约定的标的物流通等，都可能构成履行不能。履行不能的情形非常复杂，有主观不能和客观不能、自始不能和嗣后不能、全部不能和部分不能、永久不能和一时不能、事实上的不能和法律上的不能等，我国《合同法》并没有使用"履行不能"的概念，与"履行不能"相关的立法规定如《合同法》第142条、第338条规定的风险负担，是与履行不能有关的。

2) 迟延履行及其救济

迟延履行，是一种古老的违约行为，自罗马法开始就有关于迟延履行及其救济的规定，各国法也无不将迟延履行作为债务不履行或违约的一种表现形式。广义的迟延履行分为债务人给付迟延和债权人受领迟延。

债务人迟延是指合同约定的履行期限届满时，债务人能够履行而未按期履行合同义务。构成迟延履行，须债权人和债务人之间存在合法有效的债务，债务人能够履行而不履行，债务已至清偿期，债务人不履行债务无正当理由。判断迟延履行，履行期限尤为重要。合同履行期限可分为约定履行期限、不确定履行期限以及履行期限不明确等情形。第一种情形可以根据合同约定的履行期限届满债务人未履行来判断；第二种情形可以根据债权人的催告通知或债务人知道履行期限到来起算；第三种情形下，债务人可随时向债权人履行义务，债权人也可以随时要求债权人履行义务，但应当给对方必要的准备时间。

对全部债务履行迟延的救济，可以请求继续履行、赔偿损失或解除合同，采取何种救济方式，债权人可衡量债务人迟延履行给其造成的合同利益损失来确定。对部分迟延履行的救济，可以请求损害赔偿，当部分履行对债权人无合同利益时，可以请求赔偿损失或解除合同。

债权人受领迟延是债权人对债务人已经作出的履行未受领或未为债务人履行义务提供必要协力的事实。债务人的履行，在多数情况下需要债权人的配合才可以完成，如果债权人不受领债务人的履行，债务人将不能脱离债务而额外承担履行所发生的不利益，对债权人的放纵与对债务人的苛刻使得债务人没有从债务中解放的机会，会造就不公平，因此有必要对债权人受领迟延作出约束，明确债权人的受领和协助义务，限制债权的滥用，平衡当事人的利益关系。

我国《合同法》在分则中对涉及债权人迟延的问题亦有规定，如第143条关于因买受人原因致使合同不能按照约定期限履行的，买受人承担风险的规定，以及第259条关于定作人不履行协助义务承揽人可以延期履行，解除合同的规定等，明确了债权人迟延受领的救济途径。

3）不适当履行及其救济

不适当履行，也称不完全履行，是合同债务人虽有履行合同义务的行为，但该履行行为不符合或不完全符合合同约定或法律规定。与不履行和迟延履行相比，不适当履行在履行期限到来时，债务人履行了合同义务，只是履行行为不符合合同的本旨。依不适当履行的具体情形，可分为履行标的不适当、履行时间不适当、履行方法不适当、履行地点不适当、附随义务不履行。

履行标的不适当，多是指标的物质量存在瑕疵，如标的物品种、规格、型号不符合合同约定或存在隐蔽缺陷等。履行数量上的不适当，如数量上的短缺或溢出，也构成标的履行的不适当。

履行时间不适当，是指债务人虽然履行合同义务，但履行的时间不符合债务本旨。如提前履行合同义务不符合债权人利益，债权人可以拒绝接受履行。

履行方法不适当，是指履行方式不符合债的本旨。如本应一次履行却分期履行，运输工具和运送线路的变更增加了运输成本，降低了服务标准等。

履行地点不适当，是指债务人履行债务的地点不符合合同约定。履行地点的不正确不仅关系到履行成本，也与履行期限有关，最后可能构成多种不适当履行。

附随义务的不履行，是指债务人不履行基于违反诚实信用原则所产生的附随义务的行为。如不履行告知义务、保密义务、协力义务、照顾义务等。

4）加害给付

加害给付，是指债务人履行债务不符合债的本旨，除造成合同履行利益发生损害外，还造成债务人固有利益损害的情形。加害给付中履行债务行为既构成违约行为，同时又构成侵权行为，不仅使合同利益受有损失，而且在合同履行利益之外，还造成了其他财产或人身损害，甚至造成合同当事人之外的第三人的财产、人身损害，所以加害给付行为不是单一的违约行为，更兼有侵权行为，不同于一般的违约行为带来的违约后果。

加害给付理论是由德国的史韬博提出的。此前德国对债的不履行分为给付不能和给付迟延。对债务人虽已履行但因履行行为瑕疵给债权人造成的损害立法上没有规定，形成法律上的漏洞。对不适当履行致债权人损害通过减价和修补的方式救济，对履行利益之外的损失则未有救济，显然，传统德国法对债的不履行的救济方式不足以对当事人提供完全的救济。史滔博"积极侵害契约"理论的提出,对德国立法的伟大贡献在于弥补了传统"二元违约"理论的不足,创立了给付不能和给付迟延之外的第三种违约形态。

我国《合同法》第122条规定,因当事人一方的违约行为,侵害对方人身、财产权益的,受损害方有权选择依据本法要求其承担违约责任或者依照其他法律要求其承担侵权责任。由此可见,违约行为造成合同履行利益之外的损害的,可以依照《合同法》请求承担违约责任,加害给付在我国《合同法》中是一种独立的违约形态。

(1)加害给付的构成要件。加害给付首先要求存在给付行为,即债务人有一定的履行行为,但是此种履行行为不符合债的本旨。如买卖合同中交付的产品存在瑕疵,供用电合同因供电不足使工厂停工并造成重大损失,易燃易爆有毒物品的出卖人未向买受人告知物品的运输、管理、储存方法,买受人因此受到人身伤害等。加害给付行为既包括对合同约定主义务的违反,也包括对依诚实信用原则产生的附随义务的违反。其次,造成债权人履行利益之外的其他损害。债务人的不适当履行不仅造成债务人合同利益的损害,而且更兼有履行利益之外的人身和财产损害,如出售有毒食品造成买受人人身伤亡,则为加害给付。如果仅仅是给付标的物不符合约定未造成债权人人身或其他财产损失,则该行为只是履行瑕疵,并不是加害给付。同时,债务人的不当履行行为与损害后果之间存在因果关系,如果不是给付行为而是因为单纯的侵权行为构成的,则不能构成加害给付。实践中,债务人的不适当履行行为还有可能造成对债权人以外的第三人的损害。此种损害包括两方面:一是造成第三人的人身伤害和死亡。如交付不合格的电热水器短路造成火灾,致债务人的邻居受伤;二是造成第三人的财产损害。如因为交付的马患传染病致第三人的马传染并死亡。但债务人造成第三人损害,尽管是因为债务人向债权人作出履行且履行不符合合同规定的行为引起的,该行为造成第三人的损害只能视为侵权行为,而不能视为加害给付行为。因为加害给付是因为履行债务不符合债的本旨而产生的。在债务人的行为致第三人损害的情况下,尽管此种行为是因向债权人的给付所引起的,但对于第三人来说,此种行为就不应视为履行债务的行为,而应看做侵权行为;由于债务人和第三人之间不存在合同关系,当债务人的行为造成第三人的损害以后,从法律上看,债务人并没有违反其向第三人所负有的合同义务和附随义务,而只是违反了其负有的不得侵害第三人权利的义务。所以从合同的相对性原则出发,因债务人的行为致第三人的损害,不应该产生违约责任,而只能产生侵权责任,即给第三人造成损害不会产生加害给付的后果,通常应依据侵权责任法、产品质量法的规定来处理。再次,债务人具有过错。

(2)加害给付的责任。《合同法》采纳了违约责任与侵权责任竞合学说,赋予债权人在两种责任竞合时有选择权,即可以依照具体情况选择最有利的根据请求损害赔偿。但是这种规定的不足之处也是显而易见的。违约责任与侵权责任在违反义务、归责原则、举证责任、赔偿范围、诉讼时效、诉讼管辖、涉外法律适用等方面存在差别,两种责任最终都指向对损失的填补,违约责任的目标是使债权人在财产状态上达到合同履行之后的状态,侵权责任的目标是对实际财产损害的填平,在有精神损害的情形下,侵权人承担精神损害赔偿。在合同履行利益和固有利益同时受到损害时,无论选择违约责任还是侵权责任,都不能全部弥补债权人遭受的损失。选择违约责任为请求权基础,债务人的利益可以达到合同履行后的财产状态,对履行利益之外的损害则无法覆盖,特别是发生人身损害的情形时；选择以侵权责任作为请求权基础，可以对实际发生的财产损失和精神损害予以赔偿，但对合同标的物本身的价值损失无法覆盖，特别是合同标的物价值较高时。从保护债权人利益角度来看，应对债权人实际遭受的双重损失予以补偿。德国判例与学说即支持债权人获得履行利益之外损害的赔偿请求权不影响履行请求权的行使，两种请求权可以同时行使。因此，德国加害给付责任不是按照违约责任和侵权责任竞合时的选择其一的竞合处理规则来处理，而是将侵权法的救济手段融入了合同法的救济手段中。

由于加害给付将产生违约责任与侵权责任的竞合，受害人可以按侵权行为责任提起诉讼主要有如下几种情况：

第一，债务人的不适当履行行为造成了对第三人的损害。由于第三人与债务人之间并无合同关系，对第三人的损害也是当事人订约时所不可预见的，如果使用合同责任，债务人既可以合同相劝性规则否定其存在，也可因其订约时不可预见违约后果要求减轻或免除其责任。这对第三人来说是不利的。所以应当将加害给付造成第三人损害作为一种单独的侵权行为对待，由加害人直接对第三人负侵权责任。

第二，债务人的不适当履行造成了受害人的人身伤害。我国《合同法》是调整财产交易关系的法律，在债务人不适当履行的情况下，应当对其违约行为所造成的财产损失承担违约责任。对因违约造成的人身伤亡，是在当事人订立合同时不可预见的，受《合同法》中损害赔偿可预见性规则的限制，债务人不应对受害人的人身损害承担赔偿责任。对于人身伤害的损害赔偿，应通过《侵权责任法》来加以解决。从《合同法》和《侵权责任法》所保障的利益来看，《合同法》所保护的履行利益和信赖利益都是财产利益；而《侵权责任法》所保护的利益则既有财产利益也有人身利益。因此加害给付造成人身伤亡的后果已侵害了侵权法所保护的利益，应按侵权责任来处理。

第三，债务人不适当履行造成受害人精神损害。因履行债务行为造成受害人精神损害，是否可依据合同责任获得赔偿，国外的判例学说存在不同观点，我国立法和司法实践并不允许受害人根据合同责任而获得精神赔偿。通说认为，精神损害是合同当事人在订立合同时不能预见的，同时又难以单纯通过金钱加以衡量和补偿，原则上受害人不能通过合同之诉获得精神损害赔偿。

二、违约的责任形式

（一）继续履行

实际履行，是指一方不履行合同义务时，另一方有权请求法院强制违约方按照合同约定的标的履行义务，不得以违约金或损坏赔偿方式替代履行。

当事人订立合同多是为了满足生产经营或其他需要，订立合同的目的是期待合同能够履行，在一方违约的情形下，另一方请求继续履行合同是符合合同目的的。并非所有的违约都能够以赔偿损失的方式承担责任，当事人订立合同并非为了得到违约后的赔偿，合同的实际履行对守约一方来说具有不可替代性，因此继续履行作为违约救济的一种选择，在合同法中肯定下来。关于实际履行，在各国法中也有不同规定。在英国合同法上，继续履行是在损害赔偿救济不充分或不公平时创设的一种特别救济制度，是损害赔偿的例外情况。大陆法则认为债务人违反约定后债权人首选的是实际履行,而非赔偿损失,除非实际履行已不可能,即履行优先原则。履行优先的原则在2002年修改后的《德国民法典》中仍然得到确认。对实际履行和损害赔偿两种违约方式的价值取向上的不同,在是否决定采取实际履行方式救济时,英美法和大陆法做法也不相同,英美法上实际履行是法官自由裁量的结果,大陆法上实际履行多是由守约方提出请求,我国《合同法》也采取了守约方提出继续履行请求的方式,将选择权交给了守约方。但实际履行的适用范围并非所有情况,而是有所限制,构成实际履行应具备以下条件:

(1) 必须有违约行为,即当事人一方不履行合同义务或履行合同义务不符合同约定。继续履行责任是一方不履行合同的后果,只有在一方不履行合同义务或者履行合同义务不符合约定的情况下,另一方才有权要求其继续履行。由于迟延履行中违约当事人已经作出了履行(只是履行不符合期限的规定),因而不适用于继续履行。同时,针对不适当履行而采取的修理、重做、更换的补救措施不包括在继续履行中,因此可适用于继续履行的违约行为不包括不适当履行行为,而主要包括拒绝履行、部分履行行为。我国《合同法》第109条规定的"当事人一方为支付价款或者报酬的"和第110条规定的"当事人一方不履行非金钱债务或者履行非金钱债务不符合约定的"的情况,也主要是指上述两种违约行为。

(2) 必须有守约方的请求,才能判决或裁决违约方实际履行。我国《合同法》从保护债权人的利益出发,将是否请求继续履行的选择权交给非违约方,由非违约方决定是否采取继续履行的方式。如果他认为继续履行更有利于保护其利益,则可以采取这种措施。在许多情况下,当事人订立合同的目的主要不是为了在违约以后寻求金钱赔偿,而是为了实现其订约目的,实际履约具有现实的需要,应当提出继续履行的请求。但是,若采取继续履行在经济上不合理,或确实不利于维护非违约方的利益,则可以采取解除合同、赔偿损失等其他补救措施。如果非违约方决定采取继续履行的补救措施,则必须要在合理的期限内向违约方提出继续履行的要求。如果在违约方违约后,非违约方未在合理期限内提出继续履行的要求,则依据《合同法》第110条,不得再提出此种要求。

(3) 必须是违约方实际履行是可能的。如果实际履行客观上已经成为不可能,则不能使用这一救济方式。一般来说,在金钱债务中,当事人一方不支付价款或报酬的,另一方有权要求其继续履行,违约的一方不得以任何理由拒绝履行。然而,在非金钱债务中,如果依据法律和合同的性质不能继续履行,则违约方也可以拒绝非违约方的继续履行的要求。具体来说:①法律上不能继续履行。也就是说继续履行不得违反法律的规定。一方面,在某些情况下,法律并不要求违约方负继续履行责任,而只是要求违约方承担违约金和赔偿损失责任。例如,对于提供个人服务的合同,在法律上不能采取继续履行。如果采取继续履行措施,则将对个人实施某种人身强制,这与我国宪法和法律关于公民的人身自由不受侵害的规定是相违背的。另一方面,法律从保护债权人的利益和交易秩序考虑,也不允许在某些情况下强制实施继续履行。例如在债务人破产时,如果强制其履行与某个债权人所订立的合同,这实际上是赋予了该债权人某种优先权,使其优于违约方的其他债权人而受偿,这与《破产法》的有关规定是相违背的。②依据合同的性质不能继续履行。对一些基于人身依赖关系而产生的合同,例如委托合同、信托合同、合伙合同等,往往是因信任对方的特殊技能、业务水平、忠诚等产生的，因此具有严格的人身性质，如果强制债务人履行义务，则与合同的根本性质是相违背的。

（4）实际履行确有必要。如果实际履行对守约方来说已经不能达到订立合同时的预期目的，则实际履行也没有必要。如果实际履行在经济上失去了意义，或实际履行的代价过高，则也不必实际履行。根据《合同法》第110条，在非金钱债务中，如果在事实上不能继续履行，或者债务的标的不适合于强制履行或履行费用过高的，则不能采取继续履行措施。具体来说：①继续履行在事实上不可能。强制继续履行的目的，是促使违约方履行原合同规定的义务，但如果因违约方的违约使合同丧失了履行的可能性（例如合同的标的物是特定物并已遭受毁损灭失），在此情况下，强制债务人履行债务也是不可能的。当然，此处所说的事实上的不可能，是指履行的标的客观不能或永久不能，如果债务人采取一定的行为或作出一定的努力仍可以履行合同，或者合同只是部分不能履行或暂时不能履行，则表明合同仍可以继续履行。②债务的标的不适合于强制继续履行。一般来说，对于许多提供服务和劳务的合同来说，标的本身都具有不得强制继续履行的性质，例如，强制某个演员登台演出，强制某个教师为他人上课等，都势必会侵害债务人的人身自由和其他人格权，因此，只能采取要求债务人赔偿损失和支付违约金的办法。③继续履行在经济上不合理。任何合同的履行都要体现经济上的合理性。对于违约的补救来说，也应当如此。如果继续履行费用过高，在经济上是不合理的，则可采用解除合同赔偿损失的方式来弥补，而不宜采取继续履行的方式来救济。

（二）违约金

1. 违约金及其性质

违约金是当事人在合同中约定的或者法律规定的，一方违约时应该支付给另一方的一定数量的货币。

关于违约金的性质，各国立法规定不同，学者认识也不一致。主要分歧在于违约金是具有惩罚性还是具有补偿性。惩罚性违约金的功能在于对违约行为的制裁，以保证合同得以履行。按照违约金具有惩罚性的观点，即使违约行为没有造成实际损失，也是可以要求违约方支付违约金的。在支付违约金之后如果还有实际损失，还应该承担赔偿损失的责任。补偿性违约金的功能在于补偿另一方因违约行为遭受的损失，约定违约金是为了避免违约后举证困难和计算损失的麻烦，支付了违约金之后，如果违约金过分低于实际损失的，可以要求赔偿损失。英美法和大陆法多不认可违约金的惩罚性，我国《合同法》也摒弃了惩罚性违约金的观点，只是在约定的违约金过高或过低时，当事人可以请求人民法院或仲裁机构予以减少或增加。

2. 违约金责任的成立

违约金是独立于主债务的第二次给付，主债务不成立、无效或被撤销时，违约金也不成立。换言之，一个有效的合同应该得到遵守，不履行有效合同的债务才可能产生违约金责任。因此，对有效合同的违反即违约行为的存在，是违约金责任成立的前提条件。违约金是对损害赔偿的预计，当事人约定违约金的目的之一即在于避免证明损害的麻烦，因而，违约金的发生不以损害的存在及其大小的证明为要件。①

3. 违约金的调整

《合同法》第114条规定，当事人可以约定一方违约时应当根据违约情况向对方支付一定数额的违约金，也可以约定因违约产生的损失赔偿额的计算方法。约定的违约金低于造成的损失的，当事人可以请求人民法院或者仲裁机构予以增加；约定的违约金过分高于造成的损失的，当事人可以请求人民法院或者仲裁机构予以适当减少。

如何判断违约金过高或者过低，最高人民法院《关于适用〈中华人民共和国合同法〉若干问题的司法解释（二）》第29条规定，当事人约定的违约金超过实际损失的30%的，一般可以认定为"过分高于造成的实际损失"。当事人主张约定的违约金过高请求予以适当减少的，人民法院应当以实际损失为基础，兼顾合同履行的情况、当事人的过错程度以及预期利益等综合因素，根据公平原则和诚实信用原则予以衡量，并作出裁决。调整违约金的请求方式可以是当事人直接请求，也可以通过反诉或抗辩的方式提出请求。

虽然《合同法》第114条规定的违约金属于补偿性质，但基于合同自由原则，《合同法》也并不禁止当事人在合同中约定惩罚性违约金，只要这种约定不违反法律法强制性规定，便可以约束双方当事人。

（三）损害赔偿

违约损害赔偿，是指因违约方不履行或不完全履行合同义务给对方造成损失，依法应当承担赔偿损失的责任。损害赔偿的目的是弥补因违约给对方造成的全部损失，是运用最广泛、最主要的违约救济措施。损害赔偿责任与原合同债务不同，原合同债务是当事人之间约定产生的债务，损害赔偿是因不履行原合同债务而产生的债务，是原合同债务的转化，即因一方违约给对方造成损害，当事人之间原合同债权债务关系转化为损害赔偿关系。

1. 合同法中的损害

罗马法最初对合同损失区分了直接损失和间接损失，这种区分对大陆法系国家影响深远。法国、德国民法典均认为对债权人的损害赔偿应包括所受的损失和所失的利益。前者为直接损失，后者为间接损失。

美国学者富勒将合同损害分为三种利益，即返还利益、信赖利益和期待利益。信赖利益和期待利益的划分对各国理论和实务的影响较大，大陆法系国家也将期待利益称为"履行利益"或"积极利益"，将信赖利益称为"消极利益"。信赖利益是一方基于对对方承诺的合理信赖而产生的利益。期待利益是当事人订立合同时期望从合同履行中得到的利益。美国法并没有采纳富勒对合同损害的划分，而是将损失分为直接损失、间接损失和附带损失。直接损失是大陆法中的实际损害，即标的或价金的损失。附带损失是附随于直接损失的损失，也是实际损失，是因违约造成的其他合理费用的支出。间接损失是指受害方所失的利益，如违反物的瑕疵担保引起的人身和财产损失。

2. 损害赔偿的原则

---

① 韩世远：《中国的履行障碍法》，《私法研究》创刊号，第193页。

1) 完全赔偿原则

完全赔偿原则,是指因违约方的行为给对方造成的全部损失应该承担损害赔偿责任。包括实际损失和可得利益损失。实际损失则是现有财产的减少;而可得利益的损失,是合同履行后可以实际取得利益的损失。可得利益是一种未来的必须通过合同的实际履行才能实现的利益,是当事人订立合同时能够合理预见到的利益。因此,尽管它没有为当事人所实际享受,但只要合同适当履行,当事人就会获得。由于若没有违约行为的发生,当事人是可以获得可得利益的,所以从这个意义上来说,可得利益的损失与实际损失没有实质的差别,它们都是因为违约行为所造成的损失。① 在确定可得利益的赔偿时,受害人不仅要证明其遭受的可得利益的损失确实是因为违约方的违约行为造成的,而且要证明这些损失是违约方在签订合同时能够合理预见的。《合同法》第113条采纳了完全赔偿原则,损失"包括合同履行后可以获得的利益"。可见,违约损害赔偿的范围包括现有财产的减少和可得利益的损失。《合同法》关于损害赔偿的规定旨在弥补受害人遭受的财产损失,赔偿范围取决于财产损害的后果。完全赔偿,就是要通过赔偿受害人的实际损失和可得利益的损失,从而弥补受害人遭受的全部损失,使受害人恢复到合同订立之前的状态或者合同得到适当履行之后的财产状态。

2) 合理预见原则

完全赔偿原则是对非违约方的利益保护,但从公平原则和利益平衡角度出发,应该将违约损害赔偿限定在合理的范围内。合理预见原则,是指损失赔偿额不得超过违反合同一方订立合同时预见到或应预见到的因违反合同可能造成的损失。根据合理预见原则,只有当违约所造成的损害是违约方在订约时可以预见的情况下,才能认为损害结果与违约行为之间具有因果关系,违约方才应当对这些损害进行赔偿。如果损害不可预见,则违约方不应赔偿。采用合理预见规则限定损害赔偿范围的根本原因在于,只有在交易发生时,合同当事人对其未来的风险和责任可以预测,才能计算其费用和利益,并能够正常地从事交易活动。如果未来交易的风险不可预测,基于合同主体对不确定风险的规避的趋利性,当事人就会选择回避从事交易活动。各国合同法和国际公约都将违约损害限定在合理范围内,合理预见规则是限制法定损害赔偿范围的一项重要规则。因此在违约责任中,对于因一方违约而造成的人身伤害和死亡及精神损害的都不予赔偿。这是因为:其一,我国《合同法》中的违约责任形式不包括赔偿人身伤害、死亡及精神损害;其二,这些损害是违约方在订立合同时所不可预见的。如果要使这些得到赔偿,将会使订约当事人面临合同责任的不可预测性,从而妨害交易的正常进行;第三,我国《合同法》第122条规定,因当事人一方的违约行为侵害对方人身财产利益的,受害方可主张违约责任或依照其他法律主张侵权责任。在适用合理预见原则时应注意,预见的主体是缔约当事人,对当事人的预见能力并不因缔约主体的受教育经历、职业和身份状况而有所区别,而是采用一个抽象理性人的标准,以一般人在此情此景下能够预见或者应该预见为标准。在预见的时间上,各国多以缔约时间作为预见时间,缔约之时当事人若因交易风险过大则不会订立合同,或若因风险过大也会考虑在合同中设立限制责任的条款。在预见内容上,应预见引起损害的种

---

① 王利明:《违约责任论》,中国政法大学出版社1996年版,第411~413页。

类，合同交易多为财产交易，当事人在缔约时对因违约引起的损害也多预见是财产损害，人身损害和精神损害则通常不在缔约当事人预见范围之内。但是合理预见原则不适用于约定损害赔偿的情形。约定损害赔偿是当事人在订立合同时对未来可能发生的损害的预测和约定，体现了合同当事人的意思自治。由于违约行为发生后损害赔偿的范围确定和举证非常复杂，约定损害赔偿条款可以避免当事人举证困难，有利于法院或仲裁机构直接适用约定条款来解决纠纷，减少违约责任的不确定性。由于约定损害赔偿是当事人订立合同时的一种预测，这种预测可能与实际损失之间存在偏差，对此，一些国家规定法院可以对损害赔偿数额予以增减，以确保损害赔偿的补偿性和公平性。

3）减轻损失规则

减轻损失规则，是指一方违约后另一方应该及时采取合理措施，防止损失进一步扩大。减轻损失规则是依据诚实信用原则而产生的。依诚实信用原则，债务人应自觉严格按照合同的约定履行，债权人应当积极地协助债务人履行。在债务人违约时，债务人应当积极采取合理措施，减少已经发生的损害。未尽到减轻损失义务，已构成对诚实信用原则的违反。同时按照过错责任的要求，一方在另一方违约后未能采取合理措施防止损失扩大，本身也是有过错的，应对自己的过错行为所致的后果负责。

减轻损害规则最早是从英国普通法上发展出来的，美国《合同法重述》（第二版）第350条规定了该规则。该规则几乎为各国立法与判例所承认与接受。《国际商事合同通则》第7.4.8条也确认了该规则，不履行方当事人对于受损害方当事人所蒙受的本来可以采取合理措施减少的那部分损害，不承担责任；受损害方当事人有权对试图减少损害而发生的一切合理费用要求赔偿。我国《民法通则》第114条、《合同法》第119条规定了非违约方的减损义务。《合同法》第119条规定，当事人一方违约后，对方应当采取适当措施防止损失的扩大；没有采取适当措施致使损失扩大的，不得就扩大的损失要求赔偿。

根据《合同法》的规定，适用减轻损害规则应当具备的主要条件有：

（1）违约方的违约行为导致了损害的发生，受害人对于损害的发生没有过错。即违约方之违约行为是损害发生之必不可少的原因，与非违约方无关，因此其不同于双方违约、混合过错。

（2）非违约方未及时采取合理或适当的措施防止损失的进一步扩大，即非违约方对于损害的扩大有过失。基于民法的诚实信用原则，非违约方因违约方的违约行为而致损害的，在损害发生后，其得有减轻损失的义务，即非违约方应采取合理、适当的措施防止损失的进一步扩大的积极义务，同时还包括非违约方不能采取不合理的行为促使损害的扩大的消极义务。

（3）事实上造成了损害的扩大。这种损害的扩大，包括非违约方在一方违约行为发生后未采取合理、适当的措施致使造成损害的扩大，也包括非违约方在一方违约行为发生后采取了不合理的行为而致损害进一步扩大。

（4）必须扩大的损失与非违约方未及时采取合理、适当的措施之间具有因果关系。

尽管非违约方有采取措施减轻损失的义务，但这种义务应当是有限度的。根据我国《合同法》第119条的规定，非违约方仅需采取"适当措施"就足够了。因此，确定减轻损害义务的限度关键在于如何认定"适当措施"。何谓"适当"，法律没有明确规定。在

第九章 违约责任

司法实践中，如何判断非违约方采取的措施是否适当或合理，应当以"合理人"，即一般社会要求为判断标准，如果同等状况下的社会一般观念认为该措施是不合理的，则非违约方不得以自己未达到这种客观标准为由抗辩，除非其确有充分证据证明。在辅以客观标准判断时，要注意考察采取措施的时间，应以非违约方采取措施时加以判断，而不应以事后的情况来衡量先前的行为是否合理。

3. 损害赔偿的计算

在损害赔偿的计算方面，计算的时间、地点和价格对损害赔偿数额的确定十分重要。不同时间、地点和价格对损害赔偿数额的最终确定有不同影响。

1）计算时间

损害时间的长短对损害结果有直接的影响，不少合同违约纠纷诉讼或仲裁案件都会提出损害赔偿请求，对损害赔偿的计算需要明确计算损害发生的起始时间，损害持续的时间越长，损害也就越大。各国对损害赔偿时间的计算主要有三种方法：一是实际违约时间，二是请求赔偿的时间，三是非违约方发现违约的时间。由于违约时间在合同条款中一目了然，易于举证，且与非违约方减少损失扩大的义务紧密相连，在非违约方及时采取合理措施防止损失扩大之后，违约的损害赔偿数额可以根据违约时间和合同约定的违约金的计算方法来确定。在违约方与非违约方协商延期履行的情况下，也可以根据双方重新达成的协商来确定履行时间和违约时间计算损害赔偿。对非违约方而言，请求赔偿的实际时间往往是在和违约方多次交涉未果的情况下不得已才起诉和申请仲裁的时间，此间违约行为已经发生，实际损害处于持续状态，如果以请求赔偿的时间来计算，显然不利于对非违约方实际损失的赔偿，不符合完全赔偿的原则。非违约方发现违约时间多在瑕疵履行和拒绝履行中，违约时间应是交付时间或拒绝履行时间，发现违约时间与合同约定的履行时间并不一致，此间如果对瑕疵物进行利用或等待对方实际履行，都可能给非违约方造成损失。计算损害赔偿仍然应以违约时间为起点，才能对非违约方的全部损失予以补偿。

2）计算地点

地点不同会影响到损害赔偿的价格和计算结果，以何地的市场价格来计算，是损害赔偿必须确定的标准。一方面，国际市场上的价格和汇率对合同当事人的实际利益有影响，另一方面，国内各地市场同类产品的价格也会有差别。如果当事人在合同中未约定违约损害赔偿计算地点，债务履行地是合同当事人约定的交付地点，没有履行交付义务时以该地的价格计算损害赔偿，是符合双方愿望的。① 因此，各国多以债务履行地价格作为计算损害赔偿的标准，我国《合同法》对合同履行地也有如下规定：当事人有约定的，从其约定；当事人无约定的，按照下列方式确定：给付货币的，在接受货币一方所在地履行；交付不动产的，在不动产所在地履行；其他标的，在履行义务一方所在地履行。

3）计算方式

在计算方式上，大陆法和英美法各有千秋，大陆法主要是比较违约损害发生后的利益状态与损害发生的利益状态，将两者之间的差额作为损害赔偿的标准。英美法则在计算损失方面由判例发展出许多具体而精细的规则，如替代价格、损失-盈余规则、机会成本、

---

① 王利明：《违约责任论》，中国政法大学出版社1996年版，第430页。

预算外开支和减少的价值等。我国《合同法》则缺乏具体的计算方式，违约后损害赔偿优先适用合同中约定的损失赔偿计算方法，如合同没有约定损失赔偿计算方法的，则由主张损害赔偿的一方举证，证明损失的范围和具体数额，法院或仲裁机构再针对一些个案适用公平原则来处理。

三、违约责任形式的合并与分开适用

（一）继续履行与其他救济措施之间的关系

1. 继续履行与支付违约金、赔偿损失和定金责任

继续履行的基本内容是要求违约方继续依据合同规定作出履行，在一方违反合同后，另一方有权要求违约方继续履行合同，也有权要求其承担支付违约金和赔偿损失等责任。是否请求继续履行，是非违约方的一项权利。在学理上，常常将修理、重做、更换作为继续履行的具体形式，因为采取这些补救措施也是使违约方继续履行。然而《合同法》第107条将继续履行与这些补救方式区别开来，表明继续履行并不包括这些补救措施。

2. 继续履行与解除合同

因为解除合同旨在使合同关系不复存在，债务人不再负履行义务，所以它是与继续履行相对立的补救方式，继续履行与解除合同不能同时并用。

（二）违约金与其他救济措施之间的关系

1. 违约金与损害赔偿

当事人约定违约金过分低于实际损失时，可以在支付违约金后请求赔偿损失；或者当事人约定的违约金不足以弥补全部损失时，可以请求人民法院增加违约金的，增加后的违约金数额以不超过实际损失额为限。增加违约金后对方当事人又请求赔偿损失的，人民法院不予受理。

2. 违约金与实际履行

违约金与实际履行不能并用，只有当事人就迟延履行约定违约金的，在支付了违约金后还可以请求继续履行。

3. 违约金与定金

在合同当事人既约定了违约金又约定了定金的情形下，如果一方违约，对方当事人可以选择适用违约金或者定金，两者不能同时并用。违约金或定金条款的适用都可以达到弥补因违约受到的合同损失。在违约金约定过低时，可以请求人民法院或仲裁机构予以适当增加，可以补偿因违约造成的实际损失，守约方还可以根据违约金或定金条款哪个对自己有利就适用哪个条款，既可以保障其合同利益，也避免两者并用时加重了对违约方的惩罚，使守约方获得高于实际损失的补偿，符合合同的公平原则。

（三）损害赔偿与其他救济措施之间的关系

1. 赔偿损失与继续履行

《合同法》第112条规定，当事人一方不履行合同义务或者履行合同义务不符合约定

的，在履行义务或者采取补救措施后，对方还有其他损失的，应当赔偿损失。可见，这两种补救方式是各有特点、不能相互替代的。继续履行所具有的特殊功能表现在：首先，继续履行是实现合同的目的、维护合同效力所必须采取的补救方式。只有通过继续履行方式，才能使债权人获得原合同规定的标的，并能防止违约当事人通过违约而从事投机行为，获得不正当利益。其次，从举证责任来看，受害人采用继续履行的补救方式可不必承担对实际损失的举证责任，因而在很多损失难以确定的情况下，继续履行更有利于保护受害人的利益。当然，尽管违约当事人不得以其他补救方式代替合同的继续履行，但对受害人来说，在其他补救方式，特别是赔偿损失方式，能够在有效地维护其利益的情况下，完全可以放弃继续履行的补救方式，而采取其他方式。例如，受害人要求赔偿期待利益的损失，使合同利益犹如合同已经履行的状态，如果他通过赔偿得到了在合同履行状态下所应得到的全部利益，则不必采取继续履行的方式。有时继续履行仍不足以弥补债权人的损失，例如，债务人迟延交货使债权人生产停顿、遭受重大经济损失，尽管通过继续履行获得了合同规定的货物，但已经遭受的损失仍未得到弥补。如对这一部分损失不予赔偿，不仅不能保护受害人利益，也不能有效地制裁违约当事人，维护交易秩序和安全。当然，在确定赔偿数额时，应考虑到继续履行已使当事人获得了期待利益，因而不能要求债务人再赔偿这些利益的损失。

2. 赔偿损失与解除合同

《合同法》第 97 条规定，合同解除后，尚未履行的，终止履行；已经履行的，根据履行情况和合同性质，当事人可以要求恢复原状，采取其他补救措施，并有权要求赔偿损失。可见，我国现行法律承认合同解除与赔偿损失是可以并存的。对于合同解除时的赔偿损失的范围，首先应包括因恢复原状而发生的赔偿损失。这就是说，在通过返还财产的方法不足以使财产关系恢复到原来状态时，才能借助赔偿损失方法。除此之外，赔偿范围还包括管理、维护标的物所产生的费用以及因返还财产本身而支出的必要费用。在一般情况下，合同解除时的赔偿损失不应赔偿可得利益的损失，因为可得利益只有在合同完全履行情况下才能产生。既然当事人选择了合同解除，就说明当事人不愿意继续履行合同，因而也就没必要考虑对可得利益的赔偿。

3. 赔偿损失与支付违约金

赔偿损失主要是一种补偿性的责任形式，通常要与实际损害相符合。违约金也具有补偿性，但是违约金数额与实际损失之间的关系表现为，如果支付补偿性违约金不足以补偿受害人所遭受的损失，债务人还要承担赔偿损失责任，以弥补违约金的不足部分，即违约金可与赔偿损失并用。但在两者并用的情况下，应该以实际损失作为责任的最高限额，即受害人不得获得超过实际损失的赔偿。

4. 赔偿损失与修理、重作、更换

在瑕疵履行的情况下，如果瑕疵可以修补，债权人有权要求债务人修补瑕疵，并由债务人承担修补费用。但修补后如仍使债权人遭受损失的，则债权人仍有权要求赔偿损失。例如，债务人修补瑕疵造成迟延履行，而因迟延使债权人遭受损失，那么债权人有权要求赔偿损失。

第三节 免责事由

案例引导

免责条款无效不能减轻承运人的赔偿责任

南京甲公司的业务范围是销售网络软件和电子产品。2006年7月21日上午,他们接到南通乙公司的求购信息,向其订购一台 IBM 笔记本电脑。甲公司特将笔记本包裹好后,委托南京某物流公司承运货物。物流公司在接受托运业务时,向甲公司出具了一份货运单,货运单正面注明寄件人单位名称,收件人单位名称、地址,内件产品以及10元运费。货运单经办人签名一栏下方提示:"所寄物品如需保险,请预先申明。"备注一栏下方提示:"填写本单前,务请阅读背面说明,你的签名意味着理解并接受了背面说明中的须知内容。"

甲公司人员填好货运单签字后,物流公司员工取走了电脑。随后,甲公司电告南通乙公司"货已发出"。南通乙公司得知电脑发出后,通过银行支付给甲公司货款17450元。依照惯例,货物24小时就能送达,但一周后货物仍然没有送到。甲公司一面派人向物流公司不断询问所托货物的下落,一面于同年8月1日,紧急委托另一家物流公司再次运送电脑。第二天,南通乙公司终于收到了另一家物流公司送过来的电脑。甲公司此时得知,物流公司将笔记本电脑转托快运公司运输,快运公司在运输过程中将电脑遗失。甲公司要求物流公司赔偿17450元实际损失,物流公司却认为,根据物流公司提供的甲公司签字同意的格式协议第四条规定:"贵重物品请保险并填写价格声明,一旦出现遗失、缺损,承运人将向托运人做出赔偿,最高赔偿金额不得超过此单运费的30倍。"物流公司收取了甲公司10元运费,当然应该按照协议最高赔偿运费的30倍即300元赔偿。电脑公司不同意,双方发生纠纷。

【问题】物流公司应当如何赔偿电脑公司的损失?

【分析】本案中,物流公司的运输单是一份格式合同。依照法律规定,提供格式合同的一方即物流公司应当遵循公平原则,确定当事人之间的权利义务,并采取合理的方式提请对方注意免除或者限制责任的条款,并按照对方的要求对该条款予以说明。其中,提请注意义务是格式合同使用人的一项重要义务,使用人提请注意时必须达到相当的程度,以至于足以使相对人注意到免责条款的存在。物流公司虽然在运输单正上面最下部印制了注意条款,但该条款的内容仅是提请相对人阅读背面的"托运人、收货人须知",并且未明确告知背面有免责条款,在背面也未明显标注出免责条款,更未对免责条款中的"贵重物品"、"保险"等作出明确说明。本案运输货物的灭失,系因承运人的重大过失所致,但"托运人、收货人须知"第四条的规定却减轻了该情形下承运人的责任,加重了对方负担,明显违背公平原则,排除向对方的索赔权利,故该条款属于无效的格式条款,物流公司不能据此主张限制自己的赔偿责任,而是应当如数赔偿甲公司的全部损失。

一、免责事由概述

免责,是指在合同履行的过程中,因出现了法定的免责条件和合同约定的免责事由而导致合同不履行,债务人将被免除履行义务而不承担违约责任。这些法定的免责条件和约定的免责事由,统称免责事由。

二、法定免责事由

法定免责事由是法律直接规定的可以免责债务人不履行合同义务的责任。不可抗力作为法定免责事由,得到各国立法的普遍认可。起源于罗马法的不可抗力通常指不可预见或不可预防的事故,包括了意外事故。当不可抗力导致债务不能履行时,债务人可以免除责任,"根据善意诉讼原则,没有人对野兽的行为、对无过失发生的死亡、对通常不受监视的奴隶的逃亡、对掠夺、对叛乱、对火灾、对强盗的袭击承担责任。"[1] 罗马法对免责事由的规定影响了大陆法国家立法,如《法国民法典》第1147条规定了因不可归责于债务人的外来原因致合同不能履行的,债务人不承担损害赔偿责任。《德国民法典》也有关于因不能归责于债务人的事由导致不能给付者,免除其给付义务的规定。英美法虽然没有不可抗力免责的概念,但英美合同法中通过判例确立的"合同目的落空"原则,却是比不可抗力范围更广泛的免责事由。

(一) 不可抗力

我国《合同法》第117条规定,因不可抗力不能履行合同的,根据不可抗力的影响,部分或者全部免除责任,但法律另有规定的除外。《合同法》所称不可抗力,是指不能预见、不能避免并不能克服的客观情况。各国法律对不可抗力界定范围不同,一般认为,不可抗力的范围包括:

(1) 自然灾害。如地震、泥石流、海啸、龙卷风等。

(2) 政府行为。当事人的合同订立以后,政府当局颁布新的法律、政策、行政措施而致使合同不能履行。

(3) 社会异常事件。指一些偶发的事件阻碍合同的履行,如战争、罢工、骚乱等,这些事件既不是自然灾害也不是政府行为,而是社会生活中的人为行为,但却是合同当事人在订立合同时不能预见的影响合同履行的因素。

各国法律对上述社会异常事件是否属于不可抗力有不同规定,因此在国际贸易中特别需要事先对不可抗力范围在合同条款里进行约定和解释,以减少不可抗力带来的风险,同时减少因各国法律规定不可抗力范围不同带来的法律冲突。

不可抗力事件发生后,当事人一方因不可抗力的原因不能履行合同的,应及时通知对方不能履行合同的情况,并取得不可抗力的有关证明,在证明不可抗力对合同履行的影响程度同时,使对方可以及时采取合理措施防止损失的扩大,减轻不可抗力造成的损失。

---

[1] 彼得罗·彭梵得:《罗马教科书》,中国政法大学出版社1992年版,第331页。

(二) 货物本身的自然性质和合理损耗

《合同法》第 311 条规定，承运人能够证明运输过错中货物的毁损、灭失是不可抗力、货物本身的自然性质或者合理损耗造成的，不承担损害赔偿责任。货物本身的自然性质，主要是指货物的物理属性和化学属性，例如运输的货物是气体，而气体的自然属性就是易挥发。如果由于挥发造成的损失，承运人就不承担损失。货物的合理损耗，主要是指一些货物在长时间的运输过程中，必然会有一部分损失，如粮食、煤炭等散装货物、蔬菜水果等在运输过程中可能存在少量漏失、洒落、飞扬、杂质自然减量、脱水等，对于这一部分损失，承运人也不负赔偿责任。

(三) 债权人的过错

债权人过错致使债务人不能履行合同的，债务人不负违约责任的规定同样体现在《合同法》第 311 条规定，由于托运人、收货人的过错造成运输过错中的货物毁损、灭失的，承运人不负损害赔偿责任。《合同法》第 370 条也规定，保管合同中寄存人交付的保管物有瑕疵或者按照保管物的性质需要采取特殊保管措施，但未将该情况告知保管人的，保管人不承担因此而发生的损害赔偿责任。

三、约定免责事由

约定免责事由是当事人在合同中约定的免除或限制一方将来的合同责任事由，通常以免责的条款的方式出现在合同条款里，也称免责条款。由于免责条款存在于经济实力差别巨大的当事人之间订立的合同里，这些合同常常是大型垄断企业为了与不特定的多数人重复交易，而事先拟定合同条款，不合理的免责条款和不正当的免责事由剥夺了作为经济上弱者的合同另一方当事人的权利，损害了为数众多的消费者的利益，免责条款成为不公平、不合理的代名词。但是免责条款预先分配了风险，促使承担风险的一方当事人尽力避免风险发生，当风险的发生不可控时，转而寻求保险责任来分散自身的风险，是市场主体的选择。随着科学技术的发展和风险社会的来临，越来越多的合法危险源出现在生产和生活中，通过合同免责条款的设定，当事人能够预见交易成本，免责事由出现后也能够直接适用合同中的免责条款，从而减少诉讼成本。从法政策角度看，选择允许免责条款是基于民事责任的私人性，尤其是合同责任本质是一种财产责任，具有补偿性，所关涉的只是合同当事人之间的私人利益的分配，故允许当事人"自治"，对自身的利益和权利作出处分，当事人自愿协议免除合同责任，法律通常无需强制干预。因此，尽管免责条款的弊端被世人所诟病，但免责条款的存在有其经济上的合理性和法律上的合法性，现实生活中，免责条款被一些大型社会组织用于那些大量反复使用的合同中。由于免责条款与双方当事人的利益紧密地、直接地联系在一起，法律基于公平、诚实信用、公序良俗等原则对其予以规制，达到均衡合同双方当事人利益的目的。各国逐步从司法上运用"合同解释"的技术手段转向立法、行政和司法等相结合的综合控制模式，对免责条款，特别是格式合同中的免责条款予以规制，具体控制技术虽有不同，但目的却毫无二致，即追求公平正义的法律价值。立法上，规定了无效的免责条款和免责条款生效的条件；司法上，对免责条款进行审查，对免责条款作不利于免责条款使用者的解释；行政上由主管部门、中立的第三方或行业协会起草合同条款，避免利益失衡。

（一）免责条款订入合同

免责条款没订入合同，则该免责条款自始不存在。因此，免责条款发生效力的前提条件是免责条款订入合同，成为合同条款。很多国家的合同法规定，任何企图援引免责条款免责的当事人必须首先证明该条款已经构成合同的一部分；否则，将无权援引该免责条款。由于免责条款多存在于一方事先起草好的格式合同条款中，有的则悬挂于一定的场所，或者放置于文件下端、背面，或者以极小的字体存在于文件中不显眼之处，这样的免责条款能否成为合同条款，双方是否形成合意，对可否适用免责条款免除一方合同责任至关重要。有的国家，如英国，采取"签名视为已经同意"规则，免责条款一经签字即生效，不论相对人是否已经实际读完了全部合同条款。不过，有些国家的法律，如《意大利民法典》和美国《统一商法典》则规定，免责条款须经特别方式（书面承诺或书面明示）同意才能生效。我国《合同法》和《消费者权益保护法》从立法上予以了规制，免责条款的使用人有义务提请相对人了解其内容，同意订入合同，故此类条款成为合同条款须经特别缔约程序。

（二）以合理方式提请对方注意

德国《共同交易条款法》规定免责条款成为合同条款必须：（1）向相对人以明示的方式提示共同交易条款，或者依合同订立的方式明示条款有困难时，在订约地点以明显可见的公告提示共同交易条款；（2）给予相对人以合理方法了解其内容的机会，并且该相对人同意使用共同交易条款。要求提请注意须达到合理程度，在格式条款的外形上给人以文件之感，提请注意的方法以"个别提醒"为原则，以"公开张贴公告"为例外；提请注意的语言和文字必须清楚明白；提请注意的时间必须在合同订立之前；不得以法律上拟制推定相对人同意等。

英国通过判例确立了免责条款成为合同条款的组成部分的规则，"免责条款通过签字，通过提请注意，或者通过系列交易而能成为合同的组成部分"。

1. 合同的外观

免责条款应当应清晰明了、郑重其事，使对方足以认识到其成为合同条款。故意以细小字体呈现免责条款，或者将免责条款放置于合同不显眼的位置（如合同背面），使相对人难以辨识的，则免责条款不能成为合同的组成部分。欲使免责条款成为合同的组成部分，须使用醒目的文字、不同的字体或者加粗字体在合同文件中予以标示或者指示，使其在合同外观上足以引起相对人注意，明白免责条款成为合同条款的一部分。

2. 提请注意的程度

免责条款的语言和文字必须按照一般人的常识和理解能力可以清楚明白其含义。对涉及专业术语的免责条款，使用人应向相对人解释清楚，使其明了免责条款的含义和范围，同时还要兼顾一些特殊人群的认识能力和理解能力，对是否尽了提请注意的义务负举证责任。免责条款越苛刻，越不同寻常，越不利于对方，其成为合同条款组成部分所需要的提请注意的程度越高。

3. 提请注意的时间

免责条款的提请注意，意在让相对人了解免责条款的含义及其适用可能给相对人带来的不利后果，通过事先的提请注意使之成为当事人合意的内容，即成为合同条款的组成部分，因而，对免责条款的提请注意时间应在合同订立之前或合同订立之时。合同订立之后的提请注意是毫无价值的，这类免责条款不应发生免责的效力。

4. 提请注意的方式

提请注意的方式通常有两种，一种是个别提请注意，另一种是以公告方式提请注意。在交易达成的过程中，免责条款的使用者能够个别提请注意的，应对相对人作明示的提醒。只有在单独尽提请注意义务存在困难时，如大众消费者默示缔结大量合同时，无法与相对人逐一接触，或者交易频繁的大量合同，因逐个提醒会增加交易成本降低交易效率，才使用公开提醒方式。

（三）系列交易

系列交易是合同当事人之间频繁地、连续地和重复地进行某种交易，且当事人缔结合同所采用的免责条款都是共同的，必将使相对人产生同类交易必然适用同类免责条款的信赖。系列交易是当事人之间的一种商业信赖关系，相似的环境产生相似的合同效果，即使一次交易中没有将免责条款纳入合同的通常步骤，只要免责条款不被明确排除适用，那么无需特别提请注意，即可成为合同的组成部分。

（四）行业惯例

行业惯例中的合同当事人都是从事商事经营的商人，虽然他们的实际能力可能有所差异，但是一般都有相当的经验和知识，并有足够的注意能力和交涉能力。不同于经营者和消费者之间的经济能力和谈判交涉能力具有很大差异，对具有同等经营经验和知识能力的合同双方当事人，法律无需对任何一方进行利益倾斜，也无需强制苛以任何一方特别的提请注意的义务。双方当事人在同一行业，了解并适用相同的行业规则与惯例，对免责条款形成了共同的理解，此时免责条款应该成为合同条款的组成部分。

（五）免责条款的效力

免责条款订入合同只是表明其是合同的组成部分，并不意味着其必然发生免责的效力和后果。合同的成立与合同的生效本身是两个不同的范畴，前者是当事人意思自治一致的效果，后者是国家意志对当事人意志干预的结果。许多国家的法律规定，格式合同的免责条款必须符合一定条件才能生效。通过立法列举无效的免责条款来使司法具有明确性。免责条款的有效无效根据，主要是公序良俗、诚实信用原则、合理的风险分配理论及企业的合理化经营理论、过错程度规则及理论、根本性违约规则及理论。如果责任的免除违背了法律、社会公共利益和社会公德，法律予以坚决谴责或否定评价，则免责条款是无效的。如果仅仅涉及私人利益的分配，对公共利益、社会公德和社会秩序的保护与稳定作用相对比较小，加之可以提前分配风险，则法律认可这类免责条款的效力。

1. 基于现行法的强制性规定确定免责条款的有效性

当事人在合同中约定免责条款不得违背法律和社会公共利益，免责条款是否有效，首先，根据《合同法》第52条、第53条规定来审查，若属于者两条规定的无效免责条款，当属绝对无效。提供格式条款的一方旨在免除其责任、加重对方责任、排除对方主要权利的，免责条款亦无效。其次，根据《合同法》第54条规定来审查，存在撤销事由并由权利人行使撤销权的，免责条款自始无效。再次，根据《合同法》第47条、第48条或者第51条规定来审查，当事人主体资格存在瑕疵，有权人不予追认的，合同及其免责条款无效。

2. 基于风险分配理论确定免责条款的有效性

现代社会大量的格式合同中的免责条款是基于合理的风险分配和企业的合理化经营而产生的，例如，保险合同在兼顾投保人和保险人之间的利益时，既要限制保险公司不合理的免责条款，又要维持保险公司的合理化经营，对战争、投保方的故意行为等免除保险公司的理赔责任。在建筑工程合同中，许多条款都起着分配风险的作用，决定着由谁来投保以分散风险，免责的条款是基于最了解风险者最能够以最小成本防范风险发生的理论来分配风险的，可以促进风险负担者提前采取措施避免风险发生，并最大限度地利用社会资源，极好地平衡合同双方当事人的利益，这类条款应该属于有效的免责条款。

3. 根据过错程度确定免责条款的有效性

故意或重大过失违约造成相对人损失的，法律应当予以谴责和否定，以淳化社会道德，维护社会的公序良俗，促使当事人以善意态度、尽必要之注意义务来履行合同。任何旨在排除故意或重大过失造成损失的免责条款，都应在立法上予以禁止。如在买卖合同中卖方免除质量瑕疵担保责任的条款无效，免责条款不得排除出卖人所负有的瑕疵担保义务、对隐蔽瑕疵的陈述义务、危险物品致人损害的赔偿责任等。如果免除这些义务，将使相对人订立合同的目的不能达到，即免责条款免除了一方当事人的主要义务，剥夺了对方当事人的主要权利的，应认定为免责条款无效。

4. 根据违约程度确定免责条款的有效性

根本性违约，又称严重违约，是一方当事人违反合同义务的结果使对方当事人的合同利益落空，不能实现订立合同的目的。根本违约完全破坏了合同当事人之间的合同义务，免除或限制违约方的违约责任将使合同双方当事人的利益发生极大的失衡，故在违约方有过失的情形下，法律必须坚决加以否定，不允许违约方通过适用合同免责条款来免除或限制其自身的责任，特别是免责条款是基于违约方提出而加入合同条款时。英国法通过限制性地解释免责条款或者通过实体法规则认定以任何条款免除特定的、根本性的、违约的责任均非可能。德国法则基于诚实信用原则将免除根本性违约责任的条款是无效的。我国学者韩世远认为，将根本违约作为免责的阻却事由比无效的技术处理方法更适合中国合同国情，一是任何理性的人都不会订立免除对方根本违约责任的合同条款；二是免责条款若经过双方协商订入合同，在经济上具有可行性而又不损害社会利益，法律没有理由强行确认其无效；三是在继续履行合同中，将根本违约作为阻却免责事由的功能，既可以阻止根本性违约免除责任，又可以发挥免除一般性违约责任的功能。

5. 根据免责条款公平合理性条件确定免责条款的有效性

在当事人知道或者应当知道免责条款的情况下，免责条款是否公平合理，也是确定免责条款效力的因素。是否公平合理,一方面考察当事人是否缔结合同时地位的强弱,意思表示是否真实,是否知道或应当知道免责条款的存在和范围;另一方面考察免责条款是否对一方当事人显失公平。如《消费者权益保护法》第26条规定,经营者不得以格式条款、通知、声明、店堂告示等方式,作出排除或者限制消费者权利、减轻或者免除经营者责任、加重消费者责任等对消费者不公平、不合理的规定,不得利用格式条款并借助技术手段强制交易;"格式条款、通知、声明、店堂告示等含有前款所列内容的,其内容无效"。[①]

四、我国《合同法》对免责条款的规制

我国《合同法》对免责事由的规范体现在第39条、第40条和第41条,对采用格式条款订立合同的一方作出了限制,格式条款的提供者应"采取合理的方式提请对方注意免除或者限制其责任的条款,按照对方的要求,对该条款予以说明"。规定了无效的格式条款和格式条款发生争议时的解释原则。

(一) 提示和说明义务

通过立法对免责条款订入合同的特别程序予以明确,由免责条款的使用人向相对人尽提示和说明义务,未明确说明的,该条款不产生效力。

(二) 严重损害对方利益的内容无效

规定严重损害对方利益的免责条款绝对无效,不论是否作出提示和说明,均属于无效条款。除了《合同法》第52条对无效合同规定的一般情形当然适用于免责条款外,特别规定了格式条款使用人通过免责条款免除自己责任,限制对方权利的合同条款无效,即免除造成对方人身伤害的责任的内容无效;免除因故意或重大过失造成对方财产损失的责任的内容无效;免除提供格式条款一方当事人的责任,限制或加重对方当事人的责任、排除对方当事人的主要权利的内容无效。

(三) 对格式条款理解发生争议时作出有利于对方的解释

在当事人采用格式条款的情形下,提供格式条款的一方当事人往往处于优势地位,对相对方当事人的利益予以特别保护才能平衡合同双方当事人利益,所以对格式条款的理解发生争议时,首先应该按照通常理解予以解释,对格式条款存在两种以上的解释时,则应作出对格式条款提供人不利的解释。

(四) 格式条款与非格式条款不一致时采用非格式条款

当事人订立的合同有格式条款也有非格式条款时,在两种条款的意思发生冲突的情况下,因非格式条款是经过双方协商谈到后成为合同条款的,非格式条款的适用优先于格式条款。

---

① 参见杜军:《格式合同研究》,群众出版社2001年版,第188~198页。

第四节 违约责任与侵权责任的竞合

案例引导

原告××出版社于2000年12月与被告××语言培训有限公司签订了《授权出版协议》,取得了英语口语著作《××宝典》的专有出版权。同时,被告取得了该书的部分包销权利,并持续自原告处购买该书。2002年10月22日,原告在被告的分销商××图书公司购买了"盗版"《××宝典》并公证后,于2003年3月向北京市第一中级人民法院提起诉讼,要求被告销毁侵权物、消除影响,并赔偿经济损失80万元。

【分析】我国《合同法》第122条规定,因当事人一方的违约行为,侵害对方人身、财产权益的,受损害方有权选择依照本法要求其承担违约责任或者依照其他法律要求其承担侵权责任。根据该规定,当侵权责任与违约责任竞合时,权利人有权选择侵权或违约之诉,但其选择必须明确、唯一,诉讼请求也必须与其选择的诉讼法律关系相符。本案如果被告确有制作、销售盗版书行为,那么该行为就属于上述法律所指"当事人一方的违约行为,侵害对方人身、财产权益"的行为,原告也将因此拥有违约之诉与侵权之诉的选择权。但原告只能二者选其一,而且其诉讼请求必须与其选择的诉讼法律关系相一致,即:不能主张侵权之诉而提出违约责任性质的诉讼请求,也不能主张违约之诉而提出侵权性质的诉讼请求,否则,就属于侵权与违约之诉选择不明。发生违约责任和侵权责任竞合时,原告在一审法院开庭前可以变更诉讼请求。

一、民事责任竞合概述

竞合,是指由于某种法律事实的出现而导致两种或两种以上的权利的产生,并使这些权利之间产生冲突的现象。责任竞合作为法律上竞合的一种类型,它既可能发生在同一法律部门内部,也可能发生在不同的法律部门之间。违约责任是违反合同的责任,侵权责任为侵犯人身权、财产权所应承担的民事责任。当某一行为人实施的某一违约行为,有违约行为和侵权行为的双重特征,从而在法律上导致了违约责任和侵权责任的共同产生,即该行为既符合违约要件,又符合侵权要件时,则形成民事责任中违约责任与侵权责任之竞合。违约责任和侵权责任的竞合的主要特征:(1)必须是同一不法行为。如果行为人实施两个以上的不法行为引起侵权责任与违约责任同时发生的,应适用不同的法律规定,承担不同的责任。同一不法行为既符合侵权责任的构成要件,又符合违约责任的构成要件,使两个民事责任在同一不法行为上并存。(2)必须是同一民事主体。引起侵权责任与违约责任同时发生的同一不法行为,是由一个民事主体实施的。这一不法行为同时符合侵权责任与违约责任的构成要件。因而,其可能承担双重责任的主体是同一人,其可能享有双重请求权的主体也是同一人。(3)只能发生同一给付内容。侵权责任与违约责任同时并存,相互冲突,但当事人只能获得一次给付满足,如同时并存获多次满足,则对行为人是不公平的。

二、违约责任与侵权责任竞合的原因

违约责任与侵权责任竞合是伴随着合同法和侵权法的独立而产生的，它的存在既体现了违法行为的复杂性和多重性，又反映了合同法与侵权法相互独立且相互渗透的状况。违约责任和侵权责任的区别主要体现在不法行为人与受害人之间是否存在着合同关系，此合同关系即是违约责任与侵权责任竞合产生的基础法律关系。当事人双方签订合同后，一方当事人实施了侵权行为，而同时该侵权行为又违反了合同义务，造成违约，这就必然产生违约责任与侵权责任的竞合。在侵权行为发生之前，当事人之间存在一种合同关系，这是违约责任与侵权责任竞合发生的主要原因。具体来说有如下四种：(1) 合同当事人的违约行为同时侵害了法律规定的强行性义务，包括保护、照顾、保密、忠实等附随义务和其他法定的不作为义务。(2) 在某些情况下，侵权行为是直接构成违约的原因，这就是所谓侵权性的违约行为。(3) 不法行为人实施故意侵害他人权利并造成损害的侵权行为时，如果加害人与受害人之间事先存在一种合同关系，那么加害人对受害人的损害行为不仅可以作为侵权行为对待，也可以作为违反了当事人事先约定的义务的违约行为对待。(4) 一种违法行为虽然只符合一种责任构成要件，但是法律从保护受害人的利益出发，要求合同当事人根据侵权行为制度提出请求和提起诉讼，或者将侵权行为责任纳入到合同责任的范围内，如产品责任。

三、违约责任和侵权责任竞合在合同中的具体表现

(一) 违约责任和侵权责任竞合的合同表现形式

违约责任与侵权责任竞合在任何合同关系中都有可能产生，一般发生在有偿合同关系中，只要合同当事人一方违约，并且侵害了对方当事人的财产或者损害其人身的，即行为人实施了违约性的侵权行为或者侵权性的违约行为，均构成违约责任与侵权责任的竞合。通常发生在下列合同关系中：(1) 买卖合同中的责任竞合现象；(2) 运输合同中的责任竞合现象；(3) 租赁合同中的责任竞合现象；(4) 雇用合同中的责任竞合现象；(5) 保管合同中的责任竞合现象；(6) 供用电、水、气、热力合同的责任竞合现象；(7) 承揽合同中的责任竞合现象；(8) 赠与合同中的责任竞合现象。

(二) 违约责任和侵权责任竞合在合同中的具体表现

在买卖、租赁、医疗、保管、运输等合同关系中，此竞合现象则较为常见。

1. 买卖合同

在买卖合同中，出卖人因故意或过失出卖存有瑕疵的标的物于买受人并致其受到损害的，出卖人依合同法规定应负违约责任，依侵权法应负责买受人的人身、其他财产损害的侵权赔偿责任，从而发生责任竞合现象。

2. 租赁合同

在租赁合同中，因出租人提供的租赁物瑕疵侵害承租人的身体健康或造成财产损失或者因承租人的过失行为致租赁物毁损、灭失时，均可产生违约责任与侵权责任的竞合。

3. 医疗合同

对医疗事故，依医疗合同规定，医院或医务人员应负违约责任，因提供医疗服务的一方有义务注意不因其过错发生医疗事故，否则即违反合同义务；而依侵权法规定，应负医疗事故的侵权责任，因过错发生的医疗事故侵犯了他人的人身权。

4. 保管合同

保管人因过错行为致保管物损害，依保管合同应负违约责任，因为保管人违反了妥善保管的义务；依侵权法规定，保管人因过错毁损他人财产，应负侵权损害赔偿责任。

5. 运输合同

无论客运合同或货运合同，经常出现违约责任与侵权责任竞合问题。我国《合同法》第 302 条规定，承运人应当对运输过程中旅客的伤亡承担损害赔偿责任；第 311 条规定，承运人对运输过程中货物的毁损、灭失承担损害赔偿责任。对于上述承运人违反运输合同义务的行为，如因其过失而发生，也同时构成侵权行为。

四、违约责任与侵权责任的区别

由于侵权责任与违约责任两者存在重大差异，因此当事人依合同法提起违约之诉，还是依侵权法提起侵权之诉，将产生不同的法律后果。关于如何区分侵权责任与违约责任，可以从归责原则、举证责任、受保护的权益、赔偿范围、抵销、时效 6 个方面加以阐述。也可以从归责原则、举证责任、义务内容、时效、责任构成和免责条件、责任形式、责任范围、对第三人的责任、诉讼管辖 9 个方面加以阐述。违约责任和侵权责任的差异主要体现在以下几个方面：

（一）归责原则方面

我国的法律规定，违约责任适用严格责任原则。侵权责任在各国法律中通常以过错责任为基本原则，而对某些特殊侵权行为实行严格责任原则。根据我国侵权行为法的规定，对侵权责任采用过错责任、严格责任、公平责任原则，实际上是采用了多重归责原则。在侵权之诉中，只有在受害人具有重大过失时，侵权人的赔偿责任才可以减轻。而在违约之诉中，只要受害人具有轻微过失，违约当事人的赔偿责任就可以减轻。

（二）责任构成要件和免责条件方面

在违约责任中，行为人只要实施了违约行为，且不具有有效的抗辩事由，就应当承担违约责任。但在侵权责任中，损害事实是侵权损害赔偿责任成立的前提条件，无损害事实，便无侵权责任的产生。在违约责任中，除了法定的免责条件以外，合同当事人还可以事先约定不承担责任的情况。在侵权责任中，免责条件或原因只能是法定的，当事人不能事先约定免责条件，也不能对不可抗力的范围事先约定。

（三）责任范围方面

违约的损害赔偿责任主要是财产损失的赔偿，不包括对人身伤害的赔偿和精神损害的赔偿责任，且法律常采取"可预见性"标准来限定赔偿的范围。对于侵权责任而言，损害赔偿不仅包括财产损失的赔偿，而且包括人身伤害和精神损害的赔偿，其赔偿范围不仅应包括直接损失，还应包括间接损失。

（四）承担责任的主体

因为违约人和侵权人有时并不一致，也就是说，侵权人并不一定是违约人，违约人也不一定是侵权人，侵权诉讼只能对侵权人提出，违约诉讼只能向违约人提出。不同的承担责任对象，其履行能力也就不同，必然就牵涉到法院判决后能否履行的问题，也就是受害人的利益能否得到切实的补偿。

（五）证明责任方面

我国的法律规定，违约责任适用严格责任原则。即以违约方的违约行为与违约后果之间的因果关系为要件。在侵权之诉中，侵权行为人通常不负证明责任，受害人必须就其主张举证。在某些特殊侵权行为中，也实行证明责任倒置。根据我国民法规定，在一般侵权行为中，受害人有义务就加害人的过错问题举证，而在特殊侵权责任中，应由加害人反证自己没有过错。在违约责任中，违约方应当证明自己没有过错，否则应承担违约责任。

（六）诉讼管辖方面

根据我国《民事诉讼法》的规定，因合同纠纷提起的诉讼，由被告住所地或者合同履行地人民法院管辖，合同的双方当事人可以在书面合同中协议选择被告住所地、合同履行地、合同签订地、原告住所地、标的物所在地人民法院管辖；而因侵权行为提起的诉讼，则由侵权行为地或被告住所地人民法院管辖。

（七）诉讼时效方面

因侵权行为所产生的损害赔偿请求适用2年时效规定，但因身体受到伤害而产生的损害赔偿请求权，其诉讼时效期间为1年；因违约行为产生的损害赔偿请求权，诉讼时效一般为2年，但在出售质量不合格的商品未声明、延付或者拒付租金以及寄存财物被丢失或者损毁的情况下，则适用1年的时效规定；货物买卖合同争议提起诉讼或者仲裁的期限为4年。

五、违约责任与侵权责任竞合的处理

从各国立法和判例来看，在处理违约责任和侵权责任竞合时有以下三种做法：

（1）以法国为代表的禁止竞合制度。法国法认为，合同当事人不得将对方的违约行为视为侵权行为。只有在没有合同关系存在时才产生侵权责任，因此两类责任是不相容的，不存在竞合问题。主张侵权行为法条款不适用合同履行中的过错。即合同的当事人不得将对方当事人的违约行为视为侵权行为，只有在没有合同关系时才产生侵权责任。有无合同关系，是判断侵权责任与违约责任的分水岭。其采取禁止竞合制度的主要原因在于，《法国民法典》关于侵权行为法的规定比较笼统和概括，如果允许当事人可以选择请求权，则许多违约行为均可以作为侵权行为处理。

(2) 以德国为代表的允许竞合和选择请求权制度。德国法认为，合同法与侵权法不仅适用于典型的违约行为与侵权行为，而且共同适用于双重违法行为。受害人基于双重违法行为而产生两个请求权，受害人可以提起合同之诉，也可以提起侵权之诉。如果一项请求权因时效届满而被驳回，还可以行使另一项请求权。但是，受害人的双重请求权因其中一项请求权的实现而消灭，无论如何不能使两项请求权实现。

(3) 以英国为代表的有限制的选择诉讼制度。根据英国法，如果原告属于双重违法行为的受害人，则他既可以获得侵权之诉中的附属利益，也可以获得合同之诉的附属利益。并且英国法认为，解决责任竞合的制度只是某种诉讼制度，它主要涉及诉讼形式的选择权，而不涉及实体法请求权的竞合问题，不仅如此，英国法对于上述选择之诉原则还规定了严格的适用限制。有限选择制度，即受害人有权选择请求权，但一经行使其中之一，另一个请求权即归于消灭，即使先行使的请求权败诉也不例外。在一些特别情况下，英国法律还明确规定具体的请求权类型，如人身侵权只能提起侵权之诉。

我国对违约责任与侵权责任竞合的处理规则，最早见于1989年6月，最高人民法院在下发的《全国沿海地区涉外、涉港澳经济审判工作座谈会纪要》中，提出了责任竞合问题及处理的相关原则，指出"被告的行为同时构成破坏合同和民事侵权"，"原告可以选择二者之中有利于自己的一种诉因提起诉讼"。我国《合同法》第122条规定，因当事人一方的违约行为，侵害对方人身、财产权益的，受侵害方有权选择依照本法要求其承担违约责任或者依照其他法律要求其承担侵权责任。最高人民法院《关于适用〈中华人民共和国合同法〉若干问题的解释（二）》第30条规定，债权人依照《合同法》第122条的规定向人民法院起诉时作出选择后，在一审开庭前又变更诉讼请求的，人民法院应当准许。对方当事人提出管辖权异议，经审查异议成立的，人民法院应当驳回起诉。对当事人的请求权选择限定必须在一审开庭前提出。

处理违约责任和侵权责任竞合应注意程序和实体两方面问题。

(一) 程序上的问题

起诉时可以选择请求权。由于被告实施的某一行为，同时违反了合同法律规范和侵权法律规范，具备了承担违约责任或者侵权责任的要件，因此，原告在起诉时，对被告应承担何种责任依法有选择权。原告要求被告承担何种责任，主要出于以下几种目的：(1) 经济上能得到更多的补偿。原告的人身、财产受到被告损害后，向法院诉讼的根本目的是为了得到经济赔偿。因此，依据相关法律能得到尽可能多的经济赔偿的请求权，通常是原告的首要选择。(2) 诉讼上的便利。诉讼上的便利主要表现在两方面，其一，受诉法院在原告所在地或者经常居住地，原告参加诉讼活动比较经济、方便，诉讼成本也相对较少；其二，调查收集证据的地点为受诉法院所在地。原告在诉讼过程中取证、举证比较方便，对法院支持其诉讼请求的把握相对要大。(3) 心理上的因素。如原告担心地方保护主义，通常会选择自己信任的法院，不喜欢选择被告所在地的法院等。鉴于上述原因，在受理原告起诉时，对原告的选择可以加以必要的诉讼指导，虽然选择何种请求权是法律赋予当事人的权利，但当事人对自己的选择能否实现其最终目的，以及怎样达到保护自己合法权益的最佳目的，因对法律在理解程度上的差异而并不全部真正地了解。一旦选择的不适当，就得不到应得的赔偿，会给自己造成不必要的损失。同时，这种选择在一定的阶段又是可变的，请求权的变更，会造成诉讼期限的延长、诉讼成本的增加、管辖法院的变化等多种后果，直接影响诉讼的正常进行和诉讼效率的提高。

开庭前可以变更请求权。最高人民法院《关于适用〈中华人民共和国合同法〉若干问题的解释（一）》第30条规定，债权人向人民法院起诉时，作出选择后，在一审开庭以前又变更诉讼请求的，人民法院应当准许。这与我国《民事诉讼法》及其司法解释中规定的在法庭辩论结束前原告可以变更诉讼请求的规定有所不同，这是因为，普通民事案件审理时原告变更诉讼请求，对法院已经进行的案件实质性审理没有根本上的影响，只是诉的合并；而责任竞合案件开庭后如原告变更诉讼请求，则可能因正在受理的法院丧失管辖权而对已经进行的实质审理归于无效。所以，责任竞合案件的原告只能在开庭前有权变更诉讼请求。

有权选择管辖法院。当事人选择法院管辖与其选择请求权是相联的。根据我国《民事诉讼法》的规定，对侵权行为提起的诉讼，由被告所在地或者侵权行为地人民法院管辖。只有在特殊情况下，即对被劳动教养的人或对被监禁的人等提起的诉讼，才由原告所在地或者原告经常居住地人民法院管辖。而因合同纠纷提起的诉讼，则可以区别不同情况，可以是被告所在地、原告所在地、合同履行地、标的物所在地人民法院管辖。所以，当事人在选择被告承担何种责任的同时，也直接决定了受诉人民法院。当事人可以有两次对受诉法院的选择机会，一次是在起诉时，另一次是在开庭前。起诉时，原告选择被告承担侵权责任，依法由被告所在地或者侵权行为地人民法院管辖。开庭前，如原告变更诉讼请求改被告承担违约责任的，则由合同履行地或者协议约定地等人民法院管辖，反之亦然。要注意的是，原告变更请求权时，法院仍应当按照我国《民事诉讼法》第108条的起诉条件进行审查，发现案件不属本院管辖的，应当区别不同情况进行处理：

若被告提出管辖权异议成立的，依照最高人民法院《关于适用〈中华人民共和国合同法〉若干问题的解释（一）》第30条的规定，应当驳回原告起诉。这与普通民事案件当事人提出管辖异议成立的，裁定将案件移送给有管辖权的人民法院相区别。

若法院发现不属自己管辖的，应当依照《民事诉讼法》第36条的规定，将案件移送给有管辖权的人民法院。这与在普通审查起诉时发现不属本院管辖的，动员当事人向有管辖权的法院起诉或裁定不予受理相区别。

（二）实体上的问题

违约责任与侵权责任竞合案件在实体处理上，应当针对原告选择的诉讼请求进行举证质证，确认案件事实，适用相应的法律。不能因为责任竞合案件存在着多种诉因，即两种法律关系和两个待证事实，而混淆两类事实和不恰当地适用法律。

正确认定案件事实。由于责任竞合案件是当事人同一行为造成两种结果，形成两个待证事实，因此，哪一个事实是在审理中要认定的事实必须明确。根据当事人有权在法律规定的范围内处分自己民事权利和诉讼权利的原则，原告在请求权确定以后，证明对象就已经明确。此时，法院只能围绕当事人的诉讼请求进行认定事实，按照谁主张谁举证的原则，决定支持或者驳回当事人的诉讼请求。实践中，会出现以下四种情况：（1）原告既能证明被告违约，又能证明被告侵权；（2）原告能证明被告违约，但不能证明被告侵权；（3）原告能证明被告侵权，但不能证明被告违约；（4）原告既不能证明被告违约，又不能证明被告侵权。如果原告请求判令被告承担违约责任，符合上述（1）、（2）种情况才能胜诉，其余败诉；如果原告请求判令被告承担侵权责任，符合上述（1）、（3）种情况才能胜诉，其余败诉。由此看出，当事人选择何种请求权，就确定了哪一种待证事实，决定着能否实现其诉权。法院不能根据被告存在侵权的事实而简单地判令其承担违约责任，也不能根据被告存在违约事实而简单地判令其承担侵权责任。

准确适用相关法律。一方当事人对另一方当事人的违约行为或者侵权行为，按违约责任处理的案件应当适用《合同法》及其他有关合同法律规范；一方当事人对另一方当事人的侵权行为或者违约行为侵害自己人身、财产权益，按侵权责任处理的案件只能适用《侵权责任法》及其他有关侵权法律规范。适用不同的法律，将导致不同的处理结果。侵权责任的处理原则依法不仅可以适用过错原则，还可以适用无过错原则和公平责任，而违约责任，只能适用过错原则。另外，承担侵权责任的范围不仅限于赔偿财产损失，还可以包括对精神损害的相应赔偿，而违约责任的承担范围则仅限于对财产的赔偿。

练习题

一、单项选择题

1. 甲公司与乙公司（建筑企业）于1997年4月签订了一买卖合同，约定1997年8月30日由甲向乙提供建筑用水泥100吨。同年5月初，甲公司所在地发生洪水灾害，甲公司未将灾情之事通知乙公司。同年8月底，乙公司催促交货，甲公司未交。同年9月30日，甲公司交货，同时致函乙公司，表明因受水灾而致迟延交货事实。乙公司因迟期收到水泥而影响工程进度，被发包方扣罚工程款1万元。有关该案的正确表述是：（　　）。
   A. 甲公司因不可抗力而迟延交货，对乙公司被扣罚的1万元损失不承担赔偿责任
   B. 甲公司因不可抗力而迟延交货，对乙公司被扣罚的1万元只承担部分赔偿责任
   C. 甲公司在取得主管机关有关灾情的证明后，免于承担赔偿乙公司1万元损失的责任
   D. 由于甲公司未能及时通知乙公司不能按时交货，故应向乙公司承担1万元损失的赔偿责任

2. 1997年5月，张某从华丰商场购买了一台热水器。同年6月，该热水器因质量问题给张某造成了人身伤害。1998年10月，张某向华丰商场提出交涉。双方协商未果，张某于同年12月向人民法院提起诉讼。张某有权请求华丰商场承担何种民事责任？（　　）
   A. 仅有权请求华丰商场承担侵权责任
   B. 仅有权请求华丰商场承担违约责任
   C. 有权请求华丰商场承担侵权责任和违约责任
   D. 只能在请求承担侵权责任或违约责任中选择其一

3. 飞跃公司开发某杀毒软件，在安装程序中作了"本软件可能存在风险，继续安装

视为同意自己承担一切风险"的声明。黄某购买正版软件，安装时同意了该声明。该软件误将操作系统视为病毒而删除，导致黄某电脑瘫痪并丢失其所有的文件。下列哪一选项是正确的？（　　）

  A. 因黄某同意飞跃公司的免责声明，可免除飞跃公司的赔偿责任
  B. 黄某有权要求飞跃公司承担赔偿责任
  C. 黄某有权依据《消费者权益保护法》获得双倍赔偿
  D. 黄某可同时提起侵权之诉和违约之诉

  4. 某旅馆在住宿登记处以醒目的文字告示告知住宿客人："住店期间安全自负，本店概不负责。"赵某在该旅馆住宿期间，因电线老化发生火灾，烧成轻伤。赵某身体受到的伤害，关于如何承担责任正确的选项是（　　）。

  A. 赵某自己承担责任   B. 该旅馆承担责任
  C. 赵某和旅馆共同承担责任 D. 赵某和旅馆分别承担责任

  5. 甲公司与乙公司签订了一份手机买卖合同，约定：甲公司供给乙公司某型号手机1000部，每部单价1000元，乙公司支付定金30万元，任何一方违约，应向对方支付合同总价款30%的违约金。合同签订后，乙公司向甲公司支付了30万元定金，并将该批手机转售给丙公司，每部单价1100元，指明由甲公司直接交付给丙公司。但甲公司未按约定期间交货。关于返还定金和支付违约金，乙公司向甲公司提出请求，下列表述正确的是（　　）。

  A. 请求甲公司双倍返还定金60万元并支付违约金30万元
  B. 请求甲公司双倍返还定金40万元并支付违约金30万元
  C. 请求甲公司双倍返还定金60万元或者支付违约金30万元
  D. 请求甲公司双倍返还定金40万元或者支付违约金30万元

二、多项选择题

  1. 喜好网球和游泳的赵某从宏大公司购买某小区商品房一套，交房时发现购房时宏大公司售楼部所展示的该小区模型中的网球场和游泳池并不存在。经查，该小区设计中并无网球场和游泳池。下列哪些选项是正确的？（　　）

  A. 赵某有权要求退房
  B. 赵某如要求退房，有权请求宏大公司承担缔约过错责任
  C. 赵某如要求退房，有权请求宏大公司双倍返还购房款
  D. 赵某如不要求退房，有权请求宏大公司承担违约责任

  2. 合同当事人一方违约后，守约方要求其承担继续履行的违约责任，在下列哪些情况下人民法院对守约方的请求不予支持？（　　）

  A. 违约方所负债务为非金钱债务
  B. 债务的标的不适于强制履行
  C. 继续履行费用过高
  D. 违约方已支付违约金或赔偿损失

  3. 甲请A搬家公司搬家，A公司派出B、C、D三人前往。在搬家过程中，B发现甲的掌上电脑遗落在一角，便偷偷藏入自己腰包；C与D在搬运甲最珍贵的一盆兰花时不慎

将其折断，为此甲与C、D二人争吵起来，争吵之时不知是谁又将甲阳台上的另一盆鲜花碰下，砸伤路人E、B、C、D见事已至此，便溜之大吉。请问下面哪些说法是正确的？（ ）

  A. 甲可以要求A公司赔偿名贵兰花被折断造成的损失
  B. 甲可以要求A公司承担没有履行搬运任务的违约责任
  C. 路人E可以要求甲、C以及D承担连带赔偿责任
  D. 甲可以就丢失掌上电脑的损失要求A公司承担赔偿责任

4. 甲公司与乙公司签订了一份手机买卖合同，约定：甲公司供给乙公司某型号手机1000部，每部单价1000元，乙公司支付定金30万元，任何一方违约应向对方支付合同总价款30%的违约金。合同签订后，乙公司向甲公司支付了30万元定金，并将该批手机转售给丙公司，每部单价1100元，指明由甲公司直接交付给丙公司。但甲公司未按约定期间交货。关于甲公司违约时继续履行债务，下列表述错误的是（ ）。

  A. 乙公司在请求甲公司支付违约金以后，就不能请求其继续履行债务
  B. 乙公司在请求甲公司支付违约金的同时，还可请求其继续履行债务
  C. 乙公司在请求甲公司继续履行债务以后，就不能请求其支付违约金
  D. 乙公司可选择请求甲公司支付违约金，或请求其继续履行债务

5. （接上题）关于甲、乙、丙公司间违约责任的承担，下列表述正确的是（ ）。

  A. 如乙公司未向丙公司承担违约责任，则丙公司有权请求甲公司向自己承担违约责任
  B. 如乙公司未向丙公司承担违约责任，则丙公司无权请求甲公司向自己承担违约责任
  C. 如甲公司迟延向丙公司交货，则丙公司有权请求乙公司承担迟延交货的违约责任
  D. 如甲公司迟延向丙公司交货，则丙公司无权请求乙公司承担迟延交货的违约责任

三、案例分析题

1. 2006年6月，某市A公司与B公司签订了一份汽车节油器供销合同，合同约定：A公司在当年12月底向B公司提供节油器5000件，单价25元，合同总额12.5万元，交货方式为代办托运，当年12月底前托运到B公司所在地车站，否则，B公司可以要求终止合同的履行。B公司收到货物以后，在10天内将货款通过银行支付给A公司。合同还约定如果一方违约，应向对方支付未履行部分产品价值10%的违约金。

  合同签订后，B公司支付了1万元定金。同年10月，B公司致电A公司，称因汽车节油器销路不好，请求将合同的5000件更改为2500件，A公司回电表示回绝，B公司于10月28日致电A公司称单方面解除合同，A公司提出，除了没收1万元定金外，还要求B公司支付1.25万元违约金。B公司认为违约责任太重，于是同意继续履行合同。但是，由于A公司联系运输公司不及时，直至2007年1月2日才办理了托运手续。在运输途经山路时，因遇暴雨，被一块落下的石头砸中，货物全部受损。于是，B公司提出终止合同的履行，并要求A公司承担违约责任。

问题：
(1) 本案中如果 B 公司坚持单方面解除合同而不是选择继续履行合同，那么 A 公司能否在合同履行期限到来前要求 B 公司承担违约责任，为什么？
(2) A 公司在货物因遇暴雨，被一块落下的石头砸中，货物全部受损后能否以不可抗力为由要求免责？为什么？
(3) B 公司能否请求 A 公司支付违约金并双倍返还定金？为什么？

2. 甲公司与乙公司签订买卖合同，约定由乙公司在 1 个月内向甲公司提供精铝锭一批，价值 138 万元；如果乙公司不能按期供货，每逾期 1 天需向甲公司支付货款价值 0.1%的违约金。合同订立后，由于组织货源的原因，乙公司在 2 个多月后才给甲公司交付全部产品。甲公司验货时发现不是精铝锭，而是普通铝锭，就以对方违约为由拒绝收货和付款，要求乙公司支付 1 个多月的延期违约金约 5 万元，并且要求乙公司重新提供精铝锭。乙公司称逾期供货是国家的产业政策调整所致，不是自己的过错，不应该支付违约金，而且所提供的铝锭是经过质量检验机构检验合格的产品；现在精铝锭供应比较紧张，不可能重新提供精铝锭。

甲公司坚持要求乙公司支付违约金和按照合同约定的质量标准履行合同。双方为此发生争议，起诉至法院，甲公司要求乙公司支付违约金和重新交货。乙公司在答辩状中称，逾期供货不是自己所能控制的，不应当支付违约金；另外，原约定违约金过高，即使支付违约金也不能按此标准。

问题：
(1) 甲公司与乙公司之间签订的合同是否成立有效？
(2) 甲公司拒收拒付有无依据？乙公司主张不能按时供货的理由是否成立？
(3) 甲公司要求乙公司支付违约金和按约定重新交货有无依据？
(4) 乙公司主张违约金的数额太高，是否可以支持？

第十章

合同解释

教学目的和要求

1. 理解合同解释的主体与客体；
2. 掌握合同解释各项规则的含义与适用；
3. 掌握合同漏洞的填补规则。

主要内容：合同解释规则，合同漏洞的填补规则。

自学：最高人民法院《关于适用〈中华人民共和国合同法〉若干问题的解释（二）》。

讨论：合同解释规则与合同漏洞填补规则的关系。

作业：

1. 合同解释应当遵循哪些规则？
2. 什么是合同的漏洞？《合同法》规定了哪些合同漏洞填补规则？

案例引导

如何解释合同真意？

甲与乙同在 A 市服装批发市场经营服装批发生意。为促进双方资金周转方便，甲、乙口头约定，一方资金周转困难时，另一方主动提供借款，且不计利息。2013 年 6 月，乙因大批进货，货款短缺，向甲借款 5 万元。同年 8 月，乙归还了部分借款，甲为乙出具了一张凭据"还欠款 1 万元"。2014 年 3 月，甲见乙迟迟不归还余款，遂向法院起诉，要求乙归还余款 4 万元。乙答辩称，我已经归还了 4 万元，现在只欠 1 万元未还，有甲出具的条子可以证明。法院在审理过程中，形成了两种相反的意见。一种认为甲为乙出具的是一张收条，其真实意思是，实际收到了乙归还的欠款 1 万元，乙仍然欠款 4 万元，这里的"还"应读为"huan"（第二声）；另一种意见认为，甲出具的条子是一张证明，它证明了甲与乙之间现存的欠款标的额，此处的"还"应读为"hai"（第二声），意思为"乙还有 1 万元未归还"。

【问题】本案应如何解决？

【分析】 本案的解决，关键在于如何解释甲所出具给乙的"还欠款1万元"的凭据。对此，我国现行法律并没有为其提供明确的法律依据，只能根据交易习惯规则进行解释。在交易过程中，当一个人向别人借款时，借款人往往要向出借人写一张借条，当出借人将款项交付给借款人时，借款人将该借条交付出借人，由出借人持有。当借款人到期未清偿借款时，出借人将以借条为凭据要求借款人归还借款。若借款人归还了全部借款，则出借人应将借条归还给借款人或者将借条销毁。但在实践生活中，也有发生借款人向出借人偿还部分款项的现象，此时，由于借款人的借款尚未归还完毕，出借人原则上不会将借条归还给借款人或者将借条销毁。但为表明借款人归还了部分款项，出借人一般会向借款人出具一个收条，表示自己收到借款人归还的相应数额的款项。也就是说，此时出借人向借款人出具的凭据在性质上一般是"收条"。本案中，乙只归还部分借款，于是甲向乙出具的凭据"还欠款1万元"，应只是表示收到乙所清偿的1万元的款项，即这里的"还"应读作"huán"，表示已偿还之意。所以甲还有权要求乙偿还4万元的欠款。

第一节 合同解释概述

一、合同解释的概念

《合同法》第125条规定，当事人对合同条款的理解有争议的，应当按照合同所使用的词句、合同的有关条款、合同的目的、交易习惯以及诚实信用原则，确定该条款的真实意思。据此，合同解释，是指当事人对合同条款的理解发生争议时，遵循法律规定的解释规则，确定该争议条款的真实意思的行为。合同解释的目的在于确定合同条款的真实意思，明晰当事人的权利和义务，以便合理地解决合同纠纷。合同解释制度对于维护合同自由，实现合同正义，保障合同当事人的意志和合同目的的实现具有重要作用。

二、合同解释的主体

关于合同解释的主体，广义的合同解释理论和狭义的合同解释理论观点不同。广义的解释理论认为，合同解释的主体不仅包括法院、仲裁机关，还包括当事人本身以及其他人。狭义的解释理论认为，合同解释的主体应当仅限于有权解释的主体，即只能由受理合同纠纷的法院和仲裁机关对合同的内容做出具有法律拘束力的解释。对此，狭义的合同解释理论更具合理性。因为合同的解释是与合同的纠纷联系在一起的，合同的解释不是简单地阐明合同应有的含义，而是通过解释来正确地解决合同纠纷。而且合同的解释往往发生在当事人发生合同纠纷向法院提起诉讼或向仲裁机关提起仲裁之后，此时应由法院或仲裁机关对合同进行解释。虽然《合同法》第125条并没有完全否定当事人或其他人对合同进行解释，但只有法院和仲裁机关所做的解释，才具有法律拘束力，才是有权解释。可以说，合同的解释是法官或仲裁员的一种职权活动。当然，合同的解释并不是给予法官一种自由裁量权，允许其在合同条款约定不明时任意做出解释。合同解释的目的是为了确定当事人缔约的真实意图，正确地解决合同纠纷，法官应严格遵循法律规定的合同解释规则来解释合同，不得随意解释当事人合意的内容。

三、合同解释的客体

合同解释的客体就是合同解释的对象。根据《合同法》第125条的规定，合同解释的对象主要是当事人理解发生争议的合同条款。但在现代法学上，合同解释的客体不仅仅是"发生争议的合同中使用的语言文字"，没有争议的合同文字同样也需要解释。① 例如在合同解释规则中，整体解释规则强调不能孤立地看待争议的条款，而应将其置于整个合同文本中，作为一个有机整体的一部分，联系上下文，从而正确解释争议条款。因此，没有争议的条款，同样需要正确的解释，如此才可能以其为手段去理解争议条款，探求当事人的真意。

第二节 合同解释规则

为了能够准确探求当事人的真意，客观解释合同内容，合同的解释需要遵循一定的规则。合同解释的规则，又称为合同解释的方法。我国《合同法》规定的合同解释规则共有6项，即第125条规定的文义解释规则、整体解释规则、习惯解释规则、诚信解释规则、目的解释规则，以及第41条规定的不利解释规则。

一、文义解释规则

文义解释，是指通过对合同所使用的文字词句的含义的解释，以探求合同所表达的当事人的真实意思。《合同法》第125条规定的按照"合同所使用的词句"确定争议条款的真实意思，指的就是文义解释规则。合同条款由文字、词句构成。通常情况下，当事人通过文字、词句构成的合同条款能准确表达其真实意思，因此合同解释一般由文义解释开始。对于合同所使用的文字词句，应按照通常的理解进行解释，以保证合同解释具有客观性，接近当事人的真意。但是，由于语言文字本身具有多义性，加上当事人的文字表达能力和法律知识的不足，当事人有可能使用不准确、不适当的词句，导致合同条款所表达的意思与当事人真实意思不一致。因此，在文义解释过程中，不能拘泥于合同文字，而应全面考虑与合同有关的环境因素，探求当事人共同的真实意思。②

二、整体解释规则

整体解释，又称为体系解释，是指将争议的合同条款视为合同的一个有机组成部分，通过分析该条款与其他条款的关系及其在整个合同中的位置与总体的关联等方面来确定该条款的真实意思。《合同法》第125条规定的按照"合同的有关条款"确定争议条款的真实意思，指的就是整体解释规则。

---

① 参见崔建远：《合同法》（第4版），法律出版社2007年版，第347页。
② 参见梁慧星：《民法学说判例与立法研究》（第2册），国家行政学院出版社1999年版，第260页。

合同的每一个条款均是组成合同的一个部分，条款之间并不是毫无联系、彼此分离的无序排列，而是有组织的、有逻辑地构成一个整体。因此，不能孤立地去探求争议条款本身的一般意思或可能具有的意思，而应将该争议条款与上下文所使用的其他词句联系起来，通盘理解、分析，相互解释、相互补充，才能合理、准确地确定当事人的真实意思。另外，当事人之间的会谈纪要、电报、信函、电子邮件等，也可能构成对合同文本的补充或修订，这些材料也应作为一个整体进行分析，以更好地了解争议条款应具有的意思。

　　在适用整体解释规则时，应注意以下问题：（1）特别约定优先于普通约定规则。如果当事人在合同中增加了特别条款，则特别条款的效力应优先于一般条款的效力。如果分合同规定的是总合同的例外和特殊情况，当分合同条款的意思与总合同条款的意思不一致时，分合同条款优先。①（2）手写条款优先于印刷条款规则。一般而言，手写条款是当事人亲自撰写和补充于印刷条款之后，更接近于当事人的真实意思，因此，若印刷条款与手写条款并存于同一合同文本中，且二者意思不一致时，应当认为手写条款优先。（3）在数量和价格条款中，大写数字的效力优先于小写数字。大写数字更为规范，较之于小写数字不易涂改，当二者并存且不一致时，若无其他有效证据证明小写数字的真实性，则应以大写数字的效力优先。

三、目的解释规则

　　目的解释，是指解释合同时，如果合同所使用的文字或词句可能作两种解释时，应采最适合于合同目的的解释。即对于有争议的合同条款的解释，应当考虑合同当事人订立合同的目的，从而确定该争议条款的真实意思。《合同法》第 125 条规定的按照"合同的目的"确定争议条款的真实意思，指的就是目的解释规则。当事人基于一定的目的订立合同，合同实际上是当事人之间的一种行为规范，是当事人实现特定目的的手段，合同中各项条款均是围绕着合同的特定目的而存在。因此，在解释合同条款时，应当符合当事人缔约的目的。当某一合同条款有不同解释时，应采取符合合同目的的解释，排除与合同目的相悖的解释。当合同文本采用两种文字订立，并约定具有同等效力时，若出现各文本使用的词句不一致的情况，则也应根据合同的目的予以解释。合同目的是当事人真意的核心，是决定合同条款的指针，其解释结果可以用来印证文义解释、整体解释、习惯解释的结果是否正确。②

　　在适用目的解释规则时，应注意以下问题：（1）需要综合考虑当事人双方共同的目的，或者至少是对方当事人已知或应知的一方当事人的目的。若属于对方当事人不可能得知的一方当事人的目的，则不能作为解释的依据。③（2）当合同条款可作有效和无效两种解释时，应作有效解释，因通常情况下当事人希望的是通过订立有效合同而实现合同目的。（3）在合同目的违法或情势变更情况下，不应适用该规则解释合同。

---

① 参见张玉卿：《国际商事合同通则 2004》，中国商务出版社 2005 年版，第 311 页。
② 参见杨仁寿：《法学方法论》，台北三民书局 1989 年版，第 221 页。
③ 参见梁慧星：《民法学说判例与立法研究》（第 2 册），国家行政学院出版社 1999 年版，第 262 页。

四、习惯解释规则

习惯解释，是指当事人对合同条款的理解有争议的，应按交易习惯对该条款进行解释。《合同法》第 125 条规定的按照"交易习惯"确定争议条款的真实意思，指的就是习惯解释规则。参照习惯对合同条款进行解释的正当性在于，当事人对相互间存在的交易习惯均有了解，并且形成了一种相互依赖，在没有特别约定时，当事人之间总是相互信任对方会依习惯行事，此时，交易习惯即是确定当事人真实意思的依据。

对于交易习惯的认定，根据最高人民法院《关于适用〈中华人民共和国合同法〉若干问题的解释（二）》第 7 条的规定，那些不违反法律、行政法规强制性规定的习惯做法，法院可以认定其为合同法所称的交易习惯，主要包括：（1）在交易行为当地或者某一领域、某一行业通常采用并为交易对方订立合同时所知道或者应当知道的做法。（2）当事人双方经常使用的习惯做法。对于交易习惯，由提出主张的一方当事人承担举证责任。在适用习惯解释规则时，应注意以下问题：（1）习惯应当是客观存在的，主张习惯存在的当事人，负有当然的举证责任。（2）习惯必须适法，不得违背强制性法律规范。（3）习惯应是当事人双方已经知道或应当知道且又无明示排斥的习惯，而非仅为一方当事人的习惯。（4）习惯依其范围可分为一般习惯（通行于全国或全行业的习惯）、特殊习惯（地域习惯或特殊群体习惯）和当事人之间的习惯，解释合同条款应当采用当事人之间的习惯优先于特殊习惯，特殊习惯优先于一般习惯使用的顺序。

五、诚信解释规则

诚信解释，是指当事人对合同条款的理解有争议的，应按诚实信用原则对该条款进行解释。现代合同法中诚信原则被视为"帝王条款"，在解释合同时，理应遵循该原则。《合同法》第 125 条规定的按照"诚实信用原则"确定争议条款的真实意思，指的就是诚信解释规则。

诚信原则作为合同解释规则，实际上是要求法官将自己作为一个诚实守信的当事人来理解、判断条款的含义和合同的内容，使得合同解释的结果不显失公平。注意，诚信解释规则虽然重要，但该规则一般是在上述其他解释规则难以适用的情况下才采用的。[①] 主要原因在于：一方面，诚信原则比较抽象，它主要是依据某种道德的、公平的观念来解释意思表示，在一定程度上给予了法官某种自由裁量权，而不像其他规则那样在适用的过程中必须要考虑各种客观的因素，如缔约目的、交易习惯等来作出判断。另一方面，从适用的范围来看，诚信原则主要适用于合同存在漏洞的情况，此时依据其他规则难以确定合同内容和合同条款的含义，需要依据诚信原则来填补漏洞。如果是当事人在订立合同时因用词不当，未能清楚表达其真实意思，或因未能明确各自的权利义务关系致合同难以正确履行，从而引发合同纠纷的，则法院或仲裁机构应主要依据除诚信解释规则以外的其他规则，考虑各种因素（如合同的性质、目的、交易习惯等）来探求当事人的真实意思，解

---

① 参见王利明、房绍坤、王轶：《合同法》，中国人民大学出版社 2007 年版，第 333 页。

释合同条款。①《合同法》第 125 条将诚信解释列于其他解释规则之后，也表明了立法者认为诚信解释规则的运用应在其他解释规则之后。

六、不利解释规则

不利解释规则主要适用于格式条款的解释，它是指当事人对格式条款发生争议时，应作出不利于提供格式条款一方的解释。格式条款是当事人为了重复使用而预先拟订，并在订立合同时未与对方协商的条款。订立格式合同时，相对方实质上处于附从地位，只能对格式条款表示完全同意或拒绝，并不是与格式条款提供方处于平等协商的地位。为保障相对方的合法权益，防止格式条款提供方利用自己的优势地位损害相对方的利益，法律对格式条款的解释给予特别的规制。《合同法》第 41 条规定，对格式条款的理解发生争议的，应当按照通常理解予以解释。对格式条款有两种以上解释的，应当作出不利于提供格式条款一方的解释。格式条款和非格式条款不一致的，应当采用非格式条款。不利解释规则所持的要求解释合同时应遵循不利于强势方的原则，正是以其特殊的利益衡量方法维护了被格式条款限制了合同自由的弱势方的利益。

第三节　合同漏洞的填补规则

一、合同漏洞的概念

合同漏洞，是指当事人对于涉及合同的某些事项，在合同中没有约定或者约定不明确。合同漏洞的产生，有时是因为当事人对非必要合同条款未予协商或未达成协议，如买卖合同中双方当事人未约定运输费用的承担者，有时是因为合同中的约定不明确，或者虽有约定，但前后矛盾。虽然当事人希望通过合同对未来事务进行安排，但实践中，即使当事人具有丰富交易经验和法律知识，也不可能对未来发生的各种情况都事先做出充分的预见和安排。因此，合同出现某些漏洞，或者某些合同条款不明确、不具体，在所难免。有些合同漏洞在合同成立时即已存在，有些合同漏洞发生在合同成立后，无论何种情况，当合同漏洞发生时，当事人之间应达成补充协议，以填补该漏洞。倘若当事人之间无法达成协议，则需要相应的法律规则解决漏洞的填补问题。

二、合同漏洞的填补规则

《合同法》第 61 条规定，合同生效后，当事人就质量、价款或者报酬履行地点等内容没有约定或者约定不明确的，可以协议补充；不能达成补充协议的，按照合同有关条款或者交易习惯确定。若当事人依照第 61 条的规定尚不能确定质量、价款或者报酬履行地点等时，则适用第 62 条的具体规则加以确定。最高人民法院《关于适用中华人民共和国〈合同法〉若干问题的解释（二）》第 1 条第 2 款规定，对合同欠缺的前款规定以外的其他内容，当事人达不成协议的，人民法院依照《合同法》第 61 条、第 62 条、第 125 条等

---

① 参见王利明：《合同法新问题研究》，中国社会科学出版社 2011 年版，第 276 页。

有关规定予以确定。根据上述规定，合同漏洞的填补规则和步骤如下：首先，由当事人达成补充协议。这是填补漏洞的第一步。法官在合同已成立但有漏洞的情况下，可以要求当事人协商达成补充协议来填补合同漏洞，从而解决合同争议。其次，按照交易习惯来确定。在当事人不能达成补充协议的情况下，由法官按照有关条款和交易习惯来确定合同究竟需要哪些条款，并在此基础上填补合同漏洞。最后，当依照合同有关条款或交易习惯仍不能填补漏洞时，则根据《合同法》第62条的任意性规定补缺：（1）质量要求不明确的，按照国家标准、行业标准履行；没有国家标准、行业标准的，按照通常标准或者符合合同目的的特定标准履行。（2）价款或者报酬不明确的，按照订立合同时履行地的市场价格履行；依法应当执行政府定价或者政府指导价的，按照规定履行。（3）履行地点不明确，给付货币的，在接受货币一方所在地履行；交付不动产的，在不动产所在地履行；其他标的，在履行义务一方所在地履行。（4）履行期限不明确的，债务人可以随时履行，债权人也可以随时要求履行，但应当给对方必要的准备时间。（5）履行方式不明确的，按照有利于实现合同目的的方式履行。（6）履行费用的负担不明确的，由履行义务一方负担。

《合同法》第61条、第62条关于合同漏洞的填补规则与第125条、第41条关于合同解释的规则，都是在合同没有约定或约定不明情况下采用的，都是为了确定当事人的真实意愿，通过填补漏洞和合同解释来完善合同，解决合同纠纷。但二者存在一定的区别。首先，合同解释的适用主要由法官认定和操作，而合同漏洞的填补可以由当事人通过补充协议的方法来完成。其次，法律关于填补漏洞的任意性规定是专门为合同漏洞的填补而设立的，具有很强的针对性，而合同解释规则的适用范围极广，不仅可以用于合同漏洞的填补，还可以用于合同是否成立、是否生效等问题的判断。实际上，合同解释对于合同漏洞补充有重要作用，如果通过解释能够明确当事人对未明确约定事项的意思，则合同的漏洞也就得以填补。最后，有学者认为，无论合同解释还是合同漏洞的填补，其目的都在于探求当事人的真意，但二者所谓真意的含义有所不同。合同解释中的"真意"为"规范化的真意"，既符合当事人的内心意思，又符合客观上一般人的认识与交易习惯；合同漏洞填补中的"真意"为"假设的当事人的真意"，是合同当事人本无此意，而由解释者适用或类推适用法律任意性规定予以确定的。①

练习题

一、单项选择题

1. 朱子曾言，"凡读书，须看上下文意是如何，不可泥著一字"。以合同的解释规则来理解，其所强调的是哪一个规则？（　　）

  A. 文义解释规则　　　　　　　　B. 整体解释规则
  C. 习惯解释规则　　　　　　　　D. 目的解释规则

2. 解释合同应依据诚实信用原则。关于该原则的适用，以下说法错误的是（　　）。

  A. 诚信原则主要适用于合同存在漏洞的情况

---

① 参见郭明瑞、张平华：《合同法学案例教程》（第二版），知识产权出版社2006年版，第31页。

B. 诚信原则是"帝王规则",适用该规则进行合同解释应优先于目的解释规则

C. 诚信原则的适用主要由法院或仲裁机构进行

D. 诚信原则的适用体现了现代合同法从形式正义转向兼顾实质正义

3. 我国《合同法》规定,当事人对合同条款的理解有争议的,应按交易习惯对该条款进行解释。关于交易习惯,以下说法错误的是（　　）。

A. 应是不违反法律、行政法规强制性规定的习惯做法

B. 习惯应当是客观存在的

C. 对于交易习惯,由提出主张的一方当事人承担举证责任

D. 适用时一般习惯应优先于特殊习惯

4. （2013年司法考试真题）李某在某餐馆就餐时,被邻桌互殴的陌生人误伤。李某认为,依据《消费者权益保护法》第7条第1款中"消费者在购买、使用商品和接受服务时享有人身、财产安全不受损害的权利"的规定,餐馆应负赔偿责任,据此起诉。法官结合该法第7条第2款中"消费者有权要求经营者提供的商品和服务,符合保障人身、财产安全的要求"的规定来解释第7条第1款,认为餐馆对商品和服务之外的因素导致伤害不应承担责任,遂判决李某败诉。对此,下列哪一说法是不正确的？（　　）

A. 李某的解释为非正式解释

B. 李某运用的是文义解释方法

C. 法官运用的是体系解释方法

D. 不同解释方法之间的优先性而言,存在固定的位阶关系

二、多项选择题

1. 2013年甲向乙借款5000元,借据中有"借期一年,明年十月十五前还款"字样,落款时间为"癸巳年九月十一日"。后来二人就还款期限问题发生争执,法院查明"癸巳年九月十一日"即公元二〇一三年十月十五日,故认定还款期限为二〇一四年十月十五日。法院运用了哪几种合同解释规则？（　　）

A. 文义解释　　　　　　　　B. 整体解释

C. 目的解释　　　　　　　　D. 习惯解释

2. 关于合同的解释,以下规则正确的是（　　）。

A. 特别约定优先于普通约定规则

B. 借助整体来理解个别的规则

C. 手写条款优先于印刷条款规则

D. 在数量和价格条款中,大写数字的效力优先于小写数字

3. 关于不利解释规则,以下说法正确的是（　　）。

A. 不利解释规则主要是针对格式条款的解释适用规则

B. 对格式条款有两种以上解释的,应当作出不利于提供格式条款一方的解释

C. 对格式条款的理解发生争议的,应当按照通常理解予以解释

D. 格式条款和非格式条款不一致的,应当采用格式条款

4. 上海某工厂向广州某公司购买一批物品,因合同对付款地点和交货期限没有明确规定,发生争议。双方属首次交易,经协商无法达成补充协议,则依法律规定应（　　）。

A. 上海某工厂付款给广州某公司，应在上海履行
B. 上海某工厂付款给广州某公司，应在广州履行
C. 广州某公司可以随时交货给上海某工厂，该厂不得有任何异议
D. 广州某公司可以随时交货给上海某工厂，但应给该厂必要的准备时间

三、案例分析题

甲通过中介公司买房，经中介公司介绍，与乙达成买卖房屋合意。甲、乙双方于2014年6月15日签订《房屋买卖居间合同》与《房屋买卖合同》，签订地点在中介公司营业场所。其中《房屋买卖居间合同》是甲、乙双方同中介公司（合同中的丙方）共同签订。1个月后，甲发现两份合同对房屋的过户时间约定不同，《房屋买卖居间合同》约定的是"丙方通知之日起3日内"，而《房屋买卖合同》约定为"自合同签订之日起90日内"。甲、乙双方对此发生争议，且协商不成。

问题：应如何确定房屋过户时间，请运用合同的解释规则进行分析。

第十一章

买卖合同

教学目的与要求
1. 了解买卖合同的成立与生效;
2. 掌握买卖合同双方当事人的权利和义务;
3. 学会运用买卖合同风险负担理论处理风险负实务。

主要内容：买卖合同的定义,买卖合同的性质,买卖合同的效力,买卖合同中的风险转移。

自学：买卖合同的性质及与相关合同的区别。

讨论：特种买卖合同的特殊性。

作业：
1. 简述特种买卖合同有哪些;
2. 简述买卖合同双方的权利和义务;
3. 简述买卖合同中的风险负担规则。

案例引导

违反买卖合同中的从义务能否解除合同?

2007年1月30日,原告梁某从被告广西桂某汽车贸易有限公司处购买产于韩国的美佳1800CC轻型客车一辆。2006年7月27日,天津海关出具的《中华人民共和国海关货物进口证明书》将该车辆的发动机号码登记为G6GB6646613;2007年2月1日,广西出入境检验检疫局出具的《中华人民共和国出入境检验检疫进口机动车辆检验证明》和2007年1月30日,原告为车辆购买机动车交通事故责任强制保险的保险单上登记车辆的发动机号码均为G4GB6646613。购得车辆后,原告即到南宁市车辆管理所为该车办理入户手续。2007年2月6日,广西壮族自治区南宁市公安局交通警察支队向原告核发该车的机动车行驶证。该行驶证上载明发动机号码为G6GB6646613。2009年10月27日原告起诉至法院,称其于2009年2月将该车年检后,发现行驶证上登记的发动机号码与车辆实际号码不相符,导致车辆行驶证无效,原告认为这是由于被告的过错造成的,因此请求法院判决被告退还原告购车款及赔偿原告经济损失等。

【问题】梁某能否以行驶证上登记的发动机号码与实际号码不相符为由，要求将车退还桂某公司，并由桂某公司退还全部购车款及赔偿损失？

【分析】本案中，梁某与桂某公司之间的买卖合同合法有效，当事人应当按照约定全面履行自己的义务。桂某公司作为出卖人应当按照约定或交易习惯向梁某交付车辆及相关单证和资料，桂某公司交付的车辆相关单证中存在单证发动机号码与车辆发动机的实际号码不相符的情况，在履行合同义务上显然存在瑕疵，已经构成违约，应承担相应的违约责任。对于桂某公司应承担的违约责任问题，桂某公司将车辆及相应单证交付梁某后，梁某将车辆及相应单证提交公安机关车辆管理部门申请进行车辆入户登记及核发行驶证，在存在车辆单证发动机号码与实际号码不相符的情况下，公安机关车辆管理部门没有审查出上述问题，给予梁某车辆入户登记，核发了行驶证。对此，桂某公司已不能自己更正消除，甚至不能以自己的名义要求公安机关车辆管理部门予以更正消除，故其应承担的违约责任应当是协助梁某更正消除车辆入户登记的错误，分担相关支出损失，而非退回车辆、赔偿入户费用损失。

第一节 买卖合同概述

一、买卖合同的定义和性质

买卖合同，是出卖人交付标的物并转移标的物的所有权于买受人，买受人支付价款的合同。其中，依约定应交付标的物并转移标的物所有权的一方称为出卖人，应支付价款的一方称为买受人。出卖人应当是买卖合同标的物的所有权人或其他有处分权人。

买卖合同具有如下性质：

（一）买卖合同是双务合同

买卖合同的双方当事人在享有合同权利的同时，都负担相应的合同义务，其中，出卖人负有交付标的物并转移其所有权于买受人的义务，买受人负有向出卖人支付价款的义务，因此，买卖合同是典型的双务合同。

（二）买卖合同是有偿合同

买卖合同中，出卖人所负担的交付标的物并转移其所有权于买受人的义务，与买受人所负担的支付价款的义务，互为对价，因此，买卖合同是典型的有偿合同。

（三）买卖合同是诺成合同

除法律另有规定或当事人另有约定外，买卖合同自双方当事人意思表示一致之时起成立，并不以一方当事人标的物的交付或合同义务的履行作为合同的成立要件，因此，买卖合同为诺成合同。

（四）买卖合同为不要式合同

除非法律或行政法规另有规定，买卖合同不需要采用特定的形式，因此，买卖合同为不要式合同。

二、买卖合同的成立与生效

买卖合同的当事人包括出卖人和买受人，对于买受人，依据《合同法》的规定须具备相应的民事行为能力，除此以外，并无特别要求。对于出卖人，除须具备相应的民事行为能力之外，根据《合同法》第132条第1款的规定，应当是买卖合同标的物的所有权人或有处分权人。该项规定属于倡导性规定，这表明出卖人的资格应当符合法律的特别限定。其中，所谓所有权人，依据《民法通则》第71条的规定，是指依法对自己的财产享有占有、使用、收益和处分权利的人；所谓有处分权人，在这里是指经过所有权人授权或基于法律的规定，可以对他人的财产为出卖行为的人。有处分权人在我国现行立法中主要包括：

（1）抵押权人和质押权人。抵押权人和质押权人作为担保物权人，在债务人不能依约履行债务时，有权依照抵押合同或者质押合同的约定，将抵押人或质押人的财产变卖或拍卖，并从变卖、拍卖的价款中优先受偿。

（2）留置权人。留置权属担保物权的一种，留置权人在法律规定的条件满足时，有权留置其依照合同约定所占有的债务人的动产，并可依法将该财产变卖、拍卖，然后从变卖、拍卖的价款中优先受偿。

（3）法定优先权人。依据《合同法》第286条的规定，建设工程合同的承包人可以依照法律的规定，享有法定优先权。在发包人未依照约定支付价款，且经催告仍不支付时，可申请人民法院将建设工程依法拍卖，然后从拍卖的价款中优先受偿。

（4）行纪人。行纪人是接受委托人的委托，以自己的名义为委托人进行贸易活动的人。行纪人在所有权人的授权之下，可以遵从所有权人的批示进行财产的处分行为。

（5）经营权人。国有企业对国家授予的财产所享有的经营权，也包括占有、使用、收益和处分权能，故虽非所有权人，仍有权以出卖的方式处分财产。

（6）人民法院。依据我国《民事诉讼法》第226条的规定，人民法院对逾期拒不履行法律文书确定义务人或被执行人的财产，有权进行查封、扣押，并交有关单位拍卖或者变卖，以人民法院的名义强制被执行人履行义务，实现债权人的债权。

如果订立买卖合同的出卖人，既非标的物的所有权人，又非标的物的有处分权人，出卖人与买受人之间的合同即为出卖他人之物的买卖合同。对于出卖他人之物的买卖合同，在各个国家和地区的立法上，由于物权变动模式立法选择的不同，效力认定上也存在区别。采取债权意思主义物权变动模式的法国民法，将其认定为无效合同，这点体现在《法国民法典》第1599条；采取物权形式主义物权变动模式的德国民法，则将其认定为可以生效的合同。这点体现在《德国民法典》第433条。我国民法采取债权形式主义的物权变动模式，买受人得到标的物的所有权属于出卖人履行合同义务的法律效果，而非买卖合同生效的法律效果。买受人不能取得标的物合同的效力，因此，出卖他人之物的买卖合同同样应该认定为可以生效的合同。

如果出卖人就同一标的物订立数个买卖合同,数个买卖合同都可以成为生效的合同。数个买受人中,只有一个买受人得取得标的物的所有权。未取得标的物所有权的买受人,可对出卖人主张违约责任的承担。

对于买卖合同标的物的范围,各个国家和地区的立法规定不尽一致。英美法系国家的商事买卖法中一般将其限定为货物的买卖,也即实物买卖。这点通过《美国统一商法典》第 2-105 条可以看出来。日本民法和我国台湾地区现行的民法中,买卖合同的标的物既包括实物,又包括其他的财产权利。比如《日本民法典》第 555 条、我国台湾地区现行"民法典"第 345 条就有相关规定。我国合同法中,买卖合同的标的物,依据《合同法》第 130 条的规定,应认定为实物。财产权利的转让,规定在诸技术转让合同、土地使用权出让、转让合同等其他的合同类型中。此外,还应该注意,买卖合同的标的物可以是现实存在的物,也可以是将来产生的物。可以是特定物,也可以是不特定物。如果买卖合同的标的物是禁止流通物,该买卖合同就依据《合同法》第 52 条第 5 项认定为无效合同。如果买卖合同的标的物是限制流通物,对于买卖合同的效力应区别而论:如果订立买卖合同的双方当事人无取得该标的物经营资格可能的,该买卖合同由于标的不可能,就认定为不生效的合同;如果订立合同的双方当事人可以经由审批手续取得标的物的经营资格的,该合同应依据《合同法》第 44 条第 2 款,将其认定为尚未完全生效的合同,合同当事人有义务去办理审批手续,促成买卖合同的完全生效。

三、特种买卖合同

在我国《合同法》上,特种买卖合同包括分期付款买卖合同、样品买卖合同、试用买卖合同、招标投标买卖合同和拍卖合同等。

(一)分期付款买卖合同

分期付款买卖是一种特殊的买卖形式,是买受人将其应付的总价款按照一定期限分批向出卖人支付的买卖。分期付款买卖在我国常常用于房屋及高档消费品的买卖。由于买受人的分期支付影响了出卖人的资金周转,故分期付款的总价款可略高于一次性付款的价款。在分期付款买卖中,为保护买受人的利益,只有当买受人未支付到期价款的金额达到全部价款 1/5 时,出卖人方可要求买受人支付全部价款或者解除合同。出卖人解除合同的,可以向买受人要求支付该标的物的使用费。因为分期付款买卖中,出卖人须先交付标的物,买受人于受领标的物后分若干次付款,出卖人有收不到价款的风险。因此在交易实践中,当事人双方就分期付款买卖常有以下特别约定:

(1)所有权保留的特约。在分期付款买卖合同中,买受人虽先占有、使用标的,但在双方当事人约定的特定条件(通常是价款的一部或全部清偿)成就之前,出卖人仍保留标的物所有权,待条件成就后,再将所有权转移给买受人。

(2)解除合同的损害赔偿金额的特约。即当事人双方关于解除合同时一方应向另一方支付的赔偿金额的约定。解除合同时,当事人双方应将其从对方取得的财产返还给对方,有过错的一方,并应赔偿对方的损失。分期付款买卖在因买受人一方的原因而由出卖人解除合同时，为保护出卖人的利益，在分期付款买卖中当事人经常有关于出卖人于解除合同时扣留其已受领的价款或请求买受人支付一定金额的约定。这种约定如过于苛刻，则对买受人不利。为了维系公平和保护买受人的利益，各个国家和地区的法律常要对关于出卖人解除合同时出卖人得扣留价款或请求支付价款的约定作一定限制。一般说来，因买受人一方的原因由出卖人解除合同时，出卖人向买受人请求支付或扣留的金额，不得超过相当于该标的物的通常使用费的金额。如标的物有毁损，则应再加上相当的损害赔偿金额。如当事人约定的出卖人于解除合同时扣留的价款或请求支付的金额超过上述限度，则其超过部分的约定无效。

（二）样品买卖合同

样品买卖，又称货样买卖，是指当事人双方约定一定的样品，出卖人交付的标的物应与样品具有相同品质的买卖。所谓样品，又称货样，是指当事人选定的用以决定标的物品质的货物。由于样品买卖是在普通买卖关系中附加了出卖人的一项"须按样品的品质标准交付标的物"的担保，因此，样品买卖除适用普通买卖的规定外，还产生下列效力：

（1）当事人应当封存样品，并且可以对样品质量予以说明。出卖人交付的标的物应当与样品及其说明的质量相同。

（2）凭样品买卖的买受人不知道样品有隐蔽瑕疵的，即使交付的标的物与样品相同，出卖人交付的标的物的质量仍然应当符合同种物的通常标准。

（三）试用买卖合同

试用买卖合同，是指当事人双方约定，于合同成立时，出卖人将标的物交付买受人试验或检验，并以买受人在约定期限内对标的物的认可为生效要件的买卖合同。这种买卖常见于某些新产品的推销及销售领域。试用买卖合同作为一种特种买卖合同，与一般买卖合同相比，具有以下特征：

（1）试用买卖合同约定由买受人试验或检验标的物。

（2）试用买卖合同是以买受人对标的物的认可为生效条件的买卖合同。试用买卖合同的当事人可以约定标的物的试用期间。对试用期间没有约定或约定不明确的，可以协议补充；不能达成补充协议的，按照合同有关条款或者交易习惯确定；如仍不能确定，则由出卖人确定。买受人在试用期内可以购买标的物，也可以拒绝购买。试用期间届满，买受人对是否购买标的物未作表示的，视为同意购买。

买受人全部或一部分支付价款，或就标的物为试验、检验以外的行为时，如将该物转卖或转租的，虽未明确作出认可的意思表示，也应视为认可。在试用期间内买受人作出不认可的意思表示，或未作出认可的意思表示，也没有前述情形的，为买受人不认可，该买卖合同不生效力。因此买受人负返还标的物的义务。因可归责于买受人的事由，造成标的物毁损、灭失时，买受人负赔偿责任。

（四）招标投标买卖合同

招标投标买卖合同，是指由招标人向数人或公众发出招标通知或招标公告，在诸多投标中选择自己最满意的投标人并与之订立买卖合同的方式。招标投标买卖一般分为以下几个阶段：

1. 招标阶段

招标，是指招标人采取招标通知或招标公告的形式，向不特定的数人或公众发出的投标邀请。关于招标的性质，两大法系均认为招标属于要约邀请，而不是要约。所不同的是，英美法认为招标虽属于要约邀请，但并非无法律意义，招标内容发出后，在法律上对承、发包方均有约束力。我国学者一般认为，招标的法律性质为要约邀请，其目的是邀请投标人投标，即发出要约。但是，如果招标人在招标公告中已明确表示将与报价最优者订立合同，这一招标行为则已具有要约的性质。

2. 投标阶段

投标，是指投标人（出标人）按照招标文件的要求，在规定的期间内向招标人提出报价的行为。拟投标人必须在招标通知或招标公告规定的期限内，到指定地点索取招标文件，按该文件的规定和要求，编制好有关文件、资料，做好参加投标的各项工作。投标书制好并密封后，按规定的方法、地点、期限投入标箱。投标的法律性质为要约，在投标人投标以后，必须有招标人的承诺，合同才能成立。

3. 开标、验标阶段

开标，是指招标人在召开的投标人会议上，当众启封标书，公开标书内容的行为。验标是验证标书的效力，对不具备投标资格的标书、不符合招标文件规定的标书以及超过截止日期送达的标书，招标人可宣布其无效。

4. 评标、定标阶段

招标人对有效标书进行评审，选择自己满意的投标人，决定其中标。该定标若是对投标的完全接受，就是承诺。

5. 签订合同

中标人在接到中标通知后，在指定的期间与地点同招标人签订合同书。签订合同是对业已成立的合同关系的确认。

（五）拍卖合同

拍卖有广义、狭义之分。广义的拍卖泛指以竞争方式的缔约，包括拍卖和招标。狭义的拍卖是指对物品的拍卖，即以公开竞价的方法，将标的物的所有权转移给最高应价者的买卖方式。这里仅就狭义的拍卖进行阐述。拍卖一般须经如下程序：

1. 拍卖的表示

拍卖的表示，是指拍卖人发出的对标的物进行拍卖的意思表示，它包括拍卖公告和拍卖师在拍卖开始时所作的拍卖表示。

2. 应买的表示

应买的表示，是指参加竞买的竞买人发出的购买的意思表示。在拍卖时，由参加购买的应买人竞争，由出价最高者购买。参加竞争的应买人为竞买人，其提出的价格即为应价。竞买人一经应价，不得撤回，当其他竞买人有更高应价时，其应价即丧失约束力。在一般情况下，拍卖的表示属于要约邀请，竞买人的应价为要约，竞买人应受其约束，但在其他人有更高应价时，其应价即丧失效力。而在拍卖人说明拍卖标的无保留价时，拍卖的表示即属于要约，竞买人的应价为承诺；竞买人一经应价，买卖合同即告成立，但以无其他竞买人的更高应价为生效条件，即：无其他竞买人的更高应价时条件成就，合同生效；有其他竞买人的更高应价时，条件不成就，合同失去效力。根据《拍卖法》第22条的规定，拍卖人及其工作人员不得以竞买人的身份参与自己组织的拍卖活动，并且不得委托他人代为竞买；《拍卖法》第30条规定，委托人不得参与竞买，也不得委托他人代为竞买。拍卖人、委托人违反这一规定参与竞买的，其买卖的效力如何确定，对此有不同的观点。有的认为，拍卖人及其工作人员、委托人参与竞买的，其买卖应为无效。有的认为，拍卖人参与竞买的，经委托人的承认而生效力。根据我国《拍卖法》第62条、第64条的规定，在发生上述情况时，工商行政管理部门应给予拍卖人或委托人以行政处罚，其买卖属违反法律强制性规范的情形，应为无效。

3. 卖定的表示

拍卖以拍卖人拍板或依其他惯用的方法，为卖定的表示。拍卖人作出卖定的表示，则买卖成交，竞争买卖结束。《拍卖法》第51条规定，竞买人的最高应价经拍卖师落槌或者以其他公开表示买定的方式确认后，拍卖成交。因此，拍卖人关于卖定的表示应属于承诺，但须以规定的方式公开表示。经拍卖人确认的出最高应价的竞买人即为买受人。拍卖经拍板成交后，买受人和拍卖人应当签署成交确认书。签署成交确认书并不是订立合同，而是对经拍卖成立的买卖合同的一种确认。

第二节 买卖合同的效力

一、出卖人的义务

（一）交付标的物，并转移标的物的所有权于买受人

该项义务是出卖人的主合同义务，它由两个方面的内容组成：其一为交付标的物；其二为转移标的物的所有权于买受人。

1. 交付标的物

买卖合同中，出卖人应将买卖合同的标的物交付给买受人。

传统民法上，交付标的物可分为现实交付和观念交付。所谓现实交付，是指出卖人将标的物置于买受人的实际控制之下，即标的物直接占有的移转。观念交付包括简易交付、占有改定和指示交付。所谓简易交付，是指买卖合同订立前，买受人已实际占有标的物的，标的物的交付系于合同生效的交付方式。简易交付，是纯粹的观念交付。如《合同法》第140条规定的简易交付方式。所谓占有改定，是指由双方当事人签订协议，使买受人取得标的物的间接占有，以代替标的物直接占有的移转的交付方式。《合同法》上，尚未明确确认这一交付方式。所谓指示交付，是指交付提取标的物的单证，以代替标的物的现实交付的交付方式，比如交付仓单、提单以及可转让的多式联运单据等。

出卖人应当按照约定的期限交付标的物。约定交付期间的，出卖人可以在该交付期间

内的任何时间交付，但应当在交付前通知买受人。出卖人提前交付标的物的，应取得买受人的同意，否则买受人有权拒收。当事人未约定标的物的交付期限或者约定不明确的，可以协议补充；不能达成补充协议的，按照合同有关条款或交易习惯确定；仍不能确定的，可以随时交付，但应当给买受人必要的准备时间。出卖人应当按照约定的地点交付标的物。当事人未约定交付地点或者约定不明确，可以协议补充；不能达成补充协议的，按照合同有关条款或者交易习惯确定；仍不能确定的，适用下列规定：（1）标的物需要运输的，出卖人应当将标的物交付给第一承运人以运交给买受人。（2）标的物不需要运输的，出卖人和买受人订立合同时知道标的物在某一地点的，出卖人应当在该地点交付标的物；不知道标的物在某一地点的，应当在出卖人订立合同时的营业地交付标的物。出卖人应当按照约定的数量交付标的物。出卖人多交标的物的，买受人可以接受或者拒绝接收多交的部分。买受人接收多交部分的，按照原合同的价格支付价款；出卖人少交标的物的，除不损害买受人利益的以外，买受人可以拒绝接收。买受人拒绝接收标的物的，应当及时通知出卖人。买受人怠于通知的，应当承担因此产生的损害赔偿责任。但出卖人交付的标的物数量在合理的磅差或尾差之内的，应为交付的数量符合约定。合同中约定分批交付的，出卖人应按照约定的批量分批交付。出卖人未按照约定的时间和数量交付的，应就每一次的不适当交付负违约责任。出卖人应当按照约定的包装方式交付标的物。对包装方式没有约定或者约定不明确的，可以协议补充；不能达成补充协议的，按照合同有关条款或者交易习惯确定；仍不能确定的，应当按照通用的方式包装，没有通用方式的，应当采取足以保护标的物的包装方式。

2. 转移标的物的所有权于买受人

取得标的物的所有权是买受人的主要交易目的，因此，将标的物的所有权转给买受人，是出卖人的一项主要义务。移转标的物的所有权，是在移转标的物占有的基础上，实现标的物所有权的转移，使买受人获得标的物所有权。依《合同法》第133条的规定，标的物的所有权自标的物交付时起转移，但法律另有规定或者当事人另有约定的除外。这表明标的物所有权的转移方法可以有所不同。

就动产而言，除法律有特别规定的以外，所有权依交付而移转。但当事人可以约定出卖人先行交付标的物，在买受人未履行支付价款或者其他义务的，标的物的所有权仍归出卖人所有，以担保买受人合同义务的履行，这就是所谓的所有权保留制度。所有权保留作为一种新型的担保制度，在交易实践中，经常与分期付款买卖结合在一起。在保留所有权的分期付款买卖中，买受人在条件成就前，享有所有权的期待权，该项权利为物权化的债权或效力扩张的债权；出卖人基于其所保留的所有权享有取回权。该制度以微观上的利益均衡、交易安全为宗旨，以权利拥有和利益享用相分离的权利分化理论为构思主题，以设定标的物所有权移转的前提条件为特征，精巧地实现了买受人对标的物的提前享用，有效消弭了出卖人滞后收取价金的交易风险，从而以制度设计的内在合理性为契机，在各个国家和地区得到了广泛应用。《合同法》对所有权保留制度的肯定，必将推动我国信贷消费的发展。

法律有特别规定的动产，如车辆、船舶、航空器等，所有权的转移须依法办理所有权的转移登记。未办理登记转移的，所有权转移不具有对抗第三人的效力。出卖人就交付的标的物，除非法律另有规定，负有保证第三人不得向买受人主张任何权利的义务。但在买卖合同订立时，买受人知道或者应当知道第三人对买卖的标的物享有权利的，出卖人不负担该项义务。买受人有确切证据证明第三人可能就标的物主张权利的，可以在出卖人未提供适当担保时，行使合同履行的抗辩权，中止支付相应的价款。依据《合同法》的规定，出卖具有知识产权的计算机软件等标的物的，除法律另有规定或当事人另有约定的以外，该标的物的知识产权并不随同标的物的所有权一并移转于买受人。

不动产所有权的转移须依法办理所有权的转移登记。未办理登记的，尽管买卖合同已经生效，但标的物的所有权不发生转移。这表明我国《合同法》就不动产所有权的移转，经由法律的倡导性规定，确立了债权形式主义的物权变动模式。

3. 物的瑕疵担保义务

依据《合同法》第153条的规定，出卖人应当按照约定的质量要求交付标的物。出卖人提供有关标的物质量说明的，交付的标的物应当符合该说明的质量要求。这一义务被称为物的瑕疵担保义务。

出卖人负担物的瑕疵担保义务，是由买卖合同的有偿性决定的。在我国《合同法》中，物的瑕疵担保义务被表述为质量担保义务，即出卖人应当担保其交付给买受人的标的物符合合同约定的或者法律确定的质量标准。因此，确定标的物的质量标准，是判断出卖人是否合同履行该项义务的前提。买卖合同中，当事人对标的物的质量标准没有约定或约定不明确的，可以协议补充；不能达成补充协议的，按照合同有关条款或者交易习惯确定；按照上述方法仍然不能确定的，出卖人交付标的物，应当具有同种物的通常标准或者为了实现合同目的该物应当具有的特定标准。

出卖人交付的标的物不符合质量标准的，属于对物的瑕疵担保义务的违反，在传统民法中，发生物的瑕疵担保责任的承担。我国《合同法》中，由于就违约责任的归责原则，一般采取严格责任原则，传统民法中违约责任与物的瑕疵担保责任的区别丧失了依据，因此出卖人应当按照当事人的约定承担违约责任。对违约责任没有约定或者约定不明确，也不能达成补充协议，或者按照合同有关条款以及交易习惯仍不能确定的，受损害方根据标的物的性质以及损失的大小，依据《合同法》第155条，可以合理选择请求修理、更换、重做、减价或者退货。质量不符合约定，造成其他损失的，依据《合同法》第112条，受损方可以请求赔偿损失。买受人要求出卖人承担违反物的瑕疵担保义务的违约责任，除非法律另有规定，以买受人及时向出卖人通知标的物质量不合格为条件。

4. 权利担保义务

依据《合同法》第150条的规定，出卖人就交付的标的物，除非法律另有规定，负有保证第三人不得向买受人主张任何权利的义务。这一义务称为出卖人权利的瑕疵担保义务。违反权利的瑕疵担保义务，在传统民法中发生权利瑕疵担保责任的承担。在我国《合同法》中，由于违约责任和权利瑕疵担保责任的区分丧失了依据，因此，出卖人应对买受人承担违约责任。

由于在物权变动模式立法选择上的差异，以及相关法律规定上的不同，我国《合同法》中出卖人违反权利的瑕疵担保义务，应承担违约责任的类型与法国民法、德国民法中权利瑕疵担保责任的类型有所不同。例如，在出卖他人之物的买卖合同中，如果出卖人与买受人之间的交易行为不符合善意取得制度的适用条件,标的物的所有权人或有处分权人要求买受人返还标的物的,以法国民法采取债权意思主义的物权变动模式为背景,出卖人与买受人之间所订立的买卖合同为无效合同,自然不存在出卖人对买受人承担违反权利瑕疵担保义务承担违约责任的问题;但以德国民法采取物权形式主义的物权变动模式和我国民法采取债权形式主义的物权变动模式为背景,出卖他人之物的买卖合同可以成为生效的买卖合同,出卖人就应当对买受人负担权利的瑕疵担保义务。再如抵押人将设定抵押,并办理抵押权登记的财产出卖给买受人,在我国《担保法》中,出卖人的财产转让行为未通知抵押权人或者未告知受让人的,转让行为无效,此时就不存在出卖人对买受人承担违反权利的瑕疵担保义务的问题;在德国民法中,类似情形下,出卖人则应当对买受人承担权利瑕疵担保责任。

依据我国《合同法》第151条的规定,在买卖合同订立时,买受人知道或者应当知道第三人对买卖的标的物享有权利的,出卖人不负担该项义务。买受人有确切证据证明第三人可能就标的物主张权利的,可以在出卖人未提供适当担保时,依据《合同法》第152条,行使合同履行的抗辩权,中止支付相应的价款。

(二) 交付有关单证和资料的义务

出卖人应当按照约定或者交易习惯向买受人交付提取标的物单证以外的有关单证和资料。该项义务系属出卖人在买卖合同中所负担的从合同义务,该项义务辅助主合同义务,实现买受人的交易目的。除负担前述主合同义务和从合同义务外,出卖人还应遵循诚实信用原则,根据合同的性质、目的,负担通知、协助、保密等附随义务以及相应的不真正义务等法定义务。

二、买受人的义务

(一) 支付价款

支付价款是买受人的主要义务。买受人支付价款应按照合同约定的数额、地点、时间为之。

1. 价款数额的确定

价款数额一般由单价与总价构成,总价为单价乘以标的物的数量。当事人在合同中约定的单价与总价不一致,而当事人又不能证明总价为折扣价的,原则上应按单价来计算总价。当事人对价款的确定,须遵守国家的物价法规,否则其约定无效。买受人应当按照约定的数额支付价款。对价款没有约定或约定不明确的,可以协议补充;不能达成补充协议的,按照合同有关条款或者交易习惯确定;如仍不能确定,则按照订立合同时履行地的市场价格履行,依法应当执行政府定价或者政府指导价的,按照规定履行。详言之,当事人在合同中约定执行政府定价的,在合同约定的交付期限内政府价格调整时,按照交付时的价格计价。逾期交付标的物的,遇价格上涨时,按照原价格执行;价格下降时,按照新价格执行。逾期提取标的物或者逾期付款的,遇价格上涨时,按照新价格执行;价格下降时,按照原价格执行。

2. 价款的支付时间

价款的支付时间，可以由双方当事人约定。买受人应当按照约定的时间支付价款。对支付时间没有约定或者约定不明确的，可以协议补充；不能达成补充协议的，按照合同有关条款或者交易习惯确定；仍不能确定的，按照同时履行的原则，买受人应当在收到标的物或者提取标的物单证的同时支付。价款支付迟延时，买受人不但有义务继续支付价款，而且还有责任支付迟延利息。买受人在出卖人违约的情况下，有拒绝支付价款、请求减少价款、请求返还价款的权利。如出卖人交付的标的物有重大瑕疵以致难以使用时，买受人有权拒绝接受交付，并有权拒绝支付价款。如出卖人交付的标的物虽有瑕疵但买受人同意接受，买受人可以请求减少价款。标的物在交付后，部分或全部被第三人追索，买受人不但有权解除合同、请求损害赔偿，而且有权要求返还全部或部分价款。

3. 价款的支付地点

价款的支付地点，可由双方当事人约定。买受人应当按照约定的地点支付价款。对支付地点没有约定或者约定不明确的，可以协议补充；不能达成补充协议的，按照合同有关条款或者交易习惯确定；仍不能确定的，买受人应当在出卖人的营业地支付，但约定支付价款以交付标的物或者交付提取标的物的单证为条件的，在交付标的物或者提取标的物单证的所在地支付。

4. 价款的支付方式

价款的支付方式，可由当事人约定。当事人关于支付方式的约定，不得违反国家关于现金管理的规定。

（二）受领标的物

买受人有依照合同约定或者交易惯例受领标的物的义务，对于出卖人不按合同约定条件交付的标的物，例如多交付、提前交付、交付的标的物有瑕疵等，买受人有权拒绝接受。

（三）及时检验出卖人交付的标的物

买受人收到标的物时，有及时检验义务。买受人违反及时检验义务并不产生违约责任，而是发生损失自负的法律效果，即该项义务属买受人所负担的不真正义务。

1. 检验时间

当事人约定检验期间的，买受人应当在约定期间内检验，没有约定检验期间的，应当及时检验。

2. 检验通知

（1）约定的检验期。检验后发现标的物的数量或质量不符合合同约定的，应当及时将标的物的数量或质量不符合约定的情形通知出卖人，买受人怠于通知的，视为标的物的数量或质量符合约定。

（2）知悉后的合理期间。当事人没有约定期间的，买受人应当在发现或者应当发现标的物数量或质量不符合约定的合理期间内通知出卖人。

（3）质量保证期间。出卖人对标的物质量有质量保证期间的，买受人应当在质量保证期间内将标的物的数量或质量不符合合同约定的情形通知出卖人。

（4）2年最长期间。买受人在合理期间内未通知或者自标的物收到之日起2年内未通知出卖人的，视为标的物数量或质量符合约定。出卖人知道或应当知道提供的标的物不符合约定的，买受人不受前款规定的通知时间的限制，即出卖人故意隐瞒标的物瑕疵的，不受2年检验期间限制。

（四）暂时保管及应急处置拒绝受领的标的物

在特定情况下，买受人对于出卖人所交付的标的物，虽可作出拒绝接受的意思表示，但有暂时保管并应急处置标的物的义务。买受人的暂时保管和应急处置义务是基于诚实信用原则产生的，而非合同默示的约定义务，故买受人的此等义务应该从轻认定。一些国家和地区的立法对暂时保管义务有明确规定，买受人拒绝接受时的保管义务是有条件的：

（1）必须是异地交付，货物到达交付地点时，买受人发现标的物的品质瑕疵而作出拒绝接受的意思表示；

（2）出卖人在标的物接受交付的地点没有代理人，即标的物在法律上已处于无人管理的状态；

（3）一般物品由买受人暂时保管，但出卖人接到买受人的拒绝接受通知时，应立即以自己的费用将标的物提回或作其他处置，并支付买受人的保管费用；

（4）对于不易保管的易变质物品，如水果、蔬菜等，买受人可以紧急变卖，但变卖所得在扣除变卖费用后需退回出卖人。买受人在拒绝接受交付时为出卖人保管及紧急变卖标的物的行为必须是基于善良的动机，不得扩大出卖人的损失。出卖人也不能因买受人上述情况下的保管或紧急变卖行为而免除责任。该项义务与买受人在特定情形下所负担的通知义务等同，属买受人所应负担的附随义务。

第三节 买卖合同中的风险负担

一、风险负担的定义

买卖合同中的风险，是指买卖合同的标的物由于不可归责于买卖合同双方当事人的事由毁损、灭失所造成的损失。风险负担，是指该损失应由谁来承担。

二、风险负担的模式

当今各个国家和地区就此问题有两种不同的立法例：一为所有权人主义，即认为风险应由所有人承担，因之风险应随所有权的转移而转移，《法国民法典》以及《英国货物买卖法》为其代表；二为交付主义，即认为风险应自交付时起从出卖人转移给买受人，《德国民法典》以及《美国统一商法典》为其代表。我国《合同法》就买卖合同中的风险负担设有明文，第142条规定，标的物毁损、灭失的风险，在标的物交付之前由出卖人负担，交付之后由买受人负担，但法律另有规定或者当事人另有约定的除外。明显采用交付主义作为一般规则。其中，所谓法律另有规定或当事人另有约定，主要包括两种情况：一是在交付前标的物风险即由买受人负担；二是交付后的一段时间内标的物的风险仍由出卖人负担。如果当事人双方约定或者法律规定标的物的所有权非自交付时起转移，如买卖合同的双方当事人采所有权保留制度作为合同履行的担保，或法律明文规定需要经过登记或办理相关手续方发生标的物所有权移转的情形，未明确标的物风险转移时间，风险如何负担？在当事人未约定和法律未直接规定时，应参照《合同法》采交付主义，在办理过户登记之前的风险由出卖人承担。

三、我国风险负担的具体规则

我国《合同法》在确认风险负担交付主义时，对于当事人没有约定风险转移的，根据不同情况依照以下规则承担风险：

（1）出卖人出卖交由承运人运输的在途标的物，除当事人另有约定的以外，毁损、灭失的风险自合同成立时起由买受人承担。

（2）当事人没有约定交付地点或者约定不明确，标的物需要运输的，出卖人将标的物交付给第一承运人后，标的物毁损、灭失的风险由买受人承担。

（3）出卖人未按照约定交付提取标的物单证以外的有关单证和资料，但已交付了标的物或提取标的物的单证的，仍发生风险负担的转移。

（4）因买受人的原因致使标的物不能按照约定的期限交付的，买受人应当自违反约定之日起承担标的物毁损、灭失的风险。

（5）出卖人按照约定或者法律的规定将标的物置于交付地点，买受人违反约定没有收取的，标的物毁损、灭失的风险自违反约定之日起由买受人承担。

（6）因标的物质量不符合要求，致使不能实现合同目的的，买受人可以拒绝接受标的物或者解除合同。买受人拒绝接受标的物或者解除合同的，标的物毁损、灭失的风险由出卖人承担。标的物毁损、灭失的风险由买受人承担的，不影响因出卖人履行债务不符合约定，买受人要求其承担违约责任的权利。

四、买卖合同中的利益承受

利益承受，是指标的物于买卖合同订立后所生的孳息的归属。标的物于合同订立后所生孳息的归属与风险的负担是密切相联的，二者遵循同一原则。因此在利益承受上，也采用交付主义作为一般规则，即标的物在交付前产生的孳息，归出卖人所有；标的物交付后产生的孳息，由买受人承受；合同另有约定的，依其约定。

练习题

一、单项选择题

1. 在分期付款买卖合同中，出卖方可以解除合同的条件之一是买受人支付到期价款的金额未达到全部价款的（ ）

  A. 五分之一 B. 四分之一 C. 三分之一 D. 二分之一

2. 某商场在促销活动期间贴出醒目告示："本商场家电一律试用 20 天，满意者付款。"王某从该商场搬回冰箱一台，试用期满后退回，商场要求其支付使用费 100 元。下

列哪一种说法是正确的？（   ）

  A. 王某不应支付使用费，因为双方没有约定使用费
  B. 王某应支付使用费，因为其行为构成了不当得利
  C. 王某应支付按冰箱平均寿命折算的使用费
  D. 王某应与商场分摊按冰箱平均寿命折算的使用费

  3. 根据我国《合同法》的规定，在买卖合同中，除法律另有规定或当事人另有约定外，标的物的所有权转移时间为（   ）。

  A. 买卖合同成立时   B. 买卖合同生效时
  C. 标的物交付时   D. 买方付清标的物价款时

  4. 甲将一辆汽车以 15 万元卖给乙，乙付清全款，双方约定 7 日后交付该车并办理过户手续。丙知道此交易后，向甲表示愿以 18 万元购买，甲当即答应并与丙办理了过户手续。乙起诉甲、丙，要求判令汽车归己所有，并赔偿因不能及时使用汽车而发生的损失。关于该汽车的归属，下列哪一说法是正确的？（   ）

  A. 归乙所有，甲、丙应赔偿乙的损失
  B. 归乙所有，乙只能请求甲承担赔偿责任
  C. 归丙所有，但甲、丙应赔偿乙的损失
  D. 归丙所有，但丙应赔偿乙的损失

  5. 周某从迅达汽车贸易公司购买了 1 辆车，约定周某试用 10 天，试用期满后 3 天内办理登记过户手续。试用期间，周某违反交通规则将李某撞成重伤。现周某困难，无力赔偿。关于李某受到的损害，下列哪一表述是正确的？（   ）

  A. 因在试用期间该车未交付，李某有权请求迅达公司赔偿
  B. 因该汽车未过户，不知该汽车已经出卖，李某有权请求迅达公司赔偿
  C. 李某有权请求周某赔偿，因周某是该汽车的使用人
  D. 李某有权请求周某和迅达公司承担连带赔偿责任，因周某和迅达公司是共同侵权人

二、多项选择题

  1. 买卖合同中，下列当事人解除买卖合同的规定，符合法律规定的有（   ）。

  A. 标的物主物不符合同约定而解除的，解除合同的效力及于从物
  B. 标的物从物不符合同约定，解除的效力不及于主物
  C. 标的物为数物，只要其中一物不符合约定的，当事人可以就数物解除合同
  D. 分批交付标的物，其中一批标的物不符合同约定，但以后各批标的物的交付还可以实现合同目的的，当事人可以就该批标的物解除。

  2. 甲有一块价值 1 万元的玉石。甲与乙订立了买卖该玉石的合同，约定价金 11000 元。由于乙没有带钱，甲未将该玉石交付与乙，约定 3 日后乙到甲的住处付钱取玉石。随后甲又向乙提出，再借用玉石把玩几天，乙表示同意。隔天，知情的丙找到甲，提出愿以 12000 元购买该玉石，甲同意并当场将玉石交给丙。丙在回家路上遇到债主丁，向丙催要 9000 元欠款甚急，丙无奈，将玉石交付与丁抵偿债务。后丁将玉石丢失被戊拾得，戊将其转卖给己。关于乙对该玉石所有权的取得和交付的表述，下列选项正确的是？（   ）

A. 甲、乙的买卖合同生效时，乙直接取得该玉石的所有权
B. 甲、乙的借用约定生效时，乙取得该玉石的所有权
C. 由于甲未将玉石交付给乙，所以乙一直未取得该玉石的所有权
D. 甲通过与有改定的方式将玉石交付给了乙

3. 2000年5月4日，易某将自家的耕牛租与刘某使用2个星期，5月10日，刘某提出要买下此耕牛，易某表示同意。双方商定价格为1000元，并约定1个月后交付款项。但5月12日该耕牛被雷劈死。关于此案。以下选项哪些是正确的？（   ）
A. 该买卖合同的生效时间是5月10日
B. 该买卖合同中耕牛的交付时间是5月10日
C. 该耕牛意外灭失的风险由易某承担
D. 该耕牛意外灭失的风险由刘某承担

4. 在以下哪种情况下，出卖人应承担标的物毁损、灭失的风险？（   ）
A. 合同约定卖方代办托运，出卖人已将标的物发运，即将到达约定的交付地点
B. 买受人下落不明，出卖人将标的物提存
C. 标的物已运抵交付地点，买受人因标的物质量不合格而拒收货物
D. 合同约定在标的物所在地交货，约定时间已过，买受人仍未前往提货

5. 2000年1月，甲以分期付款的方式向乙公司购买潜水设备1套，价值10万元。约定首付2万，余款分3期付清，分别为2万、3万、3万，全部付清前乙公司保留所有权。甲收货后付了首付和第一期款，第二期款迟迟未付。2000年8月，甲以2万元将该设备卖给职业潜水员丙。下列哪些选项是正确的？（   ）
A. 乙可以解除合同，要求甲承担违约责任
B. 乙解除合同后可以要求甲支付设备的使用费
C. 乙可以请求丙返还原物，但须支付丙2万元购买费用
D. 丙返还潜水设备后可以要求甲承担违约责任

三、案例分析题

2007年2月10日，甲公司与乙公司签订一份购买1000台A型微波炉的合同，约定由乙公司3月10日前办理托运手续，货到付款。

乙公司如期办理了托运手续，但装货时多装了50台B型微波炉。

甲公司于3月13日与丙公司签订合同，将处于运输途中的前述合同项下的1000台A型微波炉转卖给丙公司，约定货物质量检验期为货到后10天内。

3月15日，上述货物在运输途中突遇山洪暴发，致使100台A型微波炉受损报废。

3月20日货到丙公司。4月15日丙公司以部分货物质量不符合约定为由拒付货款，并要求退货。

顾客张三从丙公司处购买了一台B型微波炉，在正常使用过程中微波炉发生爆炸，致张三右臂受伤，花去医药费1200元。

问题：
（1）如乙公司在办理完托运手续后即请求甲公司付款，甲公司应否付款？为什么？
（2）乙公司办理完托运手续后，货物的所有权归谁？为什么？

(3) 对因山洪暴发报废的 100 台微波炉，应当由谁承担风险损失？为什么？
(4) 对于乙公司多装的 50 台 B 型微波炉，应当如何处理？为什么？
(5) 丙公司能否拒付货款和要求退货？为什么？
(6) 张三可向谁提出损害赔偿请求？为什么？

第十二章

供用电、水、气、热力合同

教学目的和要求
1. 了解供用电、水、气、热力合同的概念;
2. 掌握供用电、水、气、热力合同的特征;
3. 掌握供用电合同当事人的权利和义务。

主要内容:电、水、气、热力合同的概述,用电、水、气、热力合同的特征,供用电合同。
自学:供用电合同。
讨论:供用电、水、气、热力合同的特征、供用电合同。
作业:
1. 简述供用电、水、气、热力合同的概念;
2. 简述供用电、水、气、热力合同的特征;
3. 简述供用电合同当事人的权利和义务。

案例引导

因供电设施检修中断供电,供电公司应承担赔偿责任吗?

因供电设施检修中断供电,长城公司在未接到任何事先通知的情况下突然被断电,遭受重大经济损失。

【问题】在此情况下,供电公司是否应承担赔偿责任?

【分析】根据《合同法》第180条规定,供电人因供电设施计划检修、临时检修、依法限电或者用电人违法用电等原因,需要中断供电时,应当按照国家有关规定事先通知用电人。未事先通知用电人中断供电,造成用电人损失的,应当承担损害赔偿责任。可见,在本案中的供电公司未事先通知长城公司中断供电,造成用电人损失的,均应当承担损害赔偿责任。

第一节 供用电、水、气、热力合同概述

一、供用电、水、气、热力合同的概念

供用电、水、气、热力合同,是指一方提供电、水、气、热力供另一方利用,另一方

利用这些资源并支付报酬的合同。供用电、水、气、热力合同属移转财产所有权合同的一种，买卖合同关于移转财产所有权所作的规定，对于该合同同样有适用效力。

《合同法》第184条规定，供用水、供用气、供用热力合同，参照供用电合同的有关规定。本条是关于供用水、气、热力合同参照适用供用电合同的规定。供用水、供用气、供用热力合同，与供用电合同一样，是一种常见的民事合同。合同的标的，即水、气、热力，既是国民经济中的重要能源，也是一种特殊的商品。其合同都是供应人向使用人供应水、气或者热力，使用人支付价款的合同，双方当事人的关系是一种买卖关系。因此，供用水、供用气、供用热力合同在本质上都属于特殊类型的买卖合同。

二、供用电、水、气、热力合同的特征

（一）公用性

所谓公用性，是指供应人提供的电、水、气、热力的消费对象不是社会中的某些特殊阶层，而是一般的社会公众。因此，供应人有强制缔约义务，不得拒绝利用人通常、合理的供应要求。

（二）公益性

所谓供用电、水、气、热力合同的公益性，是指这类公共供用合同的目的不只是为了供应方从中得到利益，更主要的是为了满足人民生活的需要，提高人民生活质量。公用供用企业并非纯粹以营利为目的的企业，而是以促进公共生活水平等公益事业为重要目标的企业。国家对于这类供用合同的收费标准都有一定的限制，供应人不得随意将收费标准提高。

（三）继续性

供用电、水、气、热力合同中，利用人合同目的的实现，需要供应方持续不断地履行合同义务。因此，与经由义务人的一次交付行为即可完成合同履行的合同不同，供用电、水、气、热力合同为继续性合同。在供电、水、气、热力合同因各种原因终止之时，其效力仅能向将来发生，而不能溯及过去。

第二节　供用电合同当事人的权利和义务

一、供用电合同的概念和特征

供用电合同，是供电人向用电人供电，用电人支付电费的合同。供用电合同具有以下法律特征：

（1）提供财产的一方主体具有社会性（公用企业）和特定性（垄断企业）。

（2）标的物不仅提供给经营者，还提供给社会的各个方面，标的物具有必须性和依赖性。

（3）此类合同，本质上是一种买卖合同，因此，具有买卖合同的特征，是诺成、双务、有偿合同。

（4）此类合同具有持续性合同。如《合同法》第 177 条规定，供用电合同的内容包括供电的方式、质量、时间、用电容量、地址、性质、计量方式，电价、电费的结算方式，供用电设施的维护责任等条款。

（5）此类合同一般采用格式合同方式达成协议。

（6）此类合同履行一般利用线路、管道，因而履行地点也具有特殊性。如《合同法》第 178 条规定，供用电合同的履行地点，按照当事人约定；当事人没有约定或者约定不明确的，供电设施的产权分界处为履行地点。

二、供电人的义务

（一）及时、安全、合格供电

用户提出申请的，供电企业应尽速确定供电方案，并在一定期限内正式书面通知用户。供电人应当按照国家规定的供电质量标准和约定安全供电，供电人未按照国家规定的供电质量标准和约定安全供电，造成用电人损失的，应当承担损害赔偿责任。

（二）供电人因限电、检修等停电的通知义务

供电人因供电设施计划检修、临时检修、依法限电或者用电人违法用电等原因，需要中断供电时，应当按照国家有关规定事先通知用电人。未事先通知用电人中断供电，造成用电人损失的，应当承担损害赔偿责任。

（三）对事故断电的抢修义务

所谓事故断电，是指因为不可抗力或意外事故造成供电设施毁坏，以致电力无法继续正常供应的情况。此时，供电人应当按照国家有关规定及时抢修。未及时抢修，造成用电人损失的，应当承担损害赔偿责任。

此外，供电人还负有因限电或停电造成用电人用电未达标时，补充供给一定量电力的义务；在用电人交纳电费时，向用电人开具用电数量详细情况凭证或记录的义务等。

三、用电人的义务

（一）用电人支付电费的义务

供电合同是双务、有偿合同，用电人应对其使用供电人供应的电力支付费用。用电人拖欠电费的，供电人可以中止合同，在用电人补交电费及其迟延利息之后重新供电。

（二）用电人对用电设施的安全保持义务

保持用电设施处于安全状态，是保证用电安全的前提条件。因此，对于已经安全装设的用电线路和保险装置，用电人不应随意拆换，以防发生危险，或因此留下隐患。同时，

用电人也不应在已经检修合格的用电设施中再随意拉线，连接用电设施。对于用电设施出现故障需要修理的，一般也要请电工修理，不应自己随意接拉电线或修理；否则，造成损失或发生危险的，供电人对此不负责任。

（三）用电人对供电人正当检修、停电、限电的忍受义务

供电属于高度危险作业，因各种意外事故而需要对用电设施进行检修，或是因此而停电、限电，都是较为常见的现象，也是为防止危险发生的必要措施。用电人对此应当忍受，而不得随意主张除去。如果由于特定时期供电总量有限，需要限制用电人的用电量的，用电人也应负必要的忍受义务。同时，供电人检修供电设施时需要用电人协助的，用电人负有协助义务。

（四）用电人依照规定或约定用电的义务

用电人应当按照国家有关规定和当事人的约定安全用电。用电人未按照国家有关规定和当事人的约定安全用电，造成供电人损失的，应当承担损害赔偿责任。

练习题
一、单项选择题

1. 某日雷雨天气，闪电击中供电公司的线路，引起电压瞬间上升，致使某用户家中的电视机被电流击坏。下列选项中正确的是（   ）

    A. 供电公司应当向用户承担违约责任

    B. 供电公司应当向用户承担侵权责任

    C. 闪电击中线路属于不可抗力，供电公司不必承担用户的损失

    D. 供电公司应当负责维修用户被击坏的电视机

2. 下列表述中，不属于供电、水、气、热力合同的特殊性是（   ）

    A. 合同具有功用性   B. 合同具有公益性

    C. 合同具有继续性   D. 合同具有无偿性

3. 小张在装修新房时，装设了多台大功率家电，在使用过程中，引起电流不稳，热水器被毁。下列选项中正确的是（   ）。

    A. 损失应当由供电公司承担   B. 损失应当由小张自己承担

    C. 损失应当由热水器的生产者承担 D. 损失应当由热水器的销售者承担

4. 甲搬进新居后找到供电公司要求供电，双方签订了合同。由于甲工作繁忙，忘记了交电费，供电公司便对甲家中止供电。下列选项中错误的是（   ）。

    A. 供电公司的行为合法，因为供电公司享有同时履行抗辩权

    B. 供电公司的行为不合法，因为其应先催告

    C. 甲逾期不向供电公司交电费，应赔偿供电公司的损失

    D. 因供电公司中止供电造成的损失，供电公司应予赔偿

5. 老王乔迁新居，与供电公司签订了供用电合同，但合同对于履行地点与履行方式没有明确约定。下列选项中正确的是（   ）。

A. 供电公司应当将电线架设到老王家中
B. 供电公司应当将电线架设到老王家的电线入口处
C. 老王应当直接从供电公司架设电线
D. 供电公司负责安装全部的供电设施，包括将老王家中的电线安装好

二、多项选择题

1. 小王到自来水公司申请供水，双方签订了供用水的合同。根据我国《合同法》的规定，这种合同属于（　　）。
   A. 有偿合同　　　　　　B. 双务合同
   C. 诺成合同　　　　　　D. 要式合同

2. 某工厂设立以后，与天然气公司签订合同，由天然气公司提供天然气。根据《合同法》的规定，下列选项中正确的是（　　）。
   A. 该种合同属于无名合同
   B. 该种合同属于有名合同
   C. 该种合同属于一时性合同
   D. 在法律适用上，该种合同可以参照供用电合同的规定

3. 小王在结婚之后搬进了新房，便找到热力公司，要求冬季供暖。下列选项中正确的是（　　）
   A．热力公司不可拒绝与小王签订供用热力合同
   B. 价格应当执行统一定价
   C. 开始供热与开始供热的时间一般也执行统一标准
   D. 所签订的合同一般是格式合同

4. 九华公司在未接到任何事先通知的情况下突然被断电，遭受重大经济损失。下面哪些情况下供电公司应承担赔偿责任？（　　）
   A. 因供电设施检修中断供电
   B. 为保证居民生活用电而拉闸限电
   C. 因九华公司违法用电而中断供电
   D. 因电线被超高车辆挂断而断电

5. 因夏季用电较多，供电公司电力不足。经过申请，政府决定实施限电，优先保障居民生活用电，供电公司据此开始限制工业用电。下列选项中正确的有（　　）。
   A. 如果供电公司电力充足便不会限电，所以供电公司的行为属于违约行为
   B. 供电公司限制工业用电，必须将供电、停电的时间等通知工业用电用户
   C. 供电公司限制工业用电，用户负有容忍义务
   D. 供电公司限制工业用电，则用户可以行使抗辩权，拒绝支付先前的电费

三、案例分析题

甲与供电公司签订了供用电合同。由于供电公司线路检修而经常出现电压不稳的现象，但供电公司在检修线路前并未通知甲。某日，甲在看电视的时候，电视机突然被电流击损。甲在知道供电公司检修线路导致电压不稳的情况之后，便找到供电公司，要求其赔偿损失，但供电公司并不理会甲的要求。于是，甲便不再交纳电费，供电公司几经催促，

甲书面通知供电公司，称供电公司不赔偿电视机的损失，甲便行使同时履行抗辩权，拒绝交纳电费。之后，供电公司开始给甲家断电。甲从供电公司设在甲楼旁边的供电设备上私接了一条线，给家中通电。

问题：（1）甲的电视机损失是否应当由供电公司赔偿？为什么？

（2）甲是否可以行使同时履行抗辩权？为什么？

（3）供电公司对甲家断电是否合法？为什么？

（4）甲私接电线的行为如何定性？为什么？

第十三章

借款合同

教学目的和要求

1. 了解借款合同的概念、特征;
2. 掌握借款合同的效力;
3. 掌握借款合同的终止;
4. 区别金融机构借款合同与非金融机构借款合同。

主要内容:合同借款合同的概念和特征,借款合同的分类,借款合同的效力、终止。

自学:借款合同的概念和特征、借款合同的分类。

讨论:借款合同的效力。

作业:

1. 简述借款合同的分类;
2. 简述借款合同的效力;
3. 简述借款合同的终止。

案例引导

刘某向某市商业银行借款20万元购买新房,提供了直接的旧房(经评估价值为30万)作为抵押标的物。按照商业银行的格式合同,商业银行要扣除贷款数额的20%,以借款人的名义存入本行,以存款单作为质押。刘某只拿到了16万元。后刘某起诉到法院,要求按照16万元还本付息。

【问题】刘某是否可以要求市商业银行返还本息?

【分析】此案中,商业银行已获得可靠担保,再利用工业企业的优势扣留4万元存入本银行,以存单作为质押是不公平的,一方面,刘某没有获得预期的资金;另一方面,因存款的利率又小于贷款的利率,刘某多支付了利息。对此案的处理,还应当注意以下两点:

(1)根据《消费者权益保护法》第26条规定,经营者在经营活动中使用格式条款的,应当以显著方式提请消费者注意商品或者服务的数量和质量、价款或者费用、履行期限和方式、安全注意事项和风险警示、售后服务、民事责任等与消费者有重大利害关系的内容,并按照消费者的要求予以说明。经营者不得以格式条款、通知、声明、店堂告示等方式，作出排除或者限制消费者权利、减轻或者免除经营者责任、加重消费者责任等对消费者不公平、不合理的规定，不得利用格式条款并借助技术手段强制交易。格式条款、通知、声明、店堂告示等含有前款所列内容的，其内容无效。此案中，商业银行利用优势和格式合同迫使消费者接受不合理、不公平的条件，应当认定该存单质押无效。

（2）《合同法》第200条规定，借款的利息不得预先在本金中扣除，利息预先在本金中扣除的，应当按照实际借款数额返还借款并计算利息。此条本没有对存单质押作出规定，但可以参照适用。即刘某按16万元还本付息，因该存单质押无效，因此刘某也不能以存单为据，向银行收取利息。

第一节 借款合同概述

一、借款合同的概念和特征

借款合同，是指借款人向贷款人借款，到期返还借款并支付利息的合同。其中，向对方借款的一方称为借款人，出借钱款的一方称为贷款人。提供借款的一方，称为借款人，也可以称为出借人。借款合同的标的物仅限于货币，因此借款合同只是借贷合同的一种，是消费借贷。消费借贷合同，是指借贷人将一定数量货币或者事务借给借用人处分，借用人依照约定返还同种货币、实物的合同。

借款合同具有如下法律特征：

（一）借款合同是转移所有权的合同

对于借款合同转移标的物所有权还是处分权，有不同的观点。一种观点认为，借款合同是转移标的物所有权的合同；另一种观点认为不转移所有权，所有权仍属于出借人，借用人返还的只是借贷物的可替代物。实际上，借贷，是一种消费借贷，出借人并不是依据所有权要求返还货币和利息，而是依据债权要求返还货币和利息。借款合同只能是转移所有权的合同。

（二）借款合同是诺成合同

借款合同是诺成合同，在借贷双方意思表示一致时合同成立、生效。由于自然人之间的借款合同经常具有互助性质，多为无息借贷。《合同法》第210条规定，自然人之间的借款合同，自贷款人提供借款时生效。该条是关于自然人之间的借款合同的形式和生效的规定。也就是说，贷款人与借贷人就借贷合同达成合意后合同成立，自提供借款时合同生效。这里的提供借款，不是合同的成立要件，而是合同的生效要件。

（三）借款合同是双务合同

借款合同分为有偿合同（有息）和无息合同（无息）。这一般没有争论。但借款合同是双务合同还是单务合同，在这个问题上，有的学者认为借款合同是单务合同，因此不能使用履行抗辩权的规则。

对于一个有偿的借款合同来说，贷款方要支付交付借款项，转移标的物的所有权，这是义务。借款人除了还款是义务以外，支付利息、转移利息的所有权更是应当毫无疑问的义务，因为支付利息是借款人的对价。双方的义务成对价关系，是典型的双务合同。

（四）借款合同的标的物为金钱

借款合同的标的物为金钱，金钱是可消耗物，即消费物，同时，金钱又是特殊的种类物，不易特定。借款合同的目的在于使借款人获得对该借款的消费，该款在交付于借款人并经消费后，一般都不能原物返还。因此，合同期限届满时，借款人只要以同样数量的金钱偿还即可。

二、借款合同的分类

借款合同按照主体的不同，可以分为以金融机构为贷款人的借款合同和以非金融机构为借款人的借款合同。

（一）金融机构借款合同

金融机构借款合同，是指办理贷款业务的金融机构作为贷款人一方，向借款人提供贷款，借款人到期返还借款并支付利息的合同。金融机构包括商业银行、城市信用合作社、农村信用合同社等。法律、法规对信贷合同要求比较严格。

金融机构借款合同是有偿、诺成合同，并且应当采用书面形式。《合同法》第 197 条规定，借款合同采用书面形式，但自然人之间借款另有约定的除外。借款合同的内容包括借款种类、币种、用途、数额、利率、期限和还款方式等条款。

借款利率不能自己确定。对利率的确定，《合同法》第 204 条规定，办理贷款业务的金融机构贷款的利率，应当按照中国人民银行规定的贷款利率的上下限确定。

（二）非金融企业之间的借款合同

我国目前禁止非金融企业之间的借贷。因这类借款纠纷诉讼至法院的，法院均认定合同无效，判令借款人返还本金，对利息不予保护。

允许非金融企业互相借贷，一些企业就会逐渐抛弃原有业余，向金融企业转化。而金融业务，在我国是要经特许（批准）的业务。我们认为，把企业间的为应付急需而面临时拆借的行为统统确认无效，统统认为是扰乱金融秩序，是过于僵化的做法，也是不公平的做法，同时也不符合我国的实际情况。对此，在立法政策上应当有所调整。

第二节 借款合同的效力

借款合同的效力，是指借款合同当事人的权利和义务。根据我国的社会生活实践和有关法律规定，借款合同主要包括银行借款合同和自然人之间的借款合同。银行借款合同，称为借贷合同，是银行等金融机构作为贷款人，将金钱出借给借款人使用，在合同期间满后借款人返还借款并支付利息的合同。自然人之间的借款合同即合同的主体,尤其是贷款人为自然人的借款合同。我国《合同法》将银行借款合同作为规制的重点。

一、贷款人的义务

(一) 依约提供款项的义务

《合同法》第 200 条规定,借款的利息不得预先在本金中扣除。利息预先在本金中扣除的,应当按照实际借款数额返还借款并计算利息。

《合同法》第 210 条规定,自然人之间的借款合同,自贷款人提供借款时生效。

借款合同生效后,贷款人应当依照约定按时、按量提供借款,如果贷款人违约应当承担违约责任。我国《合同法》201 条规定,贷款人未按照约定的日期、数额提供借款,造成借款人损失的,应当赔偿损失。

(二) 保密义务

贷款人对于基于借款合同所掌握的借款人的各项商业秘密,应尽到保密义务。

我国《合同法》第 202 条规定,贷款人按照约定可以检查、监督借款的使用情况。借款人应当按照约定向贷款人定期提供有关财务会计报表等资料。这种检查、监督也很难回避借款人的商业秘密,贷款人自应保密;否则构成侵权责任,也可构成违约责任。

二、借款人的义务

(一) 借款人按期收取借款的义务

借款人应当按照合同约定的日期、数量收取借款,如果借款人没有按照约定收取借款,仍有义务按照约定的日期和数量支付利息。

(二) 接受贷款人检查、监督的义务

根据合同约定,借款人应当就贷款的使用情况接受贷款人的检查和监督,为了配合贷款人的检查、监督,借款人应当定期向贷款人提供有关财务会计报表等资料(《合同法》第 202 条)。

(三) 借款人按照约定的用途使用借款的义务

(1) 借款人应当按照合同约定的用途使用借款。借款人未按照约定的借款用途使用借款的,借款人可以停止发放借款、提前收回借款或解除合同(《合同法》第 203 条)。

(2) 借款人应当按期返还借款。《合同法》第 206 条规定,借款人应当按照约定的期限返还借款。对借款期限没有约定或者约定不明确的,依照本法第 61 条的规定仍不能确定的,借款人可以随时返还;贷款人可以催告借款人在合理的期限内返还。借款人未按照约定的期限返还借款的,应当按照约定或者国家有关规定支付逾期利息。借款人可以在还款期限满之前向贷款人申请。贷款人同意的,可以延期。借款人不得逾期返还借款,但

是，借款人可以提前返还借款。借款人提前返还借款的，除当事人另有约定外，应当按照实际借款的期间计算利息。

（3）借款人应当按期支付借款利息。《合同法》第205条规定，借款人应当按照约定的期限支付利息。对支付利息的期限没有约定或者约定不明确，依照本法第61条的规定仍然不确定，借款期间不满1年的，应当在返还借款时，一并支付；借款期间1年以上的，应当在每届满1年时支付，剩余期间不满1年的，应当在返还借款时一并支付。关于贷款的利率，《合同法》第204条规定，办理贷款业务的金融机构贷款的利率，应当按照中国人民银行规定的贷款利率的上下限确定。自然人之间的借款合同对支付利息没有约定或约定不明确的，视为不支付利息。自然人之间的借款合同约定支付利息的，借款的利率不得违反国家有关限制借款利率的规定。

第三节 借款合同的终止

借款合同可以因不同的原因而终止，主要有如下几种情况：

（1）借款合同因期限届满时双方履行合同而终止。

借款合同期限届满，双方当事人未约定对合同继续展期的，则合同终止，借款人应依约定将借款及利息返还给贷款人，借款合同因此而消灭。

（2）借款合同因解除而终止。

借款人未按照约定的借款用款的，贷款人可以解除合同。借款合同因贷款人的解除而终止。此外，合同终止的其他原因也适用于借款合同。

练习题
一、单项选择题

1. 甲公司在城市公园旁开发预售期房，乙、丙等近百人一次性支付了购房款，总额近8000万元。但甲公司迟迟未开工，按期交房无望。乙、丙等购房人多次集体去甲公司交涉无果，险些引发群体性事件。面对疯涨房价，乙、丙等购房人为另行购房，无奈与甲公司签订《退款协议书》，承诺放弃数额巨大利息、违约金的支付要求，领回原购房款。经咨询，乙、丙等购房人起诉甲公司。下列哪一说法准确体现了公平正义的有关要求？（   ）

  A.《退款协议书》虽是当事人真实意思表示，但为兼顾情理，法院应当依据购房人的要求变更该协议，由甲公司支付利息和违约金

  B.《退款协议书》是甲公司胁迫乙、丙等人订立的，为确保合法合理，法院应当依据购房人的要求宣告该协议无效，由甲公司支付利息和违约金

  C.《退款协议书》的订立显失公平，为保护购房人的利益，法院应当依据购房人的要求撤销该协议，由甲公司支付利息和违约金

  D.《退款协议书》损害社会公共利益，为确保利益均衡，法院应当依据购房人的要求撤销该协议，由甲公司支付利息和违约金

2. 甲公司对乙公司享有10万元债权，乙公司对丙公司享有20万元债权。甲公司将

其债权转让给丁公司并通知了乙公司，丙公司未经乙公司同意，将其债务转移给戊公司。如丁公司对戊公司提起代位权诉讼，戊公司下列哪一抗辩理由能够成立？（　　）

A. 甲公司转让债权未获乙公司同意
B. 丙公司转移债务未经乙公司同意
C. 乙公司已经要求戊公司偿还债务
D. 乙公司、丙公司之间的债务纠纷有仲裁条款约束

3. 甲、乙因合伙经商向丙借款3万元，甲于约定时间携带3万元现金前往丙家还款，丙因忘却此事而外出，甲还款未果。甲返回途中，将装有现金的布袋夹放在自行车后座，路经闹市时被人抢夺，不知所踪。下列哪一选项是正确的？（　　）

A. 丙仍有权请求甲、乙偿还3万元借款
B. 丙丧失请求甲、乙偿还3万元借款的权利
C. 丙无权请求乙偿还3万元借款
D. 甲、乙有权要求丙承担此款被抢夺的损失

4. 甲和乙之间有借贷关系，后二人结婚。此时，甲、乙之间的债权债务可以因下列哪一情形消灭？（　　）

A. 因混同而消灭
B. 因混合而消灭
C. 因结婚而消灭
D. 因免除而消灭

5. 甲公司向乙银行借款500万元，以其闲置的一处办公用房作担保。乙银行正好缺乏办公场所，于是与甲公司商定，由甲公司以此办公用房为乙银行设立担保物权。随后，甲公司向乙银行交付了办公用房。借款到期后，甲公司未能偿还，乙银行主张对办公用房行使优先受偿的权利。下列哪一选项是正确的？（　　）

A. 乙银行有权这样做，因其对标的物享有抵押权
B. 乙银行有权这样做，因其对标的物享有质权
C. 乙银行有权这样做，因其对标的物享有同时履行抗辩权
D. 乙银行无权这样做，因其与甲公司之间的约定不能设定担保物权

二、不定项选择题

1. 公民甲与乙书面约定甲向乙借款5万元，未约定利息，也未约定还款期限。下列说法哪些是正确的？（　　）

A. 借款合同自乙向甲提供借款时生效
B. 乙有权随时要求甲返还借款
C. 乙可以要求甲按银行同期同类贷款利率支付利息
D. 经乙催告，甲仍不还款，乙有权主张逾期利息

2. 2007年10月25日，甲向乙借款10万元，并用自己的一辆汽车抵押，但没有办理抵押登记。2007年11月3日、5日，甲分别向丙、丁借款10万元，同样以该汽车抵押，并分别于11月7日、8日办理了抵押登记。2007年11月15日，甲向戊借款10万元，也用该汽车抵押，但没有办理登记。戊要求甲再提供其他担保，甲的好友己交给戊一份文

书，表明自己愿意为甲和戊的借款合同作保证人。2007年12月1日，甲的各项借款均已到期，但甲均未偿还，乙、丙、丁、戊均对该汽车主张抵押权。另查明，甲在2007年10月29日已经将该车租给了庚，租期2年，每月租金15000元。2008年4月，在各债权人申请强制执行后，经过法院拍卖，该汽车由辛拍得。根据上述事实，请回答（1）~（3）题。

（1）关于甲的汽车上各抵押权的先后顺序，下列选项正确的是：（　　）。
　　A. ①乙、②丙、③丁、④戊
　　B. ①丙、②丁、③戊、④乙
　　C. ①丁、②戊、③丙、④乙
　　D. ①丙、②丁、③乙和戊

（2）关于辛、庚的法律地位，下列选项正确的是：（　　）。
　　A. 辛买得该车后，可以立即请求庚返还该车
　　B. 辛买得该车后，只能在2009年10月29日后才有权请求庚返还该车
　　C. 抵押权人有权请求庚支付到期租金，优先清偿自己的债权
　　D. 抵押权人无权请求庚支付到期租金，优先清偿自己的债权

（3）假设戊感到抵押权诉讼过程繁琐并且费用过高，因此在诉讼过程撤诉，并且对甲表示放弃抵押权，下列选项正确的是：（　　）。
　　A. 由于戊收到己的文书后没有做任何表示，因此保证合同不成立
　　B. 由于戊放弃了抵押权，已在其放弃的抵押权可能受偿的范围内，免除担保责任
　　C. 由于戊放弃了抵押权，也就无权请求己承担保证责任
　　D. 戊放弃抵押权，对己的保证责任不产生任何影响

三、案例分析题

甲公司与龙某签订一投资合同，约定：双方各出资200万元，设立乙有限责任公司；甲公司以其土地使用权出资，龙某以现金和专利技术出资（双方出资物已经验资）；龙某任董事长兼总经理；公司亏损按出资比例分担。双方拟定的公司章程未对如何承担公司亏损作出规定，其他内容与投资合同内容一致。乙公司经工商登记后，在甲公司用以出资的土地上生产经营，但甲公司未将土地使用权过户到乙公司。

2000年3月，乙公司向丙银行借款200万元，甲公司以自己名义用上述土地使用权作抵押担保。同年4月，甲公司提出退出乙公司，龙某书面表示同意。2003年8月，法院判决乙公司偿还丙银行上述贷款本息共240万元，并判决甲公司承担连带清偿责任。此时，乙公司已资不抵债，净亏损180万元。另查明，龙某在公司成立后将120万元注册资金转出，替朋友偿还债务。

基于上述情况，丙银行在执行过程中要求甲公司和龙某对乙公司债务承担责任。甲公司认为，自己为担保行为时，土地属乙公司所有，故其抵押行为应无效，且甲公司已于贷款后1个月退出了乙公司，因此，其对240万元贷款本息不应承担责任；另外，乙公司注册资金中的120万元被龙某占用，龙某应退出120万元的一半给甲公司。龙某则认为，乙公司成立时甲公司投资不到位，故乙公司成立无效，乙公司的亏损应由甲公司按投资合同

约定承担一半。

问题：

(1) 甲公司的抵押行为是否有效？为什么？

(2) 乙公司的成立是否有效？为什么？

(3) 甲公司认为其已退出乙公司的主张能否成立？为什么？

(4) 甲公司可否要求龙某退还其占用的120万元中的60万元？为什么？

(5) 甲公司应否承担乙公司亏损的一半？为什么？

(6) 乙公司、甲公司和龙某对丙银行的债务各应如何承担责任？

第十四章

赠 与 合 同

教学目的和要求
1. 了解赠与合同的概念、特征；
2. 掌握赠与合同的效力；
3. 掌握赠与合同的终止；
4. 区别赠与合同的任意撤销、赠与合同的法定撤销、赠与合同的法定解除。

主要内容：赠与合同的效力，赠与合同的终止。

自学：赠与合同的概念、特征，赠与合同的效力。

讨论：赠与合同的任意撤销、赠与合同的法定撤销、赠与合同的法定解除。

作业：
1. 简述赠与合同的特征；
2. 简述赠与合同的效力；
3. 简述赠与合同的任意撤销；
4. 简述赠与合同的法定撤销；
5. 简述赠与合同的法定解除；
6. 简述赠与合同的终止。

案例引导

甲企业与某省团委所设希望工程办公室签订了向希望工程赠与4000万元人民币的合同。双方约定：每年交付1000万元。希望工程办公室应将甲企业捐赠的事迹在媒体上宣传10次以上。甲企业交付2000万元后，以市场萎缩、大量人员下岗、企业发不出工资为由，要求停止剩余2000万元捐款的支付。希望工程办公室表示反对，认为自己已经履行了宣传义务，双方因此产生了争议。

【问题】希望工程办公室是否有权要求甲企业继续履行合同？

【分析】双方签订的是附义务的赠与合同，甲企业符合提前终止合同的条件，应允许其不再履行剩下了2000万元的义务。甲企业在订立合同时没有骗取宣传的故意，因此，希望工程办公室的宣传行为不能影响合同的提前终止。

第十四章 赠与合同

第一节 赠与合同概述

一、赠与合同的概念

赠与合同，是指赠与人将自己的财产无偿给予受赠人，受赠人表示接受该赠与的合同。其中，转让财产的一方为赠与人，接受财产的一方为受赠人。将直接的财产无偿给予受赠人的一方，称为赠与人；受领财产的一方，称为受赠人。赠与合同与其他合同一样，是双方法律行为，只有赠与的意思表示，没有受领的意思表示，不能成立赠与合同。赠与合同使赠与人负无偿给付相对人财产的债务，故赠与合同为债权合同。

（1）赠与人是将自己的财产无偿给予受赠人，监护人不能将被监护人的财产赠送给他人，如父亲不能将未成年人子女的财产赠送给他人。赠与人是无偿付出的一方，因此要求具备相应的意思能力。

（2）赠与人一般是完全行为能力人，限制行为能力人对赠与后果有明确认识的，也可以成为赠与人。限制行为能力人为赠与行为，一般是赠与小额财产。

（3）受赠人因为是纯获利益的一方，因此其意思能力无关紧要，受赠人可以是无行为能力人和限制行为能力人。一般情况下，受赠人就是受益人，对于公益事业的赠与，受赠人与受益人可以是分离的。

（4）一般认为，赠与合同是转移财产所有权的合同，但从《合同法》的规定来看，除了转移财产所有权以外，其他财产权利也可以作为赠与的标的，不一定是财产所有权。如技术秘密（因不具有独占性，不称为所有权）可以赠与，债权人可以将债权作为赠与合同的标的。

（5）我国《合同法》第187条，赠与的财产依法需要办理登记等手续的，应当办理有关手续。房屋、汽车等财产的赠与，需要办理过户登记手续。一些无形财产的赠与，也要办理相关的手续，比如赠与专利权，当时人应当订立书面合同，并向国务院专利行政部门登记，由国务院专利行政部门予以公告。

二、赠与合同的法律特征

（一）赠与合同为诺成合同

在我国《合同法》上，只要双方当事人意思表示一致，赠与合同即成立。依法成立的赠与合同，自成立时起生效，不以赠与人赠与物的交付作为合同的生效要件。这一点，与有些国家把赠与合同规定为实践合同有所不同。根据我国《合同法》第186条规定，赠与人在赠与财产的权利转移之前可以撤销赠与。具有救灾、扶贫等社会公益、道德义务性质的赠与合同或者经过公证的赠与合同，不适用前款规定。

赠与的意思表示被相对人接受后，赠与合同就有效成立了。对赠与意思表示的撤销，就等于对赠与合同的撤销，而只有对诺成合同，撤销才有意义。因为，实践合同是以合同是以交付标的物为合同生效要件的。如赠与合同是实践合同，赠与人无需为撤销的意思表示，只要不交付标的物就可以，法律设置撤销制度就毫无意义。

（二）赠与合同为单务合同

赠与合同是转移财产权利的合同，且是一种单向转移。赠与人无偿给付财产，受赠人不负担相对应对价，赠与为单务、无偿合同的典型。在赠与合同中，受赠人并无对待给付义务，仅赠与人负有给付赠与财产的义务，故赠与合同为单务合同。赠与合同中，赠与人不享有双务合同当事人可享有的合同履行抗辩权，也不要求受赠人有民事行为能力，无民事行为能力人同样可以成为赠与合同的受赠人，赠与人不能以受赠人无民事行为能力为由而主张赠与合同无效。

第二节　赠与合同的效力

一、赠与合同的当事人

赠与合同中，受赠人是无偿地接受财产之馈赠，因此无须具备完全行为能力，但对于附义务的赠与合同来说，由于受赠方也要相应地承担一定的义务，故需要受赠人具有一定行为能力。对于赠与人一方来说，赠与他人财产属较为重要的法律行为，一般要求赠与人应具备完全行为能力。无行为能力人或限制行为能力人在其监护人同意下也可以为赠与。赠与人不仅限于本国人。

二、赠与合同的效力

赠与合同为单务合同，仅赠与人一方负担合同义务。赠与合同的效力，主要是指赠与合同对赠与人的效力。赠与人的义务主要有如下几项：

（一）移转赠与标的物的义务

赠与合同以使赠与财产的权利归于受赠人为直接目的，赠与人的主要义务是依照合同约定的期限、地点、方式、标准将标的物转移给受赠人。赠与的财产依法需要办理登记等手续的，应当办理有关手续。

赠与合同是无偿合同，因此，赠与人只在因故意和重大过失致使赠与的财产毁损、灭失的，赠与人才承担损害赔偿责任。

（二）瑕疵担保义务

赠与合同中，一般不要求赠与人承担瑕疵担保义务。但有如下两种例外：

（1）在附义务赠与中，赠与的财产有瑕疵的，赠与人在附义务的限度内承担与出卖人相同的违约责任。

（2）赠与人故意不告知瑕疵或保证无瑕疵，造成受赠人损失的，应当承担损害赔偿责任。

第三节 赠与合同的终止

赠与合同为单务合同，原则上仅赠与人一方负有合同义务，故而该类合同的消灭主要指赠与人义务的消灭。

一、赠与合同的任意撤销

赠与合同的任意撤销，是指在赠与财产的权利转移之前，得由赠与人依其意思任意撤销赠与合同。但在具有救灾、扶贫等社会公益、道德义务性质的赠与合同和经过公证的赠与合同中，赠与人不得任意撤销赠与合同。我国《合同法》第186条规定，赠与人在赠与财产的权利转移之前可以撤销赠与。

因此，在受赠人向法院提起诉讼，要求赠与人履行转移赠与财产权利的情况下，赠与人仍得行使任意撤销权。但在下列情况下，赠与人不得任意撤销赠与：（1）标的物已经交付或已经办理登记等手续。但对于部分交付、部分未交付的，对未交付部分，可以撤销。（2）具有救灾、扶贫等社会公益、道德义务性质的赠与合同或者经过公证的赠与合同。

二、赠与合同的法定撤销

法定撤销，是指具备法定条件时，允许赠与人或其继承人、法定代理人行使撤销权，撤销赠与合同。赠与合同中赠与人是无偿转让财产，如出现有别于其赠与初衷的情况，则应当允许其在符合特定条件的情况下撤销赠与合同。因此，各国立法都规定有法定撤销。它与任意撤销的区别在于，它需要具备法定的事由。依赠与撤销权人的不同，法定撤销可以分为赠与人的撤销和赠与人的继承人或法定代理人的撤销两种。

根据《合同法》192条第1款规定，赠与人可以行使撤销权的情形主要有三种：（1）受赠人严重侵害赠与人或者赠与人的近亲属的。（2）受赠人对赠与人有扶养义务而不履行的。（3）受赠人不履行赠与合同约定的义务的。

赠与人的撤销权，自知道或者应当知道撤销原因之日起1年内行使。超过这一期间，赠与人丧失撤销权。该期间为除斥期间。因受赠人的违法行为致使赠与人死亡或者丧失民事行为能力的，其继承人或其法定代理人可以撤销赠与。赠与人的继承人或者法定代理人的撤销权，自知道或者应当知道撤销原因之日起6个月内行使。这一期间同样也是除斥期间。撤销权人撤销赠与的，可以向受赠人要求返还赠与的财产。

三、赠与合同的法定解除

赠与人的经济状况显著恶化，严重影响其生产经营或者家庭生活的，可以解除赠与合同，不再履行赠与义务。该合同解除不发生溯及既往的效力，赠与人就原已履行的赠与，无权要求受赠人返还。赠与合同的法定解除和赠与合同的法定撤销有所不同，区别在于：

（1）赠与合同的法定撤销有溯及效力，即使赠与人已移转赠与标的物的权利，也可请求受赠人返还；赠与合同的法定解除则不具有溯及效力。

（2）赠与合同的法定撤销，目的主要是对受赠人的忘恩行为或不履行义务行为的一种惩罚；而赠与合同的法定解除，目的在于照顾确实已处于困窘中的赠与人，平衡双方利益。

练习题

一、单项选择题

1. 甲将300册藏书送给乙，并约定乙不得转让给第三人，否则甲有权收回藏书。其后甲向乙交付了300册藏书。下列哪一说法是正确的？（　　）

    A. 甲与乙的赠与合同无效，乙不能取得藏书的所有权

    B. 甲与乙的赠与合同无效，乙取得了藏书的所有权

    C. 甲与乙的赠与合同为附条件的合同，乙不能取得藏书的所有权

    D. 甲与乙的赠与合同有效，乙取得了藏书的所有权

2. 神牛公司在H省电视台主办的赈灾义演募捐现场举牌表示向S省红十字会捐款100万元，并指明此款专用于S省B中学的校舍重建。事后，神牛公司仅支付50万元。对此，下列哪一选项是正确的？（　　）

    A. H省电视台、S省红十字会、B中学均无权请求神牛公司支付其余50万元

    B. S省红十字会、B中学均有权请求神牛公司支付其余50万元

    C. S省红十字会有权请求神牛公司支付其余50万元

    D. B中学有权请求神牛公司支付其余50万元

3. 甲将其父去世时留下的毕业纪念册赠与其父之母校，赠与合同中约定该纪念册只能用于收藏和陈列，不得转让。但该大学在接受乙的捐款时，将该纪念册馈赠给乙。下列哪一选项是正确的？（　　）

    A. 该大学对乙的赠与无效，乙不能取得纪念册的所有权

    B. 该大学对乙的赠与无效，但乙已取得纪念册的所有权

    C. 只有经甲同意后，乙才能取得纪念册的所有权

    D. 该大学对乙的赠与有效，乙已取得纪念册的所有权

4. 小王将一台录音机赠给了小刘，小刘拿走之后，发现录音机在播放录音带时经常出现卡带的现象。小刘便要求小王更换一台录音机。下列哪一选项是正确的？（　　）

    A. 小王应当更换，因为录音机存在瑕疵

    B. 小王不应当更换，即便录音机存在瑕疵

    C. 小王应当负责修理录音机

    D. 小王可以要求小刘归还录音机

5. 赵某将一匹易受惊吓的马赠给李某，但未告知此马的习性。李某在用该马拉货的过程中，雷雨大作，马受惊狂奔，将行人王某撞伤。下列哪一选项是正确的？（　　）

    A. 应当由赵某承担全部责任

    B. 应由李某承担责任

    C. 应由赵某与李某承担连带责任

    D. 应由李某承担主要责任，赵某也应承担一定的责任

二、多项选择题

1. 甲欠乙20万元到期无力偿还，其父病故后遗有价值15万元的住房1套，甲为唯一继承人。乙得知后与甲联系，希望以房抵债。甲便对好友丙说："反正这房子我继承了也要拿去抵债，不如送给你算了。"二人遂订立赠与协议。下列哪些说法是错误的？（　　）
    A. 乙对甲的行为可行使债权人撤销权
    B. 乙可主张赠与协议无效
    C. 乙可代位行使甲的继承权
    D. 丙无权对因受赠房屋瑕疵造成的损失请求甲赔偿

2. 下列关于赠与合同的表述哪些是正确的？（　　）
    A. 赠与合同是有名合同
    B. 赠与合同是单务合同
    C. 赠与合同是诺成合同
    D. 赠与合同是不要式合同

3. 甲曾表示将赠与乙5000元，且已实际交付乙2000元，后乙在与甲之子丙的一次纠纷中，将丙殴成重伤。下列说法哪些是正确的？（　　）
    A. 甲可以撤销对乙的赠与
    B. 丙可以要求撤销其父对乙的赠与
    C. 丙应在被殴伤6个月内行使撤销权
    D. 甲有权要求乙返还已赠与的2000元

4. 甲有一个侄子乙，甲表示将其一处房产赠与乙，乙表示愿意接受。后来乙发现甲曾欺骗过乙父母，一日便借酒壮胆，以刀刺甲。甲虽经抢救，但仍成为了植物人，毫无意识。下列选项中正确的有（　　）。
    A. 甲可以撤销对乙的赠与
    B. 甲的继承人可以撤销赠与
    C. 甲的法定代理人可以撤销赠与
    D. 即便房产已经办理了过户登记手续，乙也需要返还

5. 甲公司与某希望小学乙签订赠与合同，决定捐赠给该小学价值2万元的钢琴两台，后甲公司的法定代表人更换，不愿履行赠与合同。下列哪些说法是错误的？（　　）
    A. 赠与合同属于单务法律行为，故甲公司可以反悔，且不承担违约责任
    B. 甲公司尚未交付设备，故可撤销赠与
    C. 乙小学有权要求甲交付钢琴
    D. 若甲公司以书面形式通知乙小学不予赠与，则甲公司不再承担责任

三、案例分析题

崔某为个体户，长期在外经商。2000年5月初，崔某返回家乡时发现街道幼儿园的房屋年久失修，且拥挤不堪，便主动提出捐款100万元为街道幼儿园盖一栋小楼，但街道幼儿园同时也必须为此投入一笔配套资金。街道幼儿园当即表示同意。同时5月25日，崔某又与街道幼儿园协商确定资金到位时间与开工时间，崔某提出其捐款将在9月底到位，在此之前，请街道幼儿园做好开工准备，包括准备必要的配套资金。同年7月初，街

道幼儿园开始将其原有5间平房拆除，并于7月底找到一家信用社贷款50万元，期限为1年。同年9月初，街道幼儿园找到崔某催要捐款，崔某提出因为其生意亏本暂时无力捐款，街道幼儿园提出可以减少捐款，但崔某表示仅能捐出数万元。双方不能达成协议，街道幼儿园遂向法院提出起诉，要求崔某履行义务。崔某辩称双方并没有签订书面合同，他没有义务捐款。

问题：

（1）崔某与街道幼儿园之间的合同属于何类型的合同？为什么？

（2）崔某称双方没有签订书面合同，其没有义务捐款，是否合法？为什么？

（3）崔某是否可以不履行给付100万元的义务？为什么？

第十五章

承揽合同

📗 教学目的和要求

1. 理解承揽合同的基本法律规范；
2. 掌握所学知识，能较好地运用于经济生活和司法实践。

主要内容：承揽合同的概念和特点，承揽合同的效力，承揽合同的风险负担。

自学：承揽合同的风险负担。

讨论：定作加工与加工合同的区别。

作业：

1. 试述承揽合同的概念和特点；
2. 试述承揽合同与买卖合同的区别；
3. 试述承揽合同的效力；
4. 试述承揽合同的风险负担。

📗 案例引导

甲公司经营空调买卖业务，并负责售后免费为客户安装。乙为专门从事空调安装服务的个体户。甲公司因安装人员不足，临时叫乙自备工具为其客户丙安装空调，并约定了报酬。乙在安装中因操作不慎坠楼致使腿部摔伤。

【问题】承揽人受伤是否算是工伤可获得赔偿？

【分析】根据《合同法》规定，承揽中风险负担，主要指承揽人应独自承担的意外风险责任：

（1）因意外事故使工作失败，无权收取酬金的风险责任；

（2）因意外事故或自身过错，造成人身伤亡时独自承担责任；

（3）因意外事故使自己提供的原材料、半成品毁损灭失的，为定作人提供的原材料毁损灭失的，未交付前已完成的工作成果毁损灭失的，承揽人独自承担损失。

所以乙不能要求赔偿，要自己承担风险责任。

第一节　承揽合同概述

一、承揽合同的概念和特征

根据《合同法》第251条的规定，承揽合同是承揽人按照定作人的要求完成工作，交付工作成果，定作人给付报酬的合同。其中，完成工作并交付工作成果的一方当事人为承揽人；接收工作成果并给付报酬的一方当事人为定作人。承揽属于以特定的工具和技能完成一定工作任务的典型交易形式，因此，《合同法》对于承揽合同所设置的法律规则，对于建设工程合同具有直接适用的效力，对于运输合同具有参照适用的效力。承揽合同的内容主要包括承揽的标的、数量、质量、报酬、承揽方式、材料的提供、履行期限、验收标准和方法等。

承揽合同具有以下特征：

（一）承揽合同以完成一定工作为目的

在承揽合同中，承揽人应当按照与定作人约定的标准和要求完成工作，定作人主要目的是取得承揽人完成的工作成果。承揽合同的这一特点决定了其标的只能是作为义务，否则定作人将无法实现其合同目的。

（二）承揽人完成工作的独立性

定作人与承揽人之间订立承揽合同，一般是建立在对承揽人的能力、条件等信任的基础上。只有承揽人自己完成工作，才符合定作人的要求。承揽人如将其主要义务交给其他人来完成，则属于债务不履行，应负违约责任。

（三）定作物的特定性

承揽合同多属个别商定的合同，定作物往往具有一定的特定性。无论定作物的最终成果以何种形式体现，它都必须符合定作人提出的特别要求，否则交付的工作成果就不合格。

（四）承揽合同为诺成、有偿合同

双方当事人意思表示一致，承揽合同即可成立，因此承揽合同为诺成合同。定作人取得承揽人完成的工作成果，要向承揽人支付约定的报酬。因此，承揽合同为有偿合同。

二、承揽合同的种类

依承揽具体内容的不同，承揽合同可以分为如下一些具体合同种类：

（一）加工合同

加工合同，是承揽合同中很常见的一种，是指定作人向承揽人提供原材料，承揽人以自己的技能、设备和工作，为定作人进行加工，将其加工成符合定作人要求的成品并交付给定作人，定作人接受该成品并向承揽人支付报酬的合同。加工合同中原材料必须由定作人提供，而不能由承揽人自备。

（二）定作合同

定作合同，是指依合同约定，由承揽人自己准备原料，并以自己的技术、设备和工作对该原料进行加工，按定作人的要求制成特定产品，将该产品交付给定作人，定作人接受该产品并向承揽人支付报酬的合同。定作合同和加工合同的区别在于，原材料提供人不同。

（三）修理合同

修理合同，是指定作人将损坏的物品交给承揽人，由承揽人负责将损坏的物品以自己的技术、工作修理好后归还给定作人，定作人接受该工作成果并向承揽人支付报酬的合同。

（四）复制合同

复制合同，是指承揽人依定作人的要求，将定作人提供的样品重新依样制作成若干份，定作人接受该复制品并向承揽人支付报酬的合同。承揽人依照定作人的不同要求可以采取不同的方法进行复制，如对文稿的复印、对画稿的临摹、对雕像的模仿塑造等。

（五）测试合同

测试合同，是指承揽人以定作人的要求，以自己的技术、仪器设备以及自己的工作，对定作人制定的项目进行测试，并将测试结果交付给定作人，定作人接受其成果并向承揽人支付报酬的合同。

（六）检验合同

检验合同，是指承揽人按照定作人的要求，对定作人提出的需要检验的内容，以自己的设备、仪器、技术等进行检验，并向定作人提出该检验内容相关问题的结论，定作人接受这一结论并向承揽人支付报酬的合同。

三、承揽合同与类似合同的比较

（一）承揽合同与买卖合同

买卖合同属于移转财产所有权的合同，而承揽合同也往往涉及财产所有权的转移，因此，这两种类型的合同具有一定的联系，但二者的区别是主要的，体现在：

（1）承揽合同属于以特定的工具和技能完成一定工作任务的合同，移转标的物的所有权一般并不是承揽人的主要合同义务；而买卖合同则是属于移转财产所有权的合同，移转标的物的所有权于买受人是出卖人的主要合同义务。

(2) 承揽合同中的标的物只能是承揽人严格按照定作人的要求所完成的工作成果，具有特定性，若其为物，则只能是特定物；而买卖合同的标的物是当事人约定出卖人应当交付的物，可以是特定物，也可以是种类物。因此，在承揽合同中，双方注重的是工作成果完成的条件，是承揽人的"创作"；而在买卖合同中，双方并不注重标的物的制作条件，出卖人应交付的标的物由谁制作，如何制作，并不具有直接的法律意义。与此相关，承揽合同中的定作人有权在不影响承揽人工作的情况下对承揽人的工作进行检查和监督；而买卖合同中的买受人则没有此项权利。①

需要指出的是，在传统民法上有承揽出卖合同，也称承揽供给合同或作成物供给合同，是指当事人一方将全部或主要以自己的材料做成的物，供给他方，他方根据约定支付报酬的合同。例如，甲向乙订购生日蛋糕或者甲公司向乙公司订购特种型号的生产设备等，都属于这类合同。这种类型的合同属于买卖合同还是承揽合同，直接影响到对此类合同的法律适用。在其他国家和地区的立法上，对于此类合同的定位，大致有以下几种立法例：

（1）以材料由谁提供作为依据进行判断。材料主要是由定作人提供，为承揽合同；材料主要是由承揽人提供，则为买卖合同，因此，承揽出卖合同为买卖合同。罗马法及德国普通法采用这种做法。

（2）以当事人的意思作为依据进行判断。当事人以工作的完成作为合同的主要目的，为承揽合同；当事人以标的物所有权的移转作为合同的主要目的，为买卖合同。《奥地利民法典》第1158条采此做法。

（3）以材料由谁提供及标的物是特定物还是种类物作为依据，综合进行判断。在材料主要是由承揽人提供的前提下，工作成果属于特定物的，为承揽合同；工作成果属于种类物的，为包含买卖合同，即承揽合同因素的混合合同。《德国民法典》第651条采此做法。

（4）以当事人的意思为主，以材料由谁提供为辅，综合进行判断。首先根据当事人的意思进行判断，在当事人的意思不明确时，根据材料主要由谁提供进行判断。意大利民法采此做法。

在我国《合同法》上，就承揽出卖合同所对应的交易形式，在工作成果属于特定物时，称其为定作合同，属于承揽合同的一种。在工作成果属于种类物时，则未做出明文规定。为保持法律体系的和谐，平衡各方当事人的利益，理应依据以下标准进行判断：当事人在合同中有明确的意思表示，表示交易的意图，就依据当事人的意思表示进行判断；当事人未在合同中作出明确的意思表示，表明交易的意图，工作成果是种类物的，为买卖合同。

（二）承揽合同与劳动合同

承揽合同以完成工作为中心，完成工作就需要当事人提供劳务，因此承揽合同属于提供劳务的合同的一种。在这一点上，承揽合同与劳动合同有一定的联系，但两种合同的区

---

① 郭明瑞、王轶：《合同法新论·分则》，法律出版社2002年版，第217页。

别是主要的,表现在:

(1) 承揽合同是较为纯粹的私法上的合同,适用合同自由原则,一般采用意思主义的法律调控方式;而劳动合同的法律调整则具有较为明显的公法因素,大多采用法定主义的法律调控方式,因此在现代,劳动合同常通过单行法加以调整,被认可为一种特殊的合同类型。

(2) 承揽合同强调工作的完成以及工作成果的交付;劳动合同则强调劳务本身,并不重视劳务的结果。

(3) 尽管各个国家和地区的立法均赋予定作人对承揽人工作一定程度的检查监督权,而承揽人并不因此而丧失工作的独立性和自主性;而劳动合同中的劳动者则有服从指挥、听从安排的义务,其提供劳务的方式、时间等往往不能由自己决定,独立性较弱。因此,在劳动合同履行的过程中。劳动者给他人造成的损害,雇主常要承担责任;而在承揽合同中,定作人无需对承揽人给他人造成的损害承担责任。[①]

(三) 承揽合同与委托合同

承揽合同中的承揽人按照定作人的要求完成一定工作,这与委托合同中的受托人按照委托人的要求处理一定事务相似。但这两种类型的合同也有着显著的区别:

(1) 承揽合同的承揽人是以自己的名义和费用按照定作人的要求完成一定工作的,而委托合同中的受托人一般是以委托人的名义和费用完成一定的工作。

(2) 承揽合同中的承揽人在完成工作任务的过程中,一般不与第三人发生法律关系;而委托合同中的受托人在完成事务处理的过程中,常会与第三人发生法律关系。

(3) 在我国《合同法》上,承揽合同是有偿合同;而委托合同则一般是无偿合同。

第二节 承揽合同的效力

一、承揽人的义务

根据我国《合同法》的规定,承揽人负有如下主要义务:

(一) 完成承揽工作的义务

承揽人的主要义务是按照合同的约定,以自己的技术、设备完成所承揽的工作。这一义务包括以下两个方面:

1. 承揽人须在约定的期限内完成工作

承揽合同成立后,承揽人一般即应开始着手工作,不得拖延。合同对于开始期限另有约定的,可以从约定时间开始着手工作。在承揽合同中,承揽人要首先履行工作义务,以自己的工作取得工作成果并交付给定作人之后,才能向定作人请求报酬。因此,承揽人不得以定作人未支付报酬为由而主张同时履行抗辩。如果当事人约定由定作人先预付一部分

[①] 谢鸿飞:《承揽合同》,法律出版社 1999 年版,第 19 页。

报酬或约定有合同定金的,则承揽人可以该项付款及定金未交付为由主张同时履行抗辩。而且,如果合同约定由定作人首先提供材料而定作人并未按时提供,以致承揽人不能按时着手工作的,不能认为承揽人违约。在承揽人着手工作前,发现定作人提供的图纸或技术要求不合理并通知定作人修改的,为此所造成承揽人延期着手工作的,也同样不应作为承揽人违约处理。承揽人未按时着手开始工作的,定作人可以请求其立即着手开始工作。

2. 承揽人应以自己的工作依定作人要求完成主要工作

承揽合同的订立是建立在定作人对承揽人完成工作的条件和能力信任的基础之上,因此,我国《合同法》第253条第1款规定,承揽人应当以自己的设备、技术和劳力,完成主要工作。但当事人另有约定的除外。所谓主要工作,首先是指对工作成果的质量起决定性作用的部分。如果其质量在承揽工作中不起决定性作用,工作成果属于一般人均可完成的工作,主要工作即指数量上的大部分。在传统民法上,一般对于承揽人应否以自己的工作依定作人要求完成工作,并不作明确要求,由当事人自己决定或依据工作的性质决定。例如,在罗马法上,尽管最初要求承揽人亲自制作,但随着经济的发展,法律转而规定承揽人不必亲自完成工作,只要负责完成即可。仅在合同以劳务成果供给人的个人技能为条件时,供给人才需要亲自提供劳务。① 《法国民法典》沿袭了罗马法的做法,不要求承揽人亲自完成工作。《德国民法典》、《日本民法典》以及我国台湾地区的"民法典"也是如此。只有《意大利民法典》是一个例外,该法典第1656条规定,如果没有定作人的许可,承揽人不得将成果的完成或者服务的提供进行转承揽。依该条规定,并不区分主要工作和辅助工作。我国《合同法》第253条第1款的规定,可谓是对前述两种做法的折中。

根据我国《合同法》第253条第2款以及第254条的规定,在经过定作人许可的情况下,承揽人可以将其承揽的主要工作交由第三人完成,在未经定作人许可的情况下,也可以将辅助工作交由第三人完成,此时,发生次承揽法律关系。次承揽也称再承揽,是承揽人"使他人承担其工作的全部或一部之谓"。② 在次承揽合同中,原承揽合同的承揽人为定作人,第三人为承揽人。根据合同的相对性原则,承揽合同的承揽人,应就次承揽人的工作向定作人负责。对此,我国《合同法》第253条第2款规定,承揽人将其承揽的主要工作交由第三人完成的,应当就该第三人完成的工作成果向定作人负责。第254条规定,承揽人将其承揽的辅助工作交由第三人完成的,应当就该第三人完成的工作成果向定作人负责。

我国《合同法》第253条第2款规定,承揽人未经定作人同意,将其承揽的主要工作交由第三人完成的,定作人有权解除其与承揽人之间的合同。

(二)接受定作人提供的材料或依约提供材料的义务

在承揽合同中,依当事人双方的约定,可以由定作人提供材料(如加工合同),也可以由承揽人自己准备材料(如定作合同),并由承揽人对此材料加工,以完成合同约定

---

① 周枏:《罗马法原论》(下),商务印书馆1994年版,第725页。
② 郑玉波:《民法债编各论》(上),台北三民书局1981年版,第349页。

工作。

定作人提供材料的，承揽人应当及时接受定作人交付的材料。为保证定作人提供的材料符合合同约定，承揽人在定作人交付材料后，要及时对材料进行验收，如发现定作人提供的材料不符合约定的，应及时通知定作人更换或补齐，否则造成合同履行延迟的，承揽人要承担责任。在检验定作人提供的材料后，未发现不符合合同约定情况的，承揽人应接受并着手工作。我国《合同法》第265条规定，承揽人对定作人提供的材料，负有妥善保管的义务，因保管不善造成毁损、灭失的，应当承担损害赔偿责任，承揽人不得擅自更换定作人提供的材料，不得更换不需要修理的零部件。承揽人对定作人提供的材料必须合理使用。因承揽人的行为，导致定作人提供的材料浪费的，承揽人也要负赔偿责任。

承揽人自己提供材料的，材料要符合合同约定的质量标准。合同中没有约定材料的质量标准的，可以按照《合同法》第61条以及第62条第1款的规定补充确定。定作人有权检验承揽人提供的材料是否符合合同约定的要求。承揽人对自己提供的材料应负担与买卖合同中的出卖人相同的瑕疵担保义务。如果依定作物的性质应当由定作人对材料进行检验，而定作人未在合理时期内对承揽人提供的材料进行检验的，则视为定作人不对材料的质量提出异议。

（三）交付工作成果的义务

承揽人不仅应按照合同约定完成工作，还要将完成的工作成果交付给定作人，经定作人验收合格，才算完成合同的主要义务。承揽人交付工作成果应当按照合同中约定的方式和地点为之。交付可以采取承揽人送交、定作人自提以及运输部门或邮政部门代交等各种方式。工作成果的交付地点可以参照适用《合同法》第141条关于买卖合同的相关规定。但按照合同约定的承揽工作的性质不需要特别交付的，如维修房屋、粉刷墙壁等，则承揽人完成工作之日即为交付之日。

在一般情形下，定作人订立承揽合同的目的是为了取得工作成果的所有权，当工作成果为动产时，就承揽合同中工作成果所有权的归属和移转，应注意以下几方面：

（1）在定作人提供材料时，经承揽人工作所完成的工作成果的所有权归定作人，当事人之间无需进行所有权的移转。在不规则承揽中，当事人经常约定，材料虽然由定作人提供，但承揽人可以以自己的同种类材料代替，此时，定作人仍可当然取得工作成果的所有权。承揽人无需进行所有权的移转。如果定作人与承揽人约定，材料的所有权转归承揽人取得，则工作成果的所有权归承揽人，当事人之间需进行所有权的移转。

（2）在承揽人提供材料时，承揽人完成的工作成果归承揽人所有，当事人之间需进行财产所有权的移转。

（3）由双方提供材料时，应依据何方提供的材料形成工作成果的主要部分进行判断。如果定作人提供的材料形成工作成果的主要部分，则定作人取得工作成果的所有权，当事人之间无需进行财产所有权的移转；如果承揽人提供的材料形成工作成果的主要部分，则承揽人取得工作成果的所有权，当事人之间需进行财产所有权的转移；如果定作人与承揽人提供的材料对于工作成果的形成作用相当，则承揽人取得工作成果的所有权，当事人之间需进行财产所有权的转移。

（4）在材料由第三人提供时，需要首先根据承揽人与第三人之间的约定或者添附规则，在承揽人与第三人之间解决工作成果所有权的归属。在定作人与承揽人之间需进行财产所有权的移转。

工作成果为不动产时，无论材料由何方提供，均由定作人取得工作成果的所有权。

承揽合同不仅以有形物作为工作成果，也可以无形的结果为工作成果。

（四）承揽人的瑕疵担保义务

瑕疵担保责任存在于除劳务合同之外的一切有偿合同中，因此在承揽合同中也有其适用的余地。一般而言，承揽人的瑕疵担保责任，已将买卖及租赁担保责任混合为一体；同时，因其有劳务合同的特殊性，故又需遵守一些特别规定。因此，在承揽合同中，如同租赁、买卖，定作人虽有瑕疵除去（修理）请求权、合同解除权、报酬减少请求权等权利，但数种请求权在顺序上首推瑕疵除去请求权。也就是说，其他请求权原则上应先经定期催告承揽人修理后，始得行使之；无需经定期催告的，属于例外。

关于承揽人的权利瑕疵担保责任，各国民法一般未设定特别规定。有人认为，这是因为在承揽合同中，不发生权利瑕疵担保问题；也有人认为，这是因为承揽合同中即使有权利瑕疵的发生，也可准用买卖合同中的有关规定解决。由此可见，在承揽合同中，承揽人对工作成果的瑕疵担保，主要是指物的瑕疵担保义务，即承揽人必须保证他所交付的工作成果符合合同约定的质量标准和要求，否则应承担一定的担保责任。如此，承揽人所交付的标的物如果在质量、包装、加工方法、实际效用等方面达不到合同规定的标准，即可认定该标的物有瑕疵。为了证实承揽人交付的工作成果是否有瑕疵，定作人应验收该工作成果。若属于明显瑕疵，验收当时即发现。定作人可即刻要求承揽人负担瑕疵担保责任；对短期内检验难以发现质量缺陷的工作成果，应当由双方当事人约定保证期限，保证期限内发生质量问题，由承揽人负担责任。定作人未在规定的期限内就承揽人完成的工作成果主张瑕疵担保责任的，承揽人不再承担瑕疵担保责任。

当然，由于我国《合同法》在违约责任的归责上实行严格责任原则，且违约责任形式已涵盖了传统民法上物的瑕疵担保责任的责任形式，从而大大降低了物的瑕疵担保责任制度的独立存在价值。因此，在承揽人交付的工作成果不符合质量要求时，可以认定发生违约责任和瑕疵担保责任的竞合，定作人可以选择其一，请求承揽人承担责任。

（五）容忍义务

承揽人完成工作期间，定作人可以对承揽人的工作进行检验监督，承揽人不得拒绝其检验和监督。

（六）保密义务和通知义务

依据诚实信用原则，承揽人应对定作人负担相应的保密义务，不得以任何方式泄露秘密，否则应承担违约责任。因其违反此义务给定作人造成损失的，定作人还可以向其请求损害赔偿。

承揽人对定作人提供的材料，应当及时检验，发现不符合约定时，应当及时通知定作人更换、补齐或者采取其他补救措施。承揽人发现定作人提供的图纸或者技术要求不合理的，应当及时通知定作人。

二、定作人的义务

根据我国《合同法》的规定，定作人负有如下主要义务：

（一）支付价款的义务

定作人获得承揽人的工作成果，应当及时向承揽人支付价款。这里的"价款"包括承揽人的工作报酬、承揽人提供材料时的材料费、定作人提供材料时或其迟延接受时承揽人的保管费用等。这是定作人最主要的合同义务。

由于定作人支付报酬与承揽人的实施工作并非同时进行，而是后于承揽人的工作，因此关于承揽合同中承揽人报酬债权产生是否与合同成立同时发生，学者有肯定说与否定说两种意见，但以肯定说为通说。①

定作人应当按照约定的期限支付报酬。对支付报酬的期限没有约定或者约定不明确的，合同的双方当事人可以协议补充，不能达成补充协议的，按照合同有关条款或者交易习惯确定；仍不能确定的，定作人应当在承揽人交付工作成果时支付；工作成果部分交付的，定作人应当相应支付。

报酬的数额一般应于合同中明确约定。如合同中有明确约定的，则定作人应依约给付；如无明确约定的，则应依一般交易的标准来判断，即以该工作成果交付时当地同种类工作的一般报酬为准。如承揽人的工作缺少可以参考的标准的，则以其过去同类工作的报酬为标准。不过，报酬不以货币为限，只要当事人同意，以其他物代替亦无不可。

定作人迟延支付报酬的，应向承揽人支付迟延期间的利息。定作人拒不支付报酬的，承揽人对定作人享有所有权的工作成果可以行使留置权，通过留置权担保其报酬请求权的实现。

（二）协助义务

承揽工作需要定作人协助的，定作人有协助的义务。

依照承揽合同的特点，需要定作人负协助义务的主要有以下几种情况：

（1）依合同性质应由定作人提供材料的，定作人应当及时提供。如标的物为不动产的，定作人应使该不动产处于可供工作的状态。

（2）定作人自己提供设计图纸、技术要求或技术资料的，或者定作人提供样品的，定作人均应及时、合理提供。

（3）依承揽人的通知，定作人应履行某些协助义务，如及时更换、补齐有瑕疵的材料或技术资料、图表设计等。

定作人不履行协助义务，构成违约行为的，承揽人可以确定合理期限催促其履行。如逾期仍不能履行的，承揽人不必再履行合同，可以解除合同，并不承担因此而造成承揽工

---

① 参见郑玉波：《民法债编各论》（上），台北三民书局1981年版，第382页。

作无法完成的责任。

（三）受领工作成果

对于定作人是否有受领承揽人所完成的工作成果的义务，有不同的观点。我国学者多认为定作人有受领义务。①

定作人在受领工作成果的同时，有义务对工作成果进行验收。但是验收本身并不能作为承揽人免除承担责任的理由。如工作成果依其性质在短期内难以发现瑕疵，或者是工作成果存在隐蔽瑕疵的，定作人仍可于验收后的相当期限内请求承揽人承担责任。受领不能被认为是对于责任追究的放弃。

定作人如无正当理由受领迟延的，承揽人可请求其受领并支付相应的报酬费用，包括违约金、保管费用等。定作人应承担因其受领迟延而发生的工作成果的风险。

三、定作人的中途变更权

根据我国《合同法》第258条的规定，定作人不得中途变更承揽工作的要求，由于此项变更给承揽人造成损失的，定作人应当赔偿损失。

四、共同承担人的连带责任

根据我国《合同法》第267条的规定，共同承揽人不包括再承揽关系中的承揽人与次承揽人，而仅指对定作人均负直接完成承揽工作义务的多数承揽人。共同承揽人对定作人承担连带责任，但当事人另有约定的除外。

第三节　承揽合同中的风险负担和承揽合同的终止

一、承揽合同中的风险负担

承揽合同中的风险负担，需要在利益衡量的基础上作出价值判断。承揽合同中的风险负担主要包括材料、工作成果、报酬的风险负担。

（一）材料的风险负担

所谓材料的风险负担，是指承揽合同中，定作人或者承揽人（也可能是第三种人）所提供的材料一旦由于不可归责于双方当事人的事由毁损、灭失所造成的损失由谁来承受。在承揽合同中，材料毁损、灭失的风险负担应遵循民法上标的物毁损、灭失风险负担的一般规则，即由材料的所有人负担材料毁损、灭失的风险，当事人另有约定的除外。这一点得到了很多国家和地区民事立法的确定。例如，《德国民法典》第644条第1款第3项规定，承揽人对定作人所供给材料的意外灭失或意外毁损，不负其责任。我国也采取这种做法。

---

① 王家福：《中国民法学·民法债权》，四川人民出版社1988年版，第700页。

(二) 工作成果的风险负担

所谓工作成果的风险负担，是指承揽人业已完成的工作成果一旦由于不可归责于双方当事人的事由毁损、灭失，工作成果本身所遭受的损失由谁来承受。对此问题，应首先区分承揽合同的类型。在承揽合同中，前已提及，有一种类型是定作人自始即可取得工作成果的所有权，因此在当事人之间不需进行财产所有权的转移；另一种类型是承揽人首先取得工作成果的所有权，在当事人之间需进行财产所有权的转移。就第一种类型而言，由于不存在物权变动问题，因此应遵循民法上标的物毁损、灭失风险负担的规则，由于工作成果的所有人即定作人负担工作成果毁损、灭失的风险，当事人另有约定的除外。就第二种类型而言，由于存在物权变动问题，应参照适用买卖合同标的物毁损、灭失风险负担的有关规定，工作成果的风险在交付以前由承揽人承担，在交付以后由定作人承担，当事人另有约定或者法律另有规定的除外。

(三) 报酬的风险负担

所谓报酬的风险负担，实际上就是传统民法上所谓债务履行不能的风险负担，主要是指承揽人业已完成的工作成果一旦由于不可归责于双方当事人的事由毁损、灭失，致使承揽人无法交付工作成果或者无法转移工作成果的所有权于定作人，定作人应否向承揽人支付约定的报酬。对此问题，应区别对待。

在承揽人完成工作成果时，即由定作人自始取得工作成果所有权的，此时在承揽人业已完成的工作成果由于不可归责于双方当事人的事由毁损、灭失的情况下，承揽人不能够履行的是交付工作成果的债务。考虑到承揽人业已提供了劳务，完成了工作任务，且交付工作成果并非承揽人的主合同义务，此时的报酬风险应由定作人负担。

在承揽人完成工作成果时，由承揽人首先取得工作成果所有权的，此时在承揽人业已完成的工作成果由于不可归责于双方当事人的事由毁损、灭失的情况下，承揽人不能够履行的是交付工作成果并转移工作成果的所有权于定作人的债务，报酬的风险负担应适用《合同法》第94条第1项的规定，即由承揽人负担报酬的风险，承揽人不得向定作人主张报酬的支付。当事人另有约定的，依照其约定。

二、承揽合同的终止

承揽合同的终止原因很多，例如，一些国家和地区的民法典将定作人、承揽人的破产，承揽人的死亡或丧失完成工作的能力等事由，认定为得以导致承揽合同终止的事由。这里我们简单介绍承揽合同因当事人行使合同解除权而终止的两种情况。

(一) 定作人的任意解除权

定作人可以随时解除承揽合同，造成承揽人损失的，应当赔偿损失。定作人任意解除权的行使，应当在承揽人完成工作成果之前。

(二) 承揽合同因当事人一方严重违约而解除

这种情况主要包括：(1) 承揽人未经定作人同意，将承揽合同的主要工作转由第三人完成的；(2) 定作人未尽到协助义务，经承揽人通知仍不能履行的。此外，符合《合同法》第94条有关合同法定解除权产生条件的规定时，当事人均可行使合同解除权。有损害存在的，可同时请求损害赔偿。

练习题

一、单项选择题

1. 承揽人在履行承担合同中的下列行为，哪一项构成违约？（　　）
   A. 承揽人发现定作人提供的图纸不合理，立即停止工作并通知定作人，因等待答复，未能如期完成工作
   B. 承揽人发现定作人提供的材料不合格，遂自行更换为自己确认合格的材料
   C. 承揽人未征得定作人同意，将其承揽的辅助工作交由第三人完成
   D. 因定作人未按期支付报酬，承揽人拒绝交付工作成果

2. 甲委托乙为其购买木材，乙为此花去了一定的时间和精力，现甲不想要这批木材了，于是电话告诉乙取消委托，乙不同意。下列哪一说法是正确的？（　　）
   A. 甲无权单方取消委托，否则应赔偿乙的损失
   B. 甲可以单方取消委托，但必须以书面形式进行
   C. 甲可以单方取消委托，但需承担乙受到的损失
   D. 甲可以单方取消委托，但仍需按合同约定支付乙报酬

3. 经定作人同意，承揽人可以将其承揽的工作部分由第三人完成，下列各项中，关于承揽人对第三人完成工作的瑕疵，承担责任的说法正确的是（　　）。
   A. 由第三人自行承担
   B. 由承揽人向定作人承担
   C. 由承揽人和第三人向定作人承担连带责任
   D. 按照承揽人、定作人和第三人的约定承担

4. 婷婷满一周岁，其父母将某影楼摄影师请到家中为其拍摄纪念照，并要求影楼不得保留底片用作他途。相片洗出后，影楼违反约定，将婷婷相片制成挂历出售，获利颇丰。本案中不存在何种债的关系？（　　）
   A. 承揽合同之债　B. 委托合同之债
   C. 侵权行为之债　D. 不当得利之债

5. 定作人的义务不包括（　　）。
   A. 给付酬金　B. 协助义务
   C. 验收并受领工作成果　D. 承担意外风险

二、多项选择题

1. 甲公司经营空调买卖业务，并负责售后免费为客户安装。乙为专门从事空调安装服务的个体户。甲公司因安装人员不足，临时叫乙自备工具为其客户丙安装空调，并约定了报酬。乙在安装中因操作不慎坠楼身亡。下列哪些说法是正确的？（　　）
   A. 甲公司和乙之间是临时雇佣合同法律关系
   B. 甲公司和乙之间是承揽合同法律关系

C. 甲公司应承担适当赔偿责任
D. 甲公司不应承担赔偿责任

2. 何女士提供3块木料给某家具厂订制一个衣柜，开工不久，何女士觉得衣柜样式不够新潮，遂要求家具厂停止制作。家具厂认为这是个无理要求，便继续使用剩下两块木料，按原定式样做好了衣柜。下列说法哪些是正确的？（　　）

A. 家具厂应赔偿因此给何女士造成的损失
B. 何女士应支付全部约定报酬
C. 何女士应支付部分报酬
D. 何女士应支付全部约定报酬和违约金

3. 承揽人的义务包括（　　）。

A. 按约定完成工作　B. 提供或接受原材料
C. 接受监督检验　D. 及时通知

4. 育才中学委托利达服装厂加工500套校服，约定材料由服装厂采购，学校提供样品，取货时付款。为赶时间，利达服装厂私自委托恒发服装厂加工100套。育才中学按时前来取货，发现恒发服装厂加工的100套校服不符合样品要求，遂拒绝付款。利达服装厂则拒绝交货。下列哪些说法是正确的？（　　）

A. 育才中学可以利达服装厂擅自外包为由解除合同
B. 如育才中学不支付酬金，利达服装厂可拒绝交付校服
C. 如育才中学不支付酬金，利达服装厂可对样品行使留置权
D. 育才中学有权要求恒发服装厂承担违约责

5. 承揽合同的特点有（　　）。

A. 承揽合同在性质上属于诺成、有偿、双务、非要式合同
B. 承揽合同是以完成一定工作为内容的合同
C. 标的物具有特定的性质
D. 承揽人工作具有独立性

三、案例分析题

1999年10月15日，A公司与B公司签订了一份加工承揽合同。该合同约定：由B公司为A公司制作铝合金门窗10000件，原材料由A公司提供，加工承揽报酬总额为150万元，违约金为报酬总额的10%；A公司应在1999年11月5日前向B公司交付60%的原材料，B公司应在2000年3月1日前完成6000件门窗的加工制作并交货；A公司应在2000年3月5日前交付其余40%的原材料，B公司应在2000年5月20日前完成其余门窗的加工制作并交货。A公司应在收到B公司交付门窗后3日内付清相应款项。

为确保A公司履行付款义务，B公司要求其提供担保，适值D公司委托A公司购买办公用房，D公司为此向A公司提供了盖有D公司公章及法定代表人签字的空白委托书和D公司的合同专用章。A公司遂利用上述空白委托书和合同专用章，将D公司列为该项加工承揽合同的连带保证人，与B公司签订了保证合同。

1999年11月1日，A公司向B公司交付60%的原材料，B公司按约加工制作门窗。2000年2月28日，B公司将制作完成的6000件门窗交付A公司，A公司按报酬总额的

60%予以结算。

2000年3月1日，B公司发生重组，加工型材的生产部门分立为C公司。3月5日，A公司既未按加工承揽合同的约定向B公司交付40%的原材料，也未向C公司交付。3月15日，C公司要求A公司继续履行其与B公司签订的加工承揽合同，A公司表示无法继续履行并要求解除合同。C公司遂在数日后向人民法院提起诉讼，要求判令A公司支付违约金并继续履行加工承揽合同，同时要求D公司承担连带责任。

经查明：A公司与B公司签订的加工承揽合同仅有B公司及其法定代表人的签章，而无A公司的签章。

问题：

（1）A公司与B公司签订的加工承揽合同是否成立？为什么？

（2）C公司可否向A公司主张加工承揽合同的权利？为什么？

（3）C公司要求判令A公司支付违约金并继续履行加工承揽合同的主张能否获得支持？请说明理由。

（4）D公司应否承担保证责任？请说明理由。

第十六章

运输合同

📝 教学目的和要求
1. 了解运输合同的特点和分类;
2. 掌握运输合同双方当事人的权利和义务;
3. 掌握运输合同承运人的违约责任和免责条件。

主要内容:
运输合同的定义,运输合同的分类,运输合同法的效力,旅客运输合同,货物运输合同,多式联运合同。

自学: 运输合同的分类。

讨论: 运输合同中的强制缔约义务。

作业:
1. 简述运输合同的特征;
2. 简述货运合同中承运人、托运人和收货人的义务;
3. 简述多式联运合同的效力。

📝 案例引导

王某与甲公司于2012年2月签订合同,约定王某以40万元向甲公司购买1辆客车,合同签订之日起1个月内支付30万元,余款在2013年2月底前付清,并约定在王某付清全款之前该车所有权仍属甲公司。2013年6月,该车营运途中和一货车相撞,车内乘客李某受重伤,经救治无效死亡。客车因严重受损被送往丁厂修理,需付费3万元。经有关部门认定,货车驾驶员唐某违章驾驶,应对该交通事故负全责。后王某以事故责任在货车方为由拒付修理费,丁厂则拒绝交车。

【问题】王某应否对李某的继承人承担支付赔偿金的责任?

【分析】运输合同,是承运人将旅客或者货物从起运地点运输到约定地点,旅客、托运人或者收货人支付票款或者运输费用的合同。《合同法》第302条的规定,承运人应当对运输过程中旅客的伤亡承担损害赔偿责任,但伤亡是旅客自身健康原因造成的或者承运人证明伤亡是旅客故意、重大过失造成的除外。在本案中,李某与王某之间形成了运输合同法律关系,王某作为承运人,应当对运输过程中旅客李某的死亡承担损害赔偿责任,且李某的死亡依据案情显然不是其自身原因或其故意、重大过失造成的。鉴于李某已经死亡，王某应对李某的继承人承担支付赔偿金的责任。

根据《合同法》第122条的规定，因当事人一方的违约行为，侵害对方人身、财产权益的，受损害方有权选择依照本法要求其承担违约责任或者依照其他法律要求其承担侵权责任。因此，受害方也可对王某提起侵权之诉。

第一节 运输合同概述

一、运输合同的概念

运输合同，又称运送合同，是指承运人将旅客或者货物从起运地点运输到约定地点，旅客、托运人或者收货人支付票款或者运输费用的合同。运输合同不同于一般合同，其在主体和标的上均具有特殊性。

（一）运输合同的主体具有复杂性

运输合同的主体包括承运人、旅客、托运人和收货人。

承运人，是指提供运输服务的当事人。凡是取得运输服务资格的企业和个人都可以在批准的经营范围内从事运输生产活动。承运人可以是法人、其他组织、运输专业户，也可以是公民个人。承运人提供运输服务，其基本条件是应具备相应的运输工具。

旅客，是指乘坐交通工具旅行的自然人。旅客作为运输合同的主体，既包括中国人，也包括外国人。未成年人或不具备完全民事行为能力的人，也可以作为运输合同的主体，但必须与其法定代理人、监护人一起履行，或者按照规定委托承运人照顾。

托运人，是指提供行李、包裹和货物运输的人。行李运输的托运人就是旅客，包裹运输的托运人可以是旅客，也可以是其他货主。托运人可以是自然人，也可以是法人或其他组织；可以是货物的所有人，也可以是货物所有人委托的运输代理人或者货物的保管人。运输合同的订立是由托运人向承运人提出，经过承运人确认后成立的。因此，托运人作为合同的主体具有积极主动的地位。

收货人，是托运人指定的领取货物的人，收货人可以是个人，也可以是法人或其他组织。在运输合同中，托运人有时就是收货人，但是在多数情况下，另有收货人。收货人作为运输合同的受益人，也是运输合同的利害关系人。

（二）运输合同的标的具有特殊性

运输合同的客体是承运人运送旅客或者货物的劳务行为，旅客或者托运人与承运人订立运输合同的目的是利用承运人的运输工具完成旅客或者货物的位移，即旅客或者货物以地点变化为目的，空间异动的事实是成立运输合同的必要要素。承运人的运输劳务是双方权利义务共同指向的目标，运输合同履行的结果是旅客或者货物发生了位移，并没有创造新的使用价值。

二、运输合同的特征

(一) 运输合同可以是有偿合同,也可以是无偿合同

运输合同多为有偿合同。在运输合同中,承运人负有将旅客或货物运送到约定地点的义务,旅客或托运人负有按规定支付票款或运费的义务,两种义务互为对价关系,故运输合同属于有偿合同。但作为例外情形,运输合同也有无偿的情况,如运送救济品或运送身高未达一定高度的小孩,即属免费运输。

(二) 运输合同一般为格式合同

运输合同多为承运人提供的为了重复使用而预先拟定的格式条款,在订立合同时,旅客或托运人只有同意或不同意的权利。当然,运输合同一般为格式合同,这并不排除有的运输合同不采用格式合同的形式,而由双方协商订立。

三、运输合同的分类

运输合同范围广泛、种类繁多,采用不同的标准,可对运输合同作不同的分类:

(1) 以运输的对象为标准,可将运输合同分为旅客运输合同和货物运输合同。旅客运输合同,是指承运人与旅客关于承运人将旅客及其行李安全运输到目的地,旅客为此支付运费的合同。货物运输合同,是指承运人将托运人交付运输的货物运送到约定地点,托运人支付运费的合同。

(2) 以承运人使用的运输工具为标准,运输合同可分为铁路运输合同、公路运输合同、航空运输合同、水上运输合同、海上运输合同及管道运输合同等。

(3) 以承运人的多少为标准,运输合同可分为单一运输合同和联合运输合同。前者指以一种方式将旅客或者货物运送到目的地的合同,后者指以两种以上的方式将旅客或货物运送到目的地的合同,其承运人有两个以上,但托运人只与多式联运经营人签订合同,并向其交付全程运费,多式联运经营人负责履行或者组织履行多式联运合同,对全程运输享有承运人的权利,承担承运人的义务。

(4) 以是否具有涉外因素为标准,运输合同可以分为国内运输合同和涉外运输合同。国内运输合同,是指运输合同的当事人是中国的企业事业单位或者公民,起运地和目的地都在中国境内的运输合同。涉外运输合同,是指当事人或者货物的起运地、目的地等至少有一项涉及国外的运输合同。

四、运输合同订立中承运人的强制性承诺义务

一般情况下,合同的订立遵循自由意志原则,但为了平衡作为弱者的社会公众与往往处于垄断经营地位的公用事业单位的利益,各个国家和地区的法律常常对这类合同的自由订立进行干预。我国《合同法》即在考虑多种因素的情况下,规定从事公共运输的承运

人不得拒绝旅客、托运人通常、合理的运输要求。这表明，我国法律限制了承运人可以自由承诺或不承诺的选择权利，为从事公共运输的承运人设定了强制性承诺义务。

五、运输合同的一般效力

运输合同的一般效力主要指承运人和旅客或托运人的一般性义务。

（一）承运人的义务

（1）承运人在约定期间或者合理期间内将旅客、货物安全运到约定地点。

运输期间，是指将旅客或货物运送到目的地所需的时间。承运人在运输期间的适当履行，表现为其按照运输合同约定的期间履行其义务和在合理的期间履行运送义务两种情况。承运人不能在约定期间和合理期间履行运送义务的，将承担相应的违约责任。承运人还负有将客货安全运输到目的地的义务。如果非因法定的免责原因而造成客货损害的，承运人应承担相应责任。承运人应当将旅客、货物安全运输到约定地点；约定地点是运输合同中明确规定的、托运人指定的、承运人认可的运输目的地。在旅客所持有的各种票证上，或承运人填发的运输单据、提货单据上，均明确载明了客货的到达地点。承运人应将客货运送到约定地点；否则，旅客或托运人或收货人的运输目的无法实现。承运人不履行按约定地点运送客货义务，对造成的损害，应负担违约责任。同时，承运人将货物运送到约定地点后，还负有将货物交付给合同载明或指示交付的收货人的义务。如果承运人交付对象错误，托运人的运输目的落空，对造成的损失，承运人需承担相应责任。

（2）承运人应当按照约定的或者通常的运输路线运送旅客、货物。

运输路线，是承运人承担运输业务所需经过的路线。在作为旅客运输合同的票证上，以及货物运输的运输单据上，一般对运输路线没有明确约定。但是，在铁路、公路、航空、水运等领域，运输主管部门和运输企业为了运输安全、便利和快捷，对运输路线往往都有统筹的计划和安排。运输路线的选择，影响着客货的运输时间，故承运人负有按通常的运输路线将旅客、货物运输到约定地点的义务。

（二）旅客、托运人或者收货人支付票款或运费的义务

旅客、托运人或者收货人应当按照约定支付票款或者运费。通常，客货运输的票款和运费本身，国家在较长时期内均有稳定的价格，承运人对各种客票的价款应予公告，运输合同应当执行统一规定的票价和运费。承运人不得违反国家的规定收取票款或运费。另外，对客货运输中的杂费，也属于旅客、托运人或收货人应交付款额范围之列。以铁路旅客及行李包裹运输为例，铁路在旅客及行李包裹运输的全过程中，向旅客及托运人、收货人提供辅助作业付出劳务，以及运输合同外占用铁路设备用具等所发生的费用，或旅客、托运人、收货人违章所加收的款额，均属客运杂费。承运人未按照通常的路线运输增加票款或者运费的，旅客、托运人或者收货人可以拒绝支付增加部分的票款或者运费。同样，承运人未按规定多收的杂费，旅客、托运人、收货人也有权拒付。

第二节 旅客运输合同、货物运输合同、联合运输合同

一、旅客运输合同

（一）客运合同的概念和特征

客运合同，即旅客运输合同，是承运人与旅客关于承运人将旅客及其行李安全运输到目的地，旅客为此支付运费的协议。客运合同为运输合同的一种，具有如下法律特征：

1. 客运合同的标的为运输旅客的行为

客运合同是旅客与承运人关于运输旅客的协议，客运合同的目的是承运人按时将旅客安全送达到目的地，因此，客运合同的标的即为运输旅客的行为。

2. 客运合同为实践性合同

客运合同自承运人向旅客交付客票时成立，但当事人另有约定或者另有交易习惯的除外。

（二）客运合同的效力

1. 旅客的义务

（1）旅客有持有效客票乘运的义务。客票为表示承运人有运送其持有人义务的书面凭证，是收到旅客承运费用的收据。客票并非旅客运输合同的书面形式，但它却是证明旅客运输合同的唯一凭证，也是旅客乘运的唯一凭证。因此，无论采用哪一种运输方式，旅客均须凭有效客票才能乘运，除特别情形外，不能无票乘运。旅客无票乘运、超程乘运、越级乘运或者持失效客票乘运的，应当补交票款，承运人可以按照规定加收票款；旅客不交付票款的，承运人可以拒绝运输。

（2）旅客有限量携带行李的义务。旅客在运输中应当按照约定的限量携带行李。超过限量携带行李的，应当办理托运手续。

（3）旅客有不得随身携带或者在行李中夹带违禁物品的义务。旅客不得随身携带或者在行李中夹带易燃、易爆、有毒、有腐蚀性、有放射性以及有可能危及运输工具上人身和财产安全的危险物品或者其他违禁物品。旅客违反规定的，承运人可以将违禁物品卸下、销毁或者送交有关部门。旅客坚持携带或者夹带违禁物品的，承运人应当拒绝运输。另外，旅客随身携带或在行李中夹带违禁品的，还应承担相应行政责任，情节严重的，还须承担刑事责任。

2. 承运人的义务

（1）承运人的告知义务。承运人应当向旅客及时告知有关不能正常运输的重要事由和安全运输应当注意的事项。所谓有关不能正常运输的重要事项，是指因承运人的原因或天气等原因使运输时间迟延，或运输合同所约定的车次、航班取消等影响旅客按约定时间到达目的地的事项。所谓安全运输应当注意的事项，是指在运输中为保障旅客的人身、财产安全，需要提醒旅客注意的事项。

（2）承运人有按照客票载明的时间和班次运输旅客的义务。客票是证明旅客运输合

同有效成立的书面凭证，客票上所载明的时间、班次是经承运人和旅客双方当事人意思表示一致，从而成为合同内容的重要组成部分，对此，双方均应按约定履行。承运人只有按客票载明的时间、班次运输，才属于全面、适当地履行了合同。对于承运人未按客票载明的时间和班次进行运输的，旅客有权要求安排改乘其他班次、变更运输路线，以到达目的地或者退票。

（3）承运人在运输过程中的救助义务。承运人在运输过程中，应当尽力救助患有急病、分娩、遇险的旅客。如果承运人对患有急病、分娩、遇险的旅客不予救助，因其不作为即可被要求承担民事责任。

（4）承运人的安全运送义务。运输合同生效后，承运人负有将旅客安全送达目的地的义务，即在运输中，承运人应保证旅客的人身安全。对旅客在运输过程中的伤亡，承运人应承担损害赔偿责任。但伤亡是旅客自身健康原因造成的或者承运人证明伤亡是旅客故意、重大过失造成的除外。这种免责事由的规定，说明承运人应对旅客的人身伤亡承担无过错责任。承运人对旅客伤亡的赔偿责任及其免责事由的适用，不仅限于正常购票乘车的旅客，也适用于按照规定免票、持优待票或者经承运人许可搭乘的无票旅客。除上述旅客外，对于无票乘车又未经承运人许可的人员的伤亡，因没有合法有效的合同关系存在，承运人不承担违约的赔偿责任。承运人负有安全运输旅客自带物品的义务。在运输过程中旅客自带物品毁损、灭失，承运人有过错的，应当承担损害赔偿责任。

（三）客运合同的变更和解除

1. 因旅客自身原因导致的变更或解除

旅客运输合同成立后，在合同履行之前，旅客一方因自己的原因不能按照客票记载的时间乘坐的，可以在法定或约定的时间内变更或解除合同，即变更客票记载或办理退票手续。此种变更或解除称为自愿变更或解除。旅客因自己的原因不能按照客票记载的时间乘坐的，应当在约定的时间内办理退票或者变更手续；逾期办理的，承运人可以不退票款，并不再承担运输义务。

2. 因承运人的原因导致的变更或解除

因承运人的原因导致的客运合同变更或解除，称为非自愿的变更或解除，主要包括两种情况：一是因承运人的迟延运输导致的变更或解除。承运人应当按照客票载明的时间和班次运输旅客。承运人迟延运输的，应当根据旅客的要求安排改乘其他班次、变更运输路线以到达目的地或者退票。二是承运人擅自变更运输工具引起的合同变更。在客运合同订立后，承运人单方变更运输工具的，应视为一种违约行为。承运人擅自变更运输工具而降低服务标准的，旅客有权要求退票或者减收票款。承运人变更运输工具，提高服务标准的，无权向旅客加收票款。

二、货物运输合同

（一）货运合同的概念和特征

货运合同，是指承运人将托运人交付运输的货物运送到约定地点，托运人支付运费的合同。货运合同为运输合同的一种，除具有运输合同的一般特征外，还具有如下重要特征：

1. 货运合同往往涉及第三人

货运合同由托运人与承运人双方订立，托运人与承运人为合同的当事人，但托运人既可以为自己的利益托运货物，也可以为第三人的利益托运货物。托运人既可自己为收货人，也可以是第三人为收货人。在第三人为收货人的情况下，收货人虽不是订立合同的当事人，但却是合同的利害关系人。在此情况下的货运合同即属于为第三人利益订立的合同。

2. 货运合同以将货物交付给收货人为履行完毕

货运合同与客运合同一样，均是以承运人的运输行为为标的。但是，客运合同中承运人将旅客运输到目的地义务即履行完毕；而货运合同中，承运人将货物运输到目的地，其义务并不能完结，只有将货物交付给收货人后，其义务才告履行完毕。

3. 货运合同为诺成性合同。

货运合同一般以托运人提出运输货物的请求为要约，以承运人同意运输为承诺，合同即告成立。因此，货运合同为诺成性合同。

（二）货运合同的效力

1. 托运人的义务

1）如实申报的义务

托运人在将货物交付运输时，有对法律规定或当事人约定的事项进行如实申报的义务。因托运人申报不实或者遗漏重要情况，造成承运人损失的，托运人应当承担损害赔偿责任。

2）按规定向承运人提交审批、检验等文件的义务

在货物运输中，根据运输货物的种类、性质及国家的计划安排等，有的货物运输需要得到有关部门的批准，有的货物运输需要先经过有关机关的检验方可进行运输。托运人对需要办理审批、检验手续的货物运输，应将办完有关手续的文件提交承运人。

3）包装义务

合同中对包装方式有约定的，托运人有按照约定方式包装货物的义务。合同中对包装方式没有约定或者约定不明确时，可以协议补充，不能达成补充协议的，按照合同有关条款或者交易习惯确定。仍不能确定的，应当按照通用的方式包装；没有通用方式的，应当采取足以保护标的物的包装方式。所谓按照通用的方式包装，主要是指按照某种运输工具运输某种货物的惯常方式包装。所谓足以保护货物的包装方式，主要是指足以保证货物在运输过程中不致发生损坏、散失、渗漏等情形的包装方式。托运人违反约定包装方式的，或者不按通用的包装方式或足以保护运输货物的包装方式而交付运输的，承运人有权拒绝运输。

4）托运危险物品时的义务

托运人托运易燃、易爆、有毒、有腐蚀性、有放射性等危险物品的，应当按照国家有关危险物品运输的规定对危险物品妥善包装，作出危险物标志和标签，并将有关危险物品的名称、性质和防范措施的书面材料提交承运人。托运人违反规定的，承运人可以拒绝运

输,也可以采取相应措施以避免损失的发生,因此产生的费用由托运人承担。

5) 支付运费、保管费以及其他运输费用的义务

在承运人全部、正确履行运输义务的情况下,托运人或者收货人有按照规定支付运费、保管费以及其他运输费用的义务。这是托运人应负担的主合同义务。托运人或者收货人不支付运费、保管费以及其他运输费用的,承运人对相应的运输货物享有留置权,但当事人另有约定的除外。货物在运输过程中因不可抗力灭失,未收取运费的,承运人不得要求支付运费;已收取运费的,托运人可以要求返还。

2. 承运人的义务

1) 安全运输义务

承运人应依照合同约定,将托运人交付的货物安全运输至约定地点。运输过程中,货物毁损、灭失的,承运人应承担损害赔偿责任。货物的毁损、灭失的赔偿额,当事人有约定的,按照其约定;没有约定或者约定不明确,当事人可以协议补充,不能达成补充协议的,按照合同有关条款或者交易习惯确定;仍不能确定的,按照交付或者应当交付时货物到达地的市场价格计算。法律、行政法规对赔偿额的计算方法和赔偿限额另有规定的,依照其规定。如果承运人证明货物的毁损、灭失是因不可抗力、货物本身的自然性质或者合理损耗以及托运人、收货人的过错造成的,则不承担损害赔偿责任。

2) 通知义务

货物运输到达后,承运人负有及时通知收货人的义务。当然,承运人只有在知道或应当知道收货人的通讯地址或联系方法的情况下,方负有上述通知义务,如果因为托运人或收货人的原因,如托运人在运单上填写的收货人名称、地址不准确,或者收货人更换了填写地址或联系方式而未告知承运人的,则承运人免除上述通知义务。

3. 收货人的义务

1) 及时提货的义务

收货人虽然没有直接参与货物运输合同的签订,但受承运人、托运方双方签订的货物运输合同约束,收货人应当及时提货。收货人逾期提货的,应当向承运人支付保管费等费用。收货人不及时提货的,承运人有提存货物的权利。根据《合同法》第316条的规定,在货物运输合同履行中,承运人提存货物的法定事由有两项:一是收货人不明。这主要包括无人主张自己是收货人,通过现有证据,主要是货物运输合同也无法确认谁是收货人;以及虽有人主张自己是收货人,但根据现有证据,包括货物运输合同及主张人提供的证据,无法认定其即是收货人等情形。二是收货人无正当理由拒绝受领货物,主要是指虽有明确的收货人,但其没有正当理由而拒绝受领货物。承运人提存运输的货物后,运输合同关系即告消灭,该货物毁损、灭失的风险由收货人承担。提存期间,货物的孳息归收货人所有,提存所产生费用也均由收货人承担。

2) 支付托运人未付或者少付的运费以及其他费用的义务

一般情况下,运费由托运人在发站向承运人支付,但如果合同约定由收货人在到站支付或者托运人未支付的,收货人应支付。在运输中发生的其他费用,应由收货人支付的,收货人也必须支付。

3) 在一定期限内检验货物的义务

货物运交收货人后,收货人负有对货物及时进行验收的义务。收货人应当按照约定的期限检验货物;对检验货物的期限没有约定或者约定不明确,当事人可以协议补充,不能达成补充协议的,按照合同有关条款或者交易习惯确定;仍不能确定的,应当在合理期限内检验货物。收货人在约定的期限或者合理期限内对货物的数量、毁损等未提出异议的,视为承运人已经按照运输单证的记载交付的初步证据。

(三) 货运合同的变更或解除

托运人或货物凭证持有人可以请求货物运输合同中如下具体内容的变更或解除:
(1) 要求解除合同,由承运人中止运输、返还货物。
(2) 要求承运人变更到达地。
(3) 要求承运人将货物交给其他收货人,即变更收货人。托运人并非可随时要求变更或解除运输合同,其请求变更或解除货物运输合同的时间应是在承运人将货物交付收货人之前。如果承运人已将货物交付收货人,则货物运输合同已履行完毕,失去了变更和解除的必要和可能。对承运人因变更和解除所遭受的损失,托运人负有赔偿责任。

三、联合运输合同

联合运输合同,简称联运合同,是指当事人约定由两个或两个以上的承运人通过衔接运送,用同一凭证将货物运送到指定地点,托运人支付运输费用而订立的协议。联运合同包括单式联运合同和多式联运合同。

(一) 单式联运合同

单式联运合同,是指当事人约定由两个或两个以上承运人以同一种运输方式将货物运至约定地点,托运人支付运费的货物运输合同。两个或两个以上承运人以同一运输方式联运的,与托运人订立合同的承运人应当对全程运输承担责任。损失发生在某一运输区段的,与托运人订立合同的承运人和该区段的承运人承担连带责任。

(二) 多式联运合同

多式联运合同,是指多式联运经营人与托运人订立的,约定以两种或者两种以上的不同运输方式,采用同一运输凭证将货物运输至约定地点的货物运输合同。多式联运是近十年来迅速发展起来的、实行"一次托运、一次收费、一票到底、一次保险、全程负责"的"一条龙"服务的综合性运输,多式联运合同是该种交易形式的法律体现。多式联运合同中应注意以下几方面:

1. 多式联运单据

多式联运的托运人在办理多式联运手续时,在交付货物、支付运费的同时,还应填写相关联运单据。多式联运单据是确认当事人权利、义务的重要依据,也是确定当事人联运合同关系的凭证,并且对于多式联运的全程运输具有指示作用。多式联运单据可以是可转让单据,也可以是不可转让单据。单据是否可转让,托运人享有选择权。因托运人托运货物时的过错造成多式联运的承运人损失的,即使托运人已经转让多式联运单据,托运人仍然应当承担损害赔偿责任。

2. 责任承担

多式联运经营人负责履行或者组织履行多式联运合同，对全程运输享有承运人的权利，承担承运人的义务。因此，经营人享有全程运输的全部权利，包括收取运输费用，在托运人违约时请求赔偿等；同时，经营人也需向托运人履行全部义务和承担全部责任。各实际承运人在运送中造成迟延或者旅客、货物的损害时，由经营人负责赔偿。多式联运经营人可以与参加多式联运的各区段承运人就多式联运合同的各区段运输约定相互之间的责任，但该约定不影响多式联运的经营人对全程运输承担的义务。货物的毁损、灭失发生于多式联运的某一运输区段的，多式联运的经营人的赔偿责任和责任限额适用调整该区段运输方式的有关法律规定。

练习题

一、单项选择题

1. 一家广州电动车公司委托某快递公司将该公司的样品运到黑龙江牡丹江的某镇。快递公司承接样品运输业务后，先委托某航空公司将样品运到哈尔滨，然后由火车将样品运到牡丹江，最后通过汽车运输样品时由于卸载不当将样品损坏。在该案中，向电动车公司承担赔偿责任的主体为（　　）。

　　A. 汽车运输公司　　　　　　B. 火车公司和汽车运输公司
　　C. 快递公司　　　　　　　　D. 快递公司和汽车运输公司

2. 甲公司要运送一批货物给收货人乙公司，甲公司法定代表人丙电话联系并委托某汽车运输公司运输。汽车运输公司安排本公司司机刘某驾驶。运输过程中，因刘某的过失发生交通事故，致货物受损。乙公司因未能及时收到货物而发生损失。乙公司应向谁要求承担损失？（　　）

　　A. 甲公司　　　　　　　　　B. 丙
　　C. 刘某　　　　　　　　　　D. 汽车运输公司

3. 托运人或者收货人由于特殊原因，对铁路承运后的货物，可按批向货物所到的中途站或者到站提出变更收货人或者到站，这种情况称为（　　）。

　　A. 货运合同的解除　　　　　B. 货运合同的中断
　　C. 货运合同的变更　　　　　D. 违约行为

4. 在客运合同中，承运人擅自变更运输工具而提高服务标准的（　　）。

　　A. 不应当加收票款
　　B. 旅客不交付加收票款的，承运人可以拒绝运输
　　C. 可以加收票款
　　D. 应根据旅客的要求退票

5. 某商店与某运输公司签订了一份运输合同，由运输公司将一批瓷器从唐山运往北京，商店派一名押运员同行。途中停车吃饭，司机与押运员两人喝了一瓶啤酒，饭后继续上路。由于饮酒和疲劳驾驶，司机要求押运员代其开车，押运员也没有推辞。在一个拐弯处，由于车速较快，不慎翻车，车上的瓷器全部毁损。该瓷器毁损应当由

谁承担责任？（　　）

　　A. 由商店承担责任　　　　　　B. 由商店与运输公司分担责任
　　C. 由运输公司承担责任　　　　D. 由司机与押运员分担责任

二、多项选择题

1. 根据《合同法》规定，承运人对运输过程中发生的下列哪些旅客伤亡事件不承担赔偿责任？（　　）

　　A. 一旅客因制止扒窃行为被歹徒刺伤
　　B. 一旅客在客车正常行驶过程中突发心脏病身亡
　　C. 一失恋旅客在行车途中吞服安眠药过量致死
　　D. 一免票乘车儿童因行车途中急刹车受伤

2. 根据运输合同的方式不同，可以分为（　　）。

　　A. 铁路运输合同　　　　　　　B. 航空运输合同
　　C. 单一运输合同　　　　　　　D. 多式联运合同

3. 在哪些情况下承运人对运输过程中的货物的毁损灭失不承担损害赔偿责任？（　　）

　　A. 货物的毁损、灭失是由不可抗力造成的
　　B. 货物的毁损、灭失是由货物本身的自然性质造成的
　　C. 货物的毁损、灭失是由货物本身的合理损耗造成的
　　D. 货物的毁损、灭失是由托运人过程造成的

4. 在哪些情况下，承运人对运输过程中旅客的人身伤亡不承担损害赔偿责任？（　　）

　　A. 伤亡是由旅客自身健康原因造成的
　　B. 伤亡是由旅客的故意行为造成的
　　C. 伤亡是由旅客的过失行为造成的
　　D. 伤亡是由第三人造成的

5. 货运合同的货物（　　）。

　　A. 不能是易燃易爆危险品
　　B. 在运输过程中毁损、灭失的，由货物所有人承担损失
　　C. 在运输过程中因自然性质或合理损耗减少的，承运人不负赔偿责任
　　D. 错运到达地点和错交收货人造成的损失由承运人承担赔偿责任

三、案例分析题

2002年3月23日，被告张克与金桥公司签订了一份货物运输合同。合同约定，托运货物为化工原料、家用电器、五金配件等货物。始发地为上海，收货地为成都、乐山、重庆、绵阳等地，运输费用为10440元。金桥公司上海分公司预付4000元。运输期限为5天，如迟到一天扣运费500元。在全程运输中，造成货物破损、受潮、短缺、被盗，均由承运方按货物价值赔偿。运输车辆为川C05466，车辆户口登记地址为自贡荣祥汽贸有限公司。合同签订后，金桥公司预付运费4000元给张克，张克经清点货物后，在承运单上签字。张克在运输途中，当行至安徽省桐城市与另一货车发生碰撞，致使金桥公司托运的货物严重受损。事故发生后，金桥公司邀请安徽省桐城市公证处对货损情况予以公证。但在清点货物中，却发现短缺了部分货物，因在处理事故中，当地农民抢走了许多货物，张

克驾驶的运输车辆在荣祥公司以按揭方式购买且挂靠在荣祥公司经营运输活动,且荣祥公司按月向张克收取管理费。荣祥公司经工商部门核准,具有运输业的经营范围。金桥公司提供了已对托运客户进行了赔偿的证据共计 262171.9 元,其中包括公证文书所列货损 180696.3 元,公证文书未列货损 81475.6 元。

问题:
(1) 荣祥公司是否应承担本案中货物毁损的赔偿责任?
(2) 被抢走的货物损失由谁来承担责任?

第十七章

租 赁 合 同

教学目的和要求
1. 理解租赁合同和融资租赁合同的基本法律规范；
2. 掌握所学知识，能较好地运用于经济生活和司法实践。

主要内容：租赁合同，转租，租赁权物权化，承租人的优先购买权。

自学：租赁权物权化。

作业：
1. 试述租赁合同的概念和特征；
2. 出租人负有哪些义务；
3. 承租人负有哪些义务；
4. 试述租赁权物权化；
5. 试述承租人优先购买权的条件和性质；
6. 试述租赁合同的风险负担。

案例引导
甲将自己的一套房屋租给乙住，乙又擅自将房屋租给丙住。丙是个飞镖爱好者，因练飞镖将房屋的墙面损坏。

【问题】甲是否有权在租赁期限未满时就与乙解约？

【分析】根据《合同法》第224条规定，承租人经出租人同意，可以将租赁物转租给第三人。承租人转租的，承租人与出租人之间的租赁合同继续有效，第三人对租赁物造成损失的，承租人应当赔偿损失。所以承租人未经出租人同意转租的，出租人可以解除合同。

第一节 租赁合同概述

一、租赁合同的概念和特征

根据我国《合同法》第212条的规定，租赁合同是出租人将租赁物交付承租人使用、收益，承租人支付租金的合同。在租赁合同中，交付租赁物供对方使用、收益的一方称为出租人，使用租赁物并支付租金的一方称为承租人。租赁属于移转财产使用、收益权利的典型交易形式，因此，《合同法》就租赁合同所设置的法律规则，对于融资租赁合同具有参照适用效力。租赁合同的内容主要包括租赁物的名称、数量、用途、租赁期限、租金及其支付期限和方式、租赁物维修等条款。

租赁合同具有以下特征：

（一）租赁合同是转让财产使用权的合同

租赁合同以承租人使用、收益租赁物为直接目的，承租人所取得的仅是对租赁物的使用、收益权，而非租赁物的所有权。这是买卖合同与租赁合同的根本区别。由于租赁合同转移的仅是租赁物的使用、收益权，因而承租人并不享有对租赁物的处分权，这是租赁合同区别于消费借贷合同的重要一点。

（二）租赁合同为双务、有偿合同

在租赁合同中，出租人所负担的交付租赁物供承租人使用、收益的义务与承租人所负担的支付租金的义务互为对价，因此，租赁合同为双务、有偿合同。在这一点上，租赁合同与借用合同有所不同。在借用合同中，尽管在出借人负担交付借用物供借用人使用、收益义务的同时，借用人也要负担按期返还借用物的义务，但双方当事人所负担的义务不具有对价性，所以借用合同为双务、无偿合同。

（三）租赁合同为诺成合同

在租赁合同中，出租人与承租人双方意思表示达成一致，合同即成立，所以租赁合同为诺成合同。

（四）租赁合同具有临时性

租赁合同具有临时性的特点，不适用于财产的永久性使用。在许多国家和地区的立法上都规定了租赁合同的最长存续期限。我国《合同法》第214条规定，租赁期限不得超过20年；超过20年的，超过部分无效。租赁期间届满，当事人可以续订租赁合同，但约定的租赁期限自续订之日起不得超过20年。

（五）租赁合同为继续性合同

继续性合同是与非继续性合同（又称一时性合同）相对应的一种合同分类，是指"债的内容，非一次给付可完结，而是继续地实现，其基本特色是时间因素，在债的履行上居于重要地位，总给付内容系于应为给付时间的长度"。[①] 在租赁合同中，承租人的合同目的的实现，有赖于出租人在租赁期间内持续不间断地履行合同义务，因此，租赁合同，为继续性合同。

---

① 王泽鉴：《民法债编总论》，台北三民书局1993年版，第109页。

二、租赁合同的分类

（一）动产租赁与不动产租赁

以租赁合同的标的物为标准，可将租赁合同分为动产租赁合同和不动产租赁合同。以动产为标的物的租赁合同，为动产租赁合同；以不动产为标的物的租赁合同，为不动产租赁合同。动产租赁包括一般的动产租赁、动物租赁、船舶租赁、汽车租赁等；不动产租赁在我国主要指房屋租赁，另外土地使用权租赁、土地承包经营权租赁、宅基地使用权租赁等也视为不动产租赁。这种区分的意义在于，法律一般对不动产租赁有特殊的要求，如进行登记等；而动产租赁一般没有这些要求。

（二）定期租赁与不定期租赁

以租赁合同是否有固定期限为标准，可将租赁合同分为定期租赁合同和不定期租赁合同。定期租赁合同是指约定有明确期限的租赁合同；不定期租赁合同是指当事人对租赁期限没有约定或约定不明确的租赁合同。不定期租赁合同的产生有三种情形：（1）当事人在租赁合同中未约定租赁期限；（2）当事人在租赁合同中将租赁期限约定为6个月以上，但未采取书面形式，双方当事人就租赁期限产生争议的，租赁合同为不定期租赁合同；（3）租赁期间届满，承租人继续使用租赁物，出租人没有提出异议的，原租赁合同继续有效，但租赁期限为不定期。这种区分的意义在于，在不定期租赁中，除非法律另有规定，双方当事人均可随时终止合同。

三、租赁合同的形式

不定期租赁合同为不要式合同，无需采取书面形式；租赁期限不满6个月的定期租赁合同也为不要式合同，但租赁期限在6个月以上的定期租赁合同为要式合同，应当采用书面形式。未采用书面形式，双方当事人对租赁期限存在争议的，推定租赁合同为不定期租赁合同。

第二节 租赁合同效力

一、出租人的义务

根据我国《合同法》的规定，出租人负有如下主要义务：

（一）交付租赁物，并在租赁期间保持租赁物使其符合约定用途

由于租赁合同为诺成型合同，无需将标的物的交付作为合同的成立要件，因此交付租赁物是出租人于租赁合同成立后的一项债务。① 所谓交付租赁物，是指转移租赁物的占有

---

① 在某些租赁交易中，不以租赁物的交付为必要，如出租墙壁供他人张贴广告。此时承租人不需要交付租赁物，但应使租赁物处于可供他人使用、收益的妥当状态。

于承租人,一般包括现实交付、指示交付和简易交付。承租人不仅应使交付的租赁物处于约定的使用、收益状态,而且于租赁关系存续期间也应保持租赁物的这种适合于约定使用、收益的状态。

(二) 维修租赁物的义务

除法律另有规定或合同另有规定外,出租人对租赁物有维修的义务。出租人的该项义务实际上是出租人保持租赁物使其合于使用、收益状态义务的延伸。在租赁物需要维修时,承租人可以要求出租人在合理期间内维修。出租人未履行维修义务的,承租人可以自行维修,维修费用由出租人负担。出租人因维修租赁物影响承租人使用的,应当相应减少租金或者延长租期。承租人未交付租金,出租人得行使同时履行抗辩权,拒绝履行其后的维修义务。

由于可归责于承租人的事由导致租赁物毁损时,双方当事人没有特别约定的,出租人仍应承担维修义务。但出租人有权请求承租人承担损害赔偿责任。此时出租人的维修影响承租人对于租赁物的使用、收益的,承租人无权请求减少租金。

(三) 物的瑕疵担保义务

出租人应担保所交付的租赁物能够为承租人依约正常使用、收益。如果租赁物有使承租人不能为正常使用、收益的瑕疵,出租人即应承担违约责任,承租人得请求修理,更换、解除合同或者请求减少租金。

我国《合同法》第233条规定,如果租赁物危及承租人的安全或者健康的,即使承租人订立合同时明知该租赁物质量不合格,仍然可以随时解除合同。

(四) 权利瑕疵担保义务

出租人应担保不因第三人对租赁物主张权利而使承租人不能依约对租赁物使用、收益。如因第三人主张权利,致使承租人不能对租赁物使用、收益的,承租人可以要求减少租金或者不支付租金。

如果出租人未经标的物的所有权人或者处分权人许可即出租他人之物,或者租赁物因受其他物权的限制,致使承租人事实上不能对租赁物为使用、收益的,即发生出租人承担违反权利瑕疵担保义务所生的违约责任问题。出租人的这种违约责任,其构成要件如下:

(1) 须有第三人就租赁物向承租人主张权利的事实发生。如果第三人不向承租人主张权利,即使租赁物上存在第三人的权利,也不发生违约责任的承担问题。

(2) 第三人就租赁物向承租人所主张的权利,妨害了承租人对租赁物的使用、收益。第三人就租赁物所主张的权利,为所有权、用益物权或担保物权,所主张的权利应发生在租赁合同生效之前,如果该项权利发生于租赁合同生效后,则因承租人的租赁权具有对抗第三人的效力,承租人仍得对租赁物为使用、收益,自无违反权利的瑕疵担保义务问题。应当指出的是,即使第三人所主张的担保物权,如抵押权,设定于租赁合同生效之前,但第三人仅为权利的主张,并未进一步主张权利的实现,此时不发生权利瑕疵担保义务的违反,因为抵押权的设定着眼于抵押物的交换价值,尚不妨害承租人对租赁物的使用、收益。

（3）承租人于合同订立时不知有权利瑕疵。如果承租人在合同订立时明知有权利瑕疵，仍自愿承担第三人主张权利的风险，此时出租人无需承担违约责任。

第三人主张权利的，承租人应当及时通知出租人，承租人未及时通知出租人，因此给自己造成的损失，无权要求出租人承担责任，如给出租人造成损失的，还应对出租人承担赔偿损失的责任。

出租人承担违反权利瑕疵担保义务的违约责任时，承租人可以请求减少租金或者不支付租金。其中，所谓不支付租金，既包括暂时不支付租金，也包括解除租赁合同从而终局地不支付租金。

二、承租人的义务

根据我国《合同法》的规定，承租人负有如下主要义务：

（一）依约定方法或租赁物的性质使用租赁物的义务

承租人在占用租赁物后，应当依照约定的方法使用租赁物，对使用租赁物的方法没有约定或者约定不明确的，双方当事人可以协议补充；不能达成补充协议的，按照合同有关条款或者交易习惯确定；仍不能确定的，应当按照租赁物的性质使用。承租人按照约定的方法或者租赁物的性质使用租赁物，致使租赁物受到损耗的，不承担损害赔偿责任。承租人如果未依照约定的方法或者租赁物的性质使用租赁物，致使租赁物受到损失的，依据《合同法》第219条的规定，出租人可以解除合同并要求赔偿损失。从鼓励交易的立法宗旨着眼，出租人该项法定解除权的行使，一般应以租赁物遭受严重损失或虽未遭受严重损失，但承租人在出租人提出异议后，仍不修正使用方法作为前提。在承租人未依照约定的方法或租赁物的性质使用租赁物，未给租赁物造成损害，但有造成损害的危险时，出租人可以行使同时履行抗辩权，取回租赁物，也可以所有权人、有处分权人或占有人的身份，行使物上请求权，请求承租人停止其违反义务的行为，以消除危险。

（二）妥善保管租赁物的义务

根据《合同法》第222条的规定，承租人作为租赁物的占有人，应当妥善保管租赁物。承租人未尽妥善保管义务，造成租赁物毁损、灭失的，应当承担损害赔偿责任。

承租人应以善良管理人的注意去保管租赁物。租赁物有收益能力的，应保持其收益能力。承租人违背妥善保管租赁物的义务，致使租赁物毁损、灭失的，应对出租人承担损害赔偿责任。

承租人的保管义务，有以下派生的从属义务：

1. 通知义务

在租赁关系存续期间，出现应及时通知出租人的情况时，承租人有及时通知的义务。该义务需具备以下条件才能成立：第一，须出现应为通知的事项，具体包括：（1）租赁物有修理、防止危害的必要。出租人对租赁物负有修缮义务，负担物的瑕疵担保义务，在出现出租人应为修理租赁物或租赁物有危险须予防止的情况时，承租人应当及时通知出租人。有无修理、防止危害的必要,应以是否会损害承租人、出租人及第三人的利益来判断,尽管危害的存在尚不致影响承租人的使用收益,但如不及时处置会损害出租人利益的,也应当通知。(2)第三人就租赁物主张权利。因出租人负有权利瑕疵担保义务,在第三人主张权利时,承租人应通知出租人,以使出租人够及时采取救济措施。(3)其他依诚实信用原则应当通知的事由。例如,租赁物因不可抗力毁损、灭失或因第三人的侵害受损等,承租人也应及时通知出租人。第二,在出现承租人应为通知的事项时,只有在出租人不知该事项的情形下,承租人才负通知的义务。若出租人已知,则承担人不负通知义务。

如承租人怠于通知,则为义务的违反,应负赔偿责任,其赔偿的范围为出租人因承租人怠于通知致不能及时救济而受到的损害。承租人在出租人不能及时救济时,不得以出租人债务不履行为理由,请求损害赔偿。承租人是否怠于通知,应由出租人负举证责任。

2. 对于保存行为的容忍义务

出租人为保存租赁物所进行的必要应为,承租人不得拒绝。

(三) 不作为义务

在租赁合同中,承租人的不作为义务主要包括以下内容:

1. 不得随意对租赁物进行改善或在租赁物上增设他物

承租人基于租赁合同,对于租赁物所享有的租赁权,从权利属性上来讲,属债权。承租人只有在经过出租人同意的前提下,方可对租赁物进行改善或者增设他物。承租人未经出租人同意,即对租赁物进行改善或者增设他物的,出租人可以要求承租人恢复原状或者赔偿损失,

2. 不得随意转租

所谓转租,是指承租人不退出租赁合同关系,而将租赁物出租给次承租人使用、收益。转租与租赁权的让与不同,其区别在于:首先,就法律性质而言,转租是承租人与次承租人之间成立新的租赁合同;租赁权让与为租赁债权的转让,在实践中,经常与营业财产一并出租。其次,从当事人各方的法律关系看,转租时,转租人于转租后,仍享有租赁权,同时在转租人与次承租人之间又产生一新的租赁关系,基于此租赁关系,转租人在租赁物上为次承租人再度设定新租赁权;租赁权的让与则不同,在承租人让与租赁权时,承租人于转让租赁权之后,退出租赁关系,第三人代其位成为租赁合同的当事人。再次,就取得方法而言,转租中,次承租人租赁权的取得属设定的取得;租赁权的让与中,受让人租赁权的取得属移转的取得。另外,就法律关系的内容看,转租中,次承租人对于承租人租金的支付,一般分期进行;租赁权的让与,受让人对于作为转让人的承租人,则须一次性给付对价。转租中,两个租赁合同的条件可以不同,而租赁权的让与中,受让人承受出让人的地位。

根据承租人的转租是否经出租人的同意,可以将转租区分为合法转租与不合法转租。

(1) 合法转租,是指取得了出租人同意的转租。出租人既可以在承租人转租前,经概括授权的方式或个别认可的方式表示同意,也可以在事后予以追认。在实践中,事后的追认常采默示的方式,比如出租人对于次承租人请求租金的支付或增加,但在发生纠纷

时，次承租人应承担相应的举证责任，证明出租人已默示同意。承租人经出租人同意转租的，当事人之间发生如下法律关系：

首先，就转租人与次承租人而言，双方当事人的关系与普通的租赁并无区别。但在出租人与承租人之间的租赁关系与承租人和次承租人之间的租赁关系同时终止时，次承租人可以直接将租赁物返回给出租人，免除其对于承租人的返还义务。在次承租人取得租赁物的所有权时，次承租人即取代了出租人的地位，此时，承租人得以租赁权对抗之，就承租人和次承租人（新的出租人）而言，租赁关系并不消灭。

其次，就出租人和承租人而言，两者的租赁关系不因转租而受影响，承租人应就因次承租人应负责的事由所产生的损害向出租人负责赔偿责任。我国《合同法》第224条第1款规定："承租人经出租人同意，可以将租赁物转租给第三人。……第三人对租赁物造成损失的，承租人应当赔偿损失。"可见，承租人在此情况下承担的是严格责任。

再次，就出租人与次承租人之间的关系而言，双方当事人之间原本并不存在直接的法律关系，但一些国家和地区的立法基于保护出租人利益的法律目的，确认在特定的法律关系中，次承租人得直接向出租人履行承租人应当履行的义务，出租人也得直接向次承租人行使转租人得行使的权利。

需附带指出的是，转租是以承租人存在租赁权为基础的。在承租人的租赁权因合同终止等原因消灭时，次承租人不能向出租人主张租赁权。如因此导致次承租人不能得到租赁权而受到损害，则次承租人也只能向转租人请求赔偿。

（2）不合法转租，是指未经出租人允许所进行的转租。基于不合法转租，当事人间发生如下法律关系：

首先，就转租人与次承租人之间的关系而言，双方当事人之间的租赁合同可以生效。基于此生效合同的效力，转租人负有使次承租人取得对租赁物为使用、收益权利的义务，转租人不能使次承租人取得对租赁物使用、收益的权利，次承租人得向其主张违约责任的承担。在双方当事人订立租赁合同时，次承租人如果误信转租人已取得出租人的允许，他可否以错误为理由，行使合同的撤销权？对此，日本曾有相关判例采肯定见解。但日本学者我妻荣认为，除非当事人以出租人的承诺为条件，否则不构成错误。[①] 我国《合同法》就此未设明文规定，我们认为，应认可次承租人的撤销权。

其次，就出租人与承租人之间的关系而言，承租人擅自转租为严重的违约行为，出租人有权解除与承租人所订立的租赁合同。对此，就转租采限制主义模式的国家和地区的立法大多设有明文。我国《合同法》第224条明确规定，承租人未经出租人同意转租的，出租人可以解除合同。出租人解除合同的，可请求违约的损害赔偿和基于合同解除所产生的损害赔偿；出租人不解除合同的，租赁关系仍然有效，不因承租人的转租而受影响。

再次，就出租人与次承租人之间的关系而言，次承租人的租赁权不得对抗出租人。在出租人解除租赁合同时，出租人得直接向次承租人请求返还租赁物。若出租人解除租赁合同，次承租人的租赁权基于承租人的租赁权发生，在承租人有权租赁权期间，次承租人对租赁物的占有、使用及收益为合法，出租人不得直接向次承租人请求返还租赁物。

---

① 我妻荣：《民法讲义·债权各论》，岩波书店1941年版，第429、458页。

(四) 支付租金的义务

根据我国《合同法》第 226 条的规定，承租人应当依照约定的期限支付租金，对支付期限没有约定或者约定不明确的，可以协议补充。不能达成补充协议的，按照合同有关条款或者交易习惯确定。仍不能确定的，租赁期间在 1 年以上的，应当在没届满 1 年时支付，剩余期间不满 1 年的，应当在租赁期间届满时支付。承租人无正当理由未支付或者迟延支付租金的，出租人可以要求承租人在合理期限内支付。此期间为付款期限，承租人逾期不支付的，依照我国《合同法》第 227 条的规定，承租人有权解除合同。此处需要注意的是，在其他国家和地区的立法上，为保护承租人的利益，常就不动产的租赁，对出租人在承租人未依约支付租金时解除合同的权利加以限制。如我国台湾地区民法第 440 条第 2 项规定，租赁物为房屋者，迟付租金之总额，非达两期之租额，不得依前项之规定，终止契约。德国民法亦有相似的规定。

租金的数额得由当事人自行约定，但法律对租金数额有特别规定的，应依法律的规定；当事人约定的租金高于法律规定的最高限额的，其超过部分应为无效。承租人支付租金，应依当事人约定的数额交付。租金虽为租赁物使用、收益的代价，但在因承租人自己的事由致不能对租赁物的一部或全部为使用、收益的，承租人不能免除或部分免除交付租金的义务，仍应按约定的数额交付租金。由于承租人的原因导致租赁物全部毁损、灭失的，当事人之间的租赁合同终止。承租人应负损害赔偿责任，其交付租金的义务自然终止。

(五) 返还租赁物的义务

租赁关系终止后，租赁物仍然存在的，承租人应当返还租赁物。返还的租赁物应当符合按照约定或者租赁物限制使用后的状态。租赁关系一般得因租赁期限届满而终止，但也可因当事人一方行使解除合同的权利及其他原因而终止。在租赁关系终止时，只要租赁物存在，承租人就应返还租赁物；只有租赁物不存在了，承租人才不负返还义务。例如，在租赁物因不可归责于承租人的事由灭失时，租赁关系也终止，但承租人并无返还租赁物的义务。

承租人承担租赁物的返还义务，应注意：

(1) 承租人返还租赁物的义务为基于租赁合同所生的义务，因而即使是出租人在租赁关系终止后，将租赁物的所有权让与他人，也可请求返还。

(2) 数人共同承租时，各承租人所负担的租赁物返还义务为连带债务。

(3) 当出租人为数人时，如出租人之间为按份共有关系，则各共有人得基于所有物返还请求权，就其应有部分主张返还。如数个出租人为共同共有关系，则原则上应由数个共有人共同主张返还。如仅有一共有人主张返还的，则可视为全体共有人的利益，并在返还时，应向全体共有人返还。

(4) 就返还的期限，定期租赁应于租赁期限届满时返还；不定期租赁，应于通知终止租赁关系时返还。就房屋租赁，于租赁关系终止后，承租人是否应立即搬迁，我国立法未设明文。出于情理，出租人应依诚实信用原则，留有合理的宽容期间。但应注意的是，在腾交房屋期间，承租人的用益，若构成不当得利，应予以返还。

（5）承租人返还的租赁物应当符合按照约定或者租赁物的性质使用后的状态。在承租人依约定的方法或者根据租赁物的性质所确定的方法使用、收益租赁物过程中，难免会使租赁物发生变更或者损耗，对此，应免除承租人的赔偿责任。因此，只要承租人返还的租赁物符合按照约定或者租赁物的性质使用后的状态，即可视为返还的租赁物符合要求。

（6）承租人在租赁期间未经出租人同意，对租赁物进行改建、改装或者增加附着物的，在返还租赁物时，出租人有权要求予以拆除，恢复租赁物的原状。承租人的上述行为经出租人同意的，可不恢复租赁物的原状，就因此而使租赁物价值增加的部分，转而请求有益费用的返还。

（7）承租人在返还租赁物时，就其租赁物所支出的必要费用，也可主张返还。所谓必要费用，是指为维护租赁物所不可缺少的费用，如租赁物的保管费、机器的养护费、动物的饲养费等。从不同国家和地区的立法来看，必要费用可以分为两部分：一是为维护租赁物的能力所支出的必要费用，如动物的饲养费、汽车加油的费用等，一般由承租人负担。二是为维持租赁物的使用、收益状态所支出的费用，如房屋的维修费用、修补汽车轮胎的费用、更换机器零件的费用等，应由出租人负担。如果此项费用已由承租人支出，出租人有偿还的义务。当事人就此另有约定的，从其约定。

三、租赁合同的特别效力

（一）承租人获取租赁物收益的权利

根据我国《合同法》第225条的规定，在租赁期间因占有、使用租赁物获得的收益，归承租人所有，但当事人另有约定的除外。

（二）租赁权的物权化

租赁合同本为一种债权债务关系。在早期民法上，承租人只能向出租人本人主张对租赁物的使用、收益，租赁权不能对抗第三人。这种权力配置反映了重视所有权，相对轻视使用、收益权的观念。随着社会经济的发展，民法逐渐地，承认在房屋等财产的租赁关系中，租赁物所有权在租赁期间内的转移并不影响承租人的权利，原租赁合同对受让租赁物的第三人仍然有效，该第三人不得解除租赁合同，此即"买卖不破租赁"原则。这一原则突破了传统的合同相对性原则，使租赁权具有了对抗第三人的效力。这种情况被称为"租赁权的物权化"或"债权的物权化"。

我国也一贯承认"买卖不破租赁"原则，其中，《合同法》第229条规定，租赁物在租赁期间发生所有权变动的，不影响租赁合同的效力。关于该条的适用，应当注意以下两个方面：(1)"抵押不破租赁"为本条的具体运用。《担保法》第48条规定，抵押人将已出租财产抵押的，应当书面告知承租人，原租赁合同继续有效。该条确立的原则即"抵押不破租赁"。《物权法》在承袭此规定的基础上，又对"抵押不破租赁"的适用做了一定限制。其第190条规定，订立抵押合同前抵押财产已出租的，原租赁关系不受该抵押权的影响。抵押权设立后抵押财产出租的，该租赁关系不得对抗已登记的抵押权。出租人将其财产出租后，因其仅转移了占有权、使用权，但仍然享有所有权，作为所有人的出租人仍可以将该房屋转让给他人并获得价款，因此可以将其已出租的财产设定抵押权。设定抵押权并不转移占有，不影响承租人对租赁物的占有和使用，因此，抵押权和租赁权可以并存，租赁合同继续有效。至租赁履行期届满，如果作为债务人的出租人不能清偿债务，抵押权人实现其抵押权，以抵押物折价、拍卖或变卖的价款优先受偿，但无论出租人财产转让给何人，均不影响租赁关系的存在。（2）本条不仅限于"买卖不破租赁"，在因互易、赠与等致所有权发生变动的情况下，均有适用的余地。

应当注意的是，租赁权虽存在物权化倾向，但究其本质，仍是债权。理由如下：首先，租赁权物权化并未改变承租人对租赁物的占有、使用、收益权为基础的权利内容。租赁权效力的特殊规定实际上强化了债权的效力。其次，租赁权物权化本身存在一定边界，其主要是指通过不动产租赁权的物权化来适度和客观体现的，各国立法莫不如此；否则，不但有违债权物权化、巩固承租人地位和强化承租人利益保护的初衷，而且还可以导致法律体系的紊乱。如不对债权物权化予以限制，以不动产为客体的用益物权必将丧失存在的空间。最后，根据物权法定原则，租赁权不属物权种类。因此，债权物权化的租赁权，其权利属性仍未改变。

（三）房屋承租人的优先购买权

所谓房屋承租人的优先购买权，是指当出租人出卖房屋时，承租人是在同等条件下，依法享有优先于其他人购买房屋的权利。我国《合同法》第230条确认，出租人出卖租赁房屋的，应当在出卖之前的合理期限内通知承租人，承租人享有以同等条件优先购买的权利。优先购买权的权利属性为形成权，其实质是对出租人选择房屋买卖合同对方当事人自由的限制。

承租人的优先购买权在我国以往的立法和司法解释中，已有相应规定。国务院《城市私有房屋管理条例》第11条规定，房屋所有人出卖租出房屋，需提前3个月通知承租人。在同等条件下，承租人有优先购买权。《民法通则意见》第118条规定，出租人出卖出租房屋，应提前3个月通知承租人，承租人在同等条件下，享有优先购买权；出租人未按此规定出卖房屋的，承租人可以请求人民法院宣告该房屋买卖无效。我国《合同法》再次确认了承租人的优先购买权。

由此可见，承租人的优先购买权是依法产生的，而不是根据当事人之间的合同产生的。优先购买权只能属于特定人享有，具有一定的专属性，承租人不能将该权利转让给他人享有。当然，承租人并不能在任何情况下都可行使优先购买权，只有在特定的条件满足时，才可享有。把握承租人的优先购买权，须注意：

首先，承租人的优先购买权发生于出租人转让房屋所有权时，这是承租人享有优先购买权的前提和基础。

其次，出租人出卖租赁房屋，应负担通知义务，这是承租人得以行使优先购买权的必要前提。对于出租人应于何时履行通知义务，我国以往的立法和司法解释都规定为提前3个月，即在出租人出卖房屋前3个月，但《合同法》则未规定明确的期限，仅限定为在出卖之前的合理期限内。

再次，承租人仅在同等条件下得享有优先购买权。在我国的审判实践中，对同等条件的内涵历来存在两种不同的观点：一是绝对同等说，认为承租人认购的条件应与其他买受人绝对相同和完全一致；二是相对同等说，认为承租人购买条件与其他买受人条件大致相等，即为有同等条件。这两种看法都有道理，但也不完全妥当。第一种观点在适用中过于严格，尤其是当其他买受人所提供的条件（去提供某机会）是承租人不能做到的，但承租人可以以多付金钱的办法来弥补这些附加条件的不足时，则不能苛求承租人提出的条件必须与其他买受人的条件完全一致。第二种观点在适用中的伸缩性过大，难以具体操作。同等条件主要是指价格的同一，如果出租人基于某种特殊的原因给予了其他买受人一种较优惠的价格，而此种优惠能以金钱计算，则应折合金钱加入价格中。如果不能以金钱计算，那么应以市场价格来确定房价。①

最后，承租人应在合理期限内行使优先购买权，此项要求是承租人优先购买权的行使条件。

在房屋租赁合同中，承租人在租赁期间死亡的，其生前共同居住的人可以按照原租赁合同租赁该房屋，并享有此项优先购买权。

出租人在转让房屋所有权时，未告知承租人，并未给承租人提供行使优先购买权的机会的，出租人与第三人所订立的房屋买卖合同为相对无效的合同。

第三节　租赁合同中的风险负担

当由于既不可归责于承租人，又不可归责于出租人的事由，致使租赁物部分或全部损毁、灭失的，就产生了租赁合同中的风险负担问题。租赁合同中的风险负担问题，可以分解为两个问题来考察。

一、租赁物的风险负担

租赁物的风险负担，是指由于不可归责于承租人和出租人双方当事人的事由，致使租赁物部分或全部损毁、灭失的，租赁物部分或全部损毁、灭失的损失应由谁负担。就此问题，除非法律有特别规定，或当事人之间有特别约定，自罗马法以来，就形成了由物的所有人负担风险，即天灾归权利人负担的法律思想。② 此为标的物风险负担的一般原则。因而，租赁物的所有人应负担此种情形下标的物毁损、灭失的风险。

二、租金的风险负担

租金的风险负担，是指因不可归责于双方当事人的事由，致使租赁物部分或全部损毁、灭失，从而导致租赁合同部分或全部不能履行时，租金风险应由谁负担的问题。我国《合同法》第231条规定，因不可归责于承租人的事由，致使租赁物部分或者全部损毁、灭失的，承租人可以要求减少租金或者不支付租金；因租赁物部分或者全部损毁、灭失，

---

① 王利明：《合同法疑难案例研究》，中国人民大学出版社1997年版，第350页。
② 崔建远：《关于制定合同法的若干建议》，载《法学前沿》第2辑。

致使不能实现合同目的的，承租人可以解除合同。故当因不可归责于双方当事人的事由致使合同部分或全部不能履行时，承租人即可相应地减少履行或不履行其对待给付义务——即请求减少租金或者不支付租金。可见，租金风险一般由所有人负担。

第四节 租赁合同的更新与终止

一、租赁合同的更新

租赁合同双方当事人在租赁合同规定的租赁期限届满时，可以续订合同。所谓续订，是指在原租赁合同其他内容不变的情况下，延长合同的期限。所以，续订租赁合同又称为期限更新或租赁合同的更新。租赁合同的更新不同于租赁合同的期限变更，后者是指租赁合同双方当事人约定的租赁期限内，协议更改租赁期限；租赁合同的更新只发生在租赁期限届满时。①

租赁合同双方当事人更新、续订合同的方式有两种：约定更新和法定更新。约定更新又称为明示更新，是指当事人于租赁期限届满后，另订一合同，约定延长租赁期限。当事人另订租赁合同的，租赁期限也不得超过法律规定的最高期限。法定更新又称为默示更新，是指租赁期限届满后，承租人仍为租赁物的使用、收益，而出租人不表示反对的意思的，视为不定期限继续租赁合同。我国《合同法》第 236 条规定，租赁期限届满后，承租人继续使用租赁物，出租人没有提出异议的，原租赁合同继续有效，但租赁期限为不定期。该条即是关于租赁合同默示更新的规定。

二、租赁合同的终止

租赁合同主要因下列事由而终止：

（一）租赁合同因期限届满而终止

在租赁合同有期限时，期限届满，双方当事人又没有续订租赁合同的，则因租赁合同期限届满，租赁合同终止。

（二）租赁合同当事人的解除而消灭

租赁合同期限虽未届满，但出现法定或约定情形，而由当事人双方或其中一方解除合同的，租赁合同也因此而消失。在租赁合同中，法定解除的情形主要包括：

（1）根据《合同法》第 219 条规定，承租人未按约定的方法或者租赁物的性质使用租赁物，致使租赁物受到损失的，出租人有权解除合同。

（2）根据《合同法》第 224 条规定，承租人未经出租人同意而将租赁物转租的，出租人可以解除合同。

（3）根据《合同法》第 227 条规定，承租人无正当理由未支付或迟延支付租金的，

---

① 郭明瑞、王铁：《合同法新论·分则》，法律出版社 2002 年版，第 106 页。

第十七章 租赁合同

出租人可以要求承租人在合理期限内恢复。承租人逾期不支付的，出租人可以解除合同。

（4）根据《合同法》第231条规定，当租赁物由于不可归责于承租人的事由，部分或全部损毁、灭失，致使合同目的不能实现时，承租人可以解除合同，终止双方当事人间的租赁关系。承租人行使所享有的解除合同的权利，在租赁物的损毁、灭失是可归责于出租人的事由所致时，系违约的救济手段；在租赁物的损毁、灭失是因不可归责于双方当事人的事由所致时，系不可抗力制度作为合同法定解除事由的运用，意在对租赁合同中的租金的风险进行分配。

（5）根据《合同法》第232条规定，当事人对租赁期限没有约定或约定不明确，依照《合同法》第61条的规定仍不能明确的，为不定期租赁。当事人可以随时解除合同，但出租人解除合同时应当在合理期限之前通知承租人。这里应当注意的是，当事人随时解除合同的权利，并非毫无限制。其限制体现在：第一，在其国家和地区的立法上，为稳定房屋承租人的利益，就不定期租赁合同中出租人随时享有解除合同的权利加以限制，使其仅在符合一定要求的情况下，方可享有解除合同的权利。如在德国民法上，房屋的出租人仅在对终止租赁关系有正当利益时，方可对不定期的住房租赁关系发出预告终止租赁合同的通知。我国《合同法》就此未设明文，应经由特别法或司法解释予以补充。第二，出租人行使此项随时解除合同的权利，应当在合理期限之前通知承租人。何为合理期限，我国《合同法》并未设具体的规定，应依情势而定。其国家和地区的立法一般设有明文。第三，所谓随时，亦非毫无限制，仍应顾及诚实信用原则，自起租时仍须经过相当期间，始得解除。

（6）根据《合同法》第233条规定，租赁物危及承租人的安全或者健康的，即使承租人订立合同时明知该租赁物质量不合格，承租人仍然可以随时解除合同。

练习题

一、单项选择题

1. 甲有一房屋欲出租给乙，丙为阻止甲的出租行为，称其愿出高价租用甲的房屋，致使甲乙之间的租赁合同没有订立。随后，丙借故说不租用甲的房屋。此时，甲可以要求丙承担（　　）。

　　A. 擅自解释合同的责任　　　　B. 违约责任
　　C. 缔约过失责任　　　　　　　D. 撤销合同的责任

2. 甲公司将所属设备租赁给乙公司使用。租赁期间，甲公司将用于出租的设备卖给丙公司。根据合同法律制度的规定，下列表述正确的是（　　）。

　　A. 甲公司在租赁期间不能出卖出租设备
　　B. 买卖合同有效，原租赁合同继续有效
　　C. 买卖合同有效，原租赁合同自买卖合同生效之日起终止
　　D. 买卖合同有效，原租赁合同须丙公司同意后方继续有效

3. 甲、乙各以20%与80%的份额共有一间房屋，出租给丙。现甲欲将自己的份额转让，请问下列表述中哪一说法是正确的？（　　）

　　A. 乙有优先购买权，丙没有优先购买权

B. 丙有优先购买权，乙没有优先购买权

C. 乙、丙都有优先购买权，两人处于平等地位

D. 乙、丙都有优先购买权，乙的优先购买权优先于丙的优先购买权

4. 张某于1月租住何某一套房屋，租期一年。半年后何某出国。租期届满，何某并未作任何表示。次年3月何某归来，要求张某立即搬出。下列选项哪个是正确的？（　　）

A. 双方没有续订合同，租赁关系消灭

B. 次年1至3月，双方存在无偿合同关系

C. 次年1月起，原合同应视为续订一年

D. 次年1月起，该合同转变为不定期租赁

5. 租赁合同是（　　）。

A. 双务合同　　　　　　　　B. 无偿合同

C. 无名合同　　　　　　　　D. 为第三人利益订立的合同

二、多项选择题

1. 甲将自己的一套房屋租给乙住，乙又擅自将房屋租给丙住。丙是个飞镖爱好者，因练飞镖将房屋的墙面损坏。下列哪些选项是正确的？（　　）

A. 甲有权要求解除与乙的租赁合同

B. 甲有权要求乙赔偿墙面损坏造成的损失

C. 甲有权要求丙搬出房屋

D. 甲有权要求丙支付租金

2. 甲与乙签订了一份租赁合同，合同约定，如果甲父死亡，则甲将房屋租给乙居住。这一合同的性质应如何认定？（　　）

A. 既未成立，也未生效　　　　B. 已成立，但未生效

C. 是附条件的合同　　　　　　D. 是附期限的合同

3. 某甲将私房3间出租给某乙，租期为2年，在租期内，某甲又与某丙签订了私房3间的买卖合同。下列论述中正确的是：（　　）。

A. 某甲与某丙所签订的合同无效，因为某甲未取得某乙的同意

B. 某甲应当提前三个月通知某乙房屋将要出售

C. 某乙在同等条件下有权优先于某丙购买房屋

D. 如果某丙购得了房屋，则其有权决定原甲乙之间的房屋租赁合同是否继续执行

4. 甲、乙按20%和80%的份额共有1间房屋。2人将房屋出租给丙，丙取得甲和乙的同意后将该房屋转租给丁。现甲欲转让自己的份额。下列哪些项表述是错误的？（　　）

A. 乙、丙有优先购买权，丁无优先购买权

B. 乙、丁有优先购买权，丙无优先购买权

C. 乙、丙、丁都有优先购买权

D. 丙、丁有优先购买权，乙无优先购买权

5. 某工厂与租赁公司签订了租赁合同，约定由租赁公司购买3台机床出租给工厂使用，租期2年，租赁期满，工厂向租赁公司支付全部租金，机床的所有权归工厂。合同签订后，租赁公司即向某机床厂购买了3台机床并交付给工厂使用。工厂在安装这3台机床

过程中发现有质量问题。下列有关表达中哪些是错误的？（　　）

A. 在该租赁关系中，租赁公司、机床厂、工厂均为当事人
B. 在该租赁关系中，只有租赁公司、工厂为当事人
C. 工厂有权要求机床厂对该3台机床的质量问题承担法律责任
D. 工厂有权要求租赁公司对该3台机床的质量问题承担法律责任

三、案例分析题

2005年1月1日，甲与乙口头约定，甲承租乙的一套别墅，租期为5年，租金一次付清，交付租金后即可入住。洽谈时，乙告诉甲屋顶有漏水现象。为了尽快与女友丙结婚共同生活，甲对此未置可否，付清租金后与丙入住并办理了结婚登记。

入住后不久别墅屋顶果然漏水，甲要求乙进行维修，乙认为在订立合同时已对漏水问题提前作了告知，甲当时并无异议，仍同意承租，故现在乙不应承担维修义务。于是，甲自购了一批瓦片，找到朋友开的丁装修公司免费维修。丁公司派工人更换了漏水的旧瓦片，同时按照甲的意思对别墅进行了较大装修。更换瓦片大约花了10天时间，装修则用了一个月，乙不知情。更换瓦片时，一名工人不慎摔伤，花去医药费数千元。

2005年6月，由于新换瓦片质量问题，别墅屋顶出现大面积漏水，造成甲一万余元财产损失。

2006年4月，甲遇车祸去世，丙回娘家居住。半年后丙返回别墅，发现戊已占用别墅。原来，2004年12月甲曾向戊借款10万元，并亲笔写了借条，借条中承诺在不能还款时该别墅由戊使用。在戊向乙出示了甲的亲笔承诺后，乙同意戊使用该别墅，将房屋的备用钥匙交付于戊。

问题：

（1）甲、乙之间租赁合同的期限如何确定？理由是什么？如乙欲解除与甲的租赁合同，应如何行使权利？

（2）别墅维修及费用负担问题应如何处理？理由是什么？

（3）甲、丁之间存有什么法律关系？其内容和适用规则如何？摔伤工人的医药费用、损失应如何处理？理由是什么？

（4）别墅装修问题应如何处理？理由是什么？

（5）甲是否有权请求乙赔偿因2005年6月屋顶漏水所受损失？理由是什么？

（6）丙可否行使对别墅的承租使用权？理由是什么？

（7）丙应如何向戊主张自己的权利？理由是什么？

第十八章

融资租赁合同

📖 教学目的和要求

1. 掌握融资租赁合同的特征；
2. 了解融资租赁合同与类似合同的区别；
3. 融资租赁合同效力的认定；
4. 融资租赁合同双方的权利和义务。

主要内容：融资租赁合同的定义，与相关合同辨析，融资租赁合同的效力，融资租赁合同中租赁物的归属。

自学：与相关合同的区别。

讨论：最高人民法院关于融资租赁合同效力的司法解释。

作业：

1. 简述融资租赁合同中的法律关系；
2. 简述融资租赁合同效力的认定；
3. 简述融资租赁合同中租赁物的归属。

📖 案例引导

某外企金融租赁公司与某市医院签订定期租赁合同，约定由医院出租全自动生化分析仪、血透机、电子胃镜等医疗器械，总租金近 200 万元，租赁期限为 36 个月。该租赁公司后与该市中医院签订了定期租赁合同，约定由租赁公司向中医院出租 CT 机、富士激光相机、高压注射器、图像后处理工作站等医疗器械，租赁期限为 36 个月，租金为 350 余万元。在租赁合同存续期间，该市药监局在检查中发现，该租赁公司未取得《医疗器械经营许可证》，对该租赁公司未取得医疗器械经营许可证而从事医疗器械经营活动作出行政处罚决定。行政处罚决定作出后，该医院以租赁公司未取得相关行政许可为由，起诉到人民法院，要求确定租赁公司签订的融资租赁合同无效。

该租赁公司答辩理由如下：（1）租赁公司持有企业法人营业执照，经营范围明确了其融资租赁业务包括"经营各种先进实用的工程机械、电子仪器、通讯设备、交通运输工具、医疗设备等通用设备的实物租赁业务"，而且没有任何前置或者限制条件。（2）根据《合同法》第 14 章的规定及有关合同内容，租赁公司与医院、中医院之间签订的合同系融资租赁合同，其法律效力并不是买卖合同和租赁合同的简单相加，融资租赁合同的出卖人向承租人而非出租人履行交付标的物和瑕疵担保义务，故区别于买卖合同。融资租赁合同的出租人不负担租赁物的维修与瑕疵担保义务，故不同于租赁合同。对于租赁公司而言，只承担支付标的物价金的义务，只享有收取租金的权利。其行为系融资行为而非经营行为，无需取得《医疗器械经营许可证》。

【分析】本案中，双方争议的焦点即为租赁物的经营许可是否影响融资租赁合同的效力问题。融资租赁公司作为出租人，不直接占有、使用租赁物，如仅以其未取得租赁物经营许可证为由宣告融资租赁合同无效，与融资租赁交易规律不符，不利于维护交易安全。另外，融资租赁公司的经营范围包括了医疗设备的融资租赁业务。《合同法》、《医疗器械监督管理条例》等法律法规既未禁止融资租赁公司从事医疗设备的融资租赁业务，也未明确规定融资租赁公司从事医疗设备的融资租赁业务时需要先行办理《医疗器械经营许可证》方可从事经营活动。故人民法院的判决符合立法本意和交易实际。符合《关于审理融资租赁合同纠纷案件适用法律问题的解释》第3条规定，即根据法律、行政法规规定，承租人对于租赁物的经营使用应当取得行政许可的，人民法院不应仅以租赁物未取得行政许可为由认定融资租赁合同无效。

第一节　融资租赁合同概述

一、融资租赁合同的概念和特征

融资租赁合同，是指当事人之间约定，出租人根据承租人对出卖人、租赁物的选择，向出卖人购买租赁物，提供给承租人使用，承租人支付租金的合同。

融资租赁合同是融资租赁交易的产物。融资租赁交易是第二次世界大战后发展起来的金融、贸易和租赁为一体的新型信贷方式。这种通过租赁进行的融资活动，颇受当事人各方的青睐：就承租人而言，可以经由融资租赁，用较少的资金解决生产所需；就出租人而言，既可获取丰厚的利润，又有较为可靠的债权保障。可见，融资租赁这种交易方式，既灵活又方便，能够适应企业界各种实际需要，提供一般中长期贷款方式所不能提供的独特的融资便利。因而，融资租赁交易在世界范围内，尤其是在经济发达国家，获得了飞速的发展。我国融资租赁业的发展，起步较晚，1981年成立的中日合资企业——中国东方租赁公司，是我国第一家从事融资租赁的企业。但我国的融资租赁业发展迅速，截至目前，融资租赁业已成为我国利用和引进外资的一条重要途径。融资租赁合同具有以下法律特征：

（1）融资租赁合同是由两个合同（买卖合同和融资性租赁合同）、三方当事人（出卖人、出租人（买受人）、承租人）结合在一起有机构成的新型独立合同。这是融资租赁合同的形式特征。融资租赁合同是融资租赁交易的产物，融资租赁合同的主要特征是由融资租赁交易的特殊性决定的。融资租赁交易主要是由两个合同、三方当事人所构成的交易。这两个合同是由融资租赁公司与承租人所签订的融资性租赁合同以及由融资租赁公司与供应商所签订的买卖合同,两个合同在效力上相互交错。

(2) 融资租赁合同是以融资为目的、以融物为手段的合同。这是融资租赁合同的实质特征。这也是融资租赁合同不同于传统租赁合同的重要特征,也是融资租赁合同与买卖、借款等合同的区别之一。

(3) 融资租赁合同中的出租人为专营融资租赁业务的租赁公司。融资租赁合同的出租人,只能是专营融资租赁业务的租赁公司,而不能是一般的自然人、法人或其他组织。这是融资租赁合同主体上的特征。在我国,考虑到融资租赁交易具有融资性,只有经金融管理部门批准许可经营的公司,才有从事融资租赁交易、订立融资租赁合同的资格。

(4) 融资租赁合同为诺成性合同、要式合同。

二、融资租赁合同与类似合同的辨析

在实践中和理论上,由于融资租赁合同中,出租人拥有租赁物的所有权,常常只具有担保的功能,因而融资租赁合同常与保留所有权的分期付款买卖合同发生混淆,下面我们一一阐明其关系,以利于法律的适用。保留所有权的分期付款买卖合同,是指与所有权保留这种担保方式相结合的分期付款买卖合同。详言之,就是指双方当事人约定买受人虽先占有、使用标的物,但在双方当事人约定的特定条件(通常表现为价金的一部或全部清偿)成就之前,出卖人仍保留标的物所有权;待条件成就后,再将所有权移转给买受人的分期付款买卖合同。融资租赁合同与附保留所有权的分期付款买卖合同存在根本区别,具体表现在:

(1) 当事人的交易意图不同。在附保留所有权的分期付款买卖合同中,一方当事人的交易意图是出让标的物的所有权,获取价金,对方当事人的交易意图是支付价金,获取标的物的所有权;而在融资租赁合同中,出租人虽为承租人的使用购买租赁物,但出租人所购买的物件却是归出租人所有,出租人仅将物的使用、收益权利授予了承租人。仅在当事人双方有特别约定的情况下,承租人方可以在租赁期满时,取得租赁物的所有权。

(2) 融资租赁合同的租赁期中承租人无期待权。附保留所有权的分期付款合同作为一种特殊交易制度,有与出卖人之所有权处于相对状态并形成消长关系的买受人的期待权,此买受人的期待权,因买卖合同而成立,并与买卖合同同法律上之命运;其目的在于取得标的物所有权,系取得所有权之前阶段,因条件成就变为所有权,因此,属于物权化的债权或兼具物权与债权两种因素之特殊权利。与此相反,在融资性租赁的整个租赁期间,承租人并无取得租赁物所有权的期待权。

(3) 期间届满后标的物所有权归属不同。保留所有权的分期付款买卖,乃以支付全部价金为移转标的物所有权之延缓条件。一旦条件成就,即买受人支付全部价金,标的物所有权便当然移转于买受人,无需另订协议。而融资租赁合同中,必须有特别约定,承租人方可于租赁期满时取得租赁物的所有权。

(4) 融资租赁合同租金的构成与分期付款买卖合同价金构成不同。

(5) 分期付款买卖合同,应适用法律特别保护消费者利益的规定,融资租赁合同中则无此内容。

三、实务中融资租赁合同关系的认定

实践中,《企业会计准则》有关融资租赁关系的规定常常被用来认定融资租赁关系,《企业会计准则》更注重经济实质,从风险和报酬归属角度来认定。《合同法》则对融资租赁合同的规定侧重于从权利和义务的设定角度认定融资租赁合同,由于认定标准不同,在融资租赁关系认定过程中,两者存在交叉和混同。如租赁关系在法律上属于融资租赁,但由于没有达到科技上的融资租赁的标准(如租期为租赁物使用寿命的70%),在会计上属于经营性租赁。最高人民法院《关于审理融资租赁合同纠纷案件适用法律问题的解释》,明确融资租赁合同属于《合同法》上的有名合同,适用《合同法》总则、分则第14章和《物权法》的相关规定,在认定融资租赁合同性质和效力时不仅应审查合同中当事人双方的权利和义务关系,还要考虑标的物的性质、价值和租金构成等相关因素。对实际不构成融资租赁合同关系的,不宜一律认定合同无效,如果不属于《合同法》规定的有名合同,也不属于《合同法》第52条规定的合同无效的情形,可认定为无名合同,并按照合同约定,确定当事人之间的权利和义务关系。

第二节 融资租赁合同的效力

融资租赁合同的效力,是指生效融资租赁合同所具有的法律约束力。它主要是通过融资租赁合同的各方当事人所享有的权益和所负担的义务来具体体现。考虑到融资租赁合同是由两个合同、三方当事人结合在一起的新型独立合同,对于融资租赁合同效力的考察,将结合这一特征展开。

一、出卖人与出租人之间所订立的买卖合同

一般情况下,该买卖合同应遵循《合同法》在买卖合同中所确立的交易规则。但在以下几个方面,由于融资租赁交易的自身特性,这种买卖合同与通常买卖合同有所不同:

(1)出卖人负有按照约定向承租人(而非作为买受人的出租人)直接交付标的物的义务。

(2)当出卖人不履行合同义务时,根据出租人、出卖人、承租人之间的约定,由承租人行使索赔的权利,承租人行使索赔权利的,出租人应当协助。

(3)就出租人按照承租人要求所订立的买卖合同,未经承租人同意,出租人不得变更与承租人有关的条款。

(4)由于根据约定,出租人得享有与受领标的物有关的买受人的权利,因而,本应由作为买卖合同买受人的出租人所负担的及时检验义务,以及对于拒绝受领标的物的妥善保管义务,也转由承租人负担。

二、出租人与承租人之间所订立的融资性租赁合同

融资性租赁合同,是融资性租赁交易的核心,融资性的租赁合同,从本质上讲,属一种特殊形式的租赁合同,因而一方面,在《合同法》对于该合同未设特别的规定,或该

合同未有特殊的交易惯例时，应遵循《合同法》关于租赁合同所作的一般规定；另一方面，该合同也有与普通租赁合同不同之处：

首先从出租人的角度考察，表现在：

(1) 出租人得享有以下特殊的法律利益：其一，租赁物不符合约定或者不符合使用目的的，出租人不承担违约责任。但承租人依赖出租人的技能确定租赁物或者出租人干预选择租赁物的除外。其二，在承租人占有租赁物期间，租赁物造成第三人的人身伤害或者财产损害的，作为租赁物所有权人的出租人不承担责任。

(2) 融资性的租赁合同中，尽管出租人仍应负担向承租人交付租赁物的义务，但该项义务是由出卖人作为履行交付租赁物义务的履行辅助人来完成的。在出卖人直接向承租人交付标的物时，承租人一方面是在受领租赁物的交付，另一方面也是作为出租人的受领辅助人，辅助完成标的物的所有权人从出卖人向出租人的移转。

再从承租人的角度考察，表现在：

(1) 支付租金的义务。如同在租赁合同中一样，融资租赁合同中的承租人所负担的最主要义务是支付租金。承租人支付租金的义务，以承租人通知出租人收到标的物的通知为生效条件，而不以承租人实际使用租赁物为条件。融资租赁合同中出租人所收取的租金，既不同于一般租赁合同的租金，又不同于买卖合同中标的物的价金。出租人所收取的租金一方面应收回其为购买租赁物所支出的全部或部分费用，另一方面要获取一定的营业利润。就第一项构成，在实践中，主要根据出租人和承租人是如何在租赁合同中约定租赁期间届满时租赁物的归属而定的，如果双方当事人约定，租赁期间届满时，租赁物的所有权即转归承租人所有，那么出租人所收取的租金应包括购买租赁物的全部费用；如果双方当事人约定，在租赁期间届满时，出租人有权收回租赁物或者约定承租人在租赁期限届满时再支付一部分价金即可取得租赁物的所有权时，出租人应收取的租金的构成就只应包括购买租赁物的部分价金。当然，法律的该项规定为任意性规范，得由当事人经由特约予以变更。出租人得收取租金的另一项构成，即利润，应在一合理的限度内，如果约定得过高，承租人得主张显失公平，以维护自己的利益。承租人不按照约定支付租金时，出租人得定合理期限要求承租人支付。经出租人催告，承租人在规定的期限内仍不支付租金的，出租人可采取以下两种救济措施：

第一，请求承租人支付到期和未到期的全部租金。承租人本应依约定按期交付租金，对于未到期的租金，出租人无权请求承租人支付，这是承租人享有的一种期限利益。但是，在承租人不依约定按时交付租金，并且经催告仍逾期交付时，则承租人的期限利益丧失，出租人不仅有权请求承租人支付已到期的租金，而且得请求承租人交付未到期的全部租金。

第二，解除合同，收回租赁物。出租人不选择请求承租人支付全部租金的，得解除合同，收回租赁物，因为出租人对于租赁物享有所有权，出租人的所有权具有担保其租金债权的功能，所以在因承租人一方违约，出租人解除合同时，出租人得收回租赁物。如果当事人已约定租赁期间届满租赁物归承租人所有，承租人已经支付大部分租金，但无力支付剩余租金，出租人因此解除合同收回租赁物的，收回的租赁物的价值超过承租人欠付的租金以及其他费用的，承租人可以要求部分返还。

(2) 在占有租赁物期间承担维修租赁物的义务。与租赁合同不同，融资租赁合同具有较强的融资性，因此在融资租赁合同中，应由承租人，而不是由出租人履行占有租赁物期间的维修义务。

三、融资租赁合同终止时租赁物的归属

与租赁合同一样，融资租赁合同也得基于租赁期限的届满、合同的解除等原因而终止。但就合同终止的原因而言，融资租赁合同与租赁合同有一重大区别：在租赁合同中，如没有特殊约定，一旦租赁物因不可归责于双方当事人的事由归于消灭，租赁合同即终止。在融资租赁合同中，由于租赁物毁损灭失致合同无法继续履行的风险，在当事人没有特别约定时，由承租人负担，因而，即使是租赁物因不可归责于双方当事人的事由而归于消灭，承租人仍应负担支付租金的义务，合同并未终止。这一区别是由融资租赁合同的融资属性所决定的。

（一）《合同法》的规定

在融资租赁期间，出租人对租赁物享有所有权，但在租赁期间届满时，出租人和承租人可以约定租赁期间届满租赁物的归属。对租赁物的归属没有约定或者约定不明确，依照《合同法》第61条的规定仍不能确定的，租赁物的所有权归出租人享有。

融资租赁期间承租人破产的，租赁物不属于破产财产。

（二）司法解释的规定

《关于审理融资租赁合同纠纷案件适用法律问题的解释》第4条规定了融资租赁合同无效时租赁物的归属，即有约定的约定优先；没有约定的，根据《合同法》第58条处理，即融资租赁合同被认定无效，当事人就合同无效情形下租赁物的归属有约定的，从其约定；未约定或者约定不明的，且当事人协商不成的，租赁物应当返还出租人。但因承租人原因导致合同无效，出租人不要求返还租赁物，或者租赁物正在使用，返还出租人后会显著降低租赁物价值和效用的，人民法院可以判决租赁物所有权归承租人，并根据合同履行情况和租金支付情况，由承租人就租赁物进行补偿。

承租人或者租赁物的实际使用人，未经出租人同意转让租赁物或者在租赁物上设立其他物权，第三人依据《物权法》第106条的规定取得租赁物的所有权或者其他物权，出租人主张第三人物权权利不成立的，人民法院不予支持，但有下列情形之一的除外：

（1）出租人已在租赁物的显著位置作出标识，第三人在与承租人交易时知道或者应当知道该物为租赁物的；

（2）出租人授权承租人将租赁物抵押给出租人，并在登记机关依法办理抵押权登记的；

（3）第三人与承租人交易时，未按照法律、行政法规、行业或者地区主管部门的规定在相应机构进行融资租赁交易查询的；

（4）出租人有证据证明第三人知道或者应当知道交易标的物为租赁物的其他情形。

练习题

一、单项选择题

甲乙双方达成一份合同。其要点为：甲方按照乙方指定的型号和技术要求向指定的丙购进一套设备，交付乙方租赁使用，设备所有权属于甲方，乙方按期支付租金，租赁期满，设备仍归甲方所有。按照我国《合同法》的有关规定，该合同属于（　　）。

  A. 租赁合同　　　　　　　B. 融资租赁合同
  C. 买卖合同　　　　　　　D. 租买合同

二、多项选择题

1. 融资租赁合同的内容一般包括（　　）等条款。
  A. 租赁物的名称、数量、规格
  B. 租赁物的技术性能、检验方法
  C. 租赁期限
  D. 租金支付方式

2. 甲、乙、丙签订融资租赁合同，甲根据乙的选择，向丙购买了一台大型设备，出租给乙使用。乙在该设备安装完毕后，发现该设备存在质量瑕疵，不能正常运行。下列表述正确的是（　　）。
  A. 乙可以基于设备质量瑕疵向丙索赔
  B. 乙有权向甲主张违约责任
  C. 乙应当按照约定支付租金
  D. 该设备的维修义务由甲承担

3. 根据《合同法》有关融资租赁合同的规定，下列说法正确的有（　　）。
  A. 融资租赁合同属于涉及三方当事人的合同
  B. 卖方和出租人可以变更买卖合同中与承租人的有关内容，无需经承租人同意
  C. 如果承租人破产，租赁物不属于破产财产
  D. 承租人应当履行占有租赁物期间的维修义务

三、案例分析题

1. 2000年10月，甲融资租赁公司（下称甲公司）与乙公司订立一份融资租赁合同。该合同约定：甲公司按乙公司要求，从国外购进一套花岗岩生产线设备租赁给乙公司使用；租赁期限10年，从设备交付时起算；年租金400万元（每季支付100万元），从设备交付时起算；租期届满后，租赁设备归乙公司所有。为了保证乙公司履行融资租赁合同规定的义务，丙公司所属的丁分公司在征得丙公司的口头同意后，与甲公司订立了保证合同，约定在乙公司不履行融资租赁合同规定的义务时，由丁分公司承担保证责任。

2001年12月，甲公司依约将采购的设备交付给乙公司使用；乙公司依约开始向甲公司支付租金。

2003年3月，甲公司获悉：乙公司在融资租赁合同洽谈期间所提交的会计报表严重不实；隐瞒了逾期未还银行巨额贷款的事实；伪造了大量客户订单。甲公司随即与乙公司协商，并达成了进一步加强担保责任的协议，即：乙公司将其所有的一栋厂房作抵押，作

为其履行融资租赁合同项下义务的担保。为此,甲公司与乙公司订立了书面抵押合同,乙公司将用于抵押的厂房的所有权证书交甲公司收存。

2004年7月,乙公司停止向甲公司支付租金。经甲公司多次催告,乙公司一直未支付租金。甲公司调查的情况显示:乙公司实际已处于资不抵债的境地。

问题:

(1) 甲公司在乙公司停止支付租金后,可否以乙公司存在欺诈行为为由撤销融资租赁合同?请说明理由。

(2) 甲公司是否可以解除融资租赁合同?请说明理由。

(3) 丁分公司是否应当向甲公司承担保证责任?请说明理由。丙公司是否应当向甲公司承担民事责任?请说明理由。

(4) 如果乙公司破产,乙公司向甲公司租赁的设备是否属于破产财产?并说明理由。

2. 2006年4月30日,某租赁公司于某实业公司签订《融资租赁合同》,约定实业公司拟增添根茎脆片CTZ设备,由租赁公司自某机械制造公司购进该设备租给实业公司使用。合同约定租期为5年,自设备交付之日起计算,全部租金总计1100万元,分10期支付,每半年支付一次。合同还约定,实业公司前6期租金以向建行取得贷款支付,实业公司委托建行直接将该贷款按照约定租金数额转到租赁公司账户。合同签订后,租赁公司依约向实业公司选定的供货商购买了CTZ设备,供货商直接交付给实业公司使用。2007年6月,实业公司负责人因向建行贷款时使用虚假担保证明文件,数额较大,被刑事判决认定为贷款诈骗罪。租赁公司为避免进一步损失,向法院提起诉讼,请求确认合同无效,但称租赁物为实业公司选择并使用,对其并无价值,不要求返还租赁物,并要求对租赁物进行折价并赔偿损失。实业公司认可融资租赁合同无效,但称租赁物为租赁公司所有,即使认定合同无效,租赁物也应该返还租赁公司,实业公司无力也不愿折价补偿。

问题:本案租赁物的归属应如何确定?

第十九章

保 管 合 同

教学目的和要求
1. 理解保管合同的基本法律规范;
2. 掌握所学知识,能较好地运用于经济生活和司法实践。

主要内容:保管合同的概念,保管合同的特征,保管合同当事人的权利与义务。

自学:保管合同的特征。

讨论:保管合同当事人的权利与义务。

作业:
1. 保管合同有哪些特点;
2. 试述保管合同的效力。

案例引导

保管物丢失要原价赔偿吗

李小姐去超市购物时,将自己的包存放在超市的保管柜内,购物回来之后却发现自己的柜门已经被打开,自己的包不翼而飞。而自己的包内装有现金贵重首饰等物品共计5000元。她找到超市的经理要求赔偿,经理却说最多只能赔偿300元。

【问题】李小姐可以要求原价赔偿吗?

【分析】《合同法》第375条规定,寄存人寄存货币、有价证券或者其他贵重物品的,应当向保管人声明,由保管人验收或者封存。寄存人未声明的,该物品毁损、灭失后,保管人可以按照一般物品予以赔偿。

因为李小姐并未向保管人说明自己的物品昂贵,那么按照《合同法》的规定,李小姐并不能获得原价赔偿。

第一节 保管合同概述

一、保管合同的概念

保管合同是保管人保管寄存人交付的保管物,并返还该物的合同。保管合同又称为寄托合同、寄存合同。将标的物交付保管的人称为寄存人，为对方保管标的物的人称为保管人。保管合同发端于罗马法，罗马法上称其为寄托。

我国《合同法》对于保管物是动产还是不动产没有规定。有的学者认为，保管合同可以包括不动产。日本民法中的一般寄托包括动产和不动产。我们认为，保管合同的履行不以保管人有特定的保管场所为条件，因此保管物可以包括不动产，比如对房屋的保管。保管物能否移动，对于保管行为来讲，是无关紧要的。保管物一般是特定物，但也可以是种类物，对于消费寄托，保管物就是种类物。保管物可以是"活物"，也可以是死物。

保管合同的法律特征：

（一）保管合同是实践合同

《合同法》第367条规定，保管合同自保管物交付时成立，但当事人另有约定的除外。据此，保管合同原则上是实践合同，仅有保管人和寄存人的合意，合同尚不能成立，须有标的物的交付，合同始成立，当事人之间关于保管的合意，为预约。当事人特约合同签字、盖章时成立，自当允许。保管合同自成立时生效，如旅客将行李交付火车站寄存处寄存，保管人接受保管物后即产生保管责任。

以案说法

孙某驾驶汽车进入某旅店的院内，按院内的"收费停车场"的指示牌进入收费停车场。将车泊放之后，到旅店办理住宿手续。第二天早上，孙某到停车场，发现汽车已经丢失，孙某向法院提起诉讼，要求旅店赔偿。法院判决旅店赔偿9万元人民币。后此案由检察院提起抗诉。抗诉的理由是：其一，旅店所设的收费停车场管理人员不在场，双方之间的合同并未成立；其二，孙某没有交费。

【分析】孙某与旅店就汽车成立了保管合同，保管合同是实践合同，一是双方意思表示要取得一致，二是标的物要交付。孙某是按指示牌进入旅店的收费停车场的，尽管旅店的管理人员当时不在场，但双方仍有意思表示，而且取得了合意。孙某将汽车开进旅店的停车场泊放，旅店即产生保管责任。因为保管合同成立时生效。是否缴费不影响保管合同的成立、生效。孙某与旅店之间成立的是有偿保管合同，如果停车场注明的是"免费停车场"，仍应视为有偿保管合同，因为保管费用已经计入住宿费之中了。

（二）保管合同可以是无偿合同，也可以是有偿合同

《合同法》第366条规定，寄存人应当按照约定向保管人支付保管费。当事人对保管费没有约定或者约定不明确，依照本法第61条的规定仍不能确定的，保管是无偿的。按照此条规定，保管合同原则上是无偿的，如果是有偿的，则需要当事人约定；如无约定或者约定不明确，则应按照《合同法》第61条的规定进行补缺性解释；按第61条仍不能确定的，推定为无偿。这是因为，保管通常具有互助的性质。

（三）保管合同可以是双务合同，也可以是单务合同

对保管合同是双务合同还是单务合同，学者有不同的观点。有偿的保管合同，都是双务合同，而且是典型的双务合同。无偿保管合同中，寄存人不承担任何义务的，为单务合同。在无偿的保管合同中，寄存人需要支付必要费用（应当是指保管人为保管标的物实际支付的费用，不包括报酬的），为不真正双务合同。比如，无偿合同的保管人购买了500元的干燥剂为寄存人保管物品，尽管是无偿合同，寄存人仍要支付给保管人500元。这500元不是作为对价存在的，纯粹是为自己利益产生的费用，因此这个无偿保管合同是不真正双务合同。

第二节　保管合同当事人的权利和义务

一、保管人的主要义务和权利

（一）给付保管凭证的义务

《合同法》第368条规定，寄存人向保管人交付保管物的，保管人应当给付保管凭证，但另有交易习惯的除外。保管凭证是保管人开具的，证明收到保管物，以及证明当事人之间存在保管合同关系的单据。从习惯上看，具有互助性质的无偿、小额保管合同，保管人一般不给寄存人开出单据，这也是允许的。

（二）妥善保管的义务

《合同法》第369条规定，保管人应当妥善保管保管物。当事人可以约定保管场所或者方法。除紧急情况或者为了维护寄存人利益的以外，不得擅自改变保管场所或者方法。

妥善保管保管物，是保管人的基本义务。何谓妥善保管？一般认为，有偿保管合同的保管人对保管物应尽善良管理人的注意义务；无偿保管合同的保管人对保管物应尽与保管自己所有的物的同样注意义务。

保管期间，因保管人保管不善造成保管物毁坏、灭失的，保管人应当承担损害赔偿责任，但保管是无偿的，保管人证明自己没有重大过失的，不承担损害赔偿责任。

除了善良管理人的注意义务，保管人还不能擅自变更保管的场所和方法，如以冷藏的方法保存食品，应为常温3个月，冷藏6个月。

如果保管人为了避免保管物受到损失，更换保管地，但是更换后发生了不可抗力，保管物毁损或灭失了，责任应如何确定？保管人是为了避免保管物受损失而更换保管地的，保管人没有过错（保管合同适用过错责任原则），因此，保管人不承担责任。

（三）亲自保管的义务

《合同法》第371条规定，保管人不得将保管物转交第三人保管，但当事人另有约定的除外。保管人违反前款规定、将保管物转交第三人保管，对保管物造成损失的，应当承

担损害赔偿责任。因为，保管合同存在着特殊信任关系，是基于寄存人对保管人特殊信任的基础上，产生的法律关系。转交第三人保管破坏了这种信任。转交第三人，造成损害，保管人有赔偿责任；没有损害自然不赔。在第三人处保管时因不可抗力造成的损害，保管人原则上不免责。

有观点认为，保管人对寄存人承担损害赔偿的要件有两个，一是保管人有将保管物交给第三人的行为，二是保管物在第三人保管时发生毁损、灭失的情况，只要具备以上两个要件，保管人就要承担赔偿责任，而不管保管人、第三人对保管物的毁损、灭失是否有过错。但实际上不是这样。保管人丧失保管能力时，为了保护寄存人的利益，可以交给第三人保管。此种情况可参照《合同法》第 400 条规定处理。

（四）不使用保管物的义务

《合同法》第 372 条规定，保管人不得使用或者许可第三人使用保管物，但当事人另有约定的除外。使用不是保管的目的，且容易造成保管物的磨损或者损害，但在消费寄托的情况下可以使用（参照《合同法》第 378 条）。

（五）权利危险时的返还和通知义务

《合同法》第 373 条规定，第三人对保管物主张权利的，除依法对保管物采取保全或者执行的以外，保管人应当履行向寄存人返还保管物的义务。第三人对保管人提起诉讼或者对保管物进行扣押的，保管人应当及时通知寄存人。

（六）返还保管物及孳息的义务

《合同法》第 377 条规定，保管期间届满或者寄存人提前领取保管物的，保管人应当将原物及其孳息归还寄存人。

所谓孳息，是指原物产生的物。我们认为，保管物产生的孳息可以包括法定的孳息，但主要是指天然孳息。因为保管人取得的法定孳息，一般是基于委托关系，若寄存人不委托，则保管人只能依占有取得天然孳息，无从取得法定孳息。

返还保管物有一例外，即在消费保管的情况下，可以不返还原物。消费保管合同又称为消费寄托合同、变例寄托合同，是指保管人取得保管物的所有权，届期以替代物返还的保管合同。罗马法上的寄托，包括一般寄托中的特殊寄托。特殊寄托中又包括变例寄托。变例寄托是指以代替物为标的物，受寄人得消费该物，并以同种类、同品质、同数量的物返还的寄托。

《合同法》第 378 条规定，保管人保管货币的，可以返还相同种类、数量的货币。保管其他可替代物的，可以按照约定返还相同种类、品质、数量的物品。货币以外的可替代物，须有专门约定，才能替代返还。

货币保管与货币借贷不同，与储蓄的目的不同。保管人使用保管的货币，不必举证是否使用。

货币以外的可替代物的保管，与可替代物的消费借贷不同。可替代物的消费借贷，是指出借人将一定数量的货币或其他实物交给借用人使用，借用人于约定期限返还同量、同质、同类实物的合同。

（七）保管人的留置权及排除

《合同法》第380条规定，寄存人未按照约定支付保管费用以及其他费用的，保管人对保管物享有留置权，但当事人另有约定的除外。"其他费用"一般是指无偿保管合同中的费用，无偿保管合同也可以成立留置权。

以案说法

某村民委员会让村民乔某保管500袋小麦（价值5万元），约定为无偿保管。在保管期间，逢连绵细雨天气，为采取防潮措施，乔某花去300元。村民委员会取面粉的时候拒绝支付300元，理由是保管是无偿的。乔某遂扣留500袋小麦。

【问题】乔某能否成立留置权？

【分析】根据《合同法》第380条的规定，无偿保管合同也可以成立留置权。《担保法》第85条规定，留置的财产为可分物，留置物的价值应当相当于债务的金额。因此，乔某把所有小麦都留置是错误的，应当留置相应的部分。

二、寄存人的义务

（一）按期支付保管费的义务

《合同法》第379条规定，有偿的保管合同，寄存人应当按照约定的期限向保管人支付保管费。当事人对支付期限没有约定或约定不明确的，依照本法第61条的规定仍不能确定的，应当在领取保管物的同时支付。对于支付保管费的期限，应当由当事人约定，当事人对支付期限没有约定或者约定不明确的，依法应当同时履行。同时履行可产生《合同法》第66条规定的同时履行抗辩权。

（二）告知义务

《合同法》第370条规定，寄存人交付的保管物有瑕疵或者按照保管物的性质需要采取特殊保管措施的，寄存人应当将有关情况告知保管人。寄存人未告知，致使保管物受损失的，保管人不承担损害赔偿责任；保管人因此受损失的，除保管人知道或者应当知道并且未采取补救措施的以外，寄存人应当承担损害赔偿责任。该条规定的告知义务是预先告知义务，视具体情况，应当于交付保管物前告知或者交付保管物时告知。

保管物有瑕疵，应当是指保管物的隐蔽瑕疵，保管物有表面瑕疵但被包装物覆盖时，视为有隐蔽瑕疵。如交付保管的动物有传染病，交付保管的巨型广告钢铁支架的焊缝有肉眼难以发现的断裂等，都应当认为是有隐蔽瑕疵。有隐蔽瑕疵的保管物是需要采取特殊保管措施的物品。按照保管物的性质需要采取特殊保管措施的物品包括需冷藏、需通风的物品，易燃、易爆、易腐蚀的物品等；重要的文物、动物也是需要采取特殊保管措施的物品。

寄存人将有关情况告知保管人，体现了对自己利益的保护，同时也防止了对保管人利益的侵害。比如，寄存人将一头患传染病的牛交给保管人保管，如果不将牛患传染病的情况告知保管人，不但该牛得不到特殊照顾，还可能使保管人自己的牛也被传染。

寄存人未履行法定告知义务，致使保管物毁损、灭失的，保管人不承担损害赔偿责任。应当注意，未告知与毁损、灭失之间须有因果关系，保管人才不承担责任。

寄存人未履行法定告知义务，致使保管人受到损失的，寄存人应当承担损害赔偿责任。应当注意两点：（1）未告知与损失有因果关系，寄存人才承担责任；（2）保管人知道或者应当知道寄存人交付的保管物有瑕疵或者按照保管物的性质需要采取特殊保管措施而未采取补救措施的，寄存人免责。

（三）寄存贵重物品的声明义务

《合同法》第375条规定，寄存人寄存货币、有价证券或者其他贵重物品的，应当向保管人声明，由保管人验收或者封存。寄存人未声明的，该物品毁损、灭失后，保管人可以按照一般物品予以赔偿。审判实践中，经常把手机当做贵重物品，其实手机在城市已经相当普及，一般不当做贵重物品对待。

（四）保管人的损害赔偿责任和法定的轻过失免责

《合同法》第374条规定，保管期间，因保管人保管不善造成保管物毁损、灭失的，保管人应当承担损害赔偿责任，但保管人无偿的，保管人证明自己没有重大过失的，不承担损害赔偿责任。

应当注意以下两点：（1）保管不善是过错责任。不可抗力致使保管物毁损、灭失的，保管人不承担责任。（2）无偿保管合同的保管人轻过失免责。无偿保管是助人行为，体现了良好的道德观念，为了鼓励这种行为，维护既有的道德观念，对无偿付出的人的责任要宽松一些。

以案说法

某大学学生李某将价值1万元的手提电脑交给同宿舍的同学周某保管，并约定周某可以使用。一天，周某使用后锁门外出，门被撬开，手提电脑被偷走。

【问题】周某应否承担赔偿责任？

【分析】周某有权使用保存的电脑，不能视为是报酬的表现形式。周某与李某之间是无偿保管合同。周某没有重大过失。无偿保管合同，轻过失免责。如果周某使用后未锁门，则有重大过失，就应当赔偿。

练习题

一、单项选择题

1. 贾某因装修房屋，把一批古书交朋友王某代为保管，王某将古书置于床下。一日，王某楼上住户家水管被冻裂，水流至王某家，致贾某的古书严重受损。对此，下列说法哪一个是正确的？（　　）

A. 王某具有过失，应负全部赔偿责任
B. 王某具有过失，应给予适当赔偿
C. 此事对王某而言属不可抗力，王某不应赔偿
D. 王某系无偿保管且无重大过失，不应赔偿

2. 关于保管合同，下列哪一选项是正确的？（   ）
A. 保管合同是实践合同   B. 保管合同是有偿合同
C. 保管合同是有名合同   D. 保管合同是格式合同

3. 旅客韩某投宿某饭店，办好住宿手续后，将一只装有 3 万元现金和其他物品的密码箱寄存在饭店的服务总台。当班服务员清点了物品。第二天下午，韩某凭取物牌去取密码箱，发现已被他人领走，韩某要求饭店赔偿全部损失，饭店拒绝。遂起纠纷。对此案的正确处理结果是（   ）。
A. 保管合同成立，饭店应赔偿韩某全部损失
B. 保管合同成立，饭店应承担主要损失，韩某个人承担部分损失
C. 保管合同不成立，饭店酌情给予韩某补偿
D. 保管合同无效，饭店酌情给予韩某补偿

4. 下列合同中用采取书面形式的是（   ）。
A. 技术转让合同   B. 买卖合同
C. 租赁合同   D. 保管合同

5. 关于保管合同的特征，下列哪一选项是错误的？（   ）
A. 保管合同是实践合同
B. 保管合同可以是无偿合同，也可以是有偿合同
C. 保管合同可以是双务合同，也可以是单务合同
D. 仓储合同属于保管合同

二、多项选择题

1. 甲因出国，将自家一幅名人字画委托好友乙保管。在此期间，乙一直将该字画挂在自己家中欣赏，来他家的人也以为这幅字画是乙的，后来乙因做生意急需钱，便将该幅字画以 3 万元价格卖给不知情的丙。甲回国后，发现自己的字画在丙家中。下列有关该事件的判断中哪些是正确的？（   ）
A. 乙与丙之间的买卖合同属于无效合同
B. 乙与丙之间的买卖合同属于效力未定合同
C. 应保护甲对该幅字画享有的所有权
D. 应保护丙对该幅字画享有的所有权

2. 寄存人的主要义务有哪些？（   ）
A. 支付报酬   B. 告知义务
C. 贵重物品声明   D. 放弃孳息取得权

3. 保管人的义务有哪些？（   ）
A. 危险告知义务   B. 不得使用保管物
C. 保管义务   D. 返还保管物及孳息

4. 根据保管合同的性质，下列哪些选项是错误的？（　　）
   A. 保管合同是无偿合同　　　　　　　B. 保管合同是单务合同
   C. 保管合同是格式合同　　　　　　　D. 保管合同是有名合同
5. 关于保管合同和仓储合同，下列哪些选项是错误的？（　　）
   A. 二者都是有偿合同
   B. 二者都是实践性合同
   C. 寄存人和存货人均有权随时提取保管物或仓储物而无需承担责任
   D. 因保管人保管不善造成保管物或仓储物毁损、灭失的，保管人承担严格责任

三、案例分析题

赵某孤身一人，因外出打工，将一祖传古董交由邻居钱某保管。钱某因结婚用钱，情急之下谎称该古董为自己所有，卖给了古董收藏商孙某，得款 10000 元。孙某因资金周转需要，向李某借款 20000 元，双方约定将该古董押给李某，如孙某到期不回赎，古董归李某所有。在赵某外出打工期间，其住房有倒塌危险，因此房与钱某的房屋相邻，如该房屋倒塌，有危及钱某房屋之虞。钱某遂请施工队修缮赵某的房屋，并约定，施工费用待赵某回来后由赵某支付。房屋修缮以后，因遇百年不遇的台风而倒塌。年末，赵某回村，因古董和房屋修缮款与钱某发生纠纷。

问题：

（1）钱某与孙某之间的买卖合同效力如何？为什么？
（2）孙某能否取得该古董的所有权？为什么？
（3）孙某将古董当给李某，形成何种法律关系？
（4）孙某与李某之间约定孙某到期不回赎，古董归李某所有，该约定效力如何？为什么？
（5）钱某请施工队加固赵某的房屋，这一事实在钱某和赵某之间形成何种法律关系？
（6）若赵某拒绝向施工队付款，施工队应向谁请求付款？为什么？
（7）赵某对钱某擅自出卖古董之行为，可提出何种之诉？

第二十章

仓储合同

📝 教学目的和要求

1. 掌握仓储合同的概念、法律特征;
2. 掌握仓单的概念、内容,理解仓单的性质;
3. 掌握仓储合同的效力;
4. 区别仓储合同与保管合同。

主要内容:仓储合同,仓单。

自学:质权、留置权,参见《物权法》。

讨论:仓储合同与保管合同的区别。

作业:

1. 简述仓储合同的法律特征;
2. 什么是仓单,仓单上一般记载哪些内容;
3. 仓储合同中保管人有哪些义务;
4. 简述仓储合同中存货人的义务。

📝 案例引导

2014年9月15日,保盛建筑公司与红星仓库签订一份仓储合同。合同约定:由红星仓库提供1号仓库为保盛建筑公司储存钢材100吨,储存时间自2014年11月1日至2015年4月30日,储存费用为5万元,任何一方违约,均按储存费用的20%支付违约金。合同签订后,红星仓库开始清理1号仓库,并拒绝了之后其他公司在1号仓库的存货请求。2014年10月25日,保盛公司书面通知红星仓库,因钢材价格过高,保盛公司未购买相当数量的钢材,不再需要存放于红星1号仓库,双方所签订的仓储合同终止履行。红星仓库回复保盛公司:同意终止履行仓储合同,但保盛公司应支付合同约定的违约金1万元。保盛公司以尚未储存货物,合同未生效为由拒付违约金。红星仓库诉至法院,请求判令保盛公司支付违约金1万元。

【问题】保盛公司未交存约定的钢材是否属于违约行为,保盛公司应否支付违约金?

【分析】判断保盛公司是否需要承担违约责任的关键在于保盛公司与红星仓库所签订的仓储合同是否已经生效,即仓储合同是诺成合同还是实践合同。根据《合同法》第382

条的规定，仓储合同自成立时生效。因此，仓储合同属于诺成合同。当保盛公司与红星仓库达成合意签订合同之时，该仓储合同已依法成立并生效，双方当事人均受该仓储合同效力约束。红星仓库清理了1号仓库并拒绝其他公司的存货请求，为履行该仓储合同做了充分准备。保盛公司应于合同约定的时间将约定的货物入库储存，但保盛公司没有履行仓储合同，单方终止仓储合同，造成红星仓库空仓损失。保盛公司的行为为违约行为，应按合同约定支付违约金1万元。

第一节　仓储合同概述

一、仓储合同

（一）仓储合同的概念

仓储合同，是指保管人储存存货人交付的仓储物，存货人支付仓储费的合同。在仓储合同关系中，存入货物的一方是存货人，保管货物的一方是保管人（或称仓储人），交付保管的货物为仓储物。仓储是利用仓库存放、储存各类物品的行为。仓储业务是专为他人储藏、保管货物的商业活动，它对于加速货物流通、减少货物损耗、提高经济效益具有重要意义。仓储业务以仓库营业为主要表现形式。仓库营业是现代化大生产和国际、国内商品流转中一个不可或缺的环节，商品的储存、运输，原辅材料的采购中转等，都必须有仓库营业服务。

《合同法》在第19章保管合同之后，将仓储合同作为独立的合同类型规定于第20章。此章共有15个条文（第381~395条），确立了仓储合同本身的原则与规则，规定了仓储合同的概念、成立、仓单、仓储合同保管人和存货人的义务等内容。法律单独规定仓储合同，对于规范仓储业务具有重要意义。但就仓储合同的性质而言，仓储合同是保管合同的一种具体类型，因此，《合同法》第395条规定，仓储合同没有规定的，适用保管合同的有关规定。这说明我国既考虑到仓储合同与保管合同的相似性，也注重其特殊性。

（二）仓储合同的法律特征

仓储合同除具有一般保管合同的特征外，还具有其自身显著的法律特征：

1. 仓储人是具有仓储设备且专门从事仓储保管业务的人

仓储设备即用于储存和保管仓储物的必要设施，如仓库。仓储合同关系的主体具有特殊性，即仓储人须是经工商行政管理机关依法核准登记的专门从事仓储业务的经营性组织，这是仓储合同区别于一般保管合同的重要特征之一。《合同法》没有对仓储人的资格作出特别规定，但其他相关法规有针对某些特殊仓储物的仓储人资格的专门规定，例如《粮油仓储管理办法》（2009年12月）就对粮油仓储经营资格进行了特别规定。

2. 仓储合同的标的物只能是动产

仓储的功能主要是储藏，即仓储人利用仓储设备为存货人保管物品，因此存货人交付仓储人保管的物品须是能够移动、能够存放于仓库的物品，该物品限于动产，不动产无法成为储藏与保管的对象。而一般保管合同中，保管的对象可以是动产，也可以是不动产。另外，与一般保管合同的标的物相比，仓储物一般是大宗商品，储存量大，价值也较大。

3. 仓储合同是诺成合同

《合同法》第 382 条规定的"仓储合同自成立起时生效"，明确了仓储合同为诺成性合同，而一般保管合同是实践性合同，这是仓储合同区别于一般保管合同的又一显著特征。法律规定仓储合同为诺成合同，是为了更好地保护双方当事人的利益。对仓储人而言，仓储合同成立后，仓储人为了提供仓储服务，需要耗费一定的人力、物力、财力为履行合同做必要准备，如准备特定的仓储空间、对保管人员进行特定物品保管培训、招聘特定的保管人员等，若存货人反悔不储存物品，必然导致仓储人遭受损失。对存货人而言，在仓储合同成立后，仓储人就应依约为其提供相应的储存空间和仓储服务，若存货人交付物品时，仓储人仍无法提供必要的空间，或者提供的仓储服务不符合约定，则可能造成存货人损失，甚至使物品因得不到相应的储存服务而毁损灭失。若法律将仓储合同规定为实践合同，则意味着在物品未实际交付仓储人前，仓储合同尚未生效，无论哪一方当事人反悔，另一方都得不到合同的救济与保护，只能依缔约过失责任请求赔偿，当事人受损失的风险大大增加。而将仓储合同规定为诺成性合同，则法律效果不同，当存货人与仓储人意思表示达成一致时，合同即成立并生效，双方当事人均受合同效力约束，若存货人未依约交付物品，或者仓储人未提供相应的仓储服务，受损失方即可依违约责任获得赔偿。违约责任显然比缔约过失责任更能保护受损失方的合法利益。法律对仓储合同诺成性的规定，实际上要求当事人对于仓储合同的成立做出慎重、负责的意思表示，以保障商事交易的稳定性和可预期性。

4. 仓储合同是双务、有偿、不要式合同

仓储营业的营利性决定了仓储合同的有偿性，而一般保管合同原则上是无偿的。在仓储合同关系中，双方当事人互负给付义务，即仓储人承担储存、保管仓储物的义务，存货人承担支付仓储费和其他费用的义务。因此，仓储合同是双务、有偿合同。关于仓储合同是要式合同或是不要式合同，学界有不同观点。主张要式合同的学者认为，仓储合同应当采取书面形式，仓单就是仓储合同的表现形式。但通说认为，仓单并非合同的形式，只是提取仓储物的凭证，签发仓单不是合同成立的条件，《合同法》也未规定仓储合同的成立需要采用特定的形式，因此仓储合同应是不要式合同。

5. 存货人主张货物已交付或者提取仓储物均以仓单为凭证

仓储合同关系中，存在仓单的签发与流转问题。仓单是仓储人在收到仓储物时，向存货人签发的、表示收到一定数量仓储物的凭证。存货人交付仓储物时，仓储人应给付仓单，仓单是仓储合同关系存在的证明。仓单属于有价证券，是一种记名的物权证券。仓单可以进行流转，持有仓单就相当于享有权利。存货人凭仓单提取仓储物，也可以通过背书并经仓储人签字或盖章的方式转让提取仓储物的权利。而一般保管合同关系中，没有仓单的签发，更没有仓单的流转问题。

(三) 仓储合同的成立

仓储合同属于诺成合同，一经双方当事人合意，即告成立并生效。因《合同法》没有要求仓储合同须采取特定的形式，故仓储合同属于不要式合同，合同条款由存货人与保管人双方协商一致而订立。结合我国仓储业实践，仓储合同的主要条款应包括：(1) 双方当事人的名称和住所；(2) 合同签订的时间、地点；(3) 标的物的名称、种类、数量、质量、规格、包装情况；(4) 标的物验收的内容、标准、方式；(5) 仓储保管条件和要求；(6) 标的物入库的手续、时间、地点、运输方式；(7) 标的物的损耗标准和损耗处理；(8) 计费项目、标准和结算方式；(9) 保管期限；(10) 合同的变更和解除的条件及法律责任；(11) 违约责任；(12) 争议解决方式；(13) 当事人认为需要约定的其他事项。

二、仓单

(一) 仓单的概念与性质

因仓储合同为不要式合同，为保护存货人利益，证明仓储合同已成立，明晰双方当事人的权利义务，《合同法》第 385 条规定，存货人交付仓储物的，保管人应当给付仓单。所谓仓单，是仓储人在收到仓储物时，向存货人签发的、表示收到一定数量仓储物的凭证。仓储人签发仓单须以收到仓储物为前提，如果存货人未依约交付仓储物，则仓储人不会签发仓单。仓单上依法记载了相应的保管事项，例如存货人名称，仓储物品种、数量、质量，储存期间，仓储费，等等。仓单既是存货人已向仓储人交付仓储物的证明，也是仓单持有人将来要求提取仓储物的凭证。

仓单的性质体现在以下方面：

1. 仓单是一种物权证券

物权证券是以物权为证券权利内容的证券。仓单是仓储物所有权的凭证，根据指示交付规则，仓单的交付产生物权变动的效果。仓单发生转移，仓储物的所有权也发生转移；仓单上所载仓储物所有权的移转，须通过移转仓单才能产生效力。《合同法》第 387 条规定，存货人或者仓单持有人在仓单上背书并经保管人签字或者盖章的，可以转让提取仓储物的权利。据此，仓单持有人有权通过背书的方式转让仓单，移转仓储物所有权，但该转让须经保管人签字或盖章，以防止出现仓单的伪造与涂改，确保仓单真实性及仓单利益。

2. 仓单是一种要式证券

《合同法》第 386 条规定，保管人应在仓单上签字或者盖章，并明确了仓单上应有的法定记载事项，例如仓储物的品种、数量、质量、储存期间、储存场所、仓储费等。因此仓单属于要式证券，仓单的制作应严格遵行法律规定的形式。

3. 仓单是一种文义证券

文义证券，是指当事人之间的权利义务关系，根据证券上所记载的事项确定。即使证券上的记载与当事人的真实意思不符，也以证券记载的内容为准。[①] 因此，仓储保管人、

[①] 参见郑玉波：《民法债编各论》(下)，台北三民书局 1981 年版，第 559 页。

存货人及仓单持有人的权利、义务,均以仓单的记载为准。

4. 仓单是一种证权证券

证权证券是证明既存权利的证券,不同于设权证券。设权证券的签发本身创设了权利,例如签发票据导致票据权利的产生。仓单是保管人收到仓储物时签发给存货人的凭证,它只是证明仓储合同关系的存在及记载相应的合同内容,并非是创设合同权利。因为仓储合同是诺成合同,在仓单签发之前,仓储合同关系已经存在,当事人所享有的权利也已存在,所以仓单是证权证券。①

5. 仓单是一种自付证券

自付证券,是指由签发证券的人自己履行给付义务的证券。自付证券不同于指示证券,指示证券是签发证券的人指示他人履行给付义务的证券。仓单是由保管人自己填发,且由保管人自己履行给付义务,因此属于自付证券。②

(二)仓单的内容

《合同法》第386条规定了仓单的法定记载事项,并规定保管人应当在仓单上签字或者盖章。这是仓单发生法律效力的必备条件,同时也保障了仓单的真实性。具体而言,仓单内容包括下列事项:

(1)存货人的名称或者姓名和住所。此为原始物权人的记载。存货人是自然人的,应当记载其姓名和住所;存货人是法人或其他组织的,应当记载其名称、营业所在地和住所地。

(2)仓储物的品种、数量、质量、包装、件数和标记。仓单是物权证券,必须通过记载这些内容,将仓储物特定化、明确化,确定其经济价值,以便当事人行使权利。

(3)仓储物的损耗标准。仓储物可能在储存过程中发生自然损耗,例如一些易挥发的物品会发生重量或品质的改变。确定损耗标准,可以确定损耗的发生是保管不善所致还是物品自然损耗结果,避免纠纷的发生。

(4)储存场所。保管人提供仓储服务须有适合保管存货人物品的储存空间和保管条件,明确储存场所利于存货人了解物品储存环境,也便于仓单持有人确定提取仓储物的地点。

(5)储存期间。仓储合同双方当事人可以约定仓储物的保管期间,期间届满,存货人即负有提取仓储物的义务。储存期间属于非必要的法定记载事项,没有约定储存期间或约定不明确的,不影响仓单本身的效力,存货人或仓单持有人可凭仓单随时提取仓储物,保管人也可随时要求存货人或仓单持有人提取仓储物。

(6)仓储费。仓储费是仓储保管人提供仓储服务所应获得的报酬,存货人应按照合同约定的时间、地点、支付方式等给付仓储费。

(7)仓储物已经办理保险的,其相应的保险金额、期间以及保险人的名称。仓储物的价值量一般较大,为防止意外,存货人或保管人可能已经投保。在仓单上详细记载仓储

---

① 参见林诚二:《民法债编各论》(中),中国人民大学出版社2007年版,第287页。
② 参见黄和新:《中国合同法论》,南京师范大学出版社2008年版,第429页。

物的投保情况，以明确仓单持有人享有的保险利益。

（8）填发人、填发地和填发日期。填发日期是仓单的生效日期。

第二节　仓储合同的效力

一、保管人的义务

（一）入库验收义务

根据《合同法》第384条规定的"保管人应当按照约定对入库仓储物进行验收"，保管人负有入库验收义务。保管人应当按照合同约定接收存货人交付储存的物品，并在物品入库前对物品进行验收。验收，就是保管人对物品的品种、数量、质量等进行查验，确定是否和合同的约定相符。验收的方式依法律规定、交易习惯或当事人的约定，可以采取实物验收的方式，也可以采取抽样验收的方式。保管人验收时发现入库物品与约定不符的，应当及时通知存货人，并有权拒收货物。若保管人未按合同规定的验收项目、方法、期限等进行验收，或验收不准确，应赔偿由此造成的损失。保管人验收保管物具有保存证据的作用。物品验收时，保管人未提出异议，视为存货人交付的物品符合合同约定的条件。物品验收入库后处于保管人的直接控制之下，保管人须负相应的保管责任，若将来发生仓储物的品种、数量、质量不符合约定的情况，则由保管人承担损害赔偿责任。

（二）给付仓单义务

根据《合同法》第385条规定的"存货人交付仓储物的，保管人应当给付仓单"，保管人负有给付仓单义务。仓单是仓储人在收到仓储物时，向存货人签发的、表示收到一定数量仓储物的凭证。保管人对入库物品进行验收后，若物品符合合同的约定，即应签发仓单给存货人。注意，仓储合同是诺成合同，给付仓单，只表明仓储人收到物品，不表明合同从这一时点才开始生效。仓储合同从签订之时就开始生效，但直到仓储人出具仓单之前，都仅是对合同履行所做的准备，包括送货、验货、收货等，只有等仓储人向存货人出具了仓单，才表明合同正式进入履行阶段，合同的主义务，即保管货物的义务才开始履行。①

（三）妥善保管义务

根据《合同法》第381条规定的"仓储合同是保管人储存存货人交付的仓储物"，保管人负有的最基本的义务就是妥善保管义务。对仓储物的储存条件和保管要求，法律法规有具体规定或仓储合同有明确约定的，保管人应严格按照规定或约定管理仓储物，使仓储物处于完好状态。储存期间，因保管人保管不善造成仓储物毁损、灭失的，保管人应承担损害赔偿责任。对于储存易燃、易爆、有毒、有腐蚀性、有放射性等危险物品的，保管人

---

① 参见王利明：《合同法分则研究》（上卷），中国人民大学出版社2012年版，第597页。

应当具备相应的保管条件，依照法律规定或合同约定的要求操作和储存。保管人应亲自保管仓储物，不得擅自将仓储物转交第三人保管。存货人是基于对保管人的设施、专业技能和经验的信赖，将物品交付保管人储存，若允许保管人转交第三人保管，则存货人的信赖利益落空，且可能会加大仓储物毁损、灭失的风险。因此，除存货人同意转交第三人保管外，保管人应亲自保管仓储物。

《合同法》第394条规定，储存期间，因保管人保管不善造成仓储物毁损、灭失的，保管人应当承担损害赔偿责任。所谓保管不善，是指保管人没有尽到仓储保管人应有的注意义务来保管仓储物，例如未提供相应的保管设备、未针对特殊的仓储物采取特殊的保管措施等。一般而言，仓储保管人的注意义务高于一般保管合同中保管人的注意义务。因为仓储人所从事的保管活动具有专业性，且仓储费往往高于一般保管的保管费，所以仓储人应尽的注意义务应超过一般保管人的标准，即应在善良管理人的基础上再加上仓储行业通常水平的标准。[①] 当然，若因仓储物的性质、包装不符合约定或者超过有效储存期造成仓储物变质、损坏的，保管人不承担损害赔偿责任。

（四）允许存货人或仓单持有人检查仓储物或提取样品的义务

《合同法》第388条规定，保管人根据存货人或者仓单持有人的要求，应当同意其检查仓储物或者提取样品。该项义务又称为容忍义务。存货人将物品交付保管人储存后，为了解仓储的安全状况、仓储物现状等，有权要求检查仓储物或提取样品，保管人应当允许并配合。存货人或仓单持有人何时可以进行何种程度的检查，由双方当事人进行约定，或者根据仓储的状况及交易习惯确定。

（五）通知和催告义务

《合同法》第389条规定，保管人对入库仓储物发现有变质或者其他损坏的，应当及时通知存货人或者仓单持有人。常见的需要通知的情形例如仓储物发生异状，仓储物数量减少或价值减损，仓储物包装破损可能致仓储物毁损，第三人对仓储物主张权利致仓储物被扣押等。仓储保管人应及时将仓储物的危险状况通知存货人或仓单持有人，以使其尽早采取相应措施，避免发生更大的损失。

《合同法》第390条规定，保管人对入库仓储物发现有变质或者其他损坏，危及其他仓储物的安全和正常保管的，应当催告存货人或者仓单持有人作出必要的处置。当保管人发现仓储物变质或其他损坏，情况较为严重，危及其他仓储物的安全和正常保管，就应适用催告程序，催告存货人或者仓单持有人作出必要的处置或处置的指示。但若情况紧急，保管人可以作出必要的处置，但事后应当将该情况及时通知存货人或者仓单持有人。所谓情况紧急，是指保管人无法通知存货人，或者保管人必须立即采取措施以避免其他仓储物毁损的情形。所谓必要的处置，应以消除对其他仓储物的危险和维持正常保管为限。

[①] 参见王利明：《合同法分则研究》（上卷），中国人民大学出版社2012年版，第599页。

（六）返还仓储物的义务

当事人有明确约定储存期间的，期间届满，存货人或者仓单持有人应凭仓单提取仓储物，保管人负返还仓储物的义务。储存期间届满前，保管人不得要求存货人或仓单持有人提取仓储物；存货人或者仓单持有人提前提取仓储物的，保管人不减收仓储费。储存期间届满后，存货人或者仓单持有人逾期提取仓储物的，应当加收仓储费；若存货人或者仓单持有人不提取仓储物，保管人可以催告其在合理期限内提取，逾期不提取的，保管人可以提存仓储物。

当事人对储存期间没有约定或者约定不明确的，存货人或者仓单持有人可以随时提取仓储物，保管人不得无故扣押仓储物或拒绝其提货的要求；保管人也可以随时要求存货人或者仓单持有人提取仓储物，但应当给予必要的准备时间。该必要的准备时间应依诚信原则，根据仓储物的性质、数量等因素确定。

二、存货人的义务

（一）说明义务

存货人在交付特殊物品时负有说明义务，即应当向保管人说明该物品的性质，并提供有关资料。特殊物品主要是指易燃、易爆、有毒、有腐蚀性、有放射性等危险物品或者易变质物品。存货人的说明义务，不仅包括对物品的说明，还包括相关资料的提供。提供的资料主要是关于物品本身的性质特点、储存时应注意的事项以及采取何种措施能防止物品对人身或其他财产造成损害等。

存货人的说明义务是法定义务，不论当事人是否有约定，存货人都应当向保管人特别说明物品的性质，使保管人可以采取特殊措施进行保管，以避免造成物品毁损或者造成人身伤亡与其他财产损害。存货人违反说明义务的，保管人可以拒收仓储物，也可以采取相应措施以避免损失的发生，因此产生的费用由存货人承担。

（二）支付仓储费和必要费用的义务

仓储合同是有偿合同，支付仓储费是存货人的主要义务。仓储费是仓储保管人提供仓储服务所应获得的报酬，存货人应按照合同约定的时间、地点、支付方式等支付仓储费。存货人还负有支付必要费用的义务。必要费用，是指保管人为仓储的需要而支出的有关检验费、运输费、包装费、转仓费、保险费等，若是保管人因储存本身所支出的费用，如仓库修缮费、保管设备费等，则存货人无需支付。

存货人不支付仓储费或必要费用的，保管人可以根据《合同法》第380条、第395条及《物权法》第230条的规定，留置仓储物，通过依法行使留置权获得相应费用的清偿。

（三）提取仓储物的义务

仓储合同约定的储存期间届满后，存货人或仓单持有人负有凭仓单及时提取仓储物的义务。若存货人或仓单持有人未如期提取仓储物，有可能扰乱保管人仓储计划，挤占保管人的仓储空间，造成仓储物积压或仓储物变质等情况。因此，法律规定存货人或仓单持有人逾期提取仓储物的，保管人应加收仓储费；若存货人或者仓单持有人不提取仓储物的，保管人可以催告其在合理期限内提取，逾期不提取的，保管人可以提存仓储物。

仓储合同约定的储存期间届满前，保管人不得要求存货人或仓单持有人履行提取仓储物的义务。若存货人或仓单持有人于储存期间届满前要求提取仓储物的，因一般情况并不会加重保管人负担，应允许其提前提取，但不减收仓储费，以维护保管人的利益。当事人对储存期间没有约定或者约定不明确的，存货人或者仓单持有人可以随时提取仓储物，保管人也可以随时要求存货人或者仓单持有人提取仓储物，但应当给予必要的准备时间。

练习题

一、单项选择题

1. 关于仓单，以下说法正确的是（   ）。
   A. 存货人交付仓储物的，保管人应当给付仓单
   B. 给付仓单表明仓储合同开始生效
   C. 仓单是一种设权证券
   D. 仓单持有人通过背书的方式转让仓单，即可移转仓储物所有权

2. 仓储合同存货人或者仓单持有人提前支取仓储物的，保管人（   ）。
   A. 保管人应减收 20% 的仓储费
   B. 保管人应减收 10% 的仓储费
   C. 保管人应按提前支取的天数相应减收仓储费
   D. 保管人不减收仓储费

3. 关于保管合同和仓储合同的区别，下列说法错误的是（   ）。
   A. 保管合同是实践合同；仓储合同是诺成合同
   B. 保管合同可以是有偿合同，也可以是无偿合同；仓储合同都是有偿合同
   C. 保管合同中的保管人享有留置权，而仓储合同中的保管人不享有留置权
   D. 保管合同的标的物可以是动产，也可以是不动产；仓储合同的标的物只能是动产

4. 陈某将 10 吨钢材交仓储公司保管、储存，以下说法正确的是（   ）。
   A. 因陈某为自然人，保管合同无效
   B. 因陈某为自然人，仓储合同无效
   C. 仓储合同是诺成合同
   D. 仓储合同可以适用保管合同的全部规定

二、多项选择题

1. 仓储合同的法律特征有（   ）。
   A. 其保管的对象是动产　　　　B. 其保管的对象是不动产
   C. 为诺成、双务合同　　　　　D. 为有偿、要式合同

2. （2010 年司法考试真题）关于保管合同和仓储合同，下列哪些说法是错误

的？（　　）

　　A. 二者都是有偿合同
　　B. 二者都是实践性合同
　　C. 寄存人和存货人均有权随时提取保管物或仓储物而无需承担责任
　　D. 因保管人保管不善造成保管物或仓储物毁损、灭失的，保管人承担严格责任

3. 甲公司与乙公司签订一份仓储合同，将一批钢材储存在乙公司的仓库里，乙公司给甲公司出具了仓单，甲公司将该仓单转让给丙公司，丙公司取得该仓单后即成为(　　)。

　　A. 存货人　　　　　　　　B. 仓单持有人
　　C. 仓储合同受让人　　　　D. 货物受领人

4. 王某因自建房屋空闲，将其作为仓库，为他人存储物品，收取相应费用。某日，李某将批发的10箱衣服存储于王某房屋，约定1个月后取货，王某给付给李某一张存货凭证。以下说法错误的是（　　）。

　　A. 王某和李某之间成立仓储合同关系
　　B. 王某给付李某的存货凭证即是仓单
　　C. 王某和李某之间成立的合同属于诺成性合同
　　D. 李某可以提前取货，王某应减少相应的存储费用

三、案例分析题

甲百货公司与乙仓储公司签订一份仓储合同，双方约定由乙仓库为甲公司存放同一型号的洗衣机150台（每台洗衣机价格为2000元），储存期间为3月1日至4月30日，仓储费共5000元，货物入库时，甲公司先付仓储费2500元。4月20日，为"五一"节的家电促销活动，甲公司致电乙仓库要求于4月25日提取洗衣机。乙仓库口头表示同意。25日，甲公司到乙仓库取货时，双方为还需支付多少保管费发生争议。甲公司认为洗衣机实际是于3月11日才存入乙仓库的，理应减去10天的仓储费用，现又因提前提取仓储物，应再减去4月26日至30日这5天的仓储费用。乙仓库认为合同约定的储存期间是固定不变的，甲公司必须足额支付剩余的仓储费，否则拒绝甲公司的提货要求。

问题：
（1）甲公司要求减少仓储费用是否合理，为什么？
（2）乙仓库在甲公司拒绝足额支付仓储费的情况下，能否留置这批洗衣机？为什么？

第二十一章

建设工程合同

教学目的和要求
1. 掌握建设工程合同的概念、法律特征；
2. 了解建设工程合同的类型；
3. 理解建设工程施工合同的效力；
4. 掌握建设工程价款优先受偿权。

主要内容：建设工程合同，建设工程勘察合同，建设工程设计合同，建设工程施工合同。

自学：《建筑法》及相关司法解释。

讨论：建设工程合同与承揽合同的区别。

作业：
1. 建设工程合同具有哪些法律特征；
2. 简述建设工程合同的主要内容；
3. 建设工程施工合同中发包人主要有哪些义务；
4. 什么是建设工程价款优先受偿权，其行使需要具备哪些条件。

案例引导

甲印刷厂和乙造纸厂签订合建7000平方米房屋协议，约定由甲提供厂内土地，乙厂出资金，建成房屋各得一半。甲、乙于协议签订后与丙建筑工程公司签订了建设工程承包合同，合同中约定，甲厂向丙提供"三材"指标和建房用地，乙厂拨款100万元作为建设资金，丙公司承建，工期为两年，包工包料。合同订立后，丙公司按甲指定的地点进行施工，但因甲、乙均没有经有关部门批准建房，甲的上级主管部门责令甲厂内的合建房屋工程停工。丙建筑公司诉至法院，要求甲、乙两被告赔偿其施工期内的损失。

受诉法院认为，两被告未经有关部门批准建房项目，而私自与原告订立建设工程承包合同，并付诸施工，违反了国家对基本建设项目的管理和签订建筑安装工程承包合同的有关规定，故原、被告签订的合同无效。①

---

① 参见李显冬：《中国合同法要义与案例释解》，中国民主法制出版社1999年版，第963页。

【问题】 本案中,法院认定原、被告间签订的建设工程合同无效是否正确?

【分析】 受诉法院对原、被告签订的建设工程合同效力的认定是正确的。因为该合同不符合建设工程合同签订的要求。建设工程合同是与承揽合同相似而又不同的一种新合同。就承包人须按照发包人的要求完成一定工作任务而言,建设工程合同与承揽合同相同,其不同于承揽合同的根本之处在于建设工程合同承包人所完成的是基本建设工程任务。为完成不属于基本建设的一般不动产的建设而订立的合同(如某村民为建住房与建筑队签订的合同)应为承揽合同而不属于建设工程合同。法律对建设工程合同的签订有特别的要求,如合同的主体只能是法人,并且发包人须为批准建设的法人,承包人须具有相应的资质,自然人不能成为建设工程合同的主体;合同订立具有程序性,未经批准立项,不能订立建设工程合同。本案中,被告未经批准建设房屋,不具有发包人的资格;建设工程项目也未经批准,不能订立建设工程合同。既然本案中原、被告间签订的合同不符合订立建设工程合同的要求,那么法院认定该建设工程合同无效是正确的。

第一节 建设工程合同概述

一、建设工程合同的概念和特征

(一) 建设工程合同的概念

建设工程合同,是指发包人(建设单位)与承包人(勘察、设计、施工单位)所签订的,由承包人按照发包人的要求完成工程建设任务,发包人支付报酬的合同。建设工程合同有广义和狭义两种,广义上的建设工程合同包括建筑物的勘察、设计、建造、装修、改进、修缮等各种合同,而狭义上的建设工程合同仅仅是指建设工程的勘察、设计和施工合同。① 我国《合同法》采狭义的概念,《合同法》第 269 条规定,建设工程合同是承包人进行工程建设,发包人支付价款的合同。建设工程合同包括工程勘察、设计、施工合同。建设工程合同的双方当事人为发包人和承包人,实践中,发包人一般为建设单位,而承包人在勘察合同中为勘察单位,在设计合同中为设计单位,在施工合同中为施工单位即建筑企业。

建设工程合同实为承揽合同的一种特殊类型,因此,有的国家并没有关于建设工程合同的专章立法,仅将其置于承揽合同中进行调整。考虑到建设工程合同的复杂性和重要性,我国《合同法》在第 15 章承揽合同之后,以第 16 章专门规定了建设工程合同,目的在于更好地规范建设工程合同,为建设工程纠纷的解决提供基本法律依据。

(二) 建设工程合同的法律特征

1. 合同的标的物是建设工程

---

① 参见王利明:《合同法分则研究》(上卷),中国人民大学出版社 2012 年版,第 395 页。

在建设工程合同中，合同的标的物不是一般的加工定作成果，而是建设工程。所谓建设工程，是指通过实施一定的建设活动而建造的土木工程、建筑工程、线路管道和设备安装工程及装修工程等，例如房屋建筑及其附属设施建造以及与其配套的线路、管道、设备安装工程，又如铁路、公路、机场、码头、桥梁、矿井等新建、扩建、改建工程。这些建设工程项目一般投资数额大、履行期限长、质量要求高，且产品使用时间长，关系公共安全，因此建设工程合同从签订到履行，从资金的投放到工程的验收，都受到国家严格的管理与监督。

2. 合同的主体须为法人，并具有相应的资质

建设工程一般具有工程复杂、技术含量高、专业性强的特点，且建设工程的质量关系到公共安全和社会稳定，为确保合同的订立和履行符合国家利益和社会公共利益，法律对于建设工程合同的主体有严格限制。虽《合同法》未直接规定建设工程合同的主体资格，但根据我国《建筑法》、《建设工程勘察设计资质管理规定》、《建设工程勘察设计管理条例》、《建筑工程施工许可管理办法》等相关规定，只有经国家主管部门审查，具有相应资质等级，并经登记注册，领有营业执照的单位，才具有签约承包的民事权利能力和民事行为能力。其他单位和个人都不具有签约资格，都不得承包建设工程。那些投资小、技术简单，对承包人没有要求相应资质的建设活动，不属于《合同法》规定的建设工程，例如村民自建低层住宅、房屋修缮、个人家装等，则宜按承揽合同认定处理。

3. 合同种类具有多样性

建设工程项目的完成，从工程建设的进程看，一般应经过勘察、设计、施工三个阶段，因而《合同法》第 269 条第 2 款规定建设工程合同包括建设工程勘察合同、建设工程设计合同、建设工程施工合同三种合同。这三种合同通常是分别订立的，但也可能订立的建设工程合同同时包括勘察、设计和施工这三项内容。正因为建设工程合同种类具有多样性，所以建设工程合同中，合同的主体也具有多样性，根据我国《合同法》的规定，合同主体主要包括发包人和总承包人或勘察人、设计人、施工人等。

4. 合同为诺成、要式、双务、有偿合同

建设工程合同为诺成合同，只要双方当事人的意思表示达成一致，合同即告成立。但对于当事人的意思表示形式，法律有明确的强制性要求，即建设工程合同应当采用书面形式。因为建设工程合同的标的数额大、履行期限长、权利义务关系复杂，只有采用书面形式，才能明晰当事人之间的权利义务关系，方便合同的履行和合同纠纷的解决。因此，建设工程合同属于要式合同。为使合同内容更为严谨周密，当事人的权利义务更为平衡合理，政府或行业协会均有组织专家对建设工程合同文本进行研究，制定出较为规范的合同样本或示范文本，推荐当事人参考和选择适用，例如我国建设部、工商局制定的《建设工程勘察合同》、《建设工程设计合同》、《建设工程施工合同》等。建设工程合同成立后，承包人负有按照发包人的要求完成工程建设的义务，发包人负有按约定支付价款的义务，因此建设工程合同具有双务性和有偿性。

5. 合同管理具有特殊性

建设工程合同的履行涉及国家和社会公共利益，建设工程的质量关系到人民群众的基

本生活，关系到国家的基础设施建设和国民经济的正常运转，因此相比其他合同，建设工程合同的订立和履行更需要国家的管理和监督，例如明确规定承包人的资质，确定建设工程发包的法定程序，建立严格的建设工程质量的监管机制等，以确保合同的订立和履行符合国家和社会公共利益。

（三）建设工程合同和一般承揽合同的区别

建设工程合同是承揽合同的一种特殊形态，二者均以完成一定的工作为目的，合同的标的物都具有特定性，因而承揽合同中的一些规定，也可以适用于建设工程合同。但建设工程合同更具复杂性与重要性，与一般承揽合同相比，主要有以下几个方面的不同：

1. 合同的标的物不同

建设工程合同的标的物是建设工程，包括房屋、公路、桥梁等各种建设工程，主要涉及的是不动产；而一般承揽合同的标的物则通常是动产。

2. 合同对主体的要求不同

法律对建设工程合同的当事人有明确的限制，只有经批准投资建设工程的法人才能作为发包人，也只有依法取得勘察、设计、施工资质的法人才能作为承包人。而一般承揽合同对承揽人的资质没有特殊要求，承揽人可以是自然人，也可以是法人或其他组织。

3. 国家对合同管理的程度不同

建设工程合同的订立和履行涉及国家和社会公共利益，因此在建设工程合同中体现较多的国家干预，建设工程的发包与承包、合同的签订与履行、工程的监理与验收均受有关部门的监督与检查，均需遵循法定程序，受法律严格规制。而一般承揽合同中，并没有体现国家对其特殊的监督与管理。

4. 法律对合同形式的要求不同

建设工程合同为要式合同。因为工程建设过程周期长、涉及因素多、专业技术性强、当事人之间的权利义务关系十分复杂，不是简单的口头约定就能解决问题，所以法律规定建设工程合同必须采用书面形式。而承揽合同为不要式合同，既可以是书面形式，也可以是口头形式。

二、建设工程合同的类型

（一）建设工程勘察合同

建设工程勘察合同，是指发包人（建设单位）与承包人（勘察单位）达成协议，由承包人完成建设工程所需地质、环境评估等勘察工作，发包人按照约定验收工作成果并支付报酬的合同。根据《建设工程勘察设计管理条例》，建设工程勘察是指根据建设工程的要求，查明、分析、评价建设场地的地质地理环境特征和岩土工程条件，编制建设工程勘察文件的活动。建设工程勘察合同的内容包括提交有关工程测量、水文地质勘察和工程地质勘察等基础资料和文件（包括概预算）的期限、质量要求、勘察费用以及其他协作条件等条款，其任务是为建设项目的选址、工程设计和施工提供科学、可靠的依据。

（二）建设工程设计合同

建设工程设计合同，是指发包人（建设单位）与承包人（设计单位）达成协议，由承包人为建设工程提供设计图、建设要求等相关设计，发包人受领该成果并支付报酬的合同。根据《建设工程勘察设计管理条例》，建设工程设计是指根据建设工程的要求，对建设工程所需的技术、经济、资源、环境等条件进行综合分析、论证，编制建设工程设计文件的活动。建设工程设计合同的内容包括提交有关设计基础资料和文件（包括概预算）的期限、设计的质量要求、设计费用以及其他协作条件等条款。

（三）建设工程施工合同

建设工程施工合同，是指发包人（建设单位）与承包人（施工单位）之间签订的，由承包人完成建设工程的建筑、安装工作，发包人按约定验收工程并支付报酬的合同。建设工程施工合同的内容包括工程范围、建设工期、中间交工工程的开工和竣工时间、工程质量、工程造价、技术资料交付时间、材料和设备供应责任、拨款和结算、竣工验收、质量保修范围和质量保证期间、双方相互协作等条款。

在现代工程建设过程中，已广泛实行工程监理制度，发包人一般与监理单位签订工程监理合同，委托监理单位对工程建设实行监理。但依《合同法》第276条规定，建设工程监理合同为委托合同，而非建设工程合同，应当依照委托合同及其他有关法律、行政法规的规定处理。另外，工程建设过程中还会涉及许多其他合同，如设备、材料的购销合同，货物运输合同，工程建设资金的借贷合同，机械设备的租赁合同，保险合同等，这些合同分属不同的合同种类，由《合同法》和相关法规加以调整。

三、建设工程合同的订立

（一）按照法定程序订立

按照基本建设程序，基本建设分为立项、筹建准备、建设施工、验收交付使用四个阶段。建设工程合同是在以上不同阶段，由筹建单位与勘察、设计、施工承包、安装单位之间签订的各种合同，这些合同的订立都要严格按照国家规定的程序进行。例如建设工程项目的确定，一般要经过以下几个阶段：提出项目建议、编制可行性报告、选定建设地点。具体而言，即由有关业务主管部门和建设单位提出项目建议书，经批准后进行可行性研究，编制可行性研究报告，选定工程地址，按照国家有关规定履行相关的报批手续，再向土地管理部门申请取得用地许可证。建筑工程开工前，建设单位应当按照国家有关规定，向工程所在地县级以上人民政府建设行政主管部门申请领取施工许可证。国家重大建设工程合同，应当按照国家规定的程序和国家批准的投资计划、可行性研究报告等文件订立。

（二）采取招标投标的方式订立

建设工程合同的订立，可以采取两种方式：一是直接发包的方式，即发包人经过批准或按照有关规定，直接与承包人协商订立合同；二是招标投标的方式，即发包人作为招标方发布招标公告,由有意承包工程项目的且具备相应资质的承包人作为投标方,向发包人提出工程报价和其他工程条件参加投标竞争,再由发包人经特定程序择优选定中标者,与之签订建设工程合同。通过招标与投标方式订立建设工程合同,可以充分利用供求关系、价值规律和竞争机制,减少建设单位发包的风险,有效控制工程工期、质量与投资,也能促使承包人不断采用先进技术,提高经营管理水平,努力降低工程造价。

《合同法》第271条规定,建设工程的招标投标活动,应当依照有关法律的规定公开、公平、公正进行。《建筑法》第19条规定,建筑工程依法实行招标发包,对不适于招标发包的可以直接发包。《招标投标法》第3条规定,在中华人民共和国境内进行下列工程建设项目包括项目的勘察、设计、施工、监理以及与工程建设有关的重要设备、材料等的采购,必须进行招标:(1)大型基础设施、公用事业等关系社会公共利益、公众安全的项目;(2)全部或者部分使用国有资金投资或者国家融资的项目;(3)使用国际组织或者外国政府贷款、援助资金的项目。因此,除《招标投标法》第66条规定的"涉及国家安全、国家秘密、抢险救灾或者属于利用扶贫资金实行以工代赈、需要使用农民工等特殊情况,不适宜进行招标"的项目外,均应采取招标投标的方式订立建设工程合同。建设工程招标的形式多样,例如有建设项目前期咨询招标、工程勘察设计招标、材料设备采购招标、工程施工招标等。

(三)可以采取总承包和分别承包的方式订立

根据《合同法》第272条的规定,发包人可以与总承包人订立建设工程合同,也可以分别与勘察人、设计人、施工人订立勘察、设计、施工承包合同。因此,建设工程合同可以采取总承包和分别承包的方式订立,但发包人不得将应当由一个承包人完成的建设工程肢解成若干部分发包给几个承包人。

总承包人或者勘察、设计、施工承包人经发包人同意,可以将自己承包的部分工作交由第三人完成,但建设工程主体结构的施工必须由承包人自行完成。第三人就其完成的工作成果与总承包人或者勘察、设计、施工承包人向发包人承担连带责任。承包人不得将其承包的全部建设工程转包给第三人,也不得将其承包的全部建设工程肢解以后以分包的名义分别转包给第三人。禁止承包人将工程分包给不具备相应资质条件的单位,禁止分包单位将其承包的工程再分包。

第二节 建设工程勘察、设计合同

在工程建设的各个环节中,勘察是基础,设计是整个工程建设的灵魂,从事建设工程勘察、设计活动,坚持先勘察、后设计、再施工的原则,对保证建设工程的质量是至关重要的。建设工程勘察,是指根据建设工程的要求,查明、分析、评价建设场地的地质地理环境特征和岩土工程条件,编制建设工程勘察文件的活动。建设工程设计,是指根据建设工程的要求,对建设工程所需的技术、经济、资源、环境等条件进行综合分析、论证,编制建设工程设计文件的活动。虽然建设工程的勘察、设计可以分别订立合同,但实践中,二者通常联系在一起,《合同法》对勘察、设计合同的规定也基本一致。建设工程勘察、设计应当与社会、经济发展水平相适应，做到经济效益、社会效益和环境效益相统一。

勘察设计是建设工程项目中的基础性环节，对于保障建设工程质量有着重要的意义，因此，法律对从事建设工程勘察、设计活动的单位实行资质管理制度。建设工程勘察、设计单位应当在其资质等级许可的范围内承揽建设工程勘察、设计业务，不得超越其资质等级许可的范围或者以其他建设工程勘察、设计单位的名义，承揽建设工程勘察、设计业务。同时，法律对从事建设工程勘察、设计活动的专业技术人员实行执业资格注册管理制度。未经注册的建设工程勘察、设计人员，不得以注册执业人员的名义从事建设工程勘察、设计活动；未受聘于建设工程勘察、设计单位的勘察、设计人员，不得从事建设工程的勘察、设计活动。建设工程勘察、设计单位必须依法进行建设工程勘察、设计，严格执行工程建设强制性标准，并对建设工程勘察、设计的质量负责。

一、建设工程勘察、设计合同的内容

《合同法》第274条规定，勘察、设计合同的内容包括提交有关基础资料和文件（包括概预算）的期限、质量要求、费用以及其他协作条件等条款。其中有关的基础资料和文件，包括经批准的项目可行性研究报告或项目建议书、城市规划许可文件、概预算、工程勘察资料等。其他协作条件主要是发包人应对勘察、设计人开展勘察、设计工作提供便利，协助其进行勘察、设计。

除上述要求外，参照建设部、国家工商行政管理局发布的有关建设工程勘察合同示范文本，建设工程勘察合同主要内容为：（1）合同当事人及合同订立目的；（2）工程概况，包括工程名称、地点、规模、特征，工程勘察任务与技术要求，预计勘察工作量等；（3）发包人的义务、权利和责任；（4）勘察人的义务、权利和责任；（5）开工及提交勘察成果资料的时间；（6）收费标准及付费方式；（7）违约责任；（8）合同争议的解决；（9）合同的生效与鉴证。参照建设部、国家工商行政管理局发布的有关建设工程设计合同示范文本，建设工程设计合同主要内容为：（1）合同当事人；（2）设计项目概况；（3）发包人应提供的文件资料和委托工作范围；（4）设计人应向发包人交付的设计资料及文件；（5）设计费用及付费方式；（6）双方的责任；（7）违约责任；（8）其他约定事项。

二、建设工程勘察、设计合同的法律效力

（一）发包人的义务

发包人的主要义务是：（1）及时提供有关基础资料和文件的义务，并对资料和文件的可靠性负责。发包方提供勘察、设计的基础资料，是指勘察人、设计人进行勘察、设计工作所依据的基础文件和情况，包括可行性报告、勘察的地点、内容、技术要求、附图等以及工程选址的测量数据、地质数据、水文数据等。因发包人未按期提供相关的资料或提供的资料不准确，造成勘察、设计的返工、停工或者修改设计，发包人应按照勘察人、设计人实际消耗的工作量增付费用。（2）协作义务。发包人应为勘察人、设计人提供必要的工作条件和便利，保证其能正常开展勘察、设计工作。因发包人未提供必需的勘察、设计工作条件而造成勘察、设计的返工、停工或者修改设计，发包人应按照勘察人、设计人

实际消耗的工作量增付费用。（3）按期支付费用的义务。发包人应按照合同约定的时间和方式支付相应的费用。勘察、设计费的收费依据和计算方法按国家和地方有关规定执行，国家和地方没有规定，由双方商定。（4）维护勘察、设计成果的义务。发包人对于勘察人、设计人交付的勘察成果、设计成果，未经勘察人、设计人同意，不得擅自修改、转让，如双方约定了保密义务，则发包人不得泄露文件内容。

（二）承包人的义务

勘察人或设计人的主要义务是：（1）亲自完成勘察、设计任务，未经发包人同意，不得擅自将勘察、设计任务分包给第三人。（2）按照合同约定如期完成勘察、设计工作，提交勘察、设计成果。勘察人应当按照国家规定的标准、规范、规程和技术条例进行勘察工作，如期提交勘察成果。设计人应当按照国家技术规范、强制性标准、规程及发包人的设计要求进行工程设计工作，如期提交质量合格的设计成果。勘察人、设计人未按照期限提交勘察、设计文件致使拖延工期，造成发包人损失的，勘察人、设计人应当继续完善勘察、设计，减收或者免收勘察、设计费并赔偿损失。（3）对勘察、设计成果负瑕疵担保责任。勘察人、设计人应对其提交给发包人的勘察、设计成果质量进行担保。设计成果是否符合要求应按照合同约定及交易习惯予以处理。① 勘察、设计的质量不符合要求造成发包人损失的，勘察人、设计人应当继续完善勘察、设计，减收或者免收勘察、设计费并赔偿损失。

第三节 建设工程施工合同

建设工程施工合同，又称为建设工程承包合同，是指发包人（建设单位）与承包人（施工单位）之间签订的，由承包人完成建设工程的建筑、安装工作，发包人按约定验收工程并支付报酬的合同。建设工程施工合同是建设工程合同体系的主要合同，是建设工程质量控制、进度控制、投资控制的主要依据。

建设工程施工合同的当事人是发包人和承包人，双方是平等的民事主体，双方签订施工合同必须具备相应的资质条件和履行施工合同的能力。发包人是具有工程发包主体资格和支付工程价款能力的当事人。承包人是具有工程施工承包主体资格的当事人，《建筑法》第26条规定，建筑工程的单位应当持有依法取得的资质证书②，并在其资质等级许可的业务范围内承揽工程，建筑施工企业不得超越本企业资质等级许可的业务范围或者以

---

① 参见奚晓明：《建设工程合同纠纷》，人民法院出版社2007年版，第6页。
② 《建筑业企业资质管理规定》（2007年）第5条规定，建筑业企业资质分为施工总承包、专业承包和劳务分包三个序列。第6条规定，取得施工总承包资质的企业，可以承接施工总承包工程。施工总承包企业可以对所承接的施工总承包工程内各专业工程全部自行施工，也可以将专业工程或劳务作业依法分包给具有相应资质的专业承包企业或劳务分包企业。取得专业承包资质的企业，可以承接施工总承包企业分包的专业工程和建设单位依法发包的专业工程。专业承包企业可以对所承接的专业工程全部自行施工，也可以将劳务作业依法分包给具有相应资质的劳务分包企业。取得劳务分包资质的企业，可以承接施工总承包企业或专业承包企业分包的劳务作业。

任何形式用其他建筑施工企业的名义承揽工程。①

一、建设工程施工合同的内容

由于建设工程体积庞大、结构复杂、建造周期长，发包人和承包人应将合同内容尽可能作详尽规定，在施工期内严格按照施工合同办理一切事宜。《合同法》第 275 条规定，施工合同的内容包括工程范围、建设工期、中间交工工程的开工和竣工时间、工程质量、工程造价、技术资料交付时间、材料和设备供应责任、拨款和结算、竣工验收、质量保修范围和质量保证期、双方相互协作等条款。具体而言，建设工程施工合同包括以下内容：

（1）工程范围。即施工人进行施工的工作范围和内容，一般在合同书中工程项目一览表中附明，主要包括建筑栋数、结构、层数、资金来源、投资总额及工程的批准文号等。

（2）建设工期。即施工人完成施工任务的期限，约定整个工程的开工和竣工日期。建设工期为合同必备条款，它不仅关系到发包人何时可以接受工作成果，也关系到工程质量。

（3）中间交工工程的开工和竣工时间。中间交工工程，是指在施工过程中可能存在的一些阶段性工程，这些工程在完成后需要及时交付验收。例如修建公路过程中，桥墩的施工通常属于中间交工工程。此类工程的开工和竣工时间，应在合同中作出明确约定，以保证工程能够最终顺利完成。②

（4）工程质量。发包人、承包人均应遵守《建筑法》、《建设工程质量管理条例》等法律法规，保证工程质量符合建设工程强制性标准。工程质量条款主要包括施工的方案、技术标准、建设质量和安全标准等。不同的建设工程项目有不同的质量要求，当事人对工程质量的约定不得低于国家所规定的标准。

（5）工程造价。即施工建设该工程所需的费用，包括材料费、施工成本等费用。建筑工程造价应当按照国家有关规定，由发包单位与承包单位在合同中约定。公开招标发包的，其造价的约定，须遵守招标投标法律的规定，以中标时确定的中标金额为准。

（6）技术资料交付时间。发包人必须将工程相关的各种技术资料，如勘察、设计文件等，全面、及时提交给承包人，以保证工程施工的顺利进行。由于技术资料的交付时间直接影响施工进度，必须在合同中明确。

（7）材料和设备供应责任。合同中应明确由哪一方当事人提供施工过程中所需要的材料和设备，并约定材料和设备的验收程序。

（8）拨款和结算。拨款，既包括工程所需费用的支付，也包括工程分期交付之后工程款的支付。结算，是指在工程交付以后，按照合同约定方式或者根据实际造价等确定工

---

① 《最高人民法院关于审理建设工程施工合同纠纷案件适用法律问题的解释》第 1 条规定，承包人超越资质承包建设工程的，该合同无效。第 5 条规定，承包人超越资质等级许可的业务范围签订建设工程施工合同，在建设工程竣工前取得相应资质等级，当事人请求按照无效合同处理的，不予支持。

② 参见王利明：《合同法分则研究》（上卷），中国人民大学出版社 2012 年版，第 418 页。

程款。① 实际结算额一般高于拨款数额，最终应以实际结算额计算。

(9) 竣工验收。当承包人按照合同约定完成了全部施工任务，拟交付给发包人投入使用时，发包人应当依据国家关于竣工验收的相关规定，对该工程是否符合合同的条件进行检查与考核。竣工验收事项一般包括验收的范围和内容、验收的标准和依据、验收人员的组成、验收方式和日期等内容。建设工程经验收合格的，方可交付使用。

(10) 质量保修范围和质量保证期。承包人在向发包人提交工程竣工验收报告时，应当向建设单位出具质量保修书。质量保修书中应当明确建设工程的保修范围、保修期限和保修责任等。工程质量保修范围一般包括地基基础工程、主体结构工程、屋面防水工程等以及电气管线、水管线的安装工程，供热、供冷工程等项目。质量保证期，也称质量保修期，是指工程各部分正常使用的期限。保修期限不得低于国家规定的最低质量保修期限。

(11) 双方相互协作条款。除上述基本合同条款外，当事人还可以约定其他协作条款，相互协助以利合同顺利履行。

另外，为规范建设工程施工合同，住房和城乡建设部、国家工商行政管理总局制定了《建设工程施工合同（示范文本）》(2013 年)，该文本可适用于房屋建筑工程、土木工程、线路管道和设备安装工程、装修工程等建设工程的施工承发包活动，为非强制性使用文本。合同当事人可结合建设工程具体情况，根据示范文本订立合同，并按照法律法规规定和合同约定确定双方当事人的权利义务。

二、建设工程施工合同的法律效力

(一) 发包人的义务

1. 按合同约定的时间提供原材料、设备、场地、资金和技术资料

建设工程施工合同对原材料、设备的供应方式往往有明确规定，约定由发包人提供的，发包人应按时提供符合约定质量与数量的原材料、设备，交付承包人使用。发包人提供场地，是指发包人负责办理正式工程和临时设施所需土地使用权的征用、民房的拆迁、施工用地和施工现场障碍物拆除等工作。发包人应按期完成这些工作，为承包人提供符合合同要求的施工场地。发包人提供资金，是指提供工程进度款，因为建设工程资金投入大、周期长，承包人需要发包人前期投入一定的建设资金，作为材料款和劳务费用先行使用。发包人提供技术资料，是指发包人必须将工程相关的各种技术资料，如勘察资料、设计文件、施工图纸等，全面、及时提交给承包人，以保证工程施工的顺利进行。发包人未按照约定的时间和要求提供原材料、设备、场地、资金、技术资料的，承包人可以顺延工程日期，并有权要求赔偿停工、窝工等损失。

2. 及时检查验收隐蔽工程

所谓隐蔽工程，是指在装修后被隐蔽起来，表面上无法看到的施工项目，例如地基、电气管线、供水供热管线等需要覆盖、掩盖的工程。根据施工顺序，这些隐蔽工程会被后一道工序所覆盖，事后很难检查其材料是否符合规格、施工是否规范。若隐蔽工程在隐蔽

---

① 参见魏耀荣：《中华人民共和国合同法释论（分则）》，中国法制出版社 2000 年版，第 323 页。

后发现质量问题，会造成返工、停工等重大损失或发生重大质量事故。为了避免资源的浪费和双方当事人的损失，保证工程的质量和顺利完成，在隐蔽工程隐蔽以前，承包人应当通知发包人检查。发包人应当及时组织检查验收，检查合格的，承包人才能进行隐蔽施工。发包人没有及时检查的，承包人可以顺延工程日期，并有权要求赔偿停工、窝工等损失。

3. 及时进行工程竣工验收

竣工验收，是对工程质量进行控制的一个重要环节。建设工程竣工后，承包人应当依照有关规定及时向发包人提出竣工验收报告，并提供完整的竣工资料。发包人应当及时组织设计、施工、工程监理等有关单位进行竣工验收。验收应当根据施工图纸及说明书、国家颁发的施工验收规范和质量检验标准及时进行。发包人在验收后应及时作出是否批准的结论，或者提出修改意见。承包人应当按发包人提出的修改意见进行修理或改建，并承担因自身原因而造成修理、改建的费用。发包人在收到承包人送交的请求工程验收的报告后，无正当理由不组织验收或者在验收后的合理期限内不表示意见，视为竣工验收报告被批准，承包人有权要求发包人办理结算手续，支付工程款。① 竣工验收合格的，发包人应当按照约定支付价款，并接收该建设工程。建设工程竣工经验收合格后，方可交付使用；未经验收或者验收不合格的，不得交付使用。

4. 按期支付工程价款

支付工程价款是发包人的主要义务。发包人在工程验收合格后，应当按照约定支付价款。发包人未按照约定支付价款的，承包人可以催告发包人在合理期限内支付价款。发包人逾期不支付的，除按照建设工程的性质不宜折价、拍卖的以外，承包人可以与发包人协议将该工程折价，也可以申请人民法院将该工程依法拍卖，建设工程的价款就该工程折价或者拍卖的价款优先受偿。

5. 协助承包人进行施工活动

建设工程是一个复杂的整体工程，建设工程按时保质地完成，不仅需要承包人按照合同的约定开展施工活动，还需要发包人在整个建设工程中对承包人的建设活动进行密切协助。在施工过程中，发包人应当派驻工地代表，对工程进度、工程质量进行监督，检查隐蔽工程，办理中间交工工程验收手续，负责签证，解决应由发包人解决的问题及其他事宜。发包人的协助是建设工程施工合同得以顺利履行的重要保证。《合同法》规定双方当事人可以在合同中约定协作条款。《最高人民法院关于审理建设工程施工合同纠纷案件适用法律问题的解释》第 9 条规定，发包人不履行合同约定的协助义务，致使承包人无法施工，且在催告的合理期限内仍未履行相应义务的，承包人可请求解除建设工程施工合同。

(二) 承包人的义务

1. 保证施工质量

整个建设工程的质量最终取决于工程的施工质量，因此，施工方必须严格按照工程设

---

① 参见葛立朝、朱建家：《合同法》，浙江大学出版社 2008 年版，第 383 页。

计图纸和施工技术标准施工,不得擅自修改工程设计,不得偷工减料,应建立健全质量保证体系,严把质量关,做好工程施工的各项质量控制和管理工作。发包人基于对承包人资质的信赖签订施工合同,为维护发包人的利益和实现合同目的,承包人应亲自履行施工义务。但施工任务复杂、繁多,在性质上分为主体结构的施工任务和配套或辅助的施工任务,全部由施工人亲自完成既无必要,也不可能。因此,法律规定除建设工程主体结构的施工必须由承包人自行完成外,其他部分可由承包人分包给具备相应资质条件的第三人。但为确保施工质量,承包人必须亲自完成决定工程质量的主体结构工程的施工任务。第三人就其完成的工作成果的质量,与承包人一起向发包人承担连带责任。因施工人的原因致使建设工程质量不符合约定的,发包人有权要求施工人在合理期限内无偿修理或者返工、改建,以使工程达到约定的质量要求。经过修理或者返工、改建后,造成逾期交付的,施工人应当承担违约责任。

2. 按期完成建设工程并及时交付工作成果

按期完成建设工程并及时交付工作成果是承包人的主要义务。在施工过程中,承包人应当及时进入场地开展施工活动,保证每个阶段的工期顺利完成。承包人应掌握好工程的进度,根据合同的规定,在约定的期间内完成相应的建设施工任务。建设工程完成后,承包人应及时交付工作成果。承包人应按照有关规定提交竣工验收技术资料,做好交付准备工作,参加竣工验收。工程经验收合格,由发包人和承包人签写交工验收证书,承包人即完成了交付任务。承包人未按期交付工程的,应承担相应的违约责任。承包人在合同约定的期限内没有完工,且在发包人催告的合理期限内仍未完工的,发包人有权请求解除合同。

3. 接受发包人的监督和检查

为保证工程建设的进度和质量,《合同法》第277条规定,发包人在不妨碍承包人正常作业的情况下,可以随时对作业进度、质量进行检查。因此承包人有义务接受发包人在任何时候对工程作业进度与质量所进行的合理检查。发包人可以委派企业管理人员作为工地代表执行监督检查任务,也可以委托监理公司作为代理人实施监督检查任务。当然,发包人的检查须是合理的,不得影响工程进度,不能造成工期延误,如因发包人的检查不当造成施工人无法正常作业,施工人有权要求顺延工期,并要求发包人赔偿停工、窝工、返工造成的损失。

4. 通知义务

隐蔽工程在覆盖前,必须经发包人检查验收。因此,在隐蔽工程隐蔽以前,承包人应当及时通知发包人检查,以确保工程质量符合法律法规的规定和合同的约定。通知的内容包括承包人对隐蔽工程的自检记录、隐蔽工程的有关情况及检查的地点和时间。发包人检查验收合格后,承包人才能进行隐蔽施工。怠于通知或未及时通知造成的损失,由承包人承担。

5. 保修义务

承包人在一定的期限内负有对建设工程进行保修的义务,具体的保修期由当事人双方约定,当事人没有约定,按照有关法律规定执行。另外,因承包人的原因致使建设工程在合理使用期限内造成人身和财产损害的,承包人应当承担损害赔偿责任。

三、建设工程价款优先受偿权

(一) 建设工程价款优先受偿权的概念与性质

实践中,发包人拖欠承包人工程款的现象十分普遍,且数额巨大。许多承包人是带资建设,在工程完工之后,发包人不及时支付工程款极大影响了承包人正常的经营,许多承包人资金周转严重困难,甚至发生破产,而建筑行业农民工工资的拖欠问题也易引发社会安定问题。[1] 为保障建设工程承包人工程价款债权的实现,维护社会的稳定,《合同法》设立了建设工程价款优先受偿权制度。《合同法》第286条规定,发包人未按照约定支付价款的,承包人可以催告发包人在合理期限内支付价款。发包人逾期不支付的,除按照建设工程的性质不宜折价、拍卖的以外,承包人可以与发包人协议将该工程折价,也可以申请人民法院将该工程依法拍卖。建设工程的价款就该工程折价或者拍卖的价款优先受偿。依此规定,建设工程价款优先受偿权,是指建设工程竣工后,发包人未按照约定支付工程价款,经承包人催告后仍未支付的,承包人可以将建设工程折价或拍卖,并从所得价款中优先受偿的权利。

关于建设工程价款优先受偿权的性质,《最高人民法院关于建设工程价款优先受偿权问题的批复》明确规定建筑工程承包人的优先受偿权优先于抵押权和其他债权。该规定说明建设工程价款优先受偿权既不是抵押权也不是留置权,而是属于优先于担保物权和债权的法定优先权,是直接源于法律的规定而对债务人的特定财产享有优先受偿的权利。此优先权是承包人根据法律规定就建筑物直接支配其交换价值而优先于发包人的其他债权人受偿的权利,优先权的行使无需义务人同意,其实现也无需义务人的给付行为,且具有对抗发包人和第三人的权利,是一种支配权、绝对权,属于物权的范畴。[2] 需要注意的是,承包人的优先受偿权不能对抗作为消费者的商品房买受人的权利,即消费者交付购买商品房的全部或者大部分款项后,承包人就该商品房享有的工程价款优先受偿权不得对抗买受人。

(二) 建设工程价款优先受偿权的适用条件

建设工程价款优先受偿权的行使必须具备以下条件:

(1) 发包人未按照合同约定支付工程价款。这是承包人行使建设工程价款优先受偿权的前提条件。在建设工程合同中,发包人对竣工验收的工程应当按照合同约定的方式和期限进行工程决算,及时支付价款。如果发包人按约定支付了价款,满足了承包人订立建设工程施工合同的目的,建设工程价款优先受偿权则消灭。因此,只有在发包人未履行合同约定的支付工程价款义务的情况下,承包人才具有行使建设工程价款优先受偿权的空间。对于工程价款的范围,根据《最高人民法院关于建设工程价款优先受偿权问题的批复》,该工程价款包括承包人为建设工程应当支付的工作人员报酬、材料款等实际支出的

---

[1] 参见王利明:《合同法分则研究》(上卷),中国人民大学出版社2012年版,第433页。
[2] 参见吴庆宝:《民事裁判标准》,人民法院出版社2006年版,第503页。

费用，不包括承包人因发包人违约所造成的损失。

（2）承包人对发包人进行了催告，发包人在合理期限内仍不支付工程价款。承包人应先履行催告程序。承包人不能在发包人不支付价款时立即将该工程折价或拍卖，而须催告发包人在合理期限内支付价款。如果发包人经催告后支付了价款，则承包人不得行使优先受偿权。只有在催告的合理期限届满后，发包人仍不支付价款的，承包人才能行使优先受偿权。关于催告的形式及合理期限问题，法律及司法解释均未明确规定。《最高人民法院关于审理建设工程施工合同纠纷案件适用法律问题的解释》（征求意见稿）中曾提出，承包人主张优先权，应向发包人催告，催告履行的合同期限应不少于1个月，以发包人收到催告通知之次日起算，催告应当采取书面形式。该条规定虽最终未被保留，但对司法实践有一定的参照意义。

（3）建设工程的性质适宜折价或拍卖。这实质上是对建设工程价款优先受偿权客体的一种限制。对于不宜折价或拍卖的建设工程，承包人不得行使优先受偿权。例如承包人对于其参与建设的学校、幼儿园、医院等以公益为目的的事业单位、社会团体的教育设施、医疗设施和其他社会公益设施，不享有建设工程价款优先受偿权。[1]

（4）承包人须在法定期间内行使建设工程价款优先受偿权。建设工程承包人行使优先权的期限为6个月，自建设工程竣工之日或者建设工程合同约定的竣工之日起计算。即已经竣工验收的工程从竣工之日起计算，未完成的工程从建设工程合同约定的竣工之日起计算。这6个月的期限，应为除斥期间，不存在中止、中断和延长的情形。

练习题

一、单项选择题

1. 从行为性质上说，工程招标属于（   ）。
   A. 要约　　　　B. 承诺　　　　C. 要约邀请　　　　D. 反要约
2. 承包人超越资质等级许可的业务范围签订建设工程施工合同，但其在建设工程竣工前取得相应资质等级，则该合同的效力如何？（   ）
   A. 无效　　　　B. 有效　　　　C. 可撤销　　　　D. 效力待定
3. 对于建设工程合同，下列正确的选项是（   ）。
   A. 建设工程合同包括勘察、设计、施工、承揽合同
   B. 建设工程合同可以采用书面形式
   C. 建设工程合同经发包人同意的，可以转包
   D. 建设工程合同包括勘察、设计、施工合同
4. 委托监理合同（   ）。
   A. 适用合同法承揽合同的有关规定
   B. 适用合同法关于委托合同的规定

---

[1] 广东省高级人民法院2004年1月17日发布的《关于在审判工作中如何适用〈合同法〉第286条的指导意见》第4条。

C. 适用合同法关于中介合同的规定
D. 是建设工程合同的一种

二、多项选择题

1. 甲方将工程发包给乙方，则（　　）。
   A. 乙方经甲方同意，可将部分工作交由第三人完成
   B. 乙方可以自主决定，将部分工作交由第三人完成
   C. 乙方经甲方同意，全部工作交由第三人完成
   D. 甲、乙之间的合同应当采用书面形式

2. （2010年司法考试真题）甲公司将一工程发包给乙建筑公司，经甲公司同意，乙公司将部分非主体工程分包给丙建筑公司，丙公司又将其中一部分分包给丁建筑公司。后丁公司因工作失误致使工程不合格，甲公司欲索赔。对此，下列哪些说法是正确的？（　　）
   A. 上述工程承包合同均无效
   B. 丙公司在向乙公司赔偿损失后，有权向丁公司追偿
   C. 甲公司有权要求丁公司承担民事责任
   D. 法院可收缴丙公司由于分包已经取得的非法所得

3. （2012年司法考试真题）甲公司与乙公司签订建设工程施工合同，将工程发包给乙公司施工，约定乙公司垫资1000万元，未约定垫资利息。甲公司、乙公司经备案的中标合同中工程造价为1亿元，但双方私下约定的工程造价为8000万元，均未约定工程价款的支付时间。7月1日，乙公司将经竣工验收合格的建设工程实际交付给甲公司，甲公司一直拖欠工程款。关于乙公司，下列哪些表述是正确的？（　　）
   A. 1000万元垫资应按工程欠款处理
   B. 有权要求甲公司支付1000万元垫资自7月1日起的利息
   C. 有权要求甲公司支付1亿元
   D. 有权要求甲公司支付1亿元自7月1日起的利息

4. 甲公司与乙机械厂签订一建筑工程合同，由建筑公司承建机械厂一新办公楼，包工包料，合同总造价为5000万元。工程按约定工期完工后，机械厂因亏损无力支付工程款，则该建筑公司可采取哪些措施？（　　）
   A. 催告机械厂在3个月内支付工程款
   B. 3个月后，与机械厂协议，以该办公楼折价从中优先受偿
   C. 3个月后，委托拍卖公司将该办公楼拍卖，从中优先受偿
   D. 3个月后，申请法院将该办公楼拍卖，从中优先受偿

三、案例分析题

甲公司与通达建设发展公司签订一份《铁路承发包合同》。合同约定：通达建设发展公司将全长22公里范围内的路基、桥梁、涵渠、隧道、轨道、通信、信号、电力、房屋、设备及建筑物发包给甲公司施工。合同签订后，甲公司与乙公司订立一份铁路施工合同

351

书，约定甲公司将其承包范围内的某一段路基土石方、路基附属工程、挡土墙、路基排水挖石方、电缆槽、涵洞等工程发包给乙公司。乙公司承包后又与丙公司签订一份承包合同，将其与甲公司签订合同的工程发包给丙公司。在建设过程中，因丙公司的施工质量不合要求，通达建设发展公司要求甲公司承担赔偿责任，而甲公司则要求由乙公司承担责任，乙公司主张由丙公司承担责任。

问题：丙公司施工的质量问题应否由甲公司承担责任？

第二十二章

技术合同

教学目的和要求
1. 了解技术合同的概念、特征、一般内容;
2. 掌握技术开发合同的概念、特征、类型、效力以及违约责任;
3. 掌握技术开发合同的技术成果归属;
4. 掌握技术转让合同的概念、种类、效力及违约责任;
5. 掌握技术咨询合同与技术服务合同的概念、效力及违约责任。

主要内容:
1. 技术合同的一般内容;
2. 技术开发合同、技术转让合同、技术咨询合同与技术服务合同的概念、效力及违约责任。

自学:技术合同范本,见国家科技部关于印发《技术合同示范文本》的通知(国科发政字〔2001〕244号)。

讨论:委托开发合同与合作开发合同的区别;技术咨询合同与技术服务合同的区别。

作业:
1. 简述技术合同的概念、特征;
2. 简述技术合同的一般内容;
3. 简述技术开发合同的效力以及违约责任;
4. 简述技术开发合同的技术成果归属;
5. 简述专利实施许可合同的效力;
6. 简述技术咨询合同与技术服务合同的效力。

案例引导

2009年4月初,甲方与乙方签订一个环境保护生物工程技术合同。双方开始着手公司成立及项目开发。因资金问题公司一直未能成立,但双方一直保持合作关系。2009年5月,乙方在银行设立由双方共同管理的账户,注入一定资金。7月乙租借某仓库为试验基地。10月甲在其报告涉及双方合作关系以及有关技术内容。11月双方开始进行以废弃物为原料的生物细菌剂产品的工业化生产技术的实验,并研制出一套设备,准备向专利局申请专利。12月甲成立了生物研究所。2010年5月甲给乙去函,要求确认双方的协议早已自动终止,有关技术资料不得扩散。同日乙给甲去函,要求澄清分歧,解决停止合作的事宜,甲未答复。8月乙得知甲将双方开发研制的设备的专利发明申请权转让给其他公司,遂引发纠纷。

【问题】(1)本案中的合同是合作开发合同还是委托开发合同?为什么?

(2)甲方的做法是否符合法律规定?为什么?

【分析】(1)本案中的合同是合作开发合同。委托开发合同是指当事人一方即委托方委托别一方即研究开发方进行技术开发的合同;合作开发合同是指当事人各方就共同进行技术研究开发达成的合同。本案中的甲方和乙,就双方共同进行技术开发达成协议。

(2)本案中甲方的做法不符合法律规定。根据《合同法》的规定,合作开发所完成的发明创造,除当事人另有约定的外,申请专利的权利属于合作开发的各方共有。本案中甲方和乙方开发研制的设备的专利发明申请权,由于双方并没有在合同中明确约定,因此属于双方共有。如果当事人一方转让其专利申请权的,其他各方可优先受让其共有的专利申请权。合作开发的一方声明放弃其共有的专利申请权的,可由另一方单独或其他各方共同申请。申请人取得专利权的,放弃专利权的一方可免费实施该项专利。但合作开发的一方不同意申请专利的,另一方面或其他各方不得申请专利。

第一节 技术合同概述

一、技术合同的概念和特征

我国《合同法》第322条规定,技术合同是当事人就技术开发、转让、咨询或者服务订立的确立相互之间权利和义务的合同。

技术合同包括技术开发合同、技术转让合同、技术咨询合同和技术服务合同。

技术合同具有如下特征:

(1)技术合同的标的与技术有密切联系,不同类型的技术合同有不同的技术内容。技术转让合同的标的是特定的技术成果,技术服务与技术咨询合同的标的是特定的技术行为,技术开发合同的标的兼具技术成果与技术行为的内容。[①]

(2)技术合同履行环节多,履行期限长,价款、报酬或使用费的计算较为复杂,一些技术合同的风险性很强。

(3)技术合同的法律调整具有多样性。技术合同标的物是人类智力活动的成果,这些技术成果中许多是知识产权法调整的对象,涉及技术权益的归属、技术风险的承担、技术专利权的获得、技术产品的商业标记、技术的保密、技术的表现形式等,受专利法、商标法、商业秘密法、反不正当竞争法、著作权法等法律的调整。

(4)当事人一方具有特定性,通常应当是具有一定专业知识或技能的技术人员。

---

① 周志舰,王伟程编者:《技术合同签订实务》,知识产权出版社2009年版,第212页。

（5）技术合同是双务、有偿合同。

二、技术合同的订立和主要内容

（一）技术合同的订立

《合同法》第 330 条、342 条分别规定，技术开发合同、技术转让合同应当采用书面形式，但对技术咨询合同、技术服务合同未作规定。

根据《合同法》的规定，技术合同订立当事人应恪守诚实信用原则，技术合同不得以妨碍技术进步、侵害他人技术成果或非法垄断技术为目的。

（二）技术合同的主要内容

合同法对技术合同的主要条款做了示范性规定，包括项目名称、标的、履行、保密、风险责任、成果以及收益分配、验收、价款、违约责任、争议解决方法和专门术语的解释等条款。[①] 体现技术合同特殊性的条款主要有：

1. 保密条款

保守技术秘密是技术合同中的一个重要问题。在订立合同之前，当事人应当就保密问题达成订约前的保密协议，在合同的具体内容中更要对保密事项、保密范围、保密期限及保密责任等问题作出约定，防止因泄密而造成的侵犯技术权益与技术贬值的情况的发生。

2. 成果归属条款

合同履行过程中产生的发明、发现或其他技术成果，应定明归谁所有，如何使用和分享。对于后续改进技术的分享办法，当事人可以按照互利的原则在技术转让合同中明确约定，没有约定或约定不明确的，可以达成补充协议；不能达成补充协议的，参考合同相关条款及交易习惯确定；仍不能确定的，一方后续改进的技术成果，他方无权分享。

3. 特殊的价金或报酬支付方式条款

如采取收入提成方式支付价金的，合同应对按产值还是利润为基数、提成的比例等作出约定。

4. 专门名词和术语的解释条款

由于技术合同专业性较强，当事人应对合同中出现的关键性名词，或双方当事人认为有必要明确其范围、意义的术语，以及因在合同文本中重复出现而被简化了的略语作出解释，避免事后纠纷。

三、技术合同的价款、报酬和使用费的支付

技术合同的价款、报酬和使用费如何支付，可由当事人在合同中约定。

技术合同价款的支付有如下方式：

（1）一次总算，一次总付。指当事人将合同价款一次算清并全部一次性支付。这种

[①] 王伟程等编著：《技术合同与技术权益：签订技术合同之规范》，知识产权出版社 2009 年版，第 126 页。

方式下，交易风险全部由受让方承担，对转让方较为有利。对于价格较低的技术合同，这种支付方式简捷便利，能及时结清。

（2）一次总算，分期支付。

（3）提成支付方式。指受让方将技术实施后产生的经济效益按一定比例与期限支付给对方，作为支付给转让方的价金。提成支付的方式旨在使双方当事人公平合理地分担交易风险，在那些技术比较成熟、市场前景稳定、技术价格较高的技术交易项目中经常采用。

（4）提成支付附加预付"入门费"方式，指受让方首先在一定期限内向转让方支付一部分固定的价款，称为"入门费"，其余的价款则采用提成方式分期支付。① 这种方式既可以公平分担交易风险，又可以给已为技术投入了大量成本的转让方一些固定的补偿，适合于履行期长、技术价格高、技术水平高的技术合同。

四、职务技术成果与非职务技术成果的归属与转让

《合同法》第 326 条规定，职务技术成果的使用权、转让权属于法人或者其他组织的，法人或者其他组织可以就该项职务技术成果订立技术合同。法人或者其他组织应当从使用和转让该项职务技术成果所取得的收益中提取一定比例，对完成该项职务技术成果的个人给予奖励或者报酬。法人或者其他组织订立技术合同转让职务技术成果时，职务技术成果的完成人享有以同等条件优先受让的权利。本条是对职务技术成果及职务技术成果财产权归属的规定，即使用和转让技术成果的权利要根据技术成果是职务技术成果还是非职务技术成果来决定。

（一）职务技术成果

职务技术成果是执行法人或者其他组织的工作任务或者主要是利用法人或者其他组织的物质技术条件所完成的技术成果。

确认职务技术成果的标准有两条，一是执行法人或者其他组织的工作任务；二是利用法人或者其他组织的物质技术条件。确认技术成果是不是职务技术成果，并不要求同时具备上述两个条件，只要具备一个条件就可以认定是职务技术成果。②

职务技术成果的使用权、转让权属于法人或者其他组织，法人或者其他组织可以就该项职务技术成果订立技术合同。个人未经法人或者其他组织同意，擅自以生产经营为目的使用、转让法人或者其他组织的职务技术成果，是侵权行为。

《合同法》规定，法人或者其他组织应当从使用和转让职务技术成果所取得的收益中提取一定的比例，对完成职务技术成果的个人给予奖励或者报酬。因为，职务技术成果凝聚了技术成果完成者的创造性劳动。此外，《合同法》还规定法人或者其他组织订立技术合同转让职务技术成果时，职务技术成果的完成人享有以同等条件优先受让的权利。

---

① 《技术合同价款的支付方式》，http://www.66law.cn/topic2010/htfkfs/60.shtml。
② 《技术合同》，http://www.npc.gov.cn/npo/flsyywd/minshang/2000-11/25/content_8380.htm。

（二）非职务技术成果

非职务技术成果，是指职务技术成果以外的技术成果。该成果的使用权、转让权，属于完成该技术成果的人。

五、完成技术成果人的署名权和取得荣誉权

完成技术成果的个人，有在有关技术成果文件上写明自己是技术成果完成者的权利、取得荣誉证书和奖励的权利。《合同法》关于完成技术成果人的署名权和取得荣誉权的规定，表明法律对完成技术成果人的人身权利的确认，其根本目的是鼓励创新。

六、技术合同无效的特殊规定

除有《合同法》第52条规定的情形之一的技术合同无效外，根据技术合同的特点，《合同法》第329条专门规定，非法垄断技术、妨碍技术进步或者侵害他人技术成果的技术合同无效。非法垄断技术，妨碍技术进步，是指通过合同条款限制对方在合同标的技术的基础上进行新的研究开发，或者限制对方从其他渠道吸收先进技术，或者阻碍对方根据市场的需求，按照合理的方式充分实施专利和使用技术秘密。侵害他人技术成果，是指侵害另一方或者第三方的专利权、专利申请权、专利实施权、技术秘密的使用权和转让权或者发明权、发现权等的行为。[①]

第二节　技术开发合同

一、技术开发合同的概念和特征

《合同法》第330条规定，技术开发合同是指当事人之间就新技术、新产品、新工艺或者新材料及其系统的研究开发所订立的合同。[②]

技术开发合同包括委托开发合同和合作开发合同。委托开发合同，是指当事人一方即委托方委托另一方即研究开发方进行技术开发的合同；合作开发合同，是指当事人各方就共同进行技术研究开发达成的合同。

技术开发合同具有如下特征：

（1）标的物是具有创造性的技术成果，包括新技术、新产品、新工艺或新材料及其系统。

（2）技术开发合同的内容是进行研究开发工作。

（3）技术开发合同是双务、有偿、诺成、要式合同，合同履行具有协作性。

---

① 见《最高人民法院关于审理技术合同纠纷案件适用法律若干问题的解释》第10条的规定。

② 在《合同法》起草中，国家科技部提出，当事人就科技成果转化订立的合同逐渐增多，为适应技术创新和科技产业化的需要，建议"当事人之间就具有产业应用价值的科技成果实施转化订立的合同，参照技术开发合同的规定。"

(4) 技术开发合同的风险由双方共同负担。

二、委托开发合同当事人权利、义务

(一) 委托人的主要权利、义务

1. 委托人的主要权利
(1) 委托开发完成的发明创造，除当事人另有约定的以外，由研究开发人取得申请专利权。研究开发人取得专利权的，委托人可以免费实施该专利；
(2) 研究开发人转让专利申请权的，委托人享有以同等条件优先受让的权利。
2. 委托人的主要义务
根据《合同法》第331条的规定，委托开发方，即委托人应承担以下义务：（1）支付研究开发费用和报酬。除合同另有约定以外，应按约定的期限，支付研究开发方工作所需全部成本，如设备仪器、材料、能源、试制、安装、计算以及收集文件所需费用。
(2) 按照合同约定提供技术资料、原始数据并完成协作事项。
(3) 按期接受研究开发成果。这同时也是委托人的权利。由于委托方无故拒绝或迟延接受成果，造成该研究开发成果被合同外第三人以合法形式善意获取时，或者该成果丧失其应有的新颖性时，或该成果遭到意外毁损或灭失时，委托方应承担责任。①

(二) 研发人的主要权利、义务

1. 研发人的主要权利
(1) 委托开发完成的发明创造，除当事人另有约定的以外，申请专利的权利属于研究开发人；
(2) 研究开发人有权按照约定，要求委托人支付开发经费或报酬，提供有关技术资料、原始数据。
2. 研发人的主要义务
根据《合同法》第332条的规定，研发方，即研发人，应承担以下义务：
(1) 制订和实施研究开发计划。研究开发计划，是指导研究开发方实现委托开发合同的预期目的的指导性文件，是技术开发合同的组成部分。
(2) 合理地使用研究开发经费。研究开发人员必须按照合同约定的研究开发经费的使用范围使用研究开发经费，精打细算，并应注意及时向委托方通报经费支出情况，接受委托方监督。
(3) 按期完成研究开发工作，交付研究开发成果。研究开发方提交的成果，必须真实、正确、充分、完整，以保证委托方实际应用该成果。
(4) 为委托人提供技术资料和具体技术指导，帮助委托人掌握应用研究开发成果。

---

① 陈春华：《关于技术合同》，http://www.maxlaw.cn/20150807/825080453485.shtml。

三、合作开发合同当事人权利、义务

合作开发合同的各方当事人,以平等主体身份参加合作开发项目的研究开发工作,在履行各自义务的同时,享有下列权利:

(1) 对研究开发工作提出合理化建议的权利;

(2) 有依研究开发的实际情况,要求作出有利于研究开发项目的计划方案的修改的权利;

(3) 有权对合作开发投资的资金的使用进行监督检查;

(4) 有权派员参加各方代表组成的协调指导机构,对重大问题的决策、协调有建议、发言权;

(5) 合作开发完成的发明创造,享有申请专利权,在他方转让权利权时有优先受让权;

(6) 声明放弃共有专利申请权的当事人,在他方申请取得专利权后,有免费实施其专利的权利;

(7) 共同开发研究的各方共同享有开发研究成果,并有在使用、转让中的受益权。

根据《合同法》第335条的规定,合作开发各方当事人的主要义务如下:

(1) 合作各方当事人应按照约定进行投资。可以以多种方式投资,如资金、设备、材料、试验条件、情报资料,包括以专利技术或者非专利技术进行投资。投资比例可以在合同中约定。

(2) 合作各方当事人应按照约定分工参与研究开发工作。按照约定的计划和分工进行或分别承担技术构想,完成技术方案,各方应实际参加研究开发工作,并对研发工作做出实质性贡献。

(3) 合作各方当事人应配合完成研究工作。在研究中,每一方都应尽力配合他方工作,以保证研究工作顺利进行。各方掌握的技术资料、数据以及其他有关的知识、研究进度等,应及时通报对方,以便研究工作的开展。

(4) 保守技术情报和资料的秘密。

四、技术开发合同的违约责任

(一) 委托开发合同的违约责任

1. 委托方的违约责任

委托人违反合同的约定,造成研究开发工作停滞、延误、失败的,委托人应承担违约责任。

2. 研发方的违约责任

受托方,即研发方,违反合同的约定,造成研究开发工作停滞、延误、失败的,受托人应承担违约责任。

(二) 合作开发合同的违约责任

合作开发合同的当事人违反合同的约定,造成研究开发工作停滞、延误、失败的,应

按照合同的约定由责任方承担违约责任。

五、技术开发合同风险责任的承担

在履行技术开发合同过程中，因出现无法克服的技术困难而导致研究开发全部或部分失败的，其风险负担由当事人约定；没有约定的，可补充约定或按交易习惯确定；仍不能确定的，由当事人合理分担。①

在研究开发过程中，当事人一方发现可能导致研究开发失败或者部分失败的情况时，应当及时通知另一方，并采取措施减少损失。如果当事人未能及时通知对方当事人，也未能及时采取措施制止损失扩大的，应当就扩大的损失承担责任。

六、技术开发合同中技术成果的权利归属

合同当事人可以约定技术开发成果的归属，没有约定或约定不明的，根据《合同法》第339条、第340条的规定，确认技术成果的归属。

（一）委托开发合同技术成果的归属

委托开发所完成的发明创造，除当事人另有约定的以外，申请专利的权利属于研究开发人。研究开发人取得专利权的，委托人可以免费实施该专利。研究开发人转让专利申请权的，委托人可优先受让该专利申请权。

（二）合作开发合同技术成果的归属

合作开发所完成的发明创造，除当事人另有约定的外，申请专利的权利属于合作开发的各方共有。当事人一方转让其专利申请权的，其他各方可优先受让其共有的专利申请权。合作开发的一方声明放弃其共有的专利申请权的，可由另一方单独或其他各方共同申请。申请人取得专利权的，放弃专利权的一方可免费实施该项专利。但合作开发的一方不同意申请专利的，另一方或其他各方不得申请专利。②

第三节 技术转让合同

一、技术转让合同的概念和特征

《合同法》第342条规定，技术转让合同是指一方当事人将一定的技术成果交给另一方当事人，另一方当事人接受成果支付一定报酬的合同。技术转让合同应采用书面形式。交付成果的一方为让与人，接受成果并支付报酬一方为受让人。

技术转让合同的种类包括：专利权转让合同、专利申请权转让合同、专利实施许可合

---

① 见《中华人民共和国合同法》第338条的规定。
② 王汉坡：《合作完成成果的知识产权权利分配原则和依据》，see CERC Workshop on Intellectual Property, 2012.

同、技术秘密转让合同。

技术转让合同具有如下特征：

(1) 合同标的物是一个相对完整的技术方案，不同于在技术咨询和技术服务合同中当事人一方向对方提供的一定的技术意见、技术知识。

(2) 合同标的物是现有的技术方案，不同于开发合同中技术成果在合同订立时尚不存在或尚未形成。

(3) 合同标的物必须是已经权利化的技术成果。所谓权利化，包括取得专利权、专利申请权、专利实施权及技术秘密成果权等权利。

二、技术转让合同当事人权利、义务

技术转让合同当事人权利，主要通过技术转让合同中的约定加以明确。《合同法》主要规定了技术转让合同当事人的义务。主要包括以下几种情形下的合同当事人之间的义务。

(一) 专利权转让合同中当事人的义务

专利权转让合同，是指让与人将其发明创造的专利所有权或持有权转让给受让人，受让人支付约定价款的合同。

让与人的主要义务：(1) 按合同约定的时间将专利权移交给受让人。当然，专利权中的人身权并不因专利权的转让而转让。(2) 保证自己是转让专利权的合法拥有者，并保证专利权的真实、有效。(3) 按合同约定交付与转让的专利权有关的技术资料，并向受让人提供必要的技术指导。(4) 保密义务。①

受让人的主要义务：向让与人支付合同约定的价款；按合同的约定承担保密义务。

(二) 专利申请权转让合同中当事人的义务

专利申请权转让合同，是指让与人将其特定的发明创造申请专利的权利转让给受让人，受让人支付约定价款的合同。

让与人的主要义务：(1) 将合同约定的专利申请权移交受让人，并提供申请专利和实施发明创造所需要的技术情报和资料。(2) 保证作为申请权标的发明创造为让与人自己或自己与他人合作通过创造性劳动合法获得，或者通过委托开发合同获得，即保证自己是所提供的技术的合法拥有者。(3) 按合同的约定承担保密义务。

受让人的主要义务：按合同约定向让与人支付价款；承担保密义务。

(三) 专利实施许可合同中当事人的义务

专利实施许可合同，是指让与人许可受让人在一定期限内和地域范围内，以一定方式实施其专利技术，受让人支付约定使用费的合同。

让与人的主要义务：(1) 保证自己是所提供的专利技术的合法拥有者，即是自己提

---

① 见《中华人民共和国合同法》第342条第2款的规定。

出专利申请、经专利机关审查后授予了专利权的技术，或者是让与人通过合法的转让合同获得。（2）提供的专利技术完整、无误，能够达到约定的目的，并许可受让人在合同约定的范围内实施专利技术。（3）交付与实施该项专利技术有关的资料，并按约定提供技术指导。

受让人的主要义务：（1）在合同约定的范围内实施专利技术，并不得违反许可合同约定以外的第三人实施该项专利。（2）支付合同约定的使用费。

（四）技术秘密转让合同中当事人的义务

技术秘密转让合同，是指让与方将其拥有的技术秘密转让给受让人，受让人支付约定价款的合同。

让与人的主要义务：（1）让与人应是该技术秘密成果的合法拥有者，保证在订立合同时该项技术秘密未被他人申请获得专利。（2）按约定提供技术资料、进行技术指导。（3）保证此项技术的实用性、可靠性。（4）承担合同约定的保密义务。

受让人的主要义务：（1）在合同约定的范围内使用技术，不得擅自许可第三人使用该技术。（2）按合同约定支付使用费。（3）承担合同约定的保密义务。

三、技术转让合同的认定条件

根据《技术合同认定规定》[①] 的规定，技术转让合同的认定条件是：

（1）合同标的当事人订立合同时已经掌握的技术成果，包括发明创造专利、技术秘密及其他知识产权成果。

（2）合同标的具有完整性和实用性，相关技术内容应构成一项产品、工艺、材料、品种及其他改进的技术方案。

（3）当事人对合同标的有明确的知识产权权属约定。

同时，《技术合同认定规则》还规定，技术合同的标的为技术秘密，该项技术秘密应具备以下条件：（1）不为公众所知悉；（2）能为权利人带来经济效益；（3）具有实用性；（4）权利人采取了保密措施。[②]

四、技术转让合同中的"使用范围"条款

《合同法》第343条规定，技术转让合同可以约定让与人和受让方实施专利或者使用技术秘密的范围，但不得限制技术竞争和技术发展。一般来说，技术转让合同可以就下列几个方面的使用范围作出约定：

（1）使用权限的限制：技术转让合同的当事人可以约定专利或者技术秘密的使用权限。专利与技术秘密的使用权限以让与方是否可以在约定的地域范围内自己使用或许可他人使用为标准，分为普通许可、排他许可和独占许可。

（2）使用期限的限制：技术转让合同的当事人可以约定专利或者技术秘密的使用期

[①] 中华人民共和国科学技术部：《科学技术部关于印发〈技术合同认定规则〉的通知》。

[②] 见《技术合同认定规则》第30条的规定。

限。合同未约定期限或者约定不明确的，受让方实施专利或使用技术秘密不受期限限制。但合同约定的专利实施许可的期限不能超过整个专利权期限。

（3）使用地区限制：技术合同的当事人可以约定实施专利技术或者使用技术秘密的地区，并可同时约定与实施专利技术或者使用技术秘密相联系的产品制造、使用和销售地区。如果合同没有此方面的约定，则视为受让方享有授予该专利的国家或地区的任何地域内实施专利技术，以及在世界上任何地域内使用该技术秘密的权利。

技术转让合同中的地域限制条款与专利权本身的地域限制不同。专利权本身的地域限制是指专利仅在授予国有效，这是一条法定原则，无需在合同中约定。技术转让合同所说的地域限制一般是指受让方有权使用专利实施许可合同的技术标的去从事生产制造或销售活动的地区限制。①

（4）实施方式的限制：技术转让合同的当事人可以约定专利技术和实施方式。作为技术转让合同标的的技术成果既可以是技术方法，也可以是技术产品。当技术转让合同的标的为技术方法，而该技术可以用于多种目的和用途时，让与方可以在合同中限制受让方只能将其用于某一种或者几种目的或用途。当技术转让合同的标的为技术产品时，转让方可以在合同中限制受让方在产品制造、使用、销售、进口上的权利中的一种或几种，还可以限制该产品的具体使用的目的和用途。

五、技术转让合同的违约责任

（一）让与人的违约责任

根据《合同法》第 351 条规定，技术转让合同让与人的违约责任主要有下面几项：

（1）让与人未按照约定转让技术的，应当返还部分或者全部使用费，并应当承担违约责任。

（2）让与人实施专利或者使用技术秘密超越约定的范围的，违反约定擅自许可第三人实施该项专利或者使用该项技术秘密的，应当停止违约行为，承担违约责任。

（3）让与人违反约定的保密义务的，应当承担违约责任。让与人对受让人的技术背景情况应予以保密，对所转让的技术也应保密。让与人违反合同约定的保密义务，故意泄露技术秘密，或者因过错泄密，使受让人遭受损失的，应当支付违约金或者赔偿损失。

（二）受让人的违约责任

根据《合同法》第 351 条规定，技术转让合同受让人未按照约定支付使用费的，应当补交使用费，并按照约定支付违约金；不补交使用费或者支付违约金的，应当停止实施专利或者使用技术秘密，交还技术资料，承担违约责任；实施专利或者使用技术秘密超越约定的范围的，未经让与人同意擅自许可第三人实施该专利或者使用该技术秘密的，应当

---

① 文希凯：《技术转让与技术许可——对我国〈合同法〉相关规定的探讨》，载《专利法研究》2015 年。

停止违约行为，承担违约责任；违反约定的保密义务的，应当承担违约责任。

六、后续改进成果的分享

后续改进，是指在技术转让合同有效期内，一方或双方对作为合同标的的专利技术或者技术秘密成果所作的革新和改良。

《合同法》第354条规定，当事人可以按照互利的原则，在技术转让合同中约定实施专利、使用技术秘密后续改进的技术成果的分享办法。没有约定或者约定不明确，依照本法第61条的规定仍不能确定，一方后续改进的技术成果，其他各方无权分享。

根据本条规定，技术转让合同的当事人双方可以按照互利的原则，在合同中约定实施专利、使用技术秘密后续改进的技术成果的分享办法。没有约定或者约定不明确，当事人可以协议补充；不能达成补充协议的，可以按照合同有关条款或者交易习惯确定。按照合同有关条款或者交易习惯仍不能确定，一方后续改进的技术成果，其他各方无权分享。

第四节　技术咨询合同和技术服务合同

一、技术咨询合同

（一）技术咨询合同的概念和特征

根据《合同法》第356条规定，技术咨询合同是当事人一方为另一方就特定技术项目提供可行性论证、技术预测、专题技术调查、分析评价报告，并由另一方支付报酬的合同。提供咨询的一方是受托人，接受咨询报告并支付报酬的一方是委托人。

当事人可以就下列技术项目的预测、分析、论证、预测和调查订立技术咨询合同：（1）有关科学技术与经济、社会协调发展的软科学研究项目；（2）促进科技进步和管理现代化，提高经济效益和社会效益的技术项目；（3）其他专业性技术项目。

技术咨询合同的特征如下：

（1）主体构成的特定性。合同主体的一方，即受托人，是具有特定技术知识和经验，能够对咨询问题给出答案、提出建议、拿出方案的专门机构或专门人才。

（2）标的内容的综合性。技术咨询合同不同于技术服务合同，技术服务合同的标的主要是解决具体的技术性问题；技术咨询合同的标的是科技咨询课题。

（3）成果的决策参考性。受托人提供的咨询报告或意见，是委托人决策的依据和参考。

（二）技术咨询合同的效力

1. 委托人的主要义务

根据《合同法》第357条的规定，委托人的主要义务包括：按照合同的约定阐明咨询的问题，提供技术背景材料及有关技术资料、数据；按期接受受托人的工作成果，并支付报酬；受托人为委托人提供的工作成果，如需保守秘密的，委托人应保守秘密。

2. 受托人的主要义务

按照合同约定的期限完成咨询报告或者解答问题；提出的咨询报告应当达到合同约定的要求；在合同约定的期限内，受托人对委托人提供的资料和数据有保守秘密的义务，合同无约定保密的，受托人可以使用。

(三) 技术咨询合同的违约责任

1. 委托人的违约责任

(1) 延迟提交资料和数据或提交的资料和数据有严重瑕疵，影响受托人工作进度和质量的，应当支付报酬；已支付的，不得追回。

(2) 未按合同约定支付报酬，应当补交报酬，并向委托人支付违约金或赔偿金。

2. 受托人的违约责任

(1) 延迟交付咨询报告和意见，或提交的咨询报告和意见不符合合同约定，应减收获或免收报酬。

(2) 提交的咨询报告和意见，应当免收报酬，并支付违约金或赔偿金。

(四) 技术咨询合同后续成果的归属

对后续成果的归属，除合同另有约定的以外，一般可按以下原则确认：受托人利用委托人提供的技术资料和工作条件完成的后续成果，属于受托人，由受托人享有；委托人利用受托人工作成果所完成的后续成果，属于委托人，由委托人享有。①

二、技术服务合同

根据《合同法》第 356 条规定，技术服务合同是当事人一方以技术知识为另一方解决特定技术问题所订立的合同。以自己的技术知识为对方解决技术问题的一方为受托人，接受对方提供的技术服务并支付报酬的一方是委托人。技术服务合同不包括建设工程合同和承揽合同。

(一) 技术服务合同的特征

(1) 合同标的是解决特定技术问题的项目。
(2) 履行方式是完成约定的专业技术工作。
(3) 工作成果有具体的质量和数量指标。
(4) 有关专业技术知识的传递不涉及专利和技术秘密成果的权属问题。

(二) 技术服务合同的效力

1. 委托人的主要义务

根据《合同法》第 360 条的规定，委托人的主要义务包括：

---

① 罗东川：《"合同法"技术合同条文释义与案例评析》，载《电子知识产权》1999 年第 11 期，第 37~39 页。

（1）技术服务合同的委托人应当按照约定提供工作条件，完成配合事项；接受工作成果并支付报酬。

（2）技术服务合同的委托人不履行合同义务或者履行合同义务不符合约定，影响工作进度和质量，不接受或者逾期接受工作成果的，应当按照约定支付报酬。

（3）受托人利用委托人提供的技术资料和工作条件完成的新的技术成果，属于受托人。当事人另有约定的，按照其约定。

2. 受托人的主要义务

根据《合同法》第361条的规定，受托人的主要义务包括：

（1）技术服务合同的受托人应当按照约定完成服务项目，解决技术问题，保证工作质量，并传授解决技术问题的知识。

（2）技术服务合同履行过程中，委托人利用受托人的工作成果完成的新的技术成果，属于委托人。当事人另有约定的，按照其约定。

（三）技术咨询服务合同的违约责任

1. 委托人的违约责任

（1）违反合同约定影响受托人的工作进度和质量，不按时接受工作成果的，应按约定向受托方支付报酬。

（2）严重违约致使受托人无法开展正常工作的，受托人可以解除合同，并可要求支付违约金或赔偿金。

2. 受托人的违约责任

（1）未按期完成约定的服务项目或完成的服务项目不符合约定要求的，应当减收或免收报酬。

（2）给委托人造成损失的，应支付违约金，承担赔偿责任。

（四）技术服务合同后续成果的归属

关于后续技术成果的归属，合同双方当事人可以在合同中约定。当事人没有约定或约定不明的，受托人利用委托人提供的技术资料和工作条件完成的新成果，属于受托人，由受托人享有权利；委托人利用受托人的工作成果完成的新的技术成果，属于委托人，由委托人享有权利。

练习题

一、单项选择题

1. 研究开发人就委托开发完成的发明创造申请取得专利权的，下列说法正确的是（　　）。

　　A. 委托人可以在同等条件下优先获得实施该专利的权利，但应向研究开发人全额支付专利权使用费

　　B. 委托人可以在同等条件下优先获得实施该专利的权利，但应向研究开发人支付专利权使用费的50%

C. 委托人可以在同等条件下优先获得实施该专利的权利，但应向研究开发人支付专利权使用费的20%
   D. 委托人可以免费实施该专利

2. 甲公司向乙公司转让了一项技术秘密。技术转让合同履行完毕后，经查该技术秘密是甲公司通过不正当手段从丙公司获得的，但乙公司对此并不知情，且支付了合理对价。下列哪一表述是正确的？（ ）
   A. 技术转让合同有效，但甲公司应向丙公司承担侵权责任
   B. 技术转让合同无效，甲公司和乙公司应向丙公司承担连带责任
   C. 乙公司可在其取得时的范围内继续使用该技术秘密，但应向丙公司支付合理的使用费
   D. 乙公司有权要求甲公司返还其支付的对价，但不能要求甲公司赔偿其因此受到的损失

3. 甲公司与乙公司签订一份技术开发合同，未约定技术秘密成果的归属。甲公司按约支付了研究开发经费和报酬后，乙公司交付了全部技术成果资料。后甲公司在未告知乙公司的情况下，以普通使用许可的方式许可丙公司使用该技术，乙公司在未告知甲公司的情况下，以独占使用许可的方式许可丁公司使用该技术。下列哪一说法是正确的？（ ）
   A. 该技术成果的使用权仅属于甲公司
   B. 该技术成果的转让权仅属于乙公司
   C. 甲公司与丙公司签订的许可使用合同无效
   D. 乙公司与丁公司签订的许可使用合同无效

4. 甲公司委托乙公司开发一种浓缩茶汁的技术秘密成果，未约定成果使用权、转让权以及利益分配办法。甲公司按约定支付了研究开发费用。乙公司按约定时间开发出该技术秘密成果后，在没有向甲公司交付之前，将其转让给丙公司。下列哪种说法是正确的？（ ）
   A. 该技术秘密成果的使用权只能属于甲公司
   B. 该技术秘密成果的转让权只能属于乙公司
   C. 甲公司和乙公司均有该技术秘密成果的使用权和转让权
   D. 乙公司与丙公司的转让合同无效

二、多项选择题

1. 甲、乙、丙三人合作开发一项技术，合同中未约定权利归属。该项技术开发完成后，甲、丙想要申请专利，而乙主张通过商业秘密来保护。对此，下列哪些选项是错误的？（ ）
   A. 甲、丙不得申请专利
   B. 甲、丙可申请专利，申请批准后专利权归甲、乙、丙共有
   C. 甲、丙可申请专利，申请批准后专利权归甲、丙所有，乙有免费实施的权利
   D. 甲、丙不得申请专利，但乙应向甲、丙支付补偿

2. 委托开发完成的发明创造，除当事人另有约定外，申请专利的权利不属于（ ）。
   A. 研究开发人所有

B. 委托开发人所有
C. 研究开发人与委托开发人共同所有
D. 国家所有
3. 技术咨询报告包括就特定技术项目提供的合同种类有：（　　）。
A. 可行性论证合同
B. 技术预测合同
C. 专题技术调查合同
D. 分析评价报告合同
4. 技术合作开发合同中的风险责任分担原则有（　　）。
A. 由双方当事人约定承担的比例
B. 由双方当事人合理分担
C. 通知义务的履行
D. 对因未及时通知致使损失扩大的承担原则

第二十三章

委托合同

教学目的和要求
1. 理解委托合同的特征；
2. 掌握委托合同的效力；
3. 掌握受托人以自己名义与第三人订立的合同的效力。

主要内容：委托合同的概念、特征、效力、终止、委托人以自己名义与第三人订立合同的效力。

自学：间接代理，见《民法学》。

讨论：委托人以自己名义与第三人订立合同的行为性质。

作业：
1. 简述委托合同的特征；
2. 简述委托合同与代理的区别；
3. 简述委托合同当事人的义务；
4. 论述委托人以自己名义与第三人订立合同的效力；
5. 简述委托合同终止的原因及其法律后果。

案例引导

1997年5月17日，杨莉因农忙将女儿韩洋萍交给婆婆罗桂芳看管。下午，罗桂芳带韩洋萍为胡世贵家煮晚饭。晚上9时许，罗将电饭煲放在地下煮稀饭。稀饭快煮熟时，罗忙着炒菜，邱鹏和韩洋萍一起在厨房内玩耍，在嬉戏追逐中，韩洋萍摔倒入稀饭锅中严重烫伤，后经送医院抢救无效于当日死亡。当事人协商赔偿无果，杨莉遂将罗桂芳、邱鹏和胡世贵诉至法院，要求三被告赔偿损失11680元。

【分析】本案原告将其女儿临时性地托付给婆婆罗桂芳照看，罗桂芳也已允为照管，双方之间是一种无偿委托合同关系。在这种关系中，受托人所负的义务，即在该期间内照管孩子的生活和负责小孩的人身安全。其中，对照管的小孩的人身安全的义务，应尽到善良管理人的注意义务。本案中，罗桂芳做饭时的场所，对无行为能力的幼儿来说，存在多种妨害人身安全的危险因素，罗放任两个小孩在做饭的地方追逐玩耍，致使损害事故的发生，有重大过失。罗桂芳应就其重大过失负责，并在该损害赔偿责任中负主要赔偿责任。

本案中，邱鹏并没有实施加害行为，但若原告女儿摔倒与两人追逐玩耍有关系，根据公平原则，由当事人分担民事责任。由于邱鹏为无民事行为能力的幼儿，由其监护人依法承担民事责任。另一被告胡世贵在原告与罗桂芳的委托合同中并未受益，且与本案损害事故亦无因果关系，不承担法律责任。

来源：《人民法院案例选》（民事卷），中国法制出版社2000年版，第1107页。

第一节　委托合同概述

一、委托合同的概念及其沿革

委托合同，又称委任合同，是指一方委托他方处理事务，他方允诺处理事务的合同。委托他方处理事务的，为委托人，允诺为他方处理事务的，为受托人。

委托合同可以合理利用他人的技能和劳力为自己处理事务，在现代社会适用范围非常广泛。委托合同是比较古老的合同类型，在古巴比伦的《汉谟拉比法典》中，就对委托合同有所规定。古代罗马早期，不存在委托合同，古代罗马社会实行父权制家庭，家父独揽一切，但最根本的原因是当时为简单商品生产，商品交换不发达，商品生产者个人足以应付其必须进行的交易活动。因此，当事人实施法律行为的方式被严格地加以限制，一切法律行为均须由当事人亲自进行。在罗马后期，商品经济日益发达，家长不可能包揽一切，一定范围内的法律行为可以由家属、奴隶代为进行，或者委托他人办理，委托合同由此产生，代理制度开始萌芽，但当时的法律并不区分委托和代理的关系，而将两者汇为一体，认为委托合同必含有代理权的授予。法国民法典承袭了这一理论。但自德国民法典以后，各国立法都严格区分委托合同和代理，一般在总则中专门规定代理制度，而在债编中规定委托合同。我国《民法通则》对代理设专节加以规定，在《合同法》中规定委托合同，区分委托合同和代理关系，有委托合同，未必一定产生代理关系。

二、委托合同的特征

（一）委托合同是以处理委托人事务为目的的合同

委托合同是一种典型的提供劳务合同。委托合同的标的是受托人为委托人提供事务服务的行为，委托合同的目的是处理或管理委托人的事务。合同订立后，受托人一般是以委托人的名义处理委托事务，但受托人也可以以自己的名义处理委托事务，受托人在委托的权限内所实施的行为，等同于委托人自己的行为。委托人委托的事务既包括法律行为，如受托人为委托人与第三人订立合同，又包括事实行为，如委托邻居照看花园。无论是民事行为，还是事实行为，只要该事项不违背公序良俗或法律的禁止性规定，不是与委托人人身密不可分的，委托人都可经由委托合同委托他人处理。

(二) 委托合同的订立以委托人和受托人之间的相互信任为前提

委托合同建立在双方相互信任的基础上，因而在委托合同关系成立并生效后，如果一方对另一方产生了不信任，可随时终止委托合同，因解除合同给对方造成损失的，除不可归责于该当事人的事由以外，应当赔偿损失。同时，出于委托合同当事人以信任为基础的原因，委托合同有一定的人身属性，受托人在接受委托事务后，应该亲自处理委托事务，除法律有规定或双方有约定外，不得将受托事务转委托给第三人处理。

(三) 委托合同是诺成合同及不要式合同

委托合同的当事人双方意思表示一致时，合同即告成立，无需以物之交付或当事人的义务履行作为合同成立的要件。因此，委托合同为诺成合同。委托合同为不要式合同，除法律有特别规定外，委托合同无须采用特别形式，当事人可以根据实际情况选择适当形式。

(四) 委托合同可以是无偿合同也可以是有偿合同

委托合同是否有偿，各国和地区立法不一，罗马法时代的委托合同以无偿为原则，无论有无特约，受托人均不能接受报酬。《法国民法典》、《德国民法典》严格承继了罗马法的无偿原则，委托合同仍以受托人不受报酬为要件。《瑞士民法典》和我国台湾地区的"民法"则采有偿推定原则。如台湾地区"民法"第547条规定，报酬未约定，如依习惯或依委托事务之性质，应给付报酬者，受托人得请求报酬。我国《合同法》第405条规定，受托人完成委托事务的，委托人应当向其支付报酬。因不可归责于受托人的事由，委托合同解除或者委托事务不能完成的，委托人应当向受托人支付相应的报酬。当事人另有约定的，按照其约定。因此，我国《合同法》规定委托合同可以是有偿的，也可以是无偿的，由当事人双方自行约定，当事人未作约定的，委托合同为有偿合同。

(五) 委托合同是双务合同

委托合同一经成立，无论是否有偿，当事人双方均需承担一定的义务。受托人有办理委托事务、向委托人报告、转移受托事项所得权益等义务，而委托人则有进行指示、提供委托事务必要费用，以及委托合同为有偿合同时支付报酬等义务。

三、委托合同的种类

(一) 特别委托和概括委托

根据受托人的权限范围，委托合同可以分为特别委托和概括委托。特别委托，是指委托人特别委托受托人处理一项或数项事务的委托；概括委托，是指委托人委托受托人处理一切事务的委托。

(二) 单独委托和共同委托

根据受托人的人数，委托合同可以分为单独委托和共同委托。单独委托，是指受托人为一人的委托；共同委托，是指受托人为两人以上的委托。在共同委托中，受托人共同处理委托事务，对委托人承担连带责任。

（三）直接委托和转委托

根据受托人产生的不同，委托合同可以分为直接委托和转委托。直接委托，是指由委托人直接选任受托人的委托。转委托，又称复委托，是指受托人为委托人再选任受托人的委托。受托人为委托人进行转委托，除紧急状况下受托人为维护委托人的利益而需要转委托的以外，应当征得委托人的同意。合法的转委托，委托人可以就委托事务直接指示转委托的第三人，受托人仅就第三人的选任及其对第三人的指示承担责任。转委托未经同意的，受托人应当对转委托的第三人的行为承担责任。

四、委托合同与委托代理的区别

委托代理，是指代理人受被代理人委托，在代理权限内以被代理人或自己的名义实施法律行为，被代理人对代理人的代理行为直接或间接承受其法律效果的制度。委托代理与委托合同关系密切而又有所区别。

委托合同是委托代理产生的主要基础关系，委托人所委托的事务为对外的法律行为时，一般都有代理权的授予，委托合同是委托代理的基础关系，代理成为受托人处理受托事务的手段，委托代理人在进行代理行为时，也是在为委托人处理委托事务。但是，委托合同和委托代理又是彼此独立的，并非在任何情况下代理都以委托合同为基础，仅有委托合同而没有委托授权行为，不能产生委托代理关系，有委托合同而无委托代理，有委托代理而无委托合同的情形是存在的，委托合同无效或被撤销，代理人的代理权并不必然随之消灭，必须有委托人撤销委托授权的行为。

委托合同与委托代理的区别：（1）代理人的代理行为只能是法律行为，不能包括事实行为；而委托合同受托人受托处理的行为既可以是法律行为，也可以是事实行为。（2）代理属于对外关系，存在于代理人与第三人或被代理人与第三人之间，不对外也就无所谓代理；而委托是一种对内关系，存在于委托人和受托人之间。（3）代理权的授予属于单方民事行为，仅依被代理人的授权即可使代理关系成立；而委托合同为双方民事行为，若受托人不允诺，则委托合同不能成立。

第二节 委托合同的效力

一、受托人的义务

（一）处理委托事务

委托合同是劳务性合同，受托人处理委托事务是受托人的主要义务。受托人在处理委托事务时应注意以下几点：

1. 在授权范围内处理委托事务

如果委托合同的授权范围不够明确，如何确定受托人的权限范围，我国合同法对此未作规定。按国外立法，下列行为为特别管理行为，必须由委托人亲自进行：不动产的出售、出租、抵押、赠与、和解、提起仲裁。我国《合同法》规定，受托人超越权限给委托人造成损失的，应当赔偿损失"，但此时受托人承担过错责任还是无过错责任，理论上有不同看法。笔者认为，委托合同授权不明有多种原因，从委托合同订立的过程来说，委托人更有主动性，从利益平衡出发，此应为过错责任，即受托人对越权的发生具有过错才承担责任，但应该由受托人对无过错承担证明责任。

2. 按照委托人的指示处理委托事务

一般来说，受托人的指示按照其性质可分为三种：一种是命令性的，受托人绝对不得变更委托人的指示；第二种是指导性的，受托人在坚持原则的前提下，可以有部分自由裁量权；第三种是任意性的，受托人享有独立裁量的权利，对受托的事务可以根据具体情况处理。受托人应当严格按照委托人的指示和要求办理委托事务，需要变更委托人指示的，应当事先经委托人同意，因情况紧急难以和委托人取得联系时，应从委托人利益出发，妥善处理委托事务，并在事后将变更情况及时报告委托人。

3. 亲自处理委托事务

委托合同是基于双方当事人相互信任而订立的合同，受托人原则上应亲自处理委托事务，但委托人同意转委托或者在紧急情况下，为维护委托人的利益时，也可以转委托。转委托的内容，得依原委托的内容。

受托人依法将委托事务转委托给第三人处理时，受托人与委托人之间的委托合同关系并未解除，但受托人得以免除委托事务的处理，受托人仅对第三人的选任以及其对第三人的指示承担责任。委托人与第三人，即次委托人之间产生委托合同关系，委托人有权就委托事务直接指示次委托人，次委托人直接就委托事务向委托人负责。受托人的转委托不合法的，该转委托的第三人视为受托人的履行辅助人，其处理事务的行为，应视为受托人的行为，由受托人对此承担责任。

4. 谨慎处理委托事务

受托人在处理委托事务时，应本着诚实信用的原则谨慎处理委托事务，尽必要的注意义务。如果受托人怠于注意，由此而给委托人造成损失的，应承担赔偿责任。但委托合同分有偿和无偿而对受托人注意的程度有所不同，对于有偿的委托合同，受托人因过错给委托人造成损失的，应承担赔偿责任；但对于无偿的委托合同，只有因受托人故意或重大过失而导致委托人损失的，受托人才负有赔偿义务。

(二) 报告委托事务处理情况

受托人在办理委托事务的过程中，根据委托人的要求或认为有必要时，应当及时向委托人报告委托事务处理的进展情况、存在的问题和可能的结果，并征求委托人的合理建议与指示。如果委托合同约定了报告时间，受托人应按照约定进行报告。委托人事务终了或者委托合同终止时，应当向委托人全面报告委托事务的办理经过和结果，并提交必要的书面材料和证明文件。

(三) 移交因委托处理事务所取得的各种利益

受托人应将因处理委托事务所取得的各种利益移交给委托人。受托人转移利益的义务，不仅适用于受托人，还适用于转委托的第三人。受托人因处理委托事务而取得的财产范围不仅包括金钱、实物以及两者的孳息，而且也包括各种财产权利。关于移交的期限，我国《合同法》没有明文规定，依学理解释，如果当事人之间有约定的，应当从其约定，如果没有约定的，应当认定其为无确定期限的债务，即受托人应及时将因处理委托事务所取得的各种财产返还给委托人，如受托人不及时返还该项财产时，委托人有权催告，委托人催告期满，受托人开始负迟延履行责任。

二、委托人的义务

(一) 承受受托人在委托权限内处理事务的后果

受托人在委托权限内处理事务的后果，直接由委托人承受。这种处理事务的后果包括两个方面：一是有利的后果，即受托人处理委托事务所取得的利益。对此，委托人对受托人有移交的义务。二是不利的后果，这主要是受托人处理委托事务所产生的债务负担。对此，委托人当然要承受。受托人处理委托事务所产生的债务包括两种情况：一种是以代理方式，以委托人的名义所负担的债务。在这种情况下，该债务直接归于委托人，委托人自应清偿。另一种是以受托人自己的名义负担的债务。这种债务又可分为两种情形：其一，受托人负担债务后，由委托人与债权人订立债务承担协议或由受托人与委托人订立债务承担协议，并经债权人同意后，该债务即由委托人负责清偿；其二，受托人负担债务后，其债务并未由委托人负担，在这种情形下，受托人得请求委托人代为清偿。

(二) 支付处理委托事务的费用

委托合同的特点是受托人用委托人的费用处理委托事务，支付处理委托事务必要费用是委托人的主要义务。从各国民法的规定来看，委托人支付委托事务费用的方式有两种：一是预付费用，二是偿还费用。

1. 预付费用

对于处理委托事务所需要的费用，原则上应由委托人预先支付，委托人应预付费用的多少以及预付的时间、地点、方式等，应依据委托事务的性质和具体情况而定。预付费用是为委托人的利益使用的，与委托事务的处理不构成对价关系，不产生受托人的同时履行抗辩权，受托人也并无申请法院强制委托人预付费用的权利。如果受托人已为请求，委托人不预付费用，受托人可以拒绝处理受托事务而不承担责任。当委托人不预付费用行为影响受托人基于该合同产生的收益或者给其造成损失时，受托人有权请求损害赔偿。

2. 偿还费用

如果受托人在处理委托事务时为委托人利益而垫付了费用，委托人负有偿还费用的义务。委托人偿还的费用一般应限于受托人为处理委托事务不可缺少的费用。这里所谓必要费用，是指处理受托事务不可缺少的费用，例如交通费、保管费、手续费等。在确定必要费用的范围时，应充分考虑委托事务的性质、受托人的注意义务及支出费用的具体情况，以受托人实施行为时的客观状态作为标准。当事人就必要费用发生争议时，委托人应就其认为不必要部分举证，以免垫付费用的受托人处于不利地位。委托人偿还费用时应当加付利息，利息从受托人垫付费用之日起算，当事人之间关于利息有约定的从约定；没有约定的，以当时的法定存款利率计算。此外，对于受托人处理委托事务时所支付的有益费用，若双方当事人没有约定或者约定不明确时，应根据情况按照无因管理或者不当得利的规定处理。

（三）支付报酬

委托合同如果是有偿的，委托人应当向受托人支付报酬。报酬的种类、数额应当按照双方的约定；没有约定或约定不明确时，应当按照合同的一般履行原则进行。报酬支付期也应按合同约定履行，如合同未作规定，各国民法一般采取"后付主义"，即委托人只能在完成委托事务后才能请求支付报酬。委托合同因不可归责于受托人的事由解除或者委托事务不能完成，委托人应当根据受托人处理事务所付出的工作时间或者所进行委托事务的进程等情况，给付受托人相应的报酬。但如果是由于受托人的事由而致委托合同终止或委托事务不能完成的，受托人无报酬请求权。

（四）赔偿损失

受托人在处理委托事务过程中因不可归责于自己的事由发生损失时，因是为委托人处理事务所造成的，应由委托人赔偿。所谓"不可归责于自己的事由"，主要指委托人指示不当或其他过错、第三人的过错、客观情况发生变化、不可抗力等原因。在受托人所受损害系由第三人的加害行为造成时，受托人有权向该第三人请求赔偿，但若该加害的第三人不明，或无资力或无过失时，受托人有权请求委托人予以赔偿。委托人向受托人赔偿后，如有应负赔偿责任的第三人，委托人有权请求受托人让与其对第三人的损害赔偿请求权。

委托人对委托合同有任意解除权，可以随时解除合同，但因此给受托人造成损失的，除不可归责于委托人的原因外，委托人应当赔偿损失。

委托人经受托人同意，可以在受托人之外委托第三人处理委托事务，此时构成重复委托，重复委托在各受托人之间形成竞争，有利于委托人，但有可能给受托人带来不便甚至损失，从受托人的利益出发，法律规定重复委托必须经其他受托人同意，重复委托即使经受托人同意，但如果因此给受托人造成损失的，委托人应向受托人赔偿损失。

第三节　受托人以自己名义与第三人订立合同的效力

委托合同订立后，受托人在处理委托事务时，往往要对外进行民事活动，与第三人订立合同，产生合同关系，这些合同多数以委托人名义与第三人订立，为直接代理，适用直接代理的法律规定。但也存在受托人以自己的名义与第三人订立合同，完成委托事务的情况，如我国的外贸代理活动，虽然名为"外贸代理"，但长期以来，受托人都是以自己的名义与第三人签订合同。我国原有的民商立法及民法学说上，仅承认所谓的直接代理制度，并不认同隐名代理和未披露委托人的代理。所以，外贸代理虽名为"代理"，却不能适用《民法通则》中的直接代理制度，外贸企业（受托人）在外贸代理中直接对外商（第三人）承担合同责任，风险很大。我国制定统一合同法时，以外贸代理为实践基础，借鉴了英美法系的代理制度，对受托人以自己名义与第三人订立合同的效力进行了规定。

一、受托人公开代理关系，并以自己名义与第三人订立合同的效力

受托人以自己的名义，在委托人的权限范围内与第三人订立的合同，第三人在订立合同时知道受托人与委托人之间的代理关系的，委托人有权自动介入到受托人与第三人所订立的合同中，取代受托人的合同地位，由委托人来行使合同约定的权利，承担相应的义务。此时，受托人与第三人之间发生的合同关系直接约束委托人和第三人，这种约束力并不是根据受托人与第三人的约定产生的，而是根据《合同法》的直接规定产生，是法定的直接约束力。

委托人自动介入受托人，以自己名义与第三人订立的合同，必须具备以下条件：（1）受托人以自己的名义与第三人订立合同；（2）受托人与第三人订立的合同在委托权限范围内；（3）第三人订立合同时知道受托人与委托人间的代理关系。这里第三人对委托人的知道应当是确定的，即订立合同时第三人明确知道具体的委托人，知道委托授权的内容和期限。（4）须无确切证据证明该合同只约束受托人和第三人。

委托人自动介入后，受托人在一般情况下无需再承担任何合同义务。但合同另有约定或有特殊交易惯例时除外。在委托人介入到受托人与第三人所订立的合同后，受托人仍有权要求委托人按约定支付报酬。

如果有确切证据证明该合同只约束受托人和第三人的，不发生委托人的自动介入，合同对委托人没有约束力，第三人只对受托人行使合同权利并履行合同义务，受托人在接受第三人履行后，再将其财产及其利益转交给委托人。

二、受托人不公开代理关系以自己名义与第三人订立合同的效力

（一）委托人的介入权

委托人的介入权，是指当委托人因第三人的原因对委托人不履行义务时，委托人介入受托人与第三人之间的合同关系，直接向第三人主张合同权利。

《合同法》第403条第1款规定，受托人以自己的名义与第三人订立合同时，第三人不知道受托人与委托人之间的代理关系的，受托人因第三人的原因对委托人不履行义务，受托人应当向委托人披露第三人，委托人因此可以行使受托人对第三人的权利，但第三人与受托人订立合同时如果知道该委托人就不会订立合同的除外。此条即是对委托人介入权的规定。

委托人行使介入权应具备以下条件：（1）受托人以自己的名义与第三人订立合同；（2）受托人与第三人订立的合同在委托权限范围内；（3）第三人于订立合同时不知道受托人与委托人间的代理关系；（4）第三人与受托人订立合同时如果知道该委托人亦不会拒绝订立合同；（5）受托人因第三人的原因不能向委托人履行义务。

委托人的介入权在性质上属于形成权，是否行使，则取决于委托人的意愿，不需要

征得受托人或者第三人的同意。委托人行使介入权后，则取代受托人的地位，成为合同的一方当事人，行使合同权利，履行合同义务，受托人退出该合同关系。如果委托人不行使介入权，受托人应根据委托合同以及与第三人合同的约定，继续为委托人利益向第三人主张权利。

为合理保护第三人的利益，法律规定，第三人与受托人订立合同时如果知道委托人就不会订立合同的，则委托人不得介入该合同。

在委托人行使介入权时，如果第三人对受托人具有抗辩权的，第三人可以主张该抗辩权对抗委托人。

(二) 第三人的选择权

为了平衡当事人间的利益，法律在承认了委托人介入权的同时，也承认了第三人的选择权。《合同法》第403条第2款规定，受托人因委托人的原因对第三人不履行义务，受托人应当向第三人披露委托人，第三人因此可以选择受托人或者委托人作为相对人主张其权利，但第三人不得变更选定的相对人。

第三人的选择权，是指当受托人因委托人的原因对第三人不履行义务时，受托人应当向第三人披露委托人，第三人因此可以选择受托人或者委托人作为相对人主张其权利。

第三人行使选择权应具备以下条件：(1) 受托人以自己的名义与第三人订立合同；(2) 受托人与委托人订立的合同在委托权限范围内；(3) 第三人于订立合同时不知道受托人与委托人间的代理关系；(4) 受托人因委托人的原因不能向第三人履行义务；(5) 第三人依其选择权确定相对人后不能再进行变更。

第三人的选择权是法定权利，在性质上亦属于形成权，由第三人决定是否行使，无需他人同意。但第三人一旦行使了选择权，就不得变更选定的相对人，以稳定合同关系。

第三人选定委托人作为相对人而主张权利时，如果委托人对受托人具有抗辩权或者受托人对第三人具有抗辩权的，则委托人可以对第三人主张此类抗辩权。

(3) 受托人的披露义务

所谓受托人的披露义务，是指在受托人以自己的名义与第三人订立合同时，如果第三人不知道委托人与受托人之间的代理关系，而因为第三人或委托人的原因造成受托人不能履行义务，则受托人应当向委托人或第三人披露造成违约的第三人或委托人。受托人明确告知委托人具体的第三人之后，委托人才能行使介入权；受托人明确告知第三人具体的委托人之后，第三人才能行使第三人选择权，受托人的披露义务为法定义务。

第四节 委托合同终止

一、委托合同终止的一般原因

委托合同终止的一般原因，是指一般合同普遍适用的终止原因，如委托事务处理完毕、委托合同履行已经不可能、委托合同的存续期间届满等。委托合同终止的一般原因适用合同消灭的法律规定。

二、委托合同终止的特有原因

(一) 当事人一方解除合同

委托合同是以当事人的相互信任为基础的。如果当事人对另一方当事人的信任有所动摇，合同丧失了存在的基础，会影响委托合同订立目的的实现，故委托合同的双方当事人均享有任意解除权，无论是有偿委托合同还是无偿委托合同，无论是有期限的委托合同还是未确定期限的委托合同，也无论委托事务的处理进行到何种程度，委托合同的任何一方当事人都有权随时解除委托合同，而且不需任何理由。此为委托合同当事人享有的法定权利，不可约定予以排除，但当事人行使解除权解除合同时应依照《合同法》第96条规定的程序和方法。

委托合同当事人虽然享有任意解除权，但根据诚实信用原则，如果因解除委托合同而给对方造成损失的，解除合同的一方应当赔偿损失。如果当事人一方是因不可归责于自己的事由而解除合同时，则可不负赔偿责任。但在这种情况下，解除合同的当事人一方须负举证责任，证明不可归责于自己的事由的存在。

(二) 当事人一方死亡、丧失民事行为能力或破产

委托合同因当事人一方死亡、丧失民事行为能力或破产，委托合同当然终止，但合同另有约定或委托事务的性质不宜终止的除外。

根据诚实信用原则，当委托人死亡、丧失民事行为能力或破产，致使委托合同终止时，在委托人的继承人、法定代理人或清算组织承受委托事务之前，受托人应当按照原委托合同继续处理委托事务；因受托人的死亡、丧失民事行为能力或破产，致使委托合同终止的，受托人的继承人、法定代理人或清算组织应当及时通知委托人。因委托合同终止将损害委托人利益的，受托人的继承人、法定代理人或清算组织应当采取必要的措施处理委托事务，保护委托人的利益，直至委托人作出善后处理，接管委托事务。

练习题

一、单项选择题

1. 甲委托乙购买一套机械设备，但要求以乙的名义签订合同，乙同意，遂与丙签订了设备购买合同。后由于甲的原因，乙不能按时向丙支付设备款。在乙向丙说明了自己是受甲委托向丙购买机械设备后，关于丙的权利，下列哪一选项是正确的？（　　）

　　A. 只能要求甲支付
　　B. 只能要求乙支付
　　C. 可选择要求甲或乙支付
　　D. 可要求甲和乙承担连带责任

2. 甲委托乙为其购买木材，乙为此花去了一定的时间和精力，现甲不想要这批木材，于是电话告诉乙取消委托，乙不同意。下列哪一论述是正确的？（　　）

　　A. 甲无权单方取消委托，否则应赔偿乙的损失

B. 甲可以单方取消委托，但必须以书面形式进行
  C. 甲可以单方取消委托，但需承担乙受到的损失
  D. 甲可以单方取消委托，但仍需按合同约定支付乙报酬

二、案例分析题

1. 甲公司与乙公司签订委托合同，由甲公司委托乙公司采购电脑200台，并预先支付购买电脑的费用50万元。乙公司考察发现丙公司有一批质优价廉的电脑，遂以自己的名义与丙公司签订了一份电脑购买合同，乙丙双方约定：乙公司从丙公司购进200台电脑。总价120万元，乙公司先行支付30万元定金；丙公司送货上门，将200台电脑全部运至乙公司仓库，货到验收后一周内乙公司付清全部款项。丙公司工作人员发货后，乙公司在合同约定地点接收了200台电脑，并将全部电脑交付甲公司。由于电脑滞销，甲公司一直拒付货款，致乙公司无法向丙公司支付货款。交货两个星期后，乙公司向丙公司披露了是受甲公司委托代买电脑的情况。

问题：

（1）丙公司在知道乙公司接受甲公司委托的情况后，能否要求甲公司支付货款？为什么？

（2）如丙公司以乙公司为被告提起诉讼后，又认为要求甲公司支付货款更为便利，能否改为主张由甲公司履行合同义务？为什么？

2. 刘忠秋、穆守军同是草市镇居民。2007年，刘忠秋得知穆守军能给他人办理出国劳务，便主动找到穆守军委托其办理自己出国劳务的相关事宜。穆守军告知刘忠秋要缴纳办理出国手续费用，并承诺了出国时限。同年5月28日，刘忠秋交给穆守军赴韩国劳务3年担保金60000元，并由穆守军出具收据一份。当日，该笔费用由穆守军转至清原镇佳音就业信息咨询服务部。2007年7月18日，刘忠秋再次缴纳办理高级焊工证费用3000元。因刘忠秋出国劳务事宜一直没有消息，刘忠秋及其家人曾多次找到穆守军询问此事和要求返还费用，穆守军均以将其费用已交给清原佳音就业信息咨询服务部用于给刘忠秋办理出国劳务的相关手续以及所需的高级焊工证，钱并未在被告手中为由推脱。但至今已6年，刘忠秋出国劳务也未能完成。刘忠秋因此向法院起诉，要求穆守军退回其63000元及其利息。

问题：本案应如何处理？

第二十四章

行纪合同

教学目的和要求
1. 了解行纪合同的特征、行纪合同与委托合同的区别；
2. 掌握行纪合同的效力；
3. 掌握行纪人介入权的概念和条件。

主要内容：行纪合同的概念、特征、效力、行纪人的介入权。

自学：行纪合同与居间合同的区别。

讨论：行纪合同与委托合同的区别。

作业：
1. 试述行纪合同的特征；
2. 简述行纪合同中当事人的义务；
3. 简述行纪人行使介入权应具备的条件。

案例引导

2000年3月4日，某市东方啤酒厂委托昌盛贸易公司（下称昌盛公司）代销啤酒。双方在合同中约定：昌盛公司接受东方啤酒厂委托，并以自己的名义代东方啤酒厂销售啤酒，销售价款由厂方统一定价，代销手续费为销售货款的5%，扣除手续费后余下货款，由昌盛公司支付给东方啤酒厂。合同签订后，东方啤酒厂于同年3月8日送给昌盛公司啤酒10000箱，每箱单价20元。同年10月8日，双方对代销的啤酒货款、手续费进行结算，经结算，昌盛公司共销售啤酒9000箱，计货款180000元，应提手续费9000元，从所付货款180000元中扣除，昌盛公司应付给东方啤酒厂货款171000元，已付121000元，尚欠50000元，由昌盛公司出具欠条，保证在同年底全部付清。剩余1000箱啤酒，有600箱因过保质期被技术监督局予以销毁，尚存400箱由厂方拉走。

2001年6月18日，因昌盛公司拒不支付欠款，东方啤酒厂诉至法院，要求昌盛公司支付代销货款50000元，赔偿600箱的损失11400元，昌盛公司以甲供销社尚欠啤酒款50000元为由，要求追加供销社为第三人参加诉讼，以600箱啤酒已经过保质期被销毁为由要求驳回东方啤酒厂赔偿损失11400元的要求。

法院判决：因第三人甲供销社不履行还款义务，致使委托人东方啤酒厂50000元的货款未收回，依法应由行纪人昌盛公司承担 50000 元的货款责任，昌盛公司辩称应将甲供销社追加为第三人的理由不能成立。东方啤酒厂诉昌盛公司承担 600 箱啤酒变质啤酒的赔偿责任，因 600 箱啤酒的所有权仍归委托人东方啤酒厂所有，要求昌盛公司承担赔偿责任无据，昌盛公司反驳成立，判决昌盛公司偿付东方啤酒厂货款 50000 元。

来源：《合同法分则判解研究与适用》，人民法院出版社 2002 年版。

第一节　行纪合同概述

一、行纪合同的概念

行纪合同，是指行纪人以自己的名义为委托人从事贸易活动，委托人支付报酬的合同。在行纪合同中，以自己的名义从事贸易活动的人是行纪人，另一方则是委托人。如甲工厂委托乙销售公司代销产品，乙接受委托后以自己的名义代甲销售，代销价款归甲方，乙方收取代销费。在这个关系中，甲为委托人，乙为行纪人。

行纪合同是商品经济发展的产物，起始于海上贸易，是代理制度繁衍的演变。欧洲中世纪，海上贸易十分兴盛，从事海上贸易的商人很少亲自出海，多是向海外派遣代理人，由其代理人专门负责经营其在海外的业务。随着海上贸易的迅速发展，在海外派遣专门代理人的弊端逐渐显现，如成本费用大、委托人对代理人不容易监督、代理人容易越权代理或滥用代理权等问题出现。行纪行为开始在欧洲活跃，一些商人专门接受他人委托，以自己名义为委托人办理动产买卖或其他事务，并收取佣金，由此产生了以此种经营为业的行纪商。行纪制度较之代理制度有其优势，行纪人往往是在一定领域内从事专业行纪活动，比较了解行情，熟悉业务和供求关系，直接以自己名义与第三人进行民事活动，可以有效地帮助委托人实现经济效益。行纪行业随着商品经济的发展而蓬勃发展起来，成为一个独立的行业。对于行纪合同，许多国家和地区的民法都设专章予以规定，认其为独立有名合同。

我国自汉代以来已出现经营行纪业务的行栈，或称牙行。在民国时期的民法典中也设专章对行纪加以规定。新中国成立后，许多城市成立国营信托公司和贸易货栈，经营行纪业务，进行物资交流。但 20 世纪 50 年代后随着计划经济的推行，大部分行纪组织被撤销，行纪业日趋衰微。直至改革开放以后，行纪业才又兴盛起来并形成一定规模。然而，在统一的《合同法》颁布之前，我国并无关于行纪合同的规定，行纪合同作为一种无名合同存在，行纪业的发展受到影响。应社会生活的需要，《合同法》在分则部分设专章对行纪合同加以规定，使行纪业有法可依，规范发展。

二、行纪合同的特征

（一）行纪人主体资格的限定性

在许多国家，行纪行业属于特殊行业，行纪人的设立须经过批准或许可，法律对行纪人的资格、业务范围有严格的限制，并对其业务活动实施专门的监督和管理。

行纪合同的委托人可以是自然人、法人或者其他组织，并无太多限制。

（二）行纪合同的标的是行纪人为委托人进行贸易活动

行纪合同属于劳务类合同，但行纪合同所提供的劳务具有特定性，各国基本都规定为物品的买进或卖出，且限于动产范围之内，不动产贸易不属于行纪范畴。《合同法》将行纪合同的标的规定为"从事贸易的活动"，但《合同法》没有对贸易活动的范围进行界定，实践中多指动产、有价证券的买卖以及其他商业上具有交易性质的行为，如代购、代销、寄售等。近年来，随着市场经济的发展，行纪业务的适用范围日益扩大，已从原有的商品代购、代销、寄售，扩展到房地产市场、保险市场、证券市场以及文化、体育、艺术等领域，行纪合同的主体范围、标的范围不断扩大。

（三）行纪人以自己的名义为委托人办理委托事务

行纪人在为委托人从事贸易活动时，必须以自己的名义与第三人订立合同，行纪人对该合同直接享有权利、承担义务，没有义务向第三人披露自己与委托人的委托关系。第三人不履行义务致使委托人受到损害的，行纪人向委托人承担损害赔偿责任。委托人与第三人之间不存在直接的权利义务关系，只是从行纪人处接受其转移的法律后果。

（四）行纪人为委托人的利益办理事务

行纪人与第三人进行交易所产生的结果首先由经纪人承担，然后按照经纪合同转归委托人，委托人是行纪人与第三人之间法律行为的最终承受者。行纪人在为行纪活动时，应为委托人的利益计，严格遵守委托人的指示，不得从事损害委托人利益的行为。行纪人为委托人购、售的物品的所有权属于委托人。在实施行纪行为过程中，非由行纪人的原因而发生的物品的毁损、灭失，由委托人承担风险。

（五）行纪合同是诺成、双务、有偿和不要式合同

行纪合同自双方当事人达成协议即成立，也无需具备特别的形式，故为诺成、不要式合同。在行纪合同中，行纪人为委托人提供行纪服务并收取报酬，委托人有支付报酬的义务，所以行纪合同为双务、有偿合同。

三、行纪合同与委托合同的区别

行纪合同与委托合同都是劳务合同，受托人均须处理委托事务，有许多相同之处，因此，许多国家的立法都规定，行纪合同除另有规定外，适用法律关于委托合同的规定。我国《合同法》第423条规定，本章没有规定的，适用委托合同的有关规定。但行纪合同与委托合同为两种独立合同，有以下区别：

（一）适用范围不同

委托合同的适用范围非常广泛，各类法律主体之间均可以发生委托合同关系，委托事

务可以是法律行为，也可以是事实行为；而行纪合同中行纪人必须有行纪资格，委托事务只限于法律行为性质的贸易活动，不能进行事实行为。

（二）处理事务时受托人的法律地位不同

委托合同的受托人处理事务可以用委托人名义，也可以用自己的名义，委托人直接与第三人之间产生权利义务关系；而行纪合同中的行纪人办理行纪事务只能以其自己的名义与第三人订立合同，对合同直接享有权利、承担义务，委托人与第三人不直接产生法律关系。

（三）有偿性不同

行纪合同是有偿合同，不存在无偿的情况；而委托合同可以是有偿的，也可以是无偿的，视当事人双方的意思而定。

第二节　行纪合同的效力

一、行纪人的义务

（一）依委托人指示处理委托事务

处理委托事务是行纪人最主要的义务。行纪人是为委托人的利益处理委托事务的，其与第三人进行民事行为的最终结果归属于委托人，故行纪人处理委托事务时应遵从委托人的指示，选择对委托人最为有利的方式处理委托事务。

在委托人指定了卖出价格或买入价格的情况下，行纪人应当按委托人的指定价格处理事务。行纪人低于委托人指定的价格卖出或者高于委托人指定的价格买入的，应当经委托人同意。未经委托人同意，行纪人补偿其差额的，该买卖对委托人发生效力，委托人不得以违反指示为由拒绝接受，但行纪人对其违背指示而给委托人造成的其他损失，则行纪人承担赔偿责任。行纪人高于委托人指定的价格卖出或者低于委托人指定的价格买入的，可以按照约定增加报酬，没有约定或约定不明确的，该利益属于委托人。委托人对价格有特别指示的，行纪人不得违背该指示卖出或者买入。行纪人违背该指示卖出或买入的，该买卖对委托人不发生效力，委托人有权拒绝接受。

（二）妥善保管和处分委托物

行纪人占有委托物的，应当妥善保管委托物。委托物既包括行纪人为处理委托事务从委托人处收取用于交易的物，也包括为委托人利益从第三人处买来的物。行纪合同为有偿合同，故行纪人应以善良管理人的注意进行保管，行纪人因保管不善造成委托物损毁或者灭失的，应承担赔偿责任。若委托物因不可归责于行纪人的事由损毁、灭失的，由委托人承担此风险责任。因行纪合同为有偿合同，对委托物的保管费用属于行纪人的成本费用，由行纪人承担，当事人另有约定的除外。

委托物交付给行纪人时，行纪人应以善良管理人的注意加以审查，委托物有瑕疵或者容易腐烂、变质的，应及时通知委托人，经委托人同意，行纪人可以处分该物；与委托人不能及时取得联系的，行纪人可以合理处分。行纪人怠于通知委托人或未经委托人同意而擅自处分委托物，因此给委托人造成损失的，委托人有权要求赔偿。

（三）负担行纪费用

行纪为营业行为是营利活动，行纪人处理委托事务支出的费用相当于其营业成本，原则上由行纪人负担，但当事人另有约定的除外。

此外，行纪人还负有向委托人报告委托事务处理情况，在处理委托事务时应尽到必要的注意义务，委托事务完成后向委托人交付财产等义务。

二、委托人的义务

（一）及时受领行纪人委托事务后果

委托人接到行纪人完成委托事务的通知后，应及时受领行纪人依照行纪合同约定所完成的事务后果。对行纪人为之购进的物，委托人应按合同约定及时验收，若发现有不符合合同约定情况，应当立即通知行纪人予以更换或采取其他补救措施，因此给委托人造成损失的，委托人有权要求赔偿。

委托人无正当理由拒绝受领的，行纪人有权依法将委托物提存。如果因委托人迟延接受而造成行纪人损失的，由委托人承担赔偿责任。

（二）支付报酬

行纪合同为有偿合同，行纪人完成或者部分完成委托事务的，委托人应当向行纪人支付相应的报酬及其他约定的费用。报酬数额一般由当事人事先在合同中约定，委托人原则上应于委托事务完成后或部分完成之后支付相应的报酬。行纪人高于委托人指定的价格卖出或低于委托人指定的价格买入的，可按照约定增加报酬。

委托人逾期不支付报酬的，行纪人对委托物享有留置权，但当事人另有约定的除外。

（三）及时取回、处分委托物

委托物不能卖出或者委托人撤回出卖，经行纪人催告，委托人应及时取回、处分委托物，委托人不取回或者不处分委托物的，行纪人可提存委托物。

三、行纪人的介入权

在行纪合同中，行纪人除享有与委托人义务相对应的报酬请求权、留置权、提存权等权利外，还享有介入权。

介入权，是指行纪人接受委托，买入或卖出市场定价的商品时，有权自己介入买卖活动，作为买受人或出卖人与委托人进行交易活动。

行纪人行使介入权须具备以下条件：（1）必须是市场定价的商品；（2）委托人没有

第二节 行纪合同的效力

禁止行纪人介入的意思；(3) 行纪人尚未对第三人买入或卖出；(4) 行纪人在买卖中应尽到善良管理人的注意义务，不损害委托人的利益。

行纪人行使介入权后，直接与委托人成立买卖合同关系。该买卖合同履行完毕后，其与委托人之间的行纪合同亦同时履行完毕，行纪人仍可要求委托人支付报酬。

练习题

一、选择题

甲将 10 吨大米委托乙商行出售，双方约定，乙商行以自己名义对外销售，每公斤售价 2 元，乙商行的报酬为价款的 5%。根据合同法律制度的规定，下列说法中，正确的有（　　）。

A. 甲与乙商行之间成立行纪合同关系
B. 乙商行为销售大米支出的费用应由自己负担
C. 如乙商行以每公斤 2.5 元的价格将大米售出，双方对多出价款的分配无法达成补充协议时，则应平均分配
D. 如乙商行与丙食品厂订立买卖大米的合同，则乙商行对该合同直接享有权利、承担义务

二、案例分析题

1. 某制药厂与某供销合作社签订了一份代为收购某种草药的合同。合同中约定：制药厂委托供销合作社收购本地特产的某种草药，数量为 3000 公斤，每公斤的价格不高于 30 元，于 7 月 9 日前交货，而制药厂支付给供销合作社总价款的 8%作为报酬。6 月份，该种草药开始上市，但价格较往年高出许多，于是供销合作社遂以每公斤 42 元的价格收购了 3500 公斤。7 月 4 日，供销合作社通知制药厂提货，而甲制药厂在得知供销合作社采购的药材价格过高、数量太多之后，以供销合作社未经制药厂同意，不按合同履行为由，拒绝接受该批药材。供销合作社不服，遂向人民法院提起诉讼，要求制药厂按实际购入价格和数量接受该批药材。

问题：本案应如何处理？

2. 某公司购进了一批新的进口复印机，而原有两台旧式复印机因不能满足公司事务的需要得淘汰，故委托某信托行代为出售。双方约定，每台复印机的价格为 4000 元，复印机售出之后，由公司付给信托行 800 元报酬。随后，信托行开始积极寻找买主。9 月 2 日，某服装公司答复信托行有意购买，但仍需公司内部讨论决定。9 月 3 日，信托行将此情况报告了某公司。但 9 月 8 日，信托行因自身业务需要决定添置复印机，觉得某公司委托卖出的复印机性能仍然不错，于是决定参照市场价格，以 4300 元的单价购买这两台复印机，并告知某公司，某公司表示同意。

但是服装公司于 9 月 11 日告知信托行愿以 4800 元的单价购入这两台复印机，而某公司知道此消息后，即后悔与信托行达成的交易，遂以信托行作为行纪人与自身订立的契约是"自己代理"，因而是不合法的理由，要求宣告信托行的自买自卖行为无效。

问题：本案应如何处理？

第二十五章

居间合同

教学目的和要求
1. 了解居间合同的特征；
2. 了解居间合同与委托合同、行纪合同的区别；
3. 掌握居间人的义务；
4. 掌握委托人的义务。

主要内容：

居间合同的特征，居间合同与委托合同以及行纪合同的区别，居间人的义务，委托人的义务。

自学： 经纪人，参见《经纪人管理办法》。

讨论： 居间合同的主体资格，居间合同与委托合同的区别。

作业：
1. 简述居间合同的特征；
2. 简述居间合同与委托合同的区别；
3. 简述居间合同与行纪合同的区别；
4. 简述居间合同中居间人的义务；
5. 简述居间合同委托人的义务。

案例引导

2007年5月20日，经某房屋中介公司提供居间服务，郭某（乙方、购房人）与李某（甲方、售房人）签订《房屋买卖合同》，约定李某将其坐落于北京市通州区的一套房屋出售给原告郭某，房屋成交价格为63万元。同日，李某、郭某、被告房屋中介公司三方签订《委托过户居间合同》，约定李某和郭某仅委托被告房屋中介公司办理房屋过户手续，并于签订本合同时由郭某支付房屋中介公司居间服务费及过户服务费17000元。当日，郭某向房屋中介公司交纳了居间服务费及过户服务费17000元。后因李某单方违约将该房屋出售给他人，郭某未能购买该房屋，房屋中介公司亦未为原告办理房屋过户手续。郭某认为，根据合同法的相关规定，居间人未促成合同成立的，不得要求支付报酬，其未能购买到房屋，某房屋中介公司无权收取其居间服务费和过户服务费，已收取的费用应当退还。郭某多次要求被告房屋中介公司返还服务费均未果,故诉至法院,请求判令解除原被告之间的居间合同,被告房屋中介公司返还原告居间服务费和过户服务费17000元。

【分析】法院经审理认为:依法成立的合同,对当事人具有法律约束力,当事人应当按照约定履行自己的义务。根据查明的事实,被告房屋中介公司为原告郭某和李某提供居间服务,并已促成原告郭某和李某签订《房屋买卖合同》,即已经促成合同成立,原告郭某应当按照约定支付居间服务费,故原告郭某要求退还居间服务费的诉讼请求依据不足,不予支持。关于居间服务费的数额问题,双方对居间服务费的具体数额约定不明确,原告郭某主张是1000元,但未能提供证据,被告房屋中介公司主张应当按照市场上中介行业交易习惯即房款的2.5%收取居间服务费15750元,考虑到被告房屋中介公司主张的居间服务费并未超过政府指导价和被告房屋中介公司为原告提供的劳务情况,法院认为被告房屋中介公司主张按照房款的2.5%收取居间服务费15750元并无不妥,被告房屋中介公司收取的17000元应当分为15750元的居间服务费和1250元的过户服务费。因原告郭某与李某之间的房屋买卖合同已经订立,被告的居间服务行为已经完成,故原告郭某主张解除《委托过户居间合同》的诉讼请求不予支持。因被告房屋中介公司未能实际为原告郭某提供办理房屋过户手续的服务,综上所述,判决被告房屋中介公司退还原告郭某房屋过户服务费人民币1250元,驳回原告郭某的其他诉讼请求。

来源:http://www.110.com。

第一节 居间合同概述

一、居间合同的概念

居间合同,是指一方当事人向另一方当事人报告订立合同的机会或者提供订立合同的媒介服务,另一方当事人支付报酬的合同。其中,向他方报告订立合同的机会或者提供订立合同媒介服务的一方为居间人,接受他方所提供的订约机会并支付报酬的一方为委托人。

居间业务根据居间人所受委托的不同,可分为报告居间和媒介居间。报告居间,是指居间人受委托人的委托,寻觅可与委托人订立合同的相对人,为委托人报告订约的机会,从而为委托人订约提供机会。媒介居间,是指居间人在双方当事人之间牵线搭桥、举荐媒引,促使交易双方达成交易,订立合同。但这种区分并不是绝对的,有时居间合同是上述两种合同的混合。

居间为古老的行业,希腊、罗马时期就已经出现。居间人给交易双方提供信息服务,有利于降低成本、促进交易。随着商品经济的发展,居间业务日渐繁荣,业务范围也不断扩大。为规范居间活动,不少国家将居间合同规定为独立的合同对其规制。在大陆法国家的立法上,民商分立的国家一般以商法调整媒介居间,以民法调整指示居间,如德国在民法典中规定了居间合同,又在商法典规定了商事居间人;在民商合一的国家,则不区分媒介居间与指示居间而统一进行规定,如瑞士债务法,并不区分民事居间与商业居间而对居间进行统一规定。

居间行为在我国秦汉时期就存在。在我国古代,居间人被称为"互郎",是指促进双方成交而从中取酬的中间人。在古汉语中,"互"写作"㸦",后讹传为"牙",因此民间将居间人称为"牙行"或"牙纪"。新中国成立以前,民国民法典即仿瑞士债务法体例专门规定了居间。改革开放以后,我国民间居间活动十分活跃,证券交易、商品买卖、货物运输、出租赁用等领域均出现各种形式的居间人,但在《合同法》颁布前,我国并无关于居间制度的规定。《合同法》将居间合同规定为有名合同,并设专章对居间合同制度予以规定,适应了我国经济和社会发展要求,有利于居间活动的规范发展。但1999年《合同法》颁布时,我国的居间活动尚处于起步阶段,《合同法》有关居间活动的规定较为简单。随着商品经济的发展,居间活动日益多样化、复杂化,相对活跃繁荣的居间业务,居间合同制度在理论和司法实践中出现诸多争议,如居间人的主体资格是否应有限制、居间人如实报告的内容和责任、居间人获得报酬权的成立条件等问题理论上和司法实践中都存在分歧,限制了居间活动在商品经济中的积极作用,《合同法》尚需进一步完善居间合同制度。

二、居间合同的特征

(一)居间合同的标的是居间人为委托人提供信息媒介服务

居间合同的目的是居间人为委托人提供信息媒介服务,以促成委托人与第三人订立合同为,居间人的服务表现为向委托人报告订约机会,为订约提供媒介。故居间合同是劳务型合同,其标的为行为。

(二)居间人处于中介介绍人的地位

在居间人为委托人报告订约机会或为订约提供媒介的过程中,居间人的角色只是一个中介服务人,只是按照委托人的指示,为委托人报告有关可以与委托人订立合同的第三人,给委托人提供订立合同的机会,或者在当事人之间充当"牵线搭桥"的媒介作用,促使委托人和第三人订立合同。居间人并不参与合同的订立,不是合同的当事人,也不是任何一方代理人,交易双方合同的权利义务内容不体现居间人的意见。

(三)居间合同一般为有偿合同

《合同法》第424条规定,居间合同为有偿合同。但从实践来看,居间合同有民事居间合同和商事居间合同。商事居间合同中,居间人以收取从事居间活动的报酬为其营业,委托人须向居间人给付报酬,作为对居间人报告订立合同的机会或者提供订立合同的媒介服务活动的报偿,故商事居间合同应该为有偿合同。而民事居间合同则并非完全以营利为目的,可以是有偿的,也可以是无偿的,应由当事人双方自行约定;当事人未作约定的,根据《合同法》的精神,居间合同为有偿合同。

（四）居间合同是诺成、不要式、双务合同

居间合同只要当事人双方的意思表示一致，即可成立生效，不以当事人的现实交付为成立生效要件，所以居间合同为诺成合同。居间合同的成立也无需采用特定的形式，当事人可采用口头、书面等形式，居间合同是不要式合同。居间合同一经成立，无论是否有偿，当事人双方均需承担一定的义务。受托人有向委托人报告订约机会或为订约提供媒介等义务，而委托人则有进行指示、提供委托事务必要资料以及支付报酬等义务。

三、居间合同与委托合同、行纪合同的区别

居间合同与委托合同、行纪合同都属于劳务型合同，都是接受委托人的委托为其处理委托事务，但三者各为独立合同，有明显的区别。

（一）委托事务的内容和性质不同

居间合同委托的事务内容为向委托人报告订约机会或为订约提供媒介服务，这种提供信息服务的行为本质上并不是法律行为；而委托合同委托的事务内容则十分广泛，既可以是法律行为，也可以是事实行为；行纪合同的委托事务则仅限于为委托人从事贸易活动，其事务性质只能是法律行为。

（二）受托人的法律地位不同

居间合同中，居间人的角色只是一个中介服务人，为委托人报告订约机会或为订约提供媒介服务，居间人并不代替委托人订立合同；委托合同中，受托人以委托人名义或自己的名义处理委托事务，代委托人与第三人订立合同，处理事务的后果直接归于由委托人；行纪合同中，行纪人直接以自己的名义为委托人办理贸易事务，以自己的名义与第三人订立合同，行纪人对该合同直接享有权利、承担义务，合同后果间接由委托人承受。

（三）报酬获取条件不同

居间合同中，居间人取得报酬的条件是居间人促成委托人与第三人订立合同，并不要求合同得到履行。但居间人未促成合同成立的，不得请求支付报酬。委托合同中，受托人完成委托事务，委托人应当向其支付报酬。如果因不可归责于受托人的事由，委托合同解除或者委托事务不能完成，委托人应当向受托人支付相应的报酬。行纪合同中，行纪人取得报酬的条件是行纪人与第三人的合同得到履行且履行的标的物交付给委托人。行纪人部分完成委托事务的，委托人也应当向其支付相应的报酬。

（四）委托事务费用的负担不同

居间合同中，居间人所需的费用通常包括在报酬内，故居间活动的费用一般由居间人负担。居间人未促成合同成立的，不得请求支付报酬，但可以要求委托人支付从事居间活动支出的必要费用。委托合同中，支付处理委托事务的必要费用由委托人承担，受托人为处理委托事务垫付的必要费用，委托人应当偿还该费用及其利息。行纪合同中，除另有约

定的，行纪人处理委托事务的费用由行纪人负担，若行纪人没有完成委托事务，处理委托事务的费用自行负担。

（五）受托人的资格要求不同

我国《合同法》对居间人没有主体资格的限制，有学者主张居间人须是经核准登记从事居间活动的自然人、法人和其他社会组织。笔者认为，只应对以居间为营业的营业居间人的主体资格予以限制，在一般居间合同中，居间人的主体资格不应受限制；委托合同中，对受托人没有主体资格限制；而行纪合同中的行纪人只能是经登记从事贸易活动的自然人、法人或其他组织。

第二节　居间合同的效力

一、居间人的义务

（一）报告订约机会或者提供订立合同媒介

向委托人报告订约机会或者提供订立合同媒介，是居间人最主要的义务。所谓报告订约机会，是指居间人接受一方委托人的委托，寻觅、搜索信息报告委托人，从而提供订立合同的机会。德国民法典、瑞士债务法等称此类居间人为报告居间人或指示居间人。所谓提供订立合同的媒介服务，是指介绍双方当事人订立合同，居间人不但要向委托人报告订约的机会，而且还要进一步周旋于委托人与第三人之间，传达委托人与第三人的意思，努力促成其合同成立。德国商法典、日本民法典等称此类居间人为媒介居间人。只有中介活动成功，促成了委托人与第三人订立合同，居间人才能取得报酬。

（二）如实报告

居间人所提供的信息和媒介服务是委托人与第三人订立合同的基础，居间人所提供信息的真实全面，对委托人与第三人能否成功订立合同以及订立后合同履行至关重要，故法律对居间人的忠诚义务有特别要求。《合同法》第425条第1款规定，居间人应当就有关订立合同的事项向委托人如实报告。据此规定，居间合同的履行过程中，居间人必须按照诚实信用原则，实事求是地就自己所实际掌握的信息，向委托人如实报告订立合同的有关事项和其他有关信息，如相对人的资信状况、生产能力、产品质量、履约能力等。居间人不得弄虚作假、主观臆测，不得与第三人恶意串通损害委托人的利益，也不得恶意促成委托人与第三人订立合同。

对于如实报告义务的程度要求，我国《合同法》未作明确规定。对此，理论上有不同的理解。主流观点认为，居间人只需对自己了解的信息如实报告，对于不知道的情况不负有积极调查义务，也不对第三人的信用负保证义务。但也有学者认为，以居间为营业的营业居间人，其如实报告义务应从严解释，其不仅应如实向委托人报告订立合同的有关信息，还负有积极调查的义务。笔者认为，出于居间合同订立的目的和营业居间的专业性特点，结合我国居间行业发展的现状以及利益平衡要求，规定营业居间人对所提供信息的调查义务具有必要性和可行性。

对于如实报告的对象，从我国《合同法》的规定看，居间人仅对委托人负有如实报告的义务。但有学者认为，在指示居间合同中，居间人仅对委托人负有如实报告的义务，居间人对于相对人并不负有如实报告委托人义务。但在媒介居间中，居间人应将有关订约的事项向各方当事人如实报告，也就是说，不仅应将相对人的情况如实报告给委托人，而且也应将委托人的情况如实报告给相对人。因为媒介居间人的报酬原则上由交易双方当事人即委托人和相对人平均分摊。

《合同法》第425条第2款规定了居间人违反如实告知义务的法律责任，即：居间人故意隐瞒与订立合同有关的重要事实或者提供虚假情况，损害委托人利益的，不得要求支付报酬并应当承担损害赔偿责任。对此，有学者主张居间人因重大过失未履行如实告知义务的，亦应承担损害赔偿责任。认为如果只要求居间人故意违反如实告知义务才承担责任，会放任居间人的行为，给委托人的利益造成损失。

（三）负担居间费用的义务

居间活动的费用已作为成本计算在报酬之内，一般由居间人负担，但当事人另有约定的除外。居间人未促成合同成立的，不得要求支付报酬，但可以要求委托人支付从事居间活动支出的必要费用。

二、委托人的义务

（一）支付居间报酬

当居间人完成了居间活动，促成了委托人与第三人订立合同后，委托人应当按照约定向居间人支付报酬。有学者认为，所谓促成合同成立，是指合同合法、有效的成立，如果所促成的合同属无效或可撤销的合同，则不能视为促成合同成立，居间人仍不能请求支付报酬。笔者认为，按照居间活动的特点，居间人取得报酬的条件是居间人提供的居间活动促成了委托人与第三人订立合同，并不要求合同得到了履行。导致合同的无效和撤销有多种原因，只有居间人在居间活动中有过错，导致委托人与第三人之间的合同无效或被撤销时，居间人不得向委托人行使报酬请求权，并应当承担损害赔偿责任。

居间合同与一般劳务合同不同，居间人是就其"劳务的成果"而非"劳务的给付"而享受报酬请求权。居间人未促成委托人与第三人订立合同的，委托人可以拒绝支付报酬。

由于居间合同可以随时终止，有时会发生委托人为了逃避支付报酬的义务而故意拒绝居间人已经完成的中介服务，而后再与因居间人的中介服务而认识的第三人订立合同。就此情况，居间人并不丧失报酬请求权。

居间报酬的数额应按照居间合同的约定，如果居间合同未约定或者约定不明确，由委托人和居间人协议补充。如果仍然达不成补充协议的，应当按照合同的有关条款，或者商业交易习惯来确定。按照商业习惯或合同法仍不能确定的，则根据居间人的劳务合理确定，所谓合理，应考虑诸多原因，如居间人所付出的时间、精力、物力、财力、人力以及居间事务的难易程度等因素。

在报告居间中，因居间人仅向委托人报告订约机会，而不与其相对人发生关系，因此，居间人的报酬应当由委托人给付。在媒介居间合同中，居间人不仅向委托人提供报告订约机会，而且还要找第三人促成合同订立，由于有了居间人的中介活动，使得委托人与第三人双方发生了法律关系，委托人与第三人都因此而受益，因此，一般情况下，除合同另有约定或另有习惯外，居间人的报酬原则上应由因媒介居间而订立合同的委托人与第三人双方平均负担。

（二）偿付居间活动必要费用

居间活动的费用已作为成本计算在报酬之内，由居间人负担。除另有约定外，居间人促成委托人与第三人之间的合同订立的，居间人有权要求支付报酬，但不得再另外请求给付居间费用。

由于商业机会有限，居间人的居间活动能否达到目的，委托人与第三人之间的交易能否成功，不是完全由居间人的意志决定的，居间合同的居间报酬具有不确定性。为平衡利益，《合同法》规定，居间人未促成合同成立的，不得要求支付报酬，但可以要求委托人支付从事居间活动支出的必要费用，但仅限于居间活动中支出的必要费用，如居间活动中支出的交通费等。

练习题
一、单项选择题

1. 华利公司欲购买一批仪器，委托刘某提供媒介服务。华利公司和有关当事人对刘某提供媒介服务的费用承担问题没有约定，后又不能协商确定。在此情况下，对刘某提供媒介服务的费用应按下列哪个选项确定？（　　）
   A. 华利公司应当向刘某预付提供媒介服务的费用
   B. 在刘某促成合同成立时，华利公司应当承担其提供媒介服务的费用
   C. 在刘某未促成合同成立时，应当由刘某自己承担提供媒介服务的费用
   D. 在刘某促成合同成立时，应当由刘某自己承担提供媒介服务的费用

2. 因居间人提供订立合同的媒介服务而促成委托人与第三人订立合同时，居间人是（　　）。
   A. 委托人的代理人
   B. 第三人的代理人
   C. 委托人和第三人双方的代理人
   D. 既非委托人的代理人，也非第三人的代理人

二、案例分析题

1. 1997年春，某种子公司玉米种紧缺，李某某于同年3月5日在乙地种子公司为种子公司联系到品种为"4单12"的玉米种8万公斤每公斤单价为2.2元。在玉米种子未运回之前，李某某要求种子公司给其提取一定的劳务费，公司经理陈某某提出每公斤可提取

劳务费0.06元,李某某不同意。陈某某又提出每公斤可提出劳务费0.1元,李某某还是不同意,要求每公斤提出劳务费0.2元。双方协议不成,陈某某即让李某某将种子运回再说,李某某同意。种子公司在种子全部运回后,以每公斤单价3.10元的价格全部出售,但未向李某某支付分文劳务费。据此,李某某向人民法院起诉称:在甲地玉米紧缺的情况下,我为种子公司联系到8万公斤玉米种子。当时和经理陈某某讲妥,每公斤提取信息劳务费0.20元。但种子运回后,公司分文未给。要求种子公司付给我信息劳务费16000元。种子公司答辩称:玉米种子的价格是每公斤2.14元。李某某说不能白跑,我们就让其开票时,每公斤按2.20元开,这0.06元的差价就是给李某某的提成费。公司根本没有答应按每公斤0.20元提出劳务费。

问题:本案应该如何处理?

2. 1997年7月14日,杨某(货主)委托某县安通服务部业主王某联系货车往山东郯城发运大豆。7月17日,王某在黑龙江省齐齐哈尔市找到空车配货车主。该车到达甘南后,王某用电话通知了杨某领车装货。此后,王某、杨某及车主三方签订了一份"货物运输协议书",杨某给付车主运费900元,车主付给王某(居间人)服务费100元。货物运走时杨某没有押车,3日后,接货方没有收到货物。经查,车主提供给王某的各种行车证照等手续都是虚假的,杨某实际损失2.2万元,车费900元。

问题:居间人王某是否应对货主杨某的财产损害承担赔偿责任?

习题参考答案

第一章

一、单项选择题
1. C 2. A 3. A

二、多项选择题
1. ABC 2. ACD 3. ACD

第二章

一、单项选择题
1. C 2. C 3. B 4. B 5. D

二、不定项选择题
1. ACD 2. AB 3. AC 4. ACD 5. AB

三、案例分析题

1. 甲传真订货行为的性质属于要约邀请。要约邀请是希望他人向自己发出要约的意思表示。该传真缺少价格条款，甲邀请乙报价，还不具有要约性质。乙接受甲传真列明的条件并按期报价的性质属于要约。根据《合同法》的规定，要约要具备两个条件：第一，内容具体确定；第二，表明经受要约人承诺，要约人即受该意思表示约束。本例中，乙同意甲方传真中的合同条件，并通过报价使合同价格条款内容具体确定，约定回复日期则表明其将受报价的约束，已具备要约的全部要件。甲按期复电同意乙的报价，同时要求增加供货数量和订立合同书确认合同内容，应视为新要约。

2. 通常情况下，采用合同书形式订立合同，在签字或者盖章之前，合同尚未成立。但是根据《合同法》的规定，当事人约定采用书面形式订立合同，当事人未采用书面形式或者在合同书签字或盖章之前，一方当事人已经履行主要义务，对方接受的，该合同成立。本例中，双方虽未签订书面合同，但乙已实际履行合同义务，甲亦接受并未提出异议，故合同成立。

第三章

一、单项选择题
1. C 2. D 3. A 4. D 5. A

二、不定项选择题

1. AC   2. ABC   3. BC   4. ABD   5. ABD

三、案例分析题

（1）基金会的成立不合法。依《中国人民银行法》第31条等法律、法规规定，由中国人民银行按照规定审批金融机构的设立、变更、终止及其业务范围。本案中开展存贷业务的基金会属于非银行的金融机构，经某区人民政府批准即设立，显然不合法。

（2）借款合同无效。原因是：甲的主体不合格。

（3）土地使用权抵押合同无效。依《担保法》第37条第（3）项的规定，学校等以公益为目的的事业单位的教育设施不得用作抵押。本案中，以丙中学的50亩土地使用权作为抵押合同的标的，显然违反了《担保法》第37条的规定，属于无效抵押合同。

（4）由于抵押合同无效，丙中学并不承担抵押人的清偿责任。而丙中学与乙公司属于合同型联营，依《民法通则》第53条的规定，企业之间或者企业、事业单位之间联营，按照合同的约定各自独立经营，权利和义务由合同约定，各自承担民事责任。所以本案中丙中学并不对另一联营人乙的债务承担清偿责任。

（5）甲不能要求王某对乙公司债务承担清偿责任。因为王某作为股东，仅以出资为限对公司债务承担责任。虽然王某对公司出资不实，但我国公司法律、法规仅规定了股东出资不实的行政、刑事责任，并未规定相应的对公司债权人的民事责任。

（6）甲不能要求谭某对公司债务承担责任，道理同上。

（7）甲不能要求法院直接查封丁公司的房产，因为乙、丁两个公司互为独立法人，财产相互独立，责任相互独立，丁并非甲、乙之间诉讼的利害关系人。

（8）法律保护甲的债权。依我国现行行政法律规定，企业之间非法拆借资金的，对贷款利息依法予以收缴，但借款人应返还贷款人的本金。所以，本案中甲贷给乙公司的200万本金之债，是受法律保护的，乙公司应予以依法偿还。

第四章

一、单项选择题

1. B   2. B   3. C   4. D   5. C

二、不定项选择题

1. ACD   2. ABC   3. CD   4. ABD   5. AD

三、案例分析题

（1）甲公司的行为已构成违约。甲公司与乙公司之间的借贷合同关系，系自愿订立，无违法内容，又有书面借据，是合法有效的。甲公司系债务人，负有按期清偿本息的义务；乙公司为债权人，享有按期收回本金、收取利息的权利。甲公司因新项目开发不顺利，不能如约履行清偿义务，构成违约。

（2）乙公司可行使撤销权。请求法院撤销甲公司的放弃债权行为。债权人对于自己享有的债权，完全可以根据自己的意志，决定行使或者放弃。但是，当该债权人另外又系其他债权人的债务人时，如果他放弃债权的行为使他的债权人的权利无法实现时，他的债权人享有依法救济的权利。本案中，甲公司放弃对某单位享有的债权，表面上是处分自己的权益，但实际上却损害了乙公司的债权，依照我国《合同法》的规定，乙公司可以行使撤销权，撤销甲公司放弃债权的行为。

第五章

一、单项选择题
1. A 2. A 3. D 4. A 5. D
二、不定项选择题
1. ABD 2. ABCD 3. ABD 4. AB 5. ABCD
三、案例分析题

（1）A企业传真订货行为的性质属于要约邀请。因该传真欠缺价格条款，邀请B企业报价，故不具有要约性质。

B企业报价行为的性质属于要约。根据《合同法》的规定，要约要具备两个条件：一是内容具体确定，即表达出订立合同的意思，并包括一经承诺合同即足以成立的各项基本条款；二是表明经受要约人承诺，要约人即受该意思表示约束。本例中，B企业的报价因同意A企业传真中的其他条件，并通过报价使合同条款内容具体确定，约定回复日期则表明其将受报价的约束，已具备要约的全部要件。

A企业回复报价行为的性质属于承诺。因其内容与要约一致，且于承诺期内作出。

（2）买卖合同依法成立。根据《合同法》的规定，当事人约定采用书面形式订立合同，当事人未采用书面形式但一方已经履行主要义务，对方接受的，该合同成立。本例中，虽双方未按约定签订书面合同，但B企业已实际履行合同义务，A企业也接受，未及时提出异议，故合同成立。

（3）B企业可向人民法院提出行使撤销权的请求，撤销A企业的放弃到期债权、无偿转让财产的行为，以维护其权益。对撤销权的时效，《合同法》规定，撤销权应自债权人知道或者应当知道撤销事由之日起1年内行使，自债务人的行为发生之日起5年内未行使撤销权的，该权利消灭。

第六章

一、单项选择题
1. B 2. B 3. D 4. B
二、不定项选择题
1. ABC 2. AB 3. ABC 4. AC

第七章

一、不定项选择题
1. B 2. C 3. A 4. ABC
二、案例分析题

1.（1）甲、乙达成的改变合同标的物的协议有效。根据合同自由原则，合同双方当事人可以自由对合同的主体、内容等进行变更，只要不违反法律或社会公共利益的要求。

甲和乙之间通过协商，达成了更改合同标的物的协议，乙表示完全同意，应该认为他们对合同进行了变更，变更后的合同有效。根据《担保法》第24条的规定，债权人与债务人协议变更主合同的，应当取得保证人书面同意，未经保证人书面同意的，保证人不再承担保证责任。保证合同另有约定的，按照约定。因此，本题中，由于甲、乙之间变更合同的协议一直是背着丙作出的，所以，没有得到丙的同意，丙不再承担对甲的保证责任。

（2）甲、丁公司达成的供货协议对于乙公司无效。甲将自己提供剩余原材料的义务转让给丁，在债法上属于债务的移转，根据我国法律规定，债务人转移债务需要经过债权人同意，否则转让无效。因此，本题中，甲、丁公司的约定无效，乙公司有权拒绝丁的履行，同时要求甲公司履行义务并承担不履行或履行迟延的法律责任。

2.（1）本案中"欠款"的性质问题：名为借据，实为权利概括转让。

虽然名为借据，但实际内容包含的是下游客户名单的披露、洋河蓝色经典系列酒营销代理权的转让及债权转让三个法律关系。借贷关系并未成立。

（2）综合全案来看，展某以761487元的现金不仅受让了田某、王某价值761487元的对外债权，还接收了田某、王某转让客户名单及营销代理权，而且在取得营销代理权后，还能够享受销售较大的价格优惠。为此，展某在受让田某、王某的对外债权时已经获得了合理的对价，不存在展某对合同有重大误解或对其有显失公平的情形，双方合同合法有效。

（3）展某在继受该笔债权后，债权权益已经由展某享有，债权灭失、贬损的风险也由展某一并承担，包括债权无法收回的风险。

第八章

一、单项选择题

1. B 2. D 3. C

二、多项选择题

1. ABD 2. AC 3. ABD

三、案例分析题

1.（1）已超过诉讼时效的债权不能行使法定抵销权，因为该债权为不确定的债权，债权人的债权不具有完全效力，债权人不能就已过诉讼时效的债权主张抵销，但作为被动债权，对方以其债权与之相抵销的，应当允许。在本案中，若银行同意抵销，则电机厂可以行使抵销权。

（2）行使法定抵销权的债权人只需作出通知即可产生债务抵销的法律效力。

（3）行使法定抵销权只要具备法定条件，即均属金钱给付债务，且已届清偿期，债权债务关系明确，就可以依法行使法定抵销权，不要求自动债权与受动债权之间存在同一法律关系。

2.（1）服装厂将校服提存的原因是作为债权人的某中学领导班子处于调整之中，暂无人负责工作造成校服无法送达，属于债权人迟延受领，其提存行为合法。

（2）《合同法》第102条规定，标的物提存后，除债权人下落不明的以外，债务人应当及时通知债权人或者债权人的继承人、监护人。服装厂在提存标的物后应及时通知某中学，15 天后才通知属于不及时通知，有迟延通知之过。

（3）根据《合同法》的规定，标的物提存后，债权人有权随时领取提存物，并负担提存费用。故某中学有权领取被提存的校服，但服装厂提存后未及时通知某中学，导致某中学未能及时到提存机关领取提存物，服装厂应承担延迟通知造成的保管费用，故某中学向提存机关先行支付该校服保管费，然后向某服装厂追索该保管费。

第九章

一、单项选择题
1. D 2. D 3. B 4. B 5. D
二、多项选择题
1. ABD 2. BC 3. ABC 4. AC 5. BC
三、案例分析题

1.（1）A 公司可以在合同履行期限到来前要求 B 公司承担违约责任。根据《合同法》的规定，当事人一方明确表示或者以自己的行为表明不履行合同义务的，对方可以在履行期限届满之前要求其承担违约责任。

（2）A 公司不能以不可抗力为由要求免责。根据《合同法》的规定，因不可抗力不能履行合同的，根据不可抗力的影响，部分或者全部免除责任，但法律另有规定的除外。当事人迟延履行后发生不可抗力的，不能免除责任。本案中，是由于 A 公司联系运输公司不及时才导致在运输途中发生不可抗力的，因此，不能免除 A 公司的责任。

（3）B 公司不能请求 A 公司支付违约金并双倍返还定金。根据《合同法》的规定，当事人既约定违约金，又约定定金的，一方违约时，对方可以选择适用违约金或者定金条款。因此，本案中，B 公司只能在违约金和定金间选择适用其中之一。

2.（1）买卖合同为诺成合同，除法律规定或当事人另有约定外，双方当事人达成合意之时，买卖合同即宣告成立，不以交付实物为合同成立的要件。

（2）甲公司有依据，出卖人付有瑕疵担保责任，交付标的物不符合约定标准的，买受人有权拒绝接收。《合同法》第 153 条规定，出卖人应当按照约定的质量要求交付标的物。出卖人提供有关标的物质量说明的，交付的标的物应当符合该说明的质量要求。如果出卖人交付的标的物不符合质量要求的，则根据第 155 条的规定，买受人可以依照《合同法》第 111 条的规定要求出卖人承担违约责任。

乙公司的理由成立。乙公司面临的情况属于情势变更，可延期履行。因不可归责于双方当事人的原因，使合同关系建立时的客观情况发生了当事人所不能预料的变化，并致合同关系显失公平时，双方应变更合同的内容，重新协调双方利益，达到新的平衡。

（3）重新交货无依据，可主张违约金。因情势变更导致无法交货的，出卖人可请求变更特定物给付义务或解除合同。因情事的变更，债务人无法如期按约给付特定物的，可请求以种类物替代特定物的交付，或因情事变更致合同不能履行的，一方可请求解除合同。本案中，合同目的不能实现，甲公司可请求法院解除合同并要求违约金。

（4）不应支持。《合同法》第 114 条第 2 款后段规定，约定的违约金过分高于造成的损失的，当事人可以请求人民法院或者仲裁机构予以适当减少。最高人民法院《关于适用〈中华人民共和国合同法〉若干问题的解释（二）》第29条规定，当事人主张约定的违约金过高请求予以适当减少的，人民法院应当以实际损失为基础，兼顾合同的履行情况、当事人的过错程度以及预期利益等综合因素，根据公平原则和诚实信用原则予以衡量，并作出裁决。当事人约定的违约金超过造成损失的30%的，一般可以认定为《合同法》第114条第2款规定的"过分高于造成的损失"。本案中违约金不属于过分高于实际损失，乙公司的说法不应予以支持。

第十章

一、单项选择题

1. B　2. B　3. D　4. D

二、多项选择题

1. AB　2. ABCD　3. ABC　4. BD

三、案例分析题

甲、乙双方于同一日分别签订《房屋买卖居间合同》和《房屋买卖合同》，其中前者是双方与中介公司共同签订，但两份合同中对于过户时间约定不一致。首先，从文义解释角度考察，两条款意思均清楚明确，不存在歧义，由于合同中并未约定过户时间不一致以何者为准，仅凭文义解释无法解决该冲突。其次，从目的解释角度考察，《房屋买卖居间合同》的目的包含以诉争房屋为标的的交易目的，也包含了由特定中介公司为两者交易提供居间服务；《房屋买卖合同》的合同目的是买卖双方确立房屋交易关系，并约定各自权利义务的直接依据。从合同目的进行解释，就房屋交易的相关权益安排，《房屋买卖合同》对交易双方的约束更直接、更明确、更具有针对性。因而，在《房屋买卖合同》与《房屋买卖居间合同》对房屋过户时间约定不一致的情况下，应以《房屋买卖合同》的约定为准。

第十一章

一、单项选择题

1. A　2. A　3. C　4. A　5. C

二、多项选择题

1. ABD　2. BD　3. ABD　4. AC　5. ABD

三、案例分析题

（1）不应当。因为合同约定货到付款，而实际上货未到，或甲公司享有先（后）履行抗辩权。

（2）属于甲公司。因为交付已经完成。

（3）由丙公司承担。因为出卖人出卖交由承运人运输的在途标的物的意外灭失风险自合同成立时由买受人承担。

（4）乙公司有权请求丙公司返还。因为属于不当得利。

（5）无权拒绝付款和要求退货。因为合同约定了质量检验期间，丙公司在此期间未提出异议，视为质量符合要求。

（6）张三可向丙公司索赔，也可向乙公司索赔。因为对因产品缺陷造成的人身损害，受害人有权向其制造者或销售者索赔。

第十二章

一、单项选择题

1. C 2. D 3. B 4. A 5. B

二、多项选择题

1. ABC 2. BD 3. ABCD 4. ABCD 5. BC

三、案例分析题

1. 甲的电视机损失应当由供电公司赔偿。按照《合同法》第180条规定，供电公司检修线路应当事先通知甲，以便甲作出必要准备。供电公司未经通知便检修线路，给甲造成损失，供电公司应向甲承担违约责任，赔偿电视机损失。

2. 甲不能行使同时履行抗辩权。同时，履行抗辩权必须是基于同意双务合同而产生，当事人双方互负债权、债务，彼此之间具有牵连性。甲对供电公司享有供电请求权与赔偿电视机损失的违约责任请求权，供电公司对甲享有支付电费请求权。供电请求权与支付电费请求权之间构成具有牵连性的对待给付，而违约责任请求权与支付电费请求权不构成对待给付，甲不能行使同时履行抗辩权，拒绝交付电费。

3. 供电公司的断电行为合法。按照《合同法》第182条规定，经供电人催告，用电人在合理期限内仍不交付电费的，供电人可以按照国家规定的程序中止供电。

4. 甲私接电线的行为是侵权行为。供电公司设在甲家楼边的供电设备所有权归属供电公司，电力所有权也归属供电公司。甲未经许可私接线路，侵犯了供电公司对供电设备的所有权，以及供电公司对电力的所有权。

第十三章

一、单项选择题

1. C 2. B 3. A 4. D 5. D

二、不定项选择题

1. ABD 2.（1）D （2）BC （3）B

三、案例分析题

（1）有效。因甲公司为抵押行为时，抵押物并未转移，甲公司对该土地仍有支配权。

解析：根据《担保法》第34条、《物权法》第180条规定，抵押人依法有权处分的土地使用权可以抵押。《物权法》第9条规定，不动产物权的设立、变更、转让和消灭，未经登记，不发生法律效力，但法律另有规定的除外。依法属于国家所有的自然资源，所有权可以不登记。本题中，甲公司虽以其土地使用权出资，但因其没有依法办理该土地使用权的转移手续，甲公司对该土地仍有支配权，故甲公司的抵押行为是有效的。

（2）有效。公司以登记为成立要件，股东出资不到位不影响公司成立的效力。

解析：根据《公司登记管理条例》第3条第1款规定，公司经公司登记机关依法登记，领取《企业法人营业执照》，方取得企业法人资格。《公司法》第7条第1款规定，依法设立的公司,由公司登记机关发给公司营业执照。公司营业执照签发日期为公司成立日期。本题中,甲公司以土地使用权出资,虽交付使用,但并未向乙公司办理过户手续,构成出资不实。但并不影响乙公司经登记后成立的效力。所以乙公司的成立是有效的。

(3) 不能。股东在公司登记后,不得抽回投资。

解析:《公司法》第 36 条规定,公司成立后,股东不得抽逃出资。本题中,甲公司提出退出乙公司,龙某虽书面表示同意,但甲公司认为其已退出乙公司的主张不能成立。

(4) 不能。龙某占用的是公司资金,龙某仅对乙公司有返还义务,对甲公司无返还义务。

解析:《公司法》第 150 条规定,董事、监事、高级管理人员执行公司职务时违反法律、行政法规或者公司章程的规定,给公司造成损失的,应当承担赔偿责任。甲公司和龙某都是乙公司的股东,而且龙某还是乙公司的董事长兼总经理,所以对于占用的 120 万元龙某只对乙公司负有返还义务,对甲公司没有返还义务。

(5) 不应承担。公司成立后,股东之投资协议不能对抗公司章程,故甲公司仅有依章程向乙公司缴纳出资的义务,而无直接分担公司亏损的义务。

解析:《公司法》第 3 条规定,公司是企业法人,有独立的法人财产,享有法人财产权。公司以其全部的财产对公司的债务承担责任。有限责任公司的股东以其认缴的出资额为限对公司承担责任;股份有限公司的股东以其认购的股份为限对公司承担责任。故甲公司仅有依章程向乙公司缴纳出资的义务,并以出资额为限对公司承担责任,而无直接分担公司亏损的义务。

(6) 乙公司应当以其全部资产对丙银行的债务负责。甲公司应当在 200 万元的出资范围内对丙银行的债务负责。龙某应当在 120 万元的范围内对丙银行的债务负责。

解析:《公司法》第 3 条规定,公司是企业法人,有独立的法人财产,享有法人财产权。公司以其全部的财产对公司的债务承担责任。有限责任公司的股东以其认缴的出资额为限对公司承担责任;股份有限公司的股东以其认购的股份为限对公司承担责任。乙公司为有限责任公司,应以其全部财产对公司的债务承担责任。甲公司和龙某作为有限责任公司的股东,以其认缴的出资额为限对公司承担责任。本题中,甲公司并没有实际出资,所以甲公司应但依照约定不足 200 万元的出资,并在 200 万元的范围内对丙银行的债务负责。龙某占用公司资产 120 万元,应依法返还给乙公司,并在 120 万元的范围内对丙银行的债务负责。

第十四章

一、单项选择题

1. D 2. C 3. D 4. B 5. B

二、多项选择题

1. CD 2. ABCD 3. AD 4. CD 5. ABD

三、案例分析题

(1) 附义务的赠与合同。崔某无偿赠与 100 万元给街道幼儿园,双方成立了赠与合同。街道幼儿园有义务投入配套的资金,该合同为附义务的赠与合同。

(2) 不合法。因为赠与合同为不要式合同，崔某与街道幼儿园之间的赠与合同未采用书面形式，并不妨碍与合同的成立生效，崔某有义务支付100万元。

(3) 不可以。按照《合同法》第186条规定，赠与人在赠与财产权利转移前，可以撤销赠与，但具有救灾、扶贫等社会公益、道德义务性质的赠与合同或者经过公证的赠与合同不得撤销。崔某向街道幼儿园捐款用于盖楼，应认定该赠与合同具有社会公益的性质，因此，崔某不得撤销赠与合同，应当向街道幼儿园履行支付100万元捐款的义务。

第十五章

一、单项选择题

1. C 2. D 3. B 4. B 5. D

二、不定项选择题

1. BD 2. AC 3. ABCD 4. ABC 5. ABCD

三、案例分析题

(1) A公司与B公司签订的加工承揽合同成立。根据《合同法》的规定，当事人约定采用合同书形式订立合同，在签字或者盖章之前，当事人一方已经履行主要义务，对方接受的，该合同成立。在本案中，A公司虽未在加工承揽合同上签章，但已经实际履行了主要义务，且B公司已经接受，加工承揽合同成立。

(2) C公司可向A公司主张加工承揽合同的权利。根据《合同法》的规定，当事人订立合同后分立的，除债权人和债务人另有约定的以外，由分立的法人或者其他组织对合同的权利和义务享有连带债权、承担连带债务。

(3) 首先，C公司要求判令A公司支付违约金的主张可以获得支持。A公司未按照加工承揽合同约定的时间向B公司支付40%的原材料，已构成违约，根据《合同法》的规定，应当承担违约责任，支付违约金。其次，C公司要求判令A公司继续履行合同的主张不能获得支持。根据《合同法》的规定，在加工承揽合同中，定作人可以随时解除承揽合同。A公司作为定作人，可以解除合同，故无需继续履行合同。

(4) D公司应当承担保证责任。根据《合同法》的规定，行为人超越代理权以被代理人名义订立合同，相对人有理由相信行为人有代理权的，该合同有效。本案中，A公司向B公司出具了D公司提供的盖有公章及法定代表人签字的空白委托书及合同专用章，B公司有理由相信A公司有代理权，A公司与B公司签订的以D公司为保证人的保证合同有效，因此D公司应当承担保证责任。

第十六章

一、单项选择题

1. C 2. D 3. C 4. A 5. B

二、多项选择题

1. BC 2. CD 3. ABCD 4. CD 5. CD

三、案例分析题

(1) 本案属于运输合同纠纷，其运输工具的所有者是谁，不属于本案的处理范围，但本案中荣祥公司作为张克的挂靠单位，根据我国有关法律规定，荣祥公司应对张克的民事行为承担相应法律责任。

（2）金桥公司与被告签订的运输合同，属双方真实意思表示，主要内容完善，权利义务平等，应属有效。被告张克在运输途中因交通事故造成金桥公司的货损，其产生损失的原因不属法定免责情形，故被告张克依法应对金桥公司承担赔偿责任。

第十七章

一、单项选择题
1. C　2. B　3. D　4. D　5. A

二、不定项选择题
1. ABC　2. BD　3. BC　4. ABD　5. BCD

三、案例分析题

（1）为不定期租赁。租赁期限6个月以上，当事人未采取书面形式的，视为不定期租赁。乙可以随时解除合同，但应当在合理期限前通知承租人。

（2）①甲有权要求乙在合理期限内维修。乙未履行维修义务，甲可以自行维修，维修费用由乙负担。

②甲的维修属于无因管理人的行为，由乙承担其支出的必要费用。瓦片质量问题不影响乙对该项义务的承担。

③因维修影响了甲的使用，应当相应减少租金或延长租期。但装修期间不在延长租期的范围。

（3）①甲丁之间属于无名合同，应适用《合同法》总则的相关规定，并可参照《合同法》分则或其他法律最相类似的规定，例如，费用承担问题适用赠与合同的规则，完成工作问题适用承揽合同规则。

②应由丁承担。因为丁为雇主，应对雇员在从事雇用活动中遭受的人身损害承担赔偿责任。

（4）乙可以要求甲恢复原状或赔偿损失。理由是承租人未经出租人同意，对租赁物进行改装或增设他物的，出租人可以要求承租人恢复原状或赔偿损失。

（5）无权。造成第二次漏水是甲自身的原因，乙无过错，因此损失应由甲自行承担。

（6）丙有权对乙主张自己基于原租赁合同对该别墅的承租使用权。因为承租人在房屋租赁期间死亡的，与其生前共同居住的人可以按照原租赁合同租赁该房屋。

（7）丙有权请求戊返还原物。因为丙根据《合同法》的规定是合法占有人，有权请求侵占人返还原物。

第十八章

一、单项选择题
1. B

二、多项选择题
1. ABCD　2. ABC　3. ACD

三、案例分析题

1.（1）甲公司在乙公司停止支付租金后，不能以乙公司存在欺诈行为为由撤销融资租赁合同。根据规定，具有撤销权的当事人知道撤销事由后明确表示或者以自己的行为放弃撤销权的，撤销权消灭。这里，甲公司在得知受到欺诈后，没有提出撤销合同，而是与乙公司协商后，同意继续履行合同，实质上就是以自己的行为放弃撤销权，因此，甲公司不能撤销融资租赁合同。

（2）甲公司可以解除融资租赁合同。根据规定，当事人一方延迟履行主要债务，经催告后在合理期限内仍未履行的，对方当事人可以解除合同。在本题中，乙公司停止向甲公司支付租金，经甲公司多次催告，乙公司一直未支付租金，因此，甲公司可以解除融资租赁合同。

（3）丁分公司不应当按照与甲公司签订的保证合同向甲公司承担保证责任。根据规定，企业法人的分支机构未经法人书面授权与债权人订立保证合同的，保证合同无效。在本题中，丁分公司未取得丙公司的书面授权，丁分公司与甲公司订立的保证合同无效，因此，丁分公司不应当向甲公司承担保证责任。

丙公司应当向甲公司承担民事责任。根据规定，企业法人的分支机构未经法人书面授权，导致保证合同无效，债权人和企业法人有过错的，应当根据其过错承担各自应当承担的民事责任。

（4）如果乙公司破产，乙公司向甲公司租赁的设备不属于破产财产。根据规定，在融资租赁合同中，出租人享有租赁物的所有权，承租人破产的，租赁物不属于破产财产。在本题中，融资租赁合同尚未履行完毕，租赁设备的所有权属于出租人（甲公司）。

2. 本案所涉租金支付来源为建行贷款，生效刑事判决认定实业公司负责人构成贷款诈骗罪，故根据《合同法》第52条规定，本案所涉融资租赁合同因违反法律强制性规定无效。对于合同无效的租赁物的归属，双方当事人事前并无约定，事后也未能达成一致意见，出于各自原因都不愿将租赁物所有权收归己有。虽然根据《合同法》规定合同无效后，当事人应当返还原物，但是考虑到租赁物最初的选择，对于双方的利用价值，以及造成合同无效的原因，应将租赁物判决给承租人，由承租人对租赁物进行折价补偿。

第十九章

一、单项选择题

1. D　2. A　3. A　4. A　5. D

二、不定项选择题

1. BD　2. ABC　3. ABCD　4. ACD　5. ABCD

三、案例分析题

（1）合同的效力未定，因为钱某的行为属无权处分行为，无权处分行为产生的合同效力未定。

（2）孙某能取得古董所有权，因为孙某的行为符合善意取得的条件，孙某因善意取得而取得所有权。

（3）孙某与李某之间形成动产质押法律关系。

(4) 该约定无效，因为这一约定属于流质条款，是法律禁止的。

(5) 钱某和赵某之间形成无因管理之债。

(6) 施工队应向赵某请求付款，因为施工队与赵某之间存在合同关系。

(7) 赵某可以对钱某提起违约之诉或侵权之诉，因为赵某的违约行为侵犯了钱某的财产权。

第二十章

一、单项选择题

1. A 2. D 3. C 4. C

二、多项选择题

1. AC 2. ABCD 3. BD 4. ABCD

三、案例分析题

(1) 不合理。首先，对于甲公司晚于约定期间存入货物能否减少仓储费的问题，根据《合同法》第382条的规定，仓储合同为诺成合同，合同的成立与生效不以交付标的物为要件。甲、乙双方当事人就仓储合同主要条款协商一致时，合同即告成立并生效。合同生效后，因存货人的原因致使货物不能按合同约定的时间入库，存货人依然要履行合同义务，支付合同约定的仓储费。其次，对于甲公司于储存期间届满前提取仓储物能否减少仓储费的问题，根据《合同法》第392条的规定，甲公司可以提前取货，但不减收仓储费。因此，甲公司要求减少仓储费的要求没有法律依据。

(2) 可以留置。《合同法》第395条规定："本章没有规定的，适用保管合同的有关规定。"《合同法》第380条规定："寄存人未按照约定支付保管费以及其他费用的，保管人对保管物享有留置权，但当事人另有约定的除外。"因甲公司与乙仓库签订合同时对留置权没有另外约定，乙仓库在甲公司不足额支付仓储费的情况下，可以留置仓储物。但此时甲公司未付的仓储费仅为2500元，且150台洗衣机为可分物，乙仓库只能留置与未付的仓储费价值相当的洗衣机，而不应留置所有的洗衣机。

第二十一章

一、单项选择题

1. C 2. B 3. D 4. B

二、多项选择题

1. AD 2. BCD 3. ABCD 4. ABD

三、案例分析题

甲公司与乙公司均应对丙的施工质量负连带责任。本案中，通达建设发展公司为发包人，甲公司为承包人。甲公司承包铁路的施工任务后，将其承包的施工任务部分分包给乙公司，该分包经发包人同意，不违反关于分包的规定，是有效的合同。依《合同法》第272条规定，甲公司应就乙公司完成的工作成果与乙公司一起向发包人负连带责任。乙公司将其承包的全部施工任务转包给了丙公司，违反了《合同法》第272条禁止转包的规定，因而乙、丙之间的承包合同无效。甲公司可因乙公司转包而解除与乙公司的承包合同，在甲公司行使解除权解除合同时，乙公司应负责赔偿甲公司的损失；在甲公司不行使解除权的情形下，丙公司的施工质量瑕疵也就是乙公司的质量瑕疵，乙公司应就丙公司的施工质量向甲公司承担责任，甲公司就该质量问题与乙公司一起向通达建设发展公司负连带责任。

（参见《合同法》第272条：发包人可以与总承包人订立建设工程合同，也可以分别与勘察人、设计人、施工人订立勘察、设计、施工承包合同。发包人不得将应当由一个承包人完成的建设工程肢解成若干部分发包给几个承包人。总承包人或者勘察、设计、施工承包人经发包人同意，可以将自己承包的部分工作交由第三人完成。第三人就其完成的工作成果与总承包人或者勘察、设计、施工承包人向发包人承担连带责任。承包人不得将其承包的全部建设工程转包给第三人或者将其承包的全部建设工程肢解以后以分包的名义分别转包给第三人。禁止承包人将工程分包给不具备相应资质条件的单位。禁止分包单位将其承包的工程再分包。建设工程主体结构的施工必须由承包人自行完成。）

第二十二章

一、单项选择题
1. D 2. C 3. D 4. C
二、多项选择题
1. BCD 2. BCD 3. ABCD 4. ABCD

第二十三章

一、单项选择题
1. C 2. C
二、案例分析题
1.（1）本案中，虽然乙公司以自己的名义与丙公司订立电脑购买合同，但乙公司是受甲公司委托为其购买电脑，故乙公司实际为甲公司的代理人，因为甲公司的违约行为，导致乙公司无法履行对丙公司的义务。《合同法》规定，受托人以自己的名义与第三人订立合同时，第三人不知道受托人与委托人之间的代理关系的，受托人因委托人的原因对第三人不履行义务，受托人应当向第三人披露委托人，第三人因此可以选择受托人或者委托人作为相对人主张其权利。甲公司未按照合同约定履行义务，因此，乙公司可以向丙公司披露甲公司，丙公司在与乙公司订立合同时并不知道甲公司是乙公司的委托人，故丙公司因此可以选择甲公司作为相对人主张其权利，要求甲公司支付货款。

（2）根据《合同法》的规定，第三人选定相对人后，不得变更选定的相对人，因此，丙公司选定乙公司为合同相对人，要乙公司支付货款后，不得再次变更为要求甲公司支付货款。

2. 我国对从事涉外劳务外派中介适用的是特殊经营许可制度，有关企业从事该业务必须经有关行政职能部门批准，颁发许可证等方可从事经营活动。穆守军不具备相应资格，刘忠秋与穆守军之间的委托合同无效，不受法律保护，穆守军应返还所收取的刘忠秋出国费用人民币63000元，但刘忠秋要求的利息，因双方无约定，不予支持。穆守军将钱交与清原佳音就业信息咨询服务部，未经刘忠秋同意，其应当对第三人的行为承担责任，即应对清原佳音就业信息咨询服务部的行为承担责任，依合同相对性原理，该返还责任应由穆守军承担。

第二十四章

一、选择题

ABD

二、案例分析题

1. 本案中，制药厂与供销合作社订立的是行纪合同，根据此合同，供销合作社负有代购药材的义务，而甲制药厂则负有支付约定报酬的义务。在此行纪合同中，委托人制药厂对于买入委托物的价格和数量均已作了指示，供销合作社在进行代购的行纪活动中必须遵从该指示，而不得私自变动委托人的指示，以高于制定价格的价位购入委托物。

由于在本案中，供销合作社不顾药厂的指示，以高于制药厂制定的最高价格及超出制药厂所指示的数量购入药材，这一行为已经背离了委托人制药厂的意愿，损害了制药厂的利益，故制药厂对这一行纪结果即所购入的药材，可以拒绝接受，即该买入对制药厂不发生效力。

2. 本案中，某公司与信托行之间所订立的合同是行纪合同，信托行依合同有代为销售复印机的义务。一般情况下，信托行应当与第三人进行委托物的交易行为。而在本案中，信托行由于自身的需要，既充当了第三人，兼具出卖人与买受人的角色，即行使了介入权。此时，依我国《合同法》第419条规定，应认为这是行纪人与委托人订立了买卖合同，而不能认为是代理中的"自己代理"行为，因此，不能说行纪人是与自己订立契约。因为信托行行使介入权的行为满足了介入的条件，是以市场价购入该商品的，而且委托人未有禁止介入的特别约定，所以行纪合同仍有效力。至于行纪人与第三人服装公司之间的买卖，由于仅有意向而尚未及时订立契约。因此，信托行行使介入权的行为合法，其与某公司之间关于买卖复印机的合同有效。故应当认为行纪人已经履行了行纪合同，委托人仍按行纪合同的约定，给付信托行 800 元报酬。

第二十五章

一、单项选择题

1. D　2. D

二、案例分析题

1. 本案居间合同关系有效，居间人李某某履行了居间义务，因此有权要求种子公司给付报酬。由于居间合同订立时，双方虽对报酬问题有协商，但始终未达成一致，故应考虑当地人的生活水平和双方当事人协议和履行时的具体情况酌情由种子公司向李某某支付报酬。

2. 居间人王某和委托人杨某应根据各自责任的大小，承担相应过错责任。理由是：（1）从本案三方所签订的协议来分析，该协议的第三条明确约定"三方签字后货主将车领走，服务部即完成介绍任务"。另外，依照齐齐哈尔市运输管理处货运中心下发的"货物运输协议书"第 3 条之规定:"甲方不押车,途中损失各负其责。"本案协议书明确了三方的权利义务关系,货主杨某应承担押车的责任,而杨某却放弃押车,导致货物被骗,依据过错推定原则,杨某应承担主要过错责任。(2)根据《合同法》第 425 条规定的居间人的主要义务,居间人必须从诚实信用的原则出发,忠实履行自己的居间职责,并且有如实向委托人报告有关订立合同的事项之义务。在本案中,居间人王某应对订约的有关事项和相对人的信用状况,就其所知情况据实报告给委托人,而王某却对相对人各种行车手续及资信程度审查不细,导致委托人杨某被骗,根据过错责任推定原则和举证责任倒置法则,王某没有举出充分证据证明自己没有任何过错,故其应承担部分过错责任。

参考文献

[1] 陈小君主编：《合同法学》，中国政法大学出版社 2012 年版。
[2] 黄和新著：《中国合同法论》，南京师范大学出版社 2008 年版。
[3] 屈茂辉著：《中国合同法学》，湖南大学出版社 2003 年版。
[4] 杨立新著：《债法》，中国人民大学出版社 2014 年版。
[5] 崔建远主编：《合同法》（第三版），法律出版社 2003 年版。
[6] 张长青主编：《合同法》（第二版），清华大学出版社 2012 年版。
[7] 李旭东主编：《合同法》，重庆大学出版社 2011 年版。
[8] 徐春林、范亚东主编：《合同法学》，清华大学出版社 2009 年版。
[9] 何志著：《合同法分则判解研究与适用》，人民法院出版社 2002 年版。
[10] 孙晓编著：《合同法各论》，中国法制出版社 2002 年版。
[11] 苏号朋著：《合同法教程》，中国人民大学出版社 2008 年版。
[12] 眉德华主编：《合同法案例评析》，人民法院出版社 2000 年版。
[13] 国家法官学院案例开发研究中心编：《中国法院 2015 年度案例》，中国法制出版社 2015 年版。
[14] 杨立新主编：《合同法典型案例与法律适用》，中国法制出版社 2014 年版。
[15] 王泽鉴著：《民法总则》（增订版），中国政法大学出版社 2011 年版。
[16] 尹田著：《法国合同法》，法律出版社 1995 年版。
[17] 王军编著：《美国合同法》，中国政法大学出版社 1996 年版。
[18] 罗德立、王贵国主编：《香港合约法纲要》，北京大学出版社 1995 年版。
[19] 王伟程等编著：《技术合同与技术权益：签订技术合同之规范》，知识产权出版社 2009 年版。
[20] 周志舰、王伟程编著：《技术合同签订实务》，知识产权出版社 2009 年版。
[21] 王利明著：《违约责任论》，中国政法大学出版社 1996 年版。
[22] 王利明、崔建远著：《合同法新论·总则》，中国政法大学出版社 1998 年版。

全国高等学校应用型法学人才培养系列规划精品教材

法学概论	专利法学
法学导论	著作权法学
国际商法	商标法学
刑法判例教程	证据法学
竞争法	证券法学
房地产法学	法律文书学
民法实训	中国司法制度
婚姻家庭与继承法	金融法
法律逻辑	商法总论
经济法	法经济学
合同法学	票据法学
公司法学	法律英语
仲裁法学	

为辅助教学,提升教学效果,本系列教材全部提供配套PPT电子课件。在教学中选用本系列教材的教师,可通过以下途径免费获得相应课件。
联系电话:027-87215590
电子邮件:cbs22@whu.edu.cn

欢迎广大教师和读者选用本系列教材,并提出您宝贵的意见、建议和要求,也欢迎您携作品加入我们的出版平台,我们将继续提供优质的出版服务。
联系人:胡 艳(出版策划编辑)
电 话:13476277833
E-mail:214050036@qq.com

图书在版编目(CIP)数据

合同法学/丘志乔主编.—武汉:武汉大学出版社,2016.1
全国高等学校应用型法学人才培养系列规划精品教材
ISBN 978-7-307-17437-5

Ⅰ.合… Ⅱ.丘… Ⅲ.合同法—法的理论—中国—高等学校—教材 Ⅳ.D923.61

中国版本图书馆 CIP 数据核字(2015)第 321976 号

责任编辑:胡 艳　　责任校对:李孟潇　　版式设计:马 佳

出版发行:**武汉大学出版社**　(430072　武昌　珞珈山)
　　　　　(电子邮件:cbs22@whu.edu.cn　网址:www.wdp.com.cn)
印刷:湖北民政印刷厂
开本:787×1092　1/16　印张:26.25　字数:619 千字　插页:1
版次:2016 年 1 月第 1 版　　2016 年 1 月第 1 次印刷
ISBN 978-7-307-17437-5　　定价:49.00 元

版权所有,不得翻印;凡购买我社的图书,如有质量问题,请与当地图书销售部门联系调换。